Susanne Krasmann
Die Kriminalität der Gesellschaft

Susanne Krasmann

Die Kriminalität
der Gesellschaft

Zur Gouvernementalität
der Gegenwart

UVK Verlagsgesellschaft mbH

Bibliographische Information der Deutschen Bibliothek
Die Deutsche Bibliothek verzeichnet diese Publikation in der
Deutschen Nationalbibliographie; detaillierte bibliographische Daten
sind im Internet über <http://dnb.ddb.de> abrufbar.

ISBN 978-3-89669-727-1

© UVK Verlagsgesellschaft mbH, Konstanz 2003

Einbandentwurf: Annette Maucher, Konstanz
Printed in Germany

UVK Verlagsgesellschaft mbH
Schützenstr. 24 · D-78462 Konstanz
Tel. 07531-9053-0 · Fax 07531-9053-98
www.uvk.de

Inhalt

Prolog

„Wir neigen dazu, alles, was auf der Welt geschieht, als das Ergebnis intentionaler Handlungen Einzelner wahrzunehmen," so Zygmunt Bauman in seinen Überlegungen zum *Nutzen der Soziologie*. „Wir suchen nach den Verantwortlichen des Geschehens und glauben, dass unsere Suche an ihr Ziel gelangt ist, wenn wir sie gefunden haben. Wir vermuten, dass hinter einem Ereignis, das uns gefällt, irgend jemandes guter Wille und hinter einem Ereignis, das uns missfällt, irgend jemandes böse Absichten stehen. Wir akzeptieren nur widerwillig, wenn eine Situation nicht aus der intentionalen Handlung einer identifizierbaren Person resultiert; und ungern geben wir die Überzeugung auf, dass jeder unwillkommene Zustand sich durch das willentliche Eingreifen von irgend jemandem irgendwo beheben ließe." Gleiches gilt auch für so komplexe Gebilde wie den Staat, die Wirtschaft oder die Politik, die wir, so Bauman weiter, als Handelnde wahrnehmen, von denen wir Lösungskonzepte und Forderungen erwarten und denen wir Interessen oder Bedürfnisse unterstellen, die den unsrigen gegebenenfalls zuwider laufen. Die Soziologie „widersetzt sich einer derart personalistischen Weltsicht" und darin unterscheidet sie sich von unserem alltagsweltlichen Denken. Sie sucht statt dessen den „vielfältigen Maschen im Netz der Beziehungen und Abhängigkeiten zwischen Menschen Sinn zu geben" und, so verortet, dann Motive, Handlungen, Interaktionen und die gesellschaftlichen Verflechtungen, Wechselwirkungen und Hypostasierungen zu verstehen und zu erklären (2000, 26-27). „Sinn der Soziologie ist es," so auch Wolf Lepenies mit Verweis auf Bourdieu, „nicht an den Zufall in der Gesellschaft zu glauben."[1] Die Soziologie entrückt unsere Handlungen und Vorstellungen einerseits ihrer Selbstmächtigkeit, andererseits aber auch der Zufälligkeit. Sie sieht unser Alltagsleben, unsere Existenzweise und das Zusammenleben zahlreicher Menschen von sozialen Beziehungen und Normen, sozialem Sinn und geteilten Kulturen, sozialen Klassen und Positionen oder gesellschaftlichen Prozessen und Strukturen geprägt. Insofern kann noch der Zufall einer Regel folgen: Was uns in der Alltagswelt wie eine zufällige Begegnung erscheint,

---

[1] „Ernst und Elend des sozialen Lebens. Theorie aus Verantwortung: Zum Tode von Pierre Bourdieu", in: *Süddeutsche Zeitung* vom 25. Januar 2002, Nr. 21, 13.

erschließt sich der Soziologie als Ausdruck sozialer Regelmäßigkeiten. Solange darin jedoch nicht alles aufgehen soll, als wären die Konzepte der Soziologie ihrerseits selbständige Entitäten und Akteure, solange ist das Verhältnis von Individuum und Gesellschaft immer wieder neu zu ergründen und theoretisch zu bestimmen; und solange bleibt es eine offene Frage, was eigentlich genau dieses Soziale ausmacht. – Worin bestehen das Soziale und seine Macht? Aus welchem Stoff sind die sozialen Tatsachen gemacht, mit denen zum Beispiel Emile Durkheim jene kollektiven Phänomene meinte, die nicht in der Hand des Einzelnen liegen und doch ein Teil von ihm sind, indem sie sein Denken und Handeln bestimmen?[2]

Die vorliegende Studie diskutiert dieses Thema am Beispielfeld der Kriminologie. Denn die Frage nach dem Verhältnis von Individuum und Gesellschaft, nach der Individualisierung gesellschaftlicher Probleme und den Problemen, die der Gesellschaft zu schaffen machen, stehen im Brennpunkt dieser Disziplin. Dabei lassen kriminologische Theorien und Ansätze sich in zwei große Linien einteilen. Während die eine, so Robert Lilly, Francis Cull und Richard Ball (1995, 37), den *criminal man* bestimmen wolle und in der Suche etwa nach psychologisch erklärbaren Motiven oder nach biologischen Faktoren „the sources of crime *within* the individual" lokalisiere, weise die andere diese Individualisierung von Kriminalität auf der Suche nach den „social roots of crime" zurück. Der erste Ansatz entspricht eher dem Selbstverständnis einer „administrativen Kriminologie" (vgl. Young 1986, 9), die sich der Strafrechtspraxis verpflichtet sieht, der zweite Ansatz eher einer Kriminologie, die sich als Sozialwissenschaft begreift. Gleichwohl ist die Kriminologie interdisziplinär, ob sie die unterschiedlichen Erklärungszugänge im Dienste der Verbrechensverhütung anwenden will oder ob sie sie, wie die so genannte kritische Kriminologie, reflektieren will.[3] Die Gesellschaft ist stets ein zentraler Bezugspunkt der Kriminologie, auch dann, und darin zeigt sich das Spannungsverhältnis, wenn sie ihre Erklärungsansätze eher auf das Individuum, den Delinquenten, fokussiert. So verhalf ihr unter anderem der Aufruf zur Verteidigung der Gesellschaft dazu, sich gegen Ende des 19. Jahrhunderts als eine Wis-

---

2   Um des besseren Leseflusses willen werde ich in dieser Studie durchgehend die männliche Form verwenden, auch wenn die Aussagen für beide Geschlechter gelten.

3   Freilich ist diese Trennlinie so scharf nicht zu ziehen. Schließlich kann gerade eine „theoretische Kriminologie" sich auch als „Wissenschaft über die Kriminalpolitik" verstehen und ihre Aufgabe darin sehen, Wissenschaft für eine bessere „Kriminalpolitik mit Augenmaß" zu betreiben (Kunz 1997, 180). Umgekehrt wird eine Kriminologie, die das *element of crime* im Verbrecher sucht, dies keinesfalls nur im Interesse der Strafrechtspraxis, sondern im Sinne ihrer eigenen Disziplin tun.

senschaft zu etablieren, welche für sich in Anspruch nahm, die Gesellschaft vor ihren Feinden zu schützen. Kritiker sprachen in diesem Zusammenhang rückblickend sogar von der *Erfindung des Sozialen*: Das Soziale wurde nicht nur zu einem eigenständigen Gegenstandsfeld von Wissenschaft, der Soziologie, sondern auch zu einer spezifischen Bezugsfolie politischer Strategien und Konzepte, in denen die Sicherheit der Gesellschaft gegen die Feinde, die sie bedrohen, ausgespielt werden konnte – unter dieser Devise hatte die Kriminologie begonnen, gesellschaftliche Probleme auf den Delinquenten zu projizieren, das Verbrechen also zu personifizieren, indem sie den Täter zu identifizieren und wissenschaftlich zu fixieren suchte.

Zum Aufbau der Studie

Gegenstand des *ersten Kapitels* ist dieser Problemaufriss: Wie konstituierte die Kriminologie das Kriminelle unter der Bezugsfolie des Sozialen – und inwiefern ist ihr diese Bezugsfolie heute abhanden gekommen? Denn Ausgangspunkt der vorliegenden Studie ist die Diagnose eines Transformationsprozesses der *Ökonomisierung des Sozialen*. Die „neoliberale Enthemmung des Kapitalismus"[4] setzte eine Restrukturierung des politischen und sozialen Feldes in Gang. Im Zuge einer Generalisierung marktförmiger Vergesellschaftung und eines Rückzugs des wohltätigen Staates begann eine ökonomische Rationalität die politischen Entscheidungen und die gesellschaftlichen Praktiken in einer Weise zu beherrschen, dass das Soziale darunter zu verblassen schien. Gemeint ist damit nicht ein Verschwinden des Sozialen, sondern seine politische Rekonfigurierung: Sozialpolitik und soziale Probleme, gesellschaftliche Milieus und gesellschaftliche Gruppen, soziale Beziehungen und gesellschaftliche Verhältnisse bekommen ein neues Gesicht und einen anderen Stellenwert. Der Topos der „Täterfixierung" ist vor diesem Hintergrund virulent geblieben und vielleicht sogar noch drängender geworden. Denn man konnte beobachten, wie die Bedeutung sozialer Programme in der Politik schwand zugunsten einer populistischen Ausrichtung der Kriminal- und Sicherheitspolitik, die nach wie vor ihre „nützlichen Feinde" sucht, oder zugunsten pragmatischerer Konzepte. Diese sind zwar nicht mehr auf den Täter fokussiert, sie setzen aber auch nicht an den sozial-strukturellen Bedingungen von Kriminalität an und sie

---

4 „Zu öffentlichen Lernprozessen gezwungen. Der Philosoph Axel Honneth im Gespräch über einen erweiterten Gerechtigkeitsbegriff der Grünen und ihren unterschätzten Reflexionssinn", in: *Frankfurter Rundschau*, vom 21. September 2002, Nr. 220, 17.

interessieren sich nicht für Prozesse der Kriminalisierung durch eine „Definitionsmacht", welche die Kriminologie bisher zum Gegenstand ihrer Kritik erhoben hatte. Obwohl diese Disziplin, die sich mit den Rändern der Gesellschaft, mit den Grenzziehungen, Ausgrenzungen und Abgrenzungen beschäftigt, als ein Seismograph gesellschaftlicher Veränderungen gelten kann, tat sich die kritische Kriminologie schwer, eine neue Folie der Kritik zu formulieren. Das mag auch daran gelegen haben, dass sie sich ihrerseits auf den Topos der Täterfixierung der Disziplin konzentriert hatte, der seit Ende der 60er Jahre einen Kernpunkt ihrer Positionsbestimmung bildete. Vielleicht musste das Soziale als organisierende Bezugsfolie des Kriminellen deshalb unterbelichtet bleiben, so dass die kritische Kriminologie später auch die Transformationen des Sozialen und ihre Einschreibungen in Technologien der Macht und Formen der Herrschaft nicht mehr zufriedenstellend problematisieren konnte: Wenn Delinquenz und Devianz uns in soziologischer Lesart Aufschluss darüber geben, welche Normen gesellschaftlich geltend gemacht werden, dann stellt sich die Kernfrage der Kriminologie in der Gegenwart drängender denn je und ist zugleich schwieriger denn je aufzulösen: „who are the deviants today?" (Lianos/Douglas 2000, 263). Welches sind die sozialen Normen und die Formen der Normalisierung einer ökonomisierten Gesellschaft? Welche Funktionen können Praktiken des Strafens und Konzepte der Resozialisierung in einer Gesellschaft haben, in der das Versprechen der (Re-)Integration nicht mehr verbindlich ist?

Freilich mangelt es auch in der Kriminologie weder an Diagnosen noch an Analysen der Probleme einer Marktgesellschaft. In dieser Studie geht es jedoch um eine andere Frage: Wie kann die Konstitution des Kriminellen in Beziehung zur Konstitution der Gesellschaft gesetzt werden, ohne das eine abstrakt aus dem anderen abzuleiten – und so letztlich aufeinander zu reduzieren – und ohne das Soziale zu reifizieren? Wie kann man jenes Verhältnis gleichwohl theoretisch beschreiben? Für diese Fragestellung bietet sich das Foucaultsche Konzept der *Gouvernementalität* an, das im *zweiten Kapitel* als ein analytisches Instrumentarium eingeführt wird. Schon in *Überwachen und Strafen* hatte Michel Foucault sowohl die Konfiguration der Gesellschaft als auch ihrer Individuen von den konkreten gesellschaftlichen und technischen Praktiken her untersucht und sich damit gegen eine eilige analytische Abstrahierung verwahrt. Mit dem Begriff der Regierung, der eine von zwei Bedeutungskomponenten des Konzeptes der *Gouverne*mentalität bildet, hat er diese analytische Perspektive präzisiert: Er begann, Formen der Macht und Herrschaft vom „Widerstand" her zu analysieren.[5] Dabei bezieht sich der Begriff des Widerstands weniger auf die Intentionen von Personen und gesellschaftlichen Gruppierungen oder Protestbewegungen, sondern eher auf die Formen beziehungsweise Verformungen, welche die Ausübung von Macht hinterlässt. Foucault zielte damit nicht nur auf die Frage, wie die Weisen des Regierens Subjekte konstituieren, sondern auch welchen Widerstand diese ihrerseits erzeugen. Denn Machttechnologien und Selbsttechnologien, regiert werden und sich selber regieren sind keine Gegensätze, sondern Praktiken, die ineinander greifen. Wenn Foucault schließlich untersuchte, wie politische Rationalitäten sich in Technologien des Regierens, in systematische Praktiken der Machtausübung einschreiben, interessierte er sich auch für die Frage, welche Gestalt die Macht annimmt, wie sie Materialitäten formt, von technischen Verfahren bis hin zu räumlichen und architektonischen Anordnungen. Diesen Zugang über den konstitutiven Zusammenhang von Rationalitäten und Technologien bezeichnet die zweite Bedeutungskomponente von Gouverne*mentalität*.

Im *dritten Kapitel* geht es darum, das Spezifische eines neoliberalen Regimes der Subjektivierung, der Formung von Subjekten und Subjektivität in der Einbindung und Unterwerfung unter Technologien des Regierens, herauszupräparieren, ohne das Projekt einer neoliberalen Restrukturierung des Sozialstaates über nationale und zeitliche Grenzen hinweg zu generalisieren. Hierbei werden die Figur des *Unternehmers seiner selbst* und die *Strategie der Responsibilisierung* als paradigmatisch erkannt für das Programm eines Rückzugs des wohltätigen Staates. Es handelt sich um eine Form der Verantwortungszuweisung, die das Individuum auf sich selbst verweist und so zugleich seine Kräfte mobilisieren soll. Gesellschaftliche Anerkennung ist, so die These, in solchen Regimen nicht mehr an soziale Normen gebunden. Der Preis, dass auf der einen Seite spezifische Unterwerfungsmechanismen der Identifizierung zu entfallen scheinen, wird auf der anderen Seite mit Indifferenz zu zahlen sein: Anerkennung bleibt an der Oberfläche.

Dabei sind politische Rationalitäten wie etwa der Neoliberalismus als Programme zu analysieren, die sich in Formen der Problematisierung durchsetzen und die Realität nach den Regeln des richtigen Sprechens,

---

[5] „Ich möchte einen Weg in Richtung einer neuen Ökonomie der Machtverhältnisse vorschlagen, der empirischer und direkter auf unsere gegenwärtige Situation bezogen ist, und der mehr Beziehungen zwischen Theorie und Praxis umfasst. Sein Ausgangspunkt sind die Formen des Widerstands gegenüber den verschiedenen Machttypen. Metaphorisch gesprochen heißt das, den Widerstand als chemischen Katalysator zu gebrauchen, mit dessen Hilfe man die Machtverhältnisse ans Licht bringt, ihre Positionen ausmacht und ihre Ansatzpunkte und Verfahrensweisen herausbekommt" (1987a, 245).

nach den Weisen des Denkens, der Wahrnehmung und des Urteilens formen. Der Neoliberalismus ist also weder nur als eine politische Philosophie zu begreifen noch auch nur als ein Diskurs. Er beschreibt keine einheitliche gesellschaftliche Verfassung, sondern ein Projekt, das seine eigene Wahrheit hervorbringt und sich in Praktiken einschreibt, in denen es spezifische Subjekte des Regierens konstituiert. Auch das Soziale ist als ein Produkt politischer Auseinandersetzungen und eine Bezugsfolie des Regierens zu begreifen, als das Produkt technischer Erfindungen und Verfahrensweisen und nicht zuletzt auch als ein Artefakt der Soziologie. Für diese kann das Konzept der Gouvernementalität daher eine besondere Bereicherung darstellen, weil es erlaubt, das Soziale und seine Transformationen in seinen Einschreibungen in Technologien des Regierens zu reflektieren.

Für die Problemstellungen der kritischen Kriminologie wiederum eignet sich das Konzept in spezifischer Weise, weil es die politische Formung von Subjekten fokussiert und den Kriminellen als ein Produkt politischer Praktiken, und nicht nur von Definitionsprozessen, begreift. Das ist das Thema des *vierten Kapitels.* Die Figuren der Delinquenz wie der Terrorist, der jugendliche Gewalttäter oder der Serienkiller, bezeichnen die Weisen, in denen Delinquenz regierbar gemacht wird. Sie geben uns Aufschluss über die gesellschaftlichen Problematisierungen und über Konzepte der Bearbeitung von Problemen. Auch diese Konzepte sind nicht nur theoretischer Natur und nicht nur symbolischer Art. Sie implizieren vielmehr Verfahrensweisen und Materialitäten, denen die Macht eine bestimmte Gestalt verleiht. Was und wer kriminell ist, hängt folglich nicht nur von Personen und ihren schlechten Taten ab, auch nicht nur von den gesellschaftlichen Regeln, Normen und Gesetzen, von den Sanktionspraktiken autorisierter Institutionen oder von sozialen Wahrnehmungsfolien. Wenn die Verkörperungen von Devianz und Delinquenz als Effekte von Technologien des Regierens zu analysieren sind, bedeutet das, an ihnen die Einschreibungen der Macht zu entziffern und die *Ökonomie der Macht,* der sie gehorchen, zu analysieren: Das ist das Programm einer *konstitutiven Kriminologie,* die in Foucaultscher Lesart nach den Bedingungen des Auftauchens spezifischer Konfigurationen fragt. Ich werde daher exemplarisch zeigen, wie Abweichung und Kriminalität sich in Risikotechnologien und in automatisierten Kontrolltechniken jenseits von etablierten sozialen Codierungen und Sinnwelten neu konfigurieren. Und ich werde diskutieren, wie sich die Konzepte der Kriminologie der Gegenwart von einem Tätersubjekt abwenden und sich so zugleich einen neuen Zugriff auf den Menschen erschließen.

Ich will diese Einführung in den Gegenstand der Studie nicht abschließen, ohne noch einmal auf ihr Anliegen hinzuweisen. Der Begriff der Oberfläche markiert hier einen zentralen analytischen Topos. Er spielt auf die Ambivalenzen an, die jene Entwicklungen in der Gegenwart zeichnen, in der – wie eh und je – Begrüßenswertes und Verabscheuungswürdiges nahe beieinander liegen und in der es im Sinne eines emanzipatorischen politischen Selbstverständnisses sehr gefährlich wäre, sowohl von einer Utopie zu schwärmen als auch sich von der Beschreibung einer omnipotenten Dystopie lähmen zu lassen. Auch der Foucaultsche Begriff der Freiheit und der Subjektivierung spielen auf eine solche Ambivalenz an: Es gibt keine Freiheit und keine Befreiung von Macht. Regieren und Subjektivierung sind unauflöslich miteinander verklammert. „Es ist nicht nötig zu fragen," so Gilles Deleuze (1993a, 255-56), „welches das härtere Regime ist oder das erträglichere, denn in jedem von ihnen stehen Befreiungen und Unterwerfungen einander gegenüber. [...] Weder zur Furcht noch zur Hoffnung besteht Grund, sondern nur dazu, neue Waffen zu suchen." Eine solche Waffe ist die Foucaultsche Analytik der Oberfläche, die diese Studie zu extrapolieren sucht. Diese Analytik beschreibt die Formen von Subjekten als ein Auftauchen an der Oberfläche und sucht damit den Menschen nicht auf Identifizierungen festzuschreiben.

Den Nutzen der Soziologie sieht Zygmunt Bauman (2000, 294) in dem Kommentar, den sie anzubieten hat. Von der alltagsweltlichen Sicht unterscheidet sich der Kommentar nicht radikal, aber er fügt ihr vielleicht etwas sehr nützliches hinzu: Durch eine etwas andere Sicht auf die Dinge, die das Leben der Menschen bestimmen, eröffnet er uns eine Möglichkeit, auch anders denken und handeln zu können, als uns das unsere selbstverständlichen Vorstellungen, die wir von den Dingen haben, vorschreiben. Das könnte auch Foucaults Zielsetzung gewesen sein. Denn seine Analysen der Denksysteme, innerhalb derer sich die Realität vor unseren Augen formt, sind irritierend und fruchtbar zugleich, weil sie Vexierbilder erzeugen. Sie geben uns eine Ahnung davon, was es bedeuten kann, die Folie der Betrachtung auszutauschen.

Unter dieser Perspektive der Analyse von Denksystemen, die unsere Wahrnehmung und gesellschaftliche Praktiken formen, wird die vorliegende Studie in einem sehr viel kleineren Format, als Foucault das tat, den Topos der Täterfixierung in Beziehung zur Transformation des Sozialen problematisieren. Dieser Topos bestimmt auch die Literaturauswahl und die Strukturierung des kriminologischen Teils. Gegenstand wird also nicht eine systematische Analyse der Gegenwart in diesem Feld sein. Vielmehr versteht sich die Studie als eine Einladung zu einer anderen Betrachtungsweise, indem sie am Beispiel der Kriminologie und mit der Frage nach dem Verhältnis von Regierung und Subjektivierung einen Beitrag leisten will für die Reflexion auf die Bedingungen, unter denen wir bereit sind andere zu regieren und uns regieren lassen.

1. Das Wahrheitsprogramm der Kriminologie

1.1 Die Erfindung des *element of crime*

> *„[...] wie ‚zeitgebunden' doch unsere Wissenschaft ist, befangen in Tradition und Mythen [...] und mit verantwortlich dafür, wie die Gesellschaften jeweils mit ihren ‚Kriminalitätsproblemen' umgehen. "*
>
> *Stefan Quensel (1989, 392)*

> *„If Karl Marx's statement about the criminal who himself ‚produces the whole police and criminal justice, the catchpoles, judges, hangmen, jurors etc.' still had an ironic undertone (which nonetheless has all too often been overlooked by Marxists scholars), common sense would never hesitate to see the* raison d'etre *of the prison as the ‚existence' of criminals. "*
>
> *Sebastian Scheerer (1998, 425)*

Die „Geburtsstunde der Kriminologie als Erfahrungswissenschaft" ist das späte 19. Jahrhundert und ihr „Geburtsort" das Gefängnis. Es ist die empirische Stätte, an der die Kriminologie ihre Studienobjekte für therapeutische Maßnahmen und die „„Vermessung' der Delinquenten" vorfinden und sich selbst als moderne wissenschaftliche Disziplin empfehlen wird.[6] Kein anderer Name wird wohl so sehr mit den Anfängen der Kriminologie assoziiert wie der des Gerichtsmediziners Cesare Lombroso (1835-1909). Denn seine Anthropometrie war der Versuch, den geborenen *Verbrechermenschen* über einen „erfahrungswissenschaftlichen Zugang" zu bestimmen (Albrecht 1999, 8-10). Insofern könnte man das Geburtsjahr der Kriminologie als einer Wissenschaft auf 1876 datieren: dem Jahr, als Lombrosos *L'Uomo Delinquente* erstmals erschien.[7]

---

[6]   Im Gefängnis suchte sich die Kriminologie ihre „natürlichen Verbrecher" (Garofalo): „the prison demarcation became a natural demarcation which criminology first presupposed and then ‚discovered'" (Garland 1985b, 116).

[7]   Vgl. Lombroso (1887). Auch Garland (1985a, 77); Matza (1964, 3); Pasquino (1991); Sack (1968, 438) weisen Lombroso bzw. der so genannten *Italienischen Schule* die zentrale Bedeutung für das Entstehen der Kriminologie als moderner Wissenschaft zu. Eine wichtige

Ebenso gute Gründe sprechen jedoch dafür, dem *Marburger Programm* von 1882 eine konstitutive Bedeutung für die Kriminologie zuzuschreiben.[8] Darin hatte der deutsche Jurist und Kriminalpolitiker Franz von Liszt (1851-1919) der klassischen Generalprävention den „Zweckgedanken" der Individualprävention beiseite gestellt. Die Funktion des Strafrechts sollte nicht nur darin bestehen, von Straftaten abzuschrecken, und schon gar nicht sollte dieses gleichsam sich selbst genügen, weder im Hegelschen Sinne der Negation der Negation noch im Kantischen absoluten Sinne.[9] Es sollte eine soziale Aufgabe übernehmen. Die „beste und wirksamste Kriminalpolitik" sah von Liszt (1905b, S. 246, zit. n. Naucke 1982, 542) bekanntlich in der Sozialpolitik, welche die Kriminalpolitik einschließen sollte (vgl. Naucke 1982, 543). Die empirische Begründung der Strafe, die weder Selbstzweck noch allein moralischer Natur sein konnte, war darauf aus, die *sozialen* Bedingungen von Kriminalität in den Strafprozess einzubeziehen. Das Ziel bestand darin, die Gesellschaft vor Kriminalität zu schützen und weitere Straftaten durch entsprechende Maßnahmen zu verhindern.

Rolle für die Verbreitung von Lombrosos Schriften spielte in Deutschland der Psychiater Hans Kurella, der von diesem und anderen Vertretern der Italienischen Schule verschiedene Arbeiten übersetzte und herausgab. Er sollte der einzige deutsche Autor bleiben, der Lombrosos Vorstellung vom atavistischen und an seinen körperlichen Merkmalen erkennbaren Verbrecher uneingeschränkt verteidigte (vgl. Wetzell 2000, 53).

8   Vgl. Liszt (1905a). Die Bezeichnung „Marburger Programm" geht zurück auf den Anlass der von Lisztschen Ausführungen zum „Zweckgedanken im Strafrecht": Die Verabschiedung des alten und Begrüßung des neuen Rektors an der Universität Marburg (vgl. Naucke 1982, 525).

9   Hegel begriff das Verbrechen als Negation des Rechts und die Strafe ihrerseits als Negation dieses Normbruchs. Die Norm sollte durch die Strafe wieder hergestellt werden. Kant warb für die unbedingte Durchsetzung einer verhängten Strafe bekanntlich gerade nicht zum Zwecke der Prävention oder des Schutzes der Gesellschaft, sondern um der Geltung des Rechtes selber willen: Die Vergeltung dient in der *absoluten* Straftheorie „der Wiederherstellung des Geltungsanspruchs der (gebrochenen) Norm als solcher" (Bock 1994, 90). Kant selbst veranschaulichte diese Maxime in dem berühmten Beispiel: „Selbst, wenn sich die bürgerliche Gesellschaft mit aller Glieder Einstimmung auflöste (z. B. das eine Insel bewohnende Volk beschlösse, auseinander zu gehen, und sich in alle Welt zu zerstreuen), müßte der letzte im Gefängnis befindliche Mörder vorher hingerichtet werden, damit jedermann das widerfahre, was seine Taten wert sind, und die Blutschuld nicht auf dem Volke hafte, das auf diese Bestrafung nicht gedrungen hat; weil es als Teilnehmer an dieser öffentlichen Verletzung der Gerechtigkeit betrachtet werden kann" (Kant 1977, 455). Man kann die Kantische Position als strafrechtlichen Minimalismus ansehen, die dem „Gesetz eine eigenständige Bedeutung und Würde" beimisst, „unabhängig von irgendwelchen Zwecken und Folgen" (Steinert 1987, 95); man kann sie auch als „Metaphysik" kritisieren, insofern „Strafrecht und Strafe a priori begründet [sind] und nicht durch ihre soziale Aufgabe". Wenn die Strafe bei von Liszt „nur Mittel zum sozialen Zweck" war, so war sie bei Kant ein Muss, „weil die Gerechtigkeit sie erfordert. Nicht wegen irgendeiner sozialen Nützlichkeit, sondern wegen ihrer sittlichen, prinzipiellen Notwendigkeit" (Scheerer 1993, 79-80).

Das *Marburger Programm* steht für die Begründung der so genannten Behandlungsidee und den Beginn eines Perspektivenwechsels, der den Weg bis in die europäische Nachkriegsära weist: bis in wohlfahrtsstaatliche Konzepte der Rehabilitation von Straftätern. Das soziale Programm wird später auch die Referenzfolie sein, mit der eine kritische Kriminologie sich in Deutschland etablieren kann. Dieser Erfolg wird, wiewohl anders gelagert, dennoch von ähnlicher Widersprüchlichkeit sein wie der, der sich an der Bewegung der modernen Strafrechtsreformer und den von Lisztschen Vorstellungen schon abzuzeichnen beginnt: „The fact that the penal reformers helped to push criminologists to focus on the personalities of criminals rather than the social causes of crime was somewhat ironic because Liszt himself was convinced that the social causes of crime were far more important than any individual factors" (Wetzell 2000, 36). Die auf Kriminalprävention und Individualprognose angelegten Fragen der Art, *warum* ein Täter so *werden* konnte, dass er die Straftat begehen würde, und welches seine Aussichten auf Besserung und die angemessene Maßnahme seiner Behandlung seien, das waren die Fragen, die das Strafverfahren auf die Persönlichkeit des Täters fokussierten und mit denen sich schließlich die Kriminologie in einer zweifelhaften Rolle im Feld der Justiz als eigene Wissenschaft behaupten sollte. Die Reformbewegung, für die sich neben von Liszt die Juristen und Schüler Lombrosos in Italien, Enrico Ferri (1856-1929) und Raffaele Garofalo (1852-1934), engagierten, war nicht zufällig ein Bündnis von positivistischer Kriminalanthropologie und therapeutischem Programm, das im Endeffekt „the transformation of the offender rather than social change as the most important strategy of crime prevention" auf den Weg brachte (Wetzell 2000, 300). Gerade weil es den Strafrechtsreformern in erster Linie um den Schutz der Gesellschaft und nicht das Strafen ging (vgl. Foucault 1988b, 143), sollten ihre Bestrebungen zwar zu einer Verwissenschaftlichung der Kriminalpolitik durch die Kriminologie führen. Das war jedoch keineswegs gleichbedeutend mit einer „Humanisierung" der Strafrechtspraxis, die sie ebenfalls auf ihre Fahnen geschrieben hatten.[10]

---

[10] Die Gleichsetzung von positiver Schule der Kriminologie und italienischer Schule bezogen auf die Herkunft der Strafrechtstheoretiker ist freilich ungenau, jedoch im Sinne einer übergeordneten Kritik an der wissenschaftlichen Begründung einer sich methodologisch positivistisch verstehenden Kriminologie berechtigt (vgl. Sack 1968, 438-39). Nicht zuletzt weil von Liszt sich im Marburger Programm ausdrücklich zum Zwecke der Untermauerung seiner eigenen Thesen auf die kriminalanthropologischen Forschungen bezieht, sind seine Zielsetzungen häufig ineins gesetzt worden mit denen Lombrosos (vgl. Andriopoulos 1996, 75-76).

Wenn die Reformer letztlich noch den Glauben „in the existence of incorrigible criminals for whom they demanded the harshest of all punishments, indefinite detention" schüren sollten (Wetzell 2000, 182), war auch diese Ausrichtung schon durch das von Lisztsche Stufenprogramm vorgegeben: Bei den so genannten Gelegenheitsverbrechern sei davon auszugehen, dass ihre Straftaten episodenhaft bleiben. Diese seien wohl eher einer augenblicklichen und durch „äußere Einflüsse hervorgebrachte[n] Verwirrung" geschuldet und nicht Teil einer inneren Natur des Täters. Abschreckung solle deshalb ausreichend sein: Strafe als „Denkzettel" und zur Wiederherstellung der „Autorität des übertretenen Gesetzes". Therapeutische Maßnahmen hingegen waren den schwereren Fällen der „Besserungsbedürftigen" und noch „Besserungsfähigen" zugedacht, den „noch nicht rettungslos verlorenen Individuen", welche in die Gesellschaft reintegrierbar sind. Dem „Gewohnheitsverbrecher" gelte schließlich der „energische Kampf". Spezialprävention müsse hier Neutralisierung heißen. Zum Schutz der Gesellschaft sei es erforderlich, die „Unverbesserlichen" „unschädlich" zu machen und sie auf unbestimmte Zeit oder für den Rest ihres Lebens wegzuschließen, da eine Aussicht auf Rehabilitation nicht bestehe: „Unschädlichmachung der Unverbesserlichen, Besserung der Besserungsfähigen". Dabei sah von Liszt in Repression und Prävention keine „Gegensätze" (1905a, 166-175). Pädagogik, die Suche nach den sozialen Ursachen von Kriminalität, Bestrafung als Reaktion „anti-sozialer" Taten und schließlich Bekämpfung der sozialen Ursachen im Sinne einer sozialen Hygiene, das betrachtete er als die Aufgaben einer neuen *sozialen* Kriminalpolitik (vgl. Pasquino 1991, 246). Das Strafrecht, das „zum staatlich organisierten Steuerungsinstrument in der Hand der Gesellschaft" werden sollte (Naucke 1982, 562), war Teil dieser sozialen Aufgabe und darüber hinaus ein notwendiges Instrument der Kanalisierung, um den nicht wegzudefinierenden „Straftrieb" der Menschen „zu formen" und so das Überleben der Rechtsgemeinschaft zu sichern (ebd., 526).

Die Bewegung formierte sich Ende des 19. Jahrhunderts vor dem Hintergrund einer sozialen Krise (vgl. Garland 1985b, 117), auf die später noch weiter einzugehen sein wird, und über eine Kritik an den klassisch-liberalen Rechtsprinzipien, die sie nicht für ausreichend erachtete, um die Gesellschaft vor Kriminalität zu schützen. Die „Verteidigung des Sozialen" wurde zum Kernelement eines neuen „Täterstrafrechts" (Sack 1995, 443) und einer neuen Rationalität des Strafens (vgl. Strasser 1978), die auf der Vorstellung einer Gefahr, der Gefährdung der Gesellschaft durch den Kriminellen beruhte. „Im Verlaufe des 19. Jahrhunderts kristallisierte sich immer mehr heraus, dass der eigentliche, weil empirische Adressat der strafrechtlichen Sozialkontrolle – entgegen der Rhetorik des Strafrechts – nicht der isolierte und individuelle Rechtsbrecher war, sondern der Rechtsbrecher in seiner Zugehörigkeit zu einer ‚sozialen Kategorie'. Die Bedrohung der Gesellschaft und ihrer inneren Sicherheit, die das Strafrecht schützen sollte, war nur vordergründig die Kriminalität". Die „weitaus größere, ja subversive Gefahr" sah man in den „gefährlichen Klassen", das waren die „„armen Klassen', insbesondere das städtische Industrieproletariat" (Sack 1995, 442). Das Konzept des Gesellschaftsschutzes sollte auch die Folie sein, auf der sich die Kriminologie zu einer eigenständigen Wissenschaft ausbildete: zu einer Wissenschaft von dem Verbrecher.[11] Daher ging die Formierung des Wissens vom Kriminellen Hand in Hand mit der Herausbildung der Wissenschaft von der Gesellschaft: „in den Augen der Reformer war die Kriminologie genau das – eine Sozialwissenschaft" (Rusche/Kirchheimer 1981, 196). Und es sollte dann eine Weile dauern, bis die Kriminologie sich nicht nur von ihrem biologischen Determinismus emanzipierte, sondern schließlich auch von einem sozialen.

1.1.1 Von der Tat zum Täter

> *„Who is the enemy who has devastated this land? It is a mysterious enemy, unknown to history; his name is: the criminal."*
>
> *Raffaele Garofalo*[12]

Es waren die Perspektiven von „Anthropologen, Medizinern und Strafrechtlern, die gemeinsam die Disziplin der Kriminologie begründeten und einen neuen Zugang zur Kriminalität innerhalb des akademischen Milieus vertraten" (Becker 1995, 147). Den Anfang dafür setzte die Psychiatrie, die sich schon in der ersten Hälfte des 19. Jahrhunderts Zutritt zur Strafjustiz verschaffte und zum „Geburtshelfer der Kriminologie" werden sollte: „Ihr entlehnt die junge kriminologische Wissenschaft ihr quasi-medizinisches Image, das Ansehen einer (in den Augen des Zeitgenossen) modernen Disziplin und die ersten Erklärungskonzepte für Kriminalität. Sie liefert die Vorlagen für deterministische Handlungskonzepte – nicht vom freien Willen bestimmtes Handeln –

---

[11] Vgl. Foucault (1977, 324-25; 1988b); Garland (1985b); Garland/Sparks (2000, 193), denen zufolge sich die Kriminologie als moderne Wissenschaft von dem *Verbrecher* begründet.

[12] Garofalo im Vorwort zur ersten Ausgabe seiner „Kriminologie" (1887), zit. n. Foucault (1988b, 128).

und Theorien der biologischen ‚Abartigkeit' zur Erklärung der ‚kriminellen Persönlichkeit'" (Albrecht 1999, 13).

Die Psychiatrie intervenierte, kaum dass die Strafrechtsreformer des 18. Jahrhunderts ihre Arbeit getan hatten, über die für sie so zentrale Frage der strafrechtlichen Verantwortlichkeit. Zwei Elemente, die Tat und die entsprechende Strafe, hatten sie zu den zentralen des Strafverfahrens erklärt und glaubten, damit eine wichtige Frage gelöst zu haben: „What must be punished, and how?" Im Laufe des 19. Jahrhunderts erhält dann neben dem Verbrechen und den Mitteln der Repression ein weiteres Element Einzug ins Strafverfahren: Die Frage Garofalos: „Whom do you think you are punishing?" rückt den Verbrecher und mit ihm die Persönlichkeit des Delinquenten in den Blickpunkt (vgl. Foucault 1988b, 128). Der Präventionsgedanke der Strafrechtsreformer brachte den *homo criminalis* hervor: „Um die Gesellschaft vor dem Verbrecher schützen zu können, muss dieser aus der Vielfalt menschlicher Naturen und Charaktere herausgehoben, er muss kenntlich gemacht und analytisch isoliert werden" (Strasser 1978, 37). Den Täter musste man kennen, und die „kriminelle Persönlichkeit" wollte erforscht sein, um das Verbrechen „wirksam" bekämpfen zu können (vgl. ebd., 33). Warum sollte das auf der Basis der Prinzipien der liberalen Strafrechtstheoretiker nicht möglich gewesen sein?

Die klassische Strafrechtstheorie war, historisch gesehen, aus der Problematisierung der Willkür königlicher Macht und der Begründung der *bürgerlichen Gesellschaft* hervorgegangen.[13] Der Gesellschaftsvertrag der *Civil Society* sollte die herrschaftliche Macht und den Bürger gleichermaßen binden, indem er sie dem Recht unterwarf: der Verfassung des Staates und damit sozusagen einer vernünftigen Macht, der Staatsräson (vgl. Pasquino 1991, 237). In der selben Rationalität dachten sich die liberalen Strafrechtstheoretiker, die nach der Form einer „gerechten" und berechenbaren staatlichen Machtausübung suchten, das Individuum der Generalprävention, den *homo penalis*. Der musste ein rational-kalkulierendes Subjekt sein, wenn das Prinzip der Abschreckung von Straftaten als ein funktionierendes vorstellbar sein sollte: „intimidation is no longer a threat of a *sovereign power* against whoever may dare to ignore

---

13 Wenn ich in der vorliegenden Studie auf die Geschichte der Kriminologie rekurriere, dann nicht, um sie erneut zu rekonstruieren, sondern um damit jene Momente zu beleuchten, die in der Kriminologie der Gegenwart eine besondere Rolle spielen, sei es, um ihren Gegenstandsbereich oder um Positionen zu bestimmen; frei nach Pasquale Pasquino, der sich dafür aussprach, „to reduce (if I may put it thus) history to history. The political benefit which I would hope might be drawn from this enterprise would be to regain contact, via this detour, with the present actuality: that is to say, with the possible" (1991, 248; vgl. Foucault 1977, 43).

or defy it, but rather has for its basis and instrument *law*, that discreet yet uninterrupted threat which acts through the medium of representations on that particular form of mental representation which forms the ‚calculus of the goods and evils of this life'" (ebd., 239).

Der *homo penalis* war keine Spezies, die bestimmte Eigenschaften besaß. Vielmehr galten für ihn, wie für alle Menschen, die Prämissen einer „allgemeinen Anthropologie". Das universelle Rechtssubjekt war ein verantwortbares Subjekt, es handelte rational und auf der Basis eines freien Willens. Sein Handeln war einzig durch eine utilitaristische Orientierung bestimmt. Eine Straftat konnte daher insofern jeder begehen, als jeder in der Lage war, das *Kalkül des Guten und Schlechten des Lebens* vorzunehmen: „Wenn eine gleiche Strafe für zwei Verbrechen, die in verschiedenartiger Weise gegen die Gesellschaft verstoßen, gilt, so werden die Menschen kein stärkeres Hindernis finden, um das schwerere Verbrechen zu begehen, falls sie einen größeren Vorteil damit verbunden sehen" (Beccaria 1998, 72). In gewisser Weise war der *homo penalis*, als eine Funktion innerhalb eines rechtstheoretischen Kalküls, nur eine ephemere Erscheinung und ein Potenzial: Er schlummerte in uns allen als eine Möglichkeit. „Aktualisiert" wurde er als Rechtssubjekt erst durch eine konkrete Rechtsverletzung, die sich wie eine Art „accident of the mind, a confusion of representations" erklärte (Pasquino 1991, 237-38). Bezugspunkt für das Strafmaß war das Verbrechen, die Tat, die „den abstrakten Rechtfertigungsgrund des Schuldvorwurfs" abgab (Strasser 1978, 37), nicht die Persönlichkeit des Verbrechers. Voraussetzung für die Bestrafung war der freie Wille, der die Zuschreibung von Verantwortung für die Tat erst zuließ. „Der Geisteskranke war kein Delinquent, seine Tat kein Verbrechen, sondern das Symptom einer Krankheit" (Lemke 1997, 234).

Zwar hatten die Geisteskranken schon seit dem ausgehenden 18. Jahrhundert zunehmend Raum eingenommen im Denken über Verbrechen und Strafen und man hatte begonnen, deutliche Differenzierungen vorzunehmen. Man dachte auch schon: Gemäß der utilitaristischen Prinzipien musste in einer geordneten Gesellschaft mit einem funktionierenden Strafsystem eigentlich doch jeder, der ein Verbrechen beging, wahnsinnig, zumindest unvernünftig und eben irgendwie krank oder gestört sein. Denn der Nachteil der Strafe wäre ja immer größer als der Vorteil des Verbrechens.[14] Im Verhältnis zur späteren Fixierung auf den Täter in der Kriminologie beschränkte sich die liberale Strafrechtstheorie gleichwohl auf das *Moment* der Tat: Die Feststellung der Schuld

---

[14] Vgl. ausführlich dazu Kaufmann (1995).

diente der Festsetzung der Strafe, nicht einer Identifizierung der Persönlichkeit des Täters. Die Protagonisten der „klassischen Schule", vor allem Cesare Beccaria (1738-1794), aber auch Anselm Feuerbach (1775-1833) oder Jeremy Bentham (1748-1832), sehen sich deshalb zuweilen im nachhinein mit in die Geschichte, zumindest die „Vorgeschichte" (Sack 1968) der Kriminologie eingereiht, auch und gerade wenn von dieser als einer Wissenschaft im 18. Jahrhundert noch keine Rede sein konnte: War Beccarias 1764 erschienene bahnbrechende Schrift *Über Verbrechen und Strafen* von dem Gedanken der Humanisierung der Strafgewalt beseelt gewesen und gleichwohl noch keine Kriminologie, so gestand man der modernen Kriminologie wohl das Wissenschaftliche, nicht aber die Humanisierung zu (vgl. Sack 1968, 437-39). Beides lässt sich jedoch, wie weiter zu erörtern sein wird, weder als Fortschritt proklamieren noch als Gegensatz ausspielen.[15]

Freilich ist auch das Ansinnen, herrschaftliche Willkür durch die Einführung rechtsstaatlicher Prinzipien zu beschränken, nicht nur humanitär. Die Kritik an der bisherigen Strafmacht hatte vielmehr die Funktion, diese neu zu begründen. Indem das Recht Strafgerechtigkeit im Sinne der Zuverlässigkeit staatlicher Machtausübung und ihrer Gleichmäßigkeit abzusichern versprach, legitimierte es sich zunächst selbst und begründete die Macht. Einerseits war so die Selbstbeschränkung staatlicher Strafmacht, die Beccaria forderte, ihre Legitimation: „Damit eine Strafe gerecht sei, darf sie keinen höheren Grad der Intensität haben, als zur Abhaltung der Menschen vom Verbrechen genügt"; um zu wirken muss sie jedoch ein „Übel [sein ..], welche den aus dem Verbrechen erwachsenden Vorteil überwiegt" (Beccaria 1998, 121, 126). Andererseits war nur die notwendige Strafe, ihre kompromisslose Durchsetzung, der Garant jener Zuverlässigkeit: „Innerhalb der Grenzen eines Landes darf es keinen Ort geben, der dem Gesetz entzogen wäre. Seine Macht

---

15 Garland (1997a, 11-12; 1985a, 14-15) betont, dass sich die klassische Strafrechtstheorie keineswegs nahtlos in die Geschichte der modernen Kriminologie als Wissenschaft von dem Verbrecher einfügen lässt. Auch Beirne (1991, vgl. auch 1993) spricht der „klassischen Kriminologie", die sich vom Determinismus einer „science of man" unterscheide, eine eigene Identität ab. Vielmehr sei jene das Produkt einer retrospektiven Zuschreibung gegen Ende des 19. Jahrhunderts, welche nicht zuletzt erst durch den Abgrenzungsbedarf der „positiven Schule" hervorgerufen worden sei. – Die Formel „Humanity not science" geht auf Mannheim (1960, 2) zurück. Bei Beccaria (1998) selbst findet sich der Begriff der „Humanität" nicht. Wichtig für den „moralischen Fortschritt" hielt er die „Empfindsamkeit, *sensibilità*", das heißt, „dass ein Individuum subjektiv empfänglich ist für das, was an Lust und Schmerz auf andere seinesgleichen einwirkt" (Alff 1998, 39-40). Zur zeitgenössischen Bedeutung Beccarias und zur internationalen Rezeption seiner Schrift vgl. diese Einleitung von Wilhelm Alff. Zur kritischen Würdigung des „Humanismus" bei Beccaria vgl. ausführlich Naucke (1989), sowie Sack (1997). Strasser (1984, 190-94) spricht in diesem Zusammenhang von der „Beccaria-Falle".

muss jedem Bürger folgen wie der Schatten den Körper" (zit. n. Naucke 1989, 42). In diesem doppelten Sinne also *garantiert* das Recht die Ausübung staatlicher Macht.[16]

Im 19. Jahrhundert nun sah sich die liberale Prämisse einer allgemeinen menschlichen Rationalität in Frage gestellt. Die Zurückweisung jener „Metaphysik" des freien Willens und individueller Verantwortbarkeit (vgl. Garland 1985b, 118; Matza 1964, 5), hatte es ermöglicht, den Verbrecher im 19. Jahrhundert in einem neuen Licht zu sehen, sein Handeln zu einem „Problem der Erklärung" zu machen und wissenschaftlich zu begründen (Strasser 1984, 14). Aus dem Rechtsbrecher, der sich allein über seine Tat definierte, wurde eine besondere Spezies, die über ihre Eigenschaften zu kennzeichnen war. Dabei bildete die Gefährlichkeit des Individuums nicht nur eine wichtige Schnittstelle, an der sich Psychiatrie, Kriminologie und die Bewegung der Strafrechtsreformer treffen und ihr Wissen und ihre Themen zu einer Strategie verschmelzen sollten. Sie war zugleich der Scheidepunkt, an dem sich die Kriminologie mit dem Konzept der Sozialverteidigung vom strafrechtlichen Denken und insbesondere dem Thema der strafrechtlichen Verantwortlichkeit unabhängig machen sollte: „the Italian School (the Criminal Anthropologists) called for nothing less than putting aside legality – a true ‚depenalization' of crime, by [...] totally abandoning the judicial notion of responsibility" (Foucault 1988b, 143). Nicht der Grad der Freiheit, sondern das Niveau der Gefährlichkeit galt als entscheidend. Auch und gerade diejenigen, die man bisher strafrechtlich nicht verantwortlich gemacht hatte, weil sie als krank oder geistesgestört galten, konnten jetzt, weil sie als nicht berechenbar galten, die größte Gefahr für die Gesellschaft darstellen und zum Objekt kriminologischer Expertise und kriminalpolitischer Intervention werden.

Der wissenschaftlich begründete Determinismus der positiven Schule der Kriminalanthropologie wird den Verbrecher vom Nicht-Kriminellen beziehungsweise vom „gesetzestreuen Bürger" unterscheiden (Regener 1999, 183; vgl. Sessar 1997, 2). Er wird ihm eine natürliche Andersartigkeit attestieren, indem er die allgemeine Anthropologie der klassischen Rechtstheorie durch eine spezielle ersetzt: „A criminal offends because he is caused to do so in a way which a non-criminal is not." Weil sich

---

[16] Die strafrechtliche Gerechtigkeit der klassischen Rechtstheorie ist im Dreieck von Recht, Straftat und Strafe bekanntlich nach den drei kanonischen Formeln geregelt: *nulla poena sine lege; nulla poena sine crimine; nullum crimen sine poena legale* – keine Bestrafung außer auf der Basis des bestehenden Rechts; eine Tat ist nur dann zu bestrafen, wenn sie das Recht verletzt, also keine Strafe ohne eine Straftat; dass eine Tat geschehen ist, muss überprüft werden; eine Straftat besteht nur in einer Verletzung, die durch das Recht definiert ist (vgl. Pasquino 1991, 239).

der *homo criminalis* unterscheiden lässt, erscheint eine für alle gleiche Bestrafung, wie sie die egalitäre Sicht der Liberalen gefordert hatte, nicht länger als gerecht. Gleichbehandlung heißt eigentlich Ungleichbehandlung. Mit dem Eindringen der Kriminologie in das Gegenstandsfeld der Strafrechtswissenschaft verschieben sich dessen Koordinaten. Aus der strafrechtlichen Fokussierung auf die Tat des Rechtsbrechers wird der kriminologische Blick auf den Täter, der einem perspektivischen Wechsel von der Philosophie zur Psychologie gleich kommt: „a move from a philosophy of freedom to a psychology of human behaviour and its determinants" (Garland 1985b, 122-23; vgl. 118-19, 132). Das Prinzip der strafrechtlichen Gerechtigkeit (im Sinne der Verhältnismäßigkeit) tritt in den Hintergrund zugunsten der moralischen Fehlerhaftigkeit des Delinquenten. Denn vom Rechtsbrecher unterscheidet sich der Delinquent dadurch, „dass er nicht bloß Urheber seiner Tat ist (verantwortlicher Urheber aufgrund bestimmter Kriterien von freiem und bewusstem Willen), sondern dass er an sein Verbrechen durch ein Bündel von komplexen Fäden geknüpft ist (Instinkte, Triebe, Tendenzen, Charakter). Die Technik der Besserungsstrafe hat es nicht mit dem Urheber einer Tat zu tun, sondern mit dem Verbrecher, der mit seinem Verbrechen verwandt ist" (Foucault 1977, 325). Das Verbrechen liegt *in* der Person des Täters selbst. Anhand seiner Biografie lässt sich rekonstruieren, welche Momente und Elemente ihn zu dieser Persönlichkeit haben werden lassen und wo folglich die Ursachen für das Verbrechen liegen.

Im Verhältnis zur klassischen Strafrechtstheorie sollte das kriminologische Instrumentarium der Italienischen Schule schließlich drei perspektivische Verschiebungen hervorbringen: Erstens einen Blickwechsel vom *Verbrechen* zum *Verbrecher*; zweitens von der *Tat*, die *tatsächlich* begangen worden war, hin zur *Gefahr*, die dem Individuum *potenziell* inne wohnte; und drittens von der *abgestuften Bestrafung* des Schuldigen zum *absoluten Schutz* der von der Gefahr Bedrohten. Alle drei Elemente sind kennzeichnend für die „Präventionsperspektive" (Matza 1973) einer Kriminologie, die sich schließlich unabhängig vom Strafrecht etabliert: Denn weder die Kriminalität im Sinne des *element of crime* im Individuum, noch das Maß seiner Gefährlichkeit oder sein potenzielles, zukünftiges Verhalten, noch auch der Schutz der Gesellschaft sind im klassischen Sinne strafrechtliche Konzepte (vgl. Foucault 1988b, 143-44).[17] Doch

---

17 Zu den weiteren Voraussetzungen für die Entstehung eines Verbrecherstereotyps gehört die Verdichtung des polizeilichen Überwachungs- und Kontrollnetzes im urbanen Raum, das dazu führte, dass auch Kleinkriminalität systematischer und effektiver verfolgt wurde (Foucault 1988b, 142). Die moderne Großstadt ist der historische Ort, an dem sich die Probleme der Massengesellschaft symptomatisch zeigen, der „Ort potenzieller, wenn nicht akuter sozialer Desintegration" und der Feststellung der „gefährlichen Klassen". Die Met-

worin hatte nun die so zentrale Rolle der Psychiatrie für die Etablierung der Kriminologie bestanden?

1.1.2   Das Problem der Zurechnung

> *„To make a very long story short, it was only because ‚agency' (freedom) had been conceived abstractly as some kind of utterly determined ‚choice' – in traditional philosophy and in liberal legal theory – that it then became necessary for social scientists to document all of the forces which in fact shape human thought and action."*

Mariana Valverde (1999)

Bisher, auch vor der Zeit der Strafrechtsreformer des 18. Jahrhunderts, war die Institution des Strafens weitgehend ohne medizinische Intervention ausgekommen: Man urteilte und verurteilte, ohne dass sich das Problem der Geisteskrankheit als eine diffizile Frage gestellt hätte. Offenbar gab es eine vergleichsweise eindeutige Grenze, welche die medizinischen Gutachter in konkreten Fällen von Schwachsinn (*dementia*) oder Raserei (*furor*) zu bestätigen hatten: Sie galten als offen*sichtliche*, an dem betreffenden Menschen ablesbare Störungen, bei denen ein Täter nicht strafrechtlich zur Verantwortung gezogen werden konnte. Das änderte sich in zahlreichen europäischen Ländern ab der ersten Hälfte des 19. Jahrhunderts, als sich die Bereitschaft artikulierte, auf

---

ropolen sind auch der Ort, an dem sich im 19. Jahrhundert die spezialisierte, investigative Kriminalpolizei ausbildet und mit ihr die Kriminalistik, die wie die Kriminalpolitik „auf die kriminelle Abweichung fixiert" ist (vgl. Makropoulos 1997, 48 und 58). Zur Verschiebung des Verhältnisses zwischen Kriminalistik und Kriminologie im 19. Jahrhundert vgl. auch Becker (1999). Zur Einverleibung der Materialien, den „Rohdaten aus Bereichen der Polizei und Justiz" durch die Kriminologie des 19. und 20. Jahrhunderts vgl. Regener (1999, hier 183). Darüber hinaus schreibt Foucault der Kriminalliteratur einen nicht unerheblichen Anteil zu, einerseits die Figur des Kriminellen als „Helden" im Bewusstsein des Menschen verankert zu haben, andererseits aber auch das Thema der Kriminalität selbst als eine konstante Bedrohung der Gesellschaft (1988b, 142; für eine ausführlichere Darstellung zum Genre der Detektivgeschichte, das im 19. Jahrhundert u.a. in den Erzählungen Edgar Allen Poe äußerst populär war, vgl. Makropoulos 1997, 58-62). Auch Andriopoulos, der die „Austauschbeziehungen" zwischen Literatur und Kriminologie um die Jahrhundertwende und die Konzeption des strafrechtlichen Schuldprinzips und dem kriminologischen Begriff der Gefährlichkeit eingehend untersucht hat, hebt hervor: „In der literaturwissenschaftlichen Forschung ist detailliert gezeigt worden, wie sich zwischen 1850 und 1880 die Figur des *Verbrechers* in der Kriminalliteratur von einem zwar moralisch schwachem, ‚gestraucheltem', jedoch durchaus autonomem und ‚besserungsfähigem' Subjekt zur Figur des abnormen, tierhaften Außenseiters wandelt, von dem Gräuel und Untaten aufgrund seiner ‚perversen' Veranlagung von vornherein zu erwarten und zu befürchten sind" (1996, 24).

medizinisches Wissen zu rekurrieren. Den Anlass bildete die Irritation über eine Form schwerer Verbrechen, bei denen ein Mensch grausam und unvermittelt umgebracht wurde, ohne dass ein Grund für die Tat ersichtlich gewesen wäre noch auch es Anzeichen beim Täter für eine geistige Störung gegeben hätte. Nach zeitgenössisch gängigem Ermessen waren die Taten nicht nachvollziehbar, es waren „great unmotivated crimes" und zugleich „perfectly organized acts" (Foucault 1988b, 138, vgl. 130-38).

Die Frage der Zurechnungsfähigkeit zeigte sich in einem neuen Licht und sollte sich fortan als „eines der bedeutenden Probleme der modernen Strafrechtspraxis" stellen (Martschukat 1997, 238). Verbrechen und Geisteskrankheit sollten, im Zuge einer Verfeinerung der Kriterien zur Bestimmung kriminalisierbarer Pathologien, mehr und mehr im Individuum selbst lokalisiert werden. Noch im ausgehenden 18. Jahrhundert hatte man „Wahnsinn" überwiegend als „äußerlich wahrnehmbares, außergewöhnliches Verhalten" begriffen. Im nachfolgenden Jahrhundert sollte man die äußeren Symptome in Gestalt eines bestimmten Verhaltens oder eines Phänomens wie etwa der Mordmonomanie in Beziehung zu einer Krankheit setzen, die dem Betroffenen inne wohnte. Man sprach in diesem Fall von einem „verborgenen Wahnsinn", der sich in plötzlichen, eruptiven und spektakulären Taten Bahn brach (ebd., 226-27). Das Konzept der *homicidal monomania* war „an entirely fictitious entity" und deshalb so bemerkenswert, weil es eine Krankheit bestimmte, die nur in dem Verbrechen selbst sich zeigte, während es darüber hinaus keinen Sinn zu machen schien (Foucault 1988b, 132). Weder erkannte man Anzeichen, die Vorwarnungen der „monströsen Morde" hätten sein können, noch gab es Spuren im Verhalten des Täters, der nach dem Verbrechen wieder bei Verstand zu sein schien, der jedoch den Irrsinn, der ihm offenbar inne wohnte, auch nicht würde kontrollieren können.

Vor diesem Hintergrund konnten die Experten der Medizin zu *Spezialisten in Sachen Motivation* reüssieren:[18] „they had to evaluate not only the subject's reason but also the rationality of the act". Das Konzept des

---

18   Martschukat, der den Prozess der Etablierung des psychiatrischen Wissens im Justizapparat für die deutschen Verhältnisse beschreibt, weist jedoch auch darauf hin, dass „Ärzte [..] bereits seit langem als Gerichtsmediziner und externe Gutachter von der Justiz herangezogen worden" waren. Kompetenzstreitigkeiten zwischen Medizinern und Juristen tauchten daher nicht erst in dem Augenblick auf, als die Materie komplizierter wurde, sie „intensivierten" sich nur (1997, 225; vgl. Lorenz 1999). Einen Kompromiss im Streit um die strafrechtliche Verantwortbarkeit wird später die Figur des Psychopathen darstellen: Obgleich „seelisch abnorm oder minderwertig" ist sie doch mit dem Schuldvorwurf zu belasten (Strasser 1984, 135; zu einem gleich verlaufenden Prozess der „Medizinalisierung der Fahnenflucht" im Deutschen Kaiserreich vgl. Bröckling 1999).

Motivs ließ es zu, die Verbindung zwischen Tat und Autor begreiflich zu machen. Es fungierte wie „a psychologically intelligible link between the act and the author." Mit der Rationalität des Handelns selbst untersuchte man ein ganzes System von Beziehungen, die sich mit der Person, dem Subjekt des Handelns, verbanden. Für die Erklärung der Tat bedeutsam sein konnten daher die möglichen Interessen oder die getroffenen Vorbereitungen, die man zu rekonstruieren suchte, ebenso Charakter, Neigungen und Gewohnheiten des „Autors" der Tat; „the integration of the act into the global behavior of the subject" begründete ein spezifisches Tätersubjekt. Der strafrechtliche Begriff der Verantwortung war nicht länger beschränkt auf die Vorstellung einer bestimmten Form des Bewusstseins, die Freiheit des Individuums, sondern abhängig von der Intelligibilität des Handelns: „the intelligibility of the act with reference to the conduct, the character, the antecedents of the individual." Dem wissenschaftlichen Erklärungszwang und seiner Logik geschuldet, kehrte sich das bisherige Verhältnis gewissermaßen in eine paradoxe Formel um: Je determinierter die Tat, also je eher sie zwingend aus der Persönlichkeit des Täters heraus erfolgte und je bestimmbarer dieser als Individuum war, um so erklärbarer war folglich die Tat und um so eher war der Täter strafrechtlich zur Verantwortung zu ziehen. Umgekehrt war ein Fehlen von Verantwortlichkeit dann gegeben, wenn die Tat als sinnlos und „unnecessary " erachtet wurde – „the play between penal responsibility and psychological determinism has become the cross of legal and medical thought" (Foucault 1988b, 138-140).

Das Konzept der Mordmonomanie wurde bald fallen gelassen, als man Geisteskrankheit nicht mehr nur als eine Störung des Verstandes erkannte, sondern sie auch auf Emotionen, spontanes Verhalten oder Instinkte bezog, die das Denken nicht beeinträchtigen mussten. Die Psychiatrie brachte in der Folge einen ganzen Katalog von Unterscheidungen pathologischen Verhaltens hervor, die sich auf das Thema des Gesellschaftsschutzes beziehen ließen (vgl. Foucault 1988b, 140). Kategorien wie „moralisches Irresein" beispielsweise bestimmten die *Gefährlichkeit* von Individuen und erlaubten, die Verbindung zwischen krankhaften Pathologien und Kriminalität, „zwischen anormal-krank und anormal-kriminell" herzustellen und den Verbrecher als den Anderen zu *determinieren* (vgl. Regener 1999, 306).

Mit dem Problematischwerden der klassischen strafrechtlichen Konzeption von individueller Schuld und Zurechnungsfähigkeit veränderte sich im Laufe des 19. Jahrhunderts die Position des Kriminellen im Strafprozess. Die zunehmende Bedeutung medizinischer Gutachten bei der Erörterung und Feststellung der Schuldfähigkeit im Strafverfahren trug dazu bei, dass im Verhältnis zur *Tat* stärker der *Täter* in den Blick geriet. Man kann darin einen weiteren Mosaikstein im Prozess der „Entmachtung des Angeklagten" sehen, der bereits in der ersten Hälfte des Jahrhunderts mit der Einführung von Geschworenengerichten eingesetzt hatte. Unter dem späteren Einfluss von Kriminologie und Medizin in „Personalunion" schließlich wurde der Kriminelle zu einem besonderen Studienobjekt. Für diese Studien verlagerte sich der Hauptschauplatz aus dem Gerichtssaal in das Gefängnis. Wenn man darin eine Verwirklichung des Benthamschen „panoptischen Systems" erkennen will, war das gerade nicht eine Frage „bauliche[r] Veränderungen, sondern ein[em] entsprechende[n] Denkstil" geschuldet (vgl. Becker 1995, 170-2): dem Versuch, unter der Maßgabe der Kriminalprävention „unabhängig von einer Straftat den nicht besserungsfähigen Täter [zu] entlarven" (ebd., 148).

1.1.3   Die Einschreibung der Norm

> *„Der Verbrecher, der sein Leben erzählt, ist häufig – wiewohl häufig gegen sein Selbstverständnis als Berichterstatter – ein Exekutor herrschender Vorverständnisse über den Verbrecher. Damit der Verbrecher-Erzähler von dem Publikum, an das er sich wendet, recht verstanden wird, ist er häufig gezwungen, die Details seines Lebens an der Richtschnur etablierter Erklärungs- und Rechtfertigungsmuster zu arrangieren."*

> *Strasser (1984, 163)*

Die „zweite Spur" des Strafrechts, die Franz von Liszt in dem Zweckgedanken der Individualprävention angelegt hatte, sollte sich im Strafrecht der Bundesrepublik erst „mehrere Generationen" später als sozialer Maßnahmenkatalog durchsetzen (vgl. Scheerer 1993, 80). Und wieder sollte sich unterdessen die Kriminologie, diesmal in der sozialreformerischen Ära der Nachkriegszeit, behaupten können: „Dieser Einbau der Spezialprävention in das Strafrecht ging allerdings unter der Voraussetzung vor sich, dass die Kriminologie das für die angestrebte ‚Prävention' notwendige empirische Wissen wenn nicht schon besitze, so doch bei gehöriger eigener Anstrengung und großzügiger Forschungsförderung beibringen werde. Die Reform begünstigte daher den Ausbau der Kriminologie, welche die *wissenschaftlichen Grundlagen für Prognose, Prophylaxe und Behandlung* des Rechtsbrechers bereitstellen sollte, insbesondere in der euphorischen Aufbruchstimmung der 60er und 70er

Jahre. Es war die große Zeit des Resozialisierungs- und Behandlungsgedankens und der Modell- und Experimentieranstalten im Ausland" (Bock 1994, 93).[19] Die Lehre von der *défense sociale*, welche die Reformer des 19. Jahrhunderts aufgebracht und die der belgische Jurist Adolphe Prins in seiner Publikation des Jahres 1910 ausbuchstabiert hatte, inspirierte auch diese Diskussionen. So griffen der italienische Rechtsanwalt Graf Filippo Gramatica und der Belgier Marc Ancel den Gedanken, die Behandlung des Täters unter den leitenden „Gesichtspunkt des legitimen Schutzes der Gesellschaft vor den Gesetzesbrechern" zu stellen (Sack 1968, 435), nach dem zweiten Weltkrieg in ihrer *neuen* Theorie der Sozialverteidigung auf. Den Schutz der Gesellschaft wollten sie jedoch nicht auf die „Repression des Verbrechens" beschränkt wissen. Gramatica vertrat die „‚extreme Richtung' der Sozialverteidigung". Sein Programm sah nur die Besserung, nicht aber Repression vor. Ancel hingegen suchte beide Spuren, „Strafrecht und Sozialverteidigung" und „Prävention und Täterbehandlung" miteinander zu verklammern (Ancel 1970, 19-22; vgl. Gramatica 1965) und das Prinzip Garofalos zu modifizieren: Wenn man die „Täterpersönlichkeit" kennen musste, um ihr eine angemessene Form der Bestrafung beziehungsweise Behandlung angedeihen zu lassen, sollte man sie „nicht als Objekt einer wissenschaftlichen Untersuchung [betrachten], sondern als Rechtssubjekt" anerkennen. Man sollte „das menschliche Wesen" noch „über das soziale Wesen hinaus" in ihm sehen. Auch vom Strafrichter verlangte Ancel, „dass er den Delinquenten kennt" und forderte, das Strafrechtssystem in diesem Sinne einer Individualprävention umzustrukturieren (Ancel 1970, 227-29).[20]

Im Sozialstaat der Nachkriegszeit sollte die Präventionsperspektive, für die im 19. Jahrhundert die Spuren gelegt worden waren, das Programm einer sozialen Kriminologie und Kriminalpolitik bestimmen. Das Flaggschiff der Humanität sollte sich mit einer therapeutischen

---

[19] Bekanntlich realisiert sich die „zweite Spur" des Strafrechts in den „Maßregeln der Besserung und Sicherung", der Möglichkeit der „Strafaussetzung zur Bewährung, [durch] die Abschichtung eines dem Erziehungsgedanken verpflichteten Jugendstrafrechts und die Ausrichtung des Strafvollzugs am Ziel der Resozialisierung." Die Rede von der zweiten Spur macht zugleich deutlich, dass die erste Spur dabei keineswegs verloren gegangen ist. Vielmehr „hält das deutsche Strafrecht an der Schuld als Voraussetzung und an der Vergeltung als Zweck der Strafe fest" (Bock 1994, 93).

[20] Gramatica ruft im Jahre 1945 ein „Studienzentrum für Sozialverteidigung" ins Leben. Zahlreiche Kongresse werden veranstaltet, Zeitschriften und die Gesellschaft „Societé internationale de défense sociale" gegründet. Zur Entwicklung und Bedeutung der neuen Bewegung der Sozialverteidigung vgl. die „Einführung zur zweiten Auflage" bei Ancel (1970, 1-8), die mit den folgenden Worten beginnt: „Früher als wir es erwartet hätten, ist eine neue Auflage dieses Werkes, das im Frühjahr 1954 erstmals veröffentlicht wurde, nötig geworden. Seit beinahe vier Jahren wurde diese Neuauflage von uns verlangt."

Perspektive auf den Delinquenten jedoch abermals in eine zwiespältige Position bringen. Die Behandlungsidee, die das Recht durch Normierung und Strafe durch Besserung des Charakters ersetzt wissen wollte (vgl. Garland 1985b, 133), verdiente eher den Namen *Behandlungsideologie* (Strasser 1978, 47; vgl. Christie 1983). Denn in der Therapie sei der Mensch, so Strasser, ein *heteronomes*, nicht selbstbestimmtes Wesen, dessen Denken und Entscheidungsmöglichkeiten in das therapeutische Denken eingebunden seien. Gleichwohl werde er dafür verantwortlich gemacht, die Wahrheit seiner selbst zu erkennen, seine Persönlichkeit, sein Wesen und den Ursprung seiner Pathologie oder Delinquenz. Als erfolgreich gelte die Therapie, wenn er die Symptome seiner Krankheit richtig lesen könne. Doch indem er das Vokabular der Experten und die Spielregeln der Therapie beherrschen lerne, gelte er als autonom, sei aber zugleich fremdbestimmt, der Wahrheit der therapeutischen Deutungen unterworfen, die ihn seiner eigenen Perspektive beraube (vgl. Strasser 1978, 52).[21] So sei an die Stelle jenes „Problem[s] der Willensfreiheit, wie es den kriminologischen Positivismus noch bewegte," in der Kriminologie, der Psychologie und der „Soziologie des Verbrechens" ein neues getreten: das Problem der „Verdinglichung" durch die wissenschaftliche „Begriffsmaschinerie". Therapie – „statt Strafe" – (Strasser 1984, 20; vgl. 191) werde überdies zu dem Konzept einer „administrativen Humanität", die darauf aus sei, Sozialschädlichkeit „möglichst effizient zu verwalten und diese Verwaltung möglichst human anzulegen" (Strasser 1978, 47).

Während die *Abwesenheit des Kriminellen* und eine *Beschränkung auf die Tat* für die klassische Rechtstheorie bezeichnend waren, vollzog sich mit der „sozialen Rechtsschule" (Lemke 1997, 231; vgl. Pasquino 1991) und unter dem Einfluss der humanwissenschaftlichen Disziplinen über die *Normierung* des Delinquenten eine *Ausweitung* des staatlichen Interventionsfeldes und des Expertenwissens. „Bei aller berechtigten Kritik gegenüber den Prämissen des Schuldprinzips sind die *limitierenden Funktionen der Schuld* gegenüber einem ungezügelten präventiven Steuerungszugriff des strafenden Staates als notwendiges Mittel der *Freiheitssicherung* hervorzuheben. Gerade weil es sich bei der Kategorie der Schuld um ein *normatives Konstrukt* handelt, das den empirisch aufweisbaren Handlungsgründen aus sozialwissenschaftlicher Sicht letztlich nicht gerecht werden kann, wird dadurch eine Begrenzung des präventiven staatlichen Zugriffs auf die Bürger möglich. Der normative Schuldbegriff ist so

---

21   Mit dem Begriff der Eigenperspektive rekurriert Strasser auf die Gegenüberstellung von Präventions- versus Verstehensperspektive bei Matza (1973). Letztere sollte der Subjektivität des Untersuchungssubjekts der Forschung gerecht werden.

verstanden ein Bollwerk gegen die denkbare wissenschaftlich angeleitete Durchleuchtung und Kontrolle des Menschen" (Albrecht 1999, 51). Dabei hatte sich die „kriminologische Neugierde" über das *innere* Wesen und die „höchstpersönliche Situation" des „kriminellen Menschen" erst mit der „Wende zum 20. Jahrhundert" eingestellt (Strasser 1999, 147): „By the 20th century, the truth of crime was thought to lie in the personality and social conditions of the offender. This meant that knowledge produced at the level of the person was crucial to truth of crime" (Simon 1998, 453). Lombroso hatte die Verbrechernaturen noch an äußerlichen Merkmalen identifiziert, „an der Oberfläche, das heißt am Körper, die Male der Degeneration und des Anormalen" ausgemacht und so versucht, den *uomo delinquente* zu typisieren (Regener 1999, 177).[22] Insofern hatte er eher der *Criminal-Psychologie* seines Jahrhunderts und der medizinisch-diagnostischen Tradition nahe gestanden:[23] „[They] focussed upon the surface of the body – posture, gaze, the colour of the skin of the melancholic, the gestures of the maniac, the movements of the hysteric." Paradigmatisch hingegen für die Fokussierung auf das Innere des Menschen waren die Psychologie und die Psychoanalyse: „In the twentieth century, the eye gave way to the ear – it was the voice of the patient, what was said, that was to be interpreted, and that provided the royal road to a diagnosis. An interior psychological space opened up between the organs and conduct. Biography, environment and the like deposited their traces here" (Rose 2001).

Der vormoderne Spiritualismus hatte „das Böse" im Verbrecher verkörpert gesehen, in seiner „Seele". Der Verbrecher hatte dieser Vorstellung zufolge Teil an einem absoluten Bösen, das er repräsentierte und das seine Taten zum Ausdruck brachten (vgl. Lilly et al. 1995, 12-15). Diese „alte Symbolik" des Bösen versuchte Lombroso „in moderne wissenschaftliche Empirie zu kleiden." Obwohl das „nicht gutgehen"

---

[22] Den Terminus des geborenen Verbrechers hatte übrigens nicht Lombroso selbst, sondern sein Schüler Ferri geprägt (vgl. Sellin 1972). Der Gefängnisarzt Baer sah in dieser äußerlichen Betrachtungsweise, so Strasser, einen zentralen Grund, warum Lombroso, im übrigen „ein liberaler, reformfreudiger Geist, dem humanitäres Engagement für den Kriminellen keineswegs fremd war" (1984, 192), sich von der Monotonie in den Gesichtern der von ihm untersuchten Gefängnisinsassen beeindruckt zeigte – abgesehen davon, dass die Umgebung das ihrige dazu betrug (vgl. ebd., 56; 1999, 147).

[23] „Der innere Mensch ist die Person ihrem Wesen nach, der äußere Mensch ist dieselbe Person, ihrer Erscheinung nach. Wir können demnach im voraus den Satz feststellen [...]: Wie die Person ist, so muss sie erscheinen." Die von Johann August Heinroth 1833 publizierte Criminal-Psychologie, die Stingelin (1994, 114) hier zitiert, wollte das Wesen des Verbrechers, und mithin seine Schuld, an seiner äußeren Erscheinung ablesen – und war „ein beredtes Zeugnis für jene große Transformation der Strafjustiz zwischen 1760 und 1840, die Michel Foucault in *Überwachen uns Strafen* beschreibt [...]: vom versehrten zum unversehrten Bild des Verbrechers" (ebd., 116-17).

konnte, sollte er damit bekanntlich erfolgreich sein und die Kriminologie des 19. Jahrhunderts, die Wissenschaft werden wollte, auf den Weg bringen (Strasser 1999, 146). Der Naturalismus Lombrosos, die scheinbar objektive Feststellung spezifischer Körpermerkmale, fand seinen Ausdruck in einer „entsprechenden Visualisierung": Verbrecherbilder bildeten ein zentrales Element seiner „Schule des Sehens" (Regener 1999, 299). Doch dieser Naturalismus verband sich mit moralischer Bewertung und verschränkte sich in dieser immer schon zugrunde gelegten Moral mit einer sozialen Dimension: Der „Kriminelle ist nie ausschließlich Natur-, sondern immer auch Kultur-Monster" (Becker 1995, 151).

In seinem biologischen Determinismus personifizierte Lombroso das Verbrechen, übertrug eine „als verabscheuungswürdig" empfundene Handlung auf die ganze Person und machte so „aus einer empirischen [..] eine symbolische Gestalt, die als ganze das Böse repräsentiert" (Strasser 1984, 10). Daher war Lombroso gerade dieses nicht, dessen er immer wieder bezichtigt wird: ein Positivist (vgl. Becker 1999, 1995). Seine Bemühungen waren, im Gegensatz zum positivistischen Objektivitätsanspruch, von einem „normativen Blickwinkel" geprägt und durch das Ziel vordefiniert, den Verbrechertypus an seiner Physiognomie abzulesen (Strasser 1978, 43). Für Lombroso, der „nicht verstehen", sondern „identifizieren" (ebd., 37) wollte, stand von vornherein fest, „dass es sich dabei um unerwünschte Phänomene handelt, die auszumerzen oder unschädlich zu machen sind" (ebd., 33). Wenn das therapeutische Paradigma nun bedeutete, aus der Gefährlichkeit eine Krankheit des Delinquenten zu machen und das Prinzip der Strafe unter dem Vorzeichen des Humanitären in Therapie zu transformieren, so wurde der moralische Zugriff jedoch auch hier nur eingekleidet und „perfektioniert": „was also verschwindet, ist der explizit moralisierende Zug, der der theoretischen Auseinandersetzung mit dem Phänomen Kriminalität als einer gesellschaftlich unerwünschten und daher unschädlich zu machenden Erscheinung zunächst noch anhaftete." Er wurde verdeckt unter dem „,sachlichen' Vokabular[s] der modernen Psychiatrie" (ebd., 44) und später auch dem verständigungsorientierten Vokabular der Sozialtherapie.

1.1.4 Kriminologie und Strafrechtstheorie

„Die Strafrechtswissenschaft hat sich mit dem Marburger Programm *von Liszts* einer empirischen Begründung der Strafe zugewandt. Mit dieser empirischen Legitimation verbunden war die Suche nach den äußeren Merkmalen des Täters, seinen psychischen Strukturen, war die vollständige Durchdringung seiner Person. Die Empirie beinhaltete die Klassifizierung des Täters. Leitlinie der Klassifizierung war das Rechtsgut, das der Täter verletzt hatte. Es ging um den Dieb, den Betrüger, den Mörder". Drei Mechanismen seien in die soziale Konzeption des Strafrechts eingeschrieben, so Peter-Alexis Albrecht, die es erlaubten, gesellschaftliche Probleme systematisch zu „personalisieren": Zunächst „werden gesellschaftliche Problemlagen, die einer politischen Lösung harren, strafrechtlich übersetzt, indem man Rechtsgüter schafft, deren Inhalt in Verkürzungen des Problems selbst besteht." Im Anschluss daran sei die Bedrohung, für die das Rechtsgut stehe, personifizierbar über die Typisierung entsprechender Täter. Diese Repräsentationen seien es, die eine Bedrohung markierten, und von denen ausgehend sich schließlich in präventiver Perspektive weitere Sicherheitsgesetze entwickeln ließen: „Der Tätertypus ist ein Element staatlicher Reaktion im Umgang mit strukturellen Problemlagen. Er dient einer konkret-individuellen Personalisierung dieser Problemlagen. Er wird empirisch unter dem Gebot des folgenorientierten Strafrechts begründet und hat die Verschärfung des Strafrechts in seinem Rücken. Der Topos vom Vertrauen des Bürgers in die Rechtsordnung sichert die Kriminalisierung der Tätertypen präventionstheoretisch und gesellschaftspolitisch ab" (1999, 380-81). Die Form der Personalisierung sei das Ebenbild der Probleme, die als Bedrohung der Ordnung oder des gesellschaftlichen Funktionierens identifiziert würden. Dem Republikfeind der Weimarer Zeit und ihrer „Republikschutzgesetzgebung" entsprächen insofern die Notstandsgesetze gegen den Staatsfeind, der die Bundesrepublik in den 70er Jahren bedrohte, und diese den Sicherheitspaketen gegen den auf nationaler Ebene noch identifizierbaren Schläfer des global operierenden Terrorismus der Gegenwart. Und wie die Straftatbestände des Wuchers oder der „Preistreiberei" symptomatisch gewesen sein mögen für die umfassenden Probleme der Ökonomie der Weimarer Zeit, so stellt die Definition der Organisierten Kriminalität als neuer Straftatbestand der 90er Jahre gleichsam einen künstlichen Schnitt zwischen legalen und illegalen Formen des Wirtschaftens dar, der „von den realen Strukturproblemen der Gesellschaft und Ökonomie ab[lenkt]" (ebd., 379), während bestimmte ausländische Tätergruppen als die Bedrohung dargestellt werden.[24]

Nun geht es in dieser Studie nicht darum, die politischen, kulturellen und sozialen Mechanismen der Konstruktion von „suitable enemies" (Christie 1986) zu beleuchten, sondern die Identifizierungspraktiken der Kriminologie ins Visier zu nehmen. Zweifelsohne ist der „kriminologische Verbrechensbegriff" (Sessar 1998) aus der traditionellen Anbindung dieser Disziplin an das Strafrecht hervorgegangen. Über diese Vorgaben geht die Kriminologie jedoch hinaus. Sie emanzipiert sich als Wissenschaft mit einer eigenen Aufgabenstellung: das *element of crime* im Individuum zu finden und das „Prinzip der Individualisierung" zu systematisieren (Albrecht 1999, 13): „Weil Kriminologie eine Erfahrungswissenschaft ist, suchte sie von Anfang an nach den Variablen, die strafbares Verhalten bedingen. Es musste also ein Konzept, ein Modell oder eben ein Paradigma gefunden werden, das kriminelle Handlungen und Kriminalität erklärt. Ihr Forschungsgegenstand, ursprünglich der Straftäter selbst als handelnde Person, ließ sich nicht auf das ‚Crimen' – also auf die vom Gesetzgeber durch das Strafrecht definierte Straftat – beschränken" (Rolinski 1998, 317). Die Kategorie des Delinquenten wird selbst zu einem kriminellen Element, zu einer eigenständigen theoretischen Entität, die erklärungsbedürftig und über die konkrete, aber auch die rechtlich fixierte und mögliche Straftat hinaus als ein Phänomen beschreibbar ist, das es immer wieder zu erforschen gilt. Ein

---

[24] „Der schillernde Begriff der Organisierten Kriminalität bietet jedem Spielräume für die Ausfüllung mit den eigenen Feindbildern", so auch Frehsee (1997, 35); vgl. dazu und zu der beabsichtigten Vagheit der Definition von „OK", mit der aus der postulierten Unsichtbarkeit des Phänomens sicherheitspolitisches Kapital geschlagen werde, z.B. Pütter/Strunk (1995); Pütter (1998); Krasmann (1997a). Die Fahndungsplakate, auf denen in den 70er und 80er Jahren in der Bundesrepublik die Mitglieder der RAF zu sehen waren und die den Eindruck vermittelten, „dass einige wenige Terroristen in der Lage wären, den ganzen Staatsapparat zu zerstören", sind ein Beispiel für Mechanismen der visuellen Personifizierung des Terrorismus (Regener 1999, 303). Freilich verkörpert das Strafrecht nicht immer und ausschließlich diesen Mechanismus der „Personalisierung *abweichenden* Verhaltens" (Albrecht 1999, 380; Hervorhebung hinzugefügt). Das Risikostrafrecht, das seit den 80er Jahren expandiert sei, ziele, so Prittwitz, eher darauf, konformes Verhalten über die Strafbewährung zu sozial abweichendem oder besser: inadäquatem Verhalten zu machen (1997, vgl. auch 1993). Ausgehebelt werde mit den abstrakten Gefährdungsdelikten, die sich nicht nur auf Umweltdelikte, sondern beispielsweise auch auf Drogenbesitz oder die öffentliche Sicherheit und Ordnung selbst bezögen, das Prinzip der Anbindung des Strafrechtskatalogs an ein zu spezifizierendes Rechtsgut. Davon unabhängig bleibe, so Sessar, mit dem Strafrecht zugleich auch das Verfahrensprinzip bestehen, konkrete Personen strafrechtlich zur Verantwortung zu ziehen und einen Täter, wenn vielleicht auch „mühsam", zu konstruieren (vgl. Sessar 1998, 430-32). Zur Personalisierung noch von politischem „Machtmissbrauch" und der dadurch ermöglichten Überdeckung herrschaftsbedingter, struktureller Zusammenhänge vgl. Frisch (1997).

„Labyrinth" nannte Foucault daher die Kriminologie des 19. Jahrhunderts, die dafür sorgte, dass der Delinquent nicht nur in die Mauern eines Kerkers, sondern auch in das Gefängnis der „Seele", die Konstruktion seiner Biografie, eingesperrt werden konnte. Mit der Seriosität einer Wissenschaft wurde er als eigenständiges Wesen, als Personifizierung des „Kriminellen' vor dem Verbrechen und letzten Endes sogar unabhängig vom Verbrechen" identifiziert (Foucault 1977, 324). Die moderne Kriminologie sei ein Teil der Humanwissenschaften des 19. Jahrhunderts, die den Menschen als Objekt der Wissenschaften und als Subjekt des Handelns konstituiert hätten. Das Individuum sei diesem Wissen unterworfen, das es zugleich erst hervorgebracht habe (vgl. Foucault 1974, 413).

Eine kritisch sich verstehende Kriminologie sollte, und das wird im Folgenden das Thema sein, jene Fokussierung auf das *element of crime* im Täter zu einem de-konstruktivistischen Programm erheben. Sie opponierte gegen eine Form der Normierung und Identifizierung des Delinquenten, die sich in einem Sozialstaat institutionalisierte. Damit artikulierte sie sich in einem Rahmen, der zugleich der ihrer eigenen Etablierung war: Die Universitäten öffneten sich, und das gesellschaftliche Interesse an sozialen Problemen war getragen von einem „allgemeinen gesellschaftspolitischen Steuerungsoptimismus" (vgl. Kreissl 1996, 24-25), dessen subtil vereinnahmender, „sanfter" (Peters/Cremer-Schäfer 1975) Interventionismus der kritischen Kriminologie ein Dorn im Auge sein musste.

1.2 Die Zäsur der kritischen Kriminologie

„Schon Mitte der dreißiger Jahre begannen sich die kritischen Stimmen zu melden. Aber die Grundannahme, dass sich Kriminelle und Nichtkriminelle nach Persönlichkeitsmerkmalen unterscheiden, erwies sich als so stark, dass sie trotz gewichtiger Kritik [...] bis heute nicht gravierend erschüttert werden konnte."

Günther Kaiser (1996, 473)

„Die meisten Schriften über (soziale) Konstruktion oder (soziales) Konstruieren haben nichts zu bieten, was einer Konstruktion auch nur ähnelte."

Ian Hacking (1999, 82)

1.2.1 Täterfixierung

Als der „Arbeitskreis Junger Kriminologen" (AJK) im Jahre 1973 ein Symposium anberaumte, um divergierende Positionen zu erörtern und die Agenda einer „neuen", sozialkritischen Kriminologie zu schreiben, fand das Motiv der *Täterorientierung* der traditionellen Disziplin besondere Prominenz und sollte rund 30 Jahre lang einen der zentralen Bezugspunkte der deutschen kriminologischen Diskussion bilden. Symptomatisch war damals wohl auch, dass sich das geteilte kritische Selbstverständnis in einem „negativen Konsensus" äußerte: *gegen* die Tradition der Disziplin, die sich „ihre Fragestellungen vom Strafrecht [hatte] vorschreiben" lassen und sich folglich „auf die Analyse der Täterpersönlichkeit beschränkt" hatte (Arbeitskreis 1973, 241-42); und gegen eine administrative Kriminologie, die ihre Aufgabe nur darin gesehen hatte, dem kriminalpräventiven Bedarf der Strafjustiz zuzuarbeiten, und die auf ihre Art das binäre normative Strafrechtsdenken fortgeschrieben hatte: Indem sie, positivistisch, eine Linie gezogen hatte zwischen dem gesellschaftlich Konsentierten und Normalen auf der einen Seite und Abweichung, Kriminalität und Pathologie auf der anderen, leistete sie der Vorstellung Vorschub, Kriminalität werde nur von nicht normalen Menschen begangen. Noch zwanzig Jahre später definierte sich die gegen dieses Denken opponierende „kritische Kriminologie" zuallererst über die negative Abgrenzung von einer nicht-reflexiven „positivistischen" Theorietradition und sah sich einverstanden mit allen „Positionen und Richtungen kriminologischer Gegenstandsbestimmungen, Theoriebildung und Forschungspraxis, die [...] *eine Zäsur zur bisherigen ,alten', konventionellen, ,mainstream' Kriminologie markieren und intendieren"* (Sack 1993b, 329).[25]

Die Kritik allerdings an der überkommenen, „quasi anthropologische[n]" Unterscheidung zwischen Tätern und Nicht-Tätern (vgl. Sessar 1997, 2) sah sich durch eine ganz andere Tradition untermauert, die bisher noch keine Erwähnung fand. Mit Hilfe statistisch-stochastischer Verfahren war die Soziologe schon in ihren Anfängen zu dem Schluss gekommen: Kriminalität weist „alle Symptome der Normalität auf [..]; offenbar ist sie mit den Gesamtbedingungen eines jeden Kollektivlebens auf engste verknüpft" (Durkheim 1961, 156). Ubiquitär ist sie, weil das Kriminalitätsaufkommen sich über die gesamte Population verteilt und sich nicht auf bestimmte Schichten reduziert. Die Moralstatistik, Vorläuferin der heutigen Kriminalstatistik, hatte seit der ersten Hälfte des 19. Jahrhunderts dazu gedient, systematisch die „Sünden" der Gesellschaft zu registrieren und zu kartografieren (Popitz 1968, 19). Die Verbindung von sozialstatistischen Verfahren und Wahrscheinlichkeitskalkül erzeugte darüber hinaus eine spezifische Sicht auf das Individuum als einen Durchschnittsmenschen, dessen Profil das der Gesellschaft ist. Wie der belgische Astronom und Mathematiker Adolphe Quételet (1796-1874) in seiner *Sozialen Physik* 1835 konstatierte,[26] zeigte dieses Profil in schö-

---

[25]   Der Beginn der „kritischen Kriminologie" lässt sich zeitlich wie theoriegeschichtlich mit der Publikation der „Kriminalsoziologie" (Sack/König 1968) ansetzen, in der auch Texte der amerikanischen Klassiker wie Merton, Sutherland oder Sykes und Matza und der programmatische Aufsatz von Sack (1968) erschienen sind. Im selben Jahr erschien auch die erste Ausgabe des Hausblattes der „jungen Kriminologen", das Kriminologische Journal.

[26]   Hätte es die Soziologie als Wissenschaft zu seiner Zeit schon gegeben, so könnte man Quételet, der die „foundations of the quantitative paradigm in the social sciences" legte (Sekula 1986, 19), wohl auch als Sozialwissenschaftler bezeichnen – oder aber sagen: Er „war ein echter wissenschaftlicher Multifunktionär" (Kern 1982, 38; zur ausführlichen Darstellung der Soziologie Quételets vgl. ebd., 37-46; sowie Ewald 1993, 174-206; Hacking 1990). Diese Grundlegung einer statistischen Analyse der Gesellschaft durch den Belgier Quételet und in Frankreich André-Michel Guerry (1802-1866) sowie eine entsprechend soziologische Sicht auf Probleme der Kriminalität und das fiktive Durchschnittsindividuum, in dem sich die Gesellschaftsstruktur reflektiert, lässt die Begründung der Kriminologie durch Lombroso und die italienische Schule wie einen „Mythos" erscheinen (Lindesmith/Levin 1937; vgl. auch Beirne 1993; Sack 1968). Moralstatistik bedeutete zunächst nichts anderes als „Sozialstatistik": „Er war keine ethische Kategorie, sondern bezeichnete einfach den Umstand, dass es – im Gegensatz zur Naturwissenschaft – darum ging, soziale Zustände und Vorgänge zu beobachten" (Kern 1982, 37). Die Bevölkerungsstatistik freilich ist kameralistischen Ursprungs (vgl. Dinges/Sack 2000, 19-20 und zur Entwicklung speziell der deutschen Verwaltungs- und Kriminalstatistik vgl. Deflem 1997, 157-162). Im Rahmen der Kriminalstatistik wurde jedoch erstmals die Verbindung von mathematischer Theorie der Wahrscheinlichkeitsrechnung, die Stochastik, und deskriptiver Praxis der Staatswissenschaften umgesetzt (vgl. Deflem 1997, 155).

ner Regelmäßigkeit, dass unerwünschte Phänomene wie das der Kriminalität niemals gänzlich zu beseitigen, vielmehr ein Teil der Gesellschaft sind: „Es gibt einen Tribut, den der Mensch regelmäßiger bezahlt als denjenigen, welchen er der Natur oder dem Staatsschatze entrichtet; es ist derjenige, den er dem Verbrechen zollt! – trauriger Zustand des Menschengeschlechtes! Wir können im voraus aufzählen, wieviele ihre Hände mit dem Blute ihrer Mitmenschen besudeln werden, wieviele Fälscher, wieviele Giftmischer es geben wird, fast so, wie man im voraus die Geburten und Todesfälle angeben kann, die einander folgen müssen."[27]

Noch in zwei weiteren Dimensionen verstand sich die kritische Kriminologie soziologisch: Kriminalität und Abweichung sind nicht als individuelle Phänomene aufzufassen, sondern zum einen auf soziale Verhältnisse zu beziehen und zum anderen auf gesellschaftliche Deutungs- und Aushandlungsprozesse. Diese, für ein soziologisches Verständnis kriminologischer Theorie entscheidende Verbindung zwischen zwei Konzepten des *Sozialen* stellte erstmals ausdrücklich Robert K. Merton (1968) in seiner Anomietheorie her: Kriminalität erklärte er sich bekanntlich aus der Diskrepanz zwischen sozialstrukturellen Bedingungen und gesellschaftlich vorherrschenden Orientierungen: zwischen den kulturellen und insofern sozialen Aspekten des Verhaltens auf der einen Seite und auf der anderen den strukturellen Aspekten, den materiellen oder ökonomischen Lebensbedingungen, welche die Möglichkeit, jenen Vorstellungen entsprechen zu können, determinieren. Wenn man nun noch von „pathologisch" sprechen wollte, dann in Bezug auf die gesellschaftlichen Strukturen, auf die Kriminalität und Abweichung eine *Reaktion* darstellten.[28]

Das Profil der deutschen kritischen Kriminologie bestimmte der Import der US-amerikanischen Soziologie abweichenden Verhaltens, vor allem die Forschungen der Chicagoer Schule, die Devianz konsequent als gesellschaftliche Phänomene untersuchten: als soziale Interaktionsprozesse und als soziale Folge urbaner, demografischer und ökonomischer Entwicklungsprozesse. „Inspirator oder Katalysator für die Entstehung der Reaktionstheorien" (Lamnek 1979, 217), die Kriminalität

---

[27] Zit. n. Kern (1982, 39-40).

[28] Merton bezog sich freilich auf Durkheim, der unter Anomie eine Norm- oder Regellosigkeit verstand, die in der mit der Industrialisierung verbundenen gesellschaftlichen Differenzierung und ihren sozialen Desintegrations- beziehungsweise Individualisierungsprozessen angelegt ist. Eine Spezifizierung stellt der Mertonsche Begriff gleichwohl in der theoretischen Ausarbeitung der Unterscheidung zwischen kultureller und sozialer Struktur dar (vgl. Lamnek 1979, 114; für eine Heraushebung der Gemeinsamkeiten vgl. Hahn 1996, 270).

und Abweichung von den sozialen Verhältnissen und der sozial codierten Welt her analysierten und als „Reaktion" auf diese begriffen, waren lerntheoretische Zugänge gewesen: Kriminalität und Abweichung führten sie auf Vermittlungs- und Interaktionsprozesse in der sozialen Umwelt zurück. Die *Theorie der differentiellen Assoziation* von Edwin H. Sutherland hatte die Kriminologie von ihrer sich selbst bestätigenden Fixierung auf sozial Benachteiligte entbunden und setzte einen ersten Baustein für eine wichtige Perspektivumkehr kriminologischer Forschung: „Criminology came out of the sewers" (Ruggiero 2000, 2), von der Unterschichtskriminalität zur Kriminalität der vermeintlich Wohlanständigen, indem sie davon ausging, dass strafbare Handlungen schon deshalb nicht das Resultat gesellschaftlich vorgegebener persönlicher Dispositionen sind, weil sie Fähigkeiten, Techniken und Handlungsorientierungen erfordern, die wie andere Verhaltensweisen erlernt sein wollen und die sich als solche folglich erst in einem Lernprozess heraus bilden. Begünstigt werde dieser unter anderem durch den *Kontakt* zu bestimmten sozialen Gruppen, die gerade nicht unterprivilegiert seien: Macht und Einfluss seien in Milieus verankert, innerhalb derer kriminelle Verhaltensweisen erlernt würden und als legitim gälten (vgl. Sutherland 1949, 1968).[29]

Die interaktionistische Soziologie und im besonderen der *Labeling Approach* sollten „das Verbrechen als feste Bezugsgröße" schließlich ganz aufgeben (Sessar 1998, 434), indem sie, über die lerntheoretischen Ansätze hinausgehend, noch die Normen und Regeln und ihre Setzung selbst in Frage stellten. Diese betrachteten sie als die konstitutive Voraussetzung für die Unterscheidung von Abweichung, Normalität, Konformität und Kriminalität: „Abweichendes Verhalten wird von der Gesellschaft geschaffen", und das heißt, „dass *gesellschaftliche Gruppen abweichendes Verhalten dadurch schaffen, dass sie Regeln aufstellen, deren Verletzung abweichendes Verhalten konstituiert,* und dass sie diese Regeln auf bestimmte Menschen anwenden, die sie zu Außenseitern abstempeln. Von diesem Standpunkt aus ist abweichendes Verhalten *keine* Qualität der Handlung, die eine Person begeht, sondern vielmehr eine Konsequenz der Anwendung von Regeln durch andere und der Sanktionen gegenüber einem ‚Missetäter'. Der Mensch mit abweichendem Verhalten ist ein Mensch, auf den diese Bezeichnung erfolgreich angewandt

---

29 Auch Sutherlands Ansatz ist aus dem Kontext der Chicagoer Schule hervorgegangen. Frank Tannenbaum war es, der in seiner Studie *Crime and Community* (1938) als erster abweichendes Verhalten als das Ergebnis der Reaktionen der sozialen Umwelt begriff (vgl. Lamnek 1979, 219)

worden ist; abweichendes Verhalten ist ein Verhalten, das Menschen so bezeichnen" (Becker 1981, 8).

Genau hieran knüpfte auch die vielfach als radikal bezeichnete Variante des *Labeling* Ansatzes an, welche die deutsche Diskussion prägen sollte: „In diesem Sinne ist abweichendes Verhalten das, was andere als abweichend definieren. Es ist keine Eigenschaft oder ein Merkmal, das dem Verhalten als solchem zukommt, sondern das an das jeweilige Verhalten herangetragen wird" (Sack 1968, 470).[30] Die Radikalität bestimmte sich aus der Annahme, dass „der Normbruch selbst nichts anderes als ein ,physikalisches Geschehen'" sei, ein definitionsoffenes Ereignis, das erst der Aufmerksamkeit und der autorisierten Zuschreibung bedurfte, die eine Regelverletzung nicht attestierte, sondern *konstituierte*. Kriminelles und selbst abweichendes Verhalten hingegen galten dieser Perspektive als ein „ontologisches Nichts": Weil es sich nicht um Eigenschaften handelte, die bestimmten Verhaltensweisen innewohnten, sondern um Bedeutungen, die nur kontext- und situationsabhängig bestimmbar seien, machte streng genommen nicht einmal die Rede von *kriminellem Verhalten* einen Sinn. Intentionen oder Motive eines Akteurs würden immer nur unterstellt oder projiziert, anstatt auf die Beobachtung und den Prozess der Zuschreibung selbst zu reflektieren: „Der Normbruch als solcher ist in Konsequenz der Überlegungen *Sacks* überhaupt kein Ereignis, nach dessen Entstehung sinnvoll wissenschaftlich gefragt werden kann, erhält es doch seinen spezifischen Charakter später, *wenn das physikalische Ereignis in intentionales Handeln transferiert wird*" (Schneider 1999, 203-04; zweite Hervorhebung hinzugefügt).[31]

Unter der Devise „Every event is caused" scheute sich die amerikanische Soziologie abweichenden Verhaltens gleichwohl keineswegs, dieses auch zu erklären. Wogegen sie sich wandte, war der „harte" wissenschaftliche Determinismus einer positivistischen Kriminologie (Matza 1964, 5), die nicht die gesellschaftliche Vermittlung von Deutungen und

---

30 Wieder ist der Vordenker der deutschen Kriminologie, die sich auf diesen auch vielfach bezieht, Emile Durkheim, der nicht nur, wie später auch Popitz (1968), die normen- und herrschaftsstabilisierende Funktion von Abweichung und die symbolische Funktion der Strafe hervorhob, sondern sich auch wie der Souffleur der *Labeling*-Theoretiker ausmacht, indem er die Wahrnehmung und Definition von Abweichung und Kriminalität das Resultat normativ geprägter Vorstellungen und keineswegs präsozial objektivierbarer Verhaltensweisen begreift: „man darf nicht sagen, dass eine Tat das gemeinsame Bewusstsein verletzt, weil sie kriminell ist, sondern sie ist kriminell, weil sie das gemeinsame Bewusstsein verletzt. Wir verurteilen sie nicht, weil sie ein Verbrechen ist, sondern sie ist ein Verbrechen, weil wir sie verurteilen" (1988, 130).

31 Für eine erste theoretische Positionsbestimmung in der deutschen Diskussion vgl. auch Sack (1972, 1978). Zur kritischen Würdigung der „gemäßigten" Variante und dem „radikalen" *Labeling* Ansatz vgl. auch Keckeisen (1974) und Lamnek (1979, 229-236).

Wahrnehmung bedacht und sich darauf kapriziert hatte, den Täter auf seine Eigenschaften festzuschreiben. Dem war die Analyse von Interaktionssituationen und *-prozessen*, von Handlungs*kontexten* und *-dynamiken* sowie eine Kritik an der *gewöhnlichen* Vorstellung entgegenzusetzen, abweichende Handlungen seien von einer dem Akteur selbst inne wohnenden „motivierenden Kraft" geleitet und nicht nur „motiviert" im Sinne von „bewusst" intendiert (Becker 1981, 22). Diese kritische Sicht auf das Konzept des Motivs hinderte Howard S. Becker nicht, selbst von „absichtlicher Nonkonformität", „abweichenden Impulsen" und „heimlich abweichendem" Verhalten zu sprechen (vgl. ebd., 17-19). Obgleich die Regeln, seiner eigenen Definition zufolge, die Abweichung erst konstituieren, stand für Becker nicht auch zur Disposition, dass sich abweichendes Verhalten vor jeder Reaktion darauf bestimmen ließe, im Gegenteil. Was etwa seine berühmte Studie zum Marihuana-Konsum so erhellend machte (vgl. ebd., 36-70), war der detaillierte Aufweis, wie die gesellschaftliche Ächtung und das Verbot des Stoffes nicht nur die darauf rekurrierenden heimlichen Verhaltensweisen, sondern noch die sinnliche Wahrnehmung der Wirkungen und den Genuss des Stoffs bestimmten.

Während die amerikanische Soziologie ein politisches Konzept des Sozialen verfolgte, indem sie es sich zum Programm gemacht hatte, mit ihren Feldforschungen den sozialen Ursachen von Devianz und Delinquenz beizukommen,[32] schien die deutsche Kriminologie entweder Schwierigkeiten mit einem reflexiven Begriff von Gesellschaft zu haben oder sich weigern zu wollen, die Sicht delinquenter Akteure empirisch zu untersuchen: „Wenn sich das Bemühen darauf konzentriert, nach den Motivationen dieses Verhaltens zu forschen, dann wird das, was einen gesellschaftlichen Interaktionsprozess darstellt, gleichsam in die Person hinein projiziert" (Sack 1968, 442). Um diese tradierte „Täterfixierung" aufzubrechen, wandte sich die kritische Kriminologie ausdrücklich von einer Perspektive auf den Täter ab (vgl. Scheerer 1997, 27; Lindenberg/Schmidt-Semisch 1996). Die „Fragen der gesellschaftlichen Definition von Kriminalität" (Kreissl 1996, 19) entschieden sich ihrer Ansicht nach auf Seiten der *Instanzen* sozialer Kontrolle. Kriminalität

---

[32] Beispielhaft dafür waren die sozialökologischen und die Subkulturstudien der Chicagoer Schule, die methodisch zunächst noch wenig theoriegeleitet und eher naturalistisch und teilweise funktionalistisch bestimmt waren. Hier überwog das praktische Interesses an den sozialen Problemen, die den forschenden Blick auf die Folgen der Industrialisierung und Kapitalisierung, der Ausbildung der Massengesellschaft und der sozialen Umschichtungen in den US-amerikanischen Städten in der ersten Hälfte des 20. Jahrhunderts leitete (vgl. ausführlich Lilly et al. 1995, 37-73); zur forschungspraktisch begründeten Verbindung von *Labeling Approach* und Chicago-Schule vgl. stellvertretend Schneider (1999, 208).

war nicht nur als ein soziales Phänomen zu begreifen war, sondern als das „Artefakt instanzlicher Selektionspraktiken" (Scheerer 1997, 27): das systematische Ergebnis von Mechanismen *selektiver Sanktionierung*, deren „soziologische Gesetzmäßigkeiten" es zu eruieren galt (Sack 1968, 464).

Wenn vor einer jeden Straftat das Gesetz steht, das eine Handlung (*action*) erst zu einem Normbruch (*infraction*) werden lässt (vgl. Matza 1964, 4), dann war das Recht als „Herrschaftsinstrument" besonders in Augenschein zu nehmen: Die formalen Rechtsprinzipien, so hieß es, die Gleichheit proklamieren, täuschten darüber hinweg, dass sie tatsächlich die „institutionalisierten Dementis praktizierter Herrschaft" repräsentieren (Sack 1993c, 467). Aus ihrer Analyse habe die etablierte Kriminologie, so die kritische Polizeiforschung, die *Definitionsmacht* (Feest/Blankenburg 1972) der Kontrollinstanzen ausgespart, obgleich diese die „Herrschaft über die Tatsachen" hätten (Sack 1984, 75). Deshalb müsse man ihre Deutungen nicht als bloße Re-konstruktionen, sondern als Konstruktionen der Wirklichkeit und Erzeugung von Tatsachen betrachten. Auch das Gericht beschränke sich nicht darauf, Tatsachen festzustellen. Die Wahrheit, die es erst in die Welt setze, sei die der Existenz des Kriminellen: „Durch das Gerichtsurteil, das den Angeklagten schuldig spricht, wird nicht nur eine Tatsache aktenkundig gemacht und festgestellt, die auch ohne das Urteil existieren würde. Es ist nicht ein reiner Akt der Namensgebung, der Benennung eines Phänomens, sondern das Verdikt: ihm ist diese Tat zuzuschreiben, er ist für sie verantwortlich, er hat für die Konsequenzen einzustehen, begründet erst das Merkmal ‚Krimineller sein', schafft diese Eigenschaft im wahrsten Sinne des Wortes" (Sack 1968, 469). Wenn die Untersuchungen der kritischen Kriminologie also durchaus auch an den normativen Vorgaben des Strafrechtskatalogs anzusetzen hatten, hieß das freilich gerade nicht, sich diese positivistisch vorgeben zu lassen, sondern sie als kontingente Rechtsnormen zum Gegenstand kritischer Analysen zu machen: „Die Anbindung an den durch das Strafrecht vordefinierten Gegenstand wird in dem Maße aufgehoben [...] wie es gelingt, den vordefinierten Charakter des Gegenstandes selbst zum Untersuchungsthema zu machen, indem dieser in der Genese, seiner Varianz und seiner Veränderbarkeit studiert wird" (Kunz 1998, 25).[33]

Für die kritische Kriminologie, die „Kriminalität" empirisch wie theoretisch als ein gesellschaftliches Phänomen auffasste, stellte sich damit die Frage nach der Macht der Definition geltender Normen und ihrer

---

[33] Zur Begründung einer kritischen, am *Labeling* Ansatz orientierten Kriminologie „aus dem Strafrecht" vgl. Sack (1988; 1989); Lüderssen/Sack (1975); Steinert (1976); Hess/Stehr (1987).

Kristallisierung in Normalitätsvorstellungen und Herrschaftsverhältnissen. Nicht nur nahm sie Abweichung als das komplementäre Produkt ins Visier; vor allem trat sie einer Schieflage in der herkömmlichen kriminologischen Forschung entgegen, indem sie auch den Zusammenhang von strafbarem Verhalten und „Konformität" (Sessar 1998, 443) oder „Macht" (vgl. Scheerer 1993a) problematisierte:[34] „Kriminell" bedeutete nicht gleich abweichend, ungewöhnlich oder im medizin-psychologischen Sinne pathologisch. Traditionelle kriminal- und sicherheitspolitische Diskurse sahen sich auf diese Weise ebenfalls in Frage gestellt. So stand die Dunkelziffer plötzlich nicht nur für das noch unentdeckte und bedrohliche Potenzial der immer schon polizeilich anvisierten gesellschaftlichen Unterschichten und Randgruppen. Wenn es eine kriminelle Energie gab, dann auch die der rechtschaffenen Bürger (vgl. Sack 1993a). Die *common sense*-Vorstellung, die Welt teile sich in Verbrecher und Normalbürger, wurde ebenso aufgebrochen wie die, soziale Probleme würden in der Alltagswelt in den Kategorien des Strafrechts rezipiert: Die perspektivische Verschiebung von Untersuchungen zur „Kriminalitätsfurcht" auf eine Differenzierung „subjektiver Unsicherheitsgefühle" in den Forschungen der 90er Jahre hatte ihren Anschub durch die Einsicht erhalten, dass die soziale Wahrnehmung des Lebensalltags eher von „Ärgernissen", von Konflikten, problematischen Situationen oder auch von „Lebenskatastrophen" geprägt ist und weniger im Sinne kriminalpolitischer Diskurse verhandelt wird (vgl. Hanak et al. 1989).

Empirische Untersuchungen, welche die Relevanz gesellschaftlicher Normen für individuelles Handeln und abweichendes Verhalten, also in der Perspektive der Akteure, aufzeigen wollten, wie das Howard S. Becker in seinen Marihuana-Studien oder Gresham M. Sykes und David Matza (1968) zu den „Neutralisierungstechniken" getan hatten, setzten die Möglichkeit einer theoretischen Unterscheidung zwischen primärer und sekundärer Devianz freilich voraus. Für die radikale Perspektive des *Labeling Approach* hingegen war diese Unterscheidung bedeutungslos. In Opposition zur Motivunterstellung der traditionellen Kriminologie forderte sie, sich dem Versuch der Motivforschung überhaupt zu enthalten. Die Fokussierung auf Prozesse der *Kriminalisierung* war „der konsequenteste Ausdruck einer solchen Neuorientierung der Kriminologie in Richtung der Einbeziehung der sozialen Kontrolle in die Analyse der Kriminalität" (Sack 1993b, 332). Statt kriminelle Karrieren zu analysieren, galt es, die soziale Karriere mächtiger Zuschreibungen

---

[34] Vgl. auch Eisenberg (1976); Hess (1976); Jäger (1989); Landreville (1989).

aufzudecken: „Die zeitliche, räumliche und situationsmäßige Distanz, die zwischen einer gesellschaftlich verbindlichen Aussage über das Vorliegen einer kriminellen Tat oder der kriminellen Eigenschaft eines Täters auf der einen Seite und dem eine solche Aussage veranlassenden Geschehen oder Vorgang auf der anderen Seite liegt, ist ja so beträchtlich, dass sich zu Recht von der sozialen Karriere eines zunächst als physikalisch beschreibbaren Geschehens sprechen lässt" (Sack 1972, 18).

Die radikale Kritik an der *Ätiologie* kam einem Verzicht auf jegliche „Ursachenforschung" gleich (Sack 1972, 17). Auch wenn es „massives Belegmaterial dafür [geben mag], dass gewisse Arten der Delinquenz auf nicht arbiträre Weise mit Persönlichkeitsmerkmalen des Rechtsbrechers kausal zusammen hängen", konzentrierte sich die radikal „antiätiologische" Kriminologie (Strasser 1994, 187) auf die Analyse der „Prinzipien und Grundlagen des Etikettierens" (Lamnek 1979, 230). Die damit einhergehende Negation im Sinne einer Abwendung vom Täter und eine gegebenenfalls einseitige Ausrichtung auf das Konzept von „Kriminalität als Produkt einer staatlich organisierten Zuschreibungspraxis" (Strasser 1994, 187) „lassen sich besser verstehen, wenn man ihre Behauptungen auch als Ausdruck der Bemühungen würdigt, [...] den ‚Verbrecher'[,] endgültig aus der Wissenschaft zu vertreiben. Demnach müsste die Kriminologie, will sie sich der Archaik des Bösen ohne Rest entschlagen, das Verbrechen ganz vom Verbrecher abziehen, die Konstitution des Verbrechers nicht auf die Seite des Verbrechers, sondern auf der Seite derer suchen, die vom Verbrecher als einem vorgegebenen Objekt reden, während sie ihn in Wahrheit stets erst erzeugen – auf der Seite der Law-and-Order-Bürokraten und ihrer Agenten. Die Idee des *labeling* ist, so gesehen, die Idee der Entontologisierung des Verbrechens: wo es die Entität ‚Verbrecher' bloß noch als Produkt einer symbolischen Etikettierung – an die sich vielerlei reale Folgen knüpfen – gibt, dort ist das Wesen des Bösen ein flatus vocis, nicht mehr" (ebd., 39).[35]

---

35 Im Sinne des „interpretativen Paradigmas" (Wilson 1981), in dessen Kontext sich wissenschaftstheoretisch gesehen auch der *Labeling Approach* in Deutschland etablieren konnte, bezieht sich der Begriff der Ätiologie auf ein positivistisches Forschungsprogramm, das den konstruktiven Charakter der sozialen Welt nicht reflektiert und insofern implizit normativ bleibt, indem es die Setzungen ignoriert, die jede Forschung vornehmen muss. Es zielt zudem, im Gegensatz zu einer *Verstehens*perspektive, auf nomothetische, also gesetzmäßige Aussagen und kausale *Erklärungs*muster (vgl. Wright 1974). Begriffliche Zusammenstellungen wie „ätiologischer Konstruktivismus" beziehungsweise „konstruktivistisch gewendete Ätiologie" (diese Wendung geht auf Rüdiger Lautmann zurück, vgl. Hess/Scheerer 1997, 118, Anm. 80) sind nur in dem oben genannten Sinne von Matza zu verstehen: als ein Versuch, Zusammenhänge nicht deterministisch zu begreifen und dabei

Dass die kritische Kriminologie mit Blick auf die Instanzen an der konstitutiven Funktion von Regeln ansetzte, um Kriminalisierungsprozesse zu erklären, und nicht etwa an der Eigenperspektive der Akteure einer Subkultur oder eines bestimmten sozialen Milieus, bedeutete jedoch nicht, dass sie mit jener radikalen „Rezeption des Labeling Approach das wahre Anliegen und Selbstverständnis der amerikanischen ‚Klassiker' verschleiert" hätte (Schneider 1999, 203). Schließlich erfordert auch der Nachvollzug von Prozessen der Kriminalisierung durch die Institutionen dieselbe Reflexion auf Deutungs- und Aushandlungsprozesse wie jede Analyse von Interaktionsprozessen. Als problematisch sollte sich vielmehr der Schritt erweisen, das kritische Anliegen der De-Konstruktion mit der theoretischen Annahme gleichzusetzen, „alles" sei Definition und folglich könne man keine wahren oder objektiven Aussagen machen und auch keine Bestimmungen über innere Bezugsgrößen des Handelns vornehmen.[36] Den kritischen *Esprit* der amerikanischen Soziologie, die noch die Forschung selbst dem soziologischen Blick unterwarf, hatte gerade diese Selbstreflexivität möglich gemacht. Die Klassiker der interpretativen Soziologie hatten die „Eigenperspektive" (Matza 1973) der Akteure untersuchen und soziale Regeln als Orientierungen des Handelns begreifen und sogar Intentionen beschreiben können, weil sie „Motive" niemals vor-sozial in einem Täter oder Akteur liegen sahen. Der Sozialwissenschaftler selbst maßte sich nicht an, seine eigenen Schlussfolgerungen als eine Wahrheit außerhalb sozialer Sinnhaftigkeit anzusehen und über diese soziale Bezugsfolie zu stellen. Diese Perspektive war so verstanden *radikal*

---

aber stets die Prozesse der Bedeutungs- und Sinnkonstituierung mit zu reflektieren.

[36] So lässt sich etwa „Aggressivität" nicht dadurch negieren, dass man nicht in das Innere des Täters hineinsehen und folglich auch keine aggressive Haltung oder bestimmte Absichten „sicherstellen" kann (vgl. Löschper 1992). Eine solche Argumentation reproduziert eine Trennung zwischen wahren oder objektiven Intentionen und Empfindungen, die sie selbst in Frage stellen will: „Interpretationen kommen nicht erst dann zum Zuge, wenn es um die Deutung fremder Bewusstseinsvorgänge geht, sondern sind die Basis unseres Wissens von der Welt überhaupt. [...] In einem sozialkonstruktivistischen Bezugsrahmen ist es daher unmöglich, aus dem Vorliegen einer Interpretation auf einen Mangel an Wirklichkeit oder Objektivität zu schließen" (Fischer 2001, 106-07); und das gilt für die Theorie des Symbolischen Interaktionismus und die Sozialphänomenologie, aus denen sich die theoretischen Annahmen des *Labeling* Ansatzes im wesentlichen speisen, gleichermaßen. Vor diesem Hintergrund widerspricht auch die Aussage statistischer Normalität oder der Ubiquität von Kriminalität (im Sinne strafbaren Verhaltens und der Verteilung des Kriminalitätsaufkommens) nicht den Prämissen des radikalen *Labeling* Ansatzes und ist keineswegs gleichzusetzen mit einer Anerkennung der „Existenz per se abweichenden Verhaltens" (vgl. Schneider 1999, 203). Statistiken beschreiben die Realität mit Hilfe ihres Instrumentariums und bilden insofern nicht physikalisch beobachtbares, sondern allenfalls beobachtetes Verhalten ab, wobei Kriminalstatistiken sich überdies auf strafrechtlich fixierte Kategorien beziehen. Als Konstruktionen sind sie, wie jedes soziale Wissen, aber weder unwahr noch „bloß" Konstruktionen.

konstitutiv. So blieben selbst die Beobachtungen des Wissenschaftlers immer nur ein Reflex seiner individuellen und gleichwohl sozial vermittelten Wahrnehmungsfolie, die analytisch gesehen immer eine Addition zum Beobachtbaren darstellte. Einem Täter „[e]in Motiv zuzuschreiben bedeutet daher [...] nichts anderes, als eine Person zu zeugen" (Blum/McHugh 1975, 190).[37]

In der deutschen Kriminologie hingegen stilisierte man den Delinquenten zum „Reaktionsdeppen" (von Trotha 1977) und sah ihn als Opfer mächtiger Zuschreibungsprozesse wie mechanisch in die „sekundäre Devianz" (Lemert 1975) und die zugewiesene kriminelle Karriere abgleiten. Das Komplement hierzu war die nicht nur heuristisch gemeinte Zuspitzung, die definitionsmächtigen Etikettierer seien schließlich die eigentlichen Täter: „Natürlich wird der Täter ausgeblendet. [...] Was uns als Kriminalität präsentiert wird, ist stets das Dokument des Handelns von Richtern. Wenn man so will: Der Richter ist der Täter. Wir müssen also dessen Handeln erklären, wenn wir Kriminalität erklären wollen" (Peters 1997, 270). In beiderlei Hinsicht wurde, wissenschaftstheoretisch verkürzt, die Definitionsmacht zum Absolutum erhoben und so der kritische Ansatz der radikalen Perspektive kurzerhand ausgehebelt. Als Wahrheit wurde immer schon vorausgesetzt, was es eigentlich erst zu untersuchen galt: die Prozesse und Mechanismen erfolgreicher Definition.

Wahrheit und Konstruktion aber stehen nicht im Gegensatz zueinander, und diese Einsicht ist kein Spezifikum des *Labeling Approach*: „uninterpretierte Ereignisse können nicht ‚wirklich' sein, weil sie gar kein Element gesellschaftlichen Wissens darstellen können" (Fischer 2001, 107).[38] Erst die Reifizierung der Konstruktion stellt diese in

---

37 Blum/McHugh (1975, 191) grenzen sich gleichwohl noch von ethnomethodologischen Forschungen ab: Der Objektivismus, den diese für sich in Anspruch nähmen und in Gegensatz zum alltagsweltlichen Denken stellten, bedeute letztlich eine Aufgabe konsequenten konstruktivistischen Denkens. – Bereits Max Weber hatte, anders als Hess/Scheerer (1997, 93) nahe legen, eine soziologische Enthaltsamkeit im Begriff des *subjektiv gemeinten Sinns* angelegt, freilich ohne schon den *linguistic turn* der interaktionistischen Soziologie vorweggenommen zu haben: Der subjektive Sinn ist bei Weber gerade nicht der „wahre" Sinn, den die Handelnden selbst vor Augen haben. Es kann nur der von außen idealiter, und das heißt auf der Basis soziologischer Konstruktionen, nachvollzogene Sinn eines „als Typus *gedachten* Handelnden" sein. Genau darin unterscheidet sich für Weber das Denken der Soziologie von dem der „Jurispudenz" (1976, 2).

38 Bekanntlich hat William I. Thomas (1965, 84-85) diesen konstitutiven Zusammenhang in seinem berühmten Theorem pointiert: „Wenn die Menschen Situationen als real definieren, dann sind diese in ihren Folgen real." Im Denken des *Labeling Approach* bedeutet das: Die Definition der Situation *konstituiert* ihre Wirklichkeit zuallererst. Sie bestimmt das Handeln der Beteiligten ebenso wie die weiteren Geschehensabläufe. Angesichts eines Machtgefälles sind gleichwohl nicht alle Akteure gleichermaßen in der Lage, ihre Definition auch durchzusetzen.

Opposition zu einer Wahrheit, die außerhalb von Deutungsprozessen zugänglich ist. Beim *Labeling* Ansatz hingegen handelt es sich nicht – darauf deutet sein Name schon hin – um eine Theorie der Konstruktion, sondern um eine kritische *Perspektive* (vgl. Scheerer 1997, 24-25; Steinert 1985, 29), die als solche konsequent als ein analytisches Prinzip zu begreifen ist. Nicht den Anspruch des Verstehens oder Erklärens im oben genannten Sinne schließt der *Labeling Approach* daher aus, sondern den Anspruch, *selbst eine Theorie der Erklärung* zu sein. Und eine wissenschaftstheoretische Reflexivität freilich muss ohne Bezugstheorien wie den Symbolischen Interaktionismus oder die Sozialphänomenologie letztlich unzulänglich bleiben. Doch die Weichen für jene theoretischen Verkürzungen stellte nicht die anfängliche Rezeption der amerikanischen Soziologie, sondern ihre sekundäre Rezeption. Sie vergaß das heuristische, analytische Prinzip und gab, offenbar ohne das selbst zu bemerken, die Radikalität eines „Dissens als Haltung" (Lautmann 1998) auf, indem sie sich dieser selbst nicht unterwarf.

Der kritische Blick einer „Kriminologie von unten" (Sack 1989, 126) auf die Kontrollinstanzen mündete daher mit einer Zwangsläufigkeit in die zunächst nicht weiter reflektierte „faktische Parteilichkeit des labeling approach" (Peters 1996, 113) für die Adressaten der Kriminalisierung und gegen die „Herrschenden". Herrschaftskritik, die sich mit der Abwendung von der Täterperspektive verband, erschien denn auch als das konsequente Programm des Etikettierungsansatzes (vgl. Bussmann 2000, 239). Doch solange die Definitionsmacht immer schon *ex ante* verortet ist, reduziert sich das kritische Potenzial des *Labeling* Ansatzes schließlich selbst auf einen „normativ halbierten Konstruktivismus" (Kreissl 1996, 29). Dieser reiht sich folglich in eine *sociology of misery* ein, die ihren eigenen Gegenstand und sich selbst mit ihrem Engagement reproduziert und so ihr eigenes Anliegen unterläuft: in diesem Falle dem Leid abzuhelfen, das durch gesellschaftliche und institutionell organisierte Kriminalisierung erzeugt wird (vgl. Ruggiero 2000, 5).[39] Darin unterschiedet sich der *Labeling Approach* dann auch nicht von dem von ihm kritisierten *Left Realism*, der sich seinerseits unter Bezug auf einen marxistischen Ansatz als kritische Reaktion auf eine konstruktivistische Perspektive und ihren *Left Idealism* verstanden hatte: In der Fokussierung auf die symbolische Ebene der Vermittlung sozialer Wirklichkeit hatte er eine praxisferne Haltung erkannt, welche die realen

---

[39] Die Interpretation, „kriminelles Verhalten" sei die „Artikulation des Machtkonfliktes" und könne „die Form eines bewussten Protestes gegen Regeln" annehmen (vgl. die Position von Lautmann/Schumann in: Arbeitskreis 1973, 248), geht dabei auf die Typologie der Reaktionen auf Anomie zurück, in der Merton eine Variante kriminellen Verhaltens als *Rebellion* beschreibt.

er eine praxisferne Haltung erkannt, welche die realen Probleme dementierte und ihrerseits das Leid und den Schaden, der durch Kriminalität entsteht, aus der Analyse ausklammerte.[40]

Freilich lässt sich die Entwicklung der kritisch-kriminologischen Forschung bis in die Gegenwart nicht auf diesen sich selbst amputierenden wissenschaftstheoretischen Zuschnitt reduzieren, wie auch der *labeling*orientierte, interaktionistische Zugang und die marxistisch, konflikttheoretische Ausrichtung der kritischen Kriminologie nur zwei paradigmatische Grundlinien darstellen (vgl. Sack 1972; 1993b), in denen diese keineswegs aufgeht.[41] Die innerdisziplinären Auseinandersetzungen der 90er Jahre lesen sich gleichwohl auch als ein Indikator dafür, dass eine kritische Perspektive problematisch geworden war: Vielleicht war die Anerkennung der systematischen Leerstellen einer „Dementierkriminologie" (Sack 1996a), beispielsweise im Hinblick auf rechtsradikale Täter

---

40 Zum Programm dieser „neuen" bzw. „radikalen" Kriminologie vgl. z.B. Lea/Young (1984); Matthews/Young (1986); Taylor/Walton/Young (1973); Walton/Young (1998); Young (1988); Young /Matthews (1992). Für eine kritische Auseinandersetzung mit den kriminalpolitischen Konsequenzen des „linken Realismus" und seinen Aporien einer nur vermeintlich herrschaftskritischen Reproduktion von Problemen der Kriminalität, u.a. aufgrund ihrer Parole des „taking crime seriously", die das traditionelle Bild von Problemen der Kriminalität in Gestalt von Straßenkriminalität als Unterschichtsphänomen reproduzierte, vgl. Boogart/Seus (1988; 1991). Zentrale Leitlinien des *Left Realism* hätten denn auch mit den kriminalpolitischen Zielsetzungen von *New Labour* übereinstimmen und diese untermauern können: „The development of this pragmatic and gradualist paradigm on the centre left of criminology was a necessary, if not a sufficient, condition for the emergence of New Labour's new tough stance on law and order because it provided a coherent and robustly defended theoretical justification for abandoning some of Labour's old shibboleths about crime and its control" (Brownlee 1998, 321).

41 Für ein Plädoyer der Verknüpfung der kritischen Kriminologie mit marxistischen Positionen und damit einer gesellschaftstheoretischen Einbettung des *Labeling* Ansatzes vgl. Sack (1972, 6; 1988); Arbeitskreis (1973, 251-52). „Das durch den Standpunkt der Unmittelbarkeit begründete Unvermögen, über Oberflächenphänomene kapitalistischer Wirklichkeit hinaus zu einem wirklichkeitsadäquaten Verständnis von gesellschaftlichen Erscheinungen zu kommen", kritisieren Werkentin et al. an der *Labeling* Perspektive, die sie deshalb für unvereinbar halten mit marxistischen Positionen: „Die Mystifikationen dieser Theorie sind bereits angelegt in der Definition kriminellen Verhaltens als normabweichendes Handeln, dem keine inhärente Qualität zukommt [...] Der labeling oder social reaction approach bezieht somit die Position eine erkenntnistheoretischen Agnostizismus. Er leugnet die Objektivität sozialer Wirklichkeit und damit ihre Erkennbarkeit". Damit gehe der Etikettierungsansatz zwangsläufig am Materialismus gesellschaftlicher Verhältnisse und deren Tiefenstruktur vorbei (1972, 247-48). Für ausdrückliche Versuche, marxistische und interaktionistische Perspektiven theoretisch miteinander zu verknüpfen, vgl. hingegen Smaus (1986), sowie Blankenburg (1974, 313): Angesichts der Marxschen Erörterung, „wie man aus einem Gewohnheitsrecht der armen Klassen ein Verbrechen macht", indem ein bisheriges Gewohnheitsrecht, nämlich Raffholz sammeln, plötzlich per Gesetz zum Holzdiebstahl und also *kriminalisiert* wird, kommt dieser zu folgendem Schluss: „Die Vertreter des ‚Labeling'-Ansatzes werden bis ins hohe Alter hinein ‚junge Kriminologen' bleiben, schon weil sie sich nicht weiter als bis zu Howard Becker zurückdatieren. Solche Bescheidenheit allerdings ist fehl am Platze, denn der erste Vertreter des ‚Labeling'-Ansatzes ist Karl Marx."

(Schumann 1994) oder „reale Gewalt" (Scheerer 1997), auf der einen Seite und die (Un-)Möglichkeit der Konstruktion von allgemeinen Kriminalitätstheorien auf der anderen nicht nur das explizite Ende eines negativen Konsenses über ein kritisches Selbstverständnis. Vielleicht waren diese Diskussionen ebenso Ausdruck dafür, dass eine kritische Perspektive sich als Disziplin etabliert hatte und sich, gerade wenn sie „kritisch" sein wollte, notwendig diversifizieren musste (vgl. Ericson/Carriere 1994). Fragmentierung schien der Tribut, die „spätmoderne" Gesellschaften ihr abverlangten (vgl. Garland/Sparks 2000).[42]

1.2.2   Die Reflexion der Kritik

> *„Mit anderen Worten, die Wahrheit setzt nicht eine Methode voraus, um sie zu entdecken, sondern Verfahren und Prozesse, um sie zu wollen. Wir haben immer die Wahrheiten, die wir verdienen, in Abhängigkeit von den Wissensverfahren (namentlich den linguistischen Verfahren), Machtverfahren, Subjektivierungs- oder Individuierungsprozessen, die uns zur Verfügung stehen."*

> *Gilles Deleuze (1993c, 169)*

Die Klassiker der amerikanischen Soziologie, die sich auf die *Eigenperspektive des Subjekts* konzentriert und dabei das Singuläre noch in seiner sozialen Situierung aufgezeigt hatten, wollten auf diese Weise einem verallgemeinernden Erklärungsanspruch keinen Raum geben, der sich über diese unhintergehbare Bindung der Wahrnehmung, des Denkens und der Sprache an das Soziale erhebt und diese Objektivierung im gleichen Zuge auch noch auf einen Täter fokussiert. Das Soziale wird so letztlich reifiziert und gleichzeitig negiert, indem man es auf den Täter projiziert und auf diese Weise individualisiert. Insofern läuft auch jede Kriminalitätstheorie in die Irre, die, indem sie erst an dem vorgegebenen Gegenstand ansetzt, per definitionem eben keine soziologische Theorie im Sinne der Klassiker ist: Noch wenn sie soziale Faktoren in den Blick nimmt, für die sich schon der Positivist Enrico Ferri interessiert hatte,[43]

---

[42] Vgl. zu dieser Diskussion die Auseinandersetzungen Ende der 90er Jahre im *Kriminologischen Journal*; für eine Zwischenbilanz aber auch Bussmann/Kreissl (1996).

[43] Die „Täterfixierung" der Kriminologie war von Anfang an keineswegs nur außerhalb der Erklärungsansätze zu finden, die man im weitesten Sinne soziologisch nennen könnte. Individuum und Soziales bildeten in der Kriminologie vielmehr wechselseitig sich befruchtende theoretische Bezugspunkte, die, obwohl oder gerade weil sie aufeinander verwiesen, zu Gegenpolen werden sollten. So zitiert die kritische Kriminologie gerne den berühmten Ausspruch des französischen Rechtsmediziners Alexandre Lacassagne (zit. n. dem Bericht

konzentriert sich der Erklärungsversuch auf das Individuum, auf welches das Soziale kausal zurückgeführt wird. Einem Sexual- oder Gewalttäter beispielsweise kann man dann selbst immer eine problematische Vergangenheit nachweisen, die sich anhand der bekannten Ursachen wie Gewalterfahrungen und sozial desolate Familiensituation *ex post* rekonstruieren lässt.[44] Dabei besteht das Problem der Ätiologie, und das gilt für biologische ebenso wie für psychologische oder sozialstrukturelle Erklärungsansätze (vgl. Albrecht 1999, 37-40), nicht darin, dass die Theorien kriminogener Faktoren falsch wären, im Gegenteil. Das Problem liegt in ihrer Allgemeinheit, die noch konkurrierende Ansätze gleichermaßen richtig erscheinen lässt, denn sie alle folgen einer Logik der *causality of contraries*: Die kausale Rekonstruktion sieht sich stets bestätigt, „when crime takes place", während die möglichen Faktoren in Latenz schlummern, „when crime does not take place" (Ruggiero 2000, 10-11).[45]

---

von Rosenfeld 1893, 183-84): „Die Gesellschaft hat die Verbrecher, die sie verdient." Mit diesen Worten beendete Lacassagne damals seinen Vortrag gegen die Schule Lombrosos auf dem dritten internationalen Kriminalanthropologen-Kongress im August 1892. Begonnen hatte er mit den folgenden Worten: „Im Verbrechen laufen zwei Faktoren nebeneinander her, der individuelle und der soziale. Der erstre hat einen sehr beschränkten Einfluß; wo er offen zutage tritt, hat man mit einem Irren zu thun" – ein klarer, seiner Ansicht nach nicht weiter erklärungsbedürftiger Fall. Statt dessen interessierte sich Lacassagne für eine Typologie von Verbrechern, die er nach gehirnphysiologischen Gesichtspunkten ausführte. So gelangte er zu einem Schluss, die seiner soziologischen Gedankenausrichtung nicht zu widersprechen schien: „Bei dem Verbrecher wird meistens einer dieser Instinkte vorherrschen und den Hirnzustand kennzeichnen, mehr als dies physiologischerweise bei allen Menschen der Fall ist. Daher eine deutlicher hervortretende Doppelpersönlichkeit; daher unwiderstehliche Triebe, Gelüste, die unmittelbare Befriedigung heischen und jede Überlegung zunichte machen."

44 Für die historische Rekonstruktion des Perspektivenwechsels zur psychiatrischen Diagnose einer im Individuum liegenden Gefahr erörtert Martschukat den Fall eines Hamburger Schullehrers, einem angesehener Bürger, der im Jahre 1803 seine Ehefrau nebst seinen fünf Kindern umbringt. Man macht nicht viele Umstände, ein Gutachten über seine Gemütsverfassung zu erstellen, sondern verurteilt ihn als vollständig zurechnungsfähig zum Tode. Tatsächlich kann man die „Missetat" als eine der Verzweiflung ansehen zu der ihn, ob objektiv berechtigt oder nicht, seine „Angst vor Armut und Verelendung der Familie" trieb. Eine andere Interpretation über eine möglicherweise vorliegende „Gemütskrankheit" konnte zu diesem Zeitpunkt noch kein Gehör finden. Doch sollte es nicht lange dauern, bis man schließlich endgültig im Jahre 1937 davon ausging, dass Rüsau genau deshalb zu Unrecht hingerichtet worden war. Der Unterschied zwischen diesen Einschätzung lag in dem „Zeitraum, in dem sich die Psychiatrie institutionalisierte" (1997, 223-24).

45 Ätiologisch ist daher auch eine Kriminologie, die sich als Wissenschaft von den Ursachen von Kriminalität und nicht nur des Studiums von Verbrechern versteht (vgl. Wetzell 2000, 16). In der von Young (1988) einmal diagnostizierten „ätiologischen Krise der Kriminologie" sieht Ruggiero, der für eine Auflösung der Kriminologie in Soziologie plädiert, insofern gerade keine nur zeitlich bedingte Krisenerscheinung: „What is termed ,aetiological crisis' should not be regarded as the effect of recent developments, but seen as an intimate dilemma ingrained in criminology itself" (2000, 8). Zur kritischen Erörterung der Versuche, Kriminalitätstheorien zu konstruieren, vgl. Quensel (1986); zur Ironie, dass Kriminali-

Auf ein mögliches Missverständnis sei an dieser Stelle hingewiesen: Wenn das Anliegen der kritischen Kriminologie darin bestand, die Täterfixierung einer Disziplin aufzulösen, ist das nicht gleichbedeutend damit, den Täter als Akteur oder jegliche Verantwortung für eine Tat zu negieren und etwa die individuelle Verantwortung auf die Gesellschaft zu schieben. Dies wäre nur die Perspektivumkehr einer Denkweise, die in den Rechtswissenschaften und in der Strafrechtspraxis ihren Ort hat, und das hieße, die Logik des Strafverfahrens auf gesellschaftliche Verhältnisse zu übertragen. Die Analyse hingegen, die gesellschaftliche Normalitätsvorstellungen und nicht individualisierte Motive fokussiert, will das konstitutive Zusammenspiel von gesellschaftlichem Denken und individuellem Handeln aufzeigen. Erst in dieser Betrachtungsweise kann die situative Zufälligkeit und gleichwohl die gesellschaftliche Bedingtheit deutlich werden, mit der, beispielsweise bei einem kollektiven Gewaltakt wie dem nach der deutschen Wende in Rostock Lichtenhagen, ein bestimmter Akteur eine Brandbombe wirft und nicht ein anderer, der neben ihm stand: „Der Forderung, solche Auseinandersetzung mit dem Einzelfall durch die Konstruktion von Tätertypologien zu erleichtern, sollten sich die Sozialwissenschaften meines Erachtens widersetzen. Denn die Gründe, die ggf. dazu führen, dass Peter und nicht Paul den Brandsatz wirft, entziehen sich einer notwendig verallgemeinernd-abstrahierenden wissenschaftlichen Betrachtung" (Scherr 1994, 167). Eine Täterfixierung aufzulösen bedeutet also, den Täter nicht als alleinigen „Verursachungshintergrund" auszumachen, so dass es so aussieht, als sei er „eine Konfiguration von kriminogenen Dispositionen", auf die sein Handeln kausal zurückzuführen ist (Strasser 1984, 17). Eine Handlung oder eine Straftat ist immer in einen originären situativen Kontext eingebunden und zugleich ein Rekurs auf Konventionen. In diesem Zusammenspiel aber ist jede Handlung emergent (vgl. Katz 1988). „Es geht also nicht darum, den Täter, sondern nur die Position dieses Täters ‚jenseits' oder ‚hinter' der Tat zu ‚verabschieden'. Denn die Tat wird sie selbst sein und das Erbe der Konventionen, die sie neu verpflichtet, aber auch der zukünftigen Möglichkeiten, die sie eröffnet; der ‚Täter' wird das ungewisse Funktionieren der diskursiven Möglichkeiten sein, durch die die Tat funktioniert" (Butler 1993, 125).

So wie Emile Durkheim die Disziplin der Kriminologie als ein Artefakt kritisiert hatte – „wir nennen Verbrechen jede mit Strafe bedrohte

---

tätstheorien, aufgrund ihrer notwendigen perspektivischen Auswahl immer zutreffen, vgl. Joachim Frisch: „Der falsche Stil des Maurizio. Über die Schwierigkeit, Straftat und Bankkonto in Einklang zu bringen. Am Fall Gaudino verflüchtigt sich der Erklärungswert von Kriminalitätstheorien", in: *die tageszeitung*, vom 14.1.1995.

Handlung und machen das so definierte Verbrechen zum Gegenstande einer Spezialwissenschaft, der Kriminologie" (1961, 132) –, so sah Peter Strasser das Bemühen des *Labeling* Ansatzes in seinen „radikalen Spielarten" gerade darin „charakterisiert, die Wissenschaftswerdung der Kriminologie dadurch zu betreiben, dass man sie ihres Gegenstandbereiches entledigt" (Strasser 1984, 39). In der jüngeren Vergangenheit scheint eben dies der Fall geworden zu sein: Der Gegenstand und die theoretische Bezugsfolie sind der kritischen Kriminologie abhanden gekommen. Die tradierte Grenze zwischen Kriminalität und Normalität und mit ihr die Eindeutigkeit der Kategorie Kriminalität sehen sich durch eine Reihe von Problematisierungen in Frage gestellt, welche die soziale Wahrnehmung von Kriminalität und Abweichung verändert haben.[46] Dies ist nicht zuletzt auch ein zweifelhafter Erfolg des *Labeling* Ansatzes selbst, dessen ursprüngliche Intentionen sich unversehens gegenläufig entwickeln konnten: „Die sozialwissenschaftliche Entzauberung des Kriminellen, das zur Aufrechterhaltung des Normalen erforderlich war, lässt Kriminalität als eine Form der Normalität erscheinen. Damit wird gleichzeitig die Normalität zur Vorstufe der Kriminalität, und die Gesellschaft gerät als Ganze unter Verdacht" (Kreissl 1989, 433). Mittlerweile prominiert die kritische Perspektive, fast im Wortlaut der „Labeling-approach-Bibel" *Outsiders* von Howard S. Becker (Lautmann 1998, 46), schon auf der ersten Seite des Sicherheitsberichtes der Bundesregierung: „Jede Kriminalitätsanalyse steht vor dem Problem der genauen Bestimmung des Gegenstandes. Was ,*Kriminalität' ist*, ist nämlich nicht ein für allemal stabil vorgegeben, sondern das Ergebnis dessen, *was eine Gesellschaft als kriminell definiert*" (Bundesministerium 2001, 5; Hervorhebung hinzugefügt).[47] Was einst als kritisch galt, ist nunmehr offenbar hoffähig geworden. Doch ist das weder als ein Erfolg noch als ein Desaster zu werten, da eine Folie der Kritik schließlich immer wieder neu zu bestimmen ist: Sie variiert nicht zuletzt mit den Macht- und Herrschaftsverhältnissen. „[The] vision suggesting that crime, like other behavior, was a social product", war in den Vereinigten Staaten bereits

---

46 Zum Einfluss sozialer Bewegungen auf die Wahrnehmung von „Kriminalität", beispielsweise im Hinblick auf sexualisierte, „verhäuslichte" Gewalt oder Umweltverschmutzung und -delikte vgl. Young (1998); Kreissl (1996). Fragwürdig geworden sei die Zweckmäßigkeit der Kategorie Kriminalität zur Beschreibung sozialer Probleme, so Sack (1997, 143). Die Bezeichnung selbst sei in gleichem Maße zu einem „Kategoriefehler" geworden, in dem ökonomische über soziale Mechanismen der Gesellschaftssteuerung, insbesondere seit der deutschen „Wiedervereinigung", „triumphiert" hätten, was irreführender und zynischer Weise nicht selten unter notwendigen Modernisierungskosten verbucht werde.

47 Die hier artikulierte Sichtweise verdankt sich dem Umstand, dass erstmals externe Wissenschaftler an der Erstellung dieses Ersten Periodischen Sicherheitsberichtes beteiligt waren.

Anfang des 20. Jahrhunderts aufgekommen (Lilly et al. 1995, 37). Sie prägte, wie gezeigt, entscheidend die deutsche Diskussion einer sich kritisch verstehenden Kriminologie. Doch diese *soziale* Perspektive und mit ihr das theoretische Instrumentarium der kritischen Kriminologie sollten sich im Zuge einer Reihe gesellschaftlicher Prozesse bald zur Disposition gestellt sehen.

1.3 Die Krise des Wohlfahrtsstaates – die Krise der kritischen Kriminologie?

> *„In the last years of the twentieth century, no serious political or social commentator speaks of an alternative to living with ‚a free market‘, which seems to be well entrenched as the only conceivable model of economic survival and/or development."*

Ian Taylor (1999, 3)

„Kriminalität ist normal". Das war eine der programmatischen Äußerungen, mit denen die kritische Kriminologie gegen die Pathologisierung von Kriminalität und gegen die selektive Stigmatisierung bestimmter Gruppen argumentierte. „Kriminalität ist normal geworden", das könnte man, im doppelten Sinne, wohl konstatieren mit Blick auf eine Entwicklungslinie in der „Mainstream-Kriminologie"[48] der Gegenwart: Während die Statistiken der westlichen Staaten ein vergleichsweise hohes Kriminalitätsniveau ausweisen (vgl. Garland 1996, 446; 2000a),[49] verabschiedet sich die Theorie vom pathologischen Verbrecher und postuliert, strafbares Verhalten sei nichts Außergewöhnliches. Kriminalität sei vielmehr eine mehr oder weniger undramatische und zudem – darin stimmen diese Theorie und jene Empirie überein – ubiquitäre Alltagserscheinung. Straftaten, so konstatiert die Theorie weiter, seien nahe liegend, nicht nur aufgrund der zahlreichen Möglichkeiten und Gelegenheiten, sie zu begehen, sondern auch im

---

[48] Mit „Mainstream-Kriminologie" ist, im Gegensatz zu einer kritischen oder subversiven Perspektive, die hegemoniale oder politisch akzeptierte Kriminologie gemeint, die sich mehr oder weniger erfolgreich praktisch durchsetzt und in entsprechenden Problemlösungskonzepten ihren Niederschlag findet – was allerdings keineswegs gleichbedeutend damit ist, dass die anderen Strömungen von der Bühne der Wissenschaft abträten (vgl. Garland 2001, xi).

[49] Steigende „Kriminalisierung", hieß es mit Blick auf einen statistisch ablesbaren Kriminalitätsanstieg seit Kriegsende auch in der deutschen Diskussion bereits in den 80er Jahren, stehe einer „Schwächung der staatlichen Straf-Reaktionen" gegenüber (Quensel 1989, 393).

begehen, sondern auch im Hinblick auf das individuelle Kalkül: Bei einem geringen Risiko der Bestrafung lägen sie zuweilen näher als rechtstreues Verhalten, seien insofern sogar folgerichtig und daher auch nicht gleich als moralisch verwerfliche Handlungen zu betrachten (vgl. Karstedt/Greve 1996, 174). Überdies seien es grundsätzlich normale Menschen, mehr oder weniger rationale Akteure, die, quer über alle Gesellschaftsschichten hinweg, Straftaten begingen. Die Bezeichnung Verbrecher verdienten sie eigentlich gar nicht, weil ihr Handeln nicht von einer Disposition determiniert oder von einer spezifischen Neigung bestimmt sei, vielmehr abhängig von alltagsweltlichen Routinen, Gelegenheitsstrukturen und Situationskonstellationen. Straftaten seien nicht das Resultat individualisierbarer, weder geistiger, psychologischer, biologischer noch auch sozialer Pathologien, weshalb „eine brauchbare Theorie kriminellen Verhaltens auf besondere Theorien der Anomie, psychologischer Unangepasstheiten oder der Vererbung bestimmter Charakterzüge verzichten kann" (Becker 1982, 40).

Unverkennbar wird in dieser programmatischen Äußerung des Ökonomen Gary S. Becker[50] die Affinität zu den Paradigmen der kritischen Kriminologie, die sich gegen die Individualisierung sozialer Probleme gewandt hatte, gegen die mediale Dämonisierung und die wissenschaftlich untermauerte Pathologisierung des Täters und gegen die „Skandalisierung" und „Moralisierung" von Problemen der Kriminalität (Cremer-Schäfer/Stehr 1990). Auch in der deutschen kritischen-kriminologischen Diskussion wurde deshalb die pragmatische kriminalpolitische Ausrichtung der *new criminologies of everyday life* (Garland 1996) nachdrücklich positiv aufgenommen.[51] Denn deren Konzepte der Kriminalitätskontrolle konzentrieren sich nicht auf den Täter, sondern setzen an Situationen und Problemen an: „crime is an event – or rather a mass of events – that requires no special motivation or disposition, no pathology, or abnormality, and which is written into the routines of contemporary social and economic life. [...] these new criminologies see crime as continuous with normal social interaction and explicable by reference to standard motivational patterns. [...] Attention should center not upon individuals but upon the routines of interaction, environmental design and the structure of controls and incentives [...] The new policy advice is to concentrate on substituting prevention for cure, reducing the supply of opportunities, increasing situational and

---

50 Der Nobelpreis wurde Becker im Jahre 1992 u.a. deshalb verliehen, weil er das ökonomische Denken über die eigene Disziplin hinaus auch für andere Bereiche fruchtbar gemacht hat.

51 Für eine kritische Würdigung der Ansätze vgl. etwa Karstedt/Greve (1996); Sessar (1997).

supply of opportunities, increasing situational and social controls, and modifying everyday routines" (Garland 2001, 16).

Hier soll jedoch noch einer anderen Lesart nachgegangen werden. Der zufolge sind jene theoretischen Ansätze, die den Menschen als *homo oeconomicus* oder als nutzen- und vorteilsorientierten Akteur begreifen, das Symptom eines spätestens in den 90er Jahren hegemonial gewordenen Diskurses. Im Namen der drei „Es", *efficiency, effectiveness, and economy* (Crawford 1997, 88), propagiert der eine Gesellschaft des Marktes, für die der Unternehmer zum „Helden" (Taylor 1999) geworden ist. In dieser Rhetorik zeigt sich dann nicht nur eine willkommen pragmatische und undramatische Perspektive auf Probleme der Kriminalität, als vielmehr das Antlitz eines neoliberalen Projektes, das den Einzelnen auf seine Chancen verweist, ohne sich noch um eine sozial gerechte Verteilung von Optionen zu scheren. So wie die postulierte Nutzenorientierung altruistisches Handeln erklären kann, von dem man nämlich selbst immer auch profitiert (vgl. Becker 1982, 317ff.), so kann man in negativer Konnotation auch von egoistischem Vorteilsdenken oder Profitstreben sprechen. Die ökonomische Theorie, die es zulässt, Straftaten ohne Umschweife mit Risikofreudigkeit in Verbindung zu bringen (vgl. ebd., 50-51), favorisiert, so verstanden, im seriösen Diskurs der Wissenschaft den Menschen der Marktgesellschaft und „die generell anerkannte und geförderte Motivation der Gewinnmaximierung" (Sessar 1997, 18). Das postulierte Gewinnstreben, zu dem prinzipiell jeder Mensch fähig ist, ist dann die ideale Voraus-Setzung im buchstäblichen Sinne, um den Menschen mit den neoliberalen Gesetzen des freien Marktes kompatibel zu machen (vgl. Sack 1994, 223).

Von dieser Warte aus sieht sich die kritische Kriminologie eher mit ihren eigenen theoretischen Prämissen von einer ökonomischen Perspektive überholt statt mit dieser einig. Auch wenn sie manche politischen Ansätze mit dieser teilen mag, bleibt doch ein für sie zentraler Gesichtspunkt systematisch ausklammert: die soziale Frage, die Suche nach den sozialen Ursachen von Kriminalität und sozialen Lösungskonzepten. Zwar werden soziale Probleme unter jenem Paradigma nicht mehr individualisiert, die Kategorie Kriminalität eignet sich aber auch nicht mehr für deren Thematisierung (vgl. Sack 1997, 143). Neben dieser Aushöhlung ihrer kritischen Agenda sieht sich die Kriminologie überdies mit einer „Revitalisierung" der „konservativen Kriminologie" konfrontiert, die vor allem in der US-amerikanischen Diskussion der 80er und 90er Jahren ihren Ausgang genommen hatte und die die Ursachen von Kriminalität erneut im Individuum verankert wissen wollte (vgl. Lilly et al. 1995, 196, 207): Biologische, neurophysiologische, aber auch psychologisch begründete Ansätze erklärten Kriminalität als Folge individueller Pathologien, die sie in Beziehung setzten zur sozialen Schichtung. Im gleichen Zuge beschwor die kommunitaristische Debatte mit gemeinschaftlichen Werten eine neue Moral der Verantwortung und kalkulierte so den Ausschluss derjenigen ein, die nicht die sozialen und ökonomischen Voraussetzungen für die neu zu bildenden Formen der Solidarität erfüllten.[52] Diese verschiedenen Problematisierungsweisen, die sich auf den ersten Blick gegenläufig zueinander zu verhalten schienen, gingen auf einen gemeinsamen Nenner zurück: den der Kritik an wohlfahrtsstaatlichen Sicherungssystemen. In einem despektierlichen Tenor gegenüber einer Sozialpolitik, die ihre eigene Abhängigkeit erzeugt, trafen sich die Argumentationen insbesondere dann, wenn individuelle Leistungsempfänger oder sozial Randständige ins Kreuzfeuer utilitaristisch unterlegter Problematisierungen genommen wurden.[53]

---

52 *Spiritus rector* dieser auch für die Kriminologie relevanten Diskussion war Amaitai Etzioni (1995). Vor allem in den USA können sich zumeist entsprechend privilegierte Bürger in die privatisierten Zonen der *Gated Communities* einkaufen und zu einer exklusiven Gemeinschaft gegen die äußere Unordnung zusammenschließen (vgl. Blakely/Snyder 1997; Davis 1994; Wehrheim 2000). Für eine Auseinandersetzung mit diesen beiden Linien einer *preventive partnership* auf kommunaler Ebene einerseits und „punitiver Segregation" (Garland 2000a) in der britischen Konzeption der Kriminalitätskontrolle andererseits vgl. die Übersicht bei Bode/Lutz (2001); sowie Crawford (1998). Als „Regieren mittels Verbrechen" bezeichnet Simon hingegen jenes Amalgam einer neoliberalen Politikstrategie, die punitive Ausrichtung mit einer „Parteinahme für Opfer" kombiniert und auf diesem Wege zwar eine Polarisierung herstellt zwischen dämonisierten Tätern und zu schützenden, potenziellen Opfern, im gleichen Zuge aber eine Gemeinschaft stiftet, die auf „Kriminalitätsfurcht" beruht und entweder einen Beschützer wie den Staat finden oder selbst Schutzmechanismen erfinden soll (1997, 281).

53 Zu Bestsellern avancierten *Crime and Human Nature* des Psychologen Richard Herrnstein und des Politiologen James Q. Wilson (1985), sowie *The Bell Curve* von Herrnstein/Murray (1984). Biologische bzw. genetische Erklärungen von Gewalt und Kriminalität leisteten hier einem populistischen Diskurs Vorschub, der soziale Probleme zu einer Frage von Schicht oder Klasse, Intelligenz und Rasse stilisierte. Charles Murray (1984; 1990) reüssierte in US-amerikanischen wie britischen *think tanks* mit seiner Propaganda für den Abbau des Wohlfahrtsstaates, die er in einem ungeschminkt moralisierenden Unterton vorbrachte, um der Disziplinlosigkeit der sozialen „Unterklassen" entgegen zu wirken. Dieselbe Richtung schlugen die „Null Toleranz"-Thesen von James Q. Wilson und George Kelling (1982; Kelling/Coles 1996) ein. Das Programm einer neuen anti-sozialen Ordnungspolitik auf der Basis ihrer „broken-windows"-Theorie bildete in den 90er Jahren einen zentralen Bestandteil der erfolgreichen New Yorker Aufräumpolitik unter dem Bürgermeister Giuliani. Vor allem aber stellte es eine Schlagwort-Rhetorik zur Verfügung, die sich in die verschiedensten politischen Kontexte übertragen ließ. So knüpfte etwa Anthony Giddens in seiner Befürwortung einer „Belebung der Gemeinschaft" durch „Verbrechensprävention" daran an (1999b, 103-106). Für die hiesige kritische Diskussion der „Null-Toleranz"-Programmatik vgl. Brüchert/Steinert (1998); Dreher/Feltes (1997); Hess (1996); Sack (1996). Für eine ausführliche Darstellung der intellektuellen Wegbereiter einer neokonservativen und neoliberalen Kriminologie v.a. in den Vereinigten Staaten und Großbritannien vgl. Wacquant (2000a, 10-21 und 32-55); Garland (2001, 135-7; 1999); Lilly et al. (1995, Kap. 8). Für eine methodische Kritik an Herrnsein/Murray vgl. Gebhardt/Heinz/Knöbl (1996). In der deutschen Kriminologie gibt es meines Wissens nach

Dabei war ein Schlagwort, das sich für einen kritischen Diskurs als geeignet erweisen sollte, aus der Wissenschaft selbst gekommen. Zum Synonym für das Scheitern eines Programms wurde eine Formel, die zunächst nur das Ergebnis einer Sekundäranalyse zur Wirksamkeit von Resozialisierungsprogrammen in Gefängnissen pointiert hatte: „nothing works" (vgl. Martinson 1974). Freilich bezeichnete dies weder das faktische Ende des Behandlungskonzeptes noch des Glaubens an die Idee. Die These von Martinson war empirisch durchaus umstritten. Dieser relativierte sie später selbst, während andere Untersuchungen durchaus den Erfolg des Behandlungsvollzugs unter bestimmten Bedingungen nachweisen konnten (vgl. Gescher 1998, 14 und 241-42). Bemerkenswert ist gleichwohl, dass dieses Schlagwort Ende der 70er und in den 80er Jahren eine große Breitenwirkung innerhalb eines Diskurses erzielen konnte (vgl. Garland 2001, 69), der anfangs eher tentativ das Rehabilitationsideal und später grundsätzlich die Institution sozialer Arbeit im Feld der Kriminalitätskontrolle in Frage stellte (vgl. Sack 1995, 432).[54] Während die Debatte um neue Grundsätze der Kriminalpolitik zunächst noch konservativ oder auch reaktionär vom rechten politischen Spektrum her bestimmt war, reüssierten später bekanntlich auch die traditionell sozial orientierten Parteien des linken Spektrums in den westeuropäischen Ländern mit einem Programm der Umstrukturierung des politischen Steuerungssystem und der Modifizierung staatlicher Sicherungsansprüche.[55]

---

nicht vergleichbare populistische Theoretiker wie etwa Bennett et al. (1996), die eine Stilisierung verbrecherischer Persönlichkeiten unumwunden mit „tough on crime"-Forderungen verbinden.

[54] Die soziale Wahrnehmung von Problemen der Kriminalität habe sich mit der Glaubwürdigkeit des wohlfahrtsstaatlichen Programms verschoben, so Garland (2001, 72-73): „My claim will be that the structures and ideologies of modern crime control collapsed [...] not just because of intellectual critique, nor even because of a penological failure, but because they lost their grounding in supportive ways of life and consonant forms of belief. The social structures and cultural sensibilities that supported the field were themselves transformed." Die Kritik am Rehabilitationsideal sei zusammengefallen mit den ökonomischen, sozialen und politischen Transformationsprozessen, ursprünglich aber progressiv gewesen. Die reaktionären Positionen seien erst später, in den 80er und 90er Jahren vor dem Hintergrund der Debatte um die Produktion sozialer Abhängigkeit und Passivität durch das staatliche Fürsorgesystem, auch auf „a more regressive public mood and temper" gestoßen.

[55] So bildete eine *law and order*-Politik mit dem Ehrgeiz, noch „tougher" als die Tories zu sein, eine zentrale Rolle im Wahlkampf von Tony Blair (vgl. Downes 1998), während die „Verabschiedung drakonischer und regressiver Gesetzgebung gegen Kriminalität" für Präsident Clinton an zweiter Stelle, nach der Verringerung des Haushaltsdefizits, stand (Anderson 1998, 37). Die im rot-grünen Koalitionsvertrag im Jahre 1998 verabschiedete Programmatik, „entschlossen gegen Kriminalität, entschlossen gegen ihre Ursachen" vorzugehen, war an die Blairsche Devise angelehnt (vgl. Kant/Pütter 1998b). Die kriminalpolitisch Linie unterscheide sich im wesentlichen nur durch die sozialstaatliche Rhetorik von der der CDU/CSU (vgl. Kant/Pütter 1998a, 79). Wenn sich in Deutschland nicht wie in

Die „Krise des Wohlfahrtsstaates" sollte sich im Feld der Kriminalitätskontrolle in gleicher Weise manifestieren wie in anderen gesellschaftlichen Bereichen: Wenn finanzielle Engpässe die Haushaltspolitik bestimmten, wenn die Staatsquote in der Bundesrepublik Deutschland seit den 80er Jahren kontinuierlich zurückging und gleichzeitig hohe Fallzahlen im Kriminaljustizsystem die bürokratischen Abläufe diktierten, bedeutete das noch nicht eine Krise staatlicher Kontrollfähigkeit. Eher könnte man von einer „Steuerungskrise auf dem Gebiet wohlfahrtsstaatlichen Handelns" (Albrecht 1999, 72) sprechen, mit der die „Präventionseuphorie, die die Kriminalpolitik der 70er und 80er Jahre noch kennzeichnete", verloren ging (ebd., 74). Zugleich war die „Krise" selbst auch rhetorische Begleitformel eines politischen Restrukturierungsprozesses, und wenn die wissenschaftliche Kriminologie darauf einen „Einfluss" hatte, sei es als Bezugsfolie für die Linie einer expressiv-punitiven Politik der *suitable enemies* und populistischer *law and order*-Kampagnen oder als theoretische Referenzfolie pragmatischer Konzepte der Kriminalitätskontrolle, dann als Teilhaberin an Diskursen und Praktiken der Pönologie und der Kontrolle sozialer Probleme.[56]

Großbritannien eine vergleichbar systematische Umorientierung in der Kriminal- und Strafpolitik vollzog, kann man dennoch von einem rhetorischen Richtungswechsel sprechen, der schließlich in manchen Gesetzgebungen und Praktiken auch seinen Niederschlag fand. Beispielhaft sind die Bereiche Jugendkriminalität – etwa in der Diskussion um geschlossene Heime, die z.B. in Hamburg lange Zeit tabuisiert war – und die öffentlichen Diskussionen um Sexualdelinquenz, die Mitte 2002 schließlich darin mündeten, dass Bundestag und Bundesrat die Möglichkeit der nachträglichen Anordnung einer Sicherungsverwahrung beschlossen.

[56] Ein solcher „Einfluss" ist freilich nicht als dichotomes Verhältnis, etwa von Theorie und Politik oder von Theorie und Praxis, und ebenso wenig linear zu denken: Die Kriminologie ist ihrerseits auch das Produkt solcher Praktiken und der politischen Strategien, die ihre Konzepte reflektiert. (Zur Problematisierung dieser Konstitutionsfunktion kriminologischer Theorien vgl. Hess 1999; Quensel 1998). Auf den Begriff der Praktiken werde ich später ausführlich eingehen. Vorläufig möge der Hinweis genügen, dass sich bekanntlich schon der Begriff der Kriminalität nicht allein auf den Strafrechtskatalog bezieht, sondern mit der Statistik ein „bilanztechnisches" Verfahren impliziert (vgl. Sessar 1998, 429), das eine Art empirischer Summierungen dieser Bestimmungen zulässt (vgl. Kaiser 1996, 400) und somit eine spezifische, auch technisch hergestellte Wirklichkeit erzeugt. Aus diesen beiden Gründen, einer Verklammerung von wissenschaftlichen und politischen Diskursen und von Theorie, Verfahren und Praktiken, die ihrerseits in archäologischer und genealogischer Perspektive betrachtet zutiefst heterogen sind (vgl. Foucault 1987c), scheint mir der Begriff *Sinnprovinz* eine unzureichende, lediglich auf das Bedeutungsfeld ausgelegte Beschreibung des Gegenstandsbereichs der Kriminologie zu sein (Zu diesem Rekurs auf das Schützsche Konzept bei Berger/Luckmann 1980, 105, vgl. Hess/Scheerer 1997, 88). Jonathan Simon und Malcolm Feeley (1995, 174, Anm. 1) definieren die *Pönologie*, die sich mit dem „Strafwesen" oder, im instrumentellen wie kritisch-reflexiven Sinne, mit den Funktionen des Strafens beschäftigt, als das *Zusammenwirken* der Strafdiskurse, zu dem etwa Justiz und Strafvollzug ebenso beitragen wie Sozialarbeit, Wissenschaft oder Politik und Medien. Sie alle partizipieren an den Diskursen zur Kriminalität, die sie mitbestimmen, und stellen auf diese Weise nicht nur Vorstellungen von Kriminalität, von bestimmten Problemstellungen her, sondern auch von möglichen Problemlö-

Die Kritik am wohlfahrtsstaatlichen System und dessen Restrukturierung vollzogen sich nicht zeitgleich in den westlichen Industriestaaten und freilich auf dem Hintergrund je unterschiedlicher kultureller Traditionen und politischer Ausgangslagen der jeweiligen Systeme. Zudem beschränkte sich die Kritik auf der einen Seite nicht auf das Sozialstaatsmodell. Sie verband sich mit einer anti-modernen und anti-aufklärerischen Kritik und richtete sich auch gegen den Glauben an „the perfectability of man" und den Anspruch auf soziale Machbarkeit (vgl. Garland 2001, 69). Auf der anderen Seite artikulierte sie sich unter lokalspezifischen Voraussetzungen in je unterschiedlicher Weise.[57] Dennoch lassen sich Tendenzen und Schwerpunkte einer Umorientierung im Feld der Kriminologie skizzieren, die zunächst die anglo-amerikanische Diskussion bestimmten, in entsprechender Brechung und sehr viel

---

sungen und entsprechenden Praktiken, Techniken und Strategien ihrer Bearbeitung. Anders als etwa der viel weiter gefasste Begriff der sozialen Kontrolle oder der sehr viel enger auf das Strafrecht und den Täter zugeschnittene Begriff der Kriminalpolitik umfasst „Pönologie" die Gesamtheit der Diskurse und Praktiken, „generated by all of us who pose as professionals in the realm of the exercise of the power to punish" (1995, 174, Anm. 1). Straftheorien wären dann als Teil dieses Diskurses das „Bindeglied oder Übersetzungsmedium zwischen den übergreifenden Welt- und Menschenbildern auf der einen Seite und den gegebenen strafrechtlichen Regelungen auf der anderen" (Bock 1994, 89). Zu betonen ist schließlich, dass dieser Diskurs der Pönologie nicht nur ein Expertendiskurs ist, sondern getragen wird von einem Zusammenspiel mit gesellschaftlichen Praktiken. In diesem Sinne kann man die moderne Kriminologie, die schon von ihrer Entstehung her eine interdisziplinäre angelegt war, als eine Art Denkstil begreifen, der sich durch theoretische Konzepte ebenso kennzeichnet, wie er aus spezifischen Praktiken hervorgegangen ist. Als wissenschaftliche Disziplin konnte er sich zunächst in einer spezifischen historischen Konstellation des 19. Jahrhunderts etablieren, die zugleich den Rahmen bildete für die wohlfahrtsstaatliche Kriminologie der westeuropäischen Nachkriegszeit: „the framework of problems, concepts and styles of reasoning that emerged at the end of the nineteenth century, produced by the confluence of medical psychology, criminal anthropology, statistical inquiry, social reform and prison discipline – a framework that provided the coordinates for the penal-welfare institutions that developed during the next 70 years" (Garland/Sparks 2000, 193).

57   Wie bei Gescher (1998, 23-28) am Beispiel des wachsenden Angebots von *boot-camp*-Programmen in den USA nachzulesen, kann ein Programm sich zwar offensichtlich einfügen in einen vorherrschenden Trend (kurze „Härte"-Trainingskurse als Alternative zu mehrjährigen Haftstrafen) und dabei, zumindest als implizite Referenzfolie, auf aktuell gerade populäre Theorien, in diesem Falle die Theorie von Yochelson/Samenow zur kriminellen Persönlichkeit oder die Kontrolltheorie von Hirschi, rekurrieren, während der eigentliche Grund ihrer Einführung aber pragmatischer Natur war: überfüllte Gefängnisse und leere Haushaltskassen. So könnte man eine Reihe von Maßnahmen und Konzepten im nachhinein einer neoliberalen Wende in der Kriminal- und Strafpolitik zurechnen. Sie markieren eine Abkehr von wohlfahrtsstaatlichen Idealen, obgleich sie aus konkreten, lokal-spezifischen und praktischen Problemen hervorgegangen sein mögen, die ursprünglich durchaus nicht Teil oder Ergebnis einer expliziten politischen Strategie waren. Vielleicht muss man aber eher von *de facto*-Strategien sprechen – „the plan followed the practice rather than the other way round" (vgl. Garland 2001, 105) –, schließlich gehen, wie noch weiter zu erörtern, auch Pläne kaum in den vermeintlich beabsichtigten Strategien auf.

später aber auch die deutsche, und die einen Bruch mit dem *penal-welfare complex* markieren. Das „moderne" Selbstverständnis dieser auf den beiden Traditionen einer liberalen und einer sozialen Rechtstheorie aufbauenden Synthese der Straf- und Kontrollpolitik (vgl. Garland 1985a; 2001, 26 und 50),[58] die sich in Europa und Nordamerika herausbildete und in den 20er Jahren und dann vor allem in den 60er bis zu den frühen 70er Jahren etablieren konnte, kennzeichnet sich, idealtypisch betrachtet, durch folgende Leitlinien: Die Strafgesetzgebung beruht auf den rechtsstaatlichen Prinzipien der Verhältnismäßigkeit, Zuverlässigkeit und Gleichheit, während ein „unbestimmtes" Strafmaß (*indeterminate sentences*) einen Spielraum lässt für Individualprognose und -behandlung. Strafpraktiken sollen „zivilisiert" und „rational" begründbar sein: Der Täter, der unter dem Anspruch der Rehabilitation und (Re-)Integration im Fokus des Kriminaljustizsystems steht, ist noch in der Einsperrung human zu behandeln. Strafen finden ihr Maß eher in dem Zweck der Besserung oder dem Schutz der Gesellschaft, weniger in der Vergeltung oder gar einem privaten oder öffentlichen Rachebedürfnis. Grundsätzlich sind reaktive Formen der Intervention proaktiven Konzepten der Kriminalitätsbekämpfung vorzuziehen, sofern diese die Freiheit der Bürger einschränken. Prävention ist prinzipiell eher eine Frage sozialer Maßnahmen als instrumenteller Sicherheitstechniken, und Sicherheit ist gegen Freiheit abzuwägen. So wie der Mensch prinzipiell sozialisierbar und besserungsfähig ist, gelten soziale Probleme als prinzipiell lösbar, wobei es die Aufgabe des Staates ist, für ein so verstandenes Wohl Sorge zu tragen und die Verantwortung zu übernehmen. Vor dem Hintergrund dieses Steuerungsoptimismus erklärt sich schließlich auch die Bedeutung kriminologischer Expertise und die Förderung institutionalisierter psycho-sozialer Arbeit.

Diese Eckpunkte eines sozial-liberalen kriminalpolitischen Paradigmas sehen sich sukzessive seit etwa Mitte der 70er Jahre und insbeson-

---

58 Den Begriff der Kriminalpolitik verwende ich, um auf die strafrechtliche Orientierung der Kriminologie und politischer Konzepte anzuspielen, wie sie beispielhaft in der Definition von Kaiser (1993, 280) zum Ausdruck kommt: Unter Bezugnahme auf das Konzept der Sozialverteidigung bezeichnet dieser die Kriminalpolitik als den Teil der Politik, der „den kriminalrechtlich verankerten Schutz der Gesellschaft und des einzelnen Bürgers" betrifft. Mit dieser Orientierung an strafrechtlich verankerten Normen klammert Kaiser das Feld der Kontrolle von sozialen Phänomenen oder Verhaltensweisen aus, die von Normen abweichen oder abweichen könnten oder als eine Gefährdung von Sicherheiten wahrgenommen werden. Um den fließenden Übergang zwischen Konzepten wie Abweichung, Kriminalität und Konformität zu betonen, ziehe ich dem Begriff der Kriminalpolitik jedoch den der „Kriminalitätskontrolle" oder auch die Rede von der „Straf- und Kontrollpolitik" vor. Letztere bezieht sich auch auf den präventiven Bereich jenes Vorfeldes, vor einer Straftat und Strafverfolgung, in das im Namen des Schutzes vor Kriminalität oder Sicherheits- und Ordnungsproblemen interveniert wird.

dere in den 90er Jahren in Frage gestellt: Eine „post-moderne Zäsur" in der Strafrechtspolitik (vgl. Dinges/Sack 2000, 35; Pratt 2000a) markieren Gesetze, welche die Prinzipien der Zuverlässigkeit, Verhältnismäßigkeit oder Gleichbehandlung durchbrechen, wenn zum Beispiel die polizeiliche Kontrolle von Straftätern auch nach ihrer Haftentlassung und individuelle Bewährungsauflagen einschließlich spezifischer Sanktionen im Falle der Nichteinhaltung weiterhin vorgesehen sind, obwohl die ursprünglich festgesetzte Haft- und Bewährungszeit bereits abgelaufen ist;[59] oder wenn vermehrt *determinate sentences* festgesetzt werden, die das Strafmaß von vornherein rechtlich fixieren und so die Möglichkeit einer am individuellen Fall orientierten Behandlung reduzieren.[60] Eine Zäsur im engeren Sinne gegenüber dem bisherigen Verständnis einer sozialen Strafpolitik markiert die tendenzielle Abkehr vom Resozialisierungsmodell beziehungsweise dessen Modifizierung. Diese kann darin bestehen, dass man den Therapieerfolg nach dem Vertragsprinzip von dem Engagement und Besserungswillen des Verurteilten selbst abhängig macht oder dass man die Wirksamkeit der Strafe eher in Abschreckung und Bestrafung sieht. Besserung wird nicht länger – in paternalistischer Manier der Wohltätigkeit bei gleichzeitigem strafbewährtem Gehorsamsgebot – als eine Frage der Fürsorge betrachtet, sondern von Therapien der „Härte" (vgl. Fach 2000). Eine Distanzierung vom Behandlungskonzept kann sich auch darin zeigen, dass Einschließung oder Überwachung nicht auf der Prämisse möglicher Besserung aufbauen und der Zweck der Strafe weniger in der Therapie als in einer verdienten Strafe gesehen wird. Symptomatisch wäre insofern auch ein zunehmender Einfluss neoklassizistischer Konzepte in der Strafgesetzgebung – wenn man darunter diejenigen Ansätze fassen will, die den „Zweck der staatlichen Strafe nicht in der Behandlung des Täters mit dem Ziel seiner Resozialisierung" sehen (Gescher 1998, 13). Nicht weniger

---

[59] Paradigmatisch hierfür sind die im britischen *Crime and Disorder Act* von 1998 festgeschriebenen Maßnahmen gegen „anti-soziales Verhalten" (vgl. ausführlich dazu und zu weiteren kriminalpolitischen Konzepten der britischen Labourpartei das Schwerpunktheft Nr. 3/4 der *Policy Studies*, Dezember 1998). Das Prinzip beruht darauf, letztlich auf der Ebene des Zivilrechts konkrete Verhaltensverbote gegen bestimmte Personen auszusprechen, bei deren Übertretung sie sich strafbar machen können und mit Freiheitsentzug rechnen müssen. So kann etwa die Haftentlassung eines wegen Pädophilie Verurteilten mit einer Auflage verbunden sein, die auf seinen individuellen Fall zugeschnitten ist: etwa sich nicht mehr einem Spielplatz zu nähern. Im Falle des Bruchs dieser Auflage ist es möglich, ihn sofort wieder zu inhaftieren, obwohl seine Bewährungszeit schon abgelaufen ist.

[60] Dazu zählen insbesondere die „Three-Strikes-Laws", die nach den Regeln des Baseball benannt sind. Neu ist nicht ihr Prinzip, bei wiederholten Straftaten eine höhere Freiheitsstrafe festzusetzen. Neu war in den USA der 90er Jahre, drakonische Strafen nach diesem Prinzip schon für geringe Vergehen und systematisch zu verhängen (vgl. Gescher 1998, 31; Shichor/Sechrest 1996).

symptomatisch wäre auch eine betont punitive Strafpolitik, sei es auf der Ebene der politischen Rhetorik, der Gesetzgebung oder der Strafrechtspraxis, weshalb manche sich veranlasst sehen, von einer „repressiven Wende in der Strafrechtspolitik" zu sprechen (Dinges/Sack 2000, 28; vgl. Valier 2001, 426).[61]

Die Artikulation von „Strafbedürfnissen", die wieder hoffähig geworden sein soll, wäre dann das Pendant einer Renaissance von Praktiken der Inszenierung von Strafe, die eine entsprechend punitiv eingestellte Bevölkerung voraussetzen.[62] Weil die Kriminalpolitik national wie international „expressiver, emotionaler und direkter geworden" sei, so Hans-Jörg Albrecht, gehe auch „der Bedarf an wissenschaftlich gesicherten Aussagen zu Kriminalität und Straftäter sowie Wirkungen von Kriminalpolitik und Gesetzen" zurück. Die Abkehr von einer *rationalen* Kriminalpolitik zu konstatieren, könnte folglich beides bedeuten: sowohl die Aufhebung des Gebots der Mäßigung in der Strafpolitik und deren Emotionalisierung als auch einen Mangel an Konzeption, da es „im Vergleich zu den 60er Jahren an einer großen einheitlichen theoretischen und strategischen Linie" fehlt (2001, 60-61). Dabei hat der Täter als ein zu erkennendes Subjekt mit dem „Glaube[n] an die Möglichkeit und Effektivität personenbezogener Interventionen" (Ludwig-

---

[61] Eine Strafverschärfung manifestiere sich in der „einäugigen" Reform des Strafrechts der letzten zwei Jahrzehnte, mit der neue Tatbestände, erhöhte Strafdrohungen und vereinfachte Voraussetzungen für eine Verurteilung ebenso geschaffen worden seien wie neue, gezielte Ermittlungsmethoden, so z.B. Hassemer (2001). Die Reformen im Sexualstrafrecht, die in den 90er Jahren international zu beobachten waren, scheinen ein deutliches Indiz für dieses Zusammenspiel von punitiver Rhetorik und Strafverschärfung zu sein, auch wenn ihnen, wie in Deutschland bei der 5. Strafrechtsreform 1998, eine langjährige Diskussion und parteipolitische Machtkämpfe vorausgegangen sind. Freilich ist Vorsicht geboten bei entsprechenden Schlussfolgerungen: Werden etwa die Voraussetzungen für Sicherungsverwahrung erleichtert, so H.-J. Albrecht, sage das noch nichts aus über „die Auswirkungen auf die Praxis der strafrechtlichen Sozialkontrolle" (2001, 65). Demgegenüber führen Weber und Reindl (2001, 16) den sprunghaften Anstieg der Anordnungen von Sicherungsverwahrung im Jahre 1998 gleichwohl auf die rechtlich verankerte Erleichterung zurück. Für einen grundsätzlichen Prinzipienwandel in Strafrecht und Strafrechtspraxis vor allem in den 90er Jahren vom „Leitprinzip der Sicherheit bürgerlicher Freiheit" zur „Freiheit der Strafverfolgungsorgane" und Tendenzen einer Vorverlagerung der Strafbarkeit sowie einer Externalisierung entsprechender Grenzbestimmungen von der Legislative an die Exekutive vgl. die Übersicht bei Frehsee (1997).

[62] Obgleich die US-amerikanische Politik im Verhältnis zu Europa im sehr spezifischen Kontext einer liberalen Tradition und einer anderen Gewaltkultur steht, der sich nicht zuletzt an der populistischen Politik mit der Todesstrafe sowohl bei Bush wie auch bei Clinton zeigte (vgl. Simon 1997, 280), sind die dortigen beispielhaften Entwicklungen auch als Ausdruck einer veränderten Strafkultur zu betrachten, die im europäischen Kontext und insbesondere in Großbritannien analoge Beispiele findet: „Yet others, like the reintroduction of chain gangs and corporal punishments in some of the southern states of America have left their emblematic mark on the culture of punishment, even when their impact upon actual penal practice has been much more slight" (Garland 2001, 104).

Mayerhofer 1998, 244) ebenso an Bedeutung verloren wie die Suche nach den sozialen Ursachen von Kriminalität.[63]

Bleibt man auf der Ebene einer Symptomatik, so lassen sich diese Tendenzen und Entwicklungen über den Rahmen der Diskussion von Strafrechtsprinzipien hinaus als Teil eines neoliberalen Projektes der Durchsetzung von Marktprinzipien in Gesellschaft und Politik beziehen. Auf der einen Seite sind die Häftlingszahlen in den westeuropäischen Staaten in den vergangenen dreißig Jahren zum Teil drastisch gestiegenen. Der deutlich überproportionale Anteil von schwer oder nicht in den Arbeitsmarkt integrierbaren Bevölkerungsgruppen wie Drogenabhängige und -händler und Migranten aus bestimmten Regionen in den Gefängnissen, die immer mehr zu einer Institution der „Verwaltung des Elends" (Wacquant 2000a) zu werden drohen, ist als Folge eines flexibilisierten Arbeitsmarktes und einer faktischen Politik der Bestrafung von Armut lesbar. Systematische Formen der Exklusion von „Überflüssigen" setzen sich fort in Prozessen und Konzepten räumlicher Segregation, indem zum Beispiel die „neuen" urbanen Unterklassen in separate Wohngebiete verwiesen oder bestimmte störende Problemgruppen aus den „umkämpften" Kernzonen der Stadt (Sassen) vertrieben werden.[64]

---

[63] Garland/Sparks (2000) kommen zu einem ähnlichen Schluss: Die Kriminologie, die sich als akademische Disziplin mittlerweile etabliert habe, „boomt", auch deshalb, weil Kriminalität zu einem zentralen Element kultureller Repräsentationen geworden sei. Ihr Wissen werde heute, auch angesichts der Präsenz entsprechender sozialer Probleme in der sozialen Wahrnehmung, mehr denn je gebraucht; doch als „Ideengeber" der Politik werde sie nicht akzeptiert. – Für eine Zukunftsvision, in der die Kriminologie von pragmatischen und präventiv bzw. proaktiv orientierten „Kriminalsachverständigen" abgelöst worden ist, vgl. Feltes (2001).

[64] Vgl. Ronneberger et al. (1999); Beste (2000a). Mit einer Inhaftierungsquote von 650 Strafgefangenen pro 100.000 Einwohnern wurden die Vereinigten Staaten im Jahre 1997 im Vergleich mit Europa nur noch von Russland (Rate: 750) überboten (vgl. Wacquant 2000a, 68ff.). Angesichts dieses Trends, in dem die USA in jenem Zeitraum einen fünffachen Anstieg der Häftlingsraten zu verzeichnen hatte (vgl. Caplow/Simon 1999), sah Christie sich zu dem Untertitel seiner Untersuchung über die „Gefängnisindustrie": *Towards Gulags, Western Style* veranlasst; in der ersten Auflage noch mit Fragezeichen versehen (1993), ließ er dieses sinnig in der zweiten, erweiterten Auflage von 1994 fortfallen. Zum Zusammenhang von hohem bzw. gestiegenem Ausländeranteil in den Gefängnissen, auch in Deutschland, mit einer Politik des Marktliberalismus vgl. auch Legnaro (2000c); Wacquant (2000b); Weber (2000). Dass es allerdings wenig Sinn macht, ausländische Drogendealer mit herkömmlichen Konzepten zu resozialisieren, liegt auf der Hand. Entgegen der verbreiteten Annahme, die Ausdehnung des Strafvollzugs in den 80er und 90er Jahren habe die Arbeitslosenzahlen in den USA geschönt, beschäftigen sich Western und Beckett (1998) mit dem gegenteiligen, nachhaltigen Effekt einer Produktion von Arbeitslosigkeit und den massiven Eingriff in die Qualifizierungsmöglichkeiten für ehemalige Strafgefangene. Zu den systematischen Formen und Mechanismen der Exklusion entlang der klassischen Klassenunterschiede in den marktorientierten Gegenwartsgesellschaften und ihres „bulimischen Charakters", der sich, paradigmatisch am Problem des Ghettos, in dem zynischen Doppel einer Einschließung in die Kultur bei gleichzeitigem Ausschluss von einer

Auf der anderen Seite manifestieren sich Prozesse einer Kommerzialisierung der Kriminalitätskontrolle zum Beispiel in dem zunehmenden Einfluss einer Sicherheitsindustrie, die sich mit dem technischen Instrumentarium der Kriminalprävention einen lukrativen und expandierenden Markt zu erschließen sucht, oder in dem wachsenden Einsatz „privater" Sicherheitsdienste, sei es zur Sicherung öffentlicher Gebäude oder „privatisierter", halb-öffentlicher Räume wie etwa einem Bahnhofsgelände. Als erwerbliches Gut sind Sicherheitstechniken ein Instrument der Risikominimierung. Doch im gleichen Zuge, in dem sie die Möglichkeit bieten, Eigentum und letztlich sich selbst vor Kriminalität zu schützen, privatisieren sie die Verantwortung dafür. So kann etwa Technoprävention von Versicherungen zu einer Auflage gemacht werden. Der Bürger hat sich unterdessen als „responsibilized, security-conscious crime preventing subject" zu begreifen (Garland 1997b, 190), das sich selbst mit adäquaten Mitteln vor Überfällen oder Einbrüchen zu schützen weiß. Die Gesellschaft wird zu einer „Sicherheitsgesellschaft [..., in der] nicht nur staatliche, sondern allmählich und in stetig zunehmendem Ausmaß auch private Akteure an der Produktion von Sicherheit teilnehmen, dass die Überwachung nicht nur dem Staatsschutz im engeren Sinne gilt, sondern Aktivitätskontrollen von allen Bürgern – tendenziell durch alle Bürger – mit dem Ziel der Risikominimierung für alle angestrebt werden und dass schließlich die Produktion von Sicherheit nicht nur eine staatliche Aufgabe ist, sondern eine permanente gesellschaftliche Anstrengung, ein Regime des täglichen sozialen Lebens" (Legnaro 1997, 271). Mit der Kommerzialisierung von Sicherheit wird Kriminalität zu einem positiven Gut, zu einer Ware, mit der man Märkte erschließen und Profit erwirtschaften kann (vgl. Lindenberg 1997). So mag man den Delinquenten schon zum Kunden der Gefängnisindustrie erhoben sehen – zum König wird er damit freilich nicht (vgl. Lindenberg/Schmidt-Semisch 1994). Eher wäre zu untersuchen, ob wir es mit neuen Ausschluss- und Regulierungsmechanismen und mit neuen Regeln und Praktiken der Verteilung des „negativen Gutes" der Kriminalität zu tun haben, von dem es einst hieß (vgl. Sack 1968, 470), es versperre den Betreffenden den Zugang zu ökonomischem, sozialem und kulturellem Kapital (vgl. Bourdieu 1985) und reproduziere so nicht nur soziale Ungleichheiten, sondern potenziere diese.

David Garland, einer der profiliertesten kritischen Beobachter der Kriminologie der Gegenwart, sieht diese im Zuge eines Prozesses der

---

Teilhabe manifestiere, vgl. Young (2001, 192; 1999): Man stigmatisiere die Verlierer, obwohl diese die Spielregeln des Überlebens im Konkurrenzkampf durchaus gelernt hätten.

Restrukturierung des Straf-Wohlfahrtskomplexes in zwei Linien auseinander fallen; auf der einen Seite in jene *new criminologies of everyday life*, die Probleme der Kriminalität pragmatisch traktieren und das Konzept selbst „normalisieren", und auf der anderen in die *criminologies of the alien other*, die einer populistisch-punitiven Politik Vorschub leisten, indem sie bestimmte Verbrechertypen als gefährlich, bestialisch oder unmenschlich und abscheulich stilisieren und bestimmte Formen der Delinquenz „dämonisieren". Diese *Bifurkation* sei das Resultat einer Erosion des historisch-politischen Projektes der Solidarität, „which formed the central thrust of twentieth century social and penal politics" (Garland 1996, 466). Im Rückblick erscheine dies wie eine kurze Episode: „The excluded middle ground between the two poles is, precisely, the once-dominant welfarist criminology that depicted the offender as disadvantaged or poorly socialized and made it the state's responsibility, in social as well as penal policy, to take positive steps of a remedial kind" (Garland 2001, 137; vgl. 1996, 461-62).

Dieses Motiv der Erosion eines Projektes der Solidarität werde ich in der vorliegenden Studie modifiziert als eine Erosion des Sozialen erörtern. Gegenstand wird also nicht etwa der politische und soziale Transformationsprozess in den westeuropäischen Sozialstaaten und im besonderen im Feld der Kriminologie sein. Vielmehr werde ich die Problemstellungen der Kriminologie und die Konstituierung von Devianz und Delinquenz selbst in Beziehung zu einer Konstitution der Gesellschaft setzen. Diese Fragestellung bezieht sich nicht auf das Verhältnis von realen Problemen und den folgerichtigen Antworten oder den notwendigen Lösungsansätzen dafür. Sie untersucht vielmehr, wie die Probleme sich als Problemstellungen artikulieren und wie sich die Gegenstände wie „Kriminalität" und „Verbrecher" in diesen Problematisierungen und den Weisen des *Regierens* formieren. Mit dem Foucaultschen Konzept der *Gouvernementalität* ist das Soziale als ein Produkt politischer Auseinandersetzungen, von technischen Erfindungen und Verfahrensweisen (vgl. Osborne/Rose 1997) und nicht zuletzt auch als ein Artefakt der Soziologie zu begreifen. Es kann eine Bezugsfolie des Regierens sein und sich in Praktiken einschreiben, die je spezifische Subjekte konstituieren. In diesem Sinne einer Denk- und Betrachtungsweise werde ich das Konzept als ein analytisches Instrumentarium für die Soziologie und insbesondere die Kriminologie der Gegenwart in dieser Studie zu extrapolieren suchen.[65]

---

[65] Es wird also weder darum gehen, die *Governmentality*-Literatur systematisch aufzuarbeiten, noch eine Exegese der Texte Foucaults auf der Suche nach der vermeintlich einen richtigen Lesart zu betreiben. Vielmehr werde ich die theoretische „Werkzeugkiste" Foucaults

nach „möglichen" und für die Analyse der Gegenwart nützlichen Lesarten durchsuchen (Foucault 1976, 53; 1984d, 140). – Zugunsten einer Fokussierung von Transformationen des Sozialen werde ich über den Zusammenhang von Regierung, Staats- und Gesellschaftsformierung hinaus, der sich mit dem Konzept der Gouvernementalität aufzeigen lässt, die Transformationen des Territorialstaates nicht weiter problematisieren. Mit dessen Grenzen konnten einst auch die zwischen inneren und äußeren Feinden gezogen (vgl. Tilly 1985) und der Raum der Kontrolle und Strafverfolgung markiert werden (vgl. Junge 1999). Eine eigene Untersuchung erforderte schließlich die Frage, inwiefern sich mit der „Internationalisierung des Staates" (Hirsch 2001b) und der Globalisierung von Kriminalität in der Gegenwart auch die Konzepte und Strategien der Bekämpfung von Kriminalität transformieren (vgl. Scheerer 2000b; sowie Findley 1999, der vorschlägt, Globalisierung als einen zu spezifizierenden „Kontext" zu begreifen, in dem Phänomene der Kriminalität zu analysieren wären, anstatt vor dem Hintergrund der herkömmlichen Konzepte Gesellschaft, Gemeinschaft oder Kultur).

2. Gouvernementalität

„Foucault gilt nicht selten als Denker der Disziplinargesellschaften und ihrer prinzipiellen Technik, der Einschließung [...] Aber in Wirklichkeit gehört er zu den ersten, die sagen, dass wir dabei sind, die Disziplinargesellschaften zu verlassen, dass das schon nicht mehr unsere Gegenwart ist." Das neue Regime der Macht, das Gilles Deleuze (1993b, 250) im Jahre 1990 als *Kontrollgesellschaft* skizzierte, hätte Michel Foucault in der Tat mit einem Machtkonzept analysiert, das er insbesondere in seinen Vorlesungen am *Collège de France* ausbuchstabierte: dem Konzept der *Regierung.* Wenn dieses jetzt im Mittelpunkt seiner Analysen steht, kommt ihm eine ähnlich übergeordnete Bedeutung zu wie der „Disziplin" in *Überwachen und Strafen.* Hatte diese ein Regime der Macht gekennzeichnet, das „Kerkerkontinuum", dessen Formen der Normierung den gesamten Gesellschaftskörper durchziehen und dessen Techniken der Einsperrung und der Züchtigung „gelehriger Körper" seine Institutionen prägen (Foucault 1977), so schließt die „Regierung den Staat so ein [..] wie die Disziplin das Gefängnis einschließt" (Lemke 1997, 146). Wir haben es jetzt weniger mit der Vorstellung von einem vereinheitlichenden Machtmechanismus der Disziplinierung zu tun, als mit zerstreuten Techniken des Regierens. Der Begriff der Regierung ist theoretisch auf einer „intermediären" Ebene zwischen strategischen Machtspielen und geronnenen „Herrschaftszuständen" angesiedelt, die das Konzept wie ein analytisches „Scharnier" verbindet (vgl. Lemke 1997, 308-09; vgl. Foucault 1987a). Im Verhältnis zur bisherigen *Mikrophysik der Macht* markiert es eine perspektivische Verschiebung auf Formen der *Subjektivierung,* der Subjektkonstituierung, die Foucault in Beziehung zu Macht- und Herrschaftsverhältnissen beziehungsweise zu politischen *Rationalitäten und Technologien des Regierens* setzt. Dabei spielt „Regieren" nicht nur auf den Bereich der Politik an, wie wir ihn heute gewohnt sind zu denken, sondern prinzipiell auf alle Formen der „Menschenführung" (Bröckling 2000).

In vielerlei Hinsicht knüpft Foucault mit der Regierung an seine frühere Konzeption einer Machtanalytik an, die darauf zielte, „die Frage der Macht gewissermaßen in ihrem eigenen Milieu zu stellen, dort, wo sie ausgeübt wird, ohne nach einer allgemeinen Formel oder nach den

Grundlagen der Macht zu suchen" (Foucault 1996, 110). Indem Foucault eruierte, wie Regime der Macht sich „mikrophysikalisch" in Praktiken und soziale Beziehungen einschreiben und sich bis in die kleinsten Verästelungen der Gesellschaft nachzeichnen lassen, wollte er zum einen die Dichotomie von diskursiven und nicht-diskursiven Formationen überwunden wissen und Macht zum anderen nicht als eine Substanz oder eine ontologische Größe begreifen: Macht existiert nicht an sich und ist weder an sich gut noch schlecht (vgl. Foucault 1987a, 251; 1987b, 268; 1988a, 168; 1994a, 91). Sie ist nicht im Besitz einer zentralen Instanz oder einer Person, sondern zerstreut; eine Frage von Positionen und Relationen. Im Konzept der Ideologie oder der Repression gehen die produktiven und positiven Effekte einer Macht nicht auf, die scheinbar unkörperliche „Wirklichkeiten" wie die „Seele", die Biografie und Persönlichkeit des Menschen, oder scheinbar körperliche Realitäten wie die „Sexualität" erzeugt (vgl. Foucault 1977, 41-2; 1994b, 701).

Doch während Foucault bisher Individuum und Subjekt eher als passive Adressaten und Objekte im Schnittfeld von Macht und Wissen in den Blick genommen hatte (vgl. Lemke 1997, 259), bringt er das Subjekt nunmehr in der Funktion als aktives, Macht ausübendes Subjekt ins Spiel: „Gouvernement" heißt das *Führen der Führungen* (Foucault 1987a, 255). Regieren schließt die Fähigkeit der Selbstführung ein, die Voraussetzung ist für eine kontinuierliche Einflussnahme auf das Handeln anderer. Drei Momente sind für diese Überlegung zentral: die Konzeption von Macht als Macht*ausübung*; die konstitutive Gegenüberstellung von Macht und Freiheit; und schließlich der Begriff von Freiheit als das Möglichkeitsfeld des Handelns, welches einen „politisch-epistemologische[n] Raum" bildet (Lemke 2001a, 88). Zum *ersten* Punkt: Macht ist nicht nur gebunden an eine Beziehung, ein Verhältnis, aus dem sie resultiert, sondern sie realisiert und konkretisiert sich auch nur im Handeln. „Macht existiert nur *in actu*" (Foucault 1987a, 258). Sie wird nicht auf Subjekte selbst ausgeübt, sondern auf Handlungen. Dieser Gesichtspunkt ist wichtig, weil Foucault sich mit dem Begriff der Regierung für die Frage interessiert, wie das Individuum sich in verschiedenen Subjektivitä*ten* konstituiert. Macht ist je partikular zu bestimmen, an den Orten und Punkten, an denen sie ausgeübt wird. Machtwirkungen zeigen sich zunächst an den Handlungen und an den Subjekten, welche die Macht hervorbringt und die zu unterscheiden sind von bereits gesellschaftlich fixierten Entitäten, die dem empirischen Blick vorgegeben zu sein scheinen. Das *zweite* Moment schließt sich daran an: Freiheit ist die „Existenzbedingung der Macht". Macht kann nur auf die Handlungen derjenigen ausgeübt werden, die *frei* sind zu handeln und zu entscheiden, indem sie überhaupt die Möglichkeit haben zu handeln und so der Macht etwas „entgegenstellen" (ebd., 256). Andernfalls hätten wir es mit starren und determinierten Verhältnissen zu tun, die eine Einflussnahme nicht mehr zulassen.[66] Machtausübung vollzieht sich also immer in einem „zerstreute[n] Möglichkeitsfeld" (ebd., 254), in das sie sich einschreiben kann und innerhalb dessen sie die Freiheit des Handelns steuert. Und dieses Möglichkeitsfeld ist *drittens* seinerseits durch Formen des Wissens strukturiert und bildet so gleichsam den Berührungspunkt und das Scharnier zwischen Regierungstechnologien und Formen der Subjektivierung: Machtausübung „operiert auf dem Möglichkeitsfeld, in das sich [folglich auch] das Verhalten der handelnden Subjekte eingeschrieben hat" (ebd., 255). Wenn Foucault sich für die „konkreten Praktiken" interessiert, sind es diejenigen, „durch die das Subjekt in der Immanenz des Wissensfeldes konstituiert wird" (Foucault 1994b, 701).

Macht und Herrschaftsverhältnisse vom Begriff der Regierung her zu untersuchen, bedeutet zugleich die entsprechenden Formen der Subjektivierung in den Blick zu nehmen. Deshalb durchkreuzt das Konzept des Gouvernement oder der Gouvernementalität eine dichotomisierende Gegenüberstellung von Staat oder Gesellschaft und Individuum oder von öffentlich und privat. Dabei spielt der Neologismus der *Gouvernementalität*, der sich aus den Bedeutungskomponenten „Regieren" (*gouverner*) und „Denkweise" (*mentalité*) zusammen setzt (Lemke 1997, 146, FN 21), darauf an, dass der Gegenstand des Regierens nicht losgelöst zu betrachten ist von Formen des Wissens und den entsprechenden Praktiken.[67] Die Gouvernementalität beschreibt keine neue soziologische

---

66 Foucault (1987a, 254) setzt in diesem Zusammenhang dem Begriff der Macht den der Gewalt entgegen: „Ein Gewaltverhältnis wirkt auf einen Körper, wirkt auf Dinge ein: es zwingt, beugt, bricht, es zerstört: es schließt alle Möglichkeiten aus; es bleibt ihm kein anderer Gegenpol als der der Passivität. Und wenn es auf einen Widerstand stößt, hat es keine andere Wahl als diesen niederzuzwingen. Ein Machtverhältnis hingegen errichtet sich […] so dass der ‚andere' (auf den es einwirkt) als Subjekt des Handelns bis zuletzt anerkannt und erhalten bleibt und sich vor dem Machtverhältnis ein ganzes Feld von möglichen Antworten, Reaktionen, Wirkungen, Erfindungen öffnet." Diese Unterscheidung von Gewalt und Macht scheint mir nur solange brauchbar, wie Foucault damit die direkte Einwirkung auf den Körper von einer indirekten Machtausübung mittels Formen der Subjektivierung, ein reflexives Handeln auf Handlungen, abgrenzen will. Gewalt*handlungen* hingegen können eine komplexe Form der Machtausübung sein. Das Individuum, auf das Macht ausgeübt wird, soll gerade Subjekt des Handelns und frei sein zu handeln, wenn die Machtausübung noch zum Widerstand und zu bestimmten Verhaltensweisen anreizen soll und die Gewalt, die den Körper trifft, noch ein Moment in diesem grausamen Spiel ist (vgl. Sofsky 1996).

67 Den Begriff *Gouvernementalité* verwendete übrigens schon Roland Barthes, freilich nicht in dem von Foucault gemeinten Sinne, sondern im Sinne eines Mythos: als „die von der Massenpresse als Essenz der Wirksamkeit aufgefasste Regierung" (1964, 114; diesen Hin-

Theorie der Gesellschaft oder generalisierbare Strukturen oder Gesetze von Gesellschaft (vgl. Dean 1994a), sie ist keine Theorie der Macht, sondern ein Instrumentarium der Analyse: eine Analytik der Macht (vgl. Foucault 1983, 102), die ein spezifisches Machtkonzept impliziert, das aber seinerseits ein analytisches ist. Insofern durchbricht das Konzept die herkömmliche soziologische Gegenüberstellung von Theorie hier und Empirie dort. Die Vorstellung von einer Macht, die konstituierend ist, begründet eine Analytik der Macht, die an deren Effekten ansetzt.

Diese einführend markierten Momente des Konzeptes werden im Folgenden eingehender erörtert: die Bedeutung von Rationalitäten und Technologien bei der Analyse von Programmen des Regierens; die Genealogie der drei Machttypen der Souveränität, der Disziplin und der Gouvernementalität, die hier als Instrumentarien der Analyse von Interesse sind; die Erfindung des Sozialen, die mit dem Konzept theoretisch begreifbar wird; die Konstituierung von Subjektivität im Verhältnis zu Machttechnologien; und schließlich werde ich versuchen, eine Analytik der Oberfläche zu extrapolieren, die sich insbesondere aus Foucaults Konzept der Gouvernementalität herausdestillieren lässt. Sie ist für eine kritische Perspektive auf Formen der Subjektivierung und für die Frage der „Konstituierung des Kriminellen" weiter führend.

---

weis verdanke ich Dietmar Kammerer). Die Übersetzung von „Gouvernement" als „Regierung" oder auch „Regieren" bringt, wie im Französischen und Englischen, „die politische Dimension" des Konzeptes zum Ausdruck. Gleichwohl verwendet Foucault auch den Begriff der „Führung", der Steuerung oder der Kontrolle (Lemke 1997, 144, FN 18). Um andererseits nicht einen zu engen Begriff des Politischen zu konnotieren und die Assoziation zu nationalen Mentalitäten und zur Mentalitätsgeschichte herzustellen, werde ich nicht von „Regierungsmentalität" sprechen, sondern von *Gouvernementalität*. Wie bereits erwähnt, entwickelte Foucault das Konzept der Gouvernementalität vornehmlich in der Vorlesungsreihe am *Collège de France* in den Jahren 1978 und 1979 zur „Genealogie des modernen Staates". Die vierte Sitzung am 1. Februar 1978 ist mit „La ‚governamentalità'" überschrieben und liegt in einer von Foucault autorisierten Fassung als Übersetzung vor (1994c/1991/2000). Abgesehen von den von ihm vorgenommenen Zusammenfassungen (1994d und e) sind die großen Teils bis heute unveröffentlichten Tonbandmitschnitte lediglich über das *Foucault-Zentrum* in Paris zugänglich (vgl. Lemke 1997, 143-44; 1995). Zunächst wurde das Konzept in der angloamerikanischen Literatur erörtert und so einem breiten Publikum zugänglich gemacht (vgl. Burchell et al. 1991; Gane/Johnston 1993; Barry et al. 1996; Hindess 1996; Dean 1999; sowie insbesondere die in *Economy and Society* erschienenen Aufsätze – vor allem in dem Schwerpunkt-Band 22, Heft 3, 1993. Einige dieser ersten Texte wurden auch ins Deutsche übersetzt, vgl. Schwartz 1994). Für eine erste Aufarbeitung, auch der unveröffentlichten Tonbandaufnahmen, im deutschsprachigem Raum eine ausführliche, begriffstheoretische Rekonstruktion der Bedeutung der „Gouvernementalität" als einem avancierten Konzept der Machtanalytik Foucaults vgl. Lemke (1997). Einen Schwerpunkt der mittlerweile exponentiell angewachsenen Rezeptionsliteratur und der Reihe von Studien zu unterschiedlichsten Gegenstandsbereichen bildet in der „Geschichte der Gegenwart" die Analyse der politischen Rationalität des Neoliberalismus und entsprechenden Technologien (vgl. Dean/Hindess 1998; Hänninen 1998; McKinlay/Starkey 1998; Rose 1999a; Smandych 1999; Bröckling et al. 2000).

2.1 Rationalitäten, Technologien, Programme

Regieren kann man als eine spezifische Tätigkeit der Problemlösung begreifen (vgl. Haggerty 2000, 45), die als solche künstlich ist: fabrizierend, indem sie bestimmte Techniken erfordert, und eine *Kunst des Regierens*, keine selbstverständliche Praxis, die Reflexion beziehungsweise Selbstreflexion voraussetzt. Diese zielt weniger auf die Legitimation oder Begründung politischer Machtausübung als „auf die Bedingungen des Regierens" (Lemke 1997, 158) und „das richtige Verfügen über die Dinge, derer man sich annimmt, um sie dem angemessenen Zweck zuzuführen" (Foucault 2000a, 52). Indem ein *Programm des Regierens* Probleme definiert und Wege der Problemlösung und Ziele thematisiert, legt es den Gegenstandsbereich und die Relevanz der Gegenstände fest. Die Realität wird zum Objekt des Wissens, intelligibel, und als solche zum Gegenstand der Problematisierung. „Every programme also either articulates or presupposes a knowledge of the field of reality upon which it is to intervene and/or which it is calculated to bring into being" (Gordon 1980, 248). Die Rationalisierung von Machtausübung bedeutet nicht, eine Realität oder Dinge, die man vorfindet, lediglich zu ordnen, sondern eine *Materialität* zuzuschneiden und in ein Denken zu transformieren: „das heißt, dass die Dinge nur materiell existieren – eine Existenz, die gesichtslos, noch nicht objektiviert ist". Sie sind, im Sinne Foucaults, „prädiskursive Referenten" und als solche mögliche „Verankerungspunkte einer Praktik" (Veyne 1992, 53).[68] Innerhalb einer *Rationalität* ist die Realität, sind Dinge, Objekte und Subjekte erst vorstellbar, „programmierbar" (vgl. Gordon 1980, 248) und schließlich regierbar. „Governing does not just act on a pre-existing thought world with its natural divisions. To govern is to cut experience in certain ways, to distribute attractions and repulsions, passions and fears across it, to bring new facts and forces, new intensities and relations into being" (Rose 1999a, 31). Die „Intelligibilität" der Realität meint ihre Formung, die bestimmte Weisen des Denkens impliziert: Nicht der Verstand

---

68 Wenn Veyne sagt, die Dinge existierten nur materiell, bedeutet das nicht, dass die Konzepte, mit denen wir operieren, bei Foucault (1994b, 701) Fiktionen oder Idealitäten wären: „Sich den Allgemeinheiten des ‚Wahnsinns', der ‚Delinquenz' oder der Sexualität zu verweigern, soll nicht heißen, dass das, worauf sich diese Begriffe beziehen, nicht existiert, oder dass sie allein Chimären sind, die aus einem bestimmten Grund erfunden worden sind. Es geht allerdings um mehr als die simple Feststellung, dass ihr Inhalt sich mit Zeit und Umständen verändert. Es geht um die Frage nach den Bedingungen, die es den Regeln des wahren oder falschen Sprechens gemäß erlauben, ein Subjekt für geisteskrank zu betrachten oder ein Subjekt dazu zu bringen, die Modalität seines sexuellen Begehrens als den wesentlichsten Teil seiner selbst anzusehen."

bringt die Phänomene hervor, sondern der Verstand passt sich diesen in ihrem intellektuellen Zuschnitt gleichsam an (vgl. Gordon 1980, 248; Lemke 1997, 147).

Gleichwohl determinieren Rationalitäten und Programme das Denken und Handeln nicht. Sie beschreiben ein intelligibles *Möglichkeitsfeld* des Denkens, der Artikulation von Aussagen, und der Generierung von Praktiken. *Technologien* des Regierens beschreiben die Übersetzung von Weisen des Denkens in Praktiken, „[they] seek to translate thought into the domain of reality, and establish ‚in the world of persons and things' spaces and devices for acting upon those entities of which they dream and scheme" (Miller/Rose 1993, 82). Deshalb sind Technologien des Regierens auch nicht eine direkte Ableitung von Rationalitäten. Weder folgen sie logisch noch zeitlich aus diesen, aber sie bilden eine konstitutive Einheit. Rationalitäten beschreiben, in welcher Weise politische Programme artikuliert, Probleme gestellt und Regulierungsziele formuliert werden können. Wenn ein Programm das konkrete politische Handeln anleitet, heißt das jedoch nicht, dass es einfach angewendet oder umgesetzt wird. Vielmehr artikuliert es Problemstellungen in einer Weise, die bestimmte Problemlösungen nahe legt und anschlussfähig macht, bestimmte Praktiken ermöglicht oder begrenzt. Es „ist also kein reines Wissen, das schließlich eingesetzt und instrumentalisiert wird, sondern stellt immer schon eine intellektuelle Bearbeitung der Realität dar, an der politische Technologien ansetzen können" (Lemke 1997, 147). Innerhalb eines politisch-epistemischen Möglichkeitsfeldes erscheinen dann bestimmte Problemstellungen und -lösungen folgerichtig oder angemessen.

Rationalitäten sind weniger theoretischer denn praktischer Natur, ebenso wie Praktiken ihrerseits nicht losgelöst von den Weisen des Denkens zu sehen sind: Sie sind gleichermaßen „Formen des Handelns und des Denkens" und als solche Voraussetzung für die Konstituierung von Subjekten, „die in der Lage sind, das Wirkliche zu erkennen, zu analysieren und gegebenenfalls zu verändern" (Foucault 1994b, 702). Objekte und Subjekte sind daher Effekte von Praktiken des Regierens: „there can be no access to the objects of governance except through the practices of governance. Objects are precisely what are given to us as the objects of our activities – our ‚governing projects' – in dealing with the world" (Malpas/Wickham 1995, 47; vgl. Veyne 1992, 25, 35). Umgekehrt sind Praktiken gerade darüber der Analyse zugänglich, „in that they exist in the medium of thought, given that thought is a non-subjective, technical and practical domain" (Dean 1999, 30). Weisen des Regierens verweisen auf eine Rationalität, innerhalb der bestimmte

Praktiken vorstellbar sind, und sie können Bestandteil sein von Technologien, in die Rationalitäten und Programme sich einschreiben. „Thus to analyse mentalities of government is to analyse thought made practical and technical" (ebd., 18). Die Analyse von Gouvernementalitäten, als „ways of thinking and styles of reasoning that are embodied in a particular set of practices" (Garland 1997, S. 184; vgl. auch Ewald 1993, 61), ist also von der Frage geleitet, „how forms of rationality inscribe themselves in practices or systems of practices, and what role they play within them" (Foucault 1991, 79). Dieser Fokus auf Praktiken entspricht dem Materialismus Foucaults: Ihn interessierte, wie Denkweisen und Denksysteme „materielle Gestalt" annehmen. Noch ein „Wissen, so scheint Foucault sagen zu wollen, besitzt stets eine physische Ausdehnung, weil es auf materielle Mittel [beispielsweise] der Datenerhebung und Erfolgskontrolle angewiesen ist" (Honneth 2001). Indem Macht sich über das Wissen in Praktiken einschreibt, kann sie sich materialisieren. „Thus architecture embodies certain relations between time, space, functions and persons – the separation of eating and sleeping, for example, or the hierarchical and lateral relations of the enterprise – not only materializing programmatic aspirations but structuring the lives of those caught up in particular architectural regimes. Writing codifies customs and habits, normalising them, both transforming them into repeatable instructions as to how to conduct oneself, and establishing authoritative means of judgment" (Rose/Miller 1992, 184). Dabei privilegiert jedes Machtsystem bestimmte Wissensformen und impliziert damit bestimmte Regeln der Generierung von Aussagen, die wahr sind, und von Praktiken, die richtig sind.

Foucault begriff ein *Wissen* immer schon als eine komplexe Formation, in der sich je spezifische Wahrheitsansprüche stellen lassen und diskursive wie nicht-diskursive Elemente nicht in einem dualen Verhältnis zueinander stehen, sondern „sich aufteilen oder sich segmentweise verschränken (ohne ineinander aufzugehen [...])" (Deleuze 1996, 14). Ein solches Wissen reduziert sich nicht auf Theorien oder Ideen, und das gilt eben auch für die Rationalitäten des Regierens. „Knowledge here does not simply mean ‚ideas‘, but refers to the vast assemblage of persons, theories, projects, experiments and techniques that has become such a central component of government" (Rose/Miller 1992, 177). Es kann (z.B. kriminologische oder medizinische) Theorien einschließen und Kriterien und Verfahren der Zuordnung zu einem Ordnungsschema (z.B. Versicherungskriterien); ebenso Techniken, etwa der schriftlichen Fixierung (Zahlen in einem statistischen Raster und Regeln der Kodifizierung für eine Diagnose oder Beurteilung), und Vorschriften (ärztliche Prophylaxe als Voraussetzung für Versicherungsschutz und bestimmte Versicherungsleistungen) etc. „Knowledge" ist zugleich ein „know how", ein praktisches Wissen von Techniken und Verfahren: „government inspires and depends upon a huge labour of inscription which renders reality into a calculable form" (ebd., 185; vgl. Rose 1999a, 52).[69]

Programme des Regierens zu analysieren, heißt die möglichen Machteffekte politischer Rationalitäten herauszupräparieren, also von Formen des Wissens, von Sichtweisen und Weisen des Denkens, die sich in ihnen artikulieren. Programme formulieren Problemstellungen und anzuvisierende Problemlösungen. Indem sie Ist-Zustände beschreiben, Begründungen angeben und Pläne und Sollzustände entwerfen, geben sie Aufschluss über bestimmte Vorstellungen von Problemen, zeigen Relevanzen an und weisen in die Zukunft. Insofern sind Programme performativ: Sie „suchen Realität weniger zu beschreiben als herzustellen, indem sie bestimmte Bereiche dieser Realität herausgreifen und sie entsprechend ihrer eigenen Regeln problematisieren" (Müller 2001). Auf diese Weise können Programme die Realität und die Wahrnehmung von Problemen formen, und auf eine so verstandene Realitäts*mächtig*keit (vgl. Rose/Miller 1993, 78) oder „Programmatizität" (Osborne 2001, 13) hin sind sie zu analysieren: Wie können aus abstrakten Zielsetzungen des Regierens praktische Ressourcen und wie aus Problematisierungen Selbstverständlichkeiten werden; wie werden konkrete Praktiken des Regierens zu Technologien und Strategien; und welche Macht-Effekte ermöglichen diese schließlich: In welcher Weise lenken sie das Verhalten der Individuen und welche Formen der Subjektivierung bringen sie hervor?

---

69   Das Konzept der „Technologie ist folglich eher sozial als technisch" zu verstehen (Deleuze 1987, 60). Für die empirische Analyse des Verhältnisses von Wissen und Verfahrensweisen schlägt Dean die Unterscheidung zwischen einem „theoretischen Wissen" im engeren Sinne der *episteme* und einem eher „praktischen Wissen" im Sinne der Heideggerschen *techne* vor. Der Übergang zwischen beiden Formen des Wissens ist gleichwohl fließend. Ein Wissen, das wir besitzen im Sinne von Fertigkeiten, mag eindeutig abzugrenzen sein etwa von abstrakten soziologischen Theorien; weniger leicht ist die Trennlinie zu ziehen beispielsweise zwischen mathematischen Theorien der Wahrscheinlichkeitsrechnung und dem Wissen der Durchführung entsprechender Verfahren; und weniger groß als der Sprung von politischer Philosophie zur Politik ist wohl auch der von Management-Handbüchern zu konkreten Management-Strategien und der entsprechenden Reorganisation der Arbeitsverhältnisse in einem Unternehmen. Die Aufgabe der Analyse von Gouvernementalitäten besteht dann unter anderem darin zu untersuchen, wann ein praktisches Wissen, die *techne*, technologisch wird, relevant für bestimmte Weisen des Regierens (vgl. Dean 1996, 58-59), und in welcher Weise bestimmte Formen des Wissens die Aktivitäten des Regierens nicht nur „informieren", sondern umgekehrt auch Praktiken des Regierens ein Wissen generieren (vgl. Dean 1999, 32).

Drei Arten theoretischer Verkürzungen sind gleichwohl bei den Studien zur Gouvernementalität anzutreffen, die an Programmen ansetzen: indem sie den mit dem Konzept verbundenen Begriff der Rationalität auf eine substanzielle Bedeutung verengen; indem sie Programme selbst für die Realität halten, statt ihren programmatischen Charakter zu analysieren; oder indem sie die Realitätsmächtigkeit von Programmen überschätzen und dabei übersehen, dass „[d]ie Kohärenz [..] das Ergebnis eines speziellen Erfolges [ist] und nicht die Eigentümlichkeit aller technologischen Praktiken" (Certeau 1988, 110):

Eine Rationalität des Regierens steht *erstens* weder in einem Gegensatz zu Irrationalität, noch schließt sie die Produktion von Emotionen oder moralischen Empfindungen und Werten aus. Die Frage ist beispielsweise nicht, „ob übermäßige Staatsgewalt auf exzessiven Rationalismus oder Irrationalismus zurückgehe," sondern welchem Rationalitätstypus und welcher Ökonomie der Macht sie entspricht (Foucault 1994a, 66 und 81). Diese Ökonomie ist nicht dasselbe wie eine objektiv festlegbare Effektivität der Regierungspraktiken, sondern folgt aus dem Bestreben, die Dinge in Übereinstimmung mit den Zielsetzungen des Regierens zu bringen; und das ist, ebenso wie die Konstituierung der Gegenstände des Regierens, keine Frage der Beliebigkeit. Weisen des Regierens sind vor allem deshalb kontingente Praktiken, weil sie in historisch spezifische Bedingungen eingebunden sind, und auch insofern ist die Rationalität der Regierung relational: Sie bezieht sich auf die „Übereinstimmung von Regeln, Verfahren, Denkformen etc. mit einer Gesamtheit von Bedingungen, unter denen es zu einem gegebenen Zeitpunkt möglich ist, bestimmte Probleme zu behandeln" (Lemke 1997, 146, FN 21).

Programmanalysen beziehen sich *zweitens* häufig auf Texte. Als empirische Grundlage können Konzepte für die institutionelle Umorganisationen (z.B. behördlicher Strukturen) dienen, Handbücher zur Lebensführung oder über Managementstrategien, soziale Konzepte (wie z.B. Sicherheitspartnerschaften oder Strategien für die Kontrolle von Drogenkonsum und -handel) oder Projektskizzen und Papiere, die das Selbstverständnis einer Institution beschreiben. Doch „governmentality as discourse is not reducible to its narrowly linguistic sense" (Stenson 1999, 56). Zunächst einmal gehen Programme des Regierens nicht in den Texten auf. Die Programmatik, die sich in ihnen artikuliert, ist erst noch herauszudestillieren, und die Realität, die sie formen, ist keine eigenständige Realität, die im Gegensatz zu einer außertextuellen Realität steht. Vielmehr formen sie die Realität innerhalb einer Rationalität, in den Weisen des Denkens, des Urteilens und der Einschätzung, die sich in Praktiken einschreiben.[70] Programme sind weder reine Texte noch reine Theorie und weniger hermeneutisch zu analysieren, als im Hinblick auf die Technologien, die sie entweder selbst beschreiben oder die sie nahe legen und die an sie anschlussfähig sind. Aus dem gleichen Grunde erlaubt und beabsichtigt eine Programmanalyse nicht, die konkrete Realisierung zu prognostizieren oder aber zu beschreiben, wie sich die konkrete Lebenswirklichkeit der Menschen gestaltet.[71]

Solange der Fokus der Analyse *drittens* darin besteht, das Programmatische einer politischen Rationalität herauszuarbeiten, die treibende Kraft und Systematik, welche Programme erzeugen, indem sie sich wie

---

[70] Den diskursiven Charakter der meisten so genannten *governmentality studies* führt Stenson (1999, 55) auf deren eingeschränkte Zielsetzung zurück, Bedingungen der Möglichkeit von Rationalitäten des Regierens herauszuarbeiten. Ähnlich argumentiert Garland: Indem er den nominalistischen Zuschnitt der historischen Soziologie bei Rose/Miller (1992) kritisiert, rekurriert er jedoch tendenziell auf einen verkürzten Begriff von Rationalität, der eben jenes Moment der Einschreibung von Rationalitäten in Praktiken ausklammert. Seiner Ansicht nach mache ein Nominalismus lediglich dann einen Sinn, „if one is undertaking an analysis of ,rationalities'; if one's project is to reconstruct the epistemological grounding of the exercise of power or the forms of thought that emerge in the realm of governmental projects"; nicht aber, wenn man „the whole configuration of practices" mit einbeziehen wolle (Garland 1997, 201-02). Eine Abkehr von einer ausschließlich sprachlichen Analyse ist jedoch zum einen nicht, wie diese Kritik nahe legt, gleichbedeutend mit einer Abkehr von Programmanalysen. So kann man etwa die technischen Entwicklungen der Kriminalitätskontrolle und ihren Einsatz in der gegenwärtigen Sicherheitspolitik auch in ihrer Programmatizität analysieren: zum Beispiel im Hinblick auf das Sicherheitsversprechen, das sich mit Technologien wie der Biometrie verbindet; oder im Hinblick auf die Formen der Subjektivierung: wie kriminelle Subjekte oder Abweichung in diesen Technologien zugeschnitten werden. Wie noch weiter zu zeigen, richtet sich das Interesse zum anderen nicht nur vor diesem Hintergrund nicht auf „the lived experiences of material realities, the interactions, interpersonal behavior and the meanings accorded to them by actors" (Crawford 1997, 210; zur gleichen Kritik vgl. Curtis 1997; O'Malley et al. 1996; Pühl/Schulze 2001). Vielmehr erscheint es in dieser Perspektive der Analyse von Machteffekten von Technologien geradezu trügerisch, sich durch empirische Beobachtungen und Befragungen der Lebenswirklichkeit näher zu wähnen.

[71] Osborne (2001) unterscheidet in diesem Zusammenhang die *studies of governmentality*, die sich für die Realitätsmächtigkeit oder „Programmatizität" interessieren, von den *governmentality studies*, die dem Missverständnis eines soziologischen Realismus erliegen, gesellschaftliche Entwicklungstendenzen aus Programmen oder empirischen Ausschnitten ableiten zu können. Will man beschreiben, in welcher Weise Programme der alltägliche Lebenswelt, subjektive Perspektiven und das Handeln von Individuen bestimmen, so sollte man deren Analyse mit ethnografischen Studien verbinden; denn im Hinblick auf „the role of grounded practices [...] oral modes of discourse may be as significant as, and are not reducible to, those which assume a textual form" (Stenson 1999, 54; vgl. auch 1998a; 1993). Wie Legnaro am Beispiel der Analyse der Erlebniswelt des „Disney-Kontinents" zeigt, können Programme jedoch Aufschluss darüber geben, in welcher Weise Erfahrungen und Erlebnisweisen gleichsam vorstrukturiert werden: Auf der Basis der Analyse des *governing fun*, also „auf welche Weise den Besuchenden nahe gebracht wird, was sie erleben können und sollen, wie ihre Erwartungen strukturiert und ihre Erlebniswünsche angeregt werden", kann man das *governing by fun* antizipieren, „auf welche Weise sich unter solchen Voraussetzungen Erfahrung gestaltet, welche Ausprägungen sie annimmt, welche ideologischen Botschaften sie vermittelt und welches subjektivitätsgenerierende Potenzial sie dabei entfaltet" (2000, 289).

von selbst fortzuschreiben scheinen, können widersprüchliche und zufällige Momente einer Entwicklung oder das Potenzial gleichsam brach liegender Elemente ebenso übersehen werden (vgl. Garland 1997, 202-04) wie eine mögliche Systematik, in der andere strategische Konfigurationen ausgeschlossen werden: „Welche Rolle spielen die vielen anderen Reihen, die stillschweigend ihrer Wege gehen und es weder zu einer diskursiven Konfiguration noch zu einer technologischen Systematisierung gebracht haben? Sie könnten als *eine gewaltige* Reserve betrachtet werden, die Ansätze oder Hinweise auf *differente Entwicklungen* enthält". Statt „das Funktionieren einer Gesellschaft auf einen Haupttypus von Prozeduren zu reduzieren", besteht die eigentliche und interessante Fragestellung de Certeau (1988, 109) zufolge darin, „die bevorzugte Entwicklung der speziellen Reihe [zu] erklären, die [zum Beispiel] die panoptischen Dispositive bilden."

2.2   Das genealogische Dreieck

Die *Gouvernementalität* bezeichnet einen spezifischen Machttypus, ein „von den Techniken des Regierens dominierte[s] Regime" (Foucault 2000a, 62) der „gouvernementale[n] Führung", das sich von dem Machttypus der Souveränität und der Disziplin abhebt. Zugleich suchte Foucault die Herausbildung dieses Regimes, ausgehend vom feudalen „Gerechtigkeitsstaat" des Mittelalters über den im 15. und 16. Jahrhundert entstehenden „Verwaltungsstaat" bis hin zum „Regierungsstaat", historisch zu begründen (ebd., 64-66). Die Gouvernementalität bezieht sich demnach zunächst auf „das Auftreten einer eigenständigen Kunst des Regierens und der Reflexion über die ,richtige' oder ,angemessene' Regierung, die historisch mit der Staatsraison einsetzt. Zweitens spricht Foucault von Gouvernementalität in einem substanziellen Sinn jedoch erst mit dem Auftauchen der *liberalen Regierung* und der Konstitution des autonomen Objekts, das den Gegenstand der Regierung bildet: der Gesellschaft" (Lemke 1997, 194, FN 53; Hervorhebung hinzugefügt).

Wenn ich im Folgenden kurz auf jene „Geschichte der Gouvernementalität" (Foucault 2000a, 64) eingehe, dann nicht, um eine Genealogie der drei Machttypen nachzuzeichnen, sondern um den Gewinn ihrer Unterscheidung für die Analyse der Gegenwart aufzuzeigen. Denn mit dem Begriff der Regierung konnte Foucault nicht nur Formen der *Subjektivierung* und der *Staatsformierung* als aufeinander verwiesene Prozesse lesen (vgl. Lemke 1997, 151), sondern auch die Formierung der jeweiligen Konzepte von *Gesellschaft* darauf beziehen. Vor diesem Hintergrund ist dann zu beleuchten, wie die Kriminologie ihren Gegenstand konstituierte, wie Kriminalität als das Produkt gesellschaftlicher Problematisierungen und von Programmen des Regierens zu dechiffrieren ist.

In aller Kürze lassen sich die Machttypen wie folgt unterscheiden: Die juridische Macht der *Souveränität* basiert auf repressiven Techniken der Kontrolle eines *Territoriums*, während die nationalstaatliche, administrative *Disziplinargesellschaft* auf Individuen zielt, die sie gleichsam hervorbringt, indem sie sie zu Subjekten und Objekten des Wissens macht, und die sie einer systematischen Überwachung und Einübung von Körper-Praktiken unterwirft. Die *Gouvernementalität* schließlich bezieht sich weniger auf ein bestimmtes und begrenztes Territorium als auf die Bevölkerung, auf aggregierte Populationen oder Gruppen, die mit Hilfe bestimmter Regulierungsmechanismen zum Gegenstand der Überprüfung, Berechnung und Kalkulation werden, während Individuen eher *aus der Distanz* geführt und mittels Techniken der Selbstbefragung und des Verantwortlich-Machens auf indirektem Wege dazu angeleitet werden, sich selbst zu regieren. Freiheit und Sicherheit sind dabei zwei zentrale und aufeinander verweisende Momente: „Unter Gouvernementalität verstehe ich die Gesamtheit, gebildet aus den Institutionen, den Verfahren, Analysen und Reflexionen, den Berechnungen und den Taktiken, die es gestatten, diese recht spezifische und doch komplexe Form der Macht auszuüben, die als Hauptzielscheibe die Bevölkerung, als Hauptwissensform die politische Ökonomie und als wesentliches technisches Instrument die Sicherheitsdispositive hat" (Foucault 2000a, 64).

2.2.1 Die Ökonomie der Regierung

Im Zeitalter der feudalen Monarchien war die Macht der *Souveränität* noch auf die Person des Regenten selbst und seine Sicherheit zugeschnitten, auf das, „was die Verbindung zwischen Fürst und Staat erhält oder stärkt" (Foucault 1994a, 82). Machtbeziehungen waren eher von persönlichen Abhängigkeiten und wechselseitigen Verpflichtungen bestimmt, wobei dem Recht eine entscheidende Funktion zukam: Es diente als Instrument der Herrschaft und der Unterdrückung und sollte zugleich die Souveränität selbst legitimieren. Diese juridische Macht des Fürsten galt es innerhalb eines Territoriums zu etablieren. In dem Zusammenbrechen des Feudalsystems und den Reformations- und Gegenreformationsbewegungen sieht Foucault historisch die Voraussetzungen, unter denen sich eine eigenständige Rationalität des modernen, abendländischen Staates herausbildet, die sich nicht aus der Macht des Souveräns ableitet und sich, unabhängig von einer göttlichen oder „kosmo-theologischen" Ordnung der Welt (Gordon 1991, 8-9), ebenso wenig auf die religiöse Rechtfertigung beruft (vgl. Hindess 1996, 107). Mit dem Aufbau und dem Ausbau einer eigenständigen Verwaltungsstruktur des Nationalstaates entwickelt sich ein institutionelles Gefüge, das man zusehends von der Person des Regenten und dem zugehörigen Personal unterscheiden muss: Der Staat zeichnet sich als ein eigenständiges Gebilde ab, eine den Regenten, Personen überdauernde Realität, die als solche getrennt zu betrachten ist. Im Sinne der modernen *Staatsraison* verschiebt sich der Fokus einer Kunst des Regierens auf die „Natur" des Staates, auf das, was seine „spezifische Wirklichkeit" ausmacht (Foucault 2000a, 56). Die „rationale Regierung" konzentriert nicht auf den Monarchen oder die Person des Regenten, sondern auf die „Stärke" des Staates selbst, die es nicht nur zu erhalten, sondern zu befördern gilt, damit sie überdauert. Voraussetzung dafür ist nicht nur das Wissen um die eigene Stärke, sondern, über die Technik der politischen Statistik, auch der Vergleich, das Wissen um die Stärke der konkurrierenden Staaten (vgl. Foucault 1994a, 84; Hindess 1996, 107, 112).

Obwohl die Staatsraison den Beginn jener Genealogie der Frage nach der Regierungskunst markiert, bildet sie zugleich das Haupthindernis (vgl. Hindess 1996, 111) zu ihrer vollen Entfaltung. Denn die Frage nach der Kunst des Regierens bleibt selbstbezüglich, gerade indem sie sich vor allem auf die Interessen des Staates konzentriert. Ihren eigentlichen Durchbruch findet sie erst im 18. Jahrhundert mit dem „Auftauchen des Problems der Bevölkerung" und der Ausbildung einer eigenständigen „Wissenschaft vom Regieren" (Foucault 2000a, 56, 59). Zu den Voraussetzungen hierfür gehören ökonomische und demografische Prozesse, die sich im Zuge der Entwicklung der Industriearbeit und der Ausbildung urbaner Strukturen vollziehen und die jetzt, auf der Basis der Entwicklung statistischer Verfahren, operationalisiert werden können. Probleme des Regierens werden so, „selbst wenn man nicht regiert", vorführbar und beweisbar (Foucault 1982, 42). Als statistisch generierte Entität und durch die Brille entsprechender Analysen scheint die Bevölkerung ein Eigenleben zu entfalten. „Indem die Statistik eine Quantifizierung der Phänomene gestattet, die der Bevölkerung eigentümlich sind, lässt sie deren spezifischen Charakter hervortreten" (Foucault 2000a, 60). Die Bevölkerung wird zum Objekt des Wissens, der Beobachtung und zugleich zum Gegenstand der Regierung.

Die *politische Ökonomie* schließlich kann erst in dem Moment zur Hauptwissensform der gouvernementalen Führung avancieren, als sich das Problem der Bevölkerung stellt: Diese wird zu einer eigenen „Gegebenheit" und zum Interventionsfeld und Ziel der Regierungstechniken. Zwar bezeichnet der Ausdruck „Ökonomie" auch schon im 16. Jahrhundert eine Regierungsform, denn grundsätzlich stellt sich die Frage der Regierungskunst als eine Frage der Ökonomie: „die Kunst des Regierens ist gerade die Kunst, die Macht in der Form und nach dem Vorbild der Ökonomie auszuüben" (Foucault 2000a, 50). Sie ist die Einführung des Ökonomischen in die Praxis der Regierung. Insofern impliziert die Rede von einer Regierung, die ökonomisch sein will, immer auch eine Tautologie. Indem die Reflexion auf die Bedingungen des Regierens darauf zielt, die „Dinge", also die Individuen, die Güter und Reichtümer, „richtig" zu lenken, bedeutet eine rationale Regierung, die entsprechenden Bedingungen herzustellen oder ihnen in einer Weise gerecht zu werden, dass das Wohl, das Auskommen, der Reichtum oder Gewinn einer Familie oder Hausgemeinschaft, der Einwohner einer Gemeinde, oder eines Unternehmens sicher gestellt sind (vgl. ebd., 49-50).[72] Von der ökonomischen Regierung im engeren Sinne kann man insofern sprechen, als sich die Ökonomie im 18. Jahrhundert als Gegenstand eines wissenschaftlichen Wissens zu einem „spezifischen Realitätsbereich" herausbildet, der eigenen Gesetzmäßigkeiten folgt und sich als ein epistemologisches Feld nach eigenen Regeln konstituiert. Die politische Ökonomie fungiert zugleich als „Interventionstechnik der Regierung in dieses Realitätsfeld" der Ökonomie und die ihr eigenen Problemstellungen (ebd., 64).

2.2.2 Die Mentalität des Liberalismus

Man kann den Liberalismus als eine politische Rationalität und zunächst als eine Form der Problematisierung zu begreifen, die jedes Zuviel regierender Einflussnahme oder Intervention in Frage stellt. Historisch gesehen artikulierte sich der Liberalismus in scharfer Kritik an der Staatsraison mit der Frage, wie Regieren zwischen notwendiger staatlicher Intervention und gleichzeitig größtmöglicher Selbstbeschränkung möglich sei. Dabei sah Foucault in Adam Smiths Theorie der „unsichtbaren Hand" einen radikalen Bruch mit den Physiokraten. Diese waren

---

[72] „Das Wort ‚Ökonomie' bezeichnet ursprünglich die ‚weise Regierung des Hauses zum Wohl der ganzen Familie'" – Foucault (2000a, 49) bezieht sich hier auf Rousseaus „Abhandlung über die politische Ökonomie".

noch davon ausgegangen, dass eine *laissez-faire* Regierung, die das politische und ökonomische Feld „souverän" überblickt, die Individuen ihrer Freiheit überlassen könnte. Diese Möglichkeit des überschauenden, totalen Wissens um die ökonomischen Prozesse stellten die Theorie der subjektiven Einzelinteressen, die man sich als die Voraussetzung für die Entfaltung ökonomischer Aktivität dachte,[73] und Smiths ökonomische Theorie in Frage: Zwar sei die politische Ökonomie als Wissenschaft erforderlich für die Orientierung des Regierungshandelns. Sie verfüge jedoch nicht über die „Souveränität", selbst das Programm dafür vorgeben zu können. Denn aufgrund der subjektiven Interessen, die sich eigendynamisch vervielfältigen (sollten), seien ökonomische und juridische Sphäre prinzipiell nicht kompatibel. Das Interessen-Subjekt überschreite nicht nur permanent den durch Beschränkung gekennzeichneten Aktionsrahmen des juridischen Subjekts. Vielmehr gehe die „dialectic of spontaneous multiplication", wie Smith sie beschrieb, insgesamt nicht in der totalisierenden oder vereinheitlichenden Form einer Souveränitätsmacht auf (Gordon 1991, 21). Für dieses Problem bot der Liberalismus, so Foucault, eine Lösung, indem er juridisches und ökonomisches Subjekt nebeneinander positionierte und beide Sphären einem einzigen, komplexen Gebiet der Regierungsrationalität, dem Markt, unterordnete (vgl. ebd., 15-22).

Demzufolge konnte Adam Smiths Theorie sich durchsetzen, weil sie vor dem Hintergrund der herrschenden Vorstellungen und der Problemstellungen Ende des 18. Jahrhunderts die adäquate, die am besten platzierte Antwort auf eine unentschiedene Frage nach dem „Zusammenhang zwischen der Relevanz der Repräsentation und ihrer Kongruenz mit dem politischen System ihrer Zeit" darstellte. Die „Erfindung der Ökonomie" löste diese Dichotomie auf, ob „die politische Gesellschaft vor dem Handel oder die zivile Gesellschaft vor dem Staat" zu schützen sei. Der Markt galt als das entscheidende Feld, durch das beide, Handel und Staat, domestiziert werden konnten (Meuret 1994, 23-24). Die Analyse von Problematisierungsweisen im Rahmen des Studiums von Gouvernementalitäten zielt also auf die Frage, unter welchen historisch-politischen und lokal-spezifischen Bedingungen sich bestimmte Praktiken durchsetzen und sich als gängige Praktiken akzeptabel machen (vgl. Foucault 1991, 75).[74] Es geht mithin nicht darum zu

---

[73] Vgl. ausführlich dazu Hirschman (1987); Lemke (1997, 178-181).

[74] Wenn die Frage auf die Bedingungen zielt, unter denen ein bestimmtes Problem in den politischen Fokus geraten kann oder konnte und in welcher Weise es als solches artikulierbar und artikuliert wurde, sind beide Momente aufeinander zu beziehen: So meint auch die Rede von der „Erfindung des Sozialen" (Donzelot 1995) im 19. Jahrhundert nicht eine Art purer Erfindung aus einer *tabula rasa* heraus. Vielmehr gab es „historisch-konkrete

sagen, die Smithsche ökonomische Theorie hätte „die Realität des sich entwickelnden Kapitalismus richtig" beschrieben oder aber der klassische Liberalismus hätte „die bürgerliche Herrschaft legitimieren" sollen. Die ökonomische Theorie stellte die bürgerliche Gesellschaft einer eigenständigen ökonomischen Sphäre gegenüber, welche die der Gesetze des Marktes war. Auf dieser Folie versuchte der Liberalismus „die Grenzen staatlichen Handelns zu problematisieren" – erfolgreich insofern, als „es dieser politischen Rationalität zumindest im 18. und 19. Jahrhundert durch die Verknüpfung bestimmter Technologien gelang, Wahrheitswirkung zu entfalten oder warum sie, um mit Foucault zu sprechen, ‚effizient' wird" (Müller 2001).

Nach der Theorie des ökonomischen Liberalismus soll die Regulation des Marktes vorwiegend über die „freie Wahl" der ökonomisch Handelnden erfolgen. Der Staat hat demnach nicht nur diese Freiheit der Individuen zu respektieren, sondern auch Sorge dafür zu tragen, dass die Entwicklung des Marktes sich nach den Gesetzlichkeiten von Angebot und Nachfrage vollziehen kann. Der Markt wird zum „Ort der Verifikation/Falsifikation des Regierungshandelns", das die Bedingungen für die Ausübung der Freiheit, für die Möglichkeit freier Entscheidung zu wahren und herzustellen hat. Eine „gute" Regierung misst sich demnach daran, dass sie die Spielregeln zu erkennen und zu beachten weiß. Funktioniert der Markt nicht und kann sich nicht entfalten, so erweist sich das umgekehrt als ihr Fehler beziehungsweise ihre Ignoranz. Die *Erfindung der Ökonomie* objektiviert und reproduziert sich selbst: „Das Regierungshandeln muss also in Einklang mit den Gesetzen einer Naturalität stehen, die es selbst konstituiert hat" (Lemke 1997, 175).[75] Die Kriterien des richtigen Regierens, das gilt bezogen auf jede Gouvernementalität, bilden zugleich die Folie der Evaluation von Problemlösungskonzepten und von Erfolg. Sie sind „der Regierungskunst nicht

---

Gründe" wie die Probleme der wachsenden Massenarmut oder einer rebellierenden Arbeiterschaft, mit denen man sich „konfrontiert" sah (Lemke 1997, 197). Wenn die Sozialversicherung damals eine passende politische Antwort darstellte, dann meint „passend" nicht die richtige im Sinne der einzig möglichen Lösung, vielmehr die erfolgreiche Form der Problematisierung als soziale Frage und die erfolgreiche Durchsetzung einer Bearbeitungsstrategie. In der historischen Wendung des Kantischen Apriori wollte Foucault die Regime der Wahrheit, die sich im strategischen Feld von Wissen und Macht durch die Diskurse etablieren können, jenseits von universalistischen Annahmen beschreiben; sie nicht als einen Fortschritt der Wissenschaften oder der Vernunft begreifen und sie von der Vorstellung des Menschen als konstituierendes, souveränes Erkenntnissubjekt ablösen.

[75] Lemke paraphrasiert die Vorlesung Foucaults vom 10.1.79 (vgl. auch Foucault 1982, 42-43; Hindess 1996, 128). Wenn das im Folgenden der Fall ist und im jeweils vorliegenden Zusammenhang relevant erscheint, werde ich das nur mit einem kurzen Hinweis auf das Datum der Vorlesung kenntlich machen.

äußerlich, sondern selbst ein Effekt der ‚Ökonomie der Macht'" (Lemke 2001c, 28).[76]

Die Analyse von Gouvernementalitäten interessiert sich nicht nur nicht dafür, inwiefern die liberale Regierung tatsächlich in ihrem Sinne ökonomisch ist und den Gesetzen des Marktes gerecht wird. Begreift man den „liberalism not as a doctrine, a set of doctrines, of political and economic theory, but as a style of thinking quintessentially concerned with the art of governing" (Gordon 1991, 14), untersucht man ihn also als eine Rationalität und Technologie des Regierens, dann ist das Bemerkenswerte am Liberalismus zudem gerade nicht, „that it first recognized, defined or defended freedom as a right of all citizens. Rather its significance is that for the first time the arts of government were systematically linked to the practice of freedom" (Rose 1992a, 5). Der Liberalismus sucht die Fähigkeiten der Subjekte auf der Basis ihrer Freiheit zu mobilisieren und zu nutzen: Freiheit als Schlüssel für effektives Regieren und „limited government is a recipe for success" (Hindess 1996, 128).[77] Deshalb braucht der Liberalismus zu seiner Durchsetzung, ja seiner Existenz die Freiheit. Sie ist für ihn konstitutiv, bildet gleichermaßen die Grundlage wie unverzichtbare Voraussetzung des Regierungshandelns: Sie stellt die Lösung dar für das Problem der Regierung, für das ambivalente Spiel notwendiger Einflussnahme und erforderlicher Begrenzung der Intervention. Sie ermöglicht die Eigeninitiative des Individuums (das frei ist, sofern es rational ist) und die Entfaltung der Kräfte des Marktes, die nicht beschränkt werden sollen. Dabei produziert und „konsumiert" der Liberalismus selbst diese Freiheit. Er „fabriziert" sie, indem er sie nicht nur dem Markt, sondern auch den Individuen und Kollektiven unterstellt, ihnen, scheinbar paradox, ihre Freiheit zuweist, die sie im Sinne der ökonomischen Regierung nutzen sollen (vgl. Lemke 1997, 185; Vorl. vom 24.1.79). Und er konsumiert die Freiheit, indem er die Individuen über ihre Freiheit regiert und zu selbständigem Handeln anreizen will. Insofern weist der Liberalismus

---

[76] Und in diesem Sinne konzipierte Foucault, wie Hindess hervorhebt, eine „politische Rationalität": „it has no source of legitimacy outside its own effectiveness" (1997, 261). Als „autonom" begreift eine Kunst des Regierens sich zum einen darin, dass sie den Staat als eine eigenständigen Adressaten des Regierens begreift, der also nicht auf Institutionen oder etwa den königlichen Hof zu reduzieren ist (vgl. ebd., 259); und zum anderen „to the extent that it denies any natural or essential basis for the subjection of members of the governed population" (ebd., 267). Vor diesem Hintergrund will Hindess den Begriff der *politischen* Rationalität noch einmal unterschieden wissen „from the rationality of *government* itself" (ebd., 261), mit der die Formen der Subjektivierung in den Blick zu nehmen sind.

[77] In diesem Sinne einer spezifischen Rationalität und Technologie kann hier von einer „Mentalität" des Liberalismus gesprochen werden, nicht aber im Sinne einer an eine allen „gemeinsame Alltagspraxis" und an kollektive Vorstellungen oder „Ideen" gebundenen Mentalität (vgl. Reichert 2001, 5).

sich weniger dadurch aus, dass er die Freiheit der Menschen als ihr Recht respektiert, als dass er von seinem eigenen Postulat der Freiheit profitiert. Und indem der Liberalismus die Individuen zu aktiven Subjekten erhebt, sie sich als autonome Subjekte begreifen lässt und so dazu anleitet, sich selbst zu regieren (vgl. Foucault 1982, 8), in diesem Sinne ist er gerade keine Ideologie.[78] Er verspricht nicht bloß Freiheit und täuscht uns tatsächlich darüber hinweg, dass wir doch nur Gefangene oder Objekte einer Unterdrückung sind. Der Glaube an eine Macht, die negativ und repressiv ist, indem sie auf Verboten beruht und unsere Entfaltung unterdrücken will, und die verschleiert und uns etwas vormachen will, gerade diese Vorstellungen sind Foucault zufolge selbst Teil eines Machtdispositivs (vgl. Lemke 2001a, 87). Sie sind Bedingungen einer Akzeptanz, auf der die Macht aufbaut, und entspringen der Tradition des juridischen Denkens: der Form einer Macht, die sich über das Gesetz legitimiert und die von den ihr Unterworfenen nur die „Verpflichtung zum Gehorsam" kennt (Foucault 1999a, 35). Sie scheint uns entweder zu unterdrücken oder sich darauf zu beschränken, unsere Freiheit zu begrenzen: „Reine Schranke der Freiheit – das ist in unserer Gesellschaft die Form, in der sich die Macht akzeptabel macht." Weil wir glauben (wollen), dass „sie einen wichtigen Teil ihrer selbst verschleiert", scheint die Macht für uns „erträglich" zu sein (Foucault 1983, 107). Wir können dann glauben, an der Macht nicht beteiligt zu sein. Doch eine solche Macht „wäre [..] arm an Ressourcen [...] und gleichsam gezwungen sich beständig zu wiederholen"; sie würde sich darin erschöpfen, „nein zu sagen" und sie wäre „nur fähig Grenzen zu ziehen" (ebd., 106).[79]

Freiheit existiert nicht als ursprüngliche Gegebenheit, sondern ist Postulat und Versprechen. Darüber hinaus muss die ökonomische Regierung, die auf die Freiheit der Subjekte setzt, die entsprechenden Bedingungen der Freiheit herstellen: die Ausübung von Freiheit ermög-

---

78   Weil die Rationalität der Regierung „selbst immanenter Bestandteil der Machtverhältnisse" ist, zielt die Analyse von Gouvernementalitäten nicht auf Ideologie. Die Rationalisierung der Macht dient weder der „Verschleierung" von Gewalt noch der „Legitimation des Konsenses" und von „Herrschaft", wie bei Max Weber (Lemke 2001a, 89), der seinerseits „die umgekehrte Fragerichtung" zwar problematisiert, aber eine empirische Untersuchung, „wie die Herrschaftsordnung den Legitimationsglauben ,zu erwecken und zu pflegen' [...] sucht" deshalb „vernachlässigt", da es ihm vor allem um eine Typologie der Macht geht (ebd., 80).

79   Das Konzept der Ideologiekritik nicht die Form einer Macht, welche den Formen der Subjektivierung nicht äußerlich ist. Ideologie „ist zugleich viel weniger und viel mehr" (Foucault 1999a, 43). Weniger ist sie als das Wissen, welches den Formen der Machtausübung eingeschrieben ist, die auf dieser Basis des Wissens effektiv sind, indem sie Machteffekte hervorbringen; zugleich ist die Ideologie ein Mehr, eine Art Überschuss, die genau diese Funktionsweise der Macht überdeckt (vgl. auch Gordon 1980, 233-237).

lichen und sicherstellen. Sicherheit ist das komplementäre Versprechen zur Freiheit und nicht minder konstitutiv für das Regierungshandeln. Schließlich gibt es eine Reihe von Unsicherheiten, welche die Freiheit der Bürger – und freilich auch der Marktkräfte – bedrohen und folglich Anlass sind für staatliche Interventionen. Die Wohlfahrt eines jeden Einzelnen und der Bevölkerung insgesamt hängt davon ab, ob die Sicherheit des ökonomischen Prozesses gewährleistet sein kann (vgl. Dean 1998, 38). Will aber die liberale Regierung, die ja das Minimum solcher Interventionen im Sinne des optimalen Zusammenspiels aller Kräfte für erstrebenswert erachtet, sich nicht selbst abschaffen, indem sie zentrale staatliche Machtmechanismen mobilisiert und Zwangs- und Gewaltmittel einsetzt, so institutionalisiert sie Sicherheitsmechanismen, unter anderem mit Hilfe des Rechts. Das Recht ist Beschränkung staatlicher Macht und Garantie des Verfahrens. Es legitimiert die Individuen, sich der Macht entgegenzustellen, und ist zugleich Mittel der Regulation des Verhaltens. Für die liberale Regierung ist das Recht ein „Vehikel" (Lemke 1997, 185), weniger Ressource ihrer Legitimation als technisches Mittel, um Freiheit zu ermöglichen und über die rechtliche Form abzusichern. *Garantiert* sein kann die Sicherheit der Freiheit nur im Sinne des Rechts.[80] Aber sie kann nicht sicher, nicht vollständig abgesichert sein, vielmehr bleibt sie prekär. Die Mechanismen der Regulierung von Existenzrisiken schalten die Bedrohungen nicht aus. Und daraus resultiert ein Kalkül: Das Kalkül der Unsicherheiten ist zugleich ein Kalkül mit Unsicherheiten. Unsicherheit scheint „der Preis der Freiheit" zu sein. Tatsächlich ist sie ihre Grundlage und damit zugleich Grundlage der liberalen Regierung, welche die Freiheit absichern und sich so als Beschützer ausweisen kann. Sie wird deshalb die Unsicherheit „kultivieren" (ebd., 187, FN 48). Der Liberalismus produziert und konsumiert also nicht nur Freiheit, er profitiert auch von ihrer Bedrohung. Sicherheit stellt nicht den Rahmen der Freiheit her, sie ermöglicht nicht erst die Freiheit. Diese ist vielmehr umgekehrt Voraussetzung für die Produktion von Sicherheitsdispositiven, die das Spiel Sicherheit – Unsicherheit balancieren, ohne es aufzulösen. Die Freiheit, die ständig bedroht bleibt, wird so gezähmt und begrenzt, in eine Form gegossen, die einen bestimmten Gebrauch der Freiheit gewährleisten soll: in

---

[80] Wie Lemke (1997, 185, FN 45) zu bedenken gibt, handelt es sich dabei keineswegs um ein zwangsläufiges Verhältnis: „Foucault betrachtet die Verbindung zwischen Recht und Liberalismus nicht als eine natürliche oder logische, sondern als eine historische Beziehung: Die Demokratie und der Rechtsstaat sind ebenso wenig zwangsläufig liberal wie der Liberalismus notwendig demokratisch ist oder der Rechtsform bedarf. Die Allgemeinheit des Gesetzes und die Partizipation der Regierten erwiesen sich vielmehr als eine ‚ökonomische' Form der Regierung."

Übereinstimmung mit Regierungszielen (vgl. ebd., 184-88; Gordon 1991, 19-20; Foucault 2000a, 64).

Die Bedrohung der Existenz und ihre Unwägbarkeiten sind gleichsam die natürlichen Lebensbedingungen, das Schicksal, im Angesicht dessen alle Menschen gleich sind (vgl. Ewald 1993, 83). Und genau hier setzt die liberale Tugend der Vorsorge ein, die mit der Verantwortung für sich selbst die Moral der Voraussicht und das Gebot, niemand anderem zur Last zu fallen, enthält. Da Sicherheit selbst nicht garantiert sein kann, es also kein Recht auf Sicherheit gibt, gilt die Verpflichtung, sich selbst abzusichern. Das liberale Rechtsprinzip der Haftung, das sich im europäischen 18. und 19. Jahrhundert etabliert, verkörpert den entsprechenden Mechanismus der Aktivierung der Individuen über die Momente der Verantwortung und Schuld: Das Übel oder der Schaden, die aus einem Mißerfolg erwachsen, sind nicht mehr auf einen Irrtum zurückzuführen und schon gar nicht auf jemand anderen abzuwälzen. Sie sind die Konsequenz aus einem Mangel an Vorsorge und daher Lektion: die bittere Demonstration des eigenen Verschuldens (vgl. Ewald 1998, 6).

2.2.3   Die Macht zum Leben: Normierung und Normalisierung

Das Konzept der Macht, das sich mit dem königlichen Souverän verbindet, erschien Foucault unzureichend für die Analyse der Gegenwart und der Weisen des Regierens, die sie bestimmen. Und so hat er mehrfach davon gesprochen, dass politische Analysen zu sehr auf den König fixiert sind: „Im politischen Denken und in der politischen Analyse ist der Kopf des Königs noch immer nicht gerollt" (1983, 110).[81] Der Souverän ist der Gesetzgeber, der König die Figur der juridischen Macht. Seit dem Zeitalter der Disziplin gewinnt jedoch eine andere Form der Macht an Bedeutung: die *Macht zum Leben* (vgl. ebd., 159-190; 1999b). Von der juridischen Macht unterscheidet sich diese, sich auf das Leben beziehende Macht darin, dass sie nicht negativ mit Verboten und Grenzsetzungen, sondern auf der Basis eines positiven Wissens operiert (Foucault 1978a, 34-35). Sie „richtet [..] die Subjekte an der Norm aus" (Foucault 1983, 172).

Die produktive Macht der Disziplin zielt auf die *Anatomie des individuellen Körpers*, den sie abrichtet und trainiert, um seine Leistungsfähigkeit zu steigern und seine Kräfte auszunutzen. Der Mensch wird zum

---

81   Vgl. Foucault (1999a, 37-38 und 43-44; 1980, 55 und 60; 2001, 34).

Objekt des Wissens und ist als Lebewesen die Verkörperung von Energie, die nutzbar zu machen ist (vgl. ebd., 166; Hindess 1996, 115). Die liberale Ökonomie der Macht hingegen zielt auf die *Regulierung der Bevölkerung*, nicht auf ein Territorium, wie die souveräne Macht, oder auf Einwohner (citizens), wie der Verwaltungsstaat, sondern auf die Ausnutzung von Kräften und die Kontrolle der Lebensbedingungen. Die medizinische Wohlfahrtspolizei wird im 18. Jahrhundert abgelöst von einer „liberale[n] ‚Gesundheitspolitik' [...], die das Wohlbefinden des sozialen Körpers als allgemeines Ziel formuliert" (Lemke 1997, 236). Gleichwohl lassen sich die gezielte „Modellierung" des menschlichen Körpers (Makropoulos 1997, 49; vgl. Foucault 1999, 287-88) in disziplinären Institutionen wie Militär und Schule auf der einen Seite und die staatlichen Mechanismen der Regulation der Bevölkerung auf der anderen Seite noch als zwei separate Machttechnologien entziffern, die erst im Europa des 19. Jahrhunderts ein eigenwilliges Zusammenspiel eingehen werden, als man die Form der gouvernementalen Macht „wiederentdeckt" (vgl. Deflem 1997, 151): Die Verknüpfung der deskriptiven Statistik mit der mathematischen Theorie der Wahrscheinlichkeit stellt die technische Voraussetzung für Regierungstechnologien her, die das Individuum normalisieren. Die Normalisierungsgesellschaft, die auf einer statistisch-probabilistisch generierten Ordnung beruht, ist der „historische Effekt einer auf das Leben gerichteten Machttechnologie" (Foucault 1983, 172).

Zunächst zur Unterscheidung zwischen der *Regulierung der Bevölkerung* und den *Disziplinen des Körpers*, die auf verschiedenen Normenkonzepten beruhen: Statistische Daten wie das Kriminalitätsaufkommen, Krankheits- und Geburtenraten, Unfälle oder Sterbefälle, die sich auf die Bevölkerung oder Bevölkerungsgruppen beziehen, beschreiben die Realität des „empirisch Normalen" und produzieren insofern *deskriptive* Normen.[82] Normalität bemisst sich nach den empirischen Verteilungen und aus der mathematischen Ermittlung des Durchschnitts. Daraus resultiert die *Normalisierung* des Individuums. Demgegenüber beruht die Norm der Disziplin auf dem „Entwurf eines optimalen Modells", auf einer *präskriptiven* Norm. Das Modell stellt die Vorgabe dar, die Norm, die zugleich die Grenze der Unterscheidung des Anormalen markiert. Das Verhalten, der Charakter, die Persönlichkeit des Individuums

---

[82] Freilich sind auch diese präskriptiv, nicht nur in ihrer Funktion als Normen, sondern auf Grund eines Positivismus, von dem man in dem Augenblick sprechen kann, in dem die mit dem Verfahren der „Beschreibung" und Kategorisierung verbundene Einschreibung von Bedeutungen in die „objektiven" Daten nicht mit reflektiert und zu einer normativen Kraft des Faktischen wird.

werden daran gemessen und nach Möglichkeit daran angepasst: *Normierung* nach dem Modell.[83] Im Verhältnis zu der empirisch aufgewiesenen Realität der Normalisierungsmacht kennzeichnet sich die Rationalität der Disziplin insofern dadurch, dass sie die Realität ergänzt. Sie erlegt Pflichten auf und „hat die Aufgabe zu verhindern“, sie spezifiziert und determiniert. Mit der juridischen Macht, die negativ auf der Basis von Vorschriften und Verboten operiert, hat sie eines gemein: „einer Realität als Bremse zu antworten“ (Foucault 1982, 8).[84]

Den Unterschied zwischen den Technologien der Regulierung der Bevölkerung und den Mechanismen der Disziplin kann man sich am Beispiel der Bekämpfung von Epidemien vergegenwärtigen. Die Disziplin arbeitet mit Techniken der Unterscheidung, Segmentierung und letztlich der Isolation, der Aussonderung der ansteckenden Kranken. Im Kalkül der Sicherheit hingegen wird die Krankheit zu einer Frage des Risikos, dessen Verteilung mit Hilfe statistischer Erfassung ermittelt wird. Dadurch erscheint „die Krankheit als Distribution von Fällen über eine Bevölkerung“, die aus permanent wirkenden Faktoren hervorgeht. Impfung ist daher die adäquate Antwort, die Eindämmung des Risikos für „jedermann“: „die Kollektivität muss individualisiert, oder die individuellen Phänomene müssen kollektiviert werden“ (Foucault 1982, 9; vgl. 1999b, 281). Wenn sich die Macht auf den *sozialen Körper* bezieht, ist also nicht der Gesellschaftskörper im juristischen Sinne gemeint, sondern die Bevölkerung als ein „multipler Körper mit zahlreichen Köpfen, der, wenn nicht unendlich, zumindest nicht zwangsläufig zählbar ist“ (Foucault 1999b, 283).

Das Leben wird zur „Zielscheibe“ der Macht und zum Objekt des Wissens: „power centers on the population and its truth by presupposing individuals as *living* subjects“ (Deflem 1997, 150, meine Hervorhe-

---

83   Foucault selbst spricht zumeist von „Normalisierungsmacht“ oder „Normalisierungsgesellschaft“ (1999a, 49), die jedoch nicht dasselbe ist wie die Disziplinargesellschaft: weil sie beide Formen beinhaltet, die Disziplinartechnologien, die auf den individuellen Körper zielen, und die Regulierung der Bevölkerung (1999b, 292-93). Ewald (1993, 192) bezeichnet das Konzept der Normierung als den „klassischen Typ“ der Normalisierung.

84   Die Macht der Disziplin ist produktiv, indem sie die Individuen in den Produktionsprozess einzubinden und an seine Erfordernisse anzupassen sucht; sie ist positiv, da sie auf dem Wissen vom Menschen beruht beziehungsweise nicht davon ablösbar ist. Sie bringt selbst Wissen hervor und ermöglicht bestimmte Praktiken, die an die Diskurse anschlussfähig oder mit ihnen verbunden sind. Aus diesem Grunde wollte Foucault die Disziplinarmacht von der juridischen Macht, die auf Verbote zielt und so gesehen verhindernd oder unterdrückend ist, unterschieden wissen. Später betrachtete er die Gegenüberstellung von disziplinärer Normierung und Normalisierung im Rahmen der Sicherheitstechnologien als entscheidend (vgl. Foucault 1982, 8-10). Daran gemessen haben nun juridische und disziplinäre Macht eines gemeinsam: sie operieren auf der Basis präskriptiver Normen. (vgl. Lemke 1997, 189-90).

bung). Die *Bio-Macht* meint nichts Geringeres als den „Eintritt des Lebens" in das Feld des „bewussten" politischen Kalküls (Foucault 1983, 170). Der soziale Körper wird zu „a biological reality and a field for medical intervention" (Foucault 1988b, 134) und die Aufgabe der Regierung wird die „öffentliche Hygiene". Sie scheint zu einer Notwendigkeit zu werden, zu einer Aufforderung, die aus der Form des Wissens und den Techniken, die es möglich machen, selbst resultiert: Die Verfahren der statistischen Erfassung, wie sie sich etwa in Deutschland im 17. und 18. Jahrhundert zunächst als Studium der „Staatsmerckwürdigkeiten" entwickelten (Deflem 1997, 155),[85] lassen die Bevölkerung als eine eigenständige Entität erscheinen: Was sich im Hinblick auf den Einzelnen wie ein Zufallsereignis liest, wird im Raster statistischer Verfahren zu einem Kollektivphänomen, das einer Systematik gehorcht. Krankheits-, Sterbe-, Unfallraten und Sozialdaten zeigen Prinzipien und Regelmäßigkeiten auf, die einer Gesellschaft von Lebewesen offenbar inhärent sind. Sie weisen die Systematik von Bedrohungen aus und werfen entsprechende Problemstellungen auf.

Die neue Technik der Erfassung und Systematisierung von Daten zur Bevölkerung erschließt ein eigenständiges Realitätsfeld und bringt neue Sichtweisen hervor. Denn die statistisch generierten Phänomene erklären sich nur aus den Summierungen, die diese erst erkennbar werden lässt. Insofern generiert die Systematik des statistischen Verfahrens überhaupt erst die Phänomene und damit Handlungserfordernisse, aber auch Interventionsmöglichkeiten. Die Probleme, die das technische Instrumentarium in ihrer regelhaften Struktur sichtbar macht, werden durch dieses zugleich kalkulierbar: nicht berechenbar im Sinne der Gewissheit, aber operationalisierbar für bestimmte Regierungsziele (vgl. Foucault 1999b, 279-84). „Die Bevölkerung tritt als Subjekt von Bedürfnissen und Bestrebungen, aber ebenso auch als Objekt in den Händen der Regierung hervor; der Regierung gegenüber weiß sie, was sie will, zugleich aber weiß sie nicht, was man sie machen lässt" (Foucault 2000a, 61). Man muss also die Bevölkerung kennen und ein Wissen über die Verteilung und Entwicklung von Daten sammeln und systematisieren: etwa zu Gesundheit und Mobilität oder zu Gefährdungen des Lebens und des Zusammenlebens durch Unfälle, Kriminalität und Abweichung oder Tod (vgl. Deflem 1997, 151). Auf diese Weise lassen sich entsprechende „Sicherheitsmechanismen" entwickeln und

---

85 Die deutsche „Polizeywissenschaft" beziehungsweise der Kameralismus stellt Foucault zufolge die erste systematische Form der ökonomischen Regierung dar, in dem das Ökonomische einen *spezifische*, aber noch keine *autonome* Form der Rationalität wie im 18. Jahrhundert bildet (vgl. Gordon 1991, 11).

um das „Zufallsmoment [..], das einer Bevölkerung von Lebewesen
inhärent ist" gruppieren: Sicherheitsdispositive, die darauf zielen „das
Leben zu optimieren", um seine Kräfte zu nutzen (Foucault 1999b,
284). Vor dem Hintergrund dieser Überlegungen zum Auftauchen der
Bio-Macht spielt Foucault auch die Souveränität gegen die Disziplin und
gegen die Regierung aus. Die erste Gegenüberstellung bezieht sich auf
das Verhältnis von Recht und Norm, die zweite auf das Verhältnis von
Staat und Regierung

Recht und Norm

Die *Macht zum Leben* operiert auf der Basis der Norm, der sich das
Gesetz gleichsam unterordnet; dies zum einen, weil die statistisch
generierten Daten als allgemeine Wahrheiten über die Bevölkerung
erscheinen, die unabhängig von den Vorgaben einer souveränen Macht
sind und sich jenseits eines rechtlich-politischen Rahmens herstellen
(vgl. Deflem 1997, 151). Zum anderen geht es jetzt weniger darum zu
bestimmen, was richtig und was falsch ist, als vielmehr, was nützlich
oder was schädlich ist für die Gesellschaft. Weniger Zwang, Gewalt,
Unterdrückung als die Förderung des Lebens stehen im Vordergrund:
„auf dem Spiel steht [..] nicht mehr die juridische Existenz der Souveränität, sondern die biologische Existenz der Bevölkerung". Während die
souveräne Macht sich das Recht vorbehielt, „sterben zu machen oder
leben zu lassen", ist die Bio-Macht darauf bedacht, „leben zu machen
oder in den Tod zu stoßen": Leben auszumerzen im Sinne gezielter
Bevölkerungspolitik (Foucault 1983, 164-65).[86]
   Nun sind Recht und juridische Macht nicht dasselbe (vgl. Tadros
1998). Letztere ist es, die Foucault als nicht mehr angemessen betrachtet

---

[86]   Die Familie, die im Regime der Disziplin als normatives Modell fungiert, wird mit der
   Macht zum Leben „privilegiertes Instrument für die Regierung der Bevölkerungen". Sie
   soll der Ort der Produktion des Lebens, der Gesundheit und des gedeihlichen Zusammenlebens: zu fördernder Nukleus für das Wohl der Bevölkerung sein (Foucault 2000a, 60-
   61). In dem „Sexualitätsdispositiv" sieht Foucault eine der wichtigsten Verbindungsachsen
   hierfür: Kreuzungspunkt zwischen individuellem Körper und Bevölkerung und das
   „Scharnier" zwischen zwei politischen Technologien: Die Sexualität soll den Zugang zur
   „Selbsterkennung" herstellen, indem der Mensch sich selbst als im Funktionieren seines Körpers und in der Logik seiner Triebe und seines Begehrens als biologisches und psychologisches Wesen erlebt und in dieser Erfahrung sich schließlich in seiner Einzigartigkeit begreift. Auf der anderen Seite ist Sexualität ein Schlüsselthema der Bevölkerungspolitik, von
   der Regulierung der Zahl bis zur Steuerung der (Bluts-)Verwandtschafts- und der (staats-
   bürgerlichen) Zugehörigkeitsverhältnisse. Vor diesem Hintergrund wird der „Sex" dann
   auch die Schnittstelle sein, über die der Rassismus als Eugenik zu einer Funktion der
   Macht über das Leben wird (vgl. Foucault 1983, 168, 173, 185; 1999b, 291).

zur Beschreibung jener Entfaltungsgrammatik der Norm. In Frage steht die hierarchisierende Macht des Souveräns, der sich über die juridische Macht definierte: „The juridical served as a ‚code' that enabled monarchical power to constitute itself, formalize its structure, and reflect its own workings" (Ewald 1990, 138-39). Freilich kann das Recht durchaus zum Beispiel die Ausübung disziplinierender Macht autorisieren (vgl. Stenson 1998 a, 337). Hier geht es jedoch um die Mechanismen der Umsetzung: „Within a normative space, constraint is more of an obstacle than an aid" (Ewald 1990, 155). Das gelte, wie François Ewald ausführt, nicht nur für die Regierung individuellen Verhaltens, sondern auch bezogen auf Körperschaften, Institutionen und gesellschaftliche Gruppen: So seien Resolutionen und Vereinbarungen, Richtlinien und Empfehlungen, die auch in gesetzlichen Regelungen ihren Niederschlag fänden, dann am effektivsten, wenn die Normen konsentiert seien und wenn die Bereitschaft, sie zu befolgen, zum Ausdruck gebracht würde. Die vertikale Wirkungsweise souveräner Macht durchbrächen sie daher auch im Rahmen des Rechts zugunsten einer eher horizontalen Durchsetzung sozialer Zielsetzungen.

Die Disziplin ist die Macht der Norm (vgl. Foucault 1999a, 45-47), deren produktive Effekte sich auf das Verbot oder die Begrenzung der Freiheit nicht reduzieren lassen. Sie operiert weniger über Zwang oder Gewalt, vielmehr folgt sie „an implicit logic that allows power to reflect upon its own strategies and clearly define its objects. This logic is at once the force that enables us to imagine life and the living as objects of power and the power that can take ‚life' in hand, creating the sphere of the bio-political" (Ewald 1990, 139). Wenn nun mit der Macht zum Leben die *Norm* an Bedeutung gewinnt im Verhältnis zum Recht, heißt das also nicht, dass das Gesetz oder die „Institution der Justiz" keine Rolle mehr spielten. Sie integrieren sich vielmehr „in ein Kontinuum von Apparaten (Gesundheits-, Verwaltungsapparaten), die hauptsächlich regulierend wirken" und so dazu beitragen sollen, das Gedeihen des Gesellschaftskörpers zu gewährleisten und entsprechende Bedrohungen abzuwenden (Foucault 1983, 172). Die Norm ist dem Recht gleichsam übergeordnet, indem sie ein Medium der Produktion von sozialen Gesetzen, der Sozialgesetzgebung, ist. Sie ermöglicht das Recht in modernen Gesellschaften. Deshalb sei sie auch nicht vereinbar mit einem souveränen Willen, denn niemand könne, so Ewald, für sich in Anspruch nehmen, eine Norm zu etablieren. Normen sind nicht das Ergebnis eines Vertrag oder das Diktum des Gesetzgebers. Obwohl sie sich immer nur auf andere Normen beziehen können, durch die sie erst ihre Bedeutung erlangen, stehen sie doch nicht außerhalb eines sozialen

Systems, im Gegenteil. Weil sie sich aufeinander beziehen müssen, tendieren Normen dazu, eine normative Ordnung zu etablieren. Darin aber sind sie nicht absolut. Sie lassen sich nur erkennen und ihre Grenzen lassen sich nur verschieben in Relation zu einer Umwelt, an der sie sich reiben. „Behinderung" beispielsweise sei, so Ewald weiter, nicht im Verhältnis zu anderen Menschen feststellbar, sondern nur im Verhältnis zu den Anforderungen durch die Umgebung. Normen sind also durch und durch sozial und Teil des sozialen Systems, das sie etablieren. Ihre Gültigkeit gewinnen sie weniger daraus, dass sie von außen auferlegt sind, vielmehr sind sie „the group's observation of itself" (1990, 155). Eine Norm beinhaltet eine Form des Urteilens und sie produziert Urteilsregeln, mit denen sich Unterscheidungen treffen und Vergleiche anstellen lassen. Sie ist ein anonymes Prinzip der Verallgemeinerung und als solches zugleich eines der Kommunikation. Normen sind unpersönlich. Sie stellen Vergleichbarkeit her und bringen zugleich Ungleichheit hervor. Dabei kann kein Individuum sich einem Standardmaß entziehen, aber gleichwohl die Differenz dazu markieren (vgl. ebd., 153-58). Insofern ist die Norm geradezu demokratisch: „judgement of each individual in relation to the collectivity of which they form a part". Daraus resultiert jedoch zugleich ihre Normativität, die mit der Normalität, also dem Vergleichsmaß, gerechtfertigt wird und eine normative Formel des Regierens bildet: „to govern in the name of norms" (Rose/Valverde 1998, 544-45).

Staat und Regierung

Foucault kritisierte die „Überbewertung des Problems des Staates" in der politischen Theorie und in der Soziologie: „Doch mit Sicherheit besaß der Staat weder in der Gegenwart noch im Verlauf seiner Geschichte je diese Einheit, diese Individualität, diese strikte Funktionalität und, ich würde sagen, diese Bedeutung; letzten Endes ist der Staat vielleicht nur eine zusammengesetzte Wirklichkeit, eine zum Mythos erhobene Abstraktion, dessen Bedeutung viel reduzierter ist, als man glaubt. Vielleicht ist das wirklich Wichtige für unsere Moderne, d.h. für unsere Aktualität, nicht die Verstaatlichung der Gesellschaft, sondern das, was ich eher die ‚Gouvernementalisierung' des Staates nennen würde" (2000a, 65; vgl. Foucault 1987a, 259). Die *Gouvernementalisierung des Staates* beschreibt einen Prozess der Formation eines Wissens von der Gesellschaft, in dessen Verlauf sich die Problemstellungen des Regierens von der Bezugsfolie des Staates auf die Bevölkerung und die

92

Regierung der Individuen beziehungsweise das Verhalten der Individuen verlagern.[87] Das Problem der Regierung konzentriert sich nicht allein auf den Staat. Nicht die Natur des Staates und die Regeln, die seine Stärke befördern, stehen, wie nach dem Prinzip der Staatsraison, im Mittelpunkt, ebenso wenig die Fähigkeit eines Fürsten oder Machthabers, seine Macht aufrechtzuerhalten. Für die Regierung der Bevölkerung beziehungsweise der Gesellschaft und der Individuen bedarf es vielfältiger Instrumentarien und Techniken, die nicht in Formen staatlicher Macht aufgehen. Die staatlichen Institutionen sind dabei ein Bereich unter anderen, den es ebenfalls zu regieren gilt: „Government, in other words, is concerned with managing the population of the state and the institutions, organizations and processes which that population encompasses. From this standpoint, the agencies of the state appear as one, albeit significant, set of instruments of government among others, and as part of the population that is to be governed". Es ist nicht der Staat, „considered as a distinctive institutional structure" (Hindess 1996, 112), der seine eigene Macht, seinen Einflussbereich und seine Kompetenz, bestimmt. Der Staat ist nicht der singuläre Akteur, von dem die Macht ausgeht;[88] nicht die allein entscheidende, übergreifende Einheit, keine Essenz und kein homogenes Gebilde, das ein mehr oder weniger einheitliches Machtinstrumentarium umfasst. Vielmehr ist er das Resultat von Rationalitäten und Technologien des Regierens und als solcher selbst ihr Adressat. „Der Staat ist keine Universalie; der Staat ist keine autonome Quelle der Macht", sondern „nichts anderes als der bewegliche Effekt eines Regimes vielfältiger Gouvernementalität." Diese Perspektive erlaubt es, Prozesse „einer ständigen Verstaatlichung" in den Blick zu nehmen (Foucault 2000b, 69-70), gerade nicht verstanden als die kontinuierliche Verdichtung und Verfestigung heterogener Machtbeziehungen auf ein Herrschaftszentrum hin, sondern als Formierung des Staates im Fadenkreuz ständiger Verschiebungen von Kräfteverhältnissen und Strategien. Dabei sind Technologien selbst komplexe

---

[87] Wenn man so will, handelt es sich um eine Form der „Regierungsintensivierung" im Sinne der Vervielfältigung und Verflechtung verschiedener Dimensionen von Macht. Gleichwohl ist eine solche Übersetzung von „Gouvernementalisierung" durch Seitter (vgl. Foucault 1992, 25) insofern irreführend, als sie eine kontinuierliche, generalisierende Tendenz insinuiert.

[88] Und das gilt noch für totalitäre politische Regime wie etwa das der Sowjetunion: „I don't claim at all that the State apparatus is unimportant, but it seems to me that among all the conditions for avoiding a repetition of the Soviet experience and preventing the revolutionary process from running into the ground, one of the first things that has to be understood is that power isn't localised in the State apparatus and that nothing in society will be changed if the mechanisms of power that function outside, below and alongside the State apparatuses, on a much more minute and everyday level, are not also changed" (Foucault 1980, 60).

Formationen der Machtausübung, die aus Wissenssystemen, Diskursen und Techniken erst hervorgegangen sind und folglich weniger das Produkt staatlich oder politisch konzertierter Aktionen als vielmehr der Effekt von Rationalitäten und Praktiken, die sich zu Strategien formieren.[89] „Within the problematics of government, one can be nominalistic about the state: it has no essential necessity or functionality" (Rose/Miller 1992, 176). Ebenso sind die Formen der Machtausübung innerhalb von Institutionen und aus ihnen heraus eingewoben in Netze von Machtbeziehungen und Machttechniken, die an den Grenzen der Institution nicht Halt machen: *power beyond the state* (Rose/Miller 1992) meint nicht, dass die Formen der Macht jenseits der staatlichen Einflusssphäre liegen, sondern dass die Beziehungen und Wirkungen quer zu den jeweiligen Grenzen und durch sie hindurch verlaufen, an denen wir für gewöhnlich das markieren, was Staat oder privat, was Institution und öffentlich und was ökonomisch oder politisch oder sozial ist. Die Gouvernementalität ist gleichwohl ein übergeordnetes Konzept, weil sie „dem Staat zugleich innerlich und äußerlich ist. Denn eben die Taktiken des Regierens gestatten es, zu jedem Zeitpunkt zu bestimmen, was in die Zuständigkeit des Staates gehört, was öffentlich ist und was privat ist, was staatlich ist und was nicht staatlich ist" (Foucault 2000a, 66). Und in diesem Sinne ist der Staat selbst noch ein Element der Machtausübung und Subjektivierung.[90]

---

[89] Anders als Programme sind *Strategien* „an essentially non-discursive rationality". Diskurse fungieren hier nicht als Medium, sondern als Ressource, mit denen sich Strategien als spezifische Kräftediagramme innerhalb eines Möglichkeitsfeldes ausbilden: „Strategy is the exploitation of possibilities which it itself discerns and creates." Strategien formieren sich, ohne dass individuelle Intentionen oder der Willensakt eines Subjektes sie dahin führte. Sie haben keinen „master strategist". Intentional sind sie, weil sie eine Richtung einschlagen, die aber kein Subjekt bestimmt (Gordon 1980, 251) Ihr Zustandekommen ist gleichwohl nicht zufällig: „Strategy is the arena of the cynical, the promiscuous, the tacit, in virtue of its general logical capacity for the synthesis of the heterogeneous. This is what Foucault calls the ‚anonymity' of certain effects within a field of power-relations: it is not that these effects lack an agent but that they lack a programmer" (ebd., 250). Daneben kann man freilich auch z.B. von Strategien der Kriminalprävention sprechen, bei denen man auch ein planerisches Moment erkennen kann: Wenn sie die Organisation verschiedener Techniken zu einem kohärenten Plan beschreiben, der mehr oder weniger explizit eine bestimmbare Zielsetzung verfolgt (vgl. O'Malley 2001).

[90] Die Fokussierung auf Technologien der Macht, die sich außerhalb der staatlichen Einflusssphäre kapillarisch ausbreiten und operieren, hat eine Reihe von Kritiken an der analytischen Perspektive der *governmentality studies* und vor allem ihrem kritischen Potenzial hervorgerufen (vgl. dazu aus *Governmentality*-Perspektive O'Malley/Weir/Shearing 1997; aus marxistischer Perspektive: Curtis 1995; Frankel 1997). Die Lokalisierung der Analyse *jenseits* des Staates vernachlässige die Bedeutung von Formen souveräner Macht in der Gegenwart (vgl. Stenson 1998a und b; 1999) und provoziere eine Form von Staatsblindheit, die Foucault selbst keineswegs anvisiert hatte: „Foucault's […] concern with government as the inscription of large scale patterns of domination in individual comportment is simply ignored" (Curtis 1995, 576). Foucaults berühmte Formel von dem Kopf des Kö-

2.2.4 Analytik der Hybride?

Wenn Foucault die Gouvernementalität als den noch heute vorherrschenden Machttypus bezeichnete, spann er einen Bogen von den Machttechnologien, die sich im Zusammenhang mit dem frühen Liberalismus im 18. ausbildeten, bis hin zum Neoliberalismus des 20. Jahrhunderts, den er in seinen Vorlesungen am *Collège de France* untersucht. Gleichwohl bestand seine Absicht nicht darin, eine evolutionäre und unilineare Abfolge von Regimen, von der Souveränität über die Disziplin bis hin zur liberalen Regierung, zu beschreiben.[91] Dass man seine Genealogie der Macht dennoch als eine schematische Geschichtsschreibung und als eine idealtypische Reduktion von Formen der Machtausübung und der Herrschaft missverstehen kann, schreibt David Garland der Tendenz bei Foucault zu, „to use historical material *philosophically*", was zu einer Historisierung seiner Machttypologie beitrage: „The result is the analytical reconstruction of what are, in effect, historically-grounded ideal types. The rationalities and technologies are presented in an abstracted, perfected, fully formed way. They are compared one to the other, and their contrasts are taken to suggest the contrasts between different historical periods or social arrangements" (Garland 1997, 199). Foucault selbst sah die Gefahr eines Missverständnisses: „Daher darf man die Dinge mitnichten als Ersetzung einer Gesellschaft der Souveränität durch eine Gesellschaft der Disziplin und anschließend einer Gesellschaft der Disziplin durch eine, sagen wir, Regierungsgesellschaft verstehen" (2000a, 64). Weder ist die Gouvernementalität das Programm einer neuen Gesellschaftstheorie, noch die Genealogie der Versuch, eine universale Theorie der Macht auszuarbeiten und dabei die Geschichte auf einen schematischen Ablauf festzuschreiben. „The clear implication is not to map out the unfolding of an evolution, but to understand the dynamics of such triangular relations and the conditions

nigs, der schon abgeschlagen ist, sei gerade nicht so, wie Rose und Miller das nahe legten, zu verstehen, „that the state has no interest or engages in no activities". Aber der Staat ist kein singulärer Akteur, nach dem die Macht sich hierarchisch strukturiert, und nicht alle Formen der Regulierung gehen auf den Staat zurück (ebd., 581). Darüber hinaus kann dieser selbst gerade in dieser Perspektive überhaupt erst als ein Vehikel der Macht betrachtet werden. Gouvernementalisierung kann, wie Dean (1998) im Hinblick auf gegenwärtige Entwicklungen erörtert, sich auf eine Verschiebung oder Zerstreuung staatlicher Regelungsmechanismen beziehen, oder aber auf eine Restrukturierung staatlicher Macht (vgl. Garland 1996). Insofern soll das Konzept gerade ermöglichen, diese Verflechtungen und ihre Dynamik zu analysieren (vgl. auch Hudson 1998, 585).

[91] Foucault (2000a) selbst hat mehrfach betont, dass die Souveränität und die Disziplin nicht unwichtiger, sondern mit dem Problem der Regierungskunst wichtiger werden.

that effect the roles taken by the various elements in specific combinations" (O'Malley 1996, 192).[92]

Ebenso wenig wie disziplinäre Machttechniken mit dem gouvernementalen Machttypus verschwinden, ist die souveräne Macht der archaische, feudale Machttypus, „a leftover from monarchy" (Stenson 1998a, 341), den wir überwunden hätten. Zwar sieht Foucault die juridische Konzeption der Macht durchaus dem Zeitalter der Souveränität und einer historisch spezifizierbaren Form einer Begründung von Macht entsprechen. Doch auch die demokratischen Formen der Souveränität (des Volkes, des Parlamentes) behalten, von der bürgerlichen Revolution bis zur Gegenwart, diese Betrachtungsweise bei.[93] Wenn sich darauf

---

[92] Nur insofern wäre der Bezug, den Garland, gegen die Foucaultsche Analytik, zu den Weberschen Idealtypen herstellt, zu unterstreichen: „the creation of such abstractions is not an end in itself but rather a heuristic step in the process of empirical analysis" (1997, 199). Die Foucaultsche Genealogie des modernen Staates habe in erster Linie eine Funktion für die Analyse der wechselnden, ineinandergreifenden Beziehungen zwischen Souveränität, den Technologien der Disziplin und Gouvernementalität in der Gegenwart, so auch Stenson; das sei der Sinn und Zweck historischer Rekurse für die Sozialwissenschaften: „But what current relevance is there for us in an understanding of the crystallization of sovereign powers in the seventeenth and eighteenth centuries and the totalizing police/disciplinary powers which developed in their wake – that is, in a diachronic analysis of sovereignty? The answer is little, if we view sovereign powers as discrete, time-anchored and archaic ramnants from the past" (1999, 61). Wie deutlich geworden sein sollte, hat Foucault die von Garland kritisierte Festschreibung historischer Konfigurationen m.E. zumindest nicht angestrebt. Wohlwollend ließe sich insofern als Tugend lesen, dass er die Abgrenzung zwischen den drei Dispositiven der Sicherheit, der Bevölkerung und des Territoriums theoretisch nicht weiter präzisiert hat – so dass sich das Konzept der Gouvernementalität schon deshalb nicht für die Konstruktion von Modellen, Schemata oder Typologien eignet. Zur ambivalenten Darstellung in den Arbeiten Foucaults, in denen sich einerseits eher „schematische" Machttypen finden, die als solche historisch konstant zu sein scheinen, und andererseits eine Differenzierung, welche die Variation, die Überlagerung und das Ineinandergreifen der unterschiedlichen Rationalitäten des Regierens aufzeigt, vgl. Lemke (1997, 193, FN 53). Auch der betont, es sei „wichtig, den methodisch-analytischen Stellenwert dieser Differenzierung nicht zu hoch einzuschätzen" und sich nicht auf eine Typologie zu konzentrieren, in der dann insbesondere die Souveränität als starre, mittels Gesetze auf die Absicherung eines Territoriums ausgerichteten Macht im Gegensatz zur Gouvernementalität als einem von beweglichen und vielfältigen Techniken, Gegenständen und Strategien bestimmten Regime steht.

[93] „Warum die Theorie der Souveränität als Ideologie und als Organisationsprinzip der großen Gesetzbücher weiterhin Bestand" hat, liegt Foucault zufolge (1999a, 47) darin begründet, dass weder die bürgerliche Kritik an der Monarchie noch eine linke Kritik an Klassen- und Herrschaftsverhältnissen das juridische Denken und jenen Legitimitätsglauben überwunden habe. Foucaults Kritik an diesem politischen Denken, das um die Souveränität herum organisiert ist, gehe, so Hindess, aber noch nicht weit genug: „It is not only the problem of sovereignty that *we* (another fictional community) need to free ourselves from, but also the problem of political community" (1996, 158). Ein Problem kann man allerdings darin sehen, dass Foucault sich, obgleich er „mit dem ‚juridischen Machttyp‘ ja eine Art Epochenstruktur insinuiert" (Gehring 2000, 33), dem Recht weder für eine Genealogie, noch im Hinblick auf seine Wahrheitswirkungen zugewandt und es weitgehend reduziert hat auf den Begriff des Gesetzes und auf seine repressive Funktion, und dies obwohl das Recht, so Gehring gerade im Sinne Foucaults zu analysieren sei: „Das Recht

gerade die Kritik Foucaults an der juridischen Konzeption der Macht und der Reduktion von Macht auf ihre Funktion der Legitimation, der Begrenzung der Freiheit oder der Repression bezieht, dann ist das alles andere als ideell gedacht, weder im erkenntnistheoretischen noch in dem von Garland kritisierten Sinne der Konstruktion von Idealtypen. Zum einen korrigiert Foucault seine Machtkonzeptionen nicht nur aus einer rein theoretischen Einsicht, sondern um jeweils historisch spezifizierbare Rationalitäten „angemessen" beschreiben zu können (vgl. Lemke 1997, 100). Zum anderen zielt die Analyse von Gouverne*mentalitäten* – der Begriff jetzt also in einem analytischen Sinne gemeint – darauf, die Formen der Subjektivierung zu analysieren, welche spezifische Rationalitäten und Technologien des Regierens hervorbringen. Jene drei Machttypen sind also nicht Modelle, deren Existenz dann gleichsam nur noch in minimaler Variation von der theoretischen Vorstellung empirisch nachgewiesen werden muss. Vielmehr sind sie in ihrer Rationalität zu begreifen, an die spezifische Technologien anschlussfähig sind. Und in dieser Hinsicht ist der Begriff der Regierung, der auf die Frage zielt, wie Individuen zu Subjekten des Regierens gemacht werden, in der Tat dem Konzept der Souveränität und der Disziplin übergeordnet beziehungsweise schließt diese mit ein.[94] Wenn man es als einen zentralen Mechanismus der Regierungskunst moderner Demokratien ansehen kann, dass sie das Problem der Herrschaft auf die Individuen selbst zu übertragen suchen (Cruikshank 1993, 342), ist die gouvernementale Form der Macht das Resultat einer historischen Entwicklung, in der sich eine so verstandene liberale Regierung herausbildet. Gleichzeitig ist die Gouvernementalität das Programm der kritischen Analyse eben dieser

---

legt eine ganze Kunst in die performative Kraft seiner aus diskursiven und nicht-diskursiven Momenten zusammen gebundenen Symbolismen. Es redet stets auch *nicht*, ist ‚Institution' (droht, bewegt, verführt, bindet), wo es redet – und es redet *doch*, gleichsam stumm weiter, trägt Diskurs in sich (schreibt ihn ein, trägt ihn aus, überzeugt wie ein Sprechen), wo es vermeintlich ‚nur' institutionelle Praxis und ‚nur' Anwendung ist" (ebd., 30; zu dieser Kritik vgl. auch Hunt/Wickham 1994). Möglicherweise ist in dieser Vernachlässigung des Rechts auch ein Grund zu sehen, warum Foucault sich in seinen späteren Arbeiten nicht mehr der Bio-Macht und der Frage nach der politischen Macht über Leben und Tod, sondern der nach dem Verhältnis von Regierung und Formen der Subjektivierung zuwandte. Mit seiner zentralen These, die Implementierung der Menschenrechte sei eine fatale Markierung in der Ausbildung der modernen Souveränitätsmacht über das „nackte", tötbare Leben gewesen, knüpft Agamben an Foucaults Konzept der Bio-Macht an. Dieses enthistorisiert Agamben (2002, 16) seinerseits, indem er es ins Zentrum der Souveränität stellt und erklärt, „dass die Einbeziehung des nackten Lebens in den politischen Bereich den ursprünglichen [...] Kern der souveränen Macht bildet. Man kann sogar sagen, dass die Produktion eines biopolitischen Körpers die ursprüngliche Leistung der souveränen Macht ist."

[94] Insofern wäre es ein kategorialer Fehler (vgl. Stenson 1998b, 135), wollte man die „gouvernementale Führung" gleichwertig neben den Typus der Disziplin oder der Souveränität stellen.

Rationalität, ihrer Subjektivierungsweisen und der Verknüpfung mit den anderen Machttechniken in je spezifischen Technologien und Regimen. Dabei geht es nicht darum, den Nachweis zu führen, „dass Gesellschaften wie die unsere ‚liberale Gesellschaften' waren oder sind, sondern darum zu zeigen, dass jener politischen Rationalität, die wir Liberalismus nennen, eine konstruktive Logik des Regierens inne wohnt" (Osborne 2001, 12).[95]

Freilich kann man Strategien europäischer Polizei- beziehungsweise Sicherheitspolitik, die sich in Regelungen wie dem Schengener Abkommen konkretisieren, als erneute Formen der Etablierung souveräner Macht der Kontrolle über ein Territorium ansehen (vgl. Stenson 1998b, 135; 1999). Doch diese Aussage ist nur so lange relevant, wie sie vereinfachenden Diagnosen entgegen treten will, welche die Globalisierung oder den Neoliberalismus als eine Entwicklung zu immer weniger Staat lesen.[96] Wie weiter zu zeigen, ermöglicht gerade das Konzept der Gouvernementalität, einen „Rückzug des wohltätigen Staates" zum einen über die Analyse von Technologien in vielfältigen Bewegungen und Kräfteverhältnissen zu beschreiben, und zum anderen als den Verlust einer sozialen Perspektive, die aber nicht mit einer Schwächung staatlicher Macht zu verwechseln ist. Wenn Foucault die „Überbewertung des Problems des Staates" monierte, dann nicht um Herrschaftsverhältnisse zu ignorieren, sondern um eine chronische Unterbelichtung sozialwissenschaftlicher Analysen aufzubrechen: Inwiefern die Subjekte des Regierens aktiv in Herrschaft eingebunden sind.[97] Vor diesem Hintergrund ist eine Rede von „Hybriden", welche die *governmentality studies* durchzieht, ebenso tautologisch wie die Alternative zu kurz greift, ob wir es heute mit der Renaissance einer souveränen Macht oder mit einem neoliberalen Regime zu tun haben. Gerade weil die Machttypen analytische Konzepte beschreiben, sind sie nicht mehr und nicht weniger als ein Instrumentarium des Denkens. Und mit diesem sollen die folgenden Ausführungen zur Erfindung des Sozialen auch die Formierung des Gegenstands der Kriminologie noch einmal beleuchten.

---

95 Und in diesem Sinne ist die zentrale Bedeutung zu verstehen, die Foucault (2000a, 65) der Gouvernementalität zumisst, die „im 18. Jahrhundert entdeckt wurde" und sich als vorherrschender Machttypus „im gesamten Abendland" durchgesetzt hat.

96 Zu dieser Kritik vor dem Hintergrund der neuen Sicherheitsgesetze vgl. Brunnett/Gräfe (2002)

97 So operiert die Polizei, als „Gewaltmonopol" eine besondere staatliche Institution, weder allein repressiv, noch allein herrschaftlich „von oben", und angemessenes polizeiliches Handeln misst nicht allein an seiner Rechtmäßigkeit und orientiert sich nicht nur an rechtlichen Vorgaben.

2.3 Die Erfindung des Sozialen und seiner Verteidigung

„Das 19. Jahrhundert wird mit einer Frage konfrontiert, für die das liberale System der Sicherheit keine Antwort hatte, einer Frage, die weder ökonomisch noch politisch ist: der *Sozialen Frage*" (Lemke 1997, 197). Auf die politische Bühne tritt sie, als man, auch aufgrund des Engagements der Arbeiterbewegungen, die Massenarmut als ein systematisches Problem der Industrialisierung beziehungsweise des Kapitalismus erkennt. Die Problematisierung wird die Voraussetzung einer „Regierung des Sozialen" (ebd., 195) sein, die politische Konflikte im Namen des Sozialen neutralisieren kann, indem sie „politische Fragen als (sozial-)technische zu redefinieren und sie den ‚Sachgesetzlichkeiten' der liberal-kapitalistischen Vergesellschaftung unterzuordnen" weiß (ebd., 253). Die „Einführung des Sozialen" wird der Beginn einer „allmähliche[n] Subsumtion des Politischen unter das Soziale" sein (ebd., 223). Sie wird es möglich machen, die politisch umkämpfte soziale Frage in institutionelle Regelungen zu überführen und mit dem Programm des Sozial- und Wohlfahrtsstaates „die Arbeiterklasse in den Kapitalismus" zu domestizieren (Koch 1996, 84).

2.3.1 Soziale Politik und Soziologie

In Foucaultscher Perspektive stellt sich die „Genealogie" des Wohlfahrtsstaates (Donzelot 1994, 112, Ewald 1993, 30) weniger als ein Prozess zunehmender Verrechtlichung oder als das Ergebnis von Klassenkämpfen dar, denn als eine Transformation des epistemologischen Feldes des Regierens: Die *Erfindung des Sozialen* (Donzelot 1995) bedeutet einen „epochalen Einschnitt" (Link 1998, 142), der nicht nur das Rechtssystem, sondern die Konstitution der Gesellschaft als solche betrifft. Durch ihn sieht sich das Modell des frühen Liberalismus, der sich die Freiheit der Individuen und die Wohlfahrt aller als ein Zusammenspiel im Einklang mit den Regeln der Ökonomie gedacht hatte, in Frage gestellt. „Ausgangspunkt ist die Annahme, dass die historischen Veränderungen zum Sozialstaat nicht von einer epistemologisch-politischen Verschiebung in der Objektivierung von Gesellschaft zu trennen sind, die im 19. Jahrhundert Materialität gewinnt, die sich markant von der frühliberalen Vorstellung einer ‚bürgerlichen Gesellschaft' unterscheidet" (Lemke 1997, 196). Zu begreifen ist der Sozial- oder Wohlfahrtsstaat in dieser Lesart „less as a concrete set of institutions and more as a way of viewing institutions, practices and personnel, of organizing them in relation to a specific ideal of government" (Dean 1999, 32).

Die Rede von der Erfindung des Sozialen bezieht sich zunächst auf das Auftauchen einer neuen Dimension von Problemen, wie den Pauperismus, und die Weise ihrer Problematisierung. Sie bezeichnet des weiteren eine Reihe von Technologien des Regierens, die sich mit einer neuen Vorstellung von Gesellschaft und Staat verbinden und in denen das Soziale eine zentrale Bezugsfolie des Regierens und entsprechender Formen der Konstituierung von Subjektivität markiert: Moralische Kategorien schreiben sich als soziale Kategorien in das Denken ein (vgl. Rose 1998, 59). Von der *Erfindung* des Sozialen zu sprechen, heißt nicht zu behaupten, dass der Begriff selbst oder eine Vorstellung von Gesellschaft neu wären. Entscheidend ist die epistemologische Dimensionierung von Regierungstechnologien, die *Rationalität*, in der sich beispielsweise die Lebensbedingungen der Menschen in Kategorien sozialer Verhältnisse und die Beziehungen als soziale Beziehungen beschreiben lassen. Dabei bezeichnet „das Soziale" einen besonderen und nicht irgendeinen Bereich unter anderen. Durch die politischen Interventionen im Namen des Sozialen entsteht „eine neue Landschaft", in der sich die Bedeutung der anderen Bereiche nicht nur verändert, sondern diese sich selbst im Verhältnis zum Sozialen und durch das Soziale transformieren. So wird sich der „juristische Sektor" ausdehnen, zum Beispiel durch die Sozialgesetzgebung; der „ökonomische Sektor" wird sich modifizieren, „und zwar genau deshalb, weil es [, das Soziale] eine ganze soziale Ökonomie erfindet und eine Aufteilung von Reichen und Armen auf neuer Grundlage vornimmt" (Deleuze 1980, 244-45). Man wird das Verhältnis von Individuum und Gesellschaft neu denken und schließlich das von privat und öffentlich neu bestimmen, die Bereiche, in die der Staat interveniert oder wo er sich zurückzuziehen hat.[98] Im 19. Jahrhundert vollzieht sich ein Prozess, in dem der Staat nicht mehr wie ein „Fremdkörper" der Gesellschaft gegenüber steht, sondern zum Sozial-Staat wird: „zum Staat der Gesellschaft" (Lemke 1997, 195-96).

Symptomatisch für diese Transformation ist das Aufkommen einer neuen Wissenschaft, die selbst die Gesellschaft und die ihr eigenen Gesetzmäßigkeiten zum Gegenstand hat und deren Epistemologie zur Konstruktion und Objektivierung derselben beiträgt: die Soziologie. Durch die Brille ihrer methodischen Verfahren, das Wahrscheinlichkeitskalkül auf die Statistik anzuwenden (vgl. Hacking 1990), sieht man

---

[98] Vgl. dazu Donzelot (1980), der diese Zusammenhänge in Bezug auf die Familie als Zielscheibe der Politik ausführlich erörtert.

nicht nur die Bevölkerung als eine statistische generierte Entität mit zahlreichen Köpfen, sondern eine Gesellschaft, die weniger zählbar als vielmehr berechenbar ist, und die zugleich mehr ist als die Summe ihrer Teile, aus denen sie sich zusammensetzt. Sie erscheint wie ein Subjekt mit einem Eigenleben, das einer eigenwilligen Dynamik folgt, einer „Logik komplexer Kausalitäten" (Ewald 1993, 450). Die „soziale Physik" des Adolphe Quételet zum Beispiel verkörpert den neuen Blick auf die Gesellschaft und deren Gesetzmäßigkeiten, in denen sie sich nicht von anderen Systemen, beispielsweise den Planeten, unterscheidet, die dieser „Theorie der Mittelwerte" gehorchen (ebd., 179). Paradigmatisch artikuliert auch die Theorie Durkheims die entsprechende Sichtweise in Begriffen wie Solidarität, Kollektivbewusstsein oder soziale Tatsachen: Es ist nicht politischer Voluntarismus, der die Menschen zusammenführt, sondern eine wechselseitige Abhängigkeit, die mit zunehmender Arbeitsteilung wächst, ein „stummer" sozialer Zwang der „organischen Solidarität" (Lemke 1997, 220).[99] Die Identität eines Menschen „ist nicht vorgängig, sondern geht aus einem Prozess der Individualisierung hervor" (Ewald 1993, 450), der nicht ohne die Gesellschaft und soziale Beziehungen zu denken ist. Soziale Phänomene schließlich kann man nur verstehen, indem man die den „sozialen Tatsachen" eigentümliche Grammatik begreift. Diese Einsicht zeitigt entsprechende Konsequenzen für die Frage nach dem Was und Wie der politischen Steuerung: „Mit anderen Worten, man schafft Veränderungen, indem man auf das soziale Milieu einwirkt und nicht, indem man moralische oder politische Grundsätze verkündet." Die Objektivierung der Gesellschaft ermöglicht es, diese zu einer eigenen Bezugsgröße der Politik zu machen, wobei das Instrumentarium der Wahrscheinlichkeitsrechnung eine entscheidende Voraussetzung bildet für eine spezifische Weise der Artikulation und Bearbeitung von Problemstellungen: Die Technologie, die es dem Staat erlauben wird, „eine positive Rolle" einzunehmen und gleichzeitig „seine Neutralität gegenüber den die Gesellschaft spaltenden Kräften" zu wahren (Donzelot 1994, 112-13), ist die der Versicherung. Als eine spezifische Form der Operationalisierung von Solidarität ist sie die

---

[99] Durkheim (1988) glaubte gleichwohl, dass die Moral nicht von sich aus wirkt, sondern man die Menschen erziehen müsse. Denn die organische Solidarität gehe zwar auf die gesellschaftliche Arbeitsteilung zurück, welche die wechselseitige Abhängigkeit herstelle, sie befördere aber keineswegs auch automatisch den sozialen Zusammenhalt der Menschen. Moralische Disziplinierung und gesellschaftlicher Zwang seien daher notwendig, um auch die Integration der sozial schlechter Gestellten zu fördern. Doch wollte Durkheim auch das letztlich als eine Form der Einwirkung auf das soziale Milieu verstanden wissen: Die Individuen sollten erkennen lernen, dass sie aufeinander angewiesen sind und daher bereitwillig den Regeln des Zusammenlebens folgen.

technische Antwort auf die soziale Frage: die *Sozialisierung von Risiken* (ebd., 124).

Mit der „Erfindung des Sozialen" am Ende des 19. Jahrhunderts wird auch das Konzept der „Verteidigung des Sozialen" geboren. „Das Thema des Sozialen korrespondiert daher mit der Institutionalisierung von zwei symmetrischen und gegensätzlichen Schritten seit dem Ende des 19. Jahrhunderts, die sich aber trotzdem zueinander komplementär verhalten: die Verteidigung der Gesellschaft gegen das Individuum, das sie bedroht, der Schutz des Individuums gegen die Risiken, die ihm die Gesellschaft auferlegt". Die beiden Schritte der Implementierung gehen auf zwei Konzepte zurück: auf eine „Vorstellung der Gefahr, wie sie die neu aufkommende Kriminologie entwickelte" und auf die Durkheimsche Vorstellung von (organischer) Solidarität. Zunächst zu diesem Schritt: Das Sozialrecht wird auf dieser Grundlage der Sozialisierung von Risiken errichtet, welche das Leben in der industrialisierten Gesellschaft und die gesellschaftliche Arbeitsteilung hervorbringt. Die Versicherung verwirklicht dieses Prinzip der Solidarität und den Anspruch, das Gesellschaftsmitglied gegen die sozialen Risiken zu schützen. Sie ist das geeignete Instrument, um „aus der Entschädigung für die Nachteile eines jeden eine Angelegenheit von allen [zu] machen" (Donzelot 1995, 54-55).[100]

In seiner Studie zur Implementierung der Versicherung im Frankreich des ausgehenden 19. Jahrhunderts beschreibt François Ewald, wie das Problem der Arbeitsunfälle als soziales Problem identifiziert wird und sich in der Folge die Technologie der Versicherung als Strategie der Bearbeitung dieses Problems entwickelt.[101] Denn neben der erwähnten

---

[100] In diesem Sinne begründet Durkheims Konzept der organischen Solidarität das System der Sozialversicherung, ohne jedoch darin aufzugehen: „Given their close historical proximity and their common linkage in the notion of solidarity, it is tempting to read the implementation of social insurance in Durkheimian terms. To do so, one would view social insurance as a technology of solidarity for all individuals in a society that renders accidents, illness, unemployment and other ills the result of the collective reality of the new division of labour. Social insurance thus expresses a form of organic solidarity and social legislation can be justified by these means". Indem die Sozialversicherung für die Leistungsvergabe bestimmte Kriterien aufstellt (Alter, Berufstätigkeit, Familienstand etc.), definiert und kreiert sie Kollektive. Es sind insofern bestimmte Gruppen, nicht Individuen, denen sie jeweils eine Leistung zubilligt. Weil Zugehörigkeit das Resultat der Definition ist, kann man aber auch nicht von einer „organischen" Verknüpfung der Mitglieder miteinander sprechen. „Social insurance as a political technology can thus produce and reconcile two diverse images of society and forms of solidarity" (Dean 1998, 32).

[101] In Frankreich setzt die Errichtung des Sozialstaates unter Napoleon III., in Deutschland mit der Bismarckschen Sozialgesetzgebung ein. Ewald (1993) rekonstruiert die historischen Auseinandersetzungen um die Implementierung des Arbeitsunfallgesetz 1898 in Frankreich. Deren Zustandekommen, die Implementierung einer Versicherungstechnologie und der für sie kennzeichnende Rationalitätstypus des Risikos sind freilich sehr viel

Massenarmut, den revolutionären Bewegungen und den sozialen Auseinandersetzungen taucht im Zuge der Industrialisierung noch ein ganz anderes Problem auf. Eine neue Dimension von Unfällen im Zusammenhang mit Maschinen, nicht nur am Arbeitsplatz und im Betrieb, sondern beispielsweise auch im Eisenbahnverkehr, stellt die klassischen Rechtsprinzipien der individuellen Verantwortung, der Haftung und Schuld in Frage. Zusehends erscheint es als unangemessen, einzelne Personen, den Inhaber eines Betriebes, den Betreiber eines Unternehmens, einer Gesellschaft, einer ganzen Maschinerie oder auch den, der die Maschine bedient, für die Ursache eines Unglücks verantwortlich zu machen. Diese erkennt man vielmehr in der Systematik der Anlage, der gesamten Konstruktion oder in dem Betreiben der Maschinen. Die unglücklichen Ereignisse des Industriezeitalters, der Einsturz einer Brücke oder der Achsenbruch einer Eisenbahn und ihre nachfolgende Entgleisung, werden als Unfall und nicht mehr als „reiner" Zufall oder allein als Schicksalsschlag wahrgenommen, wie etwa die Katastrophe, als das Erdbeben im 18. Jahrhundert Lissabon erschütterte (vgl. Andriopoulos 1996, 20-21). Der „Unfall" markiert die negative „Kehrseite" der modernen Vergesellschaftung und ist zugleich symptomatisch für die gesellschaftlich erzeugte industrielle Produktivität: „der Unfall bindet die verfügbare Möglichkeitsseite des Kontingenten an dessen unverfügbare Zufallsseite zurück" (Makropoulos 1997, 68).[102] Er wird zu einem systematischen Ereignis, und diese spezifische Bedeutung erhält der Begriff erst im 19. Jahrhundert, auch wenn es Unfälle schon „immer gegeben" hat (Ewald 1993, 16). Die Versicherung ist „die praktische Umsetzung eines bestimmten Rationalitätstyps": des Risikos (ebd., 220). Sie wird den Unfall zu einem berechenbaren Ereignis machen.[103]

Als eine Risikotechnologie kennzeichnet sich die Versicherung durch die beiden Prinzipien der Berechnung von Risiken bezogen auf ein Kollektiv und der Kompensation von Schadensfällen im nachhinein. Die Technik der Statistik erlaubt ihr, die Regelmäßigkeit bestimmter

---

komplexer, als es hier erörtert werden kann.

[102] Kontingenz bezeichnet die „Ambivalenz von Unsicherheit und Handlungsoffenheit", den „gesellschaftlichen Möglichkeitshorizont" im Sinne dessen, „was auch anders möglich ist". Das ist zum einen „alles Zufällige", also das, was sich von vornherein der „Planung" entzieht oder aber was erst durch den Versuch der Ordnung und Planung der Welt als „Unverfügbares erkennbar wird". Zum anderen ist es „alles Künstliche": das menschlich Gemachte beziehungsweise die „Produkte menschlichen Handelns", die Kontingenz erst hervorbringen (Makropoulos 1990, 407).

[103] Zur Bedeutungsverschiebung des französischen *accident* in diesem Zeitraum, das als Prädikat zunächst etwas Zufälliges oder Kontingentes beschreibt, während der „Unfall", der sich in einem risikobehafteten Milieu ereignet, als technisch bedingt betrachtet wird, vgl. Andriopoulos (1996, 20-21).

Ereignisse und möglicher Zusammenhänge in Form von Verteilungen aufzuschlüsseln und auf der Basis dieser Ordnung dann Wahrscheinlichkeiten des Eintretens von Ereignissen in Abhängigkeit von bestimmten Risikofaktoren zu berechnen. Ein Risiko ist folglich immer kollektiv zu denken: eine mathematisch, auf der Basis von Statistik und Wahrscheinlichkeitsrechnung kalkulierbare Größe. In dem sozialstaatlichen Modell der Sozial-, Kranken- oder Unfallversicherung werden Existenzrisiken bekanntlich auf der Basis der sozial abgestuften, pflichtgemäßen Beitragszahlung aller Mitglieder eines Kollektivs sozialisiert. Insofern kann die Versicherung die mit Arbeitslosigkeit, Krankheit oder Unfall verbundenen Nachteile oder Schäden tatsächlich auffangen und auf finanziellem Wege minimieren. Aber die Lebensrisiken annulliert sie nicht: Die Zurechnung eines Schadens als Unfall bedeutet im Gegenteil, „seine soziale Regelhaftigkeit zu akzeptieren" (Schmidt-Semisch 2002, 14).

Das Risiko ist eine durch und durch soziale Kategorie. Es beschreibt das Eintreten bestimmter unerwünschter Ereignisse als kalkulierbare Möglichkeiten (Ewald 1991) und verweist darin auf *das Soziale*, darauf, „dass wir in Gesellschaft leben" (Ewald 1993, 21). Den Einzelnen verweist es darauf, dass er nur durch die Gesellschaft existiert. So wie diese als Ganze sich nicht auf ihre Einzelteile zurückführen und nicht aus ihnen rekonstruieren lässt, gibt es umgekehrt kein Element, das nicht Teil des Ganzen wäre. Mehr noch: Jedes Teil kann erst aufgrund des Ganzen als solches erkannt werden. Im Prisma dieses Instrumentariums wird der Mensch zum Durchschnittsmenschen, dem kein reales Individuum entspricht. „Der Durchschnittsmensch ist daher kein Mensch, der irgendwo, ohne dass man genau wüsste, wo, in der Gesellschaft seinen Platz hätte: Er ist die Gesellschaft selbst, so wie sie von der Soziologie objektiviert wird", ein fiktives Wesen und doch „der dieser Gesellschaft eigentümliche Menschentypus" (ebd., 190).

Das Beispiel des Autounfalls verdeutlicht diese gesellschaftliche Verwiesenheit. Sobald wir uns in den Straßenverkehr begeben, müssen wir mit einem solchen Risiko rechnen, das sich nicht auf ein konkretes Fehlverhalten bezieht. Es ist „gerade nicht intentional zuschreibbar, sondern nur sozial ableitbar" (Makropoulos 1997, 68). Noch das Verhalten des Fahrers und seine Dispositionen sind mit Blick auf die Wahrscheinlichkeit in Risikofaktoren aufzulösen. Statistisch gesehen ist das Zustandekommen von Verkehrsunfällen dann eine Frage der Verkehrsdichte, der Geschwindigkeit, dem Reaktionsvermögen des Fahrers, den Straßenverhältnissen, dem Konsum von Drogen usw. Für den Einzelnen mag die Verwicklung in einen Verkehrsunfall noch ein böser

Schicksalsschlag sein. Betrachtet man das Verkehrsaufkommen insgesamt, dann sind Unfälle jedoch nicht zufällig, sondern wahrscheinlich. Sie sind normal: erwartbar und in gewisser Weise regelhaft. „Zugespitzt könnte man sagen, dass unter bestimmten Verkehrsbedingungen der Unfall tendenziell nicht zur Ausnahme, sondern eher zur Regel wird. Außergewöhnlich wäre vielmehr, wenn es zu überhaupt keinen oder zu weniger Unfällen käme." Das ist das Charakteristikum des „modernen Unfalls": Seine „eigentümliche Objektivität" liegt gerade darin, dass er „neutral" gegenüber dem Individuum ist. Seine zweite Besonderheit besteht darin, dass er nicht auf die Technisierung verweist, die ihn anscheinend zu dieser Objektivität hat werden lassen, sondern dass er durch die Technik und die Maschinen *hindurch*, auf eine ganz andere Objektivität verweist: auf die Gesellschaft. Auch wenn diese nicht eine ontologische Entität ist und nicht selbst der Akteur, sondern eine Abstraktion, ist sie gleichwohl erfahrbar als „Objektivität des ‚Sozialen'". Der moderne Unfall ist nicht das metaphysische Übel, weder Vorsehung einer höheren Ordnung noch Zufall, sondern ein soziales Problem, gerade weil er einerseits „aus dem normalen, regulären Zusammenspiel der Aktivitäten" in der Gesellschaft hervorgeht, sich andererseits aber gleichsam ungerecht verteilt, indem er unabhängig vom individuellen Zutun mal den einen, mal den anderen trifft. Und „diese neue Herausforderung an die Gerechtigkeit juristisch zu denken und zu organisieren", das ermöglichten das Konzept des Risikos und die Technologie der Versicherung (Ewald 1993, 19-22).

Versichert wird zunächst das Risiko des Arbeitsunfalls, später werden auch Alter, Krankheit und schließlich Arbeitslosigkeit in ein kollektives Risiko verwandelt. Anders als es der Liberalismus vorsah, beschränkt sich der Staat jetzt nicht mehr darauf, eine etablierte Ordnung bloß zu gewährleisten. In dieser Rolle war er, als geeignete Zielscheibe der Revolution, gescheitert.[104] Statt dessen übernimmt der Staat mit der *Förderung des Sozialen* im 19. Jahrhundert praktisch die „Führung" und die Verantwortung für den sozialen und ökonomischen „Fortschritt". Wohlstand und Wachstum sollen gewährleistet sein, nicht durch ein

---

[104] Link (1998, 143) liest die Entstehung der „Versicherungsgesellschaft" nicht wie Ewald vor dem Hintergrund einer „Krise der ‚liberalen' Rechtsauffassung", und in der Tat verschwindet ja zum Beispiel das Prinzip der individuellen Haftung ebenso wenig aus dem Recht, wie sich liberale politische Vorstellungen verflüchtigen. Ihm geht es um das zugrunde liegende Prinzip, das sich in der Differenz zweier Normenkonzepte zeigt, auf die später weiter einzugehen sein wird: Aus seiner Sicht ist es der entstehende „Normalismus", der den klassischen Rechtsprinzipien zuwider läuft. Diese beschreiben „ein qualitatives, strikt individuelles (einzelfallbezogenes) und demnach inhomogenes Prinzip. Das neue Rechtsprinzip des Sozialrechts führt dagegen ein homogenes, geregelt quantifizierbares – und insofern gerade nicht mehr ‚individuelles' Feld ein."

Recht auf Arbeit für alle, sondern indem die Chance, Eigentum zu erwerben, prinzipiell allen offen steht und die damit verbundenen Risiken durch ein soziales System ihrer Minimierung abgesichert werden. Indem er die Lösung der sozialen Frage für sich in Anspruch nimmt, wird der Staat eine Art „soziales Bindemittel". Denn die Sozialisierung von Risiken ist auch das „Gegenmittel" gegen den Sozialismus, dem der Staat gleichsam den Wind aus den Segeln nimmt (Donzelot 1994, 123-25), indem er „die spontanen Solidaritäten der Klasse in die Zwangssolidarität des staatlich eingerichteten Versicherungssystems" überführt (Koch 1996, 80).

2.3.2 Die Moral des Rechts und das Recht der Moral

Das soziale Modell der Versicherung beruht auf den Prinzipien der Solidarität und der sozialen Entschädigung und verabschiedet sich damit von den Leitlinien einer liberalen Moral individueller Verantwortung. Der Liberalismus weist „jeden Gedanken an eine soziale Kausalität" zurück: Die Ursachen sozialer Ungleichheiten sind nicht in dem strukturellen Aufbau einer Gesellschaft zu suchen. Diese Sichtweise begründet den zentralen Stellenwert einer individuellen Moral, und nicht des Rechts, die dem Liberalismus als Ressource der Steuerung sozialer Beziehungen dient: „Da die soziale Welt der Liberalen von Natur aus eine gerechte Welt ist, die durch die Koexistenz der Freiheiten charakterisiert ist, muss jede Ungleichheit auf einen (falschen) Gebrauch der Freiheit zurückzuführen sein. Die allgemeine Freiheit des Willens hat ihr Gegenstück in einer permanenten moralischen Bewertung, die jede Aktivität einer kritischen Beurteilung unterzieht: Die liberale Welt kennt nur Täter und keine Opfer" (Lemke 1997, 200-01). Verantwortung erscheint in dieser Welt „als eine Eigenschaft der menschlichen Natur" und ist rückführbar auf ein (individuelles) Subjekt. Dabei ist das Übel, das den Menschen ereilen kann, eine natürliche, ihm äußerliche Existenzbedingung. Als solche ist sie zugleich eine Quelle der Mobilisierung des Einzelnen im Sinne der liberalen Tugend der Vorsorge, deren moralischer Charakter sich in dem liberalen Rechtsprinzipien der individuellen Schuld und Haftung manifestiert. Wenn Verantwortung im sozialen Modell hingegen aus sozialen Tatsachen hervorgeht, wird sie unabhängig von einem individuellen Subjekt „gleichsam zu einer selbsttragenden Beziehung" (Ewald 1998, 10). Denn das Risiko beschreibt die „einzigartige Realität eines regulären, hinsichtlich der individuellen

Verhaltensweisen neutralen, sozusagen ordnungsgemäßen Übels" (Ewald 1993, 21).

Nun ist es nicht so, dass das soziale Modell nicht über Moral regierte, im Gegenteil. Nur handelt es sich um ein grundsätzlich anderes Verständnis der Beziehungen der Menschen zueinander. In der Durkheimschen Ontologie der Solidarität, die von der Vorstellung einer durchgängigen Interdependenz sozialer Beziehungen ausgeht, gibt es kein Außerhalb der Gesellschaft. Die Individuen sind ein Teil der Gesellschaft. Ihre Aktivitäten und die Ereignisse, die daraus hervorgehen, verweisen auf die Existenz der Anderen, auf die Gesellschaft. So wie wir mit dem Risiko des Arbeitsunfalls rechnen müssen, oder damit, arbeitslos oder krank zu werden, so wird jeder Mensch und werden die Menschen füreinander zum Risiko. Das Risiko ist „anwesend und abwesend" zugleich, es kann sich zeigen – und hätte sich damit schon zu einem eingetretenen Ereignis transformiert –, kann aber auch in der Latenz eines Nicht-Ereignisses bleiben. Jeder ist ein Risikoträger und stellt ein Risiko für den anderen dar, sei es durch entsprechende Verhaltensweisen (Alkohol am Steuer) oder durch seine bloße Existenz (als Träger von Krankheitserregern). In dieser Verallgemeinerung steht das Konzept des Risikos gleichermaßen für eine Weise den Denkens, wie es die Beziehungen der Menschen untereinander und zu sich selbst bestimmt: „Das Risiko ist der moderne Modus der Beziehung zu anderen: zugleich soziales Prinzip der Identifikation und allgemeine Form der Bewertung der Moralität der Verhaltensweisen" (vgl. Ewald 1993, 21-22).

Auch die Verpflichtungen, die aus den sozialen Rechten erwachsen, gehorchen einer *sozialen Moral*. Sie sind nicht mehr eine Frage „des individuellen Gewissens" (Ewald 1993, 25), ebenso wenig wie die Fürsorge, auf die man im Liberalismus keinen Anspruch erheben konnte, nicht mehr eine der koordinierten, freien Willen der Individuen ist. Der pflichtgemäße Eintritt in das soziale Sicherungssystem beginnt unabweislich mit dem Eintritt in das Leben, freilich solange dies das Leben des Staatsbürgers ist – die Gemeinschaft der Versicherten ist die der rechtlich anerkannten Mitglieder der Gesellschaft. In diesem „Solidaritätsvertrag" ist ein jeder „Schuldner und Gläubiger" zugleich, verpflichtet zu sozialem Unterhalt und selbst anspruchsberechtigt (ebd., 476). Die Moral ist zu einer Sache der Politik geworden, die sich das Recht unter dem Leitprinzip des Sozialen unterwirft. „Versicherungsgesellschaften sind permissive Gesellschaften, weil in ihnen die Moral kein Problem mehr ist": Weil die sozialen Beziehungen nicht von einem individuellen Willen abhängen, sondern, weitaus zwingender, aus der

„organischen" Solidarität und den ökonomisch bedingten Abhängigkeiten resultieren. Das Problem der Moral geht von dem politischen auf das Feld der Soziologie über, und die „lehrt uns [...], dass die moralischen Vorstellungen selbst bloß Produkte des Sozialen sind, dass also [...] der Zusammenhalt einer Gesellschaft weder von der Existenz oder dem Fehlen einer Moral abhängig ist" (ebd., 487).

3.3.3 Regieren unter der Perspektive von Risiken

„Nichts ist an sich ein Risiko – in der Wirklichkeit gibt es keine Risiken. Umgekehrt kann alles zum Risiko werden: Ob dies der Fall ist, hängt allein von der Art ab, in der man eine Gefahr analysiert, ein Ereignis betrachtet" (Ewald 1989, 390). In der Perspektive der Analyse von Gouvernementalitäten sind Risiken das Resultat einer spezifischen Weise der Problematisierung und eine Form der Objektivierung und Repräsentation von Ereignissen, die an spezifische Formen des Wissens gebunden sind: „What is important about risk is not risk itself, but the forms of knowledge that make it thinkable" (Dean 1998, 25). Das Risiko ist eine intelligible Kategorie innerhalb einer *kalkulierenden Rationalität* und es ist, als eine Weise des „governing through the future" (O'Malley 2000b), eine *moralische Technologie*. Denn Risiken zu kalkulieren heißt unerwünschte Ereignisse in der Zukunft zu antizipieren, „a hypothesized future" (Lianos/Douglas 2000, 261), und dieses Kalkül in die Gegenwart zu projizieren. Wenn Risiken auf diese Weise sichtbar gemacht werden, was bedeutet es dann „to be governed in the name of risk" (O'Malley 2000a, 458)? Diese Frage nach den Formen der Subjektivierung zielt nicht nur auf die Formen der Aktivierung, des *conduct of conduct*, die Risikotechnologien hervorrufen, sondern auch auf die Subjekte beziehungsweise Objekte, die sie hervorbringen.

Diese Konzeption des Risikos unterscheidet sich sowohl von einer realistischen als auch von einer konstruktivistischen Lesart. Weder sind Risiken im ontologischen Sinne als empirische Tatsachen zu begreifen, die als das Produkt technologischer Entwicklungen unter naturwissenschaftliche Beobachtung zu stellen wären; noch sind sie bloß soziale Tatsachen, das Ergebnis sozialer Definitions- und Aushandlungsprozesse. Es geht folglich auch weder um die Frage, ob die Thematisierung von Risiken deren tatsächliches Ausmaß beschreibt, noch welche eigene Realität kultureller Deutungen sie hervorbringt.

Risiken kalkulieren

In der Perspektive eines Realismus hingegen stellt sich die Risikogesellschaft (Beck 1986) zum einen als Konsequenz industriell oder technisch erzeugter Großrisiken dar, welche die natürliche Umwelt zerstören, das Leben bedrohen und die Gesundheit der Menschen beeinträchtigen. Die Risiken selbst seien auf Dauer nicht mehr kalkulierbar und kaum versicherbar und die Schäden schwerlich zurechenbar und auszugleichen. Der Prozess der Modernisierung gehe zum anderen einher mit Prozessen der „Individualisierung", vor allem der Freisetzung des Einzelnen aus traditionalen Bindungen. Das Leben werde so selbst zu einer Reihung von Risiken, und an dieser Stelle treffen die Beschreibungen der beiden Entwicklungslinien aufeinander: Die „riskante Freiheit" (Beck/Beck-Gernsheim 1994) bestehe in den neu gewonnenen Entscheidungsmöglichkeiten und Lebensstilalternativen, die zugleich den Zwang implizieren, beständig Entscheidungen treffen zu müssen, von der Dimension des Schicksalhaften bis hin zum minutiösen Alltagsablauf. In der „reflexiven Moderne" (Beck 1993; Beck et al. 1996) sei die Freiheit dadurch belastet, dass das Maß der Orientierung mit der Diffusion des Wissens verschwinde. In gleichem Maße, in dem frühere Gewissheiten nicht mehr bindend seien und sich die Vielfalt der Handlungsoptionen ins Unendliche ausdehne, erschienen Risiken als Indikatoren ihrer eigenen Unkalkulierbarkeit.

Doch die so aufgezogene Matrix einer Risikogesellschaft gerät in den Sog einer permanenten Reproduktion von Dichotomien. Auf der einen Seite stehen die Wahlmöglichkeiten, die in keiner Weise mehr gesellschaftlich vorstrukturiert zu sein scheinen außer durch die Notwendigkeit einer ansonsten gänzlich freien Entscheidung. Der individuelle Lebensablauf wird zu einer Patchwork-Arbeit, derweil die Chancen neuer Solidarisierungsformen gesamtgesellschaftlich gesehen wachsen. Auf der anderen Seite sehen wir die großflächigen Risikolagen, die nicht nur real existieren, sondern unermesslich werden. Während die eine Seite also gleichsam im zwanghaften Voluntarismus aufgeht, droht uns die andere mit Handlungsunfähigkeit.[105] Doch diese Vorstellung von einer Entwicklung, in der Unsicherheit zunächst überwunden wurde

---

[105] Giddens münzt einen solchen Voluntarismus gleich zu einem neoliberalen Programm um: „Finally, there can be no question of merely taking a negative attitude towards risk. Risk needs to be disciplined, but active risk-taking is a core element of a dynamic economic and an innovative society" (1999a, 35). Für eine kritische Erörterung der Diagnosen von Beck und Giddens vgl. auch Lash (1996, 196), der, anders als jene, in der Perspektive der Reflexiven Moderne „ein neues Muster struktureller Bedingungen der Reflexivität" erkennt.

durch die Kalkulierbarkeit von Risiken in der Moderne, um dann schließlich doch in eine Globalisierung nicht kalkulierbarer Risiken zu münden, kann man ihrerseits als eine große Erzählung (Lyotard) begreifen. Gerade indem Beck und Giddens das „scientific promise of calculation and control" (Reddy 1996, 246) in Frage stellen, machen sie eine Dichotomie auf, in der Risiken das Resultat von Rationalisierungsprozessen sind, die sich in der selbstreflexiven Moderne in ihr Gegenteil verkehren und zu Ungewissheiten werden. Durch technologische Entwicklungen bedingt und institutionell produziert sei es objektiv nicht mehr oder nur noch begrenzt möglich, Risiken wissenschaftlich zu kalkulieren und technologisch zu beherrschen. Gegen diese Lesart wäre zum einen zu bedenken zu geben, dass das Risiko erst im modernen Denken seine negative Konnotation erhalten hat und zum Synonym für Gefahren geworden ist, die jedoch, als Risiken, zugleich auch als kalkulierbar gelten. Das Risiko sei, so Nick Fox, der seine eigene Position als postmodern bezeichnet, sozusagen die moderne Form der Wahrnehmung von Gefahren, einem Übel oder des Schicksals, während es zuvor für die Chance hoher Gewinne oder Verluste gestanden habe: „A gamble or an endeavour that was associated with high risk meant simply that there was great potential for significant loss or significant reward" (1999, 12).

Zum anderen gehen Risiken schon deshalb nicht in der einfachen Dichotomie kalkulierbar versus unkalkulierbar auf, weil es sich um ein Objektivierungsprinzip handelt. In ihrer Potenzialität sind Risiken, die auf Einschätzungen oder Berechnungen auf der Basis abstrakter Korrelationen von Faktoren beruhen, unsichtbar. Erfahrbar sind sie gleichwohl, gerade weil mit ihrer Rationalisierung bestimmte Wissensformate verbunden sind, die sie vorstellbar und sichtbar machen. Sie lassen sich an bestimmten Symptomen festmachen und mit Hilfe entsprechender Techniken und Verfahren bearbeiten: Risiken kann man minimieren, lokalisieren und meiden (vgl. Dean 1998, 34-35). Doch dadurch verschwinden sie nicht. Aus dem Kalkül von Risiken folgt nicht, dass das Unkalkulierbare: Unsicherheit, in Kalkulierbares: Risiken, und schließlich in Kalkuliertes: Sicherheit, überführt wird. Das Risiko ist der Inbegriff für Technologien des Regierens, denen eines gemeinsam ist: „[they] *seek* to make the incalculable calculable" (ebd., 25; Hervorhebung hinzugefügt). Risiken sind kalkulierbar und als mögliche oder wahrscheinliche Ereignisse vorstellbar. Die Techniken der Kalkulation zähmen sie jedoch nicht, sie machen sie nur zum Gegenstand. Nicht nur bleibt das Berechnen von Wahrscheinlichkeiten doch immer nur auf der Ebene von Wahrscheinlichkeiten, vielmehr produziert das Kalkül ein

Wissen von neuen Risiken, jedoch nicht in einem objektiven oder ontologischen Sinne: Nichts ist an sich ein Risiko, aber alles kann zu einem Risiko werden und in dem Verfahren des Kalküls wird die „Wirklichkeit [..] gleichsam virtualisiert, nämlich in einen abstrakten Raum von Möglichkeiten aufgelöst, die prinzipiell offen sind, kombiniert und kalkuliert werden können" (Bonß 1997, 28).[106]

Risiko und Gefahr

Risiken sind weder die technologische Ableitung, gleichsam die objektivierte oder abstrahierte Übersetzung realer Gefahren noch deren soziales Konstrukt, und in dieser Auffassung liegt auch die Differenz zwischen einer Konzeption des Risikos vom Begriff der Regierung her und einer kultursoziologischen Perspektive. In dieser begreift Mary Douglas das Risiko nicht nur als ein Verfahren des Wahrscheinlichkeitskalküls, sondern zugleich als die kulturelle Überformung von Gefahren. Risiken seien sozial, während „dangers are only too horribly real" (Douglas 1992, 29). Gefahren sollten deshalb den Ausgangspunkt von Untersuchungen bilden, die so den Blick frei gäben auf Formen der Moralisierung und die soziale Funktion entsprechender Problematisierung: „risk is better analysed as the elaboration of danger through probability, that is, a defensive cultural structure indicative of a society's organization and antagonisms" (Lianos/Douglas 2000, 268).

Man kann jedoch auch beides, Risiken und Gefahren, als sozial konstruiert begreifen, als das Resultat von Identifikationen, die ein bestimmtes Wissen immer schon implizieren: „what is ‚probable' and what is ‚unlikely', what is ‚serious', what is ‚trivial' or seemingly ‚absurd'" (Fox 1999, 20). Dabei ist es gleich, ob dieses Wissen über die Dinge, über die Welt, in der wir leben, wissenschaftlicher Herkunft oder alltagsweltlich

---

[106] Auch Beck thematisiert diesen Zusammenhang von Risiko-Wissen, jedoch ohne die Dichotomie von sozialer Definition und tatsächlichen Risiken zu überwinden: Risiken „setzen systematisch bedingte, oft irreversible Schädigungen frei, bleiben im Kern meist unsichtbar, basieren auf kausalen Interpretationen, stellen sich also erst und nur im (wissenschaftlichen bzw. antiwissenschaftlichen) Wissen um sie her, können im Wissen verändert, verkleinert oder vergrößert, dramatisiert oder verharmlost werden und sind insofern im besonderen Maße offen für soziale Definitionsprozesse" (Beck 1986, 29-30). Wie die vergesellschaftete Natur seien Risiken gesellschaftliche beziehungsweise technologische Produkte, denen man genau dies absprechen wolle: „die Vergesellschaftung der Naturzerstörungen" ist ebenso eine Form der Verschleierung wie das „Leugnen" von (Rest-)Risiken (ebd., 9-10). Anders als Haggerty (2000) meint, ist das Konzept des Risikos als einer Rationalität und Technologie deshalb keineswegs mit dem Risikobegriff bei Beck vereinbar. Für eine Kritik an der Ontologisierung des Risikos und der an Beck anknüpfenden Studie von Ericson/Haggerty (1997) vgl. O'Malley (1999c).

ist. Gefahren liegen demnach nicht in den Dingen oder Objekten selbst, und Risiken sind nicht die bloße Kartografie einer objektiv vorhandenen, materialen Gefahr. Die Einschätzung von Risiken hält immer schon das Urteil im Hintergrund, was ein unerwünschtes Ereignis ist; sie beruht ferner auf Techniken der Kalkulation, von denen die quantifizierende Form der Statistik und Wahrscheinlichkeitsrechnung eine mögliche ist; und sie setzt voraus, dass bestimmte Faktoren in Beziehung zu einander gesetzt werden, die das Eintreten eines unerwünschten Ereignisses wahrscheinlich erscheinen lassen. Wann ein Objekt als gefährlich beurteilt wird, hängt dann von konkreten Bedingungen ab, wobei Sicherheit die Bezugsfolie, „the paramount consideration", der Wahrnehmung ist. Fox (ebd., 19) veranschaulicht das am Beispiel des Aidsvirus. Selbst wenn man davon ausgehe, dass eine Spritze existiert, die möglicherweise in Kontakt gekommen ist mit HIV-infiziertem Blut, sei nicht diese Spritze selbst gefährlich. Sie sei das erst dann, wenn unsere Haut mit dieser Spritze in Berührung komme. Und diese Identifikation eines gefährlichen Umstandes wiederum beruht auf unserem Wissen über den Charakter der Krankheit, über Wege der Ansteckung und schließlich über Risiken, das heißt das Urteil über bestimmte Ereignisse als unerwünschte.

Gegenüber einer Analyse der sozialen Konstruktionen von Risiken und Gefahren konzentriert sich die Analyse von Rationalitäten und Technologien auf die Frage, wie diese Subjekte beziehungsweise Objekte überhaupt konstituieren und, daran anknüpfend, welche Sichtweisen und Praktiken sie *produzieren* und *ermöglichen*. Es geht ihr also nicht um die Differenz von Realität und Konstruktion, sondern um die Frage, wie Moral oder kulturelle Deutungen in Technologien eingeschrieben sind und welche Effekte diese gleichsam selbständig hervorbringen. Wenn dabei ebenfalls von einer Differenz zwischen Gefahr und Risiko ausgegangen wird, dann nicht weil das eine als real und das andere als konstruiert oder abstrakt aufzufassen wäre, sondern weil es sich um unterschiedliche Formen von Abstraktionen handelt, die sich mit entsprechend unterschiedlichen Praktiken verbinden und an die jeweils variierende Subjektivierungsweisen anschlussfähig sind.

So stellt das Risiko, wie gezeigt, ein Objektivierungsprinzip dar, mit dem sich eine ganze soziale Topografie verändern kann. Die Versicherungstechnologie „produces risks by making them visible and comprehensible as such in situations where the individual would ordinarily see only the unpredictable hazards of his or her particular fate" (Ewald 1990, 142). Eine Gefahr ist demnach die Vorstellung von unerwünschten Ereignissen, die von außen kommen und unbestimmt sind. Sie liegen außerhalb der Sphäre menschlicher Machbarkeit oder technischer Beeinflussbarkeit und können herein brechen wie ein Gewitter, ein Sturm, ein Vulkanausbruch. Demgegenüber erfordert das Risiko die Entscheidung – auf diese Weise lässt sich die Einschreibung von Moral in Risikotechnologien auch in systemtheoretische Perspektive beschreiben: „Von Risiko sollte man [im Unterschied zur Gefahr] nur sprechen, wenn die Nachteile der eigenen Entscheidung zugerechnet werden müssen" (Luhmann 1993, 327). Es impliziert die Möglichkeit der Zuweisung von Verantwortung, weil es auf einem Wissen beruht und auf Techniken verweist, die es vorstellbar und handhabbar machen. Insofern bedeutet die Produktion von Risikowissen und Techniken ihrer Beherrschung nicht, dass die Gewissheiten oder die Sicherheit größer werden. Vielmehr dehnen sich das Wissen über die Möglichkeit des Eintretens von unerwünschten Ereignissen und die Möglichkeiten der Intervention aus. Gleichzeitig wachsen die Entscheidungsanforderungen, die Zukunft löst sich in Wahrscheinlichkeiten auf und mit ihr wird die Gegenwart kontingent (vgl. Luhmann 1991, 54-57).

Risiken erscheinen insofern als eine Form der Kolonisierung der Welt mit Expertenwissen, das uns bestimmte objektive Zusammenhänge aufzeigt, denen gegenüber wir uns, weil wir um sie wissen und mit ihnen negative Erwartungen verknüpfen, nicht mehr neutral verhalten können. Wir selbst sind gefordert, uns entsprechend weitsichtig oder umsichtig zu verhalten, entsprechende Vorkehrungen und vor allem Entscheidungen zu treffen. Obwohl das Wissen selbst neutral zu sein scheint, können ein und dieselben Dinge uns durch den Hinweis auf Risiken plötzlich in einem neuen Licht erscheinen und neue wissenschaftliche „Erkenntnisse" die Wahrnehmung von Problemen und Verhaltensweisen verändern. Bestimmte Gewohnheiten wie etwa das Rauchen mögen uns ohne ein Wissen um die Gesundheitsrisiken selbst lästig sein; mit dem entsprechenden Wissen werden sie zu schlechten, selbstschädigenden Verhaltensweisen, die man mit Moral und Verantwortung, sogar mit Schuldzuweisung belegen kann: Wer das Rauchen wider besseres Wissen nicht unterlässt oder verändert, ist selbst verantwortlich für die gesundheitlichen Folgen. Dabei sehen wir uns durchaus nicht selten mit widersprüchlichen Einsichten konfrontiert. So können neue Studien andere Zusammenhänge herstellen und uns sogar Konsequenzen nahe legen, die unseren bisherigen Schlussfolgerungen entgegen stehen: „We cannot simply ‚accept' the findings which scientists produce [...] And everyone now recognises the essential mobile character of science. Whenever someone decides what to eat, what to have for breakfast, whether to drink decaffeinated or ordinary coffee, that person takes a decision in the context of conflicting and changeable scientific and technological information. Consider red wine. As with other alcoholic drinks, red wine was once thought harmful to health. Research then indicated that drinking red wine in reasonable quantities protects against heart disease. Subsequently it was found that any form of alcohol will do, but it is protective only for people above age 40. Who knows what the next set of findings will show?" (Giddens 1999, 31-32).[107]

Indem die Problematisierung von Aspekten des Alltagslebens als Risiken die Zukunft in Kategorien unerwünschter Ereignisse rahmt und die Gegenwart in Kategorien der Vermeidung fokussiert, ist sie, Alan Hunt (2001) zufolge, eine Form moralischer Regulation von Verhalten.[108] Ein Gefühl der Unsicherheit oder Angst könne sich dabei gerade darüber einstellen, dass Risiken individualisierend und totalisierend zugleich seien: „On the one hand risk assessment serves as a factor in the calculative discourses of individual life chances; we change our patterns of activity and consumption to avoid risks and to promote some conception of our ‚well-being‘. On the other hand ‚risk‘ discourses, especially in their technical forms (statistics, actuarial tables, epidemiology) totalise aggregated populations (pregnant women, middle-aged men, drug users)." Eine „Personalisierung" von Risiken bedeu-

---

107 Da die Risikogesellschaft, so Ericson und Haggerty, darin Beck folgend, eine Wissensgesellschaft sei, würden mit dem Risikowissen zugleich auch normative Erwartungen produziert: Der „moral character of factual construction" läge schon darin, dass die Präsentation entsprechender Zahlen als „Fakten" normativ verstanden werden könne: „People experience facts of risk assessment as normative obligations and therefore as scripts for their action". Die Autoren verdeutlichen das u.a. am Beispiel von Daten über den Zusammenhang von Alkoholkonsum und Autounfällen: „The discovery that alcohol is associated with an auto accident is turned into alcohol as *the* cause of the accident" (1997, 123-24). Zur Verknüpfung des Konzeptes der Gouvernementalität mit einer kulturalistischen Analyse der Erfahrung „hybrider" Wissensformate am Beispiel von Drogenkonsum vgl. Moore/Valverde (2000). Zur potenziell unendlichen Ausdehnung möglicher Faktoren, auf deren Basis sich die Wahrscheinlichkeiten von Risikoereignissen in geradezu absurden Zahlenspielen ausweisen vgl. Adams (2001; 1995); zur „taktischen" Modifikation der Objektivierung von Risiken, die entgegen gesetzte Ergebnisse hervorbringen kann, vgl. am Beispiel der chemischen Industrie Pearce/Tombs (1996).

108 Um die Formen der Subjektivierung und den Aufforderungscharakter normativer Urteile in den Blick zu nehmen, zieht Hunt dem allgemeinen, abstrakten Begriff der Moral den der *moralischen Regulation* vor. Moral ist also nicht, vergleichbar einer Ideologie, als ein symbolisch-übergeordneter Wertekanon zu untersuchen. Vielmehr gilt es, die Mechanismen der Subjektivierung von moralischen Problematisierungen zu eruieren. Anders auch als die Rede von *moral panics* setzt das Konzept der moralischen Regulation nicht eine Diskrepanz voraus zwischen einer Realität und einem symbolischen Überschuss, den es dann zu kritisieren gilt: zwischen einem realen Kriminalitätsaufkommen und seiner medialen Beschwörung etwa, zwischen berechtigter und heraufbeschworener Verunsicherung, der Panikmache, die zudem die verschwörungstheoretische Vorstellung von einem, auch kollektiven, Initiator (die Medien, die Politiker, der Staat) evoziert (vgl. Hunt 1999, 17 und 19; 1997).

te, objektive, sich auf überindividuelle Kategorien beziehende Risiken in alltägliche Handlungsabläufe und individuelle Verantwortlichkeit herunterzubrechen. Wenn darüber Angst erzeugt werde, handle es sich um eine „soziale Angst", die nicht persönlich motiviert, sondern, als Risiko, sozial objektiviert sei und gleichwohl den Einzelnen bedrohe.[109] Doch ein moralischer Appell muss nicht nur einen Adressaten finden, der sich angesprochen fühlt. Die Verantwortung für Risiken lasse sich auch zurückweisen, wie das Beispiel der Klagen gegen die US-amerikanische Tabakindustrie verdeutliche, die auf dem Vorwurf beruhte, diese ihrerseits hätten es unterlassen, auf die Gesundheitsrisiken des Rauchens hinzuweisen. Verantwortungszuweisung könne zudem den paradoxen Effekt einer De-Moralisierung haben: Je umfangreicher das Spiel der Verantwortungszuweisung für Risikovermeidung und damit einher gehend der Moralisierung von Verhalten oder Zusammenhängen, um so eher verwische letztlich die Verantwortlichkeit, die Zuständigkeit dafür (vgl. ebd.).[110]

Wenn die *Governmentality*-Perspektive sich über diese Frage der moralischen Implikationen von Risikodiskursen hinaus für die Konstituierung von Subjekten und Objekten durch Risikotechnologien interessiert, heißt das nicht zu fragen, wie Techniken neue Risiken als Folge einer sich selbst ad absurdum führenden modernen Rationalität produzieren können, sondern welche Formen von Risiken als Objekte oder Subjekte des Regierens sie produzieren und wie sich dadurch neue Räume und Möglichkeiten des Regierens eröffnen. Doch für eine solche Analyse ist noch weiter zwischen verschiedenen Risikotechnologien zu differenzieren.

---

[109] Die Projektion in die Zukunft und deren Rückbezug in die Gegenwart unterscheide das Risiko von der Unmittelbarkeit einer Gefahr. Sofern Risiken Bestandteil des Handelns seien, erübrige sich wiederum die Frage nach ihrem „realen" Gehalt (vgl. Hunt 2001).

[110] Prinzipiell könne alles einem normativen Urteil unterzogen werden, eine Verhaltensweise, eine Einstellung, eine Lebensweise oder Gewohnheit, ein Zustand oder eine Praxis, eine Person oder Persönlichkeit, obgleich nichts an sich prädestiniert sei für eine moralische Problematisierung, so Hunt. Zu untersuchen seien die Verknüpfungen, aus denen die Moral erst hervorgehe: „the moral dimension is the result of the linkage posited between subject, object, knowledge, discourse, practices and their projected social consequences" (1999, 7). Wenn Moral der Effekt je spezifischer Konstellationen ist, in der sie sich als Problematisierung artikuliert und in der Folge Handlungsräume formiert, wäre auf der einen Seite zu beleuchten, wie Moral als Anerkennungsmatrix in institutionellen Settings verankert ist. Auf der anderen Seite bezieht sich die Frage, wie Moral zu einem Bestandteil von Selbsttechnologien wird, weniger auf eine Ethik des Selbst als auf die Regierung seiner selbst: Nicht die Ethik eines autonomen Selbst ist von Interesse, sondern wie regiert werden und sich selbst regieren zusammen fallen (vgl. ebd., 16; und Hunt grenzt sich in diesem Punkt von Dean 1994b ab).

Typen von Risiken

Wie gesehen, beschreibt François Ewald das Konzept des Risikos entlang der Genealogie der Versicherungstechnologie Ende des 19. Jahrhunderts, als sich die Vorstellung von dem Unfall als einem Zufall oder Unglück, das man höheren Mächten zuschreibt, in eine gesellschaftliche Kategorie verwandelt und zentral wird für die Konstruktion der technischen Form der Versicherung. Als ein Verfahren der Operationalisierung unerwünschter Ereignisse ist die Versicherung nicht nur eine gesellschaftliche Institution, sondern zugleich eine politische Technologie, die soziale Kräfte mobilisieren und befrieden kann. Sie ist erstens eine ökonomische und finanzielle Technik der Geldanlage und der monetären Kompensation; zweitens eine moralische Technologie, indem sie die Tugend der Vorsorge verlangt, die auf die Zukunft ausgerichtet, die Zeit zu beherrschen und die eingegangenen Verpflichtungen mathematisch zu kalkulieren weiß; und sie ist drittens eine Technik des Ausgleichs, die mit dem Recht in ihrem Prinzip der Umverteilung konkurriert (Ewald 1993, 220-21). Diesem Rationalitätstypus der Versicherung entspricht der Begriff des Risikos jedoch nicht immer: Risiken sind nicht zwangsläufig quantitativ bestimmt und mathematisch kalkuliert; sie sind nicht immer sozial im Sinne der Ableitung aus Bevölkerungsdaten in statistischen Verteilungen; Risikotechnologien beinhalten ferner nicht zwangsläufig das ex-post-Prinzip des Schadensausgleichs. Das Konzept des Risikos ist keineswegs homogen. Man sollte vielmehr von unterschiedlichen Rationalitäten sprechen, an die wiederum in sich heterogene Technologien anschlussfähig sind. Und hierin liegt ein weiterer Grund, warum man mit einem universellen Risikobegriff auch die Vorstellung einer linearen Entwicklung der Kalkulation unbestimmter Gefahren in Risiken bis hin zur Nichtkalkulierbarkeit technologisch produzierter Risiken ausschließen muss (vgl. O'Malley 1999c).

Mitchell Dean (vgl. 1998, 32-33) unterscheidet vier Rationalitätstypen des Risikos, von denen jeweils zwei quantitativer Art sind, das Versicherungsrisiko und das epidemiologische Risiko, und zwei qualitativer Art, das der Fallbearbeitung und das klinische Risiko. Im Verhältnis zur Technologie der Versicherung, die auf einen eingetretenen Schadensfall reagiert, ist die epidemiologische Rationalität des Risikos eher auf die Zukunft orientiert: auf die Prävention von Gesundheitsrisiken, unter anderem auf der Basis eines Kalküls mit Geburten-, Sterbe- oder Krankheitsraten. Beiden Technologien gemein ist, dass sie sich auf eine kollektive Gesamtheit wie die Bevölkerung oder Bevölkerungsgruppen beziehen. Prinzipiell qualitativ sind Risiko-Verfahren, die den Einzelfall fokussieren. Sie sind nicht unabhängig von kollektiven Größen, können es gar nicht sein, solange das Risiko als das Ergebnis von Wahrscheinlichkeitskalkülen auf diesen beruht. Risikotechnologien können jedoch gewissermaßen die fall- oder gruppenbezogene, die individualisierende Antwort auf die Wahrnehmung gesellschaftlicher Risiken sein, gleichsam die Transformation von gesellschaftlichen Problemstellungen in technische Verfahren und Maßnahmen bezogen auf kleinere Einheiten. Beim *case-management* bezieht sich die Risikoeinschätzung auf ein Individuum oder auch eine Gruppe, eine Familie, die in eine bestimmte Risikokategorie fällt. Beispielsweise kann die Gefährlichkeit eines Jugendlichen, seine potenzielle Gewalttätigkeit, aufgrund erblich, psychisch oder sozialisationsbedingter seelischer Störungen in Frage stehen. Als solcher in den Blick genommen ist er sowohl das Objekt der Einschätzung einer Gefahr für die Gesellschaft wie er das Objekt entsprechender Behandlungsmaßnahmen ist. Das können Formen der Therapie, aber auch der Bestrafung oder der Einschließung sein. Bei diesen handelt es sich freilich nicht um Risikotechniken, sondern etwa um disziplinierende Maßnahmen, die sich an eine Falleinschätzung anschließen können. Das Instrumentarium der Beurteilung bei der Fallbearbeitung kann klinischer Art, wie etwa ein psychologisches Gutachten, oder bürokratischer Art sein, wie bei der Anwendung eines Kriterienkatalogs, mit dem festgestellt werden soll, inwiefern sich ein Bewerber auf dem Arbeitsamt für weitere Qualifizierungsmaßnahmen eignet, wie hoch das Risiko Langzeitarbeitslosigkeit ist oder welche Verhaltensauflagen für finanzielle Zuwendungen festzusetzen sind.

Das „klinische Risiko" kombiniert quantitative und qualitative Verfahren bezogen auf den konkreten Einzelfall. Lorna Weir hat das am Beispiel der Pränataldiagnostik gezeigt und dabei zugleich herausgearbeitet, inwiefern die Technik, die den Fötus sichtbar macht, und die Praktiken der Risikoeinschätzung ein neues „subject of medical governance" hervorbringen (1996, 377). Dabei beruhen die Diagnose und die vorzuschlagende Therapie sowohl auf dem Verfahren des epidemiologischen Kalküls, der Einschätzung von Gesundheitsrisiken bezogen auf die Bevölkerung, als auch auf der qualitativen Beurteilung des Einzelfalls durch den Arzt. Das Besondere des Screeningverfahrens am Mutterleib besteht nun darin, dass das quantitativ bestimmte Risiko hier nicht nur individualisiert, sondern inkorporiert, in Gestalt des Fötus in den Körper der Frau hineinverlagert ist. Der Fötus, der „both the object and effect of a series of biomedical imaging and sampling technologies" ist (ebd., 373), wird selbst zu einem „Patienten" und Schwangerschaft zu einer Frage des Risikomanagements, in dem sich die werdende Mutter in der Verantwortung sieht, in einer Reihe von Verfahren und Diagnosen Entscheidungen über die weitere „Therapie" zu treffen (die auch in der Abtreibung bestehen kann). Sie ist darin frei und unfrei zugleich, eingebunden in die Technologien der Medizin, denen sie sich unterwerfen muss. Das Objekt der Risikoreduktion ist nicht die schwangere Frau, sondern der Fötus (vgl. Ruhl 1999): Nicht das Schwangerschaftsrisiko soll reduziert werden, sondern die Gesundheits- und Geburtsrisiken des Fötus. Subjekt entsprechender Selbsttechnologien ist freilich die Mutter, deren adäquates Verhalten und Lebensweise zum Gegenstand moralischer Regulation werden.[111]

Risikotechnologien müssen jedoch nicht zwangsläufig qualitativer Natur sein, wenn sie sich auf einen konkreten Fall beziehen. Quételets *average man* kann auf das Individuum vielmehr so projiziert werden, dass es, wie noch am Beispiel der kriminalistischen Technik des *Profiling* zu zeigen, gleichsam gänzlich in der Risikotypisierung aufgeht. Darüber hinaus wäre das Konzept des Risikos unter drei Gesichtspunkten weiter zu differenzieren: *Zunächst* einmal wäre festzuhalten, dass die negative Assoziation des Konzeptes mit unerwünschten und zu vermeidenden Ereignisse im Hinblick auf subjektive Perspektiven einen zentralen Aspekt außer Acht lässt: Dass man Risiken nicht meiden muss, sondern sie suchen, „umarmen" und als „excitement" und „pleasure" ausleben kann (vgl. Baker/Simon 2002). Freilich gilt in der Logik der Versicherungstechnologie: „Streng genommen kann ein einzelner kein Risiko eingehen, sondern das Risiko ist eine Verarbeitungsweise von Ereignissen, die sich gegenüber den Werten oder Kapitalien ereignen, die eine Gruppe von Einzelnen – ein Kollektiv – besitzt oder repräsentiert" (Schmidt-Semisch 2002, 23). Wendet man sich aber von einer Perspektive auf die Techniken des „government through risk" ab und den „technologies of the self in which risk is mobilized" zu (O'Malley 2000a, 458), kann man beispielsweise beobachten, wie Risikobereitschaft im Freizeitsport zum Beweis einer starken Persönlichkeit kultiviert wird (vgl. Lupton 1999, Kap. 8; Simon 2002). Und so wie das Risiko zu einem umstrittenen Topos in der Kriminologie avancieren kann, indem riskantes Verhalten mal als gewünschte Profitorientierung und mal als unerwünschter Mangel an Klugheit ausgelegt oder Kriminalität als ein in Kauf zu nehmendes, wenngleich beunruhigendes Modernisierungsrisiko

---

[111] Von den herkömmlichen feministischen Perspektiven, die dazu tendierten, die Effekte der Disziplinierung und Medikalisierung des Körpers der Frauen und seine männliche Aneignung bei ihren Untersuchungen der neuen Reproduktions-Technologien herauszustellen, unterscheide sich, so Weir (1996, 375), die Analyse vom Begriff der Regierung her genau darin, dass sie die Formen der Subjektivierung und der Konstituierung von Subjekten beziehungsweise Objekten herausarbeite.

betrachtet wird (Blinkert 1988; Hitzler 1998), kann man in der Bereitschaft zum Risiko behafteten, strafbaren Verhalten auch die Suche nach Distinktionsgewinn in einer Welt sehen, in der sich mit sozialen Differenzierungs- und Umschichtungsprozessen auch der Unterschied zwischen Abweichung und Konformität aufzulösen beginnt (Koenen 1999).

An diese Überlegungen schließt sich der *zweite* Gesichtspunkt an: die Verknüpfung von Risiko und Moral. Schon die Versicherungstechnik weist zwei Traditionen der Einschätzung von Versicherungswürdigkeit auf, von denen die eine moralischer Art ist: Personen und Lebensverhältnisse sind auf das Risiko hin zu taxieren, das ihr „Charakter" oder ihre Verhaltensweisen bezogen auf das zu versichernde Objekt darstellen können. Darauf aus, die Wahrscheinlichkeit des Eintretens eines Schadensfalls zu minimieren, galten Mitte des 19. Jahrhunderts beispielsweise für Feuerversicherungen qualitative Kriterien, die vom Temperament über den Ruf eines Geschäftsbesitzers bis hin zur Buchführung und Bilanz reichten. „The ‚moral‘ insured was honest, careful, chaste, thrifty, hard working, moderate in habits, and did not gamble" (Baker 2000, 562). Normalität misst sich hier an Modellen eines moralischen Individuums. In der mathematischen Berechnung von Risiken als Wahrscheinlichkeiten hingegen erscheinen unerwünschte Ereignisse und die Schäden, die sie anrichten, normal: Normalität ist quantitativ bestimmt als „the normal loss". Das systematische Kalkül mit diesem Verlust, mit dem man rechnen muss und den man kompensieren kann, setzt sich mit der Implementierung der Sozialversicherungen durch: „the normalizing gaze turns from individuals to institutions." Zunächst entspricht dieser perspektivische Wechsel der Unterscheidung bei Ewald zwischen dem liberalen Modell der Verantwortung und dem der Solidarität, der Sozialisierung von Risiken in der Versicherung (ebd., 571). Bei der Analyse neoliberaler Regierungstechniken wird jedoch zu beobachten sein, inwiefern das Kalkül von Risiken und die Moral individueller Verantwortung miteinander verschmelzen. Ein *dritter* Gesichtspunkt soll darüber hinaus für den Bereich der Kriminologie eingehender erörtert werden: Inwiefern sich dort nicht nur „eine am Schaden orientierte Versicherungs-Politik" herauskristallisiert, sondern auch „eine an der Gefährlichkeit orientierte Kriminalpolitik" (Quensel 2002, 56). Für die Analyse der Konzepte der Kriminologie der Gegenwart und der Konstituierung des Kriminellen, der Verschiebung und Rekonfigurierung der Figur des Täters in den entsprechenden Technologien, wird das Konzept des Risikos noch in einer weiteren Hinsicht nützlich sein: Mit ihm lässt sich beleuchten, wie Technologien der

Kriminalitätskontrolle ihre spezifischen Subjekte konstituieren – und so regierbar machen – quer zu den Entitäten, die wir gewohnt sind als ein Individuum, einen Menschen oder eine Person zu bezeichnen.

Die bisherigen Ausführungen zur Erfindung des Sozialen auf der Basis des Konzeptes des Risikos und zur Entdeckung der Bevölkerung als einem sozialen Körper sollten die Entstehung des Problems der Täterfixierung der Kriminologie in zweierlei Hinsicht verdeutlichen: Auf der einen Seite kann das Konzept der Gefahr zu einem Element des politischen Kalküls werden, indem die verfahrenstechnisch begründete Objektivierung „der Gesellschaft als einer biologischen Entität" die Mechanismen zu ihrem Schutz als eine objektive Notwendigkeit erscheinen lässt. Vor diesem Hintergrund stellte der Begriff der „Gefährlichkeit" historisch den Brückenschlag zu einer politischen Technologie des „sozialen Körpers mit den ihm inhärenten Gefahren und Krankheiten" her (Lemke 1997, 235-36). Auf der anderen Seite wird Moral im Übergang vom liberalen zum sozialen Modell in Normierung transformiert: Das Prinzip der individuellen Verantwortung aller verlagert sich nicht nur auf das der sozialen Verpflichtungen. Gleichzeitig wird mit dem System der sozialen Sicherung ein System der sozialen Unterscheidungen implementiert, das es erlaubt, Abweichungen zu normieren und zu reglementieren. Diese beiden Punkte will ich abschließend noch einmal erläutern, bevor ich zur Frage der Transformation des Sozialen übergehe.

2.3.4   Die Kriminologie und der Zirkel der Gefahr

„Unter der Ägide des Sozialen" (Ewald 1993, 25) kehrt sich das Verhältnis von Recht und Gesellschaft, verglichen mit dem Prinzip des Gesellschaftsvertrages, um. So sind in der Feuerbachschen Konstruktion, ähnlich wie bei Beccaria, Recht und Gesellschaft insofern dasselbe, als der Vertrag, also das Recht, die bürgerliche Gesellschaft begründet, während der Staat dieses Recht garantiert. Jetzt hingegen ist die Gesellschaft selbst das begründende Prinzip: „Not subjects or law, but society itself, considered as a complex of conflicts and interests" (Pasquino 1991, 243). Die Gesellschaft wird zum Subjekt, das sich selbst verteidigt, verteidigen muss und darf. Ein Verbrechen stellt folglich nicht nur eine Verletzung des Rechts oder der „souveränen Macht" des Rechts dar, sondern eine Bedrohung der Gesellschaft. Diese wird zur Repräsentation für das Recht (im Sinne der Macht, *the right*) zu strafen, während dem Recht (im Sinne des Gesetzes, *the law*) eine sekundäre Funktion zukommt: Es kodifiziert nur die Regeln gesellschaftlichen Zusammenlebens, aber es begründet sie nicht. Es kann sie nicht mehr begründen, weil die Gesellschaft, in soziologischer Lesart, nach historisch variablen Regeln funktioniert und eben auch ein historisch kontingentes Recht hat. Auch verschiebt sich die Bezugsfolie des Strafens: vom Recht auf die soziale Norm. Dabei ist die Gesellschaft nicht nur die Quelle des Rechts; sie selbst ist es, welche die Normen schafft (vgl. ebd., 241-44) – und mit ihr den Delinquenten. Der Gesellschaft steht nicht mehr der Rechtsbrecher gegenüber, sondern der Verbrecher. Das Soziale und seine Verteidigung sind das Schutzschild für die Implementierung der Kriminologie und „Vorspiel zur Geburt der Sozialarbeit" (vgl. Donzelot 1995, 55-56). Von dem Augenblick an, in dem das Soziale zu einer eigenen Bezugsfolie des Regierens wird, muss nicht nur das Individuum gegen die Risiken geschützt, sondern auch die Gesellschaft gegen diejenigen verteidigt werden, die sie bedrohen. Deshalb kann sich die Kriminologie als wissenschaftliche Disziplin mit jenem Konzept behaupten, das die Konkretisierung und Personalisierung dieser Vorstellung von einer abstrakten Gefahr für die Gesellschaft darstellt: Unter der Ägide des Sozialen konnte das „gefährliche Individuum" (vgl. Foucault 1988b) zum Instrument von Wissenschaft und Politik werden.[112]

Dabei hatte zunächst die Psychiatrie die Funktion einer sozialen Medizin übernommen, die sich als Expertin für die Gefahren verstand, die dem sozialen Körper drohen, und die zugleich in der Lage ist, diese Gefahren auch am Individuum fest zu machen. „If psychiatry became so important in the nineteenth century, it was not simply because it applied a new medical rationality to mental or behavioral disorders, it was also because it functioned as a sort of public hygiene. [... it] was a medical science as much for the societal body as for the individual soul." Unter dem Gesichtspunkt der sozialen Gesundheit eröffnet sich ein breites Spektrum, in dem Individuum und Bevölkerung sich bei der Diagnose und Therapie von Krankheiten in Beziehung zueinander setzen lassen und das gefährliche Individuum zu einer medizinisch normierbaren Größe wird. So mochten Krankheiten im Körper des

---

[112] Sicher, das Thema des Sozialen taucht jetzt nicht zum ersten Mal in der Strafrechtstheorie auf; es ist aber erstmals mehr als nur eine „verbale Formel". Schon Feuerbach sieht die Praxis des staatlichen Strafens in der Bedrohung des sozialen Lebens begründet; ebenso will der italienische Jurist Carignani in seiner 1831 veröffentlichten Schrift die Konzepte Kriminalität und Bestrafung ersetzt sehen durch „soziales Vergehen" und „soziale Verteidigung". Die „Erfindung des Sozialen" bezieht sich jedoch auf die Systematik, in der das Soziale zu einem Bestandteil von Praktiken wird (vgl. Pasquino 1991, 241; Martschukat 2000, Kap. III).

Individuums und seinen Organen lokalisierbar sein; gleichzeitig konnten sie aber eine Gefahr für die Bevölkerung darstellen, sei es durch Ansteckung, durch Vererbung oder etwa durch das pathologische Verhalten eines Einzelnen, das diesem selbst oder Leib und Leben seiner Mitmenschen gefährlich werden konnte. Umgekehrt konnten bestimmte Lebensbedingungen (Bevölkerungsdichte, Hygiene, die Form der Ernährung) Krankheiten hervorrufen. In beiderlei Hinsicht „they were all conscious that they were treating a social ‚danger'" (Foucault 1988b, 134). Das Konzept der Degeneration, das der französische Psychiater Bénedict-Augustin Morel Mitte des 19. Jahrhunderts aufgebracht hatte, stand für eine solche Vorstellung, dass eine soziale Gefahr sich noch auf die nächsten Generationen erstrecke: „the notion of degeneration made it possible to link the most insignificant of criminals to a peril of pathological dimensions for society, and, eventually, for the whole human species" (ebd., 145).[113] Dabei hatte schon Morel sich auf die Vorstellung „von objektiven Risiken" gestützt, die sich aus den statistischen Korrelationen zwischen den Lebensbedingungen und den „Anomalien" ableiteten, die in bestimmten Bevölkerungsschichten gehäuft auftauchten (Castel 1983, 55; vgl. Wetzell 2000, 46-49). Als die Kritiker Lombrosos später soziale Missstände in Beziehung zu moralischem Fehlverhalten setzten, betrachteten sie beides gleichermaßen als „Ursache und Folge von Degeneration". Sie verknüpften auf diese Weise nicht nur Geisteskrankheit und Kriminalität in einer Theorie, sondern konnten einen wissenschaftlichen Determinismus auch mit der Möglichkeit moralischer Schuldzuweisung vereinbaren (Becker 1995, 172-73). Ein gefährliches Individuum, das die Gesellschaft bedrohte, war somit beides: die Manifestation einer psychischen und moralischen Verwerfung, wie etwa Alkoholismus oder Prostitution, und „an excrement of the social body" (Pasquino 1991, 238; vgl. Lemke 1997, 229).

Tatsächlich erscheinen Probleme der Kriminalität unter der Perspektive der Prävention, also dem Schutz der Gesellschaft, ähnlich wie der Unfall als eine Form des sozialen Risikos: Der gefährliche Verbrecher stellt ein Risiko für die anderen Gesellschaftsmitglieder dar. Doch das mathematische, auf der Technik der Wahrscheinlichkeitsrechnung beruhende Konzept des Risikos hatte sich im Präventionsrahmen von

---

113 Technologien der *Regulation* von Problemen der Kriminalität, die nicht auf das Individuum, sondern auf die Bevölkerung beziehungsweise den Gesellschaftskörper als Ganzes zielen, operieren also weder auf der Basis disziplinärer *Normierung* noch mit juridischen Konzepten wie der im klassischen Strafrecht verankerten individuellen Schuld und Haftung. Sie basieren vielmehr auf dem Konzept der statistisch generierten *Normalisierung*, und genau darin seien, so Andriopoulos (1996, 68), die Technik der Unfallversicherung und das Programm der Eugenik vergleichbar.

Psychiatrie und Kriminologie noch nicht in der Form ausgebildet, wie François Ewald das für die Entwicklung der Versicherungstechnologie zum Ende des 19. Jahrhunderts beschreibt. In dieser Konzeption sollte es im Feld der „Mentalmedizin und der Sozialarbeit" (Castel 1983, 51) und in der Pönologie (vgl. Feeley/Simon 1992, 1994) erst in der zweiten Hälfte des 20. Jahrhunderts zur vollen Entfaltung kommen. Gleichwohl, die Idee der Wahrscheinlichkeit ist auch im Begriff der Gefahr schon präsent. Die Gefährlichkeit, die dem Subjekt inne zu wohnen scheint, besagt, dass es kein Zufall ist, wenn sie sich zukünftig in einer verbrecherischen Tat realisiert. Das ist die Hypothese, die den Zusammenhang herstellt zwischen Anomalien oder Symptomen, die sich in der Gegenwart manifestieren, und einer Straftat, die irgendwann einmal in der Zukunft begangen werden wird. Der Beweis der Gefährlichkeit allerdings wird auch dann erst erbracht sein (vgl. Castel 1983, 53). Dass man diese dennoch diagnostizieren kann, verdankt sich der spezifischen Verknüpfung von einem Präventionsimperativ auf der einen Seite und den gesellschaftlichen Normen auf der anderen: Wenn abweichendes Verhalten als das Kennzeichen einer eigenartigen Person erscheint, ist es tatsächlich der Spiegel der sozialen Normen, auf welche die Abweichung verweist. „Die Erfindung des Sozialen ist nicht zu trennen von der Entdeckung der ‚Perversen', ‚Degenerierten' und ‚Extremisten', die ständig auf eine Norm verweisen, die sie definiert und eine Regel, deren Ausnahme sie repräsentieren" (Lemke 1997, 223-24).[114] Die Bedrohung des Sozialen ist das Korrelat der Normen, die die Gesellschaft selbst hervorbringt. Das Symptom, das der Täter zeigt, ist eine Projektion der Gefahr in den Täter hinein und als solche eine notwendig unbestimmte Bestimmung. Denn die Unbestimmtheit ist dem Begriff der Gefahr, die sich nur möglicherweise realisieren wird, inhärent. Einmal vorausgesetzt leistet „Gefährlichkeit" deshalb beides: Sie *manifestiert* sich im Täter und dieser *repräsentiert* die Gefahr für die Gesellschaft. Als Disposition des Täters existiert die Gefahr und ist zugleich, in Gestalt des Programms der Sozialverteidigung etwa, selbst eine politische Setzung. Die Perspektive der Prävention fungiert also wie ein Wahrnehmungs- und Beurteilungsschema, das die *Wahrheit* des Kriminellen sichtbar macht, der sich

---

[114] Auch Garland (1985b, 117) stellt diesen Zusammenhang zwischen der Implementierung der Armen- und Sozialgesetzgebung Ende des 19. Jahrhunderts in Europa und der Kategorisierung von Individuen her – die durch die Etablierung der Kriminologie als Wissenschaft eine spezifische Fokussierung ermöglichte: „Why should there be a science of the individual criminal and his differentiation when there is no science which differentiates the rich or poor or the law-abiding or the masterful? Why? Simply because a configuration of social, institutional and intellectual conditions made it at once possible and manifestly desirable."

„in a sense beneath his acts" wissenschaftlich und schließlich auch strafrechtlich festschreiben lässt. Die Norm wird zum Programm der Normalisierung,[115] und dabei ist die kategoriale Bestimmung der Gefährlichkeit Bestandteil von „a knowledge-system able to measure the index of danger present in an individual; [... and] which might establish the protection necessary in the face of such a danger" (Foucault 1988b, 144; vgl. Martschukat 1997, 241-42).[116]

Der Begriff der Gefahr sollte gleichermaßen „das Instrument der Diagnose von ‚antisozialen Tendenzen'" und als „Schlüssel zu ihrer Lösung" fungieren (Lemke 1997, 235). Er sollte zum Einfallstor für unterschiedlichste Formen der Intervention und Behandlung werden, von fürsorgenden, medizinisch-hygienischen über psychiatrisch-therapeutische bis hin zu repressiven Maßnahmen, mit denen man „die Anomalen jeglicher Sorte bekämpfen [wollte ...] immer im Hinblick auf die Sorge, die Gesellschaft am besten zu verteidigen" (Donzelot 1995, 54-55; vgl. McCallum 1998).[117] Zugleich stellte die Einführung des

---

[115] Vgl. Canguilhem (1974), der die Norm als Reaktion auf eine vorgängige Abweichung beschreibt, welche das Programm der Normalisierung dann instituiert.

[116] Ähnlich argumentiert auch Lemke (1997, 235), allerdings in Referenz auf Foucault.

[117] Dass die Tradition kriminologischer Theoriebildung bis in die zweite Hälfte des 20. Jahrhunderts hinein so sehr von biologischen und psychologischen Verbrechenskonzepten geprägt war, kann man als eine Folge jenes Programms betrachten, das, ausgehend von der Italienischen Schule, darum bemüht war, die Täterpersönlichkeit als eine spezifische und als defizitär auszuweisen (vgl. Sessar 1998, 433). Diese Ausrichtung ist ihrerseits aber nicht zu begreifen ohne die Wahrnehmung der Bevölkerung bzw. der Gesellschaft als eine zu schützenden Entität, welche nicht zuletzt die Statistik und Wahrscheinlichkeitsrechnung und die Soziologie als solche vorstellbar und regierbar gemacht hatten. Die Kriminalbiologie des 20. Jahrhunderts, welche die Kriminalanthropologie ablöste, bildete bekanntlich eines der wissenschaftlich begründeten Fundamente für eine „staatliche Bevölkerungskontrolle", der sozialen Hygiene, und später für das Programm der Rassenhygiene (vgl. Regener 1999, 306-09). Erbbiologische oder auf das soziale Milieu verweisende Ansätze der Erklärung von Kriminalität, die schon durch Lombroso und seine Kritiker repräsentiert waren, hatte von Liszt (1905b, 65) versucht zu versöhnen – wenn man so will, kann man insofern auch hier, und nicht nur bezogen auf die beiden Spuren der Vergeltung und Prävention in der Strafrechtspflege, von einer „Vereinigung" sprechen (vgl. Kunz 1998, 96-97). Die fortgesetzte Virulenz des „Anlage-Umwelt-Streits" manifestierte sich später unter anderem in den kriminalbiologischen Untersuchungen und insbesondere der Zwillingsforschung bis hin zum Streit um eine Politik der Sterilisation und deren rechtlicher Implementierung in der Weimarer und in der Nazizeit. Die beiden vorherrschenden Paradigmen der Jahrhundertwende waren auf der einen Seite durch den Psychiater Emil Kraepelin repräsentiert. Er hatte die dritte Auflage von Lombrosos *L'uomo delinquente* in der von von Liszt gegründeten *Zeitschrift für die gesamte Strafrechtswissenschaft* einer kritischen Rezension unterzogen und dessen erbbiologische Perspektive, nicht aber die Phrenologie verteidigt. Auf der anderen Seite trat Gustav Aschaffenburg, neben von Liszt Mitherausgeber der *Monatsschrift für Kriminalpsychologie und Strafrechtsreform*, dem Glauben an die Existenz eines geborenen Verbrechers entgegen (vgl. Wetzell 2000, 42 und 69). Zu den Kritikern von Lombrosos Kriminalanthropologie gehörten ferner auch Alexandre Lacassagne und Gabriel Tarde in Frankreich, der englische Psychiater Charles Goring sowie der Berliner Gefängnisarzt Abraham Baer und der Arzt Paul Näcke. Am Beispiel von diesem zeigt

124

Täterstrafrechts eine weitere Form der Entschärfung der sozialen Frage dar: Sie entkoppelte die „Affinität der gefährlichen – sprich: kriminellen – und der arbeitenden Klassen [...] durch die politische und gesellschaftliche Konstituierung sowie die soziale Konstruktion der respektablen Arbeiterklassen einerseits und durch die ‚Erfindung‘ des rein individualistisch reduzierten und pathologisierten ‚Kriminellen‘ durch die positivistische Kriminologie andererseits". Während das Sozialrecht auf der einen Seite eine Form der „leistungsgewährenden" Kontrolle institutionalisierte, konzentrierte sich die strafrechtliche Individualprävention auf der anderen Seite auf eine entpolitisierte und pathologisierte Figur des Verbrechers, so dass „die politische Brisanz aus der Kriminalität und dem Strafrecht gleichsam herauseskamotiert" wurde (Sack 1995, 442-43). Dabei findet die zivilrechtliche Figur der *Causalhaftung*, welche das klassische Prinzip der individuellen Schuld und Haftung im Zusammenhang mit dem Begriff des Unfalls zugunsten „the notion of causal probability and risk" ablöste, sich auch im Konzept der Sozialverteidigung wieder: „After all, what is a ‚born criminal‘ or a degenerate, or a criminal personality, if not someone who according to a causal chain which is difficult to restore, carries a particularly high index of criminal probability, and is in himself a criminal risk?" (Foucault 1988b, 148).

Das Konzept der „Causal- oder Gefährdungshaftung" hatte es, wie gezeigt, möglich gemacht, das Prinzip der „Verantwortlichkeit ohne Schuld" rechtlich festzuschreiben, so dass eine Betreibergesellschaft etwa bei Eisenbahnunfällen haftbar gemacht werden konnte, ohne ihr ein Verschulden zurechnen zu müssen. Mit der rechtlichen Regelung von Arbeitsunfällen findet dieses Konzept in Frankreich Eingang ins Zivilrecht, indem „der Begriff des *risque professionel* in das Privatrecht eingeführt und das Verschuldensprinzip explizit aufgegeben" wird. Anders in Deutschland, wo die „Figur der Causalhaftung" im Zusam-

---

Wetzell (ebd., 100-103) auch, wie die Folie *soziale Gefahr* die Diskussion um die Sterilisation bestimmt. Näcke war der erste, der diese in Deutschland öffentlich befürwortete, obwohl er selbst sich davon überzeugt zeigte, dass es in erster Linie Umwelteinflüsse seien, welche Kriminalität bedingen. Seine eugenische Position war denn auch keineswegs auf wissenschaftlichen Erkenntnissen gegründet, sondern einer diffusen Furcht geschuldet, die Gesellschaft könne durch fortschreitende Degenerationserscheinungen gefährdet sein. Es ist u.a. das Verdienst Wetzells, gezeigt zu haben, dass es nicht unbedingt biologische oder psychologische Ansätze sind, die Probleme der Kriminalität individualisieren. Lombrosos anthropometrische Untersuchungen, die darauf aus waren, anhand der körperlichen Konstitution den „geborenen Verbrecher" wissenschaftlich zu markieren, mögen den unsäglichen Anfang einer von Strafrecht und Justiz unabhängigen kriminologischen Forschung und Theoriebildung darstellen. Doch es waren ausgerechnet die von Psychiatern durchgeführten kriminalbiologischen Forschungen der Jahrhundertwende und der Weimarer Zeit, die schließlich zu einer Differenzierung der Frage von Anlage respektive durch die Umwelt bedingten Faktoren als Anhaltspunkte für die Prognose strafbaren Verhaltens beitrugen.

menhang mit der Einführung der Unfallversicherung in das Sozialrecht einwandert (Andriopoulos 1996, 67).[118] Franz von Liszt war deshalb auf gewisse „Schwierigkeiten" gestoßen (ebd., 72), das Strafrecht unter der Leitlinie des Gesellschaftsschutzes zu reformieren und „die im deutschen Zivilrecht marginalisierte Figur einer Verantwortlichkeit ohne Schuld explizit ins Strafrecht zu übertragen" (ebd., 86).[119] Bei seinen erfahrungswissenschaftlichen Untersuchungen zum „geborenen Verbrecher" ist hingegen Lombroso nicht an die Prinzipien strafrechtlichen Denkens gebunden. Ähnlich wie die Kausalhaftung das Zivilrecht vom Element der Strafe entkleidet, verfahren insofern die Kriminalanthropologen, die sich nicht auf Bestrafung, sondern auf die Prävention von Gefahren konzentrieren: „the risk of criminality represented by the individual in question" (Foucault 1988b, 148). Das bedeutete jedoch nicht, dass der Rechtsbrecher nicht mehr verantwortlich sein sollte. Enrico Ferri, dem „Chef-Architekten" der positiven Schule, war zwar die alte, der klassischen Rechtstheorie entsprechende Vorstellung moralischer Verantwortlichkeit ein Dorn im Auge. Gleichwohl wollte er sie nur ersetzt wissen durch „soziale" Verantwortung: Ein jeder sollte Kraft seiner Mitgliedschaft in der Gesellschaft, nicht aber aufgrund einer unterstellten Willensfreiheit, als verantwortlich betrachtet werden für sein Handeln und alle seine Taten (vgl. Sellin 1972, 363).[120]

Wenn die Kriminologie sich zum Experten des Gefahrenbegriffs und zum Garanten des Gesellschaftsschutzes erklären und sich auf diese Weise unabhängig vom strafrechtlichen Denken zur Wissenschaft vom „Kriminellen" machen konnte, dessen Wesen sie identifizieren und normieren würde, dann konnte sie das also vor einem bestimmten Hintergrund: Man hatte die Bevölkerung und die Gesellschaft als eine eigenständige Entität zu betrachten gelernt, gleichsam als ein zu schüt-

---

118 Freilich hat das Risikokonzept die Schuldfrage nur relativiert, nicht aber gänzlich abgeschafft. Schließlich besteht die Möglichkeit, Betreibergesellschaften „grobe Fahrlässigkeit" nachzuweisen. – Das deutsche Zivilrecht sei von der Figur der *Verantwortung ohne Schuld* „unterwandert" worden, so Andriopoulos (1996, 57). So wurde das Prinzip der Haftung bei einem *Unfall* bereits im preußischen Eisenbahngesetz von 1838 zivilrechtlich festgeschrieben. Wenn das Konzept der Schuld auf diese Weise beibehalten worden sei, zeige ein Urteil von 1861 jedoch beispielhaft, dass es „im Sinne von *Gefährlichkeit*" verwendet wurde: Die „Schuld" wurde allgemein dem Betreiben der Eisenbahn zugeschrieben.

119 Von Liszt wird das sukzessive dann doch gelingen: *Indirekt* zunächst, indem er in seinem Lehrbuch von 1905 die „antisoziale Gesinnung" des Gewohnheitsverbrechers über den Begriff der Schuld als Nachweis für die zu prognostizierende Gefährlichkeit verklausuliert; und direkt, wenngleich als Kompromissformel, in seinem Gesetzesentwurf zur Sicherheitsverwahrung anhand des Konzeptes der „Gemeingefährlichkeit" eines Individuums (vgl. ausführlich Andriopoulos 1996, 83-91).

120 Strasser spricht in diesem Zusammenhang sogar von einer „Radikalisierung des Verantwortlichkeitsbegriffes" (1984, 151), weil die positivistische Kriminologie die Verantwortung des Rechtsbrechers trotz ihres deterministischen Erklärungsprogramms hoch hielt.

zendes eigenes Leben. Die Kriminologie sollte zu einem der „Transformationsagenten des menschlichen Lebens" (Foucault 1983, 170) und sollte selbst ein Transformationsriemen werden: Sie sollte eine der Verbindungen herstellen zwischen einem Prinzip der Regulierung, das die Ordnung der Gesellschaft als Ganze in den Blick nimmt, und einer Form der Disziplinierung, die auf den Einzelnen zielt, auf das abweichende Subjekt oder den Kriminellen, die am Modell der Norm bestimmt und gemessen werden. Die Strafe, die der Richter verhängt, sollte nur noch im Rahmen „einer Umformungstechnologie" zu rechtfertigen sein, die den Delinquenten „in seinem Sein transformieren" würde (Foucault 1977, 41).

2.3.5   Moral und Subjektivierung

„Die Geschichte der Empfindungen, vermöge derer wir Jemanden verantwortlich machen, also der sogenannten moralischen Empfindungen verläuft in folgenden Hauptphasen. Zuerst nennt man einzelne Handlungen gut oder böse ohne alle Rücksicht auf deren Motive, sondern allein der nützlichen oder schädlichen Folgen wegen. Bald aber vergisst man die Herkunft dieser Bezeichnungen und wähnt, dass den Handlungen an sich, ohne Rücksicht auf deren Folgen, die Eigenschaft ‚gut' oder ‚böse' innewohne: mit demselben Irrthume, nach welchem die Sprache den Stein selber als hart, den Baum selber als grün bezeichnet – also dadurch, dass man, was Wirkung ist, als Ursache fasst. Sodann legt man das Gut- oder Böse-sein in die Motive hinein und betrachtet die Thaten an sich als moralisch zweideutig. Man geht weiter und giebt das Prädicat gut oder böse nicht mehr dem einzelnen Motive, sondern dem ganzen Wesen eines Menschen, aus dem das Motiv, wie die Pflanze aus dem Erdreich, herauswächst. So macht man der Reihe nach den Menschen für seine Wirkungen, dann für seine Handlungen, dann für seine Motive und endlich für sein Wesen verantwortlich. Nun entdeckt man schliesslich, dass auch dieses Wesen nicht verantwortlich sein kann, insofern es ganz und gar nothwendige Folge ist und aus den Elementen und Einflüssen vergangener und gegenwärtiger Dinge concrescirt: also dass der Mensch für Nichts verantwortlich zu machen ist, weder für sein Wesen, noch seine Motive, noch seine Handlungen, noch seine Wirkungen. Damit ist man zur Erkenntnis gelangt, dass die Geschichte der moralen Empfindungen die Geschichte eines Irrthums, des Irrthums von der Verantwortlichkeit ist: als welcher auf dem Irrthum von der Freiheit des Willens ruht."

Friedrich Nietzsche (1988, I 39, 62-63)

François Ewald hatte den Übergang von der liberalen zur sozialen Regierung über die Entwicklungen vom liberalen Haftungsrecht zum Versicherungsrecht als eine Transformation der Moral beschrieben. Die Moral der individuellen Verantwortung verschiebt sich zu einem Recht auf Fürsorge bei gleichzeitiger sozialer Verpflichtung. Im sozialen Sicherungssystem wird das Individuum also nicht befreit von einer Moral, vielmehr transformiert sich die individuelle Verantwortung zu einer Vereinnahmung des Individuums im Namen des Sozialen: zu einer Moral der Verpflichtung, die zugleich das Einfallstor für eine Moral der

Unterscheidung sein wird: Mit der Kategorisierung von Status- und Berechtigungsgruppen im System der Leistungsvergabe wurden „soziale Unterscheidungen verankert, die auch moralische Unterscheidungen waren, insofern sie Hilfsbedürftigkeiten an Verdienst und schuldhaftunverschuldeter Not festmachten" (Koch 1996, 81).[121] Eine ähnliche Verschiebung finden wir im Strafrecht. Das abstrakte Rechtssubjekt ist der Adressat der Schuldzuweisung im liberalen Modell, während es beim sozialen Modell, also im Täterstrafrecht das Individuum ist, das mit seiner Schuld *identifiziert* wird.[122] Moral transformiert sich in Normierung. Die *Einführung des Biografischen* markiert das Instrumentarium der Identifikation: „Im humanwissenschaftlichen Diskurs wurde der ‚Mensch' im Delinquenten entdeckt und kategorisiert [... und] der Mensch im Täter bestraft" (Bauer 1997, 82-83). „Die ethische Praxis der Moderne besteht dementsprechend in der Anpassung der Individuen an ihre humanwissenschaftlich überprüfte Normalität" (Seibert 1995, 23). Freilich bedeutet das nicht, dass die Strafe verschwindet: weder ihre Körperlichkeit noch ihre symbolische Funktion. Wie Yvonne Bauer am Beispiel des Täter-Opfer-Ausgleichs herausgearbeitet hat, wären in Foucaultscher Lesart noch restitutive Formen der Konfliktbewältigung, die sich als Alternative zur Strafrechtspraxis verstehen, auf die Mechanismen der Identifizierung und Normierung hin zu untersuchen.[123] „Wahrheit" stellt sich Foucault zufolge „erst im zwischenmenschlichen Raum der Kommunikation" her (1997, 103). Die an dem Konfliktschlichtungsverfahren beteiligten Parteien sind folglich eingebunden in die Regeln des Diskurses und die Praktiken, welche mit den Institutionen, einschließlich dem vorgelagerten Strafverfahren, vorgegeben sind

---

[121] In zwei „Flügel" teile sich, so Donzelot, das Recht auf soziale Fürsorge: den „rechtliche[n] Schutz und die mehr oder weniger diskrete Hilfe". Diese beiden Formen von Leistungen bezögen sich auf „zwei Sorten von Bevölkerung", zwischen denen „eine saubere Trennungslinie" gezogen werde: Im ersten Falle der sozialen Schutzleistungen handele es sich um „normale" *Anspruchsberechtigte*, während die sozialen Hilfsleistungen den gesellschaftlichen *Randgruppen* vorbehalten seien. Vorherrschend sei hier nicht das Recht beziehungsweise die Anspruchsberechtigung, sondern die „maßregelnde Bevormundung als Voraussetzung für die Zuteilung von Hilfe bzw. das Aussetzen von Sanktionen" (1995, 54). Gleichwohl werde jedes Mitglied der Gesellschaft im allgemeinen oder die „Hilfsbedürftigen" im besonderen „in die Lage eines Mündels der Gesellschaft" versetzt, und zwar in gesteigertem Maße mit dem Schaden, der ihm oder ihr „durch die soziale Arbeitsteilung zugefügt" werde (Donzelot 1994, 124).

[122] Während der Begriff der Identität auch die Dimension der Individualität, des Selbst-Verständnisses als Ressource von Selbsttechnologien und des Widerstands (vgl. Foucault 1988c), enthält, beinhaltet die Identifizierung die Dimension der kollektiven Enteignung (vgl. Maffesoli 1991, 16), der Objektivierung von Subjektivität in bestimmten sozialen Kategorien.

[123] Bauer bezieht ihre Untersuchung nicht nur auf Foucault, sondern arbeitet in dieser Thematik der Identifizierung auch die Gemeinsamkeiten mit der Analytik Adornos heraus.

und in deren traditionellen Subjektivierungsmechanismen sie verhaftet bleiben. Diese würden nicht überwunden oder durchbrochen, eher verfeinert: Ohne das binäre Schema der „Täter-Opfer-Matrix" aufzubrechen, würden die Positionen gleichermaßen festgeschrieben wie in der Perspektivübernahme aufgeweicht, so dass „sogar die Möglichkeit und gleichsam die Gefahr [besteht], dass Täter und Opfer sich ähnlich werden" (ebd., 135). Ähnlich werden sie unter den gleichen Mechanismen der Subjektivierung.

Wenn eine Kritik von Moral und Formen der Moralisierung wichtige Gesichtspunkte dieser Studie sind, dann im Hinblick auf die spezifischen Mechanismen der Subjektivierung, die sich mit Moral als einer Form der Identifizierung und Normierung verbinden.[124] Was damit in Foucaultscher Lesart gemeint ist, lässt sich für eine erste Näherung anhand der Luhmannschen Kritik der Moral beschreiben. „Eine Kommunikation tritt als moralisch auf, wenn sie suggeriert oder explizit macht, dass Selbstachtung und Achtung anderer von der Erfüllung bestimmter Bedingungen abhängen". Das sei der „Bindungseffekt" moralischer Kommunikation, der allerdings beide Parteien in ihre normativen Voraussetzungen verstricke: „Wer in diesem Sinne moralisch kommuniziert, deutet an, dass er andere nicht achten kann, wenn sie sich nicht an die mit kommunizierten Bedingungen halten; und er setzt zugleich seine Selbstachtung aufs Spiel, er bindet sich selbst an die mitgeteilte Moral und erschwert sich damit die Möglichkeit, seine Meinung nachträglich zu revidieren". Demgegenüber halte Ethik „Distanz zur Moral". Sie verhandele über Moral, sei eine „Theorie der Moral". Als solche sollte sie, so Luhmann, ihre „Aufgabe" allerdings darin sehen, „vor Moral zu warnen", denn: „Wer moralisiert, will verletzen". Das Problem der Moral sieht Luhmann also nicht in der Problematisierung von Lebens- und Verhaltensweisen, nicht in der Beurteilung von richtig oder falsch, gut oder schlecht, sondern in der Identifizierung der Person mit diesem Urteil beziehungsweise in der Verweigerung von Anerkennung. Für eine Unterscheidung könnte man den Begriff der Moralisierung einführen: Moralisieren hieße dann, „Moral in Anspruch"

---

124 Indem Breuer die Foucaultsche Analyse der Disziplinarmacht genau darin kritisierte, dass sie „den kategorialen Rahmen [..] dadurch von vornherein [einschränkt], dass man Moralisierung auf eine Variante der Disziplinierung reduziert" (1987, 330), suchte er die Aussparung dessen einzuholen, was Foucault selbst später als Ethik der Existenz ausbuchstabierte. Mit ihr wollte er, wie gesagt, jedoch gerade nicht eine moralische Leitfolie entwerfen, wie sie Breuer in Anlehnung an Kant vorschwebt. Weder wollte er universalisierbare Prinzipien entwerfen noch einen inhaltlichen Wertekatalog aufstellen. Vielmehr sah er die Reflexion auf die „Aktualität" der historisch spezifischen Erfahrungsstruktur als die Voraussetzung an, um sich von den mit ihr verbundenen Identifizierungen und Normierungen distanzieren zu können.

zu nehmen, um Bedingungen der Anerkennung zu stellen. Wer diese Bedingungen nicht erfüllt, wer sich nicht entsprechend verhält oder gebärdet, muss in der Logik dieser Kommunikationsstruktur mit „Missachtung" rechnen (1993, 331-33). Moralisierung, wie Luhmann sie beschreibt, beschränkt sich nicht auf das Urteil über ein konkretes Verhalten, ist vielmehr Urteil über eine Person, die dieses als Ganze in Beschlag nimmt: mit der Verwerfung identifiziert. Von diesem handlungstheoretisch begründeten Mechanismus der identifizierenden Subjektivierung unterscheidet sich der Foucaultsche Begriff der Normierung in seiner disziplinären Verankerung. Die Verknüpfung einer Verhaltensweise mit den Motiven, Beweggründen, Einstellungen einer Person, wird erst dadurch zu einer systematischen Festschreibung des Individuums auf seine Charaktereigenschaften oder Persönlichkeit. Darauf hatte sich die Kriminologie in ihrer späteren Kritik nicht nur der Strafrechtspraxis, sondern auch der unterschiedlichen Formen sozialer Therapien bezogen. Im Kapitel zur Ökonomisierung des Sozialen wird später zu beobachten sein, inwiefern sich das Normenkonzept und die Konzepte von Moral und Verantwortung in neoliberalen Regierungstechnologien verschieben. Die nachfolgenden Ausführungen zum Zusammenhang von Subjekt und Regierung und zur Analytik der Oberfläche dienen der Vorbereitung ihrer kritischen Analyse und der Erläuterung, wie man sich in Foucaultscher Lesart die Formung von Subjekten in Technologien vorstellen kann.

2.4   Subjekt und Regierung

Mit dem Projekt einer „Geschichte der Sexualität" und einer „Ästhetik der Existenz" wendet Foucault sich dem Konzept der Regierung oder Selbstführung und der Frage nach der Konstituierung des Subjekts in einem Verhältnis zu sich selbst zu. Damit vollzieht er offenbar, nach der Publikation von *Überwachen und Strafen*, eine inhaltliche und theoretische Neuorientierung seiner bisherigen Arbeit. Gilles Deleuze wird diese Einschätzung bestätigen: Foucault habe „Jahre des Schweigens" gebraucht, um zum Subjekt „zu finden"; zu einer Dimension, die, neben Macht und Wissen, in dem Augenblick wichtig für ihn wird, als ihm die Analyse von Machtverhältnissen allein unzureichend erscheint: „Foucault braucht eine dritte Dimension, weil er den Eindruck hat, sich in den Machtverhältnissen einzuschließen, weil die Linie aufhört oder es ihm nicht gelingt, sie zu ‚überschreiten', weil er über keine Fluchtlinie verfügt" (vgl. Deleuze 1993c, 134). Der Analytiker der Macht selbst wird im Rückblick sagen, er habe sich eigentlich schon immer für das Subjekt, nicht für die Macht interessiert; ihm liege nichts an einer „Analyse der Machtphänomene". Seine „Absicht" sei „vielmehr, eine Geschichte der verschiedenen Verfahren zu entwerfen, durch die in unserer Kultur Menschen zu Subjekten gemacht werden", und schließlich auszuloten wie „ein Mensch sich selber in ein Subjekt verwandelt", sich zu einem Subjekt formt (Foucault 1987a, 243). Wenngleich Foucault schon in *Überwachen und Strafen* die „objektivierende Vergegenständlichung und die subjektivierende Unterwerfung" als ineinander greifende Mechanismen beschrieben hatte, konzentrierte er sich dabei jedoch auf das Moment, in dem sich „das Individuum als Effekt und *Objekt* von Macht, als Effekt und *Objekt* von Wissen" konstituiert (1977, 247; Hervorhebung hinzugefügt). Das Subjekt als Fluchtlinie der Macht stand hier noch nicht im Mittelpunkt, wohl aber die Fragestellung, die dafür Voraussetzung ist: Man muss die Macht, ihre Funktionsweise und spezifische Formen der Machtausübung kennen, um sie überschreiten zu können. Auch in seinen späteren Arbeiten verfolgt Foucault diese Überlegung, dass „kein Subjekt ohne Macht" zu denken ist (Butler 2001a, 20). Macht ist, im Gegenteil, „seine schiere Daseinsbedingung". Worin aber besteht dann das Neue der Analytik, die Foucault mit der Frage nach dem Verhältnis von Subjekt und Macht entfaltet, wenn das Subjekt immer noch ein Effekt der Macht ist und diese „das, was Subjekte allererst *bildet* oder *formt*" (ebd., 7)?

2.4.1 Subjektivierung

Die perspektivische Verschiebung bei Foucault besteht darin, „die Macht [...] vom Widerstand ausgehend [zu] untersuchen [..]. Er schlägt also vor, nicht beim Handeln der Macht anzusetzen, sondern die Macht über den Widerstand kennen zu lernen, den sie hervorruft" (Butler 2001b). Dieser Widerstand zeigt sich an der Form, die das Subjekt in der Begegnung mit der Macht annimmt. Das Subjekt ist eine Art Reibungspunkt, das in der Form seiner eigenen Konstituierung die Macht und Formen der Machtausübung zur Erscheinung bringt. Das „Paradox", das damit einher geht, „dass wir uns nämlich auf etwas beziehen müssen, das noch gar nicht existiert", weil das Subjekt sich erst durch Macht konstituiert, betrachtet Butler lediglich als ein Problem „der Referenzialität". Es ist die Verdoppelung eines scheinbaren Paradoxons, das der Begriff der *Subjektivierung*, verstanden als *Unterwerfung und Subjektwerdung*, impliziert (2001a, 10).[125] Wenn die Konstituierung des Subjekts Macht voraussetzt, bedeutet das nicht, dass man sich die Macht, ebenso wenig wie das Individuum, als eine präexistierende Entität vorstellen muss, deren Form schon bestimmt wäre. „Man darf das Individuum, denke ich, nicht als eine Art elementaren Kern, primitives Atom, vielfältige und träge Materie begreifen, auf die die Macht angewendet wird, gegen welche sie sich richtet und die die Individuen unterwerfen oder brechen würde. In Wirklichkeit ist das, was bewirkt, dass Körper, Gesten, Diskurse, Wünsche als Individuen identifiziert und konstituiert werden, eine der ersten Wirkungen der Macht. Das Individuum ist also nicht das Gegenüber der Macht; es ist eine ihrer ersten Wirkungen. Das Individuum ist ein Machteffekt und gleichzeitig, in genau dem Maße, wie es eine ihrer Wirkungen ist, verbindendes Element: Die Macht geht dank des Individuums, welches von ihr konstituiert wurde, durch" (Foucault 1999a, 39). Das Subjekt konstituiert sich erst in der Begegnung mit der Macht und ist insofern ihr *Effekt*: „Kein Subjekt ist sein eigener Ausgangspunkt" (Butler 1993, 41) und als konstituiertes seinerseits doch zugleich Macht ausübendes Subjekt (vgl. ebd., 45). Gleichwohl ist die Macht nicht die Letztbegründung des Subjekts. Weder lässt sich das Subjekt „auf die Macht zurückführen, der es seine Entstehung verdankt", noch lässt „sich die Macht auf das Subjekt reduzieren" (Butler 2001a, 20). Vielmehr ist das Subjekt, wie der Körper in *Überwachen und Strafen*, „die Stelle, an der die Macht selbst übertragen wird" und sich bricht, verformt, versetzt (Butler 2001b).[126] Dabei ist die Macht als etwas

---

[125] Im Deutschen verbindet sich mit dem Begriff des Subjekts die Vorstellung von einer denkenden und empfindenden Entität, etwa das mit einem Bewusstsein ausgestattete Ich, das erkennende Subjekt oder die handelnde Person. Das Englische *subject* oder das Französische *sujet* hingegen bezieht sich auch auf das Objekt oder den Gegenstand einer Diskussion, einer Beschreibung oder einer beliebigen Aktion. Gemeint sein kann auch die „Versuchsperson", der „Staatsbürger" oder auch der „Untertan". Ebenso bezeichnen das Verb *to subject* oder das Adverb *sujet* auch „unterwerfen" oder „unterworfen sein". Diese unauflösliche Verbindung von Subjekt und Unterwerfung, die der Foucaultsche Begriff der Subjektivierung impliziert, lässt sich daher im Deutschen nicht unmittelbar herstellen. Wenn ich gleichwohl zuweilen vom Objekt des Regierens und nicht von den Subjekten sprechen, dann aus dem einen Grunde, um die Assoziation von einem Handlungssubjekt zu vermeiden. – Anders als in der Übersetzung des englischen Begriffs *subjection* als „Subjektivation" bei Butler (2001b), folge ich mit dem Begriff der Subjektivierung nicht nur den deutschen Übersetzungen der Schriften Foucaults aus dem französischen Original, sondern will damit auch das Prozesshafte der Subjektwerdung betonen.

[126] Judith Butler spricht von einer „Wendung", in der die Macht das Subjekt inauguriert, ohne im weiteren über dessen Form zu bestimmen: Es ist ein „Gründungs*moment*, dessen ontologischer Status dauerhaft ungewiss bleibt" (Butler 2001a, 9; Hervorhebung hinzugefügt). Butler begründet diesen Mechanismus sprachtheoretisch: Die Wendung fungiert wie die Trope, die Redefigur, welche verstanden wird, weil sie „eine akzeptierte Version der Realität" beschreibt. Sie geht zugleich nicht darin auf, sondern ist zuallererst eine Abweichung „von der gebräuchlichen Sprache", die als Gedankenfigur auf etwas Neues, auch auf etwas

zu begreifen, das „hinzukommt". Sie konstituiert nicht einen bestimmten Phänomenbereich, sondern „„investiert' [..] sich in die Dinge", die sie formt, „um deren Wirkungsgrad zu erhöhen" (Balke 2002, 124-25). In Minimalbestimmung ist die Macht als eine *Kraft* die einzig vorstellbare Voraussetzung, dass *etwas passiert* (vgl. Deleuze 1993c).

Macht (oder Können) liegt vor einem Wissen: Subjektivität als Verhältnis zu sich selbst formt sich zunächst durch die „Praxis der Übung", die erst ein *Können*, die Fertigkeiten und Fähigkeiten, etwas auszuführen und sich selbst zu führen, hervorruft und eine Weise des Selbstbezuges herstellt und erweitert. Subjektivität heißt dann „Handlungsmacht" in der doppelten Bestimmung von etwas ausführen und sich selbst führen können (vgl. Menke 2001). Das Subjekt konstituiert sich in Kräfteverhältnissen und Praktiken, die ihm nicht äußerlich sind.[127] Sie „bilden ein Netz von Beziehungen, das durch das Handeln der Subjekte selbst reproduziert wird" (Lemke 1997, 305, FN 47). Das Individuum ist also nicht als solipsistischer Ausgangspunkt des Handelns zu denken und nicht dasselbe wie das Subjekt. Vielmehr nimmt es als Subjekt eine Position in einem Netz sich konstituierender und restrukturierender Interaktionsbeziehungen ein (vgl. Foucault 1992, 38).

Um die Möglichkeiten der Selbstformierung auszuloten, hatte Foucault immer versucht, der Frage nach der inneren Verfasstheit des Menschen nicht nachzugeben (vgl. Lemke 2001a, 87), und zugleich betont, dass „ein systematischer Skeptizismus hinsichtlich anthropologischer Universalien erforderlich" ist (Foucault, 1994b, 701). Freilich liegt in dieser Weigerung einer positiven Wesensbestimmung „selbst ein anthropologischer Impuls – der nämlich, die Frage nach der *condition humaine* offen zu halten" (Bröckling 2003). Die normative Vorstellung, die diese Haltung impliziert, ist nicht inhaltlich bestimmt und beruht auf einem Begriff von Freiheit im Sinne der Befrei*ung* von Fremd-Bestimmung, die niemals endgültig sein kann. Foucaults *Ästhetik der Existenz* und seine *Genealogie des Subjekts* richten sich gegen die Inanspruchnahme, „der zu sein, den andere [...] entworfen haben", ohne den

---

gänzlich nicht Sinnfälliges verweist, dies jedoch nur kann, weil sie in Verbindung mit dem Gebräuchlichen steht, das sie deshalb erst verschieben, umformen kann (ebd., 187, FN 2). Anders als Foucault bindet Butler (ebd., 15) den Subjektbegriff an Sprache, begreift das Subjekt „als sprachliche Kategorie [...], als Platzhalter, als in Formierung begriffene Struktur. Individuen besetzen die Stelle, den Ort des Subjekts (als welcher ‚Ort' das Subjekt zugleich entsteht) [...]. Das Subjekt ist die sprachliche Gelegenheit des Individuums, Verständlichkeit zu gewinnen und zu reproduzieren, also die sprachliche Bedingung seiner Existenz und Handlungsfähigkeit."

127 „Es lässt sich kein begrifflicher Übergang vollziehen zwischen der Macht, die dem Subjekt, auf es ‚einwirkend', äußerlich ist, und der Macht, die für das Subjekt, von ihm handelnd ‚bewirkt', konstitutiv ist" (Butler 2001a, 19).

Anspruch, deshalb *jemand anderer* sein zu müssen (Boltanski/Chiapello 2000, 484).[128] Die Neigung der Anthropologie zur Wesensbestimmung des Menschen unterläuft Foucault, indem er noch die Bedingungen des Auftauchens des Menschen radikal historisiert (vgl. Foucault 1974) und das Subjekt als eine je historische Form des Verhältnisses zu sich selbst begreift (vgl. Lemke 2001a, 86-87). Anthropologische und normative Enthaltsamkeit reduzieren sich jedoch nicht auf eine bloße Negation, aus der jeder beliebige analytische oder politische Standpunkt oder normativer und „politischer Dezisionismus" (Honneth 1985, 181) folgen müssten.[129] Analog zum Verfahren der Diskursanalyse oder Archäologie, die es Foucault nicht erlaubte, „den Ort zu bestimmen, von dem aus er spricht" (1981, 293), um die Bedingungen für eine wahre Aussage auszuloten, ist die Genealogie des Subjekts der Versuch, die Vorstellung von einer zwar historisch variierenden, aber doch ideell fixierbaren Entität auszuheben, um so den Blick auf die Regeln freizulegen, die schließlich die Bedingung für die Entfaltung auch anderer Existenzweisen sind. Weil Foucault das Subjekt von den Praktiken her begreift, den Weisen der Regierung, in denen es sich konstituiert, erschöpft eine solche Analyse sich keineswegs in einem autopoietischen Widerspiel von Konstruktion und Dekonstruktion (vgl. Bröckling 2003). Sie setzt aber „eine Art spekulativen Empirismus [voraus], eine hypothetische Haltung des *als ob*, die darauf hinausläuft, Menschen so zu behandeln, als seien sie *potenziell* unendlich formbar und diejenigen Machtformen empirisch zu untersuchen, die diese Formbarkeit in der Vergangenheit hervorgebracht haben" (Osborne 2001, 12).

---

128 Boltanski und Chiapello (2000, 484) unterscheiden diesen Begriff der Freiheit von der „Befreiung [...] aus einer Situation der Unterdrückung", die sich auf „historisch bedingte Formen der Abhängigkeit" oder Beherrschung, etwa durch Ausbeutungsverhältnisse oder religiös und kulturell begründete „Unterdrückung" beziehe. Die Mitte des 19. Jahrhunderts aufkommende Vorstellung von einem „künstlerischen" Projekt hingegen berufe sich auf die „Emanzipation von jeglicher Fremdbestimmung" und damit auf die Gattung des Menschen, dem es frei stehe, sich in diversen Identitäten, auch augenblickshaft und unbeständig selbst zu verwirklichen. Eine solche Trennung zwischen historisch kontingenten Formen der Machtausübung und Formen der Subjektkonstituierung ist Foucault zufolge, wie im Weiteren zu erörtern, jedoch nicht zweckmäßig.

129 Für die Kritik an Foucault vgl. auch Fraser (1994) und Habermas (1988), um nur einige der prominentesten Vertreter zu nennen.

2.4.2 Führen der Führungen

Der Begriff der Regierung organisiert sich um die Frage herum, wie das Handeln oder Verhalten von Individuen, gelenkt, gesteuert, kontrolliert oder beeinflusst wird und werden soll. Regieren ist „a way or system of thinking about the nature of the practice of government" (Gordon 1991, 3; vgl. Burchell 1996, 20) und impliziert „the use and invention of technologies for the regulation of conduct." Mit der Kunst, andere zu regieren, ist also ein kalkulatives Moment verbunden, das bei Formen spontaner Machtausübung entbehrlich ist (Hindess 1996, 106; vgl. Dean 1996, 63). Machtbeziehungen sind insofern instabil und reversibel, als sie die Möglichkeit von Widerstand implizieren und Machtausübung Wahlmöglichkeiten voraussetzt. Freiheit ist daher ein unverzichtbares Element von Regierung. Diejenigen, auf die Macht ausgeübt wird, müssen in der Lage sein, überhaupt zu wählen: „Power is exercised over those who are in a position to choose, and it aims to influence what their choices will be" (Hindess 1996, 100). Foucault bezieht das Konzept der Regierung, wie gesagt, auf eine mittlere Ebene zwischen strategischen Machtspielen und geronnenen Herrschaftszuständen. Während strategische Machtspiele die Freiheit des Handelns eher flexibel, in situativ variierenden Rahmen lenken, verbindet sich mit dem Begriff der Herrschaft eher eine verfestigte und „umfassende Machtstruktur", welche den ihr Unterworfenen vergleichsweise wenig Handlungsspielraum lassen (Foucault 1987a, 260; vgl. 1985, 26-27). Solange Machtausübung also eine gewisse Kontinuität aufweisen und gleichzeitig nicht in Herrschaft umschlagen soll, muss sie auf der Basis der Fähigkeit anderer operieren, ihr Verhalten selbst zu regulieren (vgl. Hindess 1996, 105-06).[130] Insofern ist Regieren auch eine Kunst der Überredung, sich in

---

130 M.E. deklariert die Gegenüberstellung von Macht und Freiheit diese nicht zu einer „ontologischen Voraussetzung einer Machtbeziehung" (Lemke 1997, 305). Eher könnte man zum einen von einer analytischen Voraus-Setzung sprechen, weil Machtausübung nicht ohne Freiheit vorstellbar ist, gerade weil Macht nicht ein Besitz ist, den man sich aneignen kann, und weil das Wissen selbst auslegungsbedürftig, nicht kohärent und kontingent ist, so dass die jeweiligen „‚Machtverteilungen' und die ‚Wissensaneignungen' [..] immer nur momentane Querschnitte" bilden (Foucault 1983, 120). In einem engeren Sinne sind Macht und Freiheit zum anderen per definitionem nicht ohne einander zu denken: Denn der Begriff der Regierung impliziert, als intermediäres Konzept zwischen Macht und Herrschaft, „[the] belief that the long-term objectives of government are best pursued through the free decisions of individuals" (Hindess 1996, 125). Auch wenn Foucault (1994c, 707) eine klare Unterscheidbarkeit von Macht und Herrschaft verneint, weil beides fließend ineinander greift, hebt Hindess (1996, 104) hervor, dass jener unter Herrschaft mithin das verstehe, was wir für gewöhnlich mit Macht assoziieren. Politisch gesehen

einer bestimmten Weise zu verhalten: „governing people is not a way to force people to do what the governor wants; it is always a versatile equilibrium, with complementary and conflicts between techniques which assure coercion and processes through which the self is constructed or modified by himself" (Foucault 1993b, 203).[131]

Regieren ist also die *Fähigkeit*, auf das Möglichkeitsfeld des Handelns anderer einzuwirken und diese in ihrem Verhalten zu lenken, anzuleiten oder zu kontrollieren. Das *Führen der Führungen* impliziert eine doppelte Fähigkeit: Das Macht ausübende Subjekt muss in der Lage sein, sich selbst zu regieren oder anzuführen, sich in einer bestimmten Weise zu verhalten und einer Ethik des Handelns zu folgen beziehungsweise diese sich selbst zu geben. Erst diese Fähigkeit der Selbstbeherrschung versetzt das Individuum in die Lage, längerfristig darauf Einfluss zu nehmen, wie andere wiederum sich selber führen, wie diese sich ohne das andauernde Erfordernis direkter Intervention nicht nur momentan und zufällig in einer Situation wie gewünscht zu verhalten. Das setzt voraus, dass diese ihrerseits „handeln oder zum Handeln fähig sind" (Foucault 1987a, 255). Deshalb bezieht die Kunst des Regierens sich nicht auf einen gedachten freien Willen des Individuums, sondern auf die Aktivität und das Vermögen des Gegenübers, auf das *aktive* und aktivierbare Subjekt. Und vor diesem Hintergrund ist es weniger aufschlussreich zu wissen, was der Mensch ist, als „what humans can do" (Rose 1996, 172); „wie sich allmählich, schrittweise, tatsächlich und materiell die Subjekte [...] konstituiert haben" (Foucault 1999a, 37); in welchen Verfahren das Vermögen der Menschen geformt und aktivierbar gemacht wird; in welchen Praktiken sich das Subjekt in einem Verhältnis zu sich selbst und zur Macht konstituiert; und schließlich untersucht das Konzept der Regierung „the ways in which the self *comes to be induced* to act upon itself" (Hunt 1999, 16; Hervorhebung hinzugefügt). Denn Regieren heißt, die Bedingungen sicherzustellen, welche die jeweiligen Adressaten in die Lage versetzt, genau dies zu tun: sich selbst zu regieren.

---

halte Foucault (1987a, 260; 1988a, 18-19) es daher für erstrebenswert, eben solche Bedingungen herzustellen, die Spiele der Macht innerhalb eines Minimums von Herrschaft ermöglichen. Zu Recht kritisiert Hindess in diesem Zusammenhang das normative Ausspielen von Freiheit gegen Herrschaft: „Foucault regards domination as, at best, a necessary evil, and one which is to be avoided as far as possible" (Hindess 1996, 154). Problematisch sei diese Position in ihrer Verabsolutierung von Herrschaft „as something that is bad in itself" und der dann nahe liegenden Schlussfolgerung, jene zu überwinden in einer „community in which domination is reduced to a minimum" (ebd., 156).

[131] „Government", so auch Henman, „is not a once-off affair, but an ongoing battle to continuously *persuade* individuals to behave in the desired manner" (1999; Hervorhebung hinzugefügt).

Knüpft man an diese Überlegungen an, so erschließt sich die besondere Relevanz von Sprache bei der Analyse von Gouvernementalitäten: „it is in and through language, and only in and through language, that we ascribe to ourselves bodily feelings, intentions, emotions, and all the other psychological attributes that have, for so long, appeared to fill out a natural and given interior volume of the self" (Rose 1996, 8-9).[132] Sprache ist insofern konstitutiv für Praktiken, als sich in ihr das Möglichkeitsfeld des Denkens und Handelns artikuliert. Zugleich ist sie ein zentraler „Übersetzungsmechanismus" (vgl. Miller/Rose 1993, 80). Sie bildet die Schnittstelle, an der eine politische Rhetorik Formen der Subjektivierung strukturiert. Sie transportiert Vorstellungsweisen und kann Vorstellungen von Freiheit, Erfolg, Anerkennung und Weisen der Selbstverwirklichung erzeugen, welche ihrerseits die Bezugsfolie der Artikulation des Selbst und bestimmter Verhaltensweisen ist.[133] „It is possible to govern only within a certain regime of intelligibility – to govern is to act under a certain description. Language is not secondary to government; it is constitutive of it. Language not only makes acts of government describable; it also makes them possible" (Rose 1999a, 28).

Entscheidend sind jedoch nicht die ideelle Bedeutung oder die Ideen und Wertvorstellungen, welche die Sprache nur transportierte. Sprache ist selbst konstituierend und performativ: „Language [...] provides a mechanism for rendering reality amenable to certain kinds of action" (Rose/Miller 1993, 81). Die Beschreibung der Realität ist schon der Zugang zu dieser im Denken und Handeln. Deshalb lassen sich politische Rationalitäten auch nicht auf ihre Rhetorik reduzieren (vgl. Dean 1999, 34). Die Reflexion auf die Bedingungen und auf die Weisen des Regierens ist selbst eine Praxis und nicht reine Theorie. Sie zielt auf die Weisen des Regierens, welche ein Einschreiben von Wissen in die

---

132 Freilich setzt „die Sprache [als *langue*] das Nichtsprachliche als dasjenige voraus [..], mit dem sie in virtueller Beziehung bleiben muss [...], um es dann im Vollzug der Rede bezeichnen zu können". Dieser Umstand, so könnte man anknüpfend an Agamben (2002, 30-31) einen strukturalistischen Begriff von Sprache kritisieren, gerät allzu leicht in Vergessenheit: „Die Sprache ist der Souverän, der in einem permanenten Ausnahmezustand erklärt, dass es kein Außerhalb der Sprache gibt, dass Sprache stets jenseits ihrer selbst ist."

133 Bell (1996, 95), die sich dabei auf die Konzeption des Verhältnisses von Macht und Freiheit sowohl bei Foucault wie auch bei Hannah Arendt bezieht, veranschaulicht die Bedeutung der Sprache *und* des Raumes, die Freiheit als Technologie des Regierens eröffnet und strukturiert, über den Begriff des Versprechens. Eine liberale Ordnung „invites a dissenting subject to articulate its freedom within a system of representation". Das *Versprechen der Freiheit* bildet eine sprachliche Taxonomie, innerhalb derer wir agieren und an die sich unsere Vorstellungen heften. Die Vorstellung, dass sich die Freiheit als vollkommene Freiheit in der Zukunft erfüllen wird, bindet das Subjekt ein. Das Versprechen ist wie eine Beschwichtigung in Erwartung dieser Erfüllung, auf die sich das Subjekt in seiner Lebensorganisation orientiert.

Realität und in die Techniken des Regierens beinhalten. „Language is not merely contemplative or justificatory, it is performative" (Rose/Miller 1992, 177). Sprache als Artikulationsform von Rationalitäten, Praktiken und Programmen des Regierens zu analysieren bedeutet daher nicht, eine Realität oder Wahrheit *hinter* der Rhetorik zu suchen. „This is a work on truth: because we are governed through truth, we need to adopt an irreal attitude to truth itself" (Rose 1999a, 59).

Wenn „Regieren heißt [...], das Feld *eventuellen* Handelns anderer zu strukturieren" (Foucault 1987a, 255; Hervorhebung hinzugefügt), ist Führung nicht Determinierung des Handelns. Vielmehr werden Wahrscheinlichkeiten hergestellt und Möglichkeiten strukturiert, und das heißt nicht nur, sie zu beschränken, und auch nicht nur, das Verhalten in eine bestimmte Richtung zu lenken, sondern ebenso Möglichkeiten auch zu eröffnen. Freiheit, die in einem Wissensfeld strukturiert ist und die sich in dieser Strukturierung materialisiert, kann man sich zum einen wie einen Möglichkeitsraum vorstellen, in dem wir uns bewegen können: „The government of freedom can first be analysed in terms of the invention of technologies of spaces and gazes, the birth of calculated projects to use space to govern the conduct of individuals at liberty" (Rose 1992a, 7). Zum anderen bezieht sich die Analyse von Gouvernementalitäten nicht nur auf die Frage, welche Wahrheit die Ordnung eines Diskurses hervorbringt oder in welcher Weise sich das Vokabular einer politischen Rhetorik und die Rationalität einer Regierung in das Verhalten einschreiben kann. Indem Foucault sich auf Formen der Subjektivierung konzentriert, akzentuiert er die Produktivität einer konstituierenden Macht: „die Dispositive der Macht beschränken sich nicht mehr darauf, normalisierend zu sein. Sie tendieren dazu, konstituierend zu sein [...]. Sie beschränken sich nicht mehr darauf, Wissen zu bilden, sie sind wahrheitskonstitutiv" (Deleuze 1996, 16).

Mit dem Konzept der Regierung begreift Foucault, und das ist der Punkt seiner Zurückweisung der „Repressionshypothese" (vgl. Foucault 1983, 11-23), noch eine unterdrückende Macht als produktiv, als Diskurse und Wahrheiten produzierend. Nicht nur Gebote oder Vorstellungen von Autonomie, Freiheit und Selbstverwirklichung (vgl. Rose 1992a, 3), sondern noch das gesetzliche Verbot und Zwänge, die Verhaltensnorm wie auch die Norm, die das vorbildliche oder richtige Modell gegenüber jeder Abweichung markieren, sind zu analysieren im Hinblick darauf, wie sie Eingang finden in die Weisen der Bezugnahme auf sich selbst, wie sie „zu Elementen einer Selbsttechnologie" (Lemke 2001a, 87) werden und durch die Selbsttätigkeit der Subjekte hindurch wirken (vgl. Seibert 1995, 25). Die Macht, von der Foucault mit dem

Begriff der Regierung spricht, konstituiert Subjekte, die sie aktiviert und zum Sprechen bringt: „Wie leichtgewichtig und wie leicht zu schleifen wäre die Macht, täte sie nichts als überwachen, belauschen, überraschen, verbieten und strafen; doch sie reizt, provoziert, produziert; sie ist nicht einfach Auge und Ohr; sie macht handeln und sprechen" (Foucault 2001, 43).[134]

Vor diesem Hintergrund ist Macht in der Konzeption „des Gouvernement" *erstens* nicht mehr im „kriegerischen" Sinne oder im „juridischen" Sinne zu begreifen: Weder operiert die Regierung auf der Basis einer „Konfrontation zweier Gegner" noch reduziert sie sich auf eine vertragliche „Verpflichtung des einen gegenüber dem anderen" (Foucault 1987a, 254).[135] *Zweitens* zielt der Begriff der Regierung deshalb nicht auf die Vorstellung von einer Macht, die *auf* Subjekte ausgeübt wird, sondern gleichsam durch diese hindurch: Das Subjekt ist der Kontakt- oder Schnittpunkt von Regierungstechnologien, während *Subjektivierung* der Modus ist, in dem Individuen durch Rationalitäten und Technologien des Regierens einer Weise des Selbstbezuges, der Bezugnahme auf

---

134 Foucault hat dieses Konzept von Macht, die anreizend ist, die das Individuum zum Sprechen bringt und so zugleich, in dem doppelten Sinne der Bedeutung des Wortes, subjektiviert – es zum Subjekt macht und der Macht unterwirft –, in *Das Leben der infamen Menschen* besonders anschaulich gemacht. Es handelt sich um die Einleitung zu einem Projekt der Analyse von Dokumenten aus den Archiven des französischen Internierungs- und Polizeiwesens des 17. und 18. Jahrhunderts einschließlich der Bittschriften, in denen sich die gewöhnlichen Menschen aus der Bevölkerung an den König wenden konnten. Ohne diese Dokumente wäre das Leben der infamen Menschen, ihre schrecklichen Taten, ihre kümmerliche Existenz oder ihre damals als abstoßend geltende Lebensweise, wohl nicht in der Nachwelt aufgetaucht und Geschichte geworden: „Alle diese Leben, die dazu bestimmt waren, unterhalb des Diskurses vorüberzugehen und zu verschwinden, haben jemals gesagt worden zu sein, haben Spuren – kurze, einschneidende, rätselhafte oft – nur am Punkt ihrer Berührung mit der Macht hinterlassen können" (2001, 16-17). Ohne die Möglichkeit, sich an die souveräne Macht mit einer Bittschrift zu wenden, hätten sich die gewöhnlichen Leute auch nicht in dieser Weise artikulieren können. Sie haben sich von der Macht zur Denunziation verführen lassen. – Wenn Foucault den Zusammenhang der Anreizung zum Sprechen und der Selbstkonstituierung innerhalb von Wahrheitsdiskursen insbesondere am Beispiel der moralischen Erfahrung von „Sexualität" erörtert hat, dann vor allem, um „die Formenvielfalt der Beziehungen [... herauszustellen], die durch ‚Wahrheit' hergestellt werden können, unabhängig davon, welchen spezifischen Inhalt eine solche Wahrheit bezeichnet" (Greco 2000, 276). Zu einem Forschungsdesign der Analyse von Denunziation in Foucaultscher Perspektive vgl. Stieglitz (2002): Das Phänomen der Denunziation sei u.a. als eine Selbsttechnologie zu dechiffrieren und nicht nur in einem hierarchischen Herrschaftsverhältnis zu verorten, sondern als ein zirkuläres Wechselspiel von Unterwerfung und Selbstermächtigung zu begreifen. In der bisherigen Forschung weit gehend mit Diktaturen assoziiert sei Denunziation auch im Kontext westlicher Demokratien zu untersuchen und die repressiven Momente seien noch in ihrer Produktivität zu betrachten.

135 Während die Analyse *politischer Rationalitäten* und von Formen der Subjektivierung eine „Präzisierung" darstelle, sieht Lemke in dieser Verabschiedung von „der Vorstellung der Macht als Krieg" den „Bruch" (1997, 145-46), den Foucault mit dem Begriff der Regierung gegenüber der frühere Machtkonzeption (vgl. Foucault 1999) vollziehe.

sich und andere unterworfen – eben subjektiviert – werden (vgl. Foucault 1991, 75, 79). Diese Unterwerfung ist keine passive Unterordnung, sondern ein Regieren „mittels' spezifischer Subjektivierungsformen" (Lemke 1997, 260). Die Subjekte sind nicht Selbstzweck oder Endpunkt der Machtausübung, vielmehr sind die Formen der Subjektivierung das Medium zur Erreichung bestimmter Regierungsziele. Individuen „sind niemals nur unbewegliche und zustimmende Zielscheibe dieser Macht, sie sind immer auch deren Schaltstellen. Anders gesagt: die Macht wird von den Individuen weitergegeben, sie wird nicht auf sie angewandt" (Foucault 1999a, 38-39).

2.4.3   Ressourcen: Das Selbst und die Gesamtheit

Regiert werden und sich selbst regieren, Unterwerfungs- und Freiheitspraktiken sind zwei ineinander verwobene Praxisformen, die sich nicht substanziell voneinander unterscheiden. *Technologien der Macht* sind solche, „die das Verhalten von Individuen prägen und sie bestimmten Zwecken oder einer Herrschaft unterwerfen, die das Subjekt zum Objekt machen". *Technologien des Selbst* hingegen ermöglichen „es dem Einzelnen [..], aus eigener Kraft oder mit Hilfe anderer eine Reihe von Operationen an seinem Körper oder seiner Seele, seinem Denken, seinem Verhalten und seiner Existenzweise vorzunehmen, mit dem Ziel, sich so zu verändern, dass er einen gewissen Zustand des Glücks, der Reinheit, der Weisheit, der Vollkommenheit oder der Unsterblichkeit erlangt" (Foucault 1993a, 26).[136] Mit der Konzeption des „Führens von Führungen" und des Ineinandergreifens von Regieren und Wissen in den Rationalitäten und Technologien des Regierens verbinden sich drei theoretische Implikationen. *Erstens* hat Foucault damit ein strukturelles Prinzip der Machtausübung beschrieben, das sich in einer durchgängigen Linie von der Fähigkeit, sich selbst zu regieren bis hin zur politischen Lenkung eines Staates, nachvollziehen lässt. Von einer Kunst des Regierens kann man sowohl im Hinblick auf die Durchsetzung politi-

---

[136] Missverständlich ist diese Gegenüberstellung – und insbesondere die Betonung „der eigenen Kraft", aus der heraus der Einzelne sich in Technologien des selbst entfaltet – gleichwohl. Sie scheint darüber hinweggehen zu wollen, dass Formen der Subjektivierung, wie Foucault selbst immer wieder hervorhob, an historisch generierte Denkweisen gebunden sind und insofern, soziologisch gesprochen, gesellschaftlich oder politisch vermittelt sind. Den Punkt, den Foucault weiter herausarbeitet, dass beide Technologien ineinander greifen und Selbsttechnologien auch Machttechnologien, geht an dieser Stelle verloren. „Subjektivierung", verstanden als Subjektwerdung und Unterwerfung, bringt diesen Zusammenhang, wie gesagt, auf den Begriff.

scher Souveränität auf intermediäre Ebenen sprechen, etwa von Institutionen oder innerhalb von und zwischen Gemeinschaften, als auch im Hinblick auf die Fähigkeit, sich selbst und andere als unmittelbares Gegenüber zu führen.[137] Indem Regierungstechnologien ein bestimmtes Wissen voraussetzen, kann man *zweitens* von einem nicht minder weit gefassten *Begriff des Politischen* sprechen; freilich nicht in dem Sinne, dass jede Form der Verhaltenssteuerung schon politisch wäre, aber in dem Sinne dass politische Rationalitäten in Technologien des Regierens eingeschrieben sind. Mit dem rationalen Kalkül im „Führen der Führungen" spielt der Begriff der Regierung *drittens* immer auch auf die Dimension der *Moral* an. Das Selbst ist nicht eine Substanz oder eine autonome Instanz, wohl aber der Ort und Durchgangspunkt von Praktiken des Regierens, die sich hier reproduzieren und transformieren. Die Art und Weise, in der das Individuum sich selber und das Verhalten anderer regiert, ist ihm zuschreibbar und lokalisierbar. „If morality is understood as the attempt to make oneself accountable for one's own actions, or as a practice in which human beings take their own conduct to be subject to self-regulation, then government is an intensely moral activity" (Dean 1999, 11). Eine der Aufgaben der Analyse von Gouvernementalitäten besteht folglich auch darin, die moralischen Implikationen herauszupräparieren, die aus der Art und Weise resultieren, in denen Individuen, auch ohne direkte Aufforderung, zu bestimmten Verhaltensweisen und zu bestimmten Weisen, sich selbst zu regieren, angeleitet werden.

Foucault hatte die moderne Vorstellung von einem Subjekt kritisiert, das sich durch die Wahrheit eines inneren Selbst konstituiert, wobei er gesellschaftliche „Teilungspraktiken" als ein zentrales Moment der Objektivierung von Subjektivität ansah. Diese beruhen auf klassifikatorischen Systemen, auf Kategorien der Unterscheidung zwischen Kranken und Gesunden, Homosexuellen und Normalen, Kriminellen und ordentlichen Bürgern, Leistungsträgern und Schwachen, und so weiter (Foucault 1987a, 243): „Moderne Gesellschaften geben sich eine Ordnung, indem sie die Gesellschaft nach dem Muster von Identität und Differenz strukturieren" (Bublitz 1999, 145). Teilungspraktiken definieren, was wahr und falsch oder welche Verhaltensweisen oder Eigenschaften gut oder schlecht sind. Auf die Bedeutung, die sie transportie-

---

[137] Foucault (1987a, 255) dazu, sich auf den Begriff des „Gouvernements" beziehend: „Man muss die sehr weite Bedeutung lassen, die es im 16. Jahrhundert hatte. Es bezog sich nicht nur auf politische Strukturen und auf die Verwaltung der Staaten, sondern bezeichnete die Weise, in der die Führung von Individuen oder Gruppen gelenkt wurde: Regiment der Kinder, der Seelen, der Gemeinden, der Familien, der Kranken." Vgl. auch Gordon (1991, 2-3); Hindess (1996, 105); Stenson (1996, 104).

ren, auf ihren symbolischen Gehalt lassen sich solche Einteilungen nicht reduzieren, weil sich mit ihnen entsprechende Praktiken verbinden. Gleichwohl prägen sie hegemoniale Vorstellungen,[138] das Bewusstsein von *uns hier* und *denen dort*. Sie können Objektivierungen eines Expertenwissens sein, das Praktiken kodifiziert und in entsprechende institutionelle Abläufen verankert, und das Diskurse produziert: über Gründe und Prinzipien, die bestimmte Weisen des Umgangs mit einem Problem rechtfertigen. Teilungspraktiken sind Bestandteil von Regierungstechnologien. Objektivierend und subjektivierend sind sie im doppelten Sinne: Sie teilen das Subjekt „von den anderen" ab, unterscheiden es äußerlich, oder sie teilen es gleichsam innerlich und binden es an seine Vorstellungen, an den Glauben an das, was es selber ist und in seiner Singularität ausmacht.

„Das Wort Subjekt hat einen zweifachen Sinn: vermittels Kontrolle und Abhängigkeit jemandem unterworfen sein und durch Bewusstsein und Selbsterkenntnis seiner eigenen Identität verhaftet zu sein" (Foucault 1987a, 246-47, 243). Teilungspraktiken konstituieren Subjekte und stellen so die Voraussetzung her, diese in entsprechende Kontrollstrategien einzubinden; und sie begründen die Erfahrungen der Individuen von sich selbst, formieren Subjektivitäten. In einem allgemeinen Sinne unterwerfen sie das Subjekt den Weisen der Bezugnahme auf sich selbst und auf andere; in einem spezielleren Sinne unterwerfen sie das moderne Subjekt dem Bewusstsein seiner eigenen Identität und der Suche nach seiner „Authentizität" (Bublitz 1999, 133). Das „Verhaftet sein" bezieht sich einerseits auf eine Zugehörigkeit zur Gegenwart oder „Aktualität", welche die Bedingungen möglicher Erfahrungen markiert. Das Subjekt kann sich, um Subjekt zu sein, nur innerhalb dieses „aktuellen Feldes möglicher Erfahrungen" situieren (vgl. Macherey 1991, 178-79). Der Begriff der Erfahrung bezieht sich nicht auf ein schon vorausgesetztes Subjekt, sondern ist „die Rationalisierung eines Vorgangs, der selbst vorläufig ist und der in einem Subjekt mündet oder besser in Subjekten" (Foucault 1990b, 144; vgl. Lemke 1997, 266).[139] Und hier liegt die Schnittstelle von Formen der Subjektivierung und Formen des Wissens und Rationalitäten des Regierens, die als subjekt-unabhängige Weisen des Denkens (vgl. Dean 1999, 30) die Erfahrungsstruktur von

---

[138] Wie in dem Begriff der Regierung bei Foucault angelegt konzipierte auch Gramsci (1991) in seinem Begriff der Hegemonie das Moment der Zustimmung zu oder der aktiven Akzeptanz von Herrschaftsformen als einen zentralen Gesichtspunkt der Analyse von Macht. Ihm ging es um den Zusammenhang von herrschaftlichen Vorstellungen, Be-Deutungen, Denkweisen und der Weise, in der die Individuen diese für sich übernehmen.

[139] Der Begriff des Subjekts bezieht sich bei Foucault sowohl auf den *Prozess* der Subjektivierung, als auch auf das Selbst als ein *Verhältnis zu sich selbst* (Deleuze 1993c, 134).

Subjekten bilden können.[140] Als Subjekt Anerkennung finden kann das Individuum in Bezug auf ein Netz von Normen (vgl. Macherey 1991, 176; Butler 2001b). Die Macht zu überschreiten heißt insofern das Netz von Normen, in denen es sich bewegt und auf die es sich in der Selbstkonstituierung beziehen muss, zu wechseln oder zu transformieren, nicht aber sich von Normen an sich zu befreien: „Die Macht lastet auf diesem Verhaftetsein mit mir selbst, und sie lastet auf anderen und bindet uns in dieser Beschränkung und im Widerstand gegen das Angebot der Anerkennbarkeit und damit der Intelligibilität zusammen" (Butler 2001b).[141]

Wenn Foucault sich für die Frage interessiert: „Was also [...] ist die Gegenwart, zu der ich gehöre?",[142] geht es nicht um eine Idealität, um die Bezugnahme auf eine abstrakte Lehre oder Tradition, sondern um das Feld akzeptierter Praktiken und wahrer Aussagen, welche die aktuellen Bedingungen der Konstituierung des Selbst markieren. Der Umstand, „dass es das Subjekt gibt", ist dabei selbst Teil einer kulturellen Aktualität, die einen bestimmten Typus des Verhältnisses zu sich akzeptiert. Insofern kann auch nicht die Rede davon sein, dass das Subjekt sich über ein autonomes Bewusstsein bestimmt. Die Verhaftung an seine Identität im Sinne der „Anerkennung seiner selbst" ist jedoch Voraussetzung für seine Selbsterhaltung; ohne sie könnte das Subjekt nicht in Beziehung zu sich selbst Referenzfolie des Handelns sein (vgl. Jambert 1991, 236). Andererseits ist dieses Konzept der Verhaftung zugleich der reflexive Ausgangspunkt für eine mögliche Transformation oder Überschreitung des kulturellen, akzeptierten Typus eines Verhältnisses zu sich: der Verhaftung an eine Identität, deren Singularität sich durch eine innere Wahrheit definiert, die nach außen dringen, gedacht, praktiziert und gesagt werden muss, um Anerkennung zu finden.

---

140 Dabei ist auch das Denken „eine technische Fertigkeit des Menschen mit seiner Umwelt zu interagieren" (Osborne 2001, 13), nicht etwas Ideelles oder rein Theoretisches: „There is no experience which is not a way of thinking, and which cannot be analyzed from the point of view of the history of thought; this is what might be called the principle of irreducibility of thought" (Foucault, 1984a, 335; vgl. auch 1987a, 1988a).

141 Freilich muss man sich diese Normen selbst nicht als starre Vorgaben wie unverrückbare Raster vorstellen; und anders als eine Theorie der Anerkennung, die nach den normativen Bestimmungsgründen sucht (vgl. Honneth 1994), setzt eine Foucaultsche Perspektive bei der Frage an, wie es überhaupt zur Konstituierung bestimmter Normen kommt. – Zur Kritik einer „verkürzten", auf ein disziplinäres Normenkonzept reduzierten Konzeption der Subjektkonstituierung bei Butler, welche die Pointe von Foucaults Problematisierung von Weisen des Regierens über Freiheit im Sinne der Erzeugung von Kontingenzen statt von Identitätszwängen verfehlt, vgl. Soiland (2002).

142 Vorlesung Foucaults zu Kants Aufklärung am *Collège de France*, zit. n. Macherey (1991, 177).

Diese Form der Konstituierung des Selbst entstammt zwei Traditionen von Praktiken und Wissensformen, die hier verschmelzen. Es ist zum einen die moderne abendländische Vorstellung vom Menschen und seiner Subjektivität und Individualität, die sich mit den Humanwissenschaften herausbildete und ihre Fortsetzung findet in dem Expertenwissen der Gegenwart, von Psychologie und Psychiatrie, Medizin und Soziologie, und nicht zuletzt Kriminologie und Sozialarbeit: den „Psy-Organismen" (Donzelot 1980; Rose 1996, 1999b), die das Vokabular und die Technologien stiften, um jene Wahrheit des Selbst zu enthüllen und zu entdecken. Die Kantische Erkenntnistheorie markiert die Figur des Menschen als empirisch-transzendentale Doublette (Foucault 1974, 384), der offenbar in der Lage ist, sich seine eigene Geschichte zu geben, sich selbst zu erkennen und *zu wissen*, und der zugleich sterblich, endlich ist wie die Spur eines Meteoriten am Himmel im Angesicht der Geschichte und einer Welt, die niemals die seine ist. Der Mensch hat sich selbst zum Objekt des Wissens und zum wissenden Subjekt gemacht: Die Humanwissenschaften „sind von dem Tag an erschienen, an dem der Mensch sich in der abendländischen Kultur gleichzeitig als das konstituiert hat, was man denken muss, und als das, was zu wissen ist" (ebd., 414). Der Mensch als Subjekt des Wissens ist zugleich das Subjekt der Sprache: *der Sprache mächtig* und dazu in der Lage, sich selbst in der Sprache zu repräsentieren. „Der Gegenstand der Humanwissenschaften ist also nicht die (obwohl doch nur von den Menschen gesprochene) Sprache, es ist jenes Wesen, das vom Inneren der Sprache, durch die es umgeben ist, sich beim Sprechen den Sinn der Wörter oder der von ihm ausgesprochenen Sätze repräsentiert und sich schließlich die Repräsentation der Sprache gibt" (ebd., 423).

Die Praktik des Geständnisses (vgl. Foucault 1983, 75; 1993b) entstammt zum anderen der christlich-abendländischen Tradition der Beichte. Dieses Ritual stellt zugleich einen der Schlüsselmechanismen dar, an dem sich die theoretische Verknüpfung von Formen der Subjektivierung und der Staatsformierung historisch aufzeigen lässt: Der Prozess der Herausbildung des modernen abendländischen Staates und der kapitalistischen Gesellschaft ist eng verwoben mit der Ausbreitung der religiösen oder „pastoralen" Macht. Die reformatorischen und gegenreformatorischen Bewegungen in den lutherisch, calvinistisch oder katholisch geprägten „Konfessions-Staaten" münden nicht in die „Übertragung der Macht der Kirche an den Staat, sondern [führen] umgekehrt zu einer Ausdehnung und Verallgemeinerung des Pastorats" (Lemke 1997, 157; vgl. auch Hindess 1996, 107). Die „alte Machttechnik, die den christlichen Institutionen entstammt, nämlich die Pastoralmacht, wurde in eine neue politische Form integriert" (Foucault 1987a, 248) mit dem Ergebnis, dass der Staat sich die Technologien der religiösen Macht unabhängig von dieser zu eigen macht. Durch diese Integration der spezifisch christlichen Prägung des Pastorats in den modernen Staat, gehen beide eine „dämonische" Verbindung ein. Die pastorale Macht, die auf der Tugend des Gehorsams und auf Techniken der Selbstprüfung und Gewissenslenkung beruht, ist eine individualisierende Form der Macht, während der moderne „Staat die politische Form einer zentralisierten und zentralisierenden Macht" ausbildet (Foucault 1994a, 67 und 78). In dieser Verknüpfung wird „die Macht des Staates [...] eine zugleich individualisierende und totalisierende Form der Macht" (Foucault 1987a, 248). Sie erstreckt sich sowohl auf einen *jeden* als auch auf *alle*, auf den Einzelnen wie auf die Bevölkerung als Gesamtheit, indem sich in ihr eine spezifische Technologie des Selbst – die Regierung von Subjekten über ihre gewissensmäßig bestimmte Selbstkontrolle – mit den Herrschaftstechnologien einer kapitalistisch organisierten Gesellschaft verbinden.[143]

Das Pastorat steht, dem alttestamentarischen Bild folgend, für die Sorge des Hirten um seine Herde. Der Hirte sorgt sich um jedes einzelne, um im Bild zu bleiben, Schaf der Herde, die durch diese Aktivitäten des Hirten eine Einheit bildet: *omnes et singulatim* (Foucault 1994a). Der Einwilligung oder Zustimmung und Legitimation durch ihre Getreuen bedarf die pastorale Macht nicht. Vielmehr konstituiert sich das Verhältnis zwischen Hirten und Herde bereits dadurch, dass jener sich um deren Wohl kümmert und ihnen aus der Natur dieses Verhältnisses heraus überlegen ist (vgl. Hindess 1996, 119). Die Macht oder Herrschaft resultiert aus der Fürsorge. Vor diesem Hintergrund stellt der alte *Policey*staat für Foucault den Prototypus der Disziplin dar und als solcher den Vorläufer des sozialen Staates: Das kameralistische System der *Policey*, in dem die pastorale, „sorgende Mentalität" ihren „Höhepunkt erlebt", ist „die Blaupause des modernen Wohlfahrtsstaates" (Fach

---

143 In dem vorliegenden Zusammenhang relevant sind die mit dem Ritual des Geständnisses verbundenen Mechanismen der Subjektivierung, die sich auch in „sozialen" Praktiken der Gegenwart finden; nicht der historische Nachweis dieser Verschmelzung beider Bewegungen, der Ausdehnung und Verallgemeinerung des Pastorats und der Ausbildung einer zentralisierten Macht des kapitalistischen Staates (vgl. dazu ausführlich Foucault 1994a; sowie zur weiteren Differenzierungen zwischen christlicher und hebräischer Tradition bei Lemke 1997, 153-56; Gordon 1991). Die hier verfolgte Vorgehensweise ist an die von Garland prononcierte Foucaultsche Analytik angelehnt: „A genealogical enquiry can legitimately isolate an entity such as Bentham's Panopticon, or the 17th-century Christian confession, without asking how it ‚really functioned' at that time, or what its significance was in its original context, because the ‚historian of the present' is concerned to understand the present not the past, and the technology in question is identified as one that still functions today" (1997, 200).

2000, 113). Dort wie hier wird die Gesellschaft als Adressat der Regierung durch diese Sorge zu einer Entität.

Das zentrale Paradox der *Policey* hatte Foucault zufolge darin bestanden, dass sie das Wohl der Individuen befördern und auf diese Weise
zugleich die Stärke des Staates sicher stellen sollte (vgl. Gordon 1991,
10; Foucault 1994a, 87, 89). Dabei operierte die „pastorale Macht" der
Wohlfahrt, welche die *Policey* verkörpert, nicht wie die liberale Regierung
auf der Basis von Freiheit, und sie beruhte nicht auf Einwilligung,
sondern auf Bevormundung und Reglementierung: auf Disziplinierung.[144] Sicherheit stellte sich nicht durch regulierende Zurückhaltung
und die Einbindung von Individuen über ihre Verantwortung her,
sondern auf dem Wege umfassender, staatlicher Regelungen und durch
Techniken der Überwachung und Reglementierung der Individuen. Die
Gesellschaft war daher ein Artefakt, das Produkt dieser Formen der
Steuerung und eines „immanent knowledge of the population of the
state, collected and gathered together in the manuals of police" (Helli-
well/Hindess 1999, 13).

Wenn der „Traum" der *Policey* eine militärisch organisierte Gesellschaft war, deren einzelne Teile wie das Räderwerk einer Maschinerie
funktionieren (Foucault 1977, 218), so war die entsprechende Vision des
Liberalismus eine Gesellschaft, die dieses Funktionieren selbst hervorbringt: „the imagined unity and coherence of society are now seen as an
achievement of society itself" (Helliwell/Hindess 1999, 14). Gesellschaft
erschien im Liberalismus als Resultante eines freien Spiels sich selbst
regulierender Kräfte, auch wenn diese sich nicht unabhängig vom Staat
und seinen Institutionen entfalteten: „sociality results from the location
of each individual at the intersection of diverse self-regulating domains
of interaction" (ebd., 12). Der direkten Intervention konnte sich die
liberale Regierung, wie gesagt, enthalten, weil sie die Wahlfreiheit der

---

[144] „Die frühneuzeitliche Sozialdisziplinierung etablierte sich historisch mit der Einrichtung
der Polizei im alten Sinne des Wortes. Denn Sicherheit und Wohlfahrt als politische Ziele
absolutistischer Herrschaft, die dem allgemeinen Staatszweck der ‚Glückseligkeit' unterge-
ordnet war, konnten operativ erst mit Hilfe der ‚Policey' als exekutiver Gesamtheit der
sozialen Ordnungsversuche durch die Obrigkeit in der frühen Neuzeit verwirklicht werden. Polizei war damit in der frühen Neuzeit vor allem ein Verwaltungsinstrument und
zunächst die städtische Instanz der Sozialdisziplinierung. Sie basierte ebenfalls auf dem
Gedanken von ‚Zucht und Ordnung' und sollte als ‚Regiment' ein geordnetes Gemeinwesen bewirken." Makropoulos (1997, 47-48) bezieht sich hier insbesondere auf die Analysen von Gerhard Oestreich. Zu dessen Konzept der Sozialdisziplinierung vgl. auch Sach-
ße/Tennstedt (1986). Zu den Übereinstimmungen, aber auch Differenzen zwischen den
Konzepten der Disziplinierung, das bei Oestreich (wie bei Weber und Elias) „ein konstitutives Element von Modernisierungsprozessen" darstellt, während es sich bei Foucault auf
eine Sozialtechnologie und die Analyse spezifischer Subjektivierungsweisen bezieht, vgl.
Bröckling (1997, hier 12); Breuer (1987); Pasquino (1986).

Individuen und ihre Frei-Willigkeit voraussetzte: „Where police regulation involves making people do what is good for them, even when they may not see it as such, the liberal commitment to liberty requires that they be allowed to choose what is good for themselves" (Hindess 1996, 128; vgl. Lemke 1997, 165, 187).

Wenn die *Erfindung des Sozialen* zum Ende des 19. Jahrhunderts eine „totalizing idea of society or culture as a discrete, self-contained system" impliziert (Helliwell/Hindess 1999, 12), bedeutet das gleichwohl nicht, dass diese totalisierende Perspektive auf Gesellschaft dann erst geboren worden wäre.[145] So wie pastorale Macht, liberale und soziale Regierung Gesellschaft jeweils konzipieren, so wissen sie diese vielmehr auch auf ihre Weise als eine Ressource zu begreifen,[146] und in dieser Konzeption hat der Staat als Adressat einer Kunst des Regierens und als ein so verstandenes Artefakt dann den geeigneten Rahmen abzugeben (vgl. ebd., 16, 13).

2.4.4 Verführung: Wahrheitsrituale

Von der christlichen Tradition des Geständnisses, das mit einem Opfer (Beichte und Buße) verbunden war, lässt sich eine Verbindung ziehen zur „‚Kolonisierung' des Territoriums des Selbst durch die heraufkommenden Humanwissenschaften" (Greco 2000, 277):[147] zu den Mechanismen der Subjektivierung und den Ritualen, die wir aus der Psychologie beziehungsweise aus der Psychotherapie kennen und die in rechtlichen Verfahren, in medizinischen und psychiatrischen Praktiken sowie in der Sozialarbeit eine wichtige Rolle spielen. Das autorisierte Expertenwissen der Psychologie beziehungsweise der Psy-Wissenschaften fungiert wie eine „intellektuelle Technologie" (Rose 1996, 10), die sich

---

[145] Der Begriff der Gesellschaft („society") stammt aus dem Lateinischen *societas* und bezog sich ebenso wie das Adjektiv „sozial" (lat. *socialis*), das im Deutschen im 18. Jahrhundert entlehnt wurde, zunächst nur auf einen „losen" Zusammenschluss von Gefährten oder „Verbündeten". Seit dem 15. Jahrhundert bezieht „Gesellschaft" sich auch auf die soziale Ordnung der Menschen und bis spät in das 18. Jahrhundert hinein bezeichnet sie eine politische Einheit, die durch das Regieren zusammengehalten bzw. produziert wird. „The concept of society as an independent reality subject to ‚its own laws and mechanisms', however, is a comparatively recent innovation" (Helliwell/Hindess 1999, 9-10).

[146] Aus diesem Grunde sei das sozialwissenschaftliche Denken, das seine Repräsentanten in Comte, Durkheim und dem (Struktur-)Funktionalismus finde, nur scheinbar apolitisch (vgl. Helliwell/Hindess 1999, 16).

[147] Mit den „‚klinischen' Wissenschaften" wurden bereits „gegen Ende des 18. Jahrhunderts" das Individuum und nicht länger die „Spezies" zum Gegenstand des Wissens und „das Problem der Einzelbeschreibung, der Vernehmung, der Anamnese, des ‚Dossiers'" zu einem Bestandteil „des wissenschaftlichen Diskurses" (Foucault 1977, 246).

in die Praktiken des Selbst einschreibt. Diese „Regierung der Seelen" ist die säkularisierte Form der pastoralen Macht. Dabei dient die „Selbstprüfung" nicht dazu, „das Selbstbewusstsein in sich selbst zu verschließen, sondern es in den Stand zu setzen, sich seinem Lenker völlig zu öffnen – ihm die Seelentiefen zu offenbaren" (Foucault 1994a, 77). Im Unterschied zum pastoralen Ritual der Beichte ist jetzt nicht mehr das Opfer von Bedeutung, das mit dem Geständnis zu erbringen ist, sondern die Kreation eines Selbst: „a positive [...] emergence of the self" (Foucault 1993b, 222). In beiden Fällen freilich haben wir es mit einem unauflöslichen Zusammenspiel von Freiheit und Unterwerfung zu tun, wobei „derjenige, der spricht, gleichzeitig derjenige ist, von dem man spricht" (Foucault 2001, 28). So unterwirft sich der Gläubige, der um sein Seelenheil besorgt ist, in dem Ritual der Beichte „den kirchlichen Autoritäten. Diese Unterwerfung besteht jedoch gerade in einer reflexiven Faltung der pastoralen Macht: Der Beichtende erforscht sein Gewissen, bekennt sündhafte Gedanken, Worte und Taten und beweist durch sorgsame Erfüllung der auferlegten Buße Reue und Besserungswillen, wozu ihm die Kirche wiederum Introspektionstechniken, Analyseraster sowie ein institutionelles Setting zur Verfügung stellt" (Bröckling 2003).

Das Ritual des Geständnisses ist eine Form des Regierens von Subjekten über ihre eigene Wahrheit. Es ist die Wahrheit des Subjekts, die seine Singularität begründet. Zu gestehen heißt: „To declare aloud and intelligibly the truth about oneself" (Foucault 1993b, 201). Das Geständnis ist also eine Weise, das Innere des Selbst nach außen zu bringen, zu verbalisieren und so intelligibel zu machen. Um die Spannung zwischen Innen und Außen zu überwinden, zwischen einer verborgenen Wahrheit, die das Subjekt ausmacht, und der Notwendigkeit, sie anerkennbar zu machen, bedarf es einer dauernden Interpretationsarbeit. Die Erfahrung sedimentiert sich im subjektiven Denken „as a field of subjective data which are to be interpreted." Und diese Interpretationsarbeit besteht in „a continuous verbalization of the most imperceptible movements of the thought" (ebd., 222). Die Wahrheit, die im Inneren des Selbst verborgen ist, muss herausgefunden werden. Techniken der Befragung und der Selbstbefragung sind die Voraussetzung für das Geständnis. Der Prozess der Konstituierung von Subjektivitäten vollzieht sich insofern in Form eines Dialoges. Affirmativ ist er darin, dass er permanent einen Anderen, ein Gegenüber, das widersprechen kann, produziert. Dieser Gesprächspartner, der sich seinerseits im Dialog konstituiert, fungiert als Mittler, ist die Instanz, welche die objektive Richtigkeit, das Verhältnis der Aussage zur Wahrheit prüft. Entscheidend ist dabei nicht, ob diese Prüfung in Gestalt eines tatsächlichen oder aber eines gedachten Gegenübers vollzogen wird. Eine Technologie der Macht ist das Ritual darin, dass es zu permanenter Selbstprüfung auffordert, zum Dialog mit sich selbst, dem inneren Monolog und der permanenten Interpretation.

Innerhalb der christlich-abendländischen Tradition ist das Geständnis eine *Technologie der Seele*, über die Herrschaft sich vermittelt, indem Identitätsdenken, Moralvorstellungen und Normen sich in das Gewissen einschreiben. Das Expertenwissen kann also durchaus Bestandteil des Alltagswissens sein und das begriffliche Instrumentarium der Artikulation darstellen, die jedoch nicht darin mündet, das Subjekt zu befreien. Vielmehr unterwerfen die Wahrheitsspiele das Subjekt und lassen es Subjekt werden in der Suche nach dem richtigen Ausdruck für eine Wahrheit, die es herauszufinden und ans Licht zu bringen gilt. Dabei ist diese innere Wahrheit selbst brüchig, sie muss es sein und hält das Subjekt in beständiger Unsicherheit. Denn um erfahrbar und durch das Aussprechen wie eine Erkenntnis zu Tage treten zu können, muss die Wahrheit „vorläufig, instabil und in gewisser Weise unvorhersehbar sein [..] Es ist eine Wahrheit, die sich nur in Form einer überraschenden ‚Enthüllung' artikulieren kann. Diese Überraschung löst eine Verwandlung, eine Irritation im Verhältnis zwischen dem Subjekt und dem Anderen aus, durch die das Selbst sich erfahren kann – nicht *in* seiner Differenz vom Sozialen, sondern *als* Differenz" (Greco 2000, 277; vgl. Foucault 1983, 80). In seiner Singularität erfährt das Subjekt sich nicht, indem es sich von allem anderen unterscheidet, sondern indem es sich von den anderen innerhalb einer bestimmten Ordnung, also in Relation zu ihnen unterscheidet.

Dass jene Suche nach der Wahrheit und die beständige Artikulation nie ein Ende finden im Aussprechen der einen Wahrheit, hat aber neben der Interpretationsfähigkeit von Wissen, Erfahrung und Sprache noch einen anderen Grund. Die Wahrheit ist selbst nicht unabhängig von den Praktiken zu identifizieren. Vielmehr produziert das Geständnis als Verfahren selbst die Wahrheit des Subjekts, seine innere Wahrheit, die aber weder nur die eine, noch eine endgültige Wahrheit ist. Das Geständnis befreit nicht von einer unterdrückenden, das Subjekt „zum Schweigen" bringenden Macht. Die Wahrheit ist nicht das Andere der Macht, sondern an das Ritual selbst gebunden, „ihre gesamte Produktion [ist] von Machtbeziehungen durchzogen" (Foucault 1983, 78). Das Geständnis ist eine *Technologie der Wahrheit* (Foucault 1993b, 222): „Nun ist das Geständnis ein Diskursritual, *in dem das sprechende Subjekt mit dem Objekt der Aussage zusammenfällt*, und zugleich ist es ein Ritual, das sich innerhalb eines Machtverhältnisses entfaltet, denn niemand leistet sein Geständnis ohne die wenigstens virtuelle Gegenwart eines Partners, der nicht einfach Gesprächspartner, sondern Instanz ist, die das Geständnis fordert, erzwingt, abschätzt und die einschreitet, um zu richten, zu strafen, zu vergeben, zu trösten oder zu versöhnen; ein Ritual, in dem die Wahrheit sich in den Widerständen bewährt, die sie überwinden musste, um zutage zu treten" (Foucault 1983, 79-80; Hervorhebung hinzugefügt). Die Wahrheit, welche die Praktik des Geständnisses selbst hervorbringt, ist niemals erschöpfend, weil sie sich in dieser Praxis immer wieder neu artikuliert. Unter dem Postulat, dass sich das Subjekt über sein inneres Selbst definiert, wird deshalb der Zwang zum Geständnis zu einem gleichsam praktischen – und nicht psychoanalytisch zu verstehenden – Wiederholungszwang.

Geht man davon aus, dass das Ritual des Geständnisses als eine spezifische Praxis der Subjektivierung einen verallgemeinerten Mechanismus darstellt, dann wäre die „Ideologie der Intimität", wie sie Richard Sennett (1986, 329-330) beschreibt, wohl als eine ihrer Varianten zu lesen, welche für Formen zwischenmenschlicher Beziehungen der Gegenwart bestimmend ist. Dass „[d]er Glaube an den moralischen Wert ‚zwischenmenschlicher Nähe'" einen hohen gesellschaftliche Stellenwert erlangen konnte, betrachtet Sennett als das Ergebnis von Prozessen der Säkularisierung und der Entwicklung des Kapitalismus im 19. Jahrhundert, die eine Hinwendung zu „privaten Lebensbereichen" zur Folge hatten. In der Suche nach einem „persönlichen Sinn", der sich nicht mehr in einer religiösen Ordnung, aber auch nicht in der Objektivität der Gesellschaft finden ließ, gewannen die privaten Beziehungen eine solche Bedeutung „für die Wahrnehmung von Persönlichkeit", dass man sagen konnte, dass „sich hinter dem offenen Wunsch nach ‚Nähe' der heimliche Wunsch nach Stabilität verbirgt". Drei Momente sind kennzeichnend für diesen Verfall einer Kultur der Öffentlichkeit, die durch eine Form psychologisierter Beziehungen ersetzt wird: „Soziale Beziehungen jeder Art sind um so realer, glaubhafter und authentischer, je näher sie den inneren, psychischen Bedürfnissen der Einzelnen kommen. Diese Ideologie der Intimität verwandelt alle politischen Kategorien in psychologische. Sie definiert die Menschenfreundlichkeit einer Gesellschaft ohne Götter: Menschliche Wärme ist unser Gott" (ebd., 329). Mit der „intimen Gesellschaft" verändert sich auch die Wahrnehmung und Bewertung von Individualität. Sie beinhaltet „eine systematische Abkehr von der Realität", denn der Einzelne wird an seinen inneren Werten gemessen, nicht an seinem Handeln, nicht an dem, was er tatsächlich tut, sondern was er von sich behauptet: „soziale[s] Handeln [wird] nicht mehr vor allem in Bezug auf das Ergebnis, sondern in Bezug auf die ihm zugrunde liegende Motivation bewertet [..]. Der Mensch als Akteur oder als Macher hat in diesem Selbst keinen Platz mehr, das sich nur noch aus Intentionen und Möglichkeiten zusammensetzt. [...] Heute kommt es nicht darauf an, was man tut, sondern wie man sich dabei fühlt" (ebd., 334).

Auch Foucault unterscheidet die Konstituierung des Selbst in einer Praxis von jener Suche nach einer inneren Wahrheit des Selbst. In seinem Studium der Selbsttechniken am Beispiel der moralischen Erfahrung der Sexualität setzt er die christliche Tradition einer Hermeneutik des „Erkenne dich selbst" von der griechisch-römischen Philosophie der *Sorge um sich selbst* unter dem Gebot des „Achte auf dich selbst" ab. Während diese sich an einem Tun orientiert, an dem, was jemand „getan, und nicht, was er gedacht hat", erkennt jene die Authentizität des Selbst an dem Gesagten und der Praxis der Verbalisierung einer inneren Wahrheit (Foucault 1993a, 40). „Vielleicht", so gibt Foucault die Richtung seiner Überlegungen zu einer *Ethik der Existenz* an, „hat unsere philosophische Tradition das ‚Erkenne dich selbst' überbewertet und das ‚Achte auf dich selbst' vergessen" (ebd., 28). Deshalb sollte sich „die ethische Reflexion aus ihrer Abhängigkeit vom Wissen [..] befreien", von der Fixierung auf eine Wahrheit, die sich durch das Begehren nach ihr bestimmt. Die „ethische Befragung ist keine Analyse der Wahrheiten, die unsere moralischen Lebensumstände und unser auf diese gerichtetes Begehren formen, sondern eine Art Selbst-Formation" (Bernauer 1995, 179). Diese Formierung des Selbst sollte sich nicht auf eine vorgegebene Moral, „auf transzendentale Werte (wie gut und böse) beziehen", sondern die Ethik einer Lebensweise nach selbst gewählten „fakultativen Regeln" sein (Deleuze 1993c, 145), welche die Reflexion von Machtverhältnissen, also von Wissensformen und Kräftebeziehungen, voraussetzt: „Indem sie die Kraft auf sich zurückbiegen, indem sie die Kraft in ein Verhältnis zu sich selbst bringen, erfinden die Griechen die Subjektivierung" (ebd., 163). Nun interessiert in dem vorliegenden Zusammenhang nicht die Systematik einer Kunst der Lebensführung, sondern das Subjektkonzept, das sich in diesen Überlegungen zeigt.

2.4.5 Das Subjekt als Faltung

Der modernen Vorstellung von einem inneren Selbst, dessen Wahrheit es herauszufinden gilt und das erkennbar ist mit Hilfe humanwissenschaftlich begründeter Expertise, von einem Subjekt, das authentisch erscheint, wenn es seine innere Befindlichkeit entblättert und gesteht, und das so doch zum Gefangenen seiner eigenen Wahrheitssuche wird, setzt Foucault die Vorstellung von einem Subjekt als einer Form entgegen. „Das Selbst ist weder ein Wissen noch eine Macht. Es ist ein Individuierungsprozess, der sich auf Gruppen oder Personen bezieht und sich den etablierten Kräfteverhältnissen sowie den konstituierten Wissensarten entzieht: eine Art Mehrwert" (Deleuze 1991, 155-56). In einem Kräftespiel von Macht- und Selbstpraktiken konstituiert das Subjekt sich in der Form einer Faltung, so Gilles Deleuze (1987, 146) über die Konzeption der Selbsttechnologien bei Foucault (1989). Als Faltung, das ist die Überlegung dabei, hat das Subjekt kein bestimmtes Innen und Außen. Wo das Innere des Selbst liegt, ist eine Frage der Faltung und der Perspektive (vgl. Valverde 2001, 74): Das Innen ist „stets die Faltung eines vorausgesetzten Außen" (Deleuze 1987, 137). Um sich als Subjekt zu konstituieren, bedarf es nicht zwangsläufig der Interpretation einer inneren Wahrheit, die nach außen dringen und vernehmbar sein muss. Von dieser Voraussetzung kann eine kritische Reflexion abstrahieren und danach fragen, in welchen möglichen (anderen) Verfahren und Wissensformen sich ein Verhältnis von Innen und Außen überhaupt erst bestimmt.[148]

„But it is to pose, at least as an experiment for thought, the question of what an ethic of existence might be that did not refer itself to that psy shaped space which has been installed at the heart of each modern individual. Could one not imagine another kind of freedom, whose ethics were resolutely ‚superficial'? An ethics whose vectors did not run from outer to inner, and did not question appearances in the name of their hidden truth, but which ran across the outsides, between, among persons, where subjectivities were the outsides, between, among per-

---

[148] In dieser Perspektive treffen Foucault und Elias sich, der die „Vorstellung einer strikten Trennung zwischen dem ‚Innen' und dem ‚Außen'" für trügerisch hielt (Greco 2000, 274) und ebenso als historisches Produkt betrachtete wie die Dichotomie von Individuum und Gesellschaft. Das hinderte ihn gleichwohl nicht daran, eine Psyche beziehungsweise Persönlichkeitsstrukturen als gleichsam natürlich doch wieder vorauszusetzen und in ihrer historischen Variabilität – ihrer Formung im Zivilisationsprozess – zu untersuchen (vgl. Lemke 2001a, 84; ausführlich Greco 1998, 8ff.).

sons, where subjectivities were distributed, collective and oriented to action? An ethic, that is to say, that did not seek to problematize, to celebrate or to govern the soul?" Wenn Nikolas Rose (1999b, 272) sich hier mit dem Begriff der Oberfläche von den von ihm kritisierten Komplex der Psy-Wissenschaften absetzt, bezieht er sich auf die Lesart von Gilles Deleuze: „Die Oberfläche steht nicht im Gegensatz zur Tiefe (man kommt immer wieder an die Oberfläche zurück), sondern zur Interpretation" (1993c, 126).[149] Dieser Gegensatz zur Interpretation ist für Deleuze die Oberfläche kinematischer Verhältnisse:[150] Positivitäten und „‚Diesheiten' sind nichts anderes als zusammengesetzte Kräftever-

---

[149] „Das Tiefste, das ist zum einen das unmittelbare; andererseits ist das Unmittelbare in der Sprache" (Deleuze 1993d, 24), denn: „Der Sinn, das ist das Ausgedrückte des Satzes, dieses Unkörperliche an der Oberfläche der Dinge, irreduktibles komplexes Gebilde, reines Ereignis, das im Satz insistiert oder subsistiert" (ebd., 37). – Rose (1999b, 57) greift auch diese Entgegensetzung bei Deleuze auf: „Against interpretation, then, I advocate superficiality, an empiricism of the surface, of identifying the differences in what is said, how it is said, and what allows it to be said and to have an effectivity." Foucaults Konzeption der Selbsttechnologien beruht also gerade nicht auf einem „hermeneutischen Mangel" (Kögler 1995), sondern ist als eine Form des Widerstands gegen die Verhaftung an eine Vorstellung von der singulären Wahrheit der eigenen Identität zu lesen.

[150] Was Foucault das Wahrsprechen nennt, ist bei Deleuze „die Kunst der Interpretation oder Deutung", welche „die berühmte Praxis der Psychoanalyse" beispielhaft beherrsche (Deleuze/Parnet 1980, 85). Weil diese den „Wechsel vom Signifikat zum Signifikanten" vollzogen habe, beziehe sich ihre Deutung nicht mehr auf einen „äußeren ‚Referenten'", sondern auf „ihre eigenen ‚Referenzen' [...]. Wahr ist dann alles, was innerhalb der Analyse, im Kabinett des Analytikers geschieht; abgeleitet, sekundär dagegen ist, gänzlich folgerichtig, was sich andernorts ereignet – ein vorzügliches Mittel, jemanden an sich zu binden" (ebd., 94). Deleuze und Parnet setzen dem ein Konzept vom Unbewussten entgegen, das der Interpretation nicht bedarf, ebenso wenig wie das Begehren, das gerade nicht von einem Mangel beseelt sei. Weder setze es ein Subjekt voraus noch strebe es nach einem Objekt, sei vielmehr „das System der asignifikanten Zeichen" (ebd., 86), das „selbst experimentiert" und sich im Zusammenspiel von Kraftlinien entfalte (ebd., 103). Für Deleuze sind Subjekte je multiple Verkettungen (assemblage), die sich mit den Verbindungen, in denen sie stehen und die sie eingehen, transformieren. Der Begriff des Rhizoms prominiert für eine solche Beschreibung von Zirkulationen und multiplen Verkettungen, die nicht einer binären Logik gehorchen. Er kann das Denken in ungewohnte Richtungen weisen: „Schreiben, ein Rhizom bilden, sein Gebiet durch Deterritorialisierung vergrößern, die Fluchtlinie ausdehnen" (Deleuze/Guattari 1997, 22). Allerdings wäre es weit gefehlt, Deterritorialisierung als ein normatives politisches Programm zu lesen. Das Rhizom kann mit unterschiedlichsten Inhalten gefüllt und zum Beispiel auch mit Kriegsführung oder Terrornetzwerken in Verbindung gebracht werden: „Es geht also nicht um gut oder schlecht, sondern um die [Analyse der] jeweiligen Besonderheiten" (ebd., 539). – Nun gilt es an dieser Stelle nicht, die Deleuzesche Antipsychoanalyse, seine Kapitalismuskritik (zusammen mit Guattari) oder seine Theorie des Begehrens auszubuchstabieren. Wichtig ist hier ein Motiv seiner Argumentation, das ich im Zusammenhang mit gegenwärtigen Formen der Kriminalitätskontrolle und, unter Bezugnahme auf Latour, mit dem Konzept der materialen Technologien später wieder aufgreifen werde: die Verstrickung in Interpretationen, die ihr eigenes Bedeutungsspiel aufbauen. In diesem Sinne wäre „die Semantik", in der Kommentierung des Foucaultschen Denkens durch Veyne (1992, 29), als „die Inkarnation der idealistischen Illusion" zu begreifen. Anders als der Begriff des Diskurses, der die Bedingung der Möglichkeit des Wahrsprechens beschreibt, ist die Semantik Bedingung der „Drapierung", von der die Ideologie nur die „großzügig bemessene" Variante sei.

hältnisse". Dinge unterscheiden sich voneinander „durch Zustände der Bewegung und Ruhe, der Schnelligkeit und Langsamkeit (Longitüde) – und durch Affekte, Intensitäten (Latitüde)" (Deleuze/Parnet 1980, 100). Die Faltung, die das Selbst als Weise der Subjektivierung herstellt, ist wie ein Raum, ein vorübergehender Hohlraum, „eine lebbare Zone [...], in der man unterkommen, trotzen, Halt finden, atmen – kurz: denken kann". Um „die Linie zu falten" (Deleuze 1993c, 160-61), bedarf es der Entfaltung von Kraft. Voraussetzung dafür ist ein „Vermögen", die Linie äußerer Kräfte aufzunehmen, „zu affizieren" (Deleuze 1987, 140) und im Sinne der „Schöpfung" einer eigenen Existenzweise umzubiegen (Deleuze 1993c, 170): „Die Linie der Kraft überschreiten, über die Macht hinaus gehen – das ist, als würde man die Kraft beugen, sie dazu bringen, sich selbst statt andere Kräfte zu affizieren" (ebd., 142). Es gibt keinen verborgenen Sinn zu entdecken und „kein verborgenes Organisationsprinzip" (Deleuze/Parnet 1980, 102), ebenso wenig wie nach einem personifizierbaren „Interesse" zu suchen wäre bei der Analyse von Machtverhältnissen. Eine *Analytik der Oberfläche* untersucht Macht-Effekte, die sichtbar sind wie die Flecken und Faltungen der Haut, die sich ein Dermatologe ansieht. Für seine Diagnose ist es notwendig, ihre Form und ihre Farbe zu analysieren, um zu begreifen, wovon sie der Effekt sind, nicht aber einen möglichen Sinn zu dechiffrieren, der jenseits ihrer Sichtbarkeit liegt (vgl. Valverde 2001, 72; Deleuze 1993c, 126; 1993d, 26).

2.5   Analytik der Oberfläche

In ihrem programmatischen Aufsatz zur Analyse von Gouvernementalitäten schreiben Nikolas Rose und Peter Miller: „Our studies of government eschew sociological realism and its burdens of explanation and causation. We do not try to characterise how social life really was and why. We do not seek to penetrate the surfaces of what people said to discover what they meant, what their real motives and practices were" (Rose/Miller 1992, 177). Was also ist das Ziel der Untersuchungen, in denen es nicht darum geht herauszufinden, *wie es wirklich war und ist*: „if I had wanted to describe ‚real life' in the prisons," so Foucault, „I wouldn't indeed have gone to Bentham. But the fact that this real life isn't the same thing as the theoreticians' schemas doesn't entail that these schemas are therefore utopian, imaginary, etc." (1991, 81)? Was bezweckt eine nominalistische Haltung, welche die Analyse an der Oberfläche halten soll: „Zweifellos muss man Nominalist sein: die

Macht ist nicht eine Institution, ist nicht eine Struktur, ist nicht eine Mächtigkeit einiger Mächtiger. Die Macht ist ein Name, den man einer komplexen strategischen Situation in einer Gesellschaft gibt" (Foucault 1983, 114)? Der Nominalismus ist bezeichnend für eine Weise des Foucaultschen Denkens, die ich im Folgenden als *Analytik der Oberfläche* beschreiben will. Sie begreift das Subjekt als ein *Effekt* spezifischer Kräfteverhältnisse, und als ein solches ist auch die „Macht", die man jemandem zuschreibt, das Resultat eines nicht zufälligen Zusammenwirkens. Wie die Herrschaft ist sie nicht das Ergebnis von Intentionen und erfolgreichen Bemühungen von Machthabern, denen es gelungen wäre, ihr eigenes Netzwerk der Macht zu installieren. „‚Power' is the outcome of the affiliation of persons, spaces, communications and inscriptions into a durable form" (Rose/Miller 1992, 184; vgl. Foucault 1992, 37; 1999a, 37).[151]

2.5.1   Effekte und Materialisierungen

„Die Praktik ist keine mysteriöse Instanz, keine Basis der Geschichte, keine verborgene Triebkraft: sie ist, was die Leute tun (das Wort sagt genau, was es sagen will)" (Veyne 1992, 22). Eine Analytik der Oberfläche geht davon aus, dass kein tieferer Sinn oder eine mysteriöse Bedeutung hinter dem „Vorhang der Geschichte" (vgl. Macherey 1991, 185) und den Praktiken zu finden ist. Insofern kann und sollte man „positivistisch beschreiben, was [jemand] tut [...], *und nichts anderes unterstellen.* Nicht unterstellen, dass ein Ziel existiert, ein Gegenstand, eine materielle Ursache (die ewig gleichen Regierten, die Produktionsverhältnisse, der ewige Staat), ein Verhaltenstypus (die Politik, die Entpolitisierung). Die Leute nach ihren Handlungen beurteilen und die ewigen Trugbilder, die die Sprache in uns erweckt, aus dem Weg räumen" (Veyne 1992, 21-22). Vor diesem Hintergrund betonte Foucault, „Machtverhältnisse" und nicht „Sinnverhältnisse" untersuchen zu wollen. Seine Methode ist nicht die Interpretation, was jedoch keineswegs heißt, dass die Geschichte und die zu untersuchenden Praktiken nicht „intelligibel" wären (Foucault 1978a, 29), im Gegenteil: Der Wahnsinn, so schreibt Paul Veyne (1992, 50) über die Foucaultsche Analytik, existiert nicht außerhalb der Form, die er annimmt, wenn er auftaucht an der Oberfläche, dort, wo er

---

151 Die Definition von Macht, die Rose und Miller dieser Schlussfolgerung voranstellen, ist
dann allerdings Weberianisch intentionalistisch: „A powerful actor, agent or institution *is
one that*, in particular circumstances obtaining at a given moment, *is able to* successfully enrol and mobilise persons" (1992, 183, Hervorhebung hinzugefügt).

sich ereignen kann. Das bedeutet nicht, so etwas wie den Wahnsinn zu negieren. Doch die Regeln des Diskurses und die Weisen unseres Denkens bestimmen auch unsere Weisen des Sehens und die Möglichkeiten des Erkennens: „Man kann aus den in der Geschichte aufeinander folgenden Auffassungen des Wahnsinns nicht herausfiltern, was der Wahnsinn als solcher ist. Umgekehrt sind all diese Auffassungen historische Tatsachen, an denen man nicht zweifeln kann" (Veyne 2001).

Die Vorstellung des Positivisten, als der Foucault (1981, 182) sich verstand, ist die von einer „Welt, in der eine unaufhörlich aufgewühlte und gesichtslose Materie an ihrer Oberfläche immer andere Gesichter – die nicht existieren – an immer anderen Punkten auftauchen lässt und in der alles individuell ist, so dass letztlich nichts es ist" (Veyne 1992, 76). Das ist einer der Grundprinzipien des Foucaultschen Denkens, wenn man denn hier überhaupt von Prinzipien sprechen will und nicht eher von Formen und Weisen des Denkens: nichts auf etwas anderes zurückzuführen, aus etwas abzuleiten und so letztlich zu reduzieren. Das entspricht noch der Haltung des „spezifischen Intellektuellen", der, als Experte eines „spezifischen Wissens" (Foucault 1978a, 47), sich einmischt in den Lauf der Geschichte, ohne universalen Anspruch und ohne universalisierenden Gestus; der nur für sich spricht und der nur deshalb in Anspruch nehmen kann, gehört zu werden (vgl. Foucault 1995; Lemke 2001b).

Ereignisse der Geschichte und Praktiken, die sich akzeptabel machen können, sind das Ergebnis wie zufälliger Verkettungen, die doch nur unter historisch spezifischen Bedingungen der Möglichkeit zustande kommen und auf der Bühne der Geschichte auftauchen können. Zu untersuchen sind diese *Emergenzen* (Rose/Valverde 1998, 546),[152] das Auftauchen bestimmter Probleme und Problemstellungen: bestimmter Weisen der Problematisierung, welche die Realität formen. Denn die „Historie" liegt nicht in der Hand von Subjekten, welche die Geschichte schreiben; sie ist nicht das Produkt von Planungen, „nicht das notwendige Ergebnis dessen, was seit langem vorbereitet ist, sondern die Bühne, auf der sich die Kräfte aufs Spiel setzen" (Foucault 1987c, 84). Foucault interessierte sich deshalb für das „Scheitern" von Programmen: um die Differenz zwischen Planung und Realisierung aufzuzeigen, in der sich die Geschichte nicht als Geschichte von Ideen und deren Umsetzung schreibt. „Die Geschichte ist nicht die Ausführung eines

---

152 Foucault selbst spricht von „Entstehung" (1987c, 84) oder von „Eventualisierung" (1991, 76-7), um dem Konzept der Kausalität das Gewicht unilinearen Denkens zu nehmen. Die Analyse soll die Singularität von Ereignissen aufzeigen, anstatt immer schon von konstanten Entitäten auszugehen, die im Laufe der Geschichte nur ihr Gesicht verändern.

Plans, sondern das, was ‚zwischen' diesen beiden Ebenen liegt" (Lemke 1997, 147). Niemand hatte geplant, dass das Gefängnis die Delinquenz produziert und die Insassen nicht bessert, sondern sie erst zu Verbrechern macht; oder dass steigende Zahlen von Gefangenen nicht das Kriminalitätsaufkommen zum Versiegen bringen. Doch auch das Scheitern ist nur ein vermeintliches. Debatten über Fehlentwicklungen eines Programms sind selbst noch ein Teil desselben und Ausdruck dessen, wie weit es sich bereits in entsprechenden Institutionen und Strukturen realisiert hat. Mehr noch: Die Feststellung eines Fehlschlags oder organisatorischer Mängel führt zu weiteren Vorschlägen und Plänen, zum Programm der Gefängnisreform beispielsweise oder zu alternativen Maßnahmen. Das Programm frisst seine Fehler und das System breitet sich weiter aus (vgl. Foucault 1991, 80-82; Gordon 1980, 246-250).

Allgemeine Prinzipien wie der Calvinismus, der Kapitalismus, oder konstante Entitäten wie der Staat, die Gesellschaft (vgl. Foucault 1991, 80), die Regierten oder der Irre und deren veränderte Formen und Thematisierung im Verlauf der Geschichte (vgl. Veyne 1992, 35, 50) scheinen dieser einen Sinn zu geben und eine Bewegung zu verleihen, die nachvollziehbar ist und insofern erklärend. Solche Kategorisierungen sollen auch die soziologische Analyse befördern, die von Produktionsverhältnissen sprechen kann oder auch von Männlichkeitsbildern, von zugrunde liegenden Prinzipien oder übergeordneten symbolischen Sinnwelten, welche die Ursache oder der Grund sind für unser Verhalten und unsere Form des Daseins. Tatsächlich aber sind das eher Essenzen, Verdichtungen, die uns schon etwas erklären wollen, noch bevor wir genau hingesehen haben. Auch in dieser Hinsicht mochte Foucault die Vorstellung von homogenen Herrschaftssystemen nicht akzeptieren, die sich etwa als kapitalistische oder bürgerliche Gesellschaft begreifen und nach Klassen und Hierarchien aufschlüsseln ließen, denen man dann wiederum entsprechende Interessen und Interessengegensätze zuschreiben könnte. Dabei geht es nicht darum, die Kategorien als solche in Frage zu stellen, sondern sich einer ungeduldigen Zuschreibung und Erklärung zu enthalten, die eine Funktionslogik erkennen und immer schon wissen will, wo das Zentrum der Macht sich befindet und wo schließlich eine Befreiung von diesen Herrschaftsverhältnissen ansetzen müsste (vgl. Foucault 1999a, 38-42; 1983, 103).[153]

---

153 Noch die Ökonomie sei zu „dezentrieren" (vgl. Walters 1999), ähnlich wie man versucht habe, das vereinheitlichende, identitätslogische Konzept des Subjekts zu dezentrieren: „*Der* Kapitalismus ist kein einheitliches Ensemble, sondern fragmentiert, weniger notwendige Ursache als kontingenter Effekt sozialer Praktiken, er ist nicht Ausgangs-, sondern

Weil Foucault weder Ideen oder Theorien analysieren, noch die Kontinuität einer Geschichte und historisch übergreifender Entitäten suggerieren wollte, verstand er seine Arbeiten auch weder als philosophische noch als historische Studien, sondern als „philosophical fragments put to work in a historical field of problems" (1991, 74).[154] Historische Ereignisse sind singuläre Ereignisse, und Foucault entnahm „der Geschichte gleichsam Stichproben" (Veyne 2001), wenn seine Analysen an den konkreten Praktiken der Machtausübung ansetzten und von dort aufsteigend (Foucault 1999a, 39) zu allgemeineren Aussagen darüber kamen, wie bestimmte Ordnungen nicht zufällig zu autonomen Systemen des Denkens werden konnten (vgl. Osborne 2001, 13).

Wenn Foucault sich gleichermaßen von einem erkenntnistheoretischen Idealismus wie von einem Realismus distanzierte, besetzte er diese Begriffe neu. So sind Programme des Regierens, wie gezeigt, nicht bloß theoretischer oder ideeller Natur. Von einer „Idealität" kann man allenfalls angesichts ihres programmatischen, die Realität formenden Charakters sprechen: „if they have an ideality, it is that of a programming left in abeyance, not that of a general but hidden meaning" (Foucault 1991, 80). Deshalb sind Programme auch nicht wie der Webersche Idealtypus „an abstraction from empirically given instances, [... but] a rational schema of the hospital, of the prison, of the factory, of the enterprise, or even the person, that exists as a way of planning and projecting the formation and reformation of these spaces and agents" (Dean 1998b, 186). Darüber hinaus setzte Foucault sich nicht nur von einem soziologischen Realismus ab, wie ihn Nikolas Rose und Peter Miller beschreiben: von dem Glauben an die Erforschbarkeit des realen Lebens, sondern auch von dem Idealismus, der diesem Realismus noch anhaftet, indem er die Konstruktion dieser Wirklichkeiten seiner Analyse voranstellt. Foucaults Realismus-Begriff ist demgegenüber ein materialistischer. Wenn die Macht sich genau dort zeigt, wo sie „ganz in realen und effektiven Praktiken aufgeht" oder in „materielle[n] Institutionen Gestalt" annimmt (Foucault 1999a, 37), und wenn die Analyse an diesen „effects *in* the real" ansetzt (Foucault 1991, 85; Hervorhebung hinzuge-

---

Endpunkt gesellschaftlicher Organisation" (Lemke 2001c, 28).

[154] Darin, dass er bestimmte Auffassungen als historische Tatsachen betrachtete und dass er der Geschichte nicht die Ideen überstülpen wollte, sondern an den konkreten Praktiken ansetzte, um zu bestimmen, was im Sinne der Programmatizität ein historisches Ereignis ist, sind Foucaults Untersuchungen „radikal historisch". Sie unterscheiden sich darin zugleich von der Geschichtsauffassung der *Kritischen Theorie* der „Frankfurter Schule", wie Foucault (1996, 86) selbst anmerkt: „Mir schien, dass sie wenig Geschichte im eigentlichen Sinne treiben, dass sie sich auf Forschungen beziehen, die andere unternommen haben, auf die bereits vorliegende und beglaubigte Geschichtsschreibung einer Reihe guter, vorwiegend marxistische gesinnter Historiker, die sie als Erklärungshintergrund anbieten."

fügt), zielt sie insbesondere auf die *Materialisierungen* der Macht, nicht auf symbolische Strukturen und Sinnwelten.[155]

2.5.2 Wahrheit oder Konstruktion?

Das Spezifische einer Analytik der Oberfläche lässt sich in Gegenüberstellung zum „Konstruktivismus" verdeutlichen.[156] Man kann für diesen Zweck an die Ausführungen bei Mitchell Dean anknüpfen, auch wenn es auf den ersten Blick verwundern mag, welche theoretischen Implikationen der zur Unterscheidung hervorhebt: Aus der Annahme „that practices can be both shared and tacit" resultiere, „that constructionism depends on the notion of the successful performance of practices" (1998b, 185). Insofern verbinde sich mit dieser theoretischen Perspektive die für einen soziologischen Realismus bezeichnende Vorstellung von Prozessen der sozialen Konstruktion der Realität (vgl. ebd., 191). Um den Gegensatz zum Foucaultschen Nominalismus und der eigenwilligen Positivität dieses Zugangs aufmachen zu können, scheint Dean eine Reihe zentraler Momente des Konstruktivismus auszuklammern: Zunächst ist überraschend, dass es der Realismus sein soll, der den sozialen Konstruktivismus kennzeichnet. Schließlich ist der per definitionem mit der *Konstruktion* gesellschaftlicher Wirklichkeit und mit Interaktionen innerhalb symbolischer Ordnungen und nicht mit einem Begriff von Realität außerhalb dessen befasst. Nicht minder irritierend ist *zweitens*, dass Dean ausgerechnet in den *geteilten* Praktiken eine zentrale Prämisse sieht, obwohl Sozialphänomenologie und interaktionistische Soziologie sich gerade von einem Positivismus abzugrenzen suchten, der die Sprache als gegebene und von allen Menschen geteilte symbolische Sinnwelt unterstellte.[157] Erstaunlich ist *drittens*, dass ein Realismus ebenso bezeichnend sein soll für die Analysen Bruno Latours: In dessen Kritik an der Blindheit der Soziologie gegenüber den materiellen Dingen und an ihren idealistisch konstruierten *humans* erkennt Dean (vgl. ebd., 190-92) seinerseits die Produktion einer Dichotomie zwischen eben diesen und den *non-humans*

---

155 Schon in *Überwachen und Strafen*, hebt Foucault (1977, 43) besonders hervor, dass es ihm um die „Materialitäten" bei der Analyse von Macht und Widerstand geht.

156 Den in den Sozialwissenschaften üblichen Begriff des Konstruktivismus behalte ich hier bei, obgleich Hacking (1999, 71-81) vorschlägt, diesen mit dem Begriff des *Konstruktionismus* von dem mathematischen Begriff des *Konstuktivismus* und dem von der Sprachphilosophie eingeführten des *Konstruktionalismus* zu unterscheiden. – Gegenstand ist hier freilich der soziale Konstruktivismus, nicht der systemtheoretisch inspirierte der Chaostheorie oder der kognitionstheoretisch begründete Begriff.

157 Vgl. Hoffmann-Riem (1980); Arbeitsgruppe Bielefelder Soziologen (1981).

diesen und den *non-humans* der Naturwissenschaften (vgl. Latour 1988). Wo aber liegt die entscheidende Differenz zwischen einer Fokussierung auf die *Konstruktion von Realität* einerseits und die Macht*effekte im Realen* andererseits, auf die Foucault aus war?[158]

Foucault begriff das Wissen als eine Form, denn es bestimmt die *Weisen* des Sagens und Denkens, in denen es sich in Praktiken einschreibt. Wenn sich das Wissen im sozialen Konstruktivismus hingegen über die Realisierung von Interaktionen erschließt, dann weil es diesen als vortheoretisches und vor-wissenschaftliches zugrunde liegt. Deshalb ist das Wissen in der Tat implizit und sind die Praktiken stumm. Zwar geht es auch hier um Formen, wenn die sozialphänomenologische Analyse danach fragt, *wie* Interaktionen sich auf der Basis des Alltagswissens generieren, oder wenn die Ethnomethodologie die selbstverständlichen, alltagspraktischen *Regeln* der Kommunikation explizit machen will. Beide theoretischen Bestimmungen gehen jedoch von Strukturen aus. Entweder sind das eigenlogische Entitäten, die wie eine Tiefengrammatik die Regeln der Interaktion generieren; oder es handelt sich um eine übergeordnete symbolisch strukturierte Sinnwelt, die wie eine gesonderte Sphäre existiert. Als solche ist sie die interpretationsbedürftige und auslegungsfähige Bezugsfolie menschlicher Kommunikation und die Voraussetzung für die Konstituierung der Lebenswelt. Dabei ist der Versuch, die Konstruiertheit gesellschaftlicher Wirklichkeit aufzuzeigen im Sinne einer Protosoziologie intersubjektiver, alltagsweltlicher Objektivationen (vgl. Berger/Luckmann 1979), selbst nicht nur eine Re-Konstruktion der Konstruktion, sondern eine Theorie der Realisierung von Interaktionen und Alltagswirklichkeiten, die diesen übergestülpt wird, indem sie, als Theorie, das Konstruierte selbst reifizieren beziehungsweise ontologisieren muss (vgl. Knorr-Cetina 1989). Eine Foucaultsche Analytik hingegen will weder übergeordnete Sinnwelten noch zugrunde liegende Strukturen oder die subjektive Auslegung von Sinn beschreiben, sondern Effekte der Macht, die sich an der Oberfläche als eine Form des Sichtbaren und Sagbaren zeigen und sich in Praktiken und Institutionen materialisieren.

Die Kritik von Bruno Latour an dem soziologischen Konstrukt des Sozialen als übergeordneter und gleichsam freischwebender Ebene der Referenz des Handelns, das durch die Welt des „Symbolischen" zusammen gehalten wird und vermittelbar ist, geht, anders als Mitchell Dean nahe legt, in eine ähnliche Richtung: Der Vorstellung von symbolischem Austausch stellt Latour den Mechanismus der *Übersetzung*

---

158 Dean (1998b, 192) selbst zitiert diese Formulierung Foucaults von den „effects in the real".

entgegen. Dabei geht es nicht um die Übersetzungsleistung zwischen verschiedenen sozialen Ebenen, also etwa vom Individuum zur Gesellschaft oder von „Mikro" zu „Makro", im Gegenteil. Die Interaktionen zwischen menschlichen Akteuren oder Lebewesen und den von der Soziologie vergessenen materiellen Dingen, den nicht-humanen „Aktanten", verläuft nicht in einer Hierarchie von den gesellschaftlichen Symbolen zu den konkreten Praktiken. „Die soziale Welt aber bleibt platt in allen Punkten" (2001, 249). Die Übersetzung vollzieht sich nicht in einem zeitlich aufeinander folgenden Wechselspiel, sondern in einer gleichzeitigen Einschreibung in das Handeln: „Handeln ist handeln lassen". Ein simples Beispiel, auf das Latour sich bezieht: Die Marionette, die der Spieler in der Hand hält, „lässt ihn Dinge tun, die sich nicht auf ihn reduzieren lassen". In diesem Sinne sei anzuerkennen, „dass wir von dem überholt werden, was wir fabrizieren" (ebd., 246).

Weil Foucault sich für die Formen interessierte – des Sagens und Sehens, der Praktiken oder der Subjektivierung – waren für ihn auch die Fragen nach dem *Wie* relevant (vgl. Foucault 1999a, 31 und 41; Dean 1999, 23; Valverde 2003), ähnlich wie für die „verstehende" Soziologie, die sich mit diesem methodischen Zugang von den *Warum*-Fragen eines linear-kausalen Denken distanzierte. Gleichwohl markieren die beiden Fragewörter *wie* und *was* eine entscheidende Trennlinie zwischen der Soziologie und der Analytik Foucaults. Denn für die Analyse der Konstitutionsbedingungen von Wahrheit, um die es Foucault zu tun war, ist nicht die Frage, wie Realität konstruiert wird, entscheidend, sondern *was* innerhalb einer bestimmten Ordnung gesagt und getan werden kann. „The realm of effects cannot read off the realm of truth" (Dean 1998b, 193). Diskurse sind wahr „not directly through the actual truth-content of their propositions but through the veridical normativity of their organization as a practice: not their truth but their relation towards a truth" (Gordon 1980, 240-41).[159] Konstruktivistisch war Foucault also insofern, als er die normativen Bedingungen der Produktion möglicher Wahrheiten freilegen wollte. Konstruktivistisch war er darin nicht, dass seine Analytik nicht auf die Konstruktion von Realität zielte: „What is constructed is never reality (a general, ontologically given sphere independent of subjective volition) but ways of knowing the truth about ourselves and others, and about human conduct, and the diverse effects

---

[159] Auch in dieser Hinsicht stellt das Konzept der Gouvernementalität eine Fortsetzung der Analytik Foucaults dar. Auch die *Ordnung der Dinge* beispielsweise ist eine Analyse der Denksysteme, mit denen sich jeweils unterschiedliche Wahrheitsregime verbinden. Sie handelt von „the changing shape of the thinkable, as it is about the ‚actually existing'" (Gordon 1991, 8).

of such regimes of truth. What is at issue is not the social construction of reality but the realm of effectivity of the construction of truth" (Dean 1998b, 193-94). Indem diese Analytik die Wahrheitseffekte, die Weisen des Denkens, Sehens, Handelns in ihrer Selbstverständlichkeit in Frage stellen, erschüttern will, ist sie sozialphänomenologisch (vgl. Schütz/ Luckmann 1979, 30-37); jedoch eine gänzlich historisierte Phänomenologie (vgl. Dean 1998b, 188), welche die historischen Bedingungen der Möglichkeit des Auftauchens bestimmter Ereignisse und der Gültigkeit bestimmter Aussagen untersucht: Einen Rationalitätstypus oder Regierungstechnologien genealogisch zu analysieren bedeutet, eine *„positive* Geschichte" zu schreiben, die immer aufzeigen würde, „dass das Gegebene stets ein Konstrukt ist und dass das Objekt in den Formen seiner Problematisierung selbst entsteht". Es geht darum, „die Spiele der Wahrheit" zu rekonstruieren, das, was durch bestimmte Weisen der Problematisierung selbst als Wahrheit hervorgebracht und als solche anerkannt wird. Insofern kann man von Wahrheiten im Plural sprechen, ohne die *Wahrheit* von Ereignissen und Zusammenhängen zu negieren. Es ist im Gegenteil der Respekt vor dieser Wahrheit der Ereignisse, die aber nicht wie ein offenes Buch zugänglich ist. „Mit anderen Worten, auch wenn wir all das, was wir sagen, für wahr halten, so beanspruchen wir doch niemals, die Wahrheit dessen zu formulieren, worüber wir sprechen" (Ewald 1993, 31).

2.5.3   Dispositive und Berührungspunkte

Ein *Dispositiv* ist, „keine zugrundeliegende Realität, die nur schwer zu erfassen ist, sondern ein großes Oberflächennetz, auf dem sich [...] die Anreizung zum Diskurs, die Formierung der Erkenntnisse, die Verstärkung der Kontrollen und der Widerstände in einigen großen Wissens- und Machtstrategien miteinander verketten" (Foucault 1983, 128). Das Konzept der *Dispositive* ist bezeichnend für die Analytik der Oberfläche, denn es handelt sich um ephemere „Formationen" (Foucault 1978b, 120), die zugleich Manifestationen spezifischer Formen der Machtausübung sind, Praktiken, die sich zu Regimen[160] der Verhaltenssteuerung genau dort ausbilden, wo Geregeltes und Ungeregeltes wie an einem Kontaktpunkt aufeinander treffen, an dem sich spezifische Kräfteverhältnisse ausbilden: „practices being understood here as places where what is said and what is done, rules imposed and reasons given, the

---

[160]   Zu dieser begrifflichen Gleichsetzung bei Foucault vgl. Dean (1998b, 188).

planned and the taken for granted meet and interconnect" (Foucault 1991, 75). Von Regierung kann man in genau dem Moment sprechen, in dem Macht- und Selbsttechniken an bestimmten Punkten aufeinandertreffen, sich berühren und „interagieren" (vgl. Burchell 1996, 20): „I think if one wants to analyze the genealogy of the subject in Western civilization, he has to take into account not only techniques of domination and techniques of the self. Let's say: he has to take into account the interaction between those types of techniques – techniques of domination and techniques of the self. He has to take into account the points where the technologies of domination of individuals over one another have recourse to processes by which the individual acts upon himself. And conversely, he has to take into account the points where the techniques of the self are integrated into structures of coercion or domination. The *contact point*, where the individuals are driven by others is tied to the way they conduct themselves, is what we call, I think, government" (Foucault 1993b, 203; Hervorhebung hinzugefügt).

Ein Dispositiv ist ein „Netz", das unterschiedliche diskursive und nicht-diskursive Elemente miteinander verknüpft und als solches ist es „ein entschieden heterogenes Ensemble, das Diskurse, Institutionen, architekturale Einrichtungen, reglementierende Entscheidungen, Gesetze, administrative Maßnahmen, wissenschaftliche Aussagen, philosophische, moralische oder philanthropische Lehrsätze, kurz: Gesagtes ebenso wie Ungesagtes umfasst." Zu untersuchen ist „die Natur" (Foucault 1978b, 119-120) dieser „Verkettungen" (Foucault 1999a, 38; Deleuze 1993c, 125) von heterogenen Elementen zu einem Dispositiv; denn ein und dasselbe Element kann in unterschiedlichen Funktionen und Positionen erscheinen und diese wechseln. Ein Diskurs beispielsweise kann mal „als Programm einer Institution" fungieren und dann wieder „im Gegenteil als ein Element, das es erlaubt, eine Praktik zu rechtfertigen und zu maskieren, die ihrerseits stumm bleibt" (Foucault 1978b, 120). Die Festlegung, ob ein Element eines Dispositivs nun diskursiv ist oder nicht, betrachtet Foucault dabei als ein „linguistisches" Problem, das für seine Analyseinteressen „kaum von Bedeutung" ist. Denn in Frage steht, inwiefern ein bestimmtes Gebäude (also eine konkrete Schule, Hospital, Gefängnis) einem bestimmten „Programm entspricht". Man vergleiche also „etwa das architektonische Programm" einer bestimmten Einrichtung „mit der Konstruktion" oder dem ‚Selbstverständnis': dem Programm, das es vertritt, das Bild, das es nach außen vermitteln will. „Was ist da diskursiv, was institutionell?" (ebd., 125).

Dispositive sind Positivitäten: irreduzibel nur sie selbst und nicht zurückzuführen etwa auf Institutionen, Ideologien, Theorien oder Kontexte. Sie erschließen sich weder unmittelbar noch durch Interpretation oder Anschauung. Wie der „Eisberg der Geschichte" (Veyne 1992, 27-8) sind sie existent: beschreibbar, aber weder unmittelbar sichtbar noch reduzierbar auf einen einzigen „Ort der Wahrheit", eine einzige tiefere Ursache, aus der sie entstanden sind, oder eine „monotone Finalität" (Foucault 1987c, 72, 69), auf die sie hinauslaufen, obgleich sie ihrerseits Machteffekte generieren. Die Momentaufnahme eines Dispositivs ist schon das Ergebnis der Analyse: die Beschreibung der spezifischen Kräfteverhältnisse. Denn die Formationen sind gerade nicht Ausgangspunkt, sondern Objekt der Analyse (vgl. Dean 1998b, 185-6), welche die Realitätsmächtigkeit von Dispositiven aufzeigen will. Das *Programm* eines Dispositivs impliziert „sets of calculated, reasoned prescriptions in terms of which institutions are meant to be recognized, spaces arranged, behaviours regulated" (Foucault 1991, 80). Dispositive implizieren also eine Reihe von Objektivierungen und Materialisierungen: räumliche Ordnungen und technische Systeme, in die Praktiken sich eingeschrieben haben. Ähnlich den „seriösen" Aussagen (Dreyfus/Rabinow 1987, 72, 83), die Foucault (1981) in seiner Diskursanalyse von denen unterscheidet, die ein jeder irgendwann und irgendwo machen kann, ohne dass sie Bestandteil eines autorisierten Diskurses wären, können auch Praktiken erst in Verbindung mit entsprechenden Rationalisierungen Teil eines Programms und überhaupt als Teil eines Dispositivs entzifferbar sein (vgl. Foucault 1991, 75).[161]

Normierend sind Dispositive in zweierlei Hinsicht: bezogen auf das (richtige oder falsche, gute oder schlechte) Verhalten und auf das Denken beziehungsweise Formen des Wissens, auf wahre oder falsche Aussagen. Insofern schließen sie bestimmte Formen der Subjektivierung ein. „To analyze ‚regimes of practices' means to analyze programmes of conduct which have both prescriptive effects regarding what is to be done (effects of ‚jurisdiction') and codifying effects regarding what is to be known (effects of ‚veridiction')" (Foucault 1991, 75; vgl. 79). Prä-

---

[161] Begründungen, Vorschriften, Planungen, Zielsetzungen sind unverzichtbare Bestandteile einer zu untersuchenden Formation. Bestimmte Praktiken und Elemente werden durch sie miteinander verbunden und können so erst eine Funktion innerhalb eines Regimes oder eines Programms einnehmen. Eine Schulbank, die räumliche Gestaltung einer Fabrikanlage oder eines Schulgebäudes verbinden sich mit Praktiken wie denen der Prüfung oder Regelungen über Arbeitszeiten und -abläufe, über mögliche Sanktionen zu einer Formation, deren Programm sich in einer Reihe von Problematisierungen artikuliert, die wiederum nachlesbar sind in Sitzungsprotokollen, in Strategiepapieren, in Aktenordnern. Dies ist das Minimum der Intelligibilität, nicht nur als Voraussetzung für die Analyse, sondern als Bedingung der Zugehörigkeit zu einem Regime (vgl. Dean 1998b, 185).

skriptiv heißt freilich nicht determinierend, schon allein deshalb, weil Wissen und Handeln nicht dasselbe sind, sich also das, was für wahr gehalten wird, und das, was als richtiges oder angemessenes Handeln gilt, nur überlagern und aufeinander verweisen, nicht aber mit einander korrespondieren (vgl. Dean 1998b, 187). Ein Dispositiv beschreibt einen formierten epistemologischen Raum des Möglichen, der bestimmte Machtwirkungen hervorbringen kann, weil die mit ihm verbunden Objektivierungen selbst Formen sind: Regeln und Weisen des Sagens, des Sehens und des Tuns, nicht konkrete Realisierungen oder symbolische Realitäten. Obwohl es „gleichsam die Ursache der konkreten Anordnungen" und Machtwirkungen ist, definiert ein Dispositiv „nur Möglichkeiten" und „Interaktionswahrscheinlichkeiten" (Deleuze 1987, 56) und ist insofern weder real noch ideal: Die Differenz von „Potenzialität und Realisierung" ist in seinem Möglichkeitsraum aufgehoben (Lemke 2001a, 88).

Unter einem Dispositiv versteht Foucault zudem „eine Art von – sagen wir – Formation, deren Hauptfunktion zu einem gegebenen historischen Zeitpunkt darin bestanden hat, auf einen Notstand (urgence) zu antworten. Das Dispositiv hat also vorwiegend strategische Funktion" (1978b, 120). Es taucht nicht wie eine historische Notwendigkeit auf, eher auf Grund einer wahrgenommenen Problemlösungsdringlichkeit, auf die es eine Antwort darstellt, die zu einem gegebenen Zeitpunkt Akzeptanz findet. Benthams Panopticon ist eine solche Formation, „ein Ereignis des Denkens [..], das im Bereich des Regierens etwas Neues möglich machte" (Osborne 2001), die *abstrakte Materialisierung* eines spezifischen Programms des Regierens von Verhalten, das eine Reihe von Machteffekten hervorgebracht hat: Es war unter anderem das Modell für den Gefängnisbau; für eine bestimmte Funktion des Gefängnisses im Verhältnis zum Justizsystem; für bestimmte Technologien der Bestrafung und Besserung; für eine bestimmte Sichtweise des Kriminellen als (zu bessernden, zu bestrafenden) Delinquenten und bestimmter Populationen als gefährliche Klassen und Gefahr für die Gesellschaft (vgl. Dean 1998b, 187). Diese Funktionen und Technologien, für die es Modell stand, haben sich weder durch den tatsächlichen Bau des Panopticons *realisiert*, noch enthält dieses als Architektur notwendig jene Funktionen und Technologien. Vielmehr ist es architektonisches Modell für ein Programm der Verhaltenssteuerung und eine Rationalität der Regierung, und als solches keineswegs nur eine Metapher. – Welche Implikationen hat eine Analytik der Oberfläche für den vorliegenden Zusammenhang und den Gegenstandsbereich der Kriminologie? Vergegenwärtigen kann man sich das zunächst anhand der Ausführungen Foucaults vor allem in *Überwachen und Strafen*.

2.5.4   Von den Praktiken zu Regimen

Die Foucaultsche Analytik, die an den Praktiken ansetzt und veränderte Strafpraktiken erklären will, stellt nicht die ethische Frage der Philosophen oder Straftheoretiker, etwa danach, welche Funktion und welchen Adressaten das Strafen haben soll (generalpräventiv oder individualpräventiv?) oder wie die Strafmacht ihre Aufgabe innerhalb eines Rechtssystems wahrnehmen soll und wie sie sich also innerhalb eines politischen Systems positioniert (Entspricht sie der demokratischen Verfassung oder der monarchischen Herrschaftsform?). Sie stellt auch nicht die Fragen der Sozialwissenschaftler (Welche Funktion hat die Strafe innerhalb eines gesellschaftlich-ökonomischen Systems? Worüber will uns die symbolische Funktion der Strafe hinwegtäuschen?). Vielmehr begreift Foucault das Gefängnis selbst als eine Praxis und beginnt mit der Frage, „wie die Bestrafung, die Macht zu strafen, tatsächlich in einer gewissen Zahl lokaler, regionaler und materieller Institutionen Gestalt annahm" (Foucault 1999a, 36; vgl. 1977, 35; 1984a, 337) und was diese Institution möglich machte: welche Effekte mit den neuen Praktiken verbunden waren.[162]

Die neuen Strafpraktiken, die sich mit dem Gefängnis institutionalisierten und mit ihnen die Praxis der Behandlung und Besserung ebenso wie die Kriminologie des Täters, waren „nicht unmittelbar" das Resultat von „Interessen" oder Ideen und weniger das Produkt der Bewegung der Strafrechtsreformer als der Effekt von Kräfteverhältnissen und daraus hervorgehenden „strategischen Notwendigkeiten". In diesem Falle waren zwei institutionelle Entwicklungslinien in Einklang zu bringen: der historisch überkommene Imperativ des Strafens und die Institution des Gefängnisses, das zugleich paradigmatisch für die Signatur der disziplinären Gesellschaft werden sollte: „Jemanden zu bestrafen, den man nicht kennt, wird zur Unmöglichkeit in einem Strafsystem, das nicht mehr an der Marter, sondern an der Einschließung orientiert ist [...] Die Richter waren also wohl oder übel genötigt, den Psychiater intervenieren zu lassen, um ein Gesetz, das Gesetz der Bestrafung, der

---

[162] Eine Institution bezeichnet ein Set selbstverständlicher Verhaltensweisen, „jedes mehr oder weniger aufgezwungene, eingeübte Verhalten. Alles was in einer Gesellschaft als Zwangssystem funktioniert, und keine Aussage ist, kurz also: alles nicht-diskursive Soziale ist Institution" (Foucault 1978b, 125).

Sühne geblieben war, mit einer Praxis des Strafvollzugs in Einklang bringen zu können, die zur Praxis der Besserung und des Gefängnisses geworden war" (Foucault 1978b, 138).

Was Foucault in *Überwachen und Strafen* beschreibt, ist eine neue Ökonomie der Macht, die sich durch eine „Zieländerung" zu erkennen gibt (1977, 25). Das Gefängnis bringt mit der Besserungsstrafe „ein Unkörperliches – eine ‚Seele'" ins Spiel (ebd., 28). Dabei kann es kein „inneres Element des Strafsystems" (ebd., 328), also nicht unmittelbar Bestandteil des Justizapparates sein. Was sich hier vollzieht ist eine Form der Externalisierung, die „Seelen-Zugabe" einer „schamhaften" Justiz (ebd., 28), die die Grausamkeit scheut, welche die Strafrituale der Souveränitätsmacht zelebriert hatte; und die sich im Zuge einer neuen Machtökonomie die Utopie eines „‚körperlosen' Strafsystems" zu eigen machen will (ebd., 19).[163] Wir haben es hier also weniger mit einer Humanisierung oder einer „Intensitätsminderung" (ebd., 25) der Strafpraktiken im Wechsel von der grausamen Marter zur Einsperrung zu tun. Diese Interpretation entspräche einer uns bereits vertrauten Betrachtungsweise, der zufolge die Geschichte des Strafens im Übergang vom königlichen Strafregime zur bürgerlichen Gesellschaft als Fortschritt zu lesen wäre. Foucault beobachtet vielmehr eine Verschiebung der Strafoperation vom Körper des Rechtsbrechers auf die „Seele" des Delinquenten. Sie ist der Effekt einer neuen Rationalität der Disziplin, einer neuen Ökonomie der Macht, die quer verläuft zum juridischen Denken einer negativen Macht, die mit dem Verbot operiert und über die der Souverän sich selbst die Macht gibt. Die disziplinäre Macht der Norm ist positiv und produktiv. Die „Vollzugstechnik" des Gefängnisses bezieht sich nicht, wie das Urteil der klassischen Rechtsprechung, auf die Tat oder Handlung des Rechtsbrechers und sie zielt nicht, wie die Marter, auf seinen Körper, sondern „auf ein Leben". Sie kann sich dabei auf die Humanwissenschaften stützen und ergänzt sich mit dem neuen Täterstrafrecht. Es ist eine Macht, die Subjekte konstituiert und die den Körper der Individuen durchzieht, den sie normiert und diszipliniert; es ist eine Mikrophysik der Macht, die als solche den ganzen Gesellschaftskörper durchziehen wird (ebd., 323; vgl. Foucault 1999a, 39).

Foucault, der „die Metamorphose der Strafmethoden von einer politischen Technologie des Körpers her [..] untersuchen" will (1977, 34), indem er den Übergang von der Souveränitätsmacht zur Disziplin beschreibt, interessiert sich auch hier vor allem für die Materialität der

---

163 Zum Formenwandel des staatlich „inszenierten Tötens" vgl. die auf dieser Analyse Foucaults aufbauende und empirisch auf Hamburg bezogene „Geschichte der Todesstrafe" von Martschukat (2000).

Macht und Machtwirkungen (vgl. ebd., 43). Wenn er dabei mit dem Begriff des Körpers zu spielen scheint, ist das kein Spiel allein auf der Ebene von Bedeutungen. Eher könnte man sagen, dass Foucault die in unserem Denken etablierte Trennung dieser beiden Ebenen von Körper und Sprache durchbrechen will. Zunächst steht der Körper des Königs dem Körper des Verbrechers gegenüber, wobei der König „einen zweifachen Körper" hat:[164] einen vergänglichen und den Körper als Träger königlicher Macht, der sich aber auf die Funktion der Repräsentation keineswegs reduziert: „In a society like that of the seventeenth century, the King's body wasn't a metaphor, but a political reality" (Foucault 1980, 55). In seiner physischen Ausdehnung ist dieser Körper zwar einerseits „unberührbar" (Foucault 1977, 40), andererseits gleichwohl angreifbar. Jedes noch so kleine Vergehen ist in gewisser Weise immer ein *crimen majestatis*, ein Angriff auf den Körper des Königs, auf die juridische Macht, die sich über das Recht definiert. Daher „steckt [...] noch im geringsten Verbrecher ein kleiner potenzieller Königsmörder" (ebd., 71) und deshalb verdient der Angreifer seinerseits die Körperstrafe. Im Ritual der Marter wird nicht eigentlich die Person des Rechtsbrechers bestraft, sondern die Tat. Ziel der Qualen ist dessen Körper, um das Recht und so „[n]icht die Gerechtigkeit, sondern die Macht" des Königs wiederherzustellen (ebd., 65).

Wenn das disziplinäre Regime auf die Seele des Delinquenten zielt, haben wir es gleichwohl auch in dieser „politischen Anatomie" (Foucault 1977, 19), die eine neue „politische Besetzung" der Körper markiert (ebd., 37), mit einer Verdoppelung seines Körpers zu tun. Denn die Seele ist die Persönlichkeit, die Psyche, das Gewissen des Täters, seine Eigenschaften und Eigenarten, welche man ihm mit Hilfe des Instrumentariums der Humanwissenschaften zuschreiben kann. Als wissenschaftliches Konstrukt ist sie ein Artefakt und gleichermaßen eine historische Wirklichkeit (ebd., 41). „In Wirklichkeit ist die Macht produktiv; und sie produziert Wirkliches. Sie produziert Gegenstandsbereiche und Wahrheitsrituale: das Individuum und seine Erkenntnis sind Ergebnisse dieser Produktion" (ebd., 249-250). Die Seele ist diese Wirklichkeit, an die sich „wissenschaftliche Techniken und Diskurse" der Psychiater, der Psychologen, der Pädagogen und sozialen Wissenschaften und die mit ihnen verbundenen „moralischen Ansprüche" anknüpfen. Insofern ist sogar die Seele im Hinblick auf die Konstitution des Menschen nicht unkörperlich: „Eine ‚Seele' wohnt in ihm und schafft ihm eine Existenz, die selber ein Stück der Herrschaft ist, welche

---

[164] Foucault bezieht sich hier auf Ernst H. Kantorowicz: *The King's two Bodies. A Study of Mediaeval Political Theology*, 1957.

die Macht über den Körper ausübt. Die Seele: Effekt und Instrument einer politischen Anatomie. Die Seele: Gefängnis des Körpers", indem sie den Menschen, den Täter von seinem Gewissen, seiner Subjektivität, seinem Bewusstsein gefangen nimmt (ebd., 42).

Als Programm der Verhaltenssteuerung ist das Gefängnis eine Architektur, in welche die Technologien der „Seele", die Diskurse und Praktiken von Psychiatern, Psychologen und Sozialarbeitern einwandern und bestimmte Formen der Subjektivierung und Objektivierung hervorbringen konnten. Die Materialität des Gefängnisses ist selbst ein „Machtwerkzeug und -träger", eines der „Instrumente" von Erziehern, Psychologen, Sozialarbeitern und Psychiatern (Foucault 1977, 43), das „über die Technologie der Seele gegen den Körper des Gefangenen eingesetzt" wird (Butler 2001b): „Weil die Seele wie ein Gefängnis wirkt, sagt Foucault, dass der Häftling auf grundlegendere Weise unterworfen wird als nur durch die räumliche Gefangenschaft. In der Tat figuriert die Seele für Foucault selber als eine Art räumlicher Gefangenschaft, als eine Art Kerker, der die äußere Form oder das Reglementierungsprinzip für den Körper des Häftlings bereit stellt." Die *Identität* ist die „den Körper einkerkernde Seele" (Butler 2001a, 82-83). Nicht nur deshalb wird im Kriminaljustizsystem ein „peinlicher Rest" verbleiben, sondern auch, weil das Gefängnis das körperliche Leiden nicht gänzlich abschaffen wird. Die Gefängnisstrafe ist nur quasi körperlos, im doppelten Sinne: Zum einen formen die Technologien der Seele selbst den Körper, den sie gefangen nehmen, und zum anderen können jene sich hier entfalten, weil das Gefängnis den Körper einschließt und seiner räumlichen, technischen und praktischen Ordnung unterwirft. Die Gefängnisrevolten sind deshalb auch „eine Revolte auf der Ebene der Körper gegen den Körper des Gefängnisses". Eine Kritik am System des Strafens betrifft letztlich immer „Materialitäten", die „ganze Technologie der Macht über den Körper, [..] von der [die] Technologie der ‚Seele' [...] nur eines ihrer Instrumente ist" (Foucault 1977, 42-43).

Das Gefängnis ist ein Dispositiv, das man sich, wie das Benthamsche Panopticon, als eine räumliche Ordnung vorstellen kann, in der sich „die drei großen Instanzen [...] Wissen, Macht und Subjektivität" kreuzen und verbinden (Deleuze 1991, 153). Ein „Wissen besteht aus Formen, dem Sichtbaren, dem Sagbaren [...], während die Macht aus Kräften, Kräfteverhältnissen besteht" (vgl. Deleuze 1993c, 134). Jedes Dispositiv bildet eine eigene „Ordnung des Lichts" (Deleuze 1987, 49), nach der sich bestimmt, was sichtbar und was nicht sichtbar ist; und eine eigene Aussageordnung, die bestimmt, was gesagt werden kann und was eine gültige, eine wahre Aussage ist. Sichtbares und Sagbares stehen in einem spezifischen Übersetzungsverhältnis zueinander und erzeugen bestimmte mögliche Subjektpositionen (vgl. Deleuze 1987, 69-98). Nun ist das „Gefängnisdispositiv" eine „optische Maschine, um zu sehen, ohne gesehen zu werden" (vgl. Deleuze 1991, 153-55). Vom Überwachungsturm in der Mitte des ringförmig angeordneten Gebäudes aus kann man die gesamte Anlage überblicken und jede der transparenten Zellen der Gefängnisinsassen einsehen, die Bewegungen eines jeden Einzelnen kontrollieren, ohne selbst gesehen zu werden. Das ist das Zentrum der Macht; einer Macht, die man nicht inne hat als Person. Es ist eine relationale Macht, die sich bestimmt durch Beziehungen und Positionen, die man einnehmen kann und muss, um sie ausüben zu können. Der Effekt der Macht ist weder abhängig von der Person, noch auch davon, ob diese die Position tatsächlich einnimmt. Die Kontrolle funktioniert auch ohne ihre Anwesenheit. Denn die Insassen des panoptischen Gefängnisses können nicht sehen, ob der Turm tatsächlich besetzt ist. Aber die Anlage schafft die Wahrscheinlichkeit, dass die Zellenbewohner den überwachenden Blick dieser zentralen Instanz in ihr Selbst hereinnehmen. Die Konformität der Individuen, die sich so verhalten, als würden sie tatsächlich beobachtet, ist ihre Selbstkontrolle.

In *Überwachen und Strafen* ist das Benthamsche Panopticon wie eine architektonische Materialisierung des Disziplinarregimes, das mit dem System der Prüfung ein normierendes Zusammenspiel eingeht: „Indem sie hierarchische Überwachung und normierende Sanktion kombiniert, erbringt die Prüfung die großen Disziplinarleistungen der Verteilung und Klassifizierung, der maximalen Ausnutzung der Kräfte und Zeiten, der stetigen Anhäufung und optimalen Zusammensetzung der Fähigkeiten. Also der Herstellung der zellenförmigen, organischen, evolutiven und kombinatorischen Individualität. Die Prüfung ritualisiert jene Disziplinen, die man mit einem Wort charakterisieren kann, indem man sagt, sie sind eine Spielart der Macht, für die der individuelle Unterschied entscheidend ist" (Foucault 1977, 247-48). Doch die panoptische Anlage ist nicht nur ein Programm der Verhaltenssteuerung, sondern auch ein *Diagramm*, eine „Karte der Kräftebeziehungen" (Deleuze 1987, 55), welches die Signatur der Disziplinargesellschaft beschreibt. Das Dispositiv des Gefängnisses operiert wie eine „abstrakte Maschine" für die konkreten Einrichtungen, „at the heart of all the concrete machines".[165] Als solches kann es jedoch erst fungieren, indem es die „techno-

---

[165] Dean (1998b, 186) zitiert hier Nikolas Rose aus einem persönlichen Gespräch. Der aber bezieht sich offensichtlich auf Deleuze (1987, 61): „Es ist, als ob die abstrakte Maschine und die konkreten Einrichtungen zwei Pole bildeten und man unmerklich vom einen zum anderen überginge."

logische Schwelle" überschreitet und ein Diagramm formiert:[166] Die Geburt des Gefängnisses beschreibt nicht das erstmalige, sondern das systematische Auftauchen des Gefängnisses als eine Funktion, als „die nüchterne Konzentration aller Disziplinen" (Foucault 1977, 328). In einem sich gleichsam horizontal vollziehenden Prozess ist die Norm die Matrix der Generalisierung, die singuläre und zunächst noch unverbundene Maßnahmen und Techniken zu disziplinären Mechanismen werden lässt.[167] Sie ist es, welche die Übersetzungsleistung zwischen unterschiedlichen Produktions- und Wissensbereichen der Gesellschaft erbringt, aus der so gleichsam eine inter-disziplinäre wird (vgl. Ewald 1990, 141).

Während dem Gefängnis „in den nach dem Modell der Souveränität organisierten Gesellschaften eine marginale Existenz zukommen" kann, bildet es innerhalb des Kerkerkontinuums der Disziplinargesellschaft das Herzstück ihres Funktionierens (vgl. Deleuze 1987, 61). Erst in einer solchen „Funktion" bringt das Panopticon bestimmte Machtbeziehungen „zur Geltung und steigert dadurch diese Funktion", etwa der „Erziehung, Heilung, Produktion, Bestrafung" in den konkreten Einrichtungen der Schule, der Psychiatrie, der Fabrik, des Gefängnisses (Foucault 1977, 265-66). Die architektonische Anlage ist „das Grundschema, die Figur des perfekten Funktionierens einer sozialen Maschine", die insofern den „Verkehrsknotenpunkt", das Diagramm der Disziplinargesellschaft im Sinne eines Kerkerkontinuums darstellt, als dessen disziplinäre Struktur sich vom Gefängnis bis hin zur Schule erstreckt (Ewald 1993, 61-62).[168] Dabei meint die Rede von der Diszipli-

---

166 Das Überschreiten der einzelnen Disziplinen wie Spital, Schule, Werkstatt „über die Schwelle der ‚Technologie‘" macht Foucault daran fest, dass sie „durch die Disziplinen nicht einfach ‚in Ordnung gebracht‘ worden [sind]; vielmehr sind sie dank ihnen solchermaßen zu Apparaten geworden, dass jeder Objektivierungsmechanismus darin als Subjektivierung/Unterwerfungsinstrument funktioniert und dass jede Machtsteigerung neue Erkenntnisse ermöglicht" (1977, 287). Technologien des Regierens können eine strategische Funktion (Foucault 1978b, 120) einnehmen und zu Dispositiven „for the conduct of conduct" werden (Rose 2000a, 54; vgl. hierzu auch Dean 1996).

167 Die Disziplin ist „the generalization and interconnection of different techniques themselves designed in response to localized requirements (schooling; training troops to handle rifles)" (Foucault 1991, 80).

168 Dabei kann man sich das Zusammenspiel der unterschiedlichen Einrichtungen, beispielsweise des Gefängnisses und der Justiz, als einen Mechanismus der Substitution vorstellen: Als „Ort der Sichtbarkeit" des Verbrechens ist das Gefängnis unabhängig vom Strafrecht, dem Aussagefeld der Delinquenz. Es hat eine andere Genealogie und formiert das Feld der Kriminalität nach den Regeln einer anderen Technologie (vgl. Deleuze 1987, 69). Zugleich setzen Strafrecht und Gefängnis sich wechselseitig voraus, verschränken sich und verstärken sich gegenseitig, „man könnte sagen, dass das Gefängnis den Delinquenten durch eine andere Person ersetzt und mittels dieser Substitution die Delinquenz produziert und reproduziert, während gleichzeitig das Recht Gefangene produziert und reproduziert" (ebd., 89-90).

nargesellschaft, und auch darin zeigt sich die Differenz Foucaultscher Analytik zum soziologischen Realismus, gerade nicht den totalitären Polizeistaat oder etwa die Realisierung der Orwellschen Vision. Foucault ging es nicht darum zu zeigen oder zu behaupten, dass sich die Disziplinarmacht tatsächlich im Sinne einer durch und durch disziplinierten Gesellschaft verwirklichte oder verwirklichen würde. Ihm ging es um das *Programm*, das eine militärisch strukturierte Gesellschaft ansteuert. Das disziplinäre Regime der Macht bezieht sich auf eine Gesellschaft, die gerade nicht durch und durch diszipliniert ist (vgl. Hindess 1996, 116-18; Foucault 1987a, 253).

Begreift man ein Dispositiv als eine Programmrationalität, dann ist das Analyseverfahren gleichsam induktiv, indem es eine Rationalität erforscht „vom Gesichtspunkt der Praktiken aus, die sie bestimmt oder verbietet, der Problematisierungsweise ihrer Gegenstände, der Form dieser Praktiken und des Kalküls, dem sie entspringen." Das wäre das Beispiel des Panopticons als rationales Schema der Verhaltenssteuerung und -generierung. Die Diagrammrationalität eines Dispositivs erschließt sich umgekehrt. Festzustellen ist dabei nicht, inwiefern Praktiken und Problematisierungsweisen Aufschluss geben über eine spezifische Rationalität, die sich in ihnen gleichsam konkretisiert. Ziel ist es jetzt zu beschreiben, welche Praktiken das adäquate Funktionieren eines Modells darstellen könnten. Und in diesem letzteren Sinne begreift François Ewald das Panopticon als das „Funktionsmodell" des Liberalismus, für den unternehmerischen Geist des Liberalismus. Denn die Maschinerie reguliert sich selbst, weil sie nach dem Prinzip der Verantwortung organisiert ist: „Mit dem Panoptikum wird eine Maschinerie erfunden, die niemanden benötigt, um zu funktionieren. Auch wenn der Zentralturm des Benthamschen Gefängnisses leer ist, bleibt der Effekt des Sichtbar-Seins für jeden der Gefangenen bestehen. Das Panoptikum ist eine Maschine, die zum Funktionieren keine andere Energie benötigt als die der Individuen, auf die sie angewandt wird: sie kann daher unbegrenzt funktionieren. Wenn Physiker davon träumen, das Perpetuum mobile zu entdecken, dann träumen Politiker vielleicht von einem Dispositiv, das nach dem Vorbild des Panoptikums von allein und unbegrenzt funktioniert: selbstreguliert. Das mag der Traum des Politikers sein. Ein Traum des Liberalen ist es ganz gewiss. Er möchte die Gesellschaftsmaschine so einrichten, dass sie nicht mehr oder nur mehr sowenig wie möglich gesteuert zu werden braucht. Wir stellen die Hypothese auf, dass in der Vorstellungswelt dieser wohlregierten Gesellschaft, in der die Regierungstätigkeit von sich aus zu ihrer eigenen

Beschränkung tendiert, die Verantwortlichkeit zum zentralen Regulationsprinzip gemacht wurde" (Ewald 1993, 61-62).

3. Die Ökonomisierung des Sozialen

Sich den Neoliberalismus in der Perspektive der Analyse von Gouvernementalitäten zu erschließen heißt zunächst, ihn als einen *strategischen Diskurs* (O'Malley 1993, 171), als eine Form der Problematisierung zu begreifen. So wie der Sozial- oder Wohlfahrtsstaat weniger als ein konkretes System von Institutionen zu betrachten ist, vielmehr als eine Konzeption von Regierungsweisen, die als richtig im Sinne bestimmter Regierungsziele erachtet werden, und von einem bestimmten Verhältnis von Staat, Ökonomie und Bürger, so war auch „the ‚neo-liberal' critique of the welfare state [..] not first an attack on specific institutions but [..] a problematization of certain ideals of government, diagrams of citzenship, and the formulas of rule they generate" (Dean 1999, 32). Um die konstruktive Logik des Regierens, die *Programmatizität* des Neoliberalismus herauszupräparieren, wäre dieser ferner als „ein politisches Projekt [zu begreifen], das darauf zielt, eine soziale Realität herzustellen, die es zugleich als bereits existierend voraussetzt" (Lemke et al. 2000, 9).[169] Worin bestehen die Spiele der Wahrheit, die neoliberale Programme und Weisen der Problematisierung in die Welt setzen, und welches sind ihre möglichen Machteffekte? Ein solcher Ansatz der Analyse will nicht aufklären, indem er eine Wahrheit oder „wirkliche Zusammenhänge" auf der einen Seite in Opposition zu einer Ideologie oder einem „falschen Wissen" auf der anderen Seite stellt (vgl. ebd., 19). Die Realitätsmächtigkeit zu beschreiben bedeutet vielmehr eine Art reflexiver Projektion vorzunehmen. Was hieße es, wenn sich das neoliberale Projekt *wahr machte und praktisch machte*? Welche Technologien des Regierens würden welche Formen der Subjektivierung hervorbringen? Dabei kann man weder von *dem* Neoliberalismus sprechen, noch lassen sich die Gesellschaften der Gegenwart auf ein neoliberales Projekt reduzieren.[170] Die Signatur der Gegenwart ist als ein Geflecht von Technologien zu begrei-

---

[169] Um die theoretischen Implikationen, die sich mit dem Konzept der Regierung verbinden, einzuschließen, ziehe ich den Begriff des Projektes dem des Diskurses vor, der auch in der Foucaultschen Konzeption Momente wie das der Programmatizität, der Subjektivierung, der Technologien etc. zumindest nicht explizit enthält.

[170] Die Rede von *dem* Neoliberalismus als einem politischen Projekt besagt gerade nicht, dass dieser „ein konsistentes Gesellschaftsprojekt" sei, wie auch Hirsch (2001a, 194) betont, der es jedoch vorzieht, von einer „Kampfideologie" zu sprechen.

fen, die an geeigneten Schnittstellen Bündnisse eingehen und in einem komplexen Zusammenspiel neue Formationen und strategische Konstellationen, eine neue Ökonomie der Macht ausbilden können.[171]

Liberale Regierungsweisen lassen sich gleichwohl vorläufig durch einen gemeinsamen Nenner charakterisieren: durch das klassische, prinzipielle Misstrauen gegenüber einem Zuviel des Regierens. Zu untersuchen ist daher, wie diese Vorstellung ökonomischen Regierens bei geringst möglicher staatlicher Intervention in den unterschiedlichsten Programme anvisiert und in entsprechenden Technologien realisiert wird. „Liberalism is understood here not as a political philosophy but a family of ways of thinking about how government is to be exercised, stressing the importance of fostering the self-organizing capacities of natural spheres of market, civil society, private life, individual. From this perspective, ‚advanced liberalism‘ is not a matter of a particular political philosophy of governmental programme – ‚neo-liberalism‘ for example – but a more general and pervasive reactivation of earlier liberal scepticism over political government – why govern, who should govern, how is government legitimate, what should be governed – one that focuses upon the economic and moral costs of political government as in the widespread assault on ‚big government‘“ (Rose 1999b, xxii-xxiii). Von *avanciertem Liberalismus* wird also die Rede sein, wenn ein Geflecht von Technologien mit gemeint ist, das sich auf eine neoliberale Rationalität nicht reduzieren lässt. Von Neoliberalismus hingegen werde ich sprechen, wenn ich mich auf die Rationalität oder entsprechende Programme im engeren Sinne beziehe. Dabei werden jedoch weniger konkrete Programme Gegenstand der Analyse sein. Vielmehr geht es hier um die Frage, wie eine Verschiebung von sozialen zu neoliberalen Regimen der Subjektivierung zu beschreiben wäre.

---

171 Freilich ist dies eine spezifische Fokussierung. Wie Rose dargelegt hat, wären eine Reihe möglicher Gesichtspunkte vorstellbar, unter denen neoliberale Regime analysiert werden könnten und im Rahmen der *governmentality studies* wurden: die *Probleme*, die thematisiert und als zu regierende identifiziert werden; die *Sprache*, in denen diese Probleme beschrieben und auf diese Weise vorstellbar und regierbar gemacht werden; die *Modellvorstellungen von den Personen*, die regiert werden sollen; der *Raum*, auf den sich das Regieren bezieht, sei es die Nation, die Ökonomie, die Stadt, die *Community* oder Gemeinschaft, die Fabrik oder das Unternehmen, der private oder öffentliche Raum, das Heim oder die globale Welt etc.; und schließlich die *Technologien* des Regierens: die Verbindung unterschiedlicher Praktiken, die sie markieren; die Weisen des Urteilens und die Praktiken der Kalkulation oder der Kompilierung von Wissen, die sie implizieren; die räumlich-architektonischen Anordnungen, in denen sie sich entfalten; die Machtbeziehungen, die sie herstellen; und die Objekte des Regierens, die sie produzieren (vgl. 2000, 322-23). Und schließlich wäre auch eine Genealogie von Technologien der Gegenwart ebenso vorstellbar wie eine Archäologie des Liberalismus.

3.1 Die neoliberale Problematisierung der sozialen Regierung

> *„In the nineteenth century, psychological expertise produced a know how of the normal person. In the first half of this century it produced a know how of the social person. Today, psychologists elaborate complex emotional, interpersonal and organizational techniques by which the practices of everyday life can be organized according to the ethic of an autonomous selfhood."*
>
> *Nikolas Rose (1992a, 16)*

Das *Soziale*, das mit dem ausgehenden 19. Jahrhundert „erfunden" wurde, blieb auch in der Folgezeit eine zentrale Bezugsfolie des Regierens in der westeuropäischen Welt: „in the plethora of attempts over the twentieth century to understand and govern conduct from a ‚social‘ point of view" lässt sich „a kind of strategic coherence" erkennen (Rose 2000a, 323). Doch diese Kohärenz brach spätestens in den 70er Jahren auf, und der „wohlfahrtsstaatliche Konsens" sah sich durch eine neoliberale Kritik in Frage gestellt. Bevor ich darauf eingehe, sei noch einmal vergegenwärtigt, worauf die Kritik sich beziehen würde. In welchem Verhältnis werden Gesellschaft, Staat und Ökonomie zueinander gedacht, wenn das Soziale eine vorherrschende Bezugsfolie des Regierens bildet, und wie wird das Individuum, der Bürger beziehungsweise das Subjekt des Regierens ins Verhältnis dazu gesetzt?

Voraussetzung für eine *soziale Regierung* war die Vorstellung von der Gesellschaft als einer eigenständigen Entität, die in Kategorien wie soziale Normen und Regeln, soziale Positionen und Schichtungen oder soziale Beziehungen und Strukturen beschreibbar und deren Eigenleben mittels Techniken der Statistik und Wahrscheinlichkeitsrechnung nachweislich ist. Die Gesellschaft ist ein eigenständiger Adressat des Regierens, und so kann man gesellschaftliche Verhältnisse verändern und über gesellschaftliche Normen und Werte Einfluss auf das Zusammenleben der Individuen nehmen und sozialen Zusammenhalt fördern. Auch das Individuum und individuelles Handeln werden vom Sozialen her gedacht, in der Zugehörigkeit zu gesellschaftlichen Gruppen oder sozialen Milieus, Klassen etwa, oder indem *Sozialisation* sich auf soziale Normen bezieht. So sollen in der Schule moralische und soziale Kompetenzen gefördert werden, und die institutionelle Ordnung, von der räumlichen Anordnung über die zeitlichen Abläufe bis hin zum Ritual der Prüfung, gehorcht einem Reglement, das die Formen des gesellschaftlichen Zusammenlebens außerhalb der jeweiligen Institution normativ reproduziert. Die Individuen sind „soziale Personen" und ihre Freiheit ist eine „soziale" Freiheit: Die soziale Regierung „sought to govern *through* society", und das heißt „through acting upon them [the individuals] in relation to a social norm, and constituting their experiences and evaluations in a social form" (Rose 1993, 285; vgl. 1992a, 9 und 13).[172]

Was hat das Soziale nun mit dem Sozialstaat zu tun? „Der Vorsorgestaat beschreibt eine völlig neuartige politische Figur, deren Bedeutung über die Sozialversicherung als Einrichtung weit hinausgeht" (Ewald 1993, 485).[173] Nicht allein ein soziales Sicherungssystem macht jenen

---

[172] Wenn soziale Technologien selbständige Individuen fördern sollen, also Subjekte hervorbringen, die in der Lage sind, sich selbst zu regieren, kann das durch indirekte oder implizite Mechanismen geschehen (etwa in Form von politisch-moralischer Rhetorik in den öffentlichen Medien) oder durch Formen gezielter Sozialisation, von der Schule bis hin zur Sozialarbeit (vgl. Stenson 1999). Dabei operieren auch sozialistische politische Regime auf der Basis der Freiheit der Gesellschaftsmitglieder, die gehalten sind, sich selbst zu regieren. Schließlich funktioniert, auch wenn Planung, Vorschriften, Ideologie und Maßregelung hier bestimmend sein mögen, wie im sprichwörtlichen Beamtenapparat nichts, sollte sich alles nur an Vorschriften orientieren (zu den Ausführungen Foucaults, denen zufolge es aus jenem Grunde keine eigene sozialistische Gouvernementalität geben kann, vgl. Lemke 1997, 240, FN 92). – Von *Regimen des Regierens* soll hier die Rede sein, wenn man eine „strategische Kohärenz" von unterschiedlichen Technologien ausmachen kann. Sie variieren dann weniger darin, ob sie einen größeren oder kleineren Spielraum der Freiheit lassen, und sind nicht danach zu unterscheiden, ob das eine ökonomischer als das andere ist, sondern welche Form die Freiheit annimmt, auf deren Basis die Individuen regiert werden. Für die Analyse von Gouvernementalitäten ist die Frage entscheidend, was jeweils als ökonomisch und insofern als eine rationale oder angemessene Form des Regierens angesehen wird und welche Subjektivierungsweisen dem jeweils entsprechen. „The wealth of nations, the productivity of enterprise, the efficiency of health and welfare provision – all this and more is to be secured by protecting and enhancing the freedom of the citizen – whether discerning customer, enterprising individual, subject of right, or autonomous fellow human" (Rose 1992a, 2). Insofern ist die Aussage, es sei ökonomischer, an die Bestrebungen der Subjekte anzuknüpfen beziehungsweise entsprechende Bestrebungen zu erzeugen, statt gegen diese zu arbeiten, auch nur eine spezifisch liberale Perspektive (vgl. Rose 1996, 155).

[173] In der deutschen Übersetzung wird der französische Originaltitel *L'État-providence* (wörtlich: „‚Vorsehungs-Staat' [..] mit der religiösen Konnotation der ‚göttlichen Vorsehung'") mit *Der Vorsorgestaat* übersetzt. Damit ist tatsächlich der *Wohlfahrtsstaat* bzw. *Welfare State* gemeint. Gleichwohl ist diese Übersetzung missverständlich, da „‚Vorsorge' (‚prévoyance') [...] bei Ewald gerade umgekehrt die ‚liberale' Kategorie individuellen Selbstschutzes durch den ‚guten Familienvater', der durch den *État-providence* abgelöst wurde'", bezeichnet (Link 1998, 141-42; vgl. Ewald 1993, 485 und 220). Grundsätzlich sind die Begriffe des Sozial- oder Wohlfahrtsstaates, *welfare state* und Vorsorgestaat im europäischen Sprachgebrauch nicht synonym. Sie bezeichnen historisch je spezifische und national gebundene Konfigurationen, so dass sie streng genommen nicht gegeneinander übersetzbar sind. Das Nebeneinander von Sozial- und Wohlfahrtsstaat wie im Deutschen existiert zum Beispiel nicht im Französischen oder Englischen. Der ältere Begriff des Sozialstaates war in den ersten beiden Nachkriegsjahrzehnten vorherrschend, während der sich an den englischen *welfare state* anlehnende Begriff des Wohlfahrtsstaates seit den 60er Jahren allgemein gebräuchlich wurde (vgl. Koch 1996, 78-79). In Großbritannien kodifiziert der 1942 erscheinende Beveridge-*Report on Social Insurance and Allied Services* das Programm des *welfare state*, allerdings „not at the dawn of the social but at its dusk", als sich

schon aus. Bezeichnend ist vor allem der wohlfahrtsstaatliche Steuerungsoptimismus, in dem der Staat als der „zentrale Akteur" betrachtet
wird, der prädestiniert ist und sich verantwortlich zeichnet für jenes
Instrumentarium der Fürsorge. Die „Blütezeit" eines solchen Selbstverständnisses, in dem der Staat mit der „Ambition, den Fortschritt zu
lenken" verbunden wird, ist die der Sozialdemokratie: „Jeder moderne
Staat ist sicherlich mehr oder weniger verpflichtet, Sozialpolitik zu
betreiben [...] Doch erst mit dem sozialdemokratischen Ideal tritt der
Sozialstaat als Steuerungsprinzip der Gesellschaft auf den Plan, als die
bewegende Kraft, die für die zunehmende Verbesserung der Lage aller
verantwortlich ist" (Castel 2000, 338). Wenn der Sozialstaat sich darüber
definiert, dass das Soziale explizit zu seinem Programm erhoben wird,
sagt das zunächst einmal nur, welches Selbstverständnis, welche politische Rolle und Aufgabe ihm zugedacht werden – und damit auch seinen
Bürgern. Wenn das Projekt darin besteht, „solidaristic, inclusive citizenship" zu fördern (Stenson 1999, 52), bedeutet das nicht die Garantie
von Solidarität und Integration, sondern ein „Versprechen" (Linden-
berg/Schmidt-Semisch 2000), an dem Staat und Politik sich allerdings
messen lassen müssen. Der Bürger des sozialen Staates hat nicht nur
zivile und politische, vor allem hat er soziale Rechte: den *Anspruch* auf
soziale Sicherung. Dieser beruht freilich darauf, dass der Bürger für den
Versicherungsbeitrag aufkommt. Im Gegenzug garantiert der Staat die
soziale Absicherung: „Put simply, if as an individual citizen you paid
into the system, the state offered you some guarantees in return" (Walklate 1997, 93).[174] Der Bürger ist folglich nicht nur der passive Empfänger

---

die entsprechenden Strategien des Regierens sozialer Bürger bereits ausgebildet hatten
(Rose 1992a, 13). Während die Sozialisierung des Risikos, also das soziale Sicherungssystem als „Organisationsform innerhalb des Staates" den „Kern des Sozialstaats" markiert,
ist der Wohlfahrtsstaat demgegenüber „als eine Form der politischen Gesellschaft zu begreifen, die alle Institutionen und alle politisch-ökonomischen Beziehungen der Bürger
umgreift. Er ist die Gesellschaft selbst in einer bestimmten historischen Gestalt" (Koch
1996, 83). Bezogen auf Deutschland heißt das im Unterschied zu Großbritannien: Der
Staat wird hier zum „Schöpfer der Gesellschaft", indem er mit der an das staatlich einge-
richtete (Zwangs-)Versicherungssystem gekoppelten Leistungsvergabe zugleich gesellschaftliche Gruppen, sortiert nach Status und Berechtigung, konstituiert. Mit dem System
der Sozialversicherungen wird gleichzeitig die Grundlage für die Etablierung einer korporatistischen Gesellschaft gelegt, indem die Gewerkschaften an das staatliche System ange-
bunden werden (ebd., 81). Für eine Differenzierung der Konzepte eines liberalen, sozialdemokratischen oder korporatistisch geprägten „Wohlfahrtskapitalismus" und ihre jeweils
unterschiedlichen Auswirkungen auf Familienformen, Geschlechterverhältnisse und Er-
werbsstruktur vgl. Esping-Andersen (1998).

174 Soziale Sicherungen können sich auf so unterschiedliche Dimensionen wie eine technische
(Straßen, Elektrizität, Wasser), rechtliche und verwaltungstechnische Infrastruktur beziehen. Die Sicherheit, die staatlich gewährleistet sein soll, meint nicht nur die soziale im engeren Sinne, sondern auch die Herstellung von Sicherheit im öffentlichen Raum durch
polizeiliche und ordnungspolitische Maßnahmen und entsprechende Institutionen, sowie

von Leistungen, sondern auch Subjekt, das in Entsprechung zu den Regeln und Institutionen etwas zu erbringen und sich zu unterwerfen hat, ein Subjekt, das sich in den sozialen Technologien des Regierens formt.

Des weiteren bestimmt sich der soziale Staat in einem spezifischen Verhältnis zum Ökonomischen. So suchte der Keynesianismus beides, das Soziale und das Ökonomische, für gleich wichtig zu erklären und keinem „die Vorherrschaft über das andere" zuzugestehen (Donzelot 1994, 142). *Homo politicus* und *homo oeconomicus, citoyen* und *bourgeois*, sollten in diesem Modell des Wohlfahrtsstaates in einer Weise „versöhnt werden [...] , dass auch der Lohnabhängige sich zu einem Teil als Homo oeconomicus zu verstehen hat, weil er erst in dieser Eigenschaft ganz an der politischen Gesellschaft teilhaben kann" (Koch 1996, 84). Die ökonomische Aktivität des Einzelnen sollte unterstützt und zugleich sozial abgefedert werden; aber eben nicht so, dass unternehmerische Kreativität und Risikobereitschaft darunter erstickten. Der Keynesianismus „hat das Gesellschaftliche in die allgemeine Marktregulierung hinein genommen" und so „das Prinzip der Privatinitiative, der individuellen, egoistischen Motivation in der Gesellschaftsorganisation" durch Techniken der Reintegration in den „ökonomischen Kreislauf" zu retten versucht (Donzelot 1980, 240-41).[175] Doch indem man dem Staat die Aufgabe zubilligte, für die Sicherheit aller zu sorgen, sollte die Gesellschaft schließlich zum „Objekt einer über ihren Kopf hinweg entschiedenen Förderung" werden. Letztlich habe man das liberale Prinzip der voluntaristischen Verantwortung um den Preis der „Bevormundung" und Entmündigung in einer Weise aufgelöst, „dass es zwischen Staat

---

von abstrakter Sicherheit, wozu Kategorien wie Rechtssicherheit ebenso gehören wie das gesamte Kriminaljustizsystem. Diese Aufstellung in Anlehnung an Stenson (vgl. 1999, 52-53) zeigt noch einmal, dass soziale Regime Formen souveräner Machtausübung (durch Polizei und Justiz) ebenso beinhalten können wie disziplinäre (die Normierung des Individuums etwa im schulischen Prüfungssystem und in psychologischen, medizinischen oder psychiatrischen Kategorien) und liberale Techniken (die Förderung von individueller Autonomie). Von sozialen Regimen spreche ich hier verallgemeinernd, weil es mir nicht um die länderspezifische Konfiguration des jeweiligen Sozial- oder Wohlfahrtsstaates geht, sondern um die Frage, in welcher Weise das Subjekt in unterschiedlichen Technologien geformt wird, wenn „das Soziale" eine zentrale Bezugsfolie des Regierens ist.

175 Der Freudianismus stelle, so Donzelot (1980, 241-42) weiter, das Komplement zum Keynesianismus dar: Während dieser „die Selbständigkeit der Individuen [...] als Prinzip der Unternehmerfreiheit zu erhalten" suchte, sei „die Psychoanalyse ‚operationell' gemacht worden", um „den Bezugspunkt Familie" und damit die Möglichkeit einer normativen Regulierung der Gesellschaft aufrecht zu erhalten: „Was bringt nun der Freudianismus, wenn nicht das Mittel, das Normgebot ins Familieninnere zu injizieren und die Familie stets theoretisch ‚begründet' und praktisch suspekt erscheinen zu lassen [...]? Eine Injektion, die das Familienleben nicht stabilisiert, sondern im Gegenteil intensiviert, weil der Horizont der Laufbahnen weiter die Familie bleibt."

und Individuum, wie man zunehmend sagt, keine Gesellschaft mehr gibt" (Donzelot 1994, 155-57).[176] Tatsächlich fordere das Solidarprinzip, das sich mit den Pflichtversicherungen verbindet, „nur ein begrenztes Maß an persönlicher Investition und minimale Verantwortlichkeit". Während das sozialstaatliche Modell Solidarität verspreche, so Robert Castel, bewirke sein Administrationssystem systematisch das Gegenteil: Individualisierung. Auf der einen Seite habe es „starke vereinheitlichende Wirkungen [..]. Das zeigt sich etwa im notwendigerweise kategoriellen Umgang mit den Nutznießern von Dienstleistungen, der die Besonderheiten des Einzelfalls abschleift". Auf der anderen Seite würden die Leistungsempfänger „von ihrer konkreten Zugehörigkeit zu realen Kollektiven abgeschnitten", deren Hilfe sie von der Systemlogik her auch nicht mehr benötigten (2000, 344-45).[177]

An diesem Punkt sollte die neoliberale Kritik am wohlfahrtsstaatlichen System – erfolgreich – ansetzen können, freilich nicht im Tenor einer Kritik an den Paradoxien, die das System erzeugt. Der Argwohn gegenüber einer demoralisierenden und deaktivierenden Abhängigkeit von den „welfare benefits" wurde individualisiert und wendete sich gegen die vermeintliche Unwilligkeit und Bequemlichkeit bestimmter sozialer Gruppen.[178] Diese Strategie der Problematisierung, die sich in Deutschland später durchsetzte als in den anglo-amerikanischen Staaten, sollte auch einen kulturellen Prozess einleiten, in dem sich das Bedeutungsfeld des „Sozialen" mit Kategorien wie „Sozialschmarotzer"

---

[176] Eine prototypische Institution für diese durch staatliche Intervention hervorgerufene „Entmündigung" stellte, so Donzelot (1980, 108-178), das sozialpolitisch funktionalisierte Vormundschaftswesen nebst zugehöriger Expertenschaft dar. Der „Vormundschaftskomplex" höhlte „die liberalistische, auf selbstverantwortliche Subjekte gründende Vertragskonzeption" aus (Makropoulos 1997, 65).

[177] Von sozialer Sicherheit, so auch Foucault (1988a, 160), solle man erwarten, „that it gives each individual autonomy in relation to the dangers and situations likely to lower his status or subject him." Tatsächlich habe aber das System der sozialen Sicherheit „perverse effects" gezeitigt: „an increasing rigidity of certain mechanisms and a growth in dependence."

[178] Zur Erfindung der „Welfare Queen" im Wahlkampf von Ronald Reagan, jener Figur einer Sozialhilfeempfängerin, die das System trickreich genutzt haben soll, um Leistungen weit über Gebühr einzustreichen, sowie für eine ausführliche Darstellung dieser neoliberalen Problematisierung sozialer Abhängigkeit im US-amerikanischen Kontext vgl. Finzsch (2002. Zum Einfluss des Vokabulars von Medizin und Psychologie bei der Diffamierung und Verknüpfung von „Sozialhilfeabhängigkeit" mit pathologischen Konnotationen wie „Drogenabhängigkeit" und Sucht in den Diskursen der 80er Jahre, welche die per definitionem durch den Erfolg sozialer Bewegungen in der post-industriellen Gesellschaft abgeschaffte ökonomische, rechtliche oder politische Abhängigkeit zusehends ersetzte und gleichzeitig eine weitere rhetorische Basis für neoliberale Rhetorik bot, vgl. Fraser (2001, 207). Zu den unterschiedlichen Varianten neoliberaler Kritik in Großbritannien, Nordamerika und Europa vgl. auch Anderson (1998); speziell zum Topos von Paternalismus und Bevormundung bei Friedman vgl. Fiehler (1999).

(Kreissl 2000, 34) oder der „Rede von sozialen Netzen als soziale Hängematten im Freizeitpark Deutschland" (Freyberg 1997, 185) despektierlich re-konnotiert sah. Die Reagonomics in den Vereinigten Staaten und der Thatcherismus in Großbritannien stehen für den Beginn eines neoliberalen, radikal am Markt orientierten Umstrukturierungsprogramms auf nationaler Ebene (vgl. Taylor 1997, 287; Braithwaite 2000, 223-25), das die Bürger in ihrer ökonomischen Tätigkeit zu mobilisieren und gleichzeitig die Rolle des Staates zu modifizieren suchte. Was mit einer „Rhetorik der Reaktion" (Hirschman 1992) begonnen hatte, geht in der Zuschreibung von Konservatismus jedoch nicht auf (vgl. O'Malley 1999a). Die Paternalismus-Kritik, das vorherrschende Motiv neoliberaler Rhetorik, fand in den Konzepten der Politik Clintons ebenso ihr eigenes Profil wie im „dritten Weg" der Britischen *Labour*-Partei. Sprach jener von „the end of welfare as we have known it", um den „vicious cycle of welfare" zu beenden (vgl. Burchell 2000), so war die Devise von Tony Giddens, dem Vordenker der Blairschen Politik, bezeichnend für das Britische Programm: „no rights without responsibilities" (Giddens 1998, 65), „Keine Rechte ohne Verpflichtungen" und Verantwortlichkeiten sollte das „ethische Prinzip" der neuen Sozialdemokratie sein (Giddens 1999b, 81).[179] Hatte der frühe Liberalismus sich dadurch Gehör verschafft, dass er ein Zuviel des Regierens und staatlicher Intervention monierte, so verklammerte der neoliberale Diskurs jetzt seine Kritik an der Abhängigkeit von sozialen Leistungen, die angeblich ökonomische Passivität erzeugt, mit der Unbezahlbarkeit des sozialen Sicherungssystems. Die Aufkündigung des wohlfahrtsstaatlichen Programms begründete sich überdies mit der Notwendigkeit einer sparsamen Haushaltspolitik. Dabei fungierte der Staat selbst als eine Technologie des Regierens, indem der „Rückzug des Staates" das Programm einer Aktivierung der Bürger artikulierte. Auch die globale ökonomische Wettbewerbssituation, der sich der die eigene Ökonomie fördernde Nationalstaat ausgesetzt sah (vgl. Hirsch 1998), spielte in der deutschen politischen Rhetorik eine wichtige Rolle. Unter Verweis auf die Notwendigkeit einer Standortpolitik schien die Reorganisation der entsprechenden Steuergesetzgebung geboten.[180]

---

[179] Hobsbawm (1999, 9) spricht daher auch von einem „Thatcherismus in Männerhosen".

[180] Der Begriff der Globalisierung erweise sich im Lichte dessen eher als eine Ideologie, welche die Umsetzung neoliberaler politischer Strategien erleichtere, so Burckhardt (1996). Bourdieu (1998, 99) spricht in diesem Zusammenhang von „Prekarisierungsstrategien": Prekäre Existenzbedingungen sind gerade „nicht das Produkt einer mit der ebenfalls vielzitierten ‚Globalisierung' gleichgesetzten ökonomischen Fatalität [..], sondern vielmehr das Produkt eines politischen Willens." – Einerseits kann man zwar sagen, das neoliberale Programm der Umstrukturierung sei tatsächlich von finanziellen Engpässen geleitet gewe-

Freilich war die „Krise des Wohlfahrtsstaates" nicht einfach nur eine „Fiskalkrise", sie war vor allem auch eine „Legitimationskrise, der Verlust des Glaubens an das wohlfahrtsstaatliche Projekt, des Glaubens an die Gestaltbarkeit und Steuerbarkeit der Gesellschaft" (Ludwig-Mayerhofer 1998, 243-44; vgl. Castel 2000, 338). Am Problemfeld der Kriminologie lässt sich das verdeutlichen: Seit den 60er Jahren weisen die Statistiken in den westlichen Industriegesellschaften deutlich gestiegene und seitdem auf einem vergleichsweise hohen Niveau leicht schwankende Kriminalitätsraten aus. David Garland sieht darin einen wesentlichen Grund, warum sich nicht nur die Funktionsfähigkeit des Kriminaljustizsystems, sondern auch der Staat in Frage gestellt sah und mit ihr „the myth that the sovereign state is capable of providing security, law and order, and crime control within its territorial boundaries" (1996, 448). Allerdings lässt sich eine solche Bezugnahme auf „objektive" Faktoren wie die Kriminalstatistiken kaum von ihrer strategischen Funktion trennen. Man kann daher nicht nur von einer politischen *Reaktion* auf die Wahrnehmung einer „prekären Lage" sprechen (vgl. ebd., 449). Das vermeintlich objektive „Limit" der souveränen Macht ist vielmehr zugleich das Argument für einen schwindenden *Anspruch* des Staates, Probleme der Kriminalität zu *lösen* und sich für die innere Sicherheit, den Schutz vor Kriminalität allein verantwortlich zu zeigen. Das Scheitern, das Problem der Kriminalität in den Griff zu bekommen, wird so selbst zum Bestandteil eines neuen politischen Programms, das sich als *Strategie der Responsibilisierung* auf den Begriff bringen lässt (O'Malley 1992).[181] Sie bezeichnet eine Vielfalt von Verfahren und Techniken, deren gemeinsames Prinzip darin besteht, Individuen oder auch Körperschaften, Institutionen usw. zu aktiven Subjekten zu machen und Kräfte und Aktivitäten zu bündeln und zu mobilisieren durch Verantwortlichmachen. Aufgaben, die bisher in staatlicher Verantwortung lagen, können auf diese Weise neu definiert und umverteilt und Verwaltungsstrukturen und Institutionen restrukturiert werden.

Die Strategie der Responsibilisierung fungiert wie eine Übersetzungstechnik des Programms des Rückzugs des Staates. Analytisch lassen sich

---

sen, selbst wenn die Rhetorik zugleich eine ideologische Funktion hatte: Die Verringerung des Haushaltsdefizits habe deshalb zum Beispiel unter Clinton in den USA oberste Priorität gehabt (vgl. Burchell 2000; Anderson 1998). Das schließt andererseits keineswegs aus, dass die „wirtschaftlichen Grenzen des Wohlfahrtsstaates" als „Überlastungsbehauptung" fungieren konnten – eine Behauptung, die sich, als Problematisierung, selbst bewahrheitete: Sie „kann als self-fulfilling prophecy zur Überlastung führen, weil das Funktionieren der staatlich organisierten sozialen Sicherungssysteme nicht unabhängig von der Kommunikation über diese Systeme ist" (Ganßmann 1999, 170).

[181] Zur Strategie der Responsibilisierung vgl. auch O'Malley (1994, 1996); O'Malley/Palmer (1996).

zwei Formen unterscheiden: Einerseits handelt es sich um eine Art äußeres Prinzip der *Delegation von Verantwortung* und andererseits um ein inneres Prinzip der *Aktivierung durch Verantwortungszuweisung*. Nur diese zweite Perspektive schließt die Frage nach den zugehörigen Formen der Subjektivierung ein, und nur in diesem engeren Sinne soll hier von *Responsibilisierung* die Rede sein. Strategien der Aktivierung durch Verantwortungszuweisung können auf regelrechten Kampagnen oder einem ausdrücklichen Appell zu aktiver Bürgerbeteiligung beruhen oder auf der Einführung von marktförmigen Steuerungsprinzipien, die eher implizit entsprechende Formen der Subjektivierung und sozialer Beziehungen, eine Art „Marktvergesellschaftung" (Kraemer 1997) hervorbringen.

Beispielhaft für diese letztere Variante sind zahlreiche Umstrukturierungsprozesse in staatlichen Bürokratien. Tendenziell bedeutet die Einführung von Marktmechanismen hier nicht nur, unter neuen Gesichtspunkten, nach denen Effizienz und Effektivität sich misst, andere Steuerungsmodelle und -verfahren zu implementieren, sondern auch das Verhältnis zum Adressaten zu *kommodifizieren*.[182] Der Bürger wird vom Klienten zum Kunden und die Verwaltung zum kundenorientierten Anbieter. Freilich heißt das weder, dass der Anbieter auch tatsächlich kundenfreundlicher wird, oder der Kunde gar zum König avanciert. „Welfarism implies a subordination of the ‚client' to the professional service provider who has superior knowledge and status *and* who is empowered by the superordinate State or superior social standing. The prudential subject, by contrast, enters ‚partnerships' with public authorities (e.g. police), or becomes the ‚customer' – literally or figuratively depending on the degree of marketization of the service" (O'Malley 1996, 203). „Kundenorientierung" impliziert prinzipiell einen anderen

---

182 Über den Begriff der Kommerzialisierung hinaus, dem Warenaustausch auf einem Markt der Konkurrenz, in dem es um Profite im herkömmlich ökonomischen Sinne der Berechnung geht, meint Kommodifizierung den symbolischen Gehalt, der schon bei Marx an den Wert der Ware gebunden ist, die auf dem Markt in Konkurrenz zu anderen feil geboten wird. Wenn es hier vor allem um das Moment der Präsentation und Form geht, ist beides nicht voneinander zu trennen: Sicherheit beispielsweise wird „kommerzialisiert", indem die Aufgabe, den Schutz vor Kriminalität herzustellen oder zu gewährleisten privaten Trägern, etwa Wach- oder Sicherheitsdiensten, übertagen wird, die ihrerseits in erster Linie nach kommerziellen, also gewinnorientiert, und nicht etwa nach sozialen Kriterien organisiert sind – und von „Privatisierung" kann natürlich nur im „politökonomischen" Sinne die Rede sein, nicht aber im Sinne von „‚privat' als einer Kategorie bürgerlichen Subjektverständnisses" (Nogala 1995, 249). Die Kommerzialisierung ist zugleich begleitet von einer Kommodifizierung: Sicherheit wird zu einer Ware, die angeboten und für die geworben wird und der auf diese Weise ein spezifischer symbolischer Gehalt zuwächst. Zur Kritik an der Einführung marktwirtschaftlicher Mechanismen in Dienstleistung und Sozialarbeit vgl. auch Effinger (1994); Schaarschuch (1996); für Großbritannien Harris (1996).

Zurechnungsmodus für Arbeitsleistung und kann so einen Mosaikstein in Prozessen der „Arbeitsverdichtung" bilden. Mit einer so verstandenen Kommodifizierung verändern sich die Formen der *accountabiltiy*:[183] Verantwortung innerhalb von Institutionen und Organisationen wird zum Beispiel nach unten delegierbar, an den „Anbieter" mit „Kundenkontakt". Weil die angebotene Leistung mehr zu einer Frage der Außendarstellung wird, werden dessen Tätigkeit und Leistung über den Kunden von seinem Vorgesetzten einklagbar. Ein weiteres Prinzip der Delegation von Verantwortung besteht darin, einst genuin staatliche Aufgabenfelder zu externalisieren, zu kommunalisieren oder zu „privatisieren". Eine solche Übertragung von Aufgaben an intermediäre, quasi-private Träger oder kommerzielle Anbieter vollzieht sich weniger auf dem Wege direkter oder expliziter Anweisung. Indem staatliche Gelder zur Verfügung gestellt und entsprechende rechtliche Regelungen geschaffen werden, öffnet sich ein Markt für private oder quasi-private Agenturen, die um öffentliche Verträge und Mittel konkurrieren. Da dies „in Gewinn-Absicht" geschieht, kann das gleichbedeutend sein mit einer Transformation der „sozialen Logik", in der wohlfahrtsstaatliche Verwaltungsbürokratien jene Aufgaben wahrnehmen (vgl. Rose 1999a, 260).

Konzepte des *Community policing*, Sicherheitspartnerschaften und *Neighbourhood Watching* sind die bekannten Programme der Mobilisierung gesellschaftlicher Kräfte im Dienste der öffentlichen und privaten Sicherheit. „Redistributing the task of crime control, rendering others responsible, multiplying the number of effective authorities, forming alliances, arranging things so that crime control duties follow crime-generating behaviours – these are the new and institutionally radical goal that are now being persued" (Garland 2001, 125). Alle diese Verfahren sind „not merely the off-loading of troublesome state functions" oder „simply the ‚hiving off' or the ‚privatization' of crime control" (ebd., 127). Es geht nicht nur darum, staatliche Aufgabenbereiche zu veräußern, sondern die Individuen als Bürger einzubeziehen, sie *aus der Distanz zu regieren*, indem man sie in die Verantwortung für soziale Probleme einbindet. Solche Strategien können mit einer Entlastung des staatlichen Haushalts und des Ausgabenbudgets der Verwaltung verbunden sein, während die Ressourcen und die Delegationsmacht jedoch

---

[183] Aus den Kriterien für eine Leistungsperformance werden die Kriterien für die entsprechende Verantwortungszuweisung, die *accountability* (vgl. Power 1997). Denn Technologien „do more than transform the capacities and attributes of the self. They also construct the calculable spaces that individuals inhabit within enterprises and organisations by making visible the hierarchical arrangement of persons and things" (Miller 1992, 75; vgl. Miller/O'Leary 1994).

in staatlicher Hand verbleiben: „the responsibilization strategy leaves the centralized state machine more powerful than before, with an extended capacity for action and influence" (Garland 1996, 454). Verantwortung gibt der Staat ab, indem andere verantwortlich gemacht oder in die Verantwortung eingebunden werden. Macht und „Souveränität", im Sinne von Einfluss auf die Steuerung von Problemen oder von Ansehen, kann der Staat unterdessen hinzu gewinnen. Der neoliberale „Rückzug des Staates" ist also keineswegs gleichbedeutend mit einer Schwächung seiner Position, sondern ein *Rückzug des wohltätigen Staates* (Wacquant 1997), in dem die Regierung den Staat nicht mehr in der (alleinigen) Verantwortung sieht, für soziale, rechtliche und ökonomische Sicherheit zu sorgen.[184]

Mit Techniken des *governing-at-a-distance* (Miller/Rose 1993)[185] ist zunächst ganz allgemein der Mechanismus gemeint, in dem Subjekte indirekt angeleitet werden, sich in Übereinstimmung mit bestimmten Regierungszielen selbst zu regieren. Darin unterscheidet sich die Selbstdisziplinierung nicht von dem Unterwerfungsmodus einer liberalen Regierung: Wie sehr der Begriff der „Disziplin" – als „Machttechnik, die zum Selbstzwang zwang" (H. Lemke 1995, 90) – auch mit „Repression", „Verbot" oder „Zwang" assoziiert werden mag, es handelt sich doch ebenfalls um eine positive Machttechnik, die vielleicht nicht mit Anreizen arbeitet, aber mit einer Art Versprechen, einem „‚ethischen Mehr' [...], dass es tugendhafter sei, sich selbst zu beherrschen, als von anderen beherrscht zu werden; es sei klüger, sich selbst zu kontrollieren, als kontrolliert zu werden; es sei ordentlicher, ‚freiwillig' Arbeit zu leisten, als zur Arbeit gezwungen werden zu müssen; es sei ehrenhafter, sich selbst zu disziplinieren, als diszipliniert zu werden; der Mensch habe, will er seinem Vernunftwesen entsprechen, über seine Triebe und seinen Körper zu herrschen" (ebd., S. 92).

Das Spezifische der neoliberalen Strategie der Responsibilisierung liegt darin, dass sie die Individuen in einer paradox anmutenden Weise zu aktivieren sucht. Die Eigenverantwortung, die ihnen zugewiesen wird, soll sie ermuntern, *von sich aus aktiv* zu werden: „The human beings

---

[184] Das gleiche gilt auf für den zunehmenden Einsatz so genannter privater Sicherheitsdienste: Er ist gerade nicht gleichbedeutend mit einer Privatisierung von Sicherheit im Sinne eines Rückzugs des Staates. Die staatlichen Regelungen setzen vielmehr den Rahmen dieses Einsatzes und zum Beispiel auch die Bedingungen des Wettbewerbs der Sicherheitsdienste untereinander. Diese agierten, so Lange (2002), gleichsam mit „staatlicher Weihe", während „Sicherheit" in der Hand des Staates bleibe. Der Staat werde in diesem Sinne einerseits vergesellschaftet, aber die Gesellschaft werde andererseits auch verstaatlicht.

[185] Den Begriff des „governing-at-a-distance" entnehmen Miller und Rose der Lektüre von Latour.

who were to be governed were now conceived as individuals who are to be *active* in their own government" (Rose 1996, 330). Im Sinne einer neuen Ökonomie der Macht wäre die programmatische Frage einer so verstandenen post-sozialen Regierungsweise, „whether it is possible to govern without governing society, that is to say, to govern through the regulated and accountable choices of autonomous agents – citizens, consumers, parents, employees, investors" (Rose 1993, 298). Die paradigmatische Figur, die auf die Strategie der Responsibilisierung wie zugeschnitten ist, ist das unternehmerische Selbst. In Großbritannien bildete die ausdrückliche Förderung einer „enterprise culture" bekanntlich ein Kernelement gesellschaftlicher Restrukturierung durch die konservative Regierung in den 80er Jahren, während sich eine vergleichbare Programmatik in Deutschland aus einer Reihe von Gründen erst sehr viel später und zunächst eher in vereinzelten Diskursen artikulierte.[186]

3.2   Gesellschaft der Unternehmer

Foucault sah das Auftauchen des neoliberalen Diskurses als Anzeichen für eine „Krise", die sich nicht auf die Ökonomie reduzierte, sondern eine „Krise der Regierung" war: die Suche nach einer Neubestimmung des Regierens, „nach einer neuen Gouvernementalität", die sich von sozialen Regierungstechnologien unterscheidet (Lemke 1997, 239-240;

---

[186] Die „Wiedervereinigung" erbrachte dem neoliberalen Denken in Deutschland unter dem Vorzeichen der Standortsicherung „seinen größten Schub" (Freytag 2001, 84). Denn der Mauerfall stand paradigmatisch nicht nur für das Ende der (sozialen und sozialistischen) Utopie, sondern auch für einen Fall der Mauern vor einer Ökonomisierung der sozialen und politischen Landschaft. Andererseits entstand mit der Wiedervereinigung ein neuer Investitionsraum, der zugleich eine Art Schonraum gegenüber neoliberalen Umstrukturierungen bildete, obgleich die Erwerbslosenzahlen dramatisch anstiegen (vgl. dazu auch Sack 1997). Die Einführung von Marktprinzipien in soziale Regelungsbereiche musste in Deutschland aufgrund der korporatistischen Tradition freilich ein anderes Gesicht annehmen als etwa in Großbritannien, das überdies schon aufgrund des *Common Law* auf eine andere Tradition der Beziehungen zwischen Staat und verantwortlichem Bürger blickt. Gleichwohl setzt der Beginn des Endes vom Modell „intervenierenden Wohlfahrtsstaates mit dem Anspruch auf umfassende Gesellschaftssteuerung" und der „Planungseuphorie sozial gesteuerter Gesellschaftsentwicklung" auch in der Bundesrepublik ab Mitte der 70er Jahre ein: Nach der Rezession 1981/82 war „ein kontinuierlicher Rückgang der Staatsquoten zu verzeichnen" mit der Konsequenz, „dass die realen Folgen der krisenhaften ökonomischen Entwicklung [...] sozialpolitisch nicht mehr entsprechend abgefedert und kompensiert werden können" (Albrecht 1999, 72-73). Zu den unterschiedlichen Entwicklungen einer eher konservativ geprägten britischen „Unternehmenskultur", die sich an die Mittelklasse richtete, gegenüber der auf den öffentlichen Sektor bezogenen deutschen Variante einer „Kulturgesellschaft", die sich an das „liberale Establishment" richtete, vgl. Schwengel (1991, 139).

vgl. Donzelot 1995, 55). Für diese Suche bietet sich die Figur des *Unternehmers seiner selbst* geradezu an: Das begriffliche Feld des Unternehmers stelle, so Nikolas Rose, ein besonders passendes Vokabular zur Verfügung, um bestimmte Regelungsansprüche gezielt mit den Selbstlenkungsfähigkeiten des Subjekts zu verknüpfen, „to arrange things so that social and economic processes turn out the best without the need for direct political intervention" (1992b, 146; vgl. 2000b, 12). Das unternehmerische Selbst ist nicht real und kein empirisch generierter Idealtypus. Vielmehr stellt die Figur eine geeignete Übersetzung für das Programm des Rückzugs des wohltätigen Staates dar. Die Rhetorik, die sich mit ihr verbindet, zeigt die Richtung an, in welche die gesellschaftliche Realität verändert werden soll (vgl. Bröckling 2003). Paradigmatisch ist das Vokabular, in dem sich die Behäbigkeit der Bürokratie und die kontraproduktive Wirkung des sozialen Fürsorgesystems problematisieren und der Appell zu ökonomischer und sozialer Initiative, zu Eigenverantwortlichkeit und Kreativität adressieren lässt. Eine subtile und „verführerische Ethik" und Rhetorik sei das (Rose 2000b, 11), indem die Devise, der eigenen Lebensweise „eine unternehmerische Form zu geben" (Lemke 1997, 254), das Versprechen von Autonomie, Selbstentfaltung, Selbstverwirklichung und Anerkennung etwa durch beruflichen Erfolg oder Bürgerengagement transportiert.

Die Analyse von Gouvernementalitäten interessiert sich für diesen Schnittpunkt, der hier erkennbar wird: den Schnittpunkt, an dem Machttechnologien sich mit Selbsttechnologien verbinden. Will man die entsprechenden Mechanismen der Subjektivierung begreifen, dann erweisen sich Gegenüberstellungen wie Zwang versus Freiwilligkeit, oder auch privat versus öffentlich als unzureichende Beschreibungen. Wenn die Subjekte über ihre eigenen Wünsche, Bestrebungen oder Vorstellungen von Freiheit oder Selbstverwirklichung oder Unabhängigkeit dazu angeregt werden, von sich aus aktiv zu werden – was ist da auferlegt, was ist Eigeninitiative? Was sind genuin persönliche oder individuelle Vorstellungen der Selbstverwirklichung, sei es in der Erwerbstätigkeit, im Engagement in der Gemeinde oder noch im Familienleben, wenn sie zugleich in Einklang mit Orientierungen stehen, die in Selbsthilfegruppen, in individuellen psychologischen Beratungen oder im beruflichen Coachingverfahren als erstrebenswerte erarbeitet und konsentiert werden, oder wenn sie sich innerhalb von Normalitätsvorstellungen über Lebensqualität und Erfolg der Familienmitglieder bewegen, die zugleich mit einem funktionierenden menschlichen Zusammenleben insgesamt übereinstimmen (vgl. Rose 2000b, 21)?

Der Thatcherismus stand für den Versuch, „both to construct enterprise culture in a specifically capitalist mode, and to reconstruct capitalism in a distinctively enterprising form" (Keat 1991, 15). Das Projekt selbst sollte ein „,enterprise‘ of enterprise culture" sein (Morris 1991, 21). Es innervierte einen moralischen Feldzug und bezog sich damit nicht nur auf die Ökonomie und den Unternehmer als Kapitaleigner oder Geschäftsgründer, sondern die gesamte „Lebenskultur" (vgl. ebd., 24). Aus Großbritannien sollte eine Gesellschaft der Unternehmer werden, jeder sollte sich als „Unternehmer seiner selbst" verstehen und tagtäglich Eigenverantwortlichkeit, Initiative und Kreativität zeigen. „Enterprise here means not simply an organizational form – that of separate units in competition – but an image of a certain mode of activity that could be applied equally to organizations such as hospitals or universities, to individuals within such organizations whether these be managers or workers, and, more generally, to persons in their everyday existence. [...] The ‚enterprising self‘ *was* the active citizen of democracy at work [...] Individuals had to be governed in light of the fact that they each sought to conduct their lives as a kind of enterprise of self, striving to improve the ‚quality of life‘ for themselves and their families through choices that they took with the marketplace of life" (Miller/Rose 1995, 455).[187]

In Deutschland formulierte die noch zu Zeiten der Regierung Kohl eingesetzte „Zukunftskommission" für Sachsen und Bayern in den 90er Jahren wohl am dezidiertesten das Programm des unternehmerischen Selbst. Wörtlich propagierte die Kernformel, den „Übergang von der ‚arbeitnehmerzentrierten Industriegesellschaft‘ zur ‚unternehmerischen Wissensgesellschaft‘ aktiv zu gestalten". Zum „Leitbild der Zukunft" wurde „der Mensch als Unternehmer seiner Arbeitskraft und Daseinsvorsorge" erhoben. Einfallstor der Kritik war auch hier das neoliberale Argument, Staat und Arbeitgeber könnten angesichts „des anhaltenden gesellschaftlichen und wirtschaftlichen Wandels" nicht mehr der Erwartung der Erwerbstätigen entsprechen, für Arbeitsplatzsicherheit und Absicherung bei „Arbeitslosigkeit, Krankheit und Pflegebedürftigkeit" zu sorgen. Deshalb sollte die Aufgabe des Staates darauf zugeschnitten werden, „die von ihm gesetzten Rahmenbedingungen so umzugestalten, dass individuelle Initiative und Verantwortung geweckt und gefördert

---

[187] Die Vorstellung, dass der Neoliberalismus wie eine intellektuelle Technologie in die Köpfe der Menschen zu setzen sei und die hegemoniale „Weltanschauung" deren Verhalten und „Charakter" dementsprechend formen würden, vertrat schon Friedrich Hayek, der sich bekanntlich für den Wettbewerb als Steuerungsprinzip ökonomischer Aktivitäten einsetzte und dem Staat lediglich die „ordnungspolitische Sicherung ‚selbstregulierender‘ privater Interaktionen" zugestanden wissen wollte (Plehwe/Walpen 1999, 213, vgl. 209).

werden" (Kommission 1998, 247). Als mobilisierbare Ressource und kalkulierbare Größe verbuchte man unter „Kapital" auch das Humankapital und erhob „Wissen" zu einem eigenständigen Produktionsfaktor. Das war gleichbedeutend mit einer Spaltung zwischen „Leistungsträgern" auf der einen Seite und dem „Rest" der Überflüssigen auf der anderen (vgl. Bergmann 1998, 325).[188]

Die Bedeutung des Konzepts des Unternehmers hat sich mit diesen politischen Programmen und im Zuge entsprechender Entwicklungen und Regelungen des Wirtschafts- und Erwerbslebens in den letzten Jahrzehnten deutlich verschoben: Es bezeichnet nicht mehr den Unternehmer als Kapitaleigner, „Boss" und verantwortlicher Entscheidungsträger, sondern auch den flexiblen Manager (vgl. Jaeger 1990), den Anteilseigner oder den Aktienbesitzer, als der sich heute jeder Mann und jede Frau zu einer durchgängigen „kapitalistischen Persönlichkeit" entwickeln können soll. Auf der einen Seite lässt das alltagsweltliche Börsenfieber die fallenden und steigenden Kurse zu einem *event* werden, so dass noch „das Ökonomische kommerzialisiert und [...] das Kommerzielle kulturalisiert wird" (Legnaro 2001, 106). Auf der anderen Seite stehen dem neuen „Arbeitskraftunternehmer" (Voß/Pongratz 1998) nicht mehr die Selbständigkeit zu und nicht die Ressourcen zur Verfügung, die in der klassischen Vorstellung vom Unternehmer noch geboten waren, um die Möglichkeiten und Notwendigkeiten der Entscheidung und der Gestaltung, und sei es, wie bei Schumpeter (1987), durch kreative Zerstörung, ausschöpfen zu können.[189] Der Unternehmer seiner selbst soll verantwortlich sein ohne die entsprechenden Möglichkeiten zur Disposition:[190] „The forms of freedom we inhabit today are intrinsi-

---

188 Eingesetzt wurde die Kommission von den jeweiligen Landesregierungen. Zu den Mitgliedern gehörten Ökonomen, Juristen und je ein Betriebsberater, Journalist und Soziologe neben einer Reihe weiterer Mit- und Zuarbeiter. Der Bericht ist ein Programm im Sinne des Konzeptes der Gouvernementalität: Es handelte sich nicht um eine wissenschaftliche Expertise mit bloß beratender Funktion für die Politik, noch war es Aufgabe der Kommission, für die Umsetzung ihrer Vision zu sorgen. Gerade deshalb, aufgrund dieser „Verantwortungslosigkeit", war es ihr aber auch möglich, den „neoliberalen Umbau" zu protegieren, indem sie einerseits beschrieb, was bereits Bestandteil tatsächlicher gesellschaftlicher Umstrukturierungen war und dabei die schon kursierenden Problematisierungen der Arbeitsmarktentwicklungen und der Sozialstaatlichkeit aufgriff; und indem sie andererseits einen neoliberalen Diskurs programmatisch fortschrieb und so dazu beitragen konnte, die entsprechende Rhetorik für Regierungszwecke anschlussfähig zu machen und hegemonial werden zu lassen (vgl. Freytag 2001, 85, 100); für eine Kritik vgl. außerdem Offe/Fuchs (1998).

189 Für eine ausführliche Darstellung des Diskurses vom kreativen Unternehmer vgl. Bröckling (2002).

190 Vgl. Andreas Zielcke: „Der neue Doppelgänger. Die Wandlung des Arbeitnehmers zum Unternehmer - Eine zeitgemäße Physiognomie", in: *Frankfurter Allgemeine Zeitung*, vom 20.7.1996.

cally bound to a regime of subjectivation in which subjects are not merely ‚free to choose‘, but obliged to be free, to understand and enact their lives in terms of choice under conditions that systematically limit the capacities of so many to shape their own destiny. Human beings must interpret their past, and dream their future, as outcomes of personal choices made or choices still to make yet within a narrow range of possibilities whose restrictions are hard to discern because they form the horizon of what is thinkable. Their choices are, in their turn, seen as realization of the attributes of the choosing self – expressions of personality – and reflect back upon the individual who has made them. The practice of freedom appears only as the possibility of the maximum self-fulfilment of the active and autonomous individual“ (Rose 1996, 17).[191]

3.3   Die Restrukturierung des Neoliberalismus

In gewisser Weise war die neoliberale Kritik von Anfang an subversiv, auch wenn sie zugleich konservativ oder reaktionär inspiriert gewesen sein mochte. Denn die Funktion und die Wirkung der Problematisierungen hatten gerade darin bestanden, die bestehenden Verhältnisse nicht nur in Frage zu stellen, sondern die Realität im gleichen Zuge auch zu verändern. Die Kritik, die dann später am Neoliberalismus einsetzte, sollte wiederum „zum Vehikel seiner Restrukturierung“ werden (Lemke 2001c, 26).[192] „There is“, wie John Braithwaite konstatiert, „limited appeal in a new regulatory state which does all the steering and leaves all the rowing to markets and civil society“ (2000, 234).[193] Jüngere Konzep-

---

[191] Die Formel „free to choose“ geht auf eine gleichlautende Publikation von Milton und Rose Friedman zurück, in der diese sich im Zuge ihrer Kritik an dem sozialstaatlichen Sicherungssystem im Jahre 1980 für Ronald Reagan als Präsidentschaftskandidaten aussprachen.

[192] Foucault beschrieb dieses Umkehrprinzip, die vielfältigen Zusammenhänge, in denen ein und der selbe Diskurs auftauchen kann, und die unterschiedlichen Effekte, die er hervorbringen kann, als taktische Polyvalenz von Diskursen: „Der Diskurs befördert und produziert Macht; er verstärkt sie, aber er unterminiert sie auch, er setzt sie aufs Spiel, macht sie zerbrechlich und aufhaltsam.“ Diskurse können also beides zugleich sein: „Es gibt nicht auf der einen Seite den Diskurs der Macht und auf der anderen Seite den Diskurs, der sich ihr entgegensetzt“. Vielmehr sind Diskurse „taktische Elemente oder Blöcke im Feld von Kräfteverhältnissen“, die mal die eine, mal die andere, auch entgegen gesetzte Strategie befördern können, „ohne ihre Form zu ändern“ (1983, 122-23).

[193] Braithwaite bemüht hier die Metapher der Politikberater Osborne and Gaebler (1993) von dem Staat, der das Schiff ist, das angetrieben, gerudert, und gesteuert werden muss. Ihre populär gewordene Vision von einem schlanken Staat und seiner Verwaltung sieht diesen mit der Steuerung betraut. Der liberale Nachtwächterstaat des Gesellschaftsvertrages hätte sich, diesem Bild zufolge, auf einen minimalen Schutz seiner Bürger vor den Unbilden des Lebens, wie Gewalt, Diebstahl und Betrug beschränkt, während diese das Steuer quasi

te und Diskussionen stehen einem radikalen Programm der Deregulierung eher skeptisch gegenüber und ziehen statt dessen Formen „responsiver Regulierung" und etwa eine Kombination Hayekscher Marktprogrammierung und Keynesianischer Regulierung vor (vgl. ebd., 225-26).[194] So kann man die neuere Diskussion um „global governance" oder „good governance" als ein Projekt beschreiben, die Alternative zwischen einer neoliberalen Dystopie der Marktgesellschaft und einer verloren gegangenen Utopie des Sozialismus zu überwinden. In Gang gesetzt von internationalen Agenturen wie den Vereinten Nationen oder der Weltbank ebenso wie von Politikwissenschaftlern und Polit-Strategen, aber auch von den in den 90er Jahren verstärkt aufkommenden, so genannten Nichtregierungsorganisationen ist dieses Projekt keineswegs ein einheitliches, und mal ist es eher analytisch-theoretisch, mal normativ reformorientiert (vgl. Brunnengräber/Stock 1999, 445-46; Brand et al. 2000; 2001). *Governance* statt *government* ist das Programm: Nicht Herrschaftsformen der Delegation von oben nach unten, sondern Formen des Regierens in eher horizontalen oder auf mehreren Ebenen verlaufenden Beziehungen visiert es an. Unterschiedlichste gesellschaftliche Gruppen und Institutionen, zivilgesellschaftliche Akteure und private Träger, sollen sich formieren und eine „aktive Partnerschaft" mit Staat und Regierung eingehen. Partizipation wird groß geschrieben. Lokale und regionale Einheiten sollen gestärkt und zugleich supranationale Zusammenschlüsse wie die Europäische Union gefördert werden. Von Partnerschaft statt Herrschaft ist die Rede, ebenso von Interessen-

---

selbst übernehmen sollten und rudern mussten. Idealtypisch gedacht wäre die „Keynesian mentality of a state [...] strong on rowing itself but weak on steering civil society", während der regulative neoliberale Staat durchaus den Führungsanspruch erhebt, aber die Arbeitsaufgaben delegiert: „[It] does all the steering and leaves all the rowing to markets and civil society" (Braithwaite 2000, 234).

194 Man kann, wie manche Beobachter das taten, die Verleihung des Nobelpreises für Ökonomie im Jahre 1998 an Amartya Sen als ein Indiz für das Ende der „marktradikalen Epoche des Neoliberalismus" werten. Der allerdings hatte nicht die Skepsis gegenüber staatlichem Interventionismus aufgegeben. Vielmehr steht sein Programm für das Eingeständnis, dass auch die Armut zumindest der (globalen) Verwaltung bedarf (vgl. Plehwe/Walpen 1999, 203, 219). Da es hier um die spezifischen Subjektivierungsmechanismen geht, die sich mit der Strategie der Responsibilisierung verbinden, und nicht um die Rekonstruktion der unterschiedlichen Schulen und *think tanks*, die den Neoliberalismus zu einem hegemonialen Diskurs befördert haben, werde ich auf diese nicht weiter eingehen. Zur Kritik an einem zum Scheitern verurteilten radikalen Marktliberalismus vgl. auch Hobsbawm (1999). Demgegenüber sieht Robert Castel die Transformationen umgekehrt verlaufen: Während er in seinem 1995 erschienen Buch zu *Metamorphosen der sozialen Frage* noch von einer „Aushöhlung der Erwerbsgesellschaft" ausging, diagnostiziert er später, angesichts einer verschärften Konkurrenz auf dem Arbeitsmarkt, der Umwälzungen im Bereich des internationalen Finanzkapitals und der technologischen Entwicklungen eher den „Zusammenbruch einer ganzen Struktur", indem die Gesellschaft „völlig vom Markt beherrscht wird" (Castel 2001).

gemeinschaften und Konfliktregelung statt von Interessengegensätzen. Zentralismus und Dirigismus sind zu ersetzen durch dezentrale, netzwerkartige und kooperative Steuerungsformen (vgl. Lemke 2001c, 25).

„Good governance" verbindet *providence* und Aktivierung und ist als solche eine „technology of citizenship": Selbständiges Engagement wird gefördert und gefordert, während Ressourcen vertragsmäßig zur Verfügung gestellt werden. Das Versprechen, an der Lösung von Problemen teilzuhaben, ist eine Technologie der Macht, die sich in Selbsttechnologien transformieren kann: „individuals learn to recognize themselves as subjects of democratic citizenship and so become self-governing" (Cruikshank 1999, 96). Wenn solche Aktivierungsprogramme, die Experten in Institutionen und Behörden offerieren, sich noch an den „Bürger" an den Rändern der Gesellschaft richten, beruhen sie freilich nicht auf dem klassischen Konzept von Zivilgesellschaft. Sie sind nicht wie im Gesellschaftsvertrag an den „citizen in general" adressiert, sondern an den „welfare recipient", den sie in „mutual obligations" aktiv einbinden und den sie auf dieser Basis einer „personal responsibility as citzens" erst zurückbinden an die Gesellschaft (Burchell 2000).[195] Empfänger staatlicher Leistungen sollen sich nicht länger in einer passiven Rolle sehen, sondern sich auf der Basis eines individualisierten Vertragsverhältnisses zu Aktivität und Gegenleistung verpflichten, welche ihrerseits die Voraussetzung für Leistungsgewährung und Integration sind. Für den Arbeitslosen gilt das Prinzip: „Finanzielle Unterstützung erfolgt nicht länger in Form von Versicherungsleistungen, auf die man ein Recht hat, sondern in Form von Beihilfen, die man KlientInnen im Rahmen eines Vertrages gewährt, der vorschreibt, dass man aktive Arbeitssuche nachweisen muss" (Rose 2000b, 19).[196] Hatte das vorherrschende *welfare* Konzept in „the collective governance *of* the poor" bestanden, so zielt das *workfare* Programm eher darauf, „to foster

---

[195] Abgesehen davon bezieht sich der traditionelle Begriff der Zivilgesellschaft in der politischen Theorie gerade „auf einen von der Ökonomie relativ unabhängigen Bereich der Selbstorganisation" (Hirsch 2001, 198) und ist insofern mit dem hier diskutierten Kontext einer Ökonomisierung des Sozialen nicht vereinbar. Für eine begriffliche Differenzierung und ein emphatisches Konzept von Zivilgesellschaft, das soziale Teilhabe als Voraussetzung politische Teilnahme versteht, vgl. Kessl (2001).

[196] Gleiches gilt noch für den verurteilten Straftäter, wenn der Erfolg seiner Besserung im Gefängnis oder im Rahmen der Bewährungshilfe nicht mehr nur abhängig ist von seiner Folgsamkeit, sondern von seinem individuellen, aktiven Engagement. „Straftechnologien" werden zu Selbsttechnologien und der Delinquent zum „entrepreneur of his own personal development". Der „agent of his own rehabilitation" wird selbst für verantwortlich erklärt, indem Trainingskurse und Therapien wie auf einer Angebotspalette präsentiert werden, die er zu seinen Gunsten wahrnehmen soll (vgl. Garland 1997, 191; zur Bedeutung der Responsibilisierung in Trainingskursen und von kognitiven Formen der Verhaltenstherapie mit Gewalttätern vgl. auch Krasmann 2000; Fox 1999).

self-government *by* the poor" (Hyatt 1994, 219).[197] *Citizenship* wird konditional: unter die Bedingung eines vertraglich geregelten adäquaten Verhaltens gestellt (vgl. Rose 1999a, 267).[198]

„Bürgerschaft hat aktiv und individualistisch statt passiv und abhängig zu sein" (Rose 2000b, 22). Wenn sich die unterschiedlichsten Problematisierungen des sozialstaatlichen Programms in den letzten Jahrzehnten, quer zum etablierten politischen Spektrum von „links" bis „rechts", auf diese gemeinsame Formel bringen lassen, haben wir es gleichwohl mit zwei Linien zu tun, entlang derer sich eine Restrukturierung des Sozialen vollziehen sollte. Schon in der programmatischen und wohl populärsten Devise von Margaret Thatcher zeigten sich die beiden Themen an: „There is no such thing as Society. There are individual men and women, and there are families".[199] Auf der einen Seite tritt der individuelle Akteur als Adressat der Regierung an die Stelle der Gesellschaft. Der Unternehmer seiner selbst befindet sich in einer „Gesellschaft" atomisierter Individuen, denn Eigenständigkeit entsteht nicht, so die Implikation, aus der sozialen Absicherung heraus, sondern durch das Zugeständnis von Autonomie. Zugleich verbinden sich, wie der zweite Teil des Slogans offenkundig macht, Erneuerung und Konservatismus in einer moralischen Doppelstrategie. Indem die einstige britische Premierministerin auf der anderen Seite die Bedeutung der Familie hervorhob, knüpfte sie an alte „viktorianische Werte" an. Über diese „Retraditionalisierung" konnte sie zugleich Plausibilität für die geforder-

---

[197] Zu Recht hat Bischoff (vgl. 2001, 148-151) auf die notwendige Unterscheidung zweier Steuerungsformen hingewiesen: Während der Neoliberalismus auf Selbststeuerung aller Marktteilnehmer setze, käme dem Staat im Humankapitalismus der aktivierende Part zu. Nur wenn man diese Form als eine erfolgreiche Restrukturierung des Neoliberalismus liest, kann man m.E. jedoch im Auge behalten, dass wir es hier sehr wohl in zweierlei Hinsicht mit einer „Fortsetzung" zu tun haben: Wie im Folgenden weiter zu erörtern, bleibt der Mechanismus der Zurückweisung des Einzelnen auf die Verantwortung, seine Fähigkeiten selbständig zu entfalten, weiterhin paradigmatisch im Verhältnis zum wohlfahrtsstaatlichen Regime, ebenso wie spezifische Formen sozialen Ausschlusses beziehungsweise die Drohung von Ausschluss.

[198] An diesem Prinzip der Verkoppelung sozialer Leistungen mit einem Vertrag zeigt sich beispielhaft, inwiefern von einem *Rückzug* des Staates zugunsten der Ökonomie keine Rede sein kann, im Gegenteil. Während der Verkaufsvertrag für gewöhnlich nur Zahlungsmodalitäten und etwaige Herstellergarantien einschließlich der Kundenbetreuung regelt, ist der „Verkauf" sozialer Leistungen mit Verhaltensauflagen verbunden. Der Staat greift auf diese Weise auf den Empfänger zu und in seine Lebensweise ein. – Zum prägenden Einfluss des amerikanischen Politologen Lawrence Mead auf die britischen und amerikanischen Reformen von *welfare* zu *workfare*, das Prinzip der „paternalistisch"-strafenden Mobilisierung von Arbeitslosen durch einen Zwang zur Arbeit auch gegen Minimallöhne statt einer „maternalistischen" Absicherung der Erwerbslosigkeit oder der Erwerbstätigkeit bei einem Mindestlohn, vgl. Wacquant (2000a, 34ff.).

[199] Margaret Thatcher: *The Downing Street Years*, 1993 (hier: 626), zit. n. Hunt (1999, 194); zuerst erschienen in einem Interview in *Women's Own* vom Oktober 1987 (vgl. Heelas/Morris 1992, 2).

ten neuen Tugenden des Unternehmergeistes herstellen, die Männer und Frauen gleichermaßen einbeziehen sollten. Im Kampf gegen den „bürokratischen Paternalismus des Wohlfahrtsstaates" mischte Thatcher die tradierten Rollenfestschreibungen auf und indem sie die Familie als einen elementaren Wert beschwor, suchte sie die bestehen bleibenden Widersprüche der gesellschaftlichen Arbeitsteilung gleichzeitig zu überdecken (vgl. Hunt 1999, 194-95).[200] An dieser Zweigleisigkeit manifestiert sich ein programmatischer Widerspruch: Weil die Unternehmerkultur nur die selbstbezüglichen Bestrebungen, nicht aber das aktive Engagement des Bürgers im Sinne des öffentlichen Wohls protegierte, sah der damalige Innenminister Douglas Hurd die Notwendigkeit, ergänzend zur „enterprise culture" auch die Idee des „active citizenship" zu fördern (vgl. Morris 1991, 85; Rose 2000b, 23). Ein solcher Appell meinte nicht das Engagement im Sinne eines abstrakten gesellschaftlichen Ganzen. Er bezog sich vor allem auf lokale, kleinere Einheiten, auf *Communities*. Dabei stand der neoliberale Appell an den aktiven Bürger und das autonome, atomistische Individuum keineswegs im Gegensatz zu einer auf bestimmte Werte setzenden „Etho-Politik" der Gemeinschaftsstiftung (vgl. Rose 1999a, 188). Denn das vor allem auch kommunitaristisch inspirierte Bemühen um ein neues Solidarprinzip bezog sich nicht auf ein Konzept tradierter Gemeinschaft im Tönniesschen Sinne, sondern auf künstlich herzustellende *Communities*, für deren Zugehörigkeit man sich entscheidet, statt in sie hineinzuwachsen (vgl. Lash/Urry 1994, 50).[201]

Der propagandistisch-paternalistische Tenor, der das Thatcher-Programm einer konservativen Revolution unterstrichen hatte, mag sich heute erübrigt und in dem Maße verflüchtigt haben, in dem das aktive, autonome unternehmerische Selbst zu einem selbstverständlichen Bestandteil der unterschiedlichsten „dritten Wege" in den Regierungen der westeuropäischen Länder geworden (vgl. Rose 2000b, 9) und eine

---

[200] Mit dem Begriff der „Retraditionalisierung" buchstabiert Alan Hunt hier das Konzept von Clifford Geertz aus. Eine ähnliche Argumentation zur Verbindung von Konservatismus und Erneuerung im Thatcher-Programm entwickelt auch Heelas (1991).

[201] Vor diesem Hintergrund liegt der Gebrauch des englischen Begriffs der *Community* nahe, der nicht wie der deutsche das Tradierte von Gemeinschaften konnotiert. Mit einer Form des „Regierens durch Community" und mit aktivem Bürgerengagement verbinden sich andere Strukturprinzipien als mit einer Regierungsweise unter dem „Vorrang ‚des Sozialen'". Hier kann nur kurz darauf eingegangen werden: Indem die Regelung sozialer Probleme und Belange auf die Ebene von *Communities* und an den aktiven Bürger zurückgebunden werden, fragmentiert sich der soziale Raum. Sowohl eine auf das gesamte Kollektiv der Gesellschaft bezogene Moral der Verpflichtung wie auch ein Begriff von Integration verschieben sich zugunsten gemeinschaftlicher Integration bei gleichzeitigem Ausschluss derjenigen, die deren Werte nicht teilen oder sich in diese nicht einkaufen können (vgl. ausführlich Rose 2000c, 82-89).

Umstrukturierung von Institutionen, Bürokratie und Unternehmen in eben diese Richtung verlaufen ist. In dieser Studie geht es jedoch nicht darum, das empirisch zu prüfen und nachzuweisen, sondern herauszuarbeiten, wie man die Formen der Subjektivierung, die sich mit der Strategie der Responsibilisierung und prototypisch mit der Figur des Unternehmers seiner selbst verbinden, von einem Begriff der Selbstdisziplinierung und der Selbstkontrolle unterscheiden kann, die sich auf eine soziale Regierungsweise bezieht. Denn wie gesehen, sind zunächst alle diese Formen der Subjektivierung Formen einer liberalen Regierung in dem Sinne, dass sie auf der Basis der Freiheit der Individuen operieren – die sie nur jeweils anders strukturieren. Ich werde zunächst an einer idealtypischen Unterscheidung ansetzen, um daran anknüpfend deutlich zu machen, worin der weiter gehende analytische Gewinn bestehen kann, wenn man mit dem Konzept der Gouvernementalität Technologien des Regierens fokussiert.

3.4 Kluge Selbstmobilisierung

> *„Einer der gesellschaftlichen Ursprünge des Gedankens, Zeichen müssten erst entschlüsselt werden, lässt sich bis ins letzte Jahrhundert zurückverfolgen – bis hin zur Interpretation, die in der Stadt des 19. Jahrhunderts der äußeren Erscheinung der Menschen zuteil wurde: Das Äußere galt als Hülle, unter der das Individuum verborgen ist."*

> *Richard Sennett (1986, 110).*

Der neoliberale Unternehmer seiner selbst hat sich nicht nur als arbeitnehmender Produzent von Waren und Dienstleistungen zu verstehen, sondern vor allem auch als Konsument (vgl. Keat 1991, 3). Denn für ein neoliberales Projekt der Durchsetzung der Prinzipien des Marktes in der Gesellschaft sind beide Komponenten elementar, die Förderung einer „Konsumkultur" und die Aktivierung selbständiger produktiver Tätigkeit. Dabei ist der Konsument nicht das Gegenstück zur Figur des unternehmerischen Selbst. Er ist in dieser aufgehoben (vgl. Gordon 1991, 44), stellt er doch eine Form der Einlösung jenes Versprechens dar, sich in freier Wahl der Lebensführung selbst zu verwirklichen. Betrachtet man die Konsumkultur unter der Perspektive von Techniken des Regierens, dann kann sie als eine Weise der Aktivierung von Subjekten bezeichnen, sei es, dass der Konsum von Gütern, welche die Lebensqualität steigern, einen Anreiz für Arbeitsleistungen bildet; oder sei es, weil die käuflichen Objekte es erlauben, beruflichen Erfolg und Leistung in kommodifizierte Zeichen und entsprechende gesellschaftliche Zugehörigkeit zu übersetzen (vgl. Rose 1992a, 160; O'Malley 1993, 170). In diesem letzteren Falle bezieht der Konsum sich weniger auf die Waren selbst als vielmehr auf die Zeichen, die man damit setzen kann.[202]

Selbstdarstellung durch Lebensstilsymbole ist eine Form des Austausches innerhalb einer spezifischen Zeichenwelt (vgl. Rodaway 1995, 266; vgl. Featherstone 1987, 56): „by the reign of the eye". Identität wird hier zu einer Frage des äußeren Erscheinungsbildes, das lesbar ist auf der Oberfläche „of meaningful images and quickly readable signs" (Laermans 1993, 100). Wenn Individualität sich in Lebensstilsymbolen artikuliert und als Markenzeichen präsentiert, nehmen die Beziehungen zwischen den Menschen die Form eines Spektakels an: Der situationistische Kulturkritiker Guy Debord sah das „gesellschaftliche Verhältnis zwischen Personen" im Kapitalismus durch kommodifizierte Bilder vermittelt und objektiviert. Das führe nicht nur zu einer Entfremdung zwischen Produktionsprozess und individueller Lebensgestaltung, sondern auch der Menschen untereinander. „Die Sprache des Spektakels besteht aus Zeichen der herrschenden Produktion, die zugleich Endzweck dieser Produktion sind" (1996, 14-15; vgl. 27).

Dabei sind der Wahlfreiheit in einer Konsumkultur, die Freiheit und Selbstverwirklichung in der Entscheidung für bestimmte Güter und Marken verspricht, nicht erst durch die jeweiligen finanziellen Möglichkeiten Grenzen gesetzt. Vor allem handelt es sich um eine immanente Freiheit, da die Form der Anerkennung die kapitalistische Leistungskultur nur reproduziert (vgl. Rosa 1998, 207).[203] Kaum kann von einer

---

[202] In soziologischer Perspektive lässt sich eine solche Trennung freilich nicht aufrechterhalten und ist hier auch nur ein analytisches Hilfsmittel: Wie Bourdieu (1987) nicht zuletzt in den *feinen Unterschieden* gezeigt hat, ist insbesondere das Konsumverhalten geprägt von soziokulturellen Praktiken, die sich in den Habitus individuell einschreiben und als solche nicht immer bewusst, aber niemals singulär, sondern eben immer auch sozial sind. Dass Konsum sich weder auf bloße konsumtive Aneignung noch auf eine Funktion zum Zweck der Selbstdarstellung reduzieren lässt, hat z.B. Miller (1998) in seiner ethnographischen Studie gezeigt, nicht zuletzt anhand der Unterscheidung zweier alltagsweltlicher Erlebnisformen, die zugleich für zwei Ethiken des Selbst oder des Alltags stehen: das „treat", als das besondere, reizende Erlebnis, dass man sich selber im alltäglichen Konsum verschafft, und des „thrift", das sich auf das Ziel, Geld zu sparen, nicht beschränkt, sondern einen eigenen Anreiz bildet.

[203] Wie Rosa anmerkt, bringt der liberale Wahlkampfslogan „Leistung muss sich wieder lohnen" (1998, 207; im Original deutsch) diesen Zusammenhang unverblümt auf den Punkt. „The choice before us, therefore, is not between paternalistic politics and free market-society, but between a politically powerless market-paternalism and genuine democratic self-government" (ebd., 211).

Freiheit, die Widerständigem und Ungeregeltem Platz böte,[204] die Rede sein und von einer Befreiung vom Identitätszwang allenfalls im ironischen Sinne: Die individuelle Note ist mit der Marke nicht nur verwechselbar, sondern austauschbar (vgl. Augé 1994, 124). Für den vorliegenden Zusammenhang ist jedoch nicht das Regime der Konsumkultur für sich genommen interessant, sondern die Frage, wie dieses sich durch eine Flexibilisierung des Arbeitsmarktes (vgl. Sennett 1998) und unter den Bedingungen einer verschärften Konkurrenz um (unsichere) Arbeitsplätze in Subjektivierungsweisen reproduziert.

Wie empirische Untersuchungen zu strukturellen Veränderungen der betrieblichen Arbeitsorganisation gezeigt haben, dehnen sich die Anforderungen an den neuen Arbeitskraftunternehmer, etwa selbsttätig für die eigene Qualifizierung zu sorgen oder räumlich und mental flexibel zu sein, zusehends auf die gesamte alltägliche Lebensführung aus (vgl. Voß/Pongratz 1998).[205] Der eigene Körper des Selbstunternehmers und Konsumenten wird zu einem wichtigen Medium, nicht nur der Selbstdarstellung über Lebensstilsymbole, sondern auch der Arbeit an sich selbst, die ihm das Erwerbsleben abverlangt. „Fitness" wird zum Programm einer Körperkultur, die unter dem Vorzeichen des Selbstunternehmertums eine besondere Prägung erhält. Denn in dem Dauerstrom eines Flexibilität und Leistungsbereitschaft abfordernden Kompetivismus, wird das Individuum selbst zu einer *aktiven Ware*, die Marke ICH© (Seidl/Beutelmeyer 1999), die sich anbieten und die Fähigkeit haben muss, sich selbst vorteilhaft zu präsentieren und zu verkaufen. Fitness ist dann weniger Ausdruck des persönlichen Wohlbefindens, die gute körperliche und geistige Verfassung vielmehr unentbehrliche Voraussetzung für die Leistungsanforderungen und das Erfolgsstreben in einer wenig gesicherten Arbeitswelt. So wie die Konsumkultur das „excitement" betont, um die Überflussproduktion zu befördern (vgl. O'Malley 1993, 160),[206] verliert sich auch hier das Maß von Leistung und Erfolg mit den grenzenlos möglichen Herausforderungen, wenn auf einen Höhepunkt in der Karriere immer schon der nächste mögliche wartet und auf einen Erfolg in der eigenen Leistungsbilanz immer schon die

---

204 So die Wendung, die Pizzorno (1992, S. 207) dem Foucaultschen Begriff von Freiheit verleiht.

205 Während der Unternehmer seiner selbst in der Lesart der *governmentality studies* für ein Programm der Transformation der Gesellschaft oder gesellschaftlicher Teilbereiche steht, gingen Voß und Pongratz in ihren Untersuchungen von einem Idealtypus des Arbeitskraftunternehmers aus, der eine empirische Anschauung wiedergibt (vgl. Bröckling 2002).

206 O'Malley (1993) sieht darin eine Zwangsläufigkeit, mit der das Disziplinarmodell an Bedeutung verlieren musste: Weil es lustfeindlich sei, habe es auf Dauer den Ansprüchen eines funktionierenden Kapitalismus, der auf Wachstumslogik und Überflussproduktion angelegt sei, nicht genügen können.

konkurrierende Leistung der anderen. Das Disziplinarindividuum und der gelehrige, zu domestizierende Körper scheinen hier deplatziert zu sein: Während eine gemäßigte Lebensweise im disziplinären Regime als Voraussetzung für „Gesundheit" gilt, gestaltet sich der Selbstzugriff auf den Körper in einem Fitnessregime, das auf permanente Leistungssteigerung aus ist, eher wie ein unendliches Modellieren (vgl. Bauman 1995a; 1997, 187-194).[207] Statt Charakterbildung, die sich auf innere Qualitäten bezieht, zählt die Formung der eigenen Persönlichkeit, die sich vor allem durch gekonnte Selbstdarstellung ausweist.[208] Das heißt jedoch nicht, dass disziplinäre Technologien und mit ihnen die Vorstellung von einem durch seine innere Wahrheit bestimmten Selbst allmählich durch ein bloß außengeleitetes Individuum abgelöst würden, das, wie es David Riesman (1956) einst kritisch zeichnete, in einer konsumorientierten Welt selbst orientierungslos und nur Spielball äußerer (An)Reize ist (vgl. Scheerer 1996). Mindestens zwei Differenzierungen

---

[207] Mit seinen Analysen charakterisiert Bauman ausdrücklich eine postmoderne Gesellschaftsverfassung, die er von der Moderne u.a. aufgrund dieser Erosion fixierbarer normativer Bezüge absetzt. Der Begriff der Postmoderne ist jedoch genauso problematisch wie der der Spätmoderne: Sie suggerieren, wir hätten es mit einer Konstitution der Gesellschaft *nach* der Moderne zu tun oder aber mit einer Moderne, deren Höhepunkt bereits überschritten sei. Eine Unterscheidung macht lediglich für den Zweck einen Sinn, die Moderne selbst zu typisieren und auf dieser Basis die Infragestellung ihrer klassischen Ideale bzw. das Fragwürdig Werden ihrer klassischen Vorstellungen zu einer gegebenen Zeit oder in einem bestimmten Zusammenhang herausarbeiten zu können (vgl. auch Rosa 1999, 387, Anm. 4). Im Sinne einer Dialektik der Aufklärung (Horkheimer/Adorno 1971) bedeutet das allerdings nicht ein Mehr oder eine bessere Aufklärung, sondern eine Form der Reflexion, die selbst modern, selbst dem Begriff von Aufklärung eingeschrieben ist.

[208] Individualität sei heute, so Hunt, weniger eine Frage der Charakterbildung – noch in der Vorstellung des 19. Jahrhunderts „conceived of as a set of external virtues (perseverance, honesty etc.) to be mastered and incorporated into the self" –, sondern der Persönlichkeit, die man sich auf dem Wege von „self-discovery" und Selbstdarstellung zu erarbeiten habe (1999, 4). Analog zur Weberschen Unterscheidung zwischen sinnhaftem, intendiertem Handeln und bloßem Verhalten, das jegliche Form menschlicher Aktion, auch Impulse oder spontane Reaktionen umfasst, bezeichnet die „Persönlichkeit" grundsätzlich den allgemeineren Begriff, der alle Formen des Verhaltens, einschließlich des Handelns einschließt, während der „Charakter" mit der Fähigkeit der Selbstkontrolle als Voraussetzung für soziales Handeln verbunden ist. Spricht man von dem Charakter, den eine Person hat, so bezieht man sich auf die moralischen und ethischen Aspekte seiner Persönlichkeit, auf „features of conduct which are considered to permit an ethical ‚reading' of the person" (Campbell 1996, 153). Einen „starken Charakter" hat eine Person dann, wenn sie über eine starke Willenskraft und folglich über die entsprechende Durchsetzungsfähigkeit verfügt. Es ist Fähigkeit der Selbstbeherrschung, die es ihr erlaubt, die Dinge nach ihrem Wollen und Willen, auch gegen mögliche Widerstände (mit) zu gestalten: „successfully carrying out decisions despite behavioural resistance" (ebd., 156). Und in diesem spezifischen Sinne liest sich das Konzept auch als das Programm der Moderne, die Menschen zu Individuen mit einem starken Willen und einer dementsprechenden Fähigkeit der Selbstbeherrschung zu machen: „the programme of reconstructing society through the reconstruction of the person [...] a moral crusade to turn ‚behavers' into ‚actors' [..., of] ‚building character'" (ebd., 150).

sind bei dieser idealtypischen Gegenüberstellung geboten. Zum einen beschreibt sie nicht einen verallgemeinerbaren Prozess der Individualisierung und zum anderen bedeutet das nicht, dass ein auf die Wahrheit eines inneren Selbst fokussiertes Identitätsdenken und mit ihm psychologische Expertise an Bedeutung verlören.

Individualisierung

Wollte man von einer Ablösung des Disziplinarindividuums sprechen, so ließe sich eine solche Entwicklung auch als der Begleiteffekt einer reflexiven Moderne ausbuchstabieren, die Anthony Giddens unter anderem als Voraussetzung für eine „Emanzipation" des Körpers begreift. Einerseits sei der selbst zum Gegenstand eines reflexiven Zugriffs und der Modulation geworden, während er andererseits einen der wenigen ontologisch verlässlichen Haltepunkte bilde. Die Orientierungsgrößen der individuellen Lebensgestaltung und -führung hätten sich bis zur Beliebigkeit vervielfältigt, Verlässlichkeit müsse daher erst mühsam selbst-reflexiv erzeugt werden (vgl. 1991, 218). „Self-confidence becomes body-confidence," so auch Helmuth Berking und Sighard Neckel (1993, 67), „identity politics becomes body politics and lifestyle turns increasingly into ,body-styling'."[209] Eine allgemeine Diagnose von Prozessen der Individualisierung, der Entbindung des Einzelnen aus tradierten Orientierungsmustern und einer sie begleitenden Pluralisierung von Lebensstilen, Lebenswelten und Möglichkeiten der Lebensgestaltung ist jedoch nur gesamtgesellschaftlich betrachtet haltbar. Überträgt man sie auf individuelle Perspektiven und Lebenssituationen, mündet das schnell in einen Kulturpessimismus und -optimismus gleichermaßen, in eine künstliche Polarisierung von Entscheidungszwängen auf der einen Seite und scheinbar strukturlosen Freiheitsräumen auf der anderen, die gleich einem Automatismus der bloße Reflex moderner und komplexerer Kontingenzbewältigungszwänge zu sein scheinen.[210]

---

[209] Das neue „sportive Körperideal" transportiere nicht nur „den Mythos seiner Machbarkeit mit", so L. Rose (1997, 129). Für Frauen sei es überdies gleichbedeutend mit der Anforderung, dem neuen Frauenbild im Dreieck von Schwangerschaft als Selbstverständlichkeit und biografisches Highlight, Attraktivität sowie (beruflichem) Erfolg gerecht zu werden.

[210] Aus dieser Dichotomie erklärt sich auch die Interpretation von Giddens (1991), der dem späten Foucault der Selbsttechnologien gleich eine Politik der „Befreiung" unterstellt, während der Diskurs über die sexuelle Befreiung für Foucault, das haben wir gesehen, selbst Teil des Dispositivs ist, das zu seiner Befreiung aufruft und die Subjekte auch dadurch an ihre Vorstellungen von sich selbst als sexuelle Wesen bindet.

Auf der Handlungsebene ändert sich für den Einzelnen jedoch zunächst einmal nur, dass er den tradierten kulturellen Praktiken nicht selbstverständlich folgen, sondern sie prinzipiell reflektieren muss und variabel gestalten kann. Das befreit ihn aber nicht von der grundsätzlichen Notwendigkeit, sein Handeln immer auch auf Routinen, Gewohnheiten und Fraglosigkeiten zu stützen und Selbstverständlichkeiten auszubilden, die wiederum Voraussetzung dafür sind, sich nicht in einer eher theoretisch bestehenden Vielfalt von Handlungsoptionen zu verheddern und sich statt dessen auf bestimmte Bereiche kreativer Lebensgestaltung konzentrieren zu können. „In this very basic sense not only is the modernist dream of a completely reflexive actor an impossibility, but so too is the idea of a personal and social world without traditions" (Campbell 1996, 164). Insofern ist schon rein handlungstheoretisch gesehen festzuhalten, „[that] there are very real limits on the degree to which actors can *in practice* be reflexive" (ebd., 165), obwohl die Wahlmöglichkeiten für den Einzelnen abhängig vom jeweiligen Handlungsrahmen und von seinem spezifischen sozialen Kontext theoretisch zahlreich sind.

Um theoretisch produzierte Antinomien zu vermeiden, wäre Individualisierung daher als ein relationales Konzept zu begreifen, das nicht von natürlichen Subjekten ausgeht, sich vielmehr auf *Formen* der Subjektivierung bezieht. Deren Formen verändern sich mit den jeweiligen Technologien, sind aber nicht aus generellen Entwicklungen ableitbar.[211] Eine Gegenüberstellung von Regimen der Selbstdisziplinierung und Regimen der Selbstmobilisierung ist folglich nur sinnvoll und zweckmäßig, um Mechanismen der Subjektivierung zu kennzeichnen, ohne dass diese ihrerseits eine Entwicklung anzeigten. So verstanden könnte die folgende Typisierung für die weiteren Überlegungen im Bereich der Kriminologie hilfreich sein: Disziplinarmechanismen sind eher reglementierend und operieren auf der Basis einer inhaltlich explizierbaren Normativität, während noch Formen der Bestrafung als *ultima ratio* an die Erwartung einer Konformität geknüpft und insofern inklusiv ausge-

---

[211] So kann „Individualismus" sich auf die besondere Wertschätzung der Singularität des Individuums oder aber des Privatlebens beziehen oder auf „die Intensität der Selbstbeziehungen" verweisen, ohne dass das eine mit dem anderen gleichlaufen muss (Foucault 1989, 58-60): „Für Foucault gibt es keine Individualisierung im Allgemeinen, sondern lediglich unterschiedliche Individualisierungsprozesse, die kaum mehr als den Namen gemeinsam haben. Statt das Individuum zu naturalisieren wie die liberale Tradition, analysiert Foucault es selbst als ein soziales Verhältnis". So haben neoliberale Strategien der Verantwortungszuweisung nicht eine Vereinzelung der Gesellschaft zum Effekt, sondern bilden spezifische Beziehungen, des Verhältnisses zu sich selbst und zu anderen, aus, wobei die Akteure „nicht empirische Einzelne [..], sondern [...] auch kollektive Subjekte wie Unternehmen, Behörden oder Vereine" sein können (Lemke et al. 2000, 31).

richtet sind. Demgegenüber beruhen avanciert liberale Technologien darauf, „die Neigung der Subjekte selbst anzuzapfen", sie eher durch äußere Anreize und indirekt zu aktivieren, „um sie in Einklang mit" bestimmten Zielen zu bringen (Rose 2000b, 18), während die *ultima ratio* sich hier auf spezifische und systematische Formen der Exklusion bezieht.

Das unabschließbare Selbst

Obgleich man Konsumtechnologien als außenorientierte Freiheitspraktiken von psychologischen Technologien als innengeleiteten Freiheitspraktiken unterscheiden kann, wären beide noch einer Identitätslogik zuzurechnen und mithin „the view that the truth of the self is lodged within". Beide Formen von Technologien operieren über die Vorstellung, dass wir uns über unsere Identität definieren, sei es indem wir meinen, unser tieferes Inneres dechiffrieren zu müssen, oder indem wir unsere Individualität dadurch zum Ausdruck bringen, wie wir in der Welt agieren: „whilst the inner journey seeks to fix one ‚authentic' identity, the outwards display is a game of surfaces and styles, a conscious act of self-presentation" (Rose 1992a, 14). Eine analytische Trennschärfe zwischen einem innerlich oder äußerlich konstituierten Selbst steht noch durch einen weiteren Zusammenhang in Frage: So wie Marketing-Strategien von psychologischer Expertise profitieren (Rose 1999a, 84-85), ist auch der Unternehmer seiner selbst vielleicht mehr denn je auf sie angewiesen. Denn unbegrenzte Einsatzbereitschaft wird ihm ebenso abverlangt wie Augenmaß. So soll er zum Risiko und zu immer wieder neuen Höhenflügen bereit sein, gleichzeitig muss er „wohltemperiert" (Miller 1993) bleiben und besonnen und vorausschauend handeln. Der neue Unternehmer soll ein *homo prudens* sein (O'Malley 1996).[212] Wenn die Fähigkeit, sich selbst und die Risiken des Lebens richtig einzuschätzen, ebenso permanent geboten ist wie die Erwartung vorherrschend, sich selbständig immer weiter zu qualifizieren, könnten Ratgeberbücher und Selbsthilfegruppen als wichtige Orientierungshilfen reflexiver Selbsterkenntnis, der Förderung der Fähigkeit adäquater

---

[212] Neoliberalismus stehe nicht im Gegensatz zur Versicherungstechnologie, dem „actuarialism", so O'Malley (1996, 197), sondern verknüpfe das Kalkül von Risiken mit individueller Verantwortung: Risiken werden nicht sozialisiert, sondern individualisiert: „Better understood as *prudentialism*, it is a technology of governance that removes the key conception of regulating individuals by collectivist risk management, and throws back upon the individual the responsibility for managing risk." Die Unternehmer-Rhetorik untermauere diese Technik des Regierens über Verantwortungszuweisung: „and the more enterprising they are, the better the safety net they can construct."

Selbsteinschätzung und der Stärkung des Selbstwertgefühls, reüssieren,[213] gerade wenn die traditionellen Autoritäten, von der Religion bis hin zur Politik, an Einfluss verloren haben sollten. Schließlich wäre das Ende eines Regimes von Vorschriften und direkter Reglementierungen weder gleichbedeutend mit einem Ende der Moral noch mit einem Mehr an Autonomie. In dem Maße, in dem eine neoliberale Rhetorik Wahlfreiheit postuliert, sind wir „gezwungen, frei zu sein", und in dieser Freiheit gezwungen, uns selbst abzusichern und zu vergewissern, während die Verantwortung für die gewählte Lebensweise, gleich auf welchen tatsächlichen finanziellen und sozialen Möglichkeiten sie beruht, auf denjenigen zurückfällt, der die Entscheidungen getroffen hat (vgl. Hunt 1999, 218-220; Rose 1992a).

Doch psychologisches Expertenwissen muss nicht zwangsläufig auf das Konzept eines inneren Selbst rekurrieren, das sagen schon die unterschiedlichsten Spielarten des Behaviorismus, einer Theorie- und Therapietradition, die sich immer schon ausdrücklich von einem solchen Ansinnen distanzierte. Das zeigen aber auch eine Reihe neuerer Führungskonzepte in Unternehmen, Managementstrategien, die in jüngerer Zeit auch in Deutschland populär geworden sind. Gemeinsam ist ihnen, dass sie das Individuum als ein Konglomerat menschlicher Ressourcen begreifen, die es zu aktivieren und zu steuern gilt. Zwar gehen solche Technologien, die auf psychologischem Expertenwissen aufbauen, von einem autonom handelnden Individuum aus. In ihrem Beurteilungsmodus und den Formen der Mobilisierung von Individuen konstituieren sie jedoch flexibilisierte Subjekte, deren Form mit der Begriff der Oberfläche treffender beschrieben ist denn als Formung eines inneren Selbst. Das folgende Beispiel soll das verdeutlichen.

Die „totale Qualitätskontrolle", denen die Mitarbeiter in Konzepten des *Human Resource Management* unterstellt werden, funktioniert wie eine nicht-disziplinäre panoptische Technologie. Beispielhaft ist das Verfahren der 360°-Feedbacks, in dem jeder Mitarbeiter sich durch die Ande-

---

213 Beispielhaft hierfür sind auch die *self-esteem*-Bewegungen, die in Kalifornien sogar zum politischen Programm erhoben wurden (vgl. die *California Task Force to Promote Self-Esteem and Personal and Social Responsibility, California Department of Education* 1990 und etwa Mecca et al. 1989). Auf der Basis einer Stärkung des Selbstvertrauens sollte letztlich mit den individuellen Fähigkeiten auch die soziale Kompetenz gesteigert werden. Das emanzipatorische Versprechen überdeckte jedoch die damit verbundene gesellschaftliche Funktion – Ziel war es letztlich, die soziale Verantwortungsbereitschaft zu stärken – und die damit verbundenen Anstrengungen des „self-government", die ein so verstandenes auferlegtes Programm dem Einzelnen abverlangt (für eine ausführliche Kritik vgl. Cruikshank 1999, Kap. 4). Eine ähnliche Vorstellung verfolgt auch Giddens (1991), der mit dem Konzept der „life politics", verstanden als „a politics of decisions", auf die Stärkung von Selbstvertrauen, Eigeninitiative und Eigenverantwortung setzt.

ren jeweils anonym, an einem standardisierten Fragenkatalog entlang, eingeschätzt sieht. In diesem wechselseitigen Beurteilungsverfahren wird ein jeder für den Anderen sichtbar, wobei sich das Benthamsche Prinzip gleichsam multipliziert: Nicht ein Überwacher steht im Mittelpunkt, vielmehr sind es die Vielen um einen herum, die wohl aus dem alltäglichen Umgang bekannt oder vertraut sein mögen, die über den Fragebogen aber zu anonymen Prüfern werden. Jeder trifft für den anderen die Urteile und jeder muss sich den Urteilen der anderen unterwerfen. Das macht keineswegs alle gleich, aber alle miteinander vergleichbar, unterwirft sie dem „Diktat des Komparativs". Das Individuum als Charakter oder Persönlichkeit löst sich in diesem Beurteilungsraster auf, nicht nur weil die Gesamteinschätzung durch seine Kollegen und Vorgesetzten letztlich eine Durchschnittseinschätzung ist. Vielmehr bringt das gesamte Verfahren, in dem anonyme Datensammlung und anschließendes, individuelles Coaching sich ergänzen, ein gleichsam mobiles Selbst hervor. Der turnusmäßige Ablauf hat dabei den Effekt einer latenten Dauerprüfung, die das Beurteilungsprinzip gegenwärtig hält und damit auch die Anforderung, sich selbst zu kontrollieren und weiter zu qualifizieren. Selbstverbesserung wird zur vorauseilenden Aufgabe für den nächsten Feedbacklauf. Das Urteil selbst freilich ist gerade nicht auf Dauer gestellt. Es gilt sich den Einschätzungskriterien immer wieder neu zu stellen. Weil diese überdies jeweils optimale Qualifikationen anzeigen, müssen sie zwangsläufig im Widerspruch zueinander stehen. So lässt sich etwa aggressive Durchsetzungsfähigkeit, die auf der einen Seite im Sinne unaufhörlicher Leistungssteigerung und Erfolgsorientierung gefordert ist, schwerlich vereinbaren mit Einfühlungsvermögen, maßvollem Urteilsvermögen und vertrauensvollen Umgangsweise als Führungsqualitäten. Diese Widersprüchlichkeit und die Vielstimmigkeit des Urteils, sind offenbar gewollt. Erst durch sie wird das Bemühen um Selbstoptimierung zu einem unentwegten, unabschließbaren Unterfangen. Geistige und leistungsmäßige Beweglichkeit sind nicht nur wichtige Qualitäten, die man in dem Kriterienraster abrufen kann, sondern die das Verfahren selbst hervorruft, während das Individuum, im gedachten Erfolgsfalle, entweder zu einem unerreichbaren Multitalent fusioniert oder sich verflüssigt in multiple und, je nach situativem Erfordernis, variabel abrufbare Talente (vgl. Bröckling 2003; 2000). Bevor eine solche Form der Konstituierung eines „Oberflächenselbst" nun weiter mit neoliberalen Regierungstechnologien in Verbindung gebracht werden kann, sei zunächst vergegenwärtigt, was diese ihrerseits ausmacht.

3.5   Umcodierungen

In der Vorlesungsreihe über die „Genealogie des modernen Staates" erörterte Foucault die spätere Entwicklung einer „liberalen Kunst des Regierens" anhand der neoliberalen Theoretiker der Nachkriegszeit in Deutschland, Frankreich und den USA. Für die vorliegende Fragestellung von besonderem Interesse ist die politische Rationalität des Neoliberalismus, welche die US-amerikanische „Chicagoer Schule" prägte, nicht nur weil diese den hegemonialen neoliberalen Diskurs der 90er Jahre bestimmen, sondern auch weil sie sich für die kriminologische Theoriebildung bis in die Gegenwart als einschlägig erweisen sollte. Was das Spezifische dieser Rationalität ausmacht, lässt sich im Vergleich mit der Perspektive der deutschen „Ordoliberalen" verdeutlichen. Beide kritisieren in klassisch liberaler Tradition ein Zuviel des Staatsinterventionismus und -dirigismus und einen aufgeblähten bürokratischen Apparat, differieren aber im Hinblick auf die Konzeption des Verhältnisses von Gesellschaft und Ökonomie.[214]

In Deutschland traten die Ordoliberalen in der Nachkriegszeit bis Anfang der 60er Jahre für die Idee einer sozialen Marktwirtschaft ein, die der politischen Unterstützung und der Förderung durch entsprechende soziale Programme bedarf. Der Vorstellung von einem Unternehmertum, das die soziale Existenz und die sozialen Beziehungen formen und zugleich zwischen den beiden Sphären der Ökonomie und des Sozialen vermitteln sollte, kam auch hier eine zentrale Funktion zu. Gleichermaßen sollten „eine Politik der Ökonomisierung des sozialen Feldes und eine ‚Vitalpolitik'" gefördert werden, die auf der Basis einer Mobilisierung moralischer und kultureller Werte gegen „die Negativeffekte des ökonomischen Spiels" steuern sollte (Lemke 1997, 246-47). Diese soziale Komponente verschwindet in der US-amerikanischen Variante des *Rational Choice*-Ansatzes der Chicago-Schule: „Während die westdeutschen Ordoliberalen die Idee einer Regierung der Gesellschaft im Namen des Ökonomischen verfolgten, versuchen die US-amerikanischen Neoliberalen eine Neudefinition des Sozialen als eine Form des Ökonomischen". Die unterschiedlichen Sphären der Ökono-

---

[214] Für eine ausführliche Darstellung vgl. Lemke (1997, 241-256), auf dessen Paraphrasierungen der Vorlesungen Foucaults vom Januar bis März 1979 am *Collége de France* ich mich im Folgenden im wesentlichen beziehen werde, sowie Gordon (1991, 41-44). Die Bezeichnung der deutschen Liberalen aus dem Umkreis der „Freiburger Schule", die ihre Theorien bereits in den 20er Jahren formulierten und die später maßgeblich Einfluss haben sollten bei der Gestaltung der „Sozialen Marktwirtschaft", geht auf die Zeitschrift „Ordo" zurück (vgl. Lemke 1997, 242).

mie, des Sozialen und der Politik, auf denen die Konzeption der sozialen Marktwirtschaft beruhte, heben sich im Denken der Chicagoer Schule auf. Der Markt ist hier das Prinzip, nach dem sich alle gesellschaftlichen Bereiche und Abläufe strukturieren, und die Ökonomie „nicht mehr ein gesellschaftlicher Bereich unter anderen mit einer ihm eigenen Rationalität, Gesetzen und Instrumenten; vielmehr umfasst das Gebiet des Ökonomischen die Gesamtheit menschlichen Handelns" (ebd., 248). Der Markt ist das Gesetz, dem die Gesellschaft, der Einzelne, das Regierungshandeln sich zu unterwerfen haben: Erstens funktioniert „[d]ie Generalisierung der ökonomischen Form [...] als Analyseprinzip, indem sie [die Chicagoer Schule] nicht-ökonomische Bereiche und Handlungsformen mittels ökonomischer Kategorien untersucht. Soziale Beziehungen und individuelles Verhalten werden nach ökonomischen Kriterien und innerhalb eines ökonomischen Intelligibilitätshorizonts dechiffriert. Zweitens besitzt das ökonomische Raster aber auch Programm-Charakter, indem es die kritische Bewertung der Regierungspraktiken anhand von Marktbegriffen erlaubt: Es ermöglicht, sie zu prüfen, ihnen Übermaß und Missbrauch entgegen zu halten und sie nach dem Spiel von Angebot und Nachfrage zu filtern. Während der klassische Liberalismus die Regierung angehalten hat, die Form des Marktes zu respektieren, ist der Markt in dieser Konzeption nicht mehr das Prinzip der Selbstbegrenzung der Regierung, sondern das Prinzip, das sich gegen sie kehrt: ,eine Art permanentes ökonomisches Tribunal'" (ebd., 248-49; Vorl. 21.3.79).

Anders als im klassischen Liberalismus stellt der Markt im neoliberalen Denken nicht mehr eine eigenständige „natürliche ökonomische Realität dar, deren Eigengesetzlichkeiten die Regierungskunst beachten und respektieren muss" (Lemke 1997, 243). Deshalb bedeutet das neoliberale Projekt keineswegs eine Wiederaufnahme der „frühliberalen Politikmodi", sondern eine radikale Modifikation. Die Sicherheitsmechanismen bestehen jetzt in einer sich paradox ausmachenden Konfiguration interventionistischer Technologien, welche „die Individuen führen und anleiten, ohne für sie verantwortlich zu sein" (ebd., 254).[215] Keine Figur verkörpert diese Verknüpfung von Intervention und Zurückhaltung wohl besser als der Unternehmer seiner selbst. Denn einerseits kann das Moment interventionistischer Zurückhaltung, das der frühe Liberalismus propagiert hatte, bewahrt werden; schließlich

---

[215] In dieser, dem frühliberalen Denken entgegen gesetzten, „anti-naturalistischen Konzeption des Marktes" (Lemke 1997, 243) und einem daraus resultierenden Interventionismus unterscheiden sich die Perspektiven der Ordoliberalen und der Chicagoer Schule nicht, sondern in der Trennung von Ökonomie und Sozialem beziehungsweise ihrer Aufhebung.

soll das unternehmerische Selbst Eigeninitiative und Kreativität selbständig entfalten und für die Konsequenzen seines Handelns selbst verantwortlich sein. Andererseits ist der Unternehmer seiner selbst in der Konzeption des nutzen-kalkulierenden Akteurs eine künstliche Figur, das Produkt der ökonomischen Theorie der rationalen Wahl und einer entsprechenden neoliberalen Programmatik. Der Interventionismus der US-amerikanischen Neoliberalen setzt hieran an. Die politische Aufgabe, das ökonomische Optimum zwischen Angebot und Nachfrage zu kalkulieren und zu kontrollieren, wird zu einer ständigen Aufgabe erhoben und damit zu einem Diktat ökonomischer Performanz, an dem sich jedes Handeln messen lassen muss.

Weil die Theorie der rationalen Wahl alle gesellschaftlichen Bereiche und jegliches menschliche Verhalten in ökonomischen Kategorien denkt, wird das Ökonomische gleichsam zur einzigen Wahrheit: Die Durchsetzung der Gesellschaft mit den Prinzipien des Marktes bedeutet nicht eine Verdrängung des Sozialen durch die Ökonomie, sie führt zu einer *Ökonomisierung des Sozialen*, die auch die Vorstellung von Individuen, den ökonomischen Subjekten prägt. Indem man soziale Fragen und Probleme in ökonomische Kategorien übersetzt, werden diese redefiniert. Es handelt sich also nicht nur um eine neue Sprache, sondern um eine Transformation von Sicht- und Denkweisen, einen grundlegenden Perspektivenwechsel. Im neoliberalen Denken wird das Soziale *umcodiert* und insofern *ökonomisiert*. Das bedeutet nicht, dass es „abgeschafft" oder ausradiert wird. Aber indem sich die „Grenzlinie zwischen dem Sozialen und dem Ökonomischen" auflöst, wird das gesellschaftspolitisch tradierte „Spannungsverhältnis" zwischen beiden Polen „eliminiert". Der Neoliberalismus bedeutet folglich nicht den „Tod" oder „das Ende" des Sozialen. Vielmehr beschreibt er eine qualitativ neue, „eine andere Topografie des Sozialen" (Lemke 1997, 253).[216] Der Markt untersteht nicht mehr, wie noch in der liberalen Konzeption, der Kontrolle des Staates, vielmehr wird dieser umgekehrt vom Markt kontrolliert. In dieser neoliberalen Rationalität wird der Staat nicht vom Markt verdrängt, sondern von den Prinzipien des Marktes selbst durchsetzt. Die Ökonomie ist nicht eine spezifische Rationalität, die einen abgegrenzten gesellschaftlichen Bereich bestimmt. Das Ökonomische durchzieht vielmehr den gesamten Gesellschaftskörper.

Wenn man den Neoliberalismus als eine politische *Rationalität* begreift und analysiert, ist es möglich, dieses Prinzip der Umcodierung des Sozialen als das Charakteristikum einer politischen Restrukturierung seit

---

[216] Vgl. auch Donzelot (1995); Rose (2000c); Stenson/Watt (1999).

den 70er Jahren herauszuarbeiten. Zweierlei wird in dieser Lesart deutlich: Zum einen ist die Durchsetzung der Prinzipien des Marktes nicht eine Durchsetzung auf Kosten des Staates. Der Neoliberalismus zeigt nicht einen Prozess der „Rückbildung" des Staates (Bourdieu 1998, 42) oder einen Zerfall der politischen Ordnung an.[217] Die Politik wird nicht von der Ökonomie verdrängt und das vom Staat verkörperte Gemeinwohl von den Prinzipien des Marktes zersetzt, vielmehr bedeutet der Neoliberalismus die Hereinnahme ökonomischer Prinzipien ins Politische. Wie Foucault in seiner Vorlesungsreihe über die *Genealogie des modernen Staates* gezeigt hat, ist die „Trennung von Ökonomie und Politik" selbst das Resultat eines komplexen historischen Prozesses und die Ökonomie ihrerseits ein politisches Produkt. Die Vorstellung von einem „Nullsummenspiel", in dem mehr Markt weniger Staat bedeutet, unterschlägt die Abhängigkeit des Marktes von Staat und Politik, von institutionellen Strukturen und gesetzlichen Regelungen: „Ökonomie ist stets politische Ökonomie". Der Markt ist also nicht der autonome Akteur, als „gebe es eine ‚reine' Ökonomie, die von einer nachgelagerten politischen Reaktion der Gesellschaft ‚gezähmt', ‚im Zaum gehalten' oder ‚zivilisiert'" werden muss.[218] Zum anderen ist der Neoliberalismus nicht nur als eine „polit-ökonomische Realität" zu untersuchen, sondern im Hinblick auf die Verschiebungen im Verhältnis zwischen den beiden Polen Soziales und Ökonomie. Diese resultieren aus veränderten gesellschaftlichen Kräfteverhältnissen, unter denen „die Bedeutung dessen, was Ökonomie bzw. Politik meint, (und ihre Grenzen) neu festgelegt werden" (Lemke et al. 2000, 19 und 25). Die Analyse der Rationalität des Neoliberalismus erlaubt es, die *politischen* Implikationen eines Prozesses der Transformation des Sozialen bis in die Mikrophysik heterogener Technologien des Regierens hinein nachzuvollziehen.[219] Daher sei

---

217 Ähnlich argumentiert auch Giddens, wenn er „die pauschale Ausdehnung der Marktgesellschaft" kritisiert (1997, 29). Wie Bähr (2001, 98) mit Hinweis auf Bourdieus reflexive Anthropologie zu Recht hervorhebt, ist dieser nicht der Ideologiekritiker, der Staat und Neoliberalismus gegeneinander ausspielt. Vielmehr sucht er, ähnlich wie Foucault, die historisch spezifischen Bedingungen der Konstituierung von Subjektivität herauszupräparieren: „Nicht ein falsches Bewusstsein ist somit das Problem, welchem die wissenschaftliche Analyse Rechnung tragen muss, sondern die inkorporierte Wahrheit: die Wahrheit objektiver sozialer Bedingungen der Existenz, der historisch spezifischen Organisation und Differenzierung der Gesellschaft, der unsere unbewusst angewandten kognitiven Denk- und Wahrnehmungskategorien entsprechen, weil sie unter eben diesen Bedingungen generiert werden, die nun als natürlich und unausweichlich erscheinen."

218 Nicht minder irreführend ist es daher, von einem Prozess der Deregulierung zu sprechen. Denn diese Rede unterstellt eine nicht regulierte Ökonomie.

219 Die Einführung von Prinzipien des Marktes in Institutionen und Organisationen impliziert ein Denken in ökonomischen Kategorien, und das bedeutet prinzipiell auch, sich soziale Prozesse in den Mechanismen des Marktes vorzustellen *und* auch so zu handhaben. Man stelle sich zum Beispiel vor, wie sich die Praktiken mit dem Erfolgskriterium des *out-*

ein solches Denken in ökonomischen Kategorien zunächst anhand des Ansatzes von Gary S. Becker beleuchtet, einem der prominentesten und auch in der Kriminologie einflussreichen Vertreter der Chicagoer Schule.[220]

3.6 Die ökonomische Form der Kriminalität

Kriminalitätskontrolle stellt sich für den ökonomischen Ansatz im wesentlichen als eine Frage der Kostenrechnung dar. Diesem Prinzip folgt auch, so das Postulat, der rational-kalkulierende Akteur: Der Ansatz „folgt der üblichen ökonomischen Analyse von Wahlhandlungen und unterstellt, daß eine Person eine Straftat begeht, wenn der für sie erwartete Nutzen größer ist als der Nutzen, den sie realisieren könnte, wenn sie ihre Zeit und sonstigen Ressourcen für andere Aktivitäten einsetzen würde" (Becker 1982, 47-48).[221] Das individuelle Risiko-Kalkül ist ein Kosten-Nutzen-Kalkül. Diese allgemeine Präsupposition erlaubt es, sich weder für das konkrete Individuum oder individuelle Eigenarten interessieren noch eine Theorie des rationalen Handelns, von Täterpersönlichkeiten oder der Erklärung von Kriminalität ausbuchstabieren zu müssen. Die Rationalität des Verhaltens unterstellend, das ebenso nachvollziehbar wie es subjektiv folgerichtig und prognostizierbar ist, beruht der ökonomische Ansatz auf der Konstruktion durchschnittlicher Verhaltensmuster oder -typen.[222] Dabei ist er in mehrfacher Hin-

---

puts statt *outcome* verändern. „Performance" wird dann nicht in Qualitäten, in inhaltlich bestimmten Ergebnissen ausgewiesen, sondern in Quantitäten (vgl. Garland 1996, 458). So würde eine therapeutische Einrichtung eher nach der Anzahl der Fälle evaluiert und nicht etwa nach der Intensität von Gesprächen. Freilich kann das Konzept der Qualität selbst sich auf diese Weise modifizieren, etwa wenn externe Bezugsgrößen wichtiger sind für die Beurteilung als interne Sachkriterien, wenn das zählen muss, was nach außen hin darstellbar und einfach vermittelbar ist, statt komplizierter Sachzusammenhänge.

[220] Auch Foucault hatte seine Analysen der neoliberalen Rationalität auf Beckers Schriften gestützt (vgl. Lemke 1997, 249, FN 96).

[221] In der Kriminologie machte Becker (1968) schon früh mit seinen Thesen Schule. Trotz des großen Einflusses der ökonomische Theorie auf die Kriminologie, ist jene, schon aufgrund der Allgemeingültigkeit dieser zitierten Prämisse, kein kriminologischer Ansatz im engeren Sinne. Kriminalität bildet vielmehr einen Gegenstand unter anderen innerhalb der Vision von einer Marktgesellschaft. Für eine aktualisierte, an die neoliberalen Themen der 90er Jahre, von der „Deregulierung" bis zum „Humankapital", anknüpfende Fassung vgl. Becker/Becker, die sich ausdrücklich auch von dem Rehabilitationsideal distanzieren (1998, 171); speziell für die kriminologische Diskussion vgl. auch Cook (1986), McKenzie/Tullock (1984).

[222] Der Begriff der Rationalität bezieht sich hier auf die Unterstellung, dass das Individuum sich jeweils für die Handlungsoption entscheiden kann, von der es sich subjektiv den größten Nutzen verspricht. Insofern ist „rational" nicht in einem substanziellen Sinne gemeint. Nicht von einer objektiven Folgerichtigkeit ist die Rede, sondern von der „sub-

sicht egalitär: *Erstens* setzt er voraus, dass jeder im Grunde frei ist, ein atomistisches, autonom entscheidendes Wesen, das vernünftig agiert und vorteilsorientiert und das daher zu dem Ergebnis kommen kann, das Risiko einer Straftat sei gering im Verhältnis zu dem erwarteten Nutzen. Weil *zweitens* jedes Verhalten auf „denselben Entscheidungskalkülen" (Karstedt/Greve 1996, 174) beruht, gleichen sich alle Straftaten in dieser Struktur, und so unterscheidet sich auch ein Mord prinzipiell nicht von einem Straßenverkehrsdelikt (vgl. Lemke 1997, 250). Ebenso wenig wäre *drittens* ein Unterschied zu machen zwischen Straftätern und normalen Menschen. Menschen werden „nicht deshalb ‚Kriminelle' [..], weil sie sich in ihrer grundlegenden Motivation von anderen Menschen unterscheiden, sondern weil ihre Nutzen und Kosten andere sind" (Becker 1982, 48). Das zu kalkulierende Risiko beziehungsweise der zu erwartende Nutzen einer Straftat hängt subjektiv nur von den „Unwägbarkeiten der Entscheidungssituation, dem Beurteilungsvermögen des Akteurs und seiner Risikobereitschaft" ab (Kunz 1998, 203).

Zwei politische Steuerungskomponenten sieht der ökonomische Ansatz vor, die Manipulation von Verhalten und die Verteilung des Kriminalitätsaufkommens. Das Prinzip der angebotsorientierten Wirtschaftspolitik überträgt er auf das Feld der Kriminalitätskontrolle, indem er die „Kosten" einer Straftat zu erhöhen und die Kosten für den Staat zu mindern oder „zu Lasten der Gesellschaft und ihrer Mitglieder und Institutionen" zu externalisieren sucht (Sack 1995, 433). Eine rationale Strafrechtspolitik, die diesem marktförmigen Ordnungsprinzip von Angebot und Nachfrage folgt, orientiert sich am strafökonomischen Optimum, das sich in ökonomischer Mathematik kalkulieren lässt. Es liegt genau dort, wo die Kurve der monetär bestimmbaren Kosten staatlicherseits für die Verfolgung, Überführung und Bestrafung von Tätern auf die Kurve der Abwägung über den Nutzen einer Straftat gegenüber den befürchteten Kosten auf der Täterseite trifft. Nimmt man das Strafrecht als die Seite der Kosten aus der Sicht eines potenziellen Täters an, so lassen sich diese etwa dadurch anheben, dass man das Entdeckungsrisiko durch eine entsprechende polizeiliche Kontrolldichte erhöht. Die Tradition kriminalpolitischer Abschreckungstheorie wird so zu einer Frage der Berechnung umformuliert: „Die Theorie des Abschreckungseffekts der Bestrafung ist ja schließlich nur eine spezielle Version des allgemeinen ökonomischen Prinzips, dass eine Steigerung

---

jektiv" rationalen Nachvollziehbarkeit (vgl. Karstedt/Greve 1996, 184-85). Freilich erfordert eine entsprechende Analyse nicht ein Minimum der Perspektivübernahme, weil die Prognose solcher Entscheidungen auf der Berechnung von Wahrscheinlichkeiten durchschnittlicher Verhaltensweisen unter variablen Bedingungen beruht.

des Preises von irgendeiner Sache die gekaufte Menge wird sinken lassen" (McKenzie/Tullock 1984, 197-98). Die „Kalkulation des Sanktionsrisikos" (Karstedt/Greve 1996, 176) unterstellt man dem potenziellen Täter und zugleich ist sie das Instrument einer Politik, die das Kriminalitätsaufkommen unter Kostengesichtspunkten zu beeinflussen sucht. Dabei kann der Preis der Kriminalität auch über „die so genannten Opportunitäts- und Transaktionskosten" (Sack 1995, 431) in die Höhe getrieben werden. Der Aufwand, um an das Objekt oder Ziel zu gelangen, soll den erwarteten Nutzen der strafbaren Handlung überschreiten. Praktisch könnte das heißen, den Zugang zu einem Objekt durch entsprechende Sicherheitstechniken oder auch bauliche Maßnahmen zu erschweren, die Rechtsgüter also besser zu schützen; oder die Verfügbarkeit eines Gutes zu vermindern, indem man zum Beispiel große Mengen aufgespürter illegaler Drogen vernichtet.

Das ökonomische Optimum zeigt das Minimum des Einsatzes an, der erforderlich ist, um den Gesetzen des Marktes auf dem Gebiet der Kriminalitätskontrolle gerecht zu werden, und damit zugleich auch den notwendigen maximalen Aufwand: Da Angebot, das Kriminalitätsaufkommen, und Nachfrage, die staatlichen (Straf-)Reaktionen, unter Kostengesichtspunkten zu balancieren sind, bezeichnet das Kriminalitätsaufkommen, das über den Schnittpunkt beider Kurven hinausweist, zugleich das Maß der Toleranz an Straftaten, das man vernachlässigen, gewähren, ja einkalkulieren kann. Das Beurteilungsschema des Marktes besagt, dass es „weder nötig noch wünschenswert [ist], dass die Gesellschaft eine unbegrenzte Konformität aufweist". Im Unterschied zu den Strafrechtsreformern des 18. und 19. Jahrhunderts, die „einem Moralisierungsimperativ folgten und von einer vollständigen Eliminierung des Verbrechens träumten, steht in dieser Konzeption das Verbrechen nicht mehr außerhalb des Marktes, sondern ist ein Markt wie andere auch. Die neoliberale Straftheorie beschränkt sich auf eine Intervention auf dem Markt des Verbrechens, die das Angebot des Verbrechens durch eine negative Nachfrage begrenzt, wobei deren Kosten niemals die Kosten des Verbrechens überschreiten sollen. Demzufolge erstrebt eine gute Strafpolitik nicht eine endgültige Auslöschung der Verbrechen, sondern ein vorübergehendes und immer fragiles Gleichgewicht zwischen einer positiven Angebotskurve des Verbrechens und einer negativen Nachfragekurve der Sanktionen" (Lemke 1997, 250-51; Vorl. 21.3.79).

Das Balancesystem ist ein ökonomisches: Nicht soziale Fragen stehen im Mittelpunkt, sondern monetäre Kosten. Selbst soziale Fragen lassen sich noch in ökonomische Größen übertragen und zu sozialen Kosten machen. Demgegenüber sind in der wohlfahrtsstaatlichen

Konzeption einer „nachfrageorientierten Kriminalpolitik" noch die ökonomischen als soziale Verhältnisse zu begreifen. An diesen hat die Politik anzusetzen mit dem Ziel, die Situation der sozial Benachteiligten strukturell zu verbessern: „ihnen günstigere Voraussetzungen und Ausgangsbedingungen zur Teilnahme am ökonomischen und beruflichen Wettbewerb der [..] Gesellschaft zu verschaffen [...und die] ‚Nachfrage' nach Kriminalität durch die Bereitstellung alternativer Handlungspfade, gleichsam durch ‚Substitutionskonkurrenz'" zu reduzieren (Sack 1995, 431-32). Drei Implikationen schließen sich an diesen ökonomisch kodierten und angebotsorientierten Ansatz der Kriminalitätskontrolle an: ein behavioristisches Menschenbild, ein proaktives Konzept von Prävention und eine Bifurkation in zwei strategische Linien der Punitivität und der Schadenskompensation.

a) Manipulation

In dem zugrunde gelegten Utilitarismus unterscheidet sich der *homo oeconomicus* der ökonomischen Theorie zunächst einmal nicht von der Figur des *homo penalis* der klassisch-liberalen Strafrechtstheorie (vgl. Pasquino 1991, 237-38), wohl aber darin, dass sein Verhalten in ökonomischen Kategorien ausbuchstabiert und so gleichsam diesem Denken einverleibt und zum Spielball des ökonomischen Kalküls wird: Die Generalprävention, die der klassischen Strafrechtstheorie als „Königsweg" und „vornehmste Aufgabe" des Strafrechts galt, beruhte, wie gesehen, nicht auf einer spezifischen Theorie vom Täter, sondern auf der Konzeption eines abstrakten Rechtssubjekts. Die Prämisse, dieses sei „mit Vernunft und Rationalität" ausgestattet, war eine anthropologische Unterstellung, die für alle Menschen galt. Die Beziehung zwischen Strafrecht und Täter stellte sich in dieser Rationalität folglich als eine virtuelle dar: Nach dem Prinzip des Gesellschaftsvertrages „sollte alleine die Existenz des Strafrechts mit seinen angedrohten Sanktionen und Strafen eine Art antizipatorisches Wirkpotenzial [...] entfalten", während man es dem potenziellen Täter „als Partner und Teilhaber" überließ, selbständig die richtige Entscheidung im Angesicht der drohenden Konsequenzen zu ziehen (Sack 1995, 437-38). Die Funktion des Strafrechts als Appell war das Korrelat einer gedachten natürlichen Freiheit des Individuums.

Während die klassische Strafrechtstheorie noch nicht auf ein kriminologisches Wissen und den Anspruch, den Täter zu kennen, zurückgreifen konnte oder musste, erscheint die Figur des Täters in der ökonomischen Theorie wie von einem humanwissenschaftlichen Gehalt entschlackt, wie die Hülle eines behavioristisch manipulierbaren *Homunculus*. Denn so wie das Ökonomische im neoliberalen Denken keine autonome Sphäre ist, ist auch die Freiheit des Individuums keine „natürliche" mehr. Sie bildet nicht länger jene „äußere Grenze und den unantastbaren Kern des Regierungshandelns" (Lemke 1997, 251), die man „respektieren" muss, um das freie Zusammenwirken der interessierten Aktivitäten der Individuen für das ökonomische Wohl aller zu gewährleisten. Unter dem Signum, strafbares Verhalten wie jedes Verhalten und alle gesellschaftlichen Bereiche in ökonomischen Kategorien zu denken, sieht sich das frühliberale äußerliche und begrenzende Prinzip ersetzt „durch ein regulatorisches und inneres Prinzip: Es ist die Form des Marktes, die als Organisationsprinzip des Staates und der Gesellschaft dient" und die das Verhalten der Menschen „in einer künstlich arrangierten Freiheit" der Wahl und des Nutzenkalküls organisiert (Lemke 1997, 241-42; Vorl. 31.1. und 7.2.79). In dieser Rationalität artikuliert sich das Prinzip der Generalprävention nicht mehr in der Form eines Appells, sondern bietet sich dar wie eine Garantie der Sanktion, die den Straftäter mit Gewissheit erreicht – in der Terminologie der Ökonomen Gary S. Becker und Guity Nashat Becker heißt das „Bestrafungssicherheit" (1998, 167).[223]

b) Proaktivität

Die Generalprävention, welche die Appellfunktion des Strafrechts erfüllt, bildet ein Kernelement der klassisch-liberalen Theorie. Doch indem diese die Freiheit des Rechtssubjekts als eine natürliche Freiheit konzipiert, die man dem potenziellen Täter als Freiheit der Entscheidung gleichsam überlässt, bleibt Prävention hier ein Bestandteil der Repression: reaktiv justiert in einem Strafrecht, das „sich auf vergangene, abgeschlossene, ‚erfolg'te Handlungen, Ereignisse und ‚Sachverhalte'" bezieht (Sack 1995, 440). „Insofern lässt sich von ‚Steuerung' nur in vermittelter, indirekter und nachrangiger Weise sprechen. Das Strafrecht demonstriert dem Rechtsbrecher am vergangenen Geschehen sein Steuerungsversagen und setzt auf seine Freiheit und Fähigkeit, für die Zukunft daraus die Lehren selbst zu ziehen" (ebd., 441). Dieses Konzept der „Prävention qua Repression" (ebd., 444) wird auch mit der Einführung des Täterstrafrechts nicht aufgehoben. Die auf die Prognose

---

[223] Die Ausführungen zur Kriminalitätskontrolle bei Becker/Becker (1998, 166-189) versammeln eine Reihe von Aufsätzen aus den 80er und 90er Jahren.

der Besserung abstellende und daher auf die Zukunft ausgerichtete Individualprävention erfolgt grundsätzlich als Reaktion auf eine tatsächliche beziehungsweise bereits geschehene Straftat und bezieht und beschränkt sich auf den konkreten Täter: „diese Gefährlichkeit eines Mitglieds der Gesellschaft ‚zählt' strafrechtlich nur nach Maßgabe einer vollzogenen Rechtsverletzung" und „die Interventionsschwelle der strafrechtlichen Sozialkontrolle [bleibt] rückgekoppelt an das einzelne Mitglied der Gesellschaft" (ebd., 441). In seiner Fokussierung auf ein zu reduzierendes „Angebot" an Kriminalität generiert der ökonomische Ansatz hingegen ein proaktives Konzept der Prävention: Die Berechnung von Angebot- und Nachfragekurve zur Bestimmung des kriminalpolitischen Optimums ist vom Prinzip her nichts anderes als ein Risikokalkül und damit immer auch auf das Vorfeld strafrechtlicher Intervention ausgerichtet.

c) Punitivität und Kompensation

Im Kalkül von Kosten, der Berechnung von Straftarifen und Konzepten monetärer Schadenskompensation scheint sich der ökonomische Ansatz auf mathematische Berechnungsformeln zu beschränken und punitiv-emotionale Attitüden auszuschließen. Doch schon aus der Präsupposition eines rational-kalkulierenden Akteurs leitet sich eine Konzentration auf das Prinzip der Abschreckung ab, die andere mögliche, zum Beispiel soziale Strategien der Kriminalprävention ausblendet. So schließen Becker und Becker, eine gesteigerte Attraktivität von „Kriminalität" als „Beruf" konstatierend, nicht etwa auf einen Engpass im legalen Arbeitsmarkt und die Notwendigkeit arbeitsmarktbezogener Konzepte, sondern einzig auf eine „abnehmende[r] Sicherheit und Strenge der Bestrafung" (1998, 177). Schon an dieser Stelle zeigt sich eine systematische Anschlussfähigkeit der Prämissen des *Rational Choice*-Ansatzes an punitive Diskurse, die gerade nicht auf eine Frage der „Instrumentalisierung" für politische „Interessen" (vgl. Kunz 1998, 207) zu reduzieren ist. Schließlich kann man den nutzen-, den profit- oder risikoorientierten Täter für sein verfehltes Kalkül zur Rechenschaft ziehen, man kann ihn aber prinzipiell auch, normativ aufgeladen, über das konkrete Verhalten hinaus in eben dieser Fehlorientierung als Person stigmatisieren. In der Lesart des ökonomischen Ansatzes werden Straftheorien des *just deserts* (Hirsch 1995), die sich ursprünglich als Gegenmodell zu einer offensichtlich ungerecht gewordenen Strafpraxis verstanden hatten, zum Versatzstück einer Abschreckungs- und Bestrafungstheorie (vgl. Garland 2001, 9; O'Malley 1996, 198):[224] „Zugleich erscheint Repression durch eine tatproportionale Strafe als gerecht, da der Täter sich in Kenntnis des ‚Tarifs' zur Tatbegehung entschloss und er deshalb die Strafe verdient. Weil Kriminalität nicht auf Defekte des Individuums oder seiner Sozialisation, sondern auf eine freie Wahl zurückgeführt wird, bemisst sich die Strafe allein an der zur Abschreckung notwendigen Abschöpfung des Gewinns, den die jeweilige Tat bietet" (Kunz 1998, 197-98).

„[R]ational choice theories are largely deterrence theories. [...] Although the logic they adopt suggests that crime might be reduced by either increasing the risks of punishment (e.g., through tighter citizen surveillance and harsher penalties) or increasing the rewards for conformity (e.g., through increased employment at higher wages), or both, these theorists tend to concentrate on the first policy approach" (Lilly et al. 1995, 217). Auch bei Becker und Becker finden sich keinerlei Überlegungen, legale Verhaltens- und Lebensweisen auf dem Wege einer Schaffung von Anreizen attraktiver zu machen als illegale. Sie konzentrieren sich vielmehr, neben der Abschreckung, auf den Schaden und die Schadenskompensation. Aus diesem Prinzip der monetären Kompensation, das sich aus der Logik einer Politik des Balancierens um das ökonomische Optimum der Kriminalitätskontrolle ableitet, folgen allerdings auch Weisen der Problematisierung, die mit kritisch-kriminologischen Perspektiven durchaus in Übereinstimmung zu bringen sind. So lesen sich die Ausführungen zur Drogenpolitik stellenweise wie der Leitfaden eines engagierten Entkriminalisierungsprogramms, in dem sich ein aufklärerischer Impetus freilich ersetzt sieht durch ökonomisches Kalkül und Pragmatismus: Der Konsum von Drogen, selbst von Kokain und Heroin, solle legalisiert werden, schließlich schädige er nicht Dritte, sondern in erster Linie die Gesundheit der Konsumenten. Und dieses Risiko ließe sich durch Legalisierung minimieren, durch die auch der Zugang zu „sauberen Nadeln" erleichtert würde. Auch solle

---

[224] Mit seiner Forderung nach einer gerade verdienten tatproportionalen Strafe hatte von Hirsch (1976) die Orientierung für eine maßvolle Sanktionspraxis gegeben und mit dem Begriff des „desert" das Konzept der Vergeltung ersetzen wollen. Demgegenüber legte Wilson (1975), renommierter Professor und einer der schärfsten Kritiker der *penal-welfare*-Politik der Kennedy-Johnson-Ära, die Vorstellung von einer verdienten Strafe als Forderung nach einer harten Bestrafung aus und wollte Abschreckung als eine zentrale Funktion des Strafrechts betont wissen. Wenn ich mich hier wie bei den folgenden Diskussionen der Kriminologie vorwiegend auf die von Garland so bezeichneten alltagsweltlichen und nicht auf die explizit individuumszentrierten und punitiv orientierten Theorien beziehen werde, dann weil es mir darum geht zu zeigen, inwiefern die Normalisierung von Kriminalität systematisch mit spezifischen Ausschlussmechanismen oder -effekten verknüpft und durchaus anschlussfähig ist an punitive Konzepte der Kriminalitätskontrolle.

man Drogenhändler nicht zur Zielscheibe einer harten Strafpolitik machen, weil das nur mehr Gewaltanwendung „gegen Drogenfahnder oder jeden beliebigen anderen" provozieren würde (1998, 184-85). Legale Drogen wie Zigaretten und Alkohol seien ohnehin kein Problem. Insbesondere im Hinblick auf die „erwachsenen Raucher", die die Folgen ihres Tuns einschätzen könnten und also wüssten, dass sie nur sich selbst schädigen, gälte daher die Forderung, die Steuern zu senken und nicht etwa im Sinne einer falsch verstandenen Gesundheitspolitik zu erhöhen. Beim Alkohol wird es schon schwieriger. Doch um zu vermeiden, dass die mäßig Konsumierenden und nicht unbedingt Wohlhabenden auch noch „Sündensteuer" zu zahlen hätten, solle man lieber am eigentlichen Schaden ansetzen und das bedeutet: „strenge Strafen", wenn Unfälle dadurch verursacht würden (ebd., 181-83).

Auch Wirtschaftsverbrechen geraten bei Becker und Becker systematisch ins Visier. Sie interessiert der ökonomische und monetär auszubuchstabierende „Schaden", der auch ein gesellschaftlicher sei und bei weitem den der so genannten Kleinkriminalität übertreffe.[225] Die Differenz zur Perspektive kritischer Kriminologie markiert sich auch in diesem Falle darin, dass hier nicht Herrschaftskritik, sondern gesellschaftliche Steuerung und strafpolitisch neben dem Schadensausgleich das Prinzip der Abschreckung maßgebend ist. So sollen die Geldstrafen bei Wirtschaftsdelikten nicht nach dem Gewinn bemessen werden, „den man aus einem Verbrechen zieht. [...] Es geht um eine geeignete Abschreckung, nicht um Vergeltung". Die monetäre Strafhöhe berechnet sich, indem man die Wahrscheinlichkeit, für eine Straftat verurteilt zu werden, multipliziert mit den anzusetzenden Kosten für die Begleichung des Schadens, „der anderen entsteht", beispielsweise durch illegale Umweltverschmutzung im Abwasser. Allerdings kann das dazu führen, dass die zu zahlende Strafe dennoch geringer ausfällt als der Gewinn, der mit der Produktion erzielt wird. Das ist dann auch beabsichtigt, da dieser schließlich von gesellschaftlichem Nutzen sei (vgl. Becker/Becker 1998, 172). Aus Kostengründen nahe liege es ebenfalls, Geldstrafen prinzipiell Haftstrafen vorzuziehen, „weil Gefängnisse teuer unterhalten werden müssen" (ebd., 173). Andererseits sollen Strafen und insbesondere auch Haftstrafen durchaus abschreckend sein und Menschen von allerlei erdenklichen „zerstörerischen Tätigkeiten" „abhalten" (ebd.,

---

[225] Wie Sessar (1997) zu Recht fest stellt, begründet sich diese systematische Problematisierung auch aus den Prämissen des *Rational Choice*-Ansatzes, der nicht den pathologischen Täter in den Blick nimmt, sondern die Gelegenheitsstruktur, die sich bei den „Mächtigen" nicht nur quantitativ günstig, sondern im Hinblick auf das Entdeckungs- und Sanktionsrisiko auch noch als verhältnismäßig sicher darstellt.

189). Gefängnisstrafen werden dann grundsätzlich eher „Gewaltkriminellen" (ebd., 166) und nur in Ausnahmefällen denjenigen zugedacht, die sich im Rahmen von „Wirtschaftsverbrechen" besonders „schwerwiegender Delikte schuldig gemacht haben" oder die die daraus resultierenden „Verbindlichkeiten nicht bezahlen können" (ebd., 176). Der Ersatz von Geldstrafen durch Gefängnisstrafen folgt im Endeffekt dann doch entlang etablierer sozialer Kategorisierungen.

Wenn ich im folgenden auf die Figur des Unternehmers seiner selbst zurückkomme, dann um zu zeigen, inwiefern der frühliberale Typus des moralisch verantwortlichen Wesens hier mit dem Risiko kalkulierenden *homo oeconomicus* eine Verbindung eingeht, die unter den Auspizien des neoliberalen Projektes einen spezifischen Mechanismus der Subjektivierung als Responsibilisierung erzeugt.

3.7   Response-ability – das neoliberale Regime der Oberfläche

> *„Es ist müßig zu behaupten, der Mensch sei nicht verantwortlich für sein Missgeschick. Was heißt denn Verantwortung? Sicher nichts anderes, als auf Verlangen Antwort geben zu müssen, und jedes Lebewesen ist verantwortlich für sein Tun und Lassen, wenn es von der Gesellschaft durch deren Bevollmächtigten zur Rechenschaft gezogen wird."*

> *Samuel Butler (1994, 137)*

„Ein Risiko kalkulieren heißt die Zeit beherrschen, die Zukunft disziplinieren. Genau dies, nämlich sein Leben wie ein Unternehmer zu führen, stellte seit dem 18. Jahrhundert das Grundprinzip einer Moral dar, deren Kardinaltugend die Vorsorge ist. Vorsorgen heißt nicht nur, nicht mehr in den Tag hinein zu leben und sich gegen das Schicksal zu wappnen, sondern seine eingegangenen Verpflichtungen zu mathematisieren. Es heißt vor allem, die Schläge des Schicksals und der Vorsehung nicht mehr hinzunehmen, sondern unser Verhältnis zur Natur, zur Welt und zu Gott so umzugestalten, dass wir, wenn uns ein Unglück ereilt, für es stets verantwortlich sind, da wir über die Mittel verfügen, um seine Auswirkungen zu kompensieren". Den Unternehmer des frühliberalen Denkens beschreibt François Ewald (1993, 220) hier als den Prototypus eines Risikodenkens, in dem sich Voraussicht, das Kalkül der Zukunft, und Vorsorge, die Rückprojektion in die Gegenwart, mit individueller

Verantwortung verbinden. Ein Risiko zu kalkulieren heißt aber, wie gesagt, noch nicht, Unsicherheit in Sicherheit zu überführen.

Zunächst einmal ist damit ein Instrumentarium des Kalküls beschrieben, auf dessen Basis sich dann, wie in der Technologie der Versicherung, Risiken sozialisieren und Schäden kompensieren lassen. Eine solche Sozialisierung ist freilich auch noch nicht gleichbedeutend mit sozialer Gerechtigkeit. Zwar folgt die staatlich „erzwungene" Solidarität von „Risikoungleichen" in der Sozialversicherung genau diesem Prinzip. Doch eine über den Markt vermittelte Versicherung sieht eine Absicherung nicht nach der Bedürftigkeit des Einzelnen vor, sondern in Abhängigkeit von dem ökonomischen Kapital, nach dem Prinzip einer „freiwilligen" Solidarität von „Risikogleichen". Geht man davon aus, dass der Rückzug des wohltätigen Staates auch mit dem Gebot der privaten Vorsorge und einer so verstandenen Privatisierung beziehungsweise Kommerzialisierung sozialer Sicherheit einhergeht, wäre das gleichbedeutend mit einer Verlagerung des Solidaritätsprinzip der Umverteilung von Risiken zugunsten einer individualisierenden „versicherungsmathematischen Gerechtigkeit". Nicht sozialisierend ist der Vergesellschaftungsmodus hier, sondern sozial differenzierend (Schmidt-Semisch 2000, 168-72). Das Recht auf soziale Sicherheit für alle verwandelt sich in ein Privileg für Wenige. Diese Form der „Individualisierung von Risiken" im Bereich der Gesundheits- und Altersvorsorge ist eine Form der Zuweisung von Eigenverantwortung, die sich mit einem Rückzug des wohltätigen Staates verbindet und deren Prinzipien sich auf eine Reihe weiterer Bereiche erstrecken, von der öffentlichen über die soziale Sicherheit bis hin zu Bildung und Ausbildung. Das „Zurückwerfen der Individuen auf ihre privaten Ressourcen" (Nogala 2000c, 76) und eine damit einhergehende Potenzierung bestehender sozialer Ungleichheiten bilden jedoch nur einen Moment der Strategie der Responsibilisierung. Eine spezifische Form der Subjektivierung bringt diese neoliberale Strategie vielmehr in Verbindung mit sozialer Unsicherheit hervor.

Der Smithsche Unternehmer, das Benthamsche Rechtssubjekt und der *Rational Choice*-Akteur folgen der Logik des arithmetischen Kalküls, wobei die Operation selbst freilich unsichtbar ist. Ihre Kohärenz lässt sich aber im nachhinein, anhand der Effekte, welche die Operation zeitigt, nachvollziehen. Das ist die Rekonstruktion einer Rationalität, die eine Unterstellung ist und zugleich Voraussetzung für die Vorstellung von einem Subjekt, das frei ist, frei in diesem Kalkül und der Fähigkeit rational zu kalkulieren (vgl. O'Malley 2000b, 467). Demgegenüber war die wohlfahrtsstaatliche Ökonomie, unter dem Einfluss statistisch-mathematischer Expertise, von einem planerischen Impetus bestimmt, der das Keynesianische Ideal von einem Unternehmer und Investor, der sich von seiner Intuition leiten ließ, hinten an stellte: Das Konzept des statistisch kalkulierbaren Risikos der positivistischen Wissenschaften dominierte den Steuerungsoptimismus der Wohlfahrtsökonomie des 20. Jahrhunderts. Vorübergehend in den Hintergrund geraten war damit ein zentrales Element, das den Diskurs der Nationalökonomen seit Ende des 19. Jahrhunderts inspiriert hatte (vgl. ebd., 462; Reddy 1996, 242-43; Bonß 1997, 31). Theoretiker wie Ludwig von Mises, Joseph Schumpeter und Frank Knight sahen in *Unsicherheit* die Bedingung und Voraussetzung unternehmerischer Kreativität: „Dieses rationalistische Konstrukt [vom kühl kalkulierenden Kosten-Nutzen-Maximierer in der Rationalität des Risikos] unterschlägt die unhintergehbare Kontingenz menschlichen Handelns, das stets unter den Bedingungen unvollkommenen Wissens steht, und vermag weder die Dynamik der Marktvorgänge noch den Unternehmergewinn zu erklären. Unternehmerisches Handeln setzt demgegenüber gerade dort ein, wo der Rahmen bloßer Kosten-Nutzen-Kalküle überschritten und neue Gewinngelegenheiten entdeckt und ausgenutzt werden" (Bröckling 2002, 10-11).[226]

Dieses Konzept der nicht kalkulierbaren Unsicherheit sollte das neoliberale Projekt wieder aufgreifen. Es sollte nicht nur die Unternehmens- und Managementphilosophien prägen, die, wie die populären Propagandisten Osborne/Gaebler oder Tom Peters stellvertretend für Viele, erneut den kreativen und erfinderischen Unternehmergeist beschworen (O'Malley 2000b, 463). Über die Strategie der Responsibilisierung sollten vielmehr auch Unsicherheit und komplementär dazu Sicherheitsdiskurse ins Zentrum des gesellschaftlichen Bewusstseins und politischer Programme rücken. Diese Strategie der Zuweisung der Verantwortung für die Existenzrisiken an jeden Einzelnen, ist eine Form der Problematisierung ökonomischer und sozialer Unsicherheit. Sie eröffnet eine Perspektive der Ungewissheit und ist damit zugleich eine Technologie der Aktivierung, die mit einem allgemeinen Lebensgefühl der *Prekarität* (Bourdieu 1998) spielt: Robert Castel hat mit dem Begriff der „Ausgliederung" oder *désaffiliation*, statt „Ausschluss", auf eine umfassendere „Erschütterung" des bisherigen sozialen Gefüges und entsprechender Formen der Subjektivität hingewiesen, die ihren Anfang zwar in den Umstrukturierungen der Unternehmen genommen

---

[226] Die unternehmerische Kreativität zeichne sich nicht durch bloßes Auffinden und Aufgreifen von Gewinnmöglichkeiten aus, sondern durch eine „Findigkeit" und besondere Aufgewecktheit: „Unternehmertum besteht nicht darin, nach einem freien Zehndollarschein zu greifen, den man bereits irgendwo entdeckt hat. Es besteht vielmehr darin, zu entdecken, dass es ihn gibt und dass er greifbar ist", so der Schüler von Mises, Israel Kirzner: *Unternehmer und Marktdynamik*, 1988, 17, zit. n. Bröckling (2002, 13).

habe, deren Folgen aber weit über die Arbeitsverhältnisse selbst hinaus gingen: Mit dem Brüchigwerden des sozialen Sicherungssystems und seiner Reindividualisierung steige die „soziale Verwundbarkeit" auch der integrierten Menschen. Die sozialen Beziehungen verändern sich (1996, 755; vgl. 2000b, 14). „Die objektive Unsicherheit bewirkt eine allgemeine subjektive Unsicherheit" (Bourdieu 1998, 97).[227] Verunsicherung durchzieht die Gesellschaft und erreicht prinzipiell auch die Wohlsituierten.

Folgt man der Beschreibung von Zygmunt Bauman, so überlagern sich zwei marktförmige Vergesellschaftungsformen, die „Verführung" und die „Repression".[228] Die Konsumkultur sei insofern Konformität erzeugend, als sie Verführung im zweifachen Sinne impliziere: „Die Marktabhängigkeit ist garantiert und selbsterhaltend, sobald Männer und Frauen, jetzt Konsumenten und Konsumentinnen, ihr Leben nicht mehr führen können, ohne sich auf die Marktlogik einzustellen. Die vieldiskutierte ‚Schaffung von Bedürfnissen' bedeutet in letzter Instanz die Schaffung des Bedürfnisses nach dem Markt." Gleichwohl verschwinde das Mittel der „Repression" im Sinne der Überwachung und Disziplinierung nicht. Unverzichtbar sei sie, um diejenigen zu erreichen, „welche der Verführung nicht zugänglich sind: sie bleibt das Hauptinstrument der Unterwerfung für den nicht unbedeutenden Rand der Gesellschaft, der nicht vom Markt abhängig gemacht werden kann und daher, nach Marktkriterien, aus ‚Nichtkonsumentinnen und Nichtkonsumenten' besteht". So liege die Alternative der Konsumgesellschaft in dieser „für den Markt unattraktive[n] Existenz" einerseits oder in der „Marktabhängigkeit" andererseits. Dabei sei die Konsumkultur nicht nur das subtilere Steuerungsmittel, das auf Verführung beruhe. Vielmehr

---

227 Gemeint sind hiermit nicht die realen und konkreten Existenzbedingungen, sondern die gesellschaftlichen Problematisierungen dieser Unsicherheiten. Erörtert werden sollen hier auch nicht sämtliche Faktoren, die eine gleichsam entzauberte „Welt der radikalen Ungewissheit" prägen: Die Unvorhersehbarkeit der Folgen ökonomischer, politischer, umweltbedingter und gesellschaftlicher Umbrüche hätten auch die Autorität des wissenschaftlichen Wissens erschüttert und machten jede zu treffende Entscheidung zu einer willkürlichen, „notwendigen Entscheidung", so zum Beispiel Ewald (1998, 19). Es müsse daher, so seine Prognose, „unweigerlich zu einer nachhaltigen Schwächung des Unternehmergeistes" kommen (ebd., 16).

228 Auch O'Malley (1993, 172) erkennt, ähnlich wie Bauman, zwei Formen der Regulierung in neoliberalen Marktgesellschaften: „In such a context [of commodity culture ...] it may be understood that neo-liberalism corresponds to a specific set of social technologies in which discipline has no fundamental place. But the order is by no means benign, for it is a Janus faced form of governmentality. On the soft side are the commodity based social technologies gently regulating the lives of those participating in the consumption of commodities. Its hard side is quite distinct. On this side is a series of behaviorist and punitive technologies which serve to contain the problematic population for which major aspects of life are lived outside the sphere of commodified consumption."

sei Repression noch in der Verführung enthalten: „Gerade weil Repression als mögliche Alternative fortwährend präsent ist, ist die Verführung unschlagbar" (1995b, 128-29). Mit dem Begriff der Prekarität spielen Castel und Bourdieu jedoch nicht auf eine drohende Disziplinierung an, die Inklusion immer noch impliziert, sondern auf eine drohende Ausgliederung oder Formen der Ausschließung. Als Teil einer Rationalität des Neoliberalismus sind diese nun weiter im Hinblick auf mögliche Formen der Subjektivierung zu analysieren.[229]

Egalitarismus und die leere Moral der Bereitwilligkeit

Indem der Neoliberalismus die soziale Welt wie eine Oberfläche gleichmäßiger Verteilungen von Chancen und Fähigkeiten betrachtet, ist er egalitär und braucht sich weder für soziale noch für ontologische Differenzierungen und Determinierungen zu interessieren: „Under liberalism claims about the inherent nature of a particular person, about the scope of substantive inequalities precariously reconciled with formal equality, require justification and are therefore always subject to potential challenge" (Valverde 1996, 367-68). Vor dem Hintergrund dieser ihrerseits universalistischen Unterstellung (vgl. Stenson 1998a) wird gesellschaftliche Teilhabe zu einer Frage der Bereitwilligkeit: Weil es keine Unterschiede gibt, gibt es nur Chancen, und die Chancen, die jeder hat, kann jeder nutzen. Selbst wenn die Individuen gezwungen sein mögen, frei zu sein, theoretisch sind sie in dieser Freiheit doch gleich. Mangelnder Erfolg ist im Umkehrschluss nur ein Mangel der Bereitwilligkeit und Scheitern eine Fehlleistung des echten Willens (vgl. Valverde 1998). So erlaubt es die neoliberale „Obsession" der Wahlfreiheit (vgl. Valverde 1996, 364), jedem die Verantwortung für seine eigenen Entscheidungen und sein Handeln zuzuschreiben. Dabei ist die Moral dieser Verantwortungszuweisung eigentümlich leer, wenn sie sich auf einen rationalen, Kosten und Nutzen kalkulierenden Akteur beruft.

---

[229] Mit dem für Foucault (1977) unüblichen Begriff der Repression bezieht Bauman sich ausdrücklich auf diesen: „Repression steht für ‚panoptische Macht‘" (1995b, 128). Obgleich er Repression als noch in der Verführung enthalten konzipiert, kann man die bei Bauman implizierte, idealtypische Zweiteilung der gegenwärtigen Gesellschaften zu Recht kritisieren (vgl. etwa Boyne 2000, 287): Die einen erscheinen als die vom Konsum Verführten und die anderen als diejenigen, die davon ausgeschlossen und der panoptische Kontrolle an den Rändern der Gesellschaft unterworfen sind. „The kind of drill in which the panoptical institutions excelled is hardly suitable for the training of consumers. Those institutions were good at training people in routine, monotonous behaviour, and reached that effect through the limitation or complete elimination of choice; but it is precisely the absence of routine and the state of constant choice that are the virtues [...] of a consumer" (Bauman 1998b, 24-25).

Denn einem *rationalen* Kalkül lässt sich alles unterziehen. Das Beurteilungsmaß ist folglich allein die Form richtigen Handelns, nicht der normative Bezug. Von Bedeutung sind nicht bestimmte Werte oder ein bestimmter Moralkanon, sondern die Konsequenzen des Handelns (O'Malley 1994, 15), an denen die Rationalität der Entscheidung messbar ist. Die Verantwortung, die es zu übernehmen gilt, bezieht sich auf das Ergebnis der Entscheidung beziehungsweise die Folgen des Handelns und das sind die Konsequenzen, die jeder selber zu tragen hat. Denn wer die Entscheidung getroffen hat, nimmt die Folgen aktiv, von sich aus, in Kauf.

Zukunftsorientierung und Versagen

Der Neoliberalismus ist zukunfts- und ergebnisorientiert. Für die äußeren, sozialen Lebensverhältnisse ebenso wie für die innere Befindlichkeit des Einzelnen braucht er sich nicht zu interessieren, nicht nur weil er allen Menschen prinzipiell dieselbe Ausgangslage unterstellt und das Soziale ohnehin in ökonomische Gesetzmäßigkeiten übersetzt. Ein soziales Netz kann sich überdies grundsätzlich erübrigen, weil ein jeder sich selbst aktivieren soll. Vertragsorientierte Programme der Rehabilitation eines Straftäters oder der Reintegration eines Arbeitslosen in die Erwerbswelt haben mit den Performance-Tribunalen in Behörden und Unternehmen eines gemein: Sie funktionieren nicht mehr nach dem disziplinären Prinzip von Gehorsam und Sanktion. Wenn Regeln gesetzt werden und Vertragsziele zu erreichen sind, geht es auch hier nicht um inhaltlich vorgeschriebene Normen, deren Einhaltung permanent zu überprüfen wäre. Im Falle eines Bruchs mit jenen Regeln werden statt dessen bestimmte *benefits* nicht gewährt. Dass dieses Ausbleiben eines Erfolges, einer Vergütung oder aber auch nur einer Chance stets als selbstverschuldet zu erachten ist, ist die Konsequenz jener Proklamation der Wahlfreiheit und das Prinzip der Strategie der Responsibilisierung. Dabei wird das Individuum in einer Weise auf sich selbst verwiesen, dass niemand überhaupt eine Schuld aussprechen wird. Pastorale Nachsorge, die, auch so verstanden, Teil eines sozial-disziplinären Regimes wäre, ist aufwändig und überdies obsolet, weil die Konsequenzen einer Fehlentscheidung oder einer Fehlleistung in eben jenem Versagen der Anerkennung spürbar werden. Nicht im nachhinein wird eine Person zur Verantwortung gezogen, sondern das Subjekt unter den Imperativ gestellt, eigenverantwortlich und klug im vorhinein die Konsequenzen des eigenen Verhaltens und der eigenen Entscheidungen abzuwägen.

Weil es aber in neoliberalen Technologien der Selbststeuerung nach den Prinzipien des Marktes und des Humanressourcenmanagement auf das Ergebnis des Handelns ankommt und die Folgen entscheidend sind, braucht man sich auch nicht rückwärtsgewandt mit dem Charakter einer Person auseinander zu setzen, nur zukunfts- und performanceorientiert mit ihren Fähigkeiten, die es zu optimieren gilt.

Darin allerdings ist der Neoliberalismus selbst „illiberal" (Dean 1999, 132), „tyrannisch" (Stenson 1998a) oder „despotisch": Mit der Freiheit setzt er die Selbstlenkungsfähigkeiten der Individuen voraus und erwartet von ihnen, dass sie sich *selbst beherrschen*, sich insofern also selbst disziplinieren, um ihr Leben eigenverantwortlich und vorausschauend zu führen: „irreducible despotism [lies] in the heart of the paradigmatic liberal subject's relation to himself" (Valverde 1996, 359).[230] Dass sich dieser Imperativ einer Tugend der Vorsorge nicht auf das Erwerbsleben beschränkt, sondern sich auf das gesamte Alltagsleben erstreckt, gewährleistet das unternehmerische Selbst: „The idea of one's life as the entrepreneur of oneself implies that there is a sense in which one remains always continuously employed in (at least) that one enterprise, and that it is a part of the continuous business of living to make adequate provision for the preservation, reproduction and reconstruction of one's own human capital" (Gordon 1991, 44).

Die Differenz dieses Unterwerfungsregimes der Responsiblisierung zum Regime der Selbstdisziplinierung lässt sich anhand neuerer Führungskonzepte in Unternehmen verdeutlichen. In seiner amerikanisch-japanischen „liberation management"-Philosophie fordert Tom Peters beispielsweise, die Produktendkontrolle nicht mehr zu externalisieren, also an eine andere Abteilung zu delegieren, sondern sie den Produzierenden selbst zu überlassen. Zum einen sei, so seine Kritik, die in deutschen Firmen übliche Apparatur der Qualitätskontrolle aufwändig. Zum anderen appelliere die externe Qualitätsprüfung der Produkte lediglich an die „Selbst-Disziplin" der Mitarbeiter. Erst die vollständige Verantwortung für das Produkt gewährleiste jedoch die nötige Identifikation mit der Arbeit und die entsprechende Motivation durch „Selbst-Realisierung" (1992, 300-01). Auch das Modell der Teamarbeit soll

---

[230] Während wir für gewöhnlich meinen: „Despotism over others is un-liberal", hielten wir den Despotismus uns selbst gegenüber, nämlich die Selbstbeherrschung, die uns die Ethik des Liberalismus abverlangt, schon für sich genommen für eine Tugend. An diese Beobachtung knüpft Valverde (1996, 365) eine grundsätzliche Kritik der Foucaultschen Konzeption der Selbsttechnologien an: Innovativ sei diese darin, dass sie ontologische Prämissen (über Individuen und Kollektive) vermeide. Indem sie das Verdikt der liberalen Tugend der Selbstbeherrschung nicht hinterfrage, laufe sie jedoch selbst Gefahr, die liberale Ethik des Regierens zu ontologisieren. Ähnlich argumentiert Cruikshank (1999, Kap. 4).

diesen Mechanismus der Selbstaktivierung in Gang setzen und Kreativität sich wie von selbst entfalten lassen. Die Eigenart der Organisation von Teams besteht darin, dass sie im Gegensatz zum traditionellen Modell einer hierarchischen Unternehmensstruktur nicht von oben nach unten, sondern „kreisförmig" von der Mitte aus geführt werden. Inhaltliche oder technische Vorgaben für den Arbeitsablauf sind dabei nicht erforderlich, denn was zählt, ist einzig das Ergebnis. „Den an der Peripherie des Kreises arbeitenden Teams wird freie Hand gelassen, wie sie die im Zentrum beschlossenen Produktionsziele umsetzen." Voraussetzung für eine funktionierende Maschinerie der Selbstmobilisierung freilich ist die Konkurrenz mit anderen Teams, die das Orientierungsmaß des Besten setzen. Um zum besten Team zu werden reicht die „bloße Anstrengung", das selbstdisziplinierte Bemühen nicht mehr aus. Vielmehr sind Kreativität und „Flexibilität" deshalb gefordert, weil die Belohnung nach dem Prinzip des „the winner-takes-all" erfolgt (Sennett 2001; vgl. 1998, Kap. 3).[231]

Am besten mitmachen

Neoliberale Regime scheinen kaum expliziter Verhaltensanweisungen zu bedürfen. In der Verknüpfung von einer allgemeinen Unsicherheit, die aus den Bedingungen eines flexibilisierten Kapitalismus resultiert, mit einer Form der Individualisierung von Existenzrisiken, für die in der Lesart des Neoliberalismus immer der Einzelne verantwortlich zeichnet, wird das tägliche Selbstmanagement zu einer Frage der *Response-ability* (vgl. Greco 2000), zu einer Fähigkeit, die gesellschaftlichen Spielregeln selbst zu erkennen. Insofern *ermuntert* der Neoliberalismus die Individuen nicht nur, ihrem Leben eine unternehmerische Form zu geben, sondern gibt ihrer Freiheit *zwangsläufig* die Form einer permanenten Bewegung. Nicht nur das Versprechen der Selbstrealisierung, sondern

---

[231] Das Prinzip der Delegation von Verantwortung kann man sich vergegenwärtigen am Beispiel des Globalhaushalts, der im Zuge der marktförmig sich organisierenden Neuen Steuerungsmodelle in den öffentlichen Verwaltungen eingeführt wurde: Für die Verwaltung öffentlicher Gelder wird ein Gesamtbetrag zugewiesen; einzeln aufgeschlüsselte Posten hingegen werden nicht vorbestimmt. Mit der Möglichkeit freier Disposition ist die Rechenschaftspflicht für die jeweils konkreten Ausgaben entbehrlich. Allein das Ergebnis, der Endbetrag muss stimmen. Der freilich darf nicht überschritten werden. So richten sich alle Entscheidungen der Mitarbeiter, die dafür verantwortlich sind, gleichsam wie von selbst an dieser Zielvorgabe aus. Was sich im Effekt wie ein ausgeklügelter Mechanismus ausmacht, ist eine Technik des *Regierens aus der Distanz*. Die übergeordnete Organisation ist entlastet, entsprechende Vorgaben auszuarbeiten und im Detail zu überwachen. Die Mühe der Durchführung bis hin zur Verantwortung für die Lösung eines Problems werden ausgelagert.

auch das Implizite der Drohung, aus gesellschaftlicher Teilhabe oder Anerkennung herauszufallen, lassen es dabei so aussehen, als wäre diese Selbstmobilisierung ein originär individueller Wunsch.

Richard Sennett hat den Verlust der eigenen Biografie und der persönlichen Erfahrung als die Konsequenz eines flexiblen Kapitalismus beschrieben, in dem der Einzelne in dem Maße austauschbar ist wie Arbeitsplätze unsicher sind und Mobilität gefordert ist. Biografie und Erfahrung gehen in einer Welt ephemerer Begegnungen verloren, die geschichtslos sind, weil die Singularität der biografischen Geschichten nicht mehr vermittelbar ist: „Es gibt eine Oberfläche, die alle auf einer Ebene zeigt, aber diese Oberfläche zu durchbrechen mag einen Code erfordern, der den Menschen nicht zur Verfügung steht. Und wenn das, was die Menschen über sich selbst wissen, einfach und unmittelbar ist, so mag das zu wenig sein" (1998, 97).[232] Die Oberfläche markiert hier eine Grenze des kommunikativen Austauschs, die das Innere des Selbst, die persönliche Erfahrung in Ermangelung einer geteilten kulturellen Welt gleichsam abschneidet.

Unter dem neoliberalen Diktat eines responsibilisierenden Egalitarismus, der alles zu einer Frage der Freiwilligkeit werden lässt, formiert die oben skizzierte Devise eines flexibilisierten Kapitalismus, „fit" und „gut drauf" zu sein, ein spezifisches Regime von Selbsttechnologien, die sich ebenfalls auf eine Oberfläche beziehen: *Wellness*, als eine Frage des Willens dechiffriert, wird jetzt gleichbedeutend mit einer *duty to be well* (Greco 1993). Gut auszusehen ist nicht länger Ausdruck des eigenen Wohlergehens und weder nur eine moralische Frage der Verantwortung für sich selbst noch eine soziale Verpflichtung. Paradigmatisch wird Fitness zu einer Art ästhetischer Verpflichtung der Demonstration für andere, zu einem sichtbaren Zeichen für den *Willen* zum Erfolg und die Bereitschaft, sich nicht nur anzustrengen, nicht nur Leistung zu bringen, sondern auf den Erfolg orientiert zu sein, der einen Leistungsüberschuss erfordert (vgl. Neckel 2001). Obgleich Erfolg, im Unterschied zu Leistung, sich über soziale Anerkennung definiert,[233] handelt es sich dabei nicht um eine soziale Verpflichtung. Die Erfolgsorientierung soll nicht

---

[232] Sennett zeichnet mit seiner Untersuchung der Lebenswelten in der Neuen Ökonomie ein extremes und gleichwohl prototypisches Bild unserer Zukunft einer flexiblen Arbeitswelt.

[233] „Leistung ist nämlich die Verwirklichung eines Plans in irgendeinem Sachgebiet; Erfolg aber ist die Verwirklichung eines Plans im Sozialen. Die Verwirklichung eines Plans hängt folglich nicht alleine von den Fähigkeiten des Individuums zur Selbstkonstruktion ab, sondern vor allem von der Anerkennung ihrer Resultate durch die anderen. Daraus entsteht der Konformismus karriereförmiger Erfolgsorientierung" (Michael Makropoulos: „Der optimierte Mensch", in: *Uni & Job*, Beilage der *Süddeutschen Zeitung*, vom 26./27. Oktober 2002).

den anderen oder der Gesellschaft dienen, sondern ist allein dem gleichnamigen neoliberalen Imperativ geschuldet.[234] Sie genügt sich selbst und wird zugleich zu einer Frage der Selbsterhaltung, zu einer Bedingung von Zugehörigkeit. Eine motivierte Selbstdarstellung lässt insofern auch keinen Rückschluss mehr auf eine innere Befindlichkeit zu. So wie die Oberfläche der Erscheinungsform zum Maß für die individuelle Kapazität und Bereitwilligkeit zum Mithalten wird, so verliert das Innere des Selbst an Bedeutung: „appearance replaces essence" (Giddens 1991, 198). Die Differenz zwischen öffentlicher Darstellungs- und Vorderbühne und der privaten Hinterbühne des inneren Selbst, von der Irving Goffman (1965, 23-30) in seiner Beschreibung von Interaktionsritualen noch ausgegangen war, hebt sich in einer Gleichgültigkeit gegenüber der individuellen Verfassung auf. Insofern kündigt sich darin auch das Ende phänomenologischer und symbolisch interaktionistischer Lesarten an.

Während die moderne Vorstellung von einer Verbindung zwischen äußerer „Hülle" und innerem Selbst erodiert, das auf dem Wege der Interpretation am Erscheinungsbild ablesbar ist (Sennett 1986, 110; vgl. Langman 1992, 44-45),[235] wird das Konzept der Willensfreiheit zu einem zentralen Element von Regierungstechnologien: Keineswegs bezieht dieses sich nur auf die Frage der Freiheit des Handelns eines Menschen. Es impliziert vielmehr, „that he is free to want what he wants to want. More precisely, it means that he is free to will what he wants to will, or to have the will he wants" (Frankfurt 1971, 15). In diesem Sinne konzentriert sich die Frage der Verantwortungszurechnung gerade nicht auf die Willensfreiheit, nicht darauf, ob jemand auch frei ist oder war, sein Handeln in Übereinstimmung mit seinem Willen oder Wollen zu bringen. Schließlich könne man, so Harry Frankfurt weiter, den Willen oder die eigenen Wünsche auch ohne die Freiheit, sie umzusetzen, entfalten. Verantwortung jedoch messe sich lediglich an den Taten: „It is not true that a person is morally responsible for what he has done only if his will was free when he did it. He may be morally responsible for having done it even though his will was not free at all" (ebd., 18). Das Kriterium, dass man auch hätte anders handeln können, sei nur relevant für eine Theorie der Freiheit, nicht aber für eine Theorie moralischer Verant-

---

234 Darin wäre dann auch eine Differenz zu der in den 80er Jahren aufkommenden Körperkultur zu sehen: „Körperlich fit zu sein [...] bedeutet, *sozial* fit zu sein" (Rittner 1986, 71; Hervorhebung hinzugefügt).

235 Eine Unterscheidung, die es zulässt eine Handlung als schlecht zu bewerten, nicht aber den Menschen als solchen, verbindet sich nicht erst im 18. Jahrhundert mit der Figur des Schauspielers in einer „Welt als Bühne": „Das Joch der Moral lastet auf dem Menschen als Schauspieler nicht so schwer wie auf dem Puritaner oder dem frommen Katholiken" (Sennett 1986, 146).

wortlichkeit, denn: Wenn jemand gehandelt habe, wie er wollte, wenn also „the will that moved him when he acted was his will because he wanted it to be, he cannot claim that his will was forced upon him or that he was a passive bystander to its constitution. Under these conditions, it is quite irrelevant to the evaluation of his moral responsibility to inquire whether the alternatives that he opted against were actually available to him" (ebd., 19). Wenn der Neoliberalismus die Individuen an ihrem Willen misst, heißt das, er konzentriert sich gerade nicht auf ihr inneres Selbst, nicht auf das Wollen, die Wünsche und Absichten einer Person, also ihre Vorstellungen der Konsequenzen ihres Handelns. Für den Neoliberalismus, der die Menschen an der Demonstration ihres Willens misst, sind nur noch die Konsequenzen, unabhängig von den Vorstellungen und auch unabhängig von den Ressourcen, die dem Einzelnen zur Verfügung stehen, relevant. Der Wille misst sich an den Taten beziehungsweise am ökonomischen Erfolg.

Vor dem Hintergrund des bisher Erörterten stellt sich das Ritual des urbanen Marathonlaufs wie ein Abbild jener Unterwerfungsregeln eines neoliberalen Selbstdarstellungs- und Erfolgsregimes dar, und nicht nur als Zeichen einer reflexiven Moderne, in welcher der Körper gleichsam das einzige ist, über das der Mensch sicher verfügen kann. Der Körper ist zu einem zentralen Medium der Selbstdarstellung und Selbstvergewisserung geworden. Diese Selbstbestätigung bleibt, ähnlich wie beim Arbeitskraftunternehmer des flexiblen Kapitalismus, im ritualisierten Wettkampf ephemer, eingebunden in „a situative form of sociation" (Berking/Neckel 1993, 67-68) von Mitlaufenden und Publikum. Sie sind die Zeugen einer Fitness, die sich an der Fähigkeit misst, die extreme Herausforderung bei gleichzeitig maßvoller Selbstbeherrschung zu balancieren, sich im Training gut vorzubereiten und eine adäquate Selbsteinschätzung beim aktiven Mitmachen zu beweisen. Dabei ist jeder Teilnehmer in „the double grace of being someone and not having to be alone", jeder kann besonders sein und doch einer von Vielen bleiben, aufgehen in der Anonymität der anderen, die mit ihm laufen. Entscheidend ist nicht, Sieger zu werden, sondern dabei zu sein – „I did it" (Baudrillard 1995b, 34) – und nicht aus dem Spiel herauszufallen.[236]

---

[236] Für Baudrillard (1995b, 35) ist der Marathonlauf daher „eine Art demonstrativer und werbewirksamer Selbstmord: man läuft, um zu zeigen, dass man fähig ist, an die eigenen Grenzen zu gehen, um den Beweis zu erbringen [...] den Beweis wofür? Dass man es schafft, anzukommen. Auch die Graffitis verkünden nichts anderes als: Ich heiße Soundso und es gibt mich! Sie machen kostenlose Werbung für die eigene Existenz". Die Demonstration der Anwesenheit wird, so scheint es, zu einer Frage der nackten, der seltsam bloßen Existenz: „Muss man sein Leben ständig unter Beweis stellen? Ein merkwürdiges Zeichen von Schwäche, der Vorbote eines neuen Fanatismus, einer gesichtslosen Leistung

Sich den Spielregeln zu unterwerfen, heißt sich zu zeigen: „being some-one" bedeutet „being visible" (Berking/Neckel 1993, 64-65). Wer als letzter die Ziellinie durchläuft, ist nicht Verlierer, sondern wird im Gegenteil mit Beifall begrüßt. Bestätigung erlangt, wer zur Schau stellt, dass er durchhalten kann. Verlierer sind daher einzig diejenigen, die es einfach nicht schaffen. An ihnen zeigt sich, wo die neuen Grenzen der Zugehörigkeit und unerwartet Grenzen sozialen Ausschlusses gezogen werden, wenn Individualität in Selbstdarstellung aufgeht: Wer vor der Ziellinie aufgeben muss, wird nicht mit Schimpf und Schande belegt, lediglich vom „sweeper truck" aufgelesen. Das Ziel nicht zu erreichen, fällt gar nicht auf. Die „best practice", eines der neueren Zauberwörter der Umstrukturierung von Leistungsstrukturen in Unternehmen und Behörden,[237] hat ihr Maß nur am Performancemaximum, und das heißt zugleich: Versagen wird nicht beachtet. Misserfolg findet keine Aner-kennung. Er ist nach diesen Regeln gar nicht darstellbar.[238] Mitmachen muss also nicht nur, wer etwas erreichen will (vgl. Luhmann 1995, 255). Mitmachen muss, wer nur dazugehören und wahrgenommen werden will, anstatt in die Riege der Überflüssigen, der ignorierten Irrelevanten abzuleiten (vgl. Schroer 2001).

---

und einer Evidenz ohne Ende."

[237] Nach dem Prinzip der „best practice" werden im „Infopool Prävention" des BKA sogar Konzepte und Projekte der Kriminalprävention aufgeführt (vgl. Bundesministerium 2001, 467) – hier wirbt der Staat in Gestalt einer Behörde dafür, an der Herstellung von Sicher-heit zu partizipieren.

[238] Im Gegensatz zum Leistungsprinzip, das auf Gegenleistung beruhe und dementsprechend mit Gratifikationen verknüpft sei, bedeute ausbleibender Erfolg ausbleibende Anerken-nung, so auch Neckel, der darin auch die „agonale Struktur" von Marktgesellschaften ver-ankert sieht: „Wenn Markterfolge zur Grundlage gesellschaftlichen Ansehens werden, können Misserfolge die Voraussetzungen sozialer Anerkennung vernichten. Das verändert die Wettbewerbsstrategie im sozialen Raum. Bei der Statusverteilung kommt es nun nicht allein darauf an, die eigene Position zu verbessern, was auch den Konkurrenten eine Chance auf Fortkommen gewährt, sondern den Rivalen Niederlagen zu bescheren. Das Leistungsprinzip lädt letztlich noch immer zu Kooperation ein, das Erfolgsprinzip hinge-gen stiftet Feindseligkeit" (2001, 263).

3.8   Good governance

„Das Denken ist niemals Sache der Theorie gewesen. Das waren Lebensprobleme. Das war das Leben selbst."

Gilles Deleuze (1993c, 152)

Der Begriff der Oberfläche ist in dieser Studie bisher in zwei verschiedenen Bedeutungsfeldern verwendet worden: Einerseits im Sinne der Foucaultschen Analytik, die an konkreten Praktiken ansetzend herauszufinden versucht, unter welchen Bedingungen bestimmte Phänomene auftauchen, gesellschaftlich wahrgenommen und anerkannt werden; andererseits im Hinblick auf neoliberale Mechanismen der Subjektivierung, bei denen Anerkennung zu einer Frage der Selbstdarstellung und Sichtbarkeit wird. An einem Punkt treffen sich diese beiden Konzepte von „Oberfläche": Das Subjekt oder Individuum ist nicht auf ein inneres Selbst festzuschreiben. Eine ähnliche Zweideutigkeit findet sich auch in den *governmentality studies* wieder, die gleichermaßen als „a product and instrument of liberalism" (Stenson 1999, 45) favorisiert wie kritisiert werden. „In essence, this approach emphasizes the need to *steer* rather than *row* the ship of government" (ebd., 47). Während auf der einen Seite eine Affinität zu liberalen Regierungsweisen begrüßt wird, sieht man darin auf der anderen Seite die Gefahr der Reproduktion neoliberaler Programme: „governmentality studies can be viewed as a product of liberalism and could develop as its principal instrument of renewal" (O'Malley et al. 1997, 338). Foucault hat sich, wie Colin Gordon beobachtet hatte, in der Tat von einem liberalen und neoliberalen Denken angezogen gefühlt. Er sah darin ein weitaus größeres erfinderisches Potenzial für kreative und kritische Formen der Politik als in der etablierten linken und kritischen politischen Kultur: „Foucault's accounts of the liberal and neo-liberal thinkers indeed often evince a sense of (albeit value-neutral) intellectual attraction and esteem. This attraction may be libertarian, but it is not anarchist. His reproach, if there is one, is to critical culture itself. Foucault does not eschew practical maximises where the obligations of thought are concerned. In a nutshell, he suggests that recent neo-liberalism, understood (as he proposes) as a novel set of notions about the art of government, is a considerably more original and challenging phenomenon than the left's critical culture has had the courage to acknowledge, and that its political challenge is one which the left is singularly ill equipped to respond to, the more so since, as Foucault contends, socialism itself does not possess and has never possessed its own distinctive art of governing. The conclusion from this exercise in critical attentiveness of the present lies in the affirmation of the possibility and necessity, for those who whish to pursue certain ends and values, of fresh acts of inventiveness" (Gordon 1991, 6). Foucaults Wertschätzung liberalen Denkens scheint gerade mit Blick auf seine kritische Analyse von Formen der Subjektivierung nahe zu liegen, die er mit dem Konzept der Regierung anvisierte. Seinem Konzept vom Subjekt als Form und seiner Unterscheidung zwischen den inhaltlichen Vorgaben einer Moral und den Regeln einer selbst bestimmten Ethik scheint auch der Neoliberalismus gerecht zu werden. Schließlich ist für diesen bezeichnend, dass er das Individuum nicht kennen und erkennen und den Individuen keine inhaltlich bestimmten Vorschriften über ihre Lebensweise machen will und muss, um sie zu regieren.

Auch wenn diese Affinitäten prekär sind, lässt neoliberales Denken sich gleichwohl auch kritisch wenden, und zwar in die Richtung neuerer politischer Programme einer *good governance*, die lokale Kapazitäten und Fähigkeiten der Problemlösung zu mobilisieren suchen. Problematisch sei, so Clifford Shearing, der sich in Südafrika und Nordirland für neue Formen des *Policing* auf kommunaler Ebene eingesetzt hat, dass der Staat, Institutionen oder Experten die Direktiven vorgeben: „The contemporary normative literature on governance challenges the previously taken for granted assumption that the business of government is, and should be, monopolised by states" (2001, 15). Um Konzepte autonomer Konfliktlösung in Gang zu setzen, hätten Experten sich statt dessen auf eine minimalistische Rolle zu beschränken. Die Aufgabe von Experten sei eine experimentelle und könne folglich nur darin bestehen, einen „code of good practice" zu empfehlen, der einen Minimalcode der Orientierung bei Konflikten darstelle und den Charakter von „guidelines rather than rules" habe, während die Regeln des Zusammenlebens erst zu entwickeln seien (ebd., 21).[239]

---

[239] Tatsächlich zeigten die Erfahrungen mit einem Konfliktregelungsprojekt, das in Südafrika implementiert wurde, zwei entscheidende Differenzen zur herkömmlichen Struktur rechtsstaatlicher Strafverfahren: Zum einen wurde das „Community Forum", das für den Fall unbefriedigender gemeinschaftlicher Konfliktregelung vorgesehen war und einen vergleichbaren Individualisierungsprozess wie im klassischen Schuldverfahren bedeutet hätte, in keinem der in einem Zeitraum von sieben Monaten aufgekommenen, über 100 Fälle in Anspruch genommen (Der Text gibt keine Auskunft, welche konkreten Delikte verhandelt wurden, wohl aber dass „Sex", „Geld" und „Ärgernisse" zu den zentralen Themen gehörten.). Zum anderen verlagerte sich die Orientierung von der ebenfalls für herkömmliche Strafprozesse zentralen Vergangenheitsaufarbeitung auf die Zukunft, was Shearing auf die gemeinschaftliche Konfliktregelung und damit Ausdehnung des Kreises von In-

Solche Konzepte eines minimalen Interventionismus bleiben freilich prekär; dies nicht nur, weil sich, wie aus der *Community Policing*-Forschung bekannt, ohne Direktiven von oben tendenziell immer nur bestimmte stärkere Interessen und Interessierte durchsetzen.[240] Auch emanzipatorische Projekte des *Empowerment* (Cruikshank 1999) unterlaufen die Produktion entsprechender Formen der Subjektivierung nicht, wenn sie darauf aus sind, die Fähigkeiten der Selbstführung zu stärken und die Individuen mit den entsprechenden Ressourcen auszustatten, so dass diese selbständig die Verantwortung für ihre Existenzweise übernehmen können. In der Drogenpolitik könnte die Strategie beispielsweise darin bestehen, statt rigider Verbots- und Strafpolitik auf Schadensminimierung zu setzen. Das hieße dann etwa, die Individuen mit Informationen über bestimmte Risiken zu versorgen, sie über die Risiken aufzuklären, um ihnen die Freiheit der Entscheidung selbst zu überlassen. Das jeweils zur Verfügung gestellte Raster der Wahlmöglichkeit ist jedoch selbst schon eine Vorgabe von Optionen. Das Problem, dass die Individuen über eben diese eigene Wahlmöglichkeit regiert *werden* und noch dafür verantwortlich gemacht werden können, wird so nicht umgangen.[241]

---

volvierten zurückgeführt. Die nicht unmittelbar Beteiligten seien weniger an den Besonderheiten des Konfliktes interessiert als an dem, was sich für die Verhinderung ähnlicher Streitfälle für die Zukunft daraus ableiten lässt: „What happens is that the past tends to be addressed to ensure that the future is different. [...] While they regard restoration and reconciliation as important, and perhaps even necessary, they are believed to be insufficient in themselves" (2001, 26).

[240] *Community Policing* und das Programm der *Restorative Justice* unterscheiden sich genau darin, dass sie die Regeln staatlicher Agenturen implementieren und untermauern und dass sie als solche immer schon die Probleme und Problemlösungen vordefiniert haben (vgl. Shearing 2001, 23). Das gilt noch für das Programm des *reintegrative shaming* von Braithwaite (1989; für eine Zusammenfassung vgl. Braithwaite 1996), das einen Prozess der Stigmatisierung und Identifizierung des Delinquenten vermeiden will und gleichwohl nicht einer Praxis der normierenden Vorgabe, die in das Setting jeweils eingewoben ist, entkommt: Eine Gemeinschaft soll das Verhalten eines Delinquenten öffentlich verurteilen und so Reue bei diesem erzeugen, ohne dass diese in ein bleibendes schlechtes Gewissen ausartet. Die Straftat soll verurteilt werden, ohne die Person als ganze zu verurteilen und auszugrenzen. Sie wird nach der Zeremonie in der Gemeinschaft akzeptiert und wieder aufgenommen.

[241] Vgl. dazu die ausführliche Diskussion bei O'Malley (1999b). Während illegaler Drogenkonsum sich weit gehend im Bereich der selbstschädigenden Delinquenz bewegt, schwebt Clifford Shearing mit seiner Anknüpfung an neoliberales und unternehmerisches Denken noch ein anderer Weg vor, der im Effekt auf eine Entkriminalisierung hinausläuft und damit auch die Mechanismen der Stigmatisierung umgeht, dies aber nicht über Gesetzesänderungen, sondern durch kreative Problemlösungsstrategien erzielen will. Folgende Geschichte verdeutlicht den Ansatz seiner Überlegungen: Mitarbeiter eines großen Stahlunternehmens entwenden immer wieder betriebseigene Werkzeuge. Dem mit der Abhilfe dieses Problems beauftragten Leiter des Sicherheitsabteilung fallen die herkömmlichen Lösungswege ein: die Täter über verdeckte Ermittler aufspüren; Durchsuchungsaktionen, um Beweismittel zu sichern; Anklage, Verurteilung, Entlassung. Doch sein Chef ist mit

Strategien des *Empowerment* sind Technologien des Regierens, die darauf beruhen, das Selbstbewusstsein von Individuen zu stärken und so deren Fähigkeiten, für ihre Interessen selbst einzutreten. Sie können von sozialen Bewegungen, wie dem Feminismus oder der Bürgerrechtsbewegung in den USA, ausgehen. Sie können aber auch offizielles Regierungsprogramm sein, sei es im „Kampf gegen die Armut" oder zur Mobilisierung des Unternehmertums eines jeden Bürgers, wie im Thatcherismus: „self-esteem means about as much as ‚positive thinking' meant in the 1970s, ‚empowerment' in the 1980s, and ‚enterprise' in the 1990s" (Cruikshank 1999, 102). *Empowerment* ist eine Form der Aktivierung von Individuen in ihrem Interesse und im Namen der Gesellschaft oder gesellschaftlicher Teilgruppen, nach dem Motto: *alleine bist du machtlos, aber zusammen seid ihr stark* (vgl. ebd., 78).[242] Solche Appelle berufen sich einerseits, explizit oder implizit, auf eine demokratisch verfasste Garantie der Freiheit, die jedem gleichermaßen gewährt sein soll, die Individuen so aber auch als isolierte begreift. Andererseits beschwören sie bürgerschaftliches Engagement des *Cityoen*, politisches

---

diesen Vorschlägen nicht zufrieden: Die Maßnahmen würden mit Sicherheit zur Verschlechterung des Betriebsklimas führen und so vermutlich die Produktivität senken. Die bisherigen Investitionen in die Ausbildung der Arbeiter würde zunichte gemacht und Mehrkosten durch Stellenanzeigen und die Einarbeitung neuer Mitarbeiter entstehen. So droht er seinerseits mit der Entlassung des Sicherheitschefs, falls dieser nicht eine unternehmensfreundlichere Lösung zu Wege bringe. Solchermaßen „auf Trab" gebracht, beginnt der das Problem unter ganz anderen Gesichtspunkten zu betrachten. Bisher hatten seine Vorschläge an eine traditionelle kriminologische Sichtweise angeknüpft, derzufolge es immer bestimmte Menschen sind, die sich erdreisten, Straftaten zu begehen. Die gelte es folglich aufzuspüren und, siehe oben, entsprechenden Verfahren zu unterziehen. Doch bei näherer Betrachtung schälte sich bald ein ganz anders gelagertes Problem heraus: Viele der Mitarbeiter zimmerten und werkten zu Hause. Sie erstellten Spielzeug für ihre Kinder oder setzten ihre Wohnungen und Häuser instand. Dafür brauchtes sie Werkzeuge, auch größeres Gerät, und das ist teuer. Die Firma aber verfügte darüber. Die Mitarbeiter dachten nicht daran, dass es möglich sein könnte, die Werkzeuge einmal auszuleihen, also nahmen sie sie „einfach mit". Sie konnten sie jetzt nur schlecht wieder zurückbringen. Zweifelsohne würde das Risiko, dabei erwischt zu werden, um das Doppelte steigen. Nun, wenn man diesen Zusammenhang pragmatisch betrachtete, und das tat der Sicherheitsbeauftragte jetzt, ließ sich im Sinne der Vorgaben seines Chefs eine ökonomische Lösung ersinnen: Er schlug vor, eine Art „Bibliothek" für Werkzeuge zu errichten, die man sich zum Feierabend ausleihen kann. Sein Chef war zufrieden und zahlte ihm das in barer Münze aus (1997, 264-65). – Für eine Perspektive, welche die Fiktion einer Gesellschaft ohne staatliche Strafe *und* das konkrete Programm einer Versicherung gegen das Risiko Kriminalität miteinander verbindet, vgl. Schmidt-Semisch (2002), der im übrigen auch auf diese Geschichte eingeht.

[242] Wie Cruikshank hervorhebt, gleichen sich *Empowerment*-Konzepte von Regierungen, etablierten Organisationen oder sozialen Bewegungen strukturell: nur die letzteren scheinen politisch zu sein, während die anderen sich lediglich als sozial motiviert ausmachen. Doch politisch sind beide Strategien darin, dass es bestimmte Akteure gibt, die sich zu Experten aufschwingen, und, und dazu bedarf es keiner demokratischen Legitimierung, die entscheiden, worin ein Problem besteht, wer der Adressat ist und also wer die „Machtlosen" sind, und wie diese zu „stärken" seien (vgl. 1999, 70-72).

Engagement ohne äußeren Zwang. Diese Form der politischen Mobilisierung im Interesse von Gruppen oder der Gesellschaft unterwirft die Individuen gleichzeitig jenen Interessen, die ihre eigenen sein sollen und in deren Namen sie sich Selbstdisziplin abverlangen müssen: „empowerment' is itself a power relationship" (ebd., 69). Denn *Empowerment* setzt voraus, was erst problematisiert und zur politischen und sozialen Moblisierungsstrategie werden soll. Das erkannte Problem, etwa Armut oder patriarchale Unterdrückung, konstituiert eine Gruppe, die es zu unterstützen gilt. Die Subjektivität und die Handlungskonzepte, auf denen das Engagement beruhen soll, machen die Individuen so erst zu Subjekten in dem doppelten Sinne: zu aktiven Subjekten, die über ihre Subjektivität regiert und unterworfen werden. Sie werden zu Subjekten respektive Objekten ihrer eigenen Subjektivierung gemacht:[243] „The mode of government links the subjectivity of individuals to their subjection, by transforming political subjectivity into an instrument of government" (Cruikshank 1994, 32).[244] Ihre Subjektivität, an welche die Strategie des *Empowerment* anzuknüpfen scheint, ist eine ihnen unterstellte Subjektivität. Damit freilich ist nicht gesagt, dass Subjektivität überhaupt nicht existiert (ebd., 38). Es sind aber heterogene Subjektivitäten, die durch Strategien des *Empowerment* in eine spezifische Subjektivität transformiert und erst in diesem Prozess der Politisierung gebündelt und als eine mehr oder weniger kohärente, identifizierbare konstituiert werden. Freiheit und Unterwerfung, Aktivierung und Disziplinierung sind dabei derart ineinander verwoben, dass weder die Rede von einem genuin eigenen Interesse noch von einer Freiwilligkeit oder Befreiung einen Sinn machen: „subjectivity does not exist prior to government intervention, but is rather the object and outcome thereof" (ebd., 32).

Die kritische Formel von der „power beyond the state" und des „governing at a distance" aus der *Governmentality*-Literatur scheinen *Empowerment*-Programme praktisch beim Worte zu nehmen und zu verwirklichen. Dabei entkommen sie weder der Moral, welche die Freiheit der Wahl ermöglicht, indem sie die Verantwortung bei der Entscheidung,

---

[243] Angesichts der Frage Foucaults, wie „in unserer Kultur Menschen zu Subjekten *gemacht* werden" (1987a, 243; Hervorhebung hinzugefügt), hat van Krieken zu Recht noch einmal die Vorstellung von einer Macht als Akteur kritisiert, die das Subjekt erst hervorbringt, anstatt von einem konstituierenden Verhältnis auszugehen: „However, ultimately there is still an assumption that individual actions and capacities have been organis*ed* rather than they have any independent organis*ing* effect of their own" (1991, 7). „It is possible to ‚decentre' the operation of power while still seeing human subjects as the objects of power, capable only of resistance" (ebd., 19).

[244] Obgleich der Aufsatz von 1994 später in Cruikshank (1999) wieder abgedruckt wurde, beziehe ich mich sowohl auf das Buch als auch auf jene Textfassung, sofern diese hier relevante Formulierungen enthält, die später modifiziert oder andere Stelle gesetzt wurden.

also bei denen ansiedeln, die frei sind zu wählen; noch entrinnen sie der Determinierung, welche die notwendiger Weise vorgegebenen Auswahlmöglichkeiten als strukturierte Wahl implizieren (und wer, so wäre zu fragen, ist autorisiert, welche Struktur vorzugeben?); und sie vermeiden nicht, dass Programme das Subjekt voraussetzen und Technologien des Regierens es immer schon mit konstituieren. Gegen diese kritische Sicht ließe sich mit Foucault gleichwohl einwenden, dass jede Form des Regierens *gefährlich* ist, gefährlich schon darin, dass Technologien des Regierens immer spezifische Formen der Subjektivierung, der Unterwerfung unter Normen und Regeln, implizieren und konstituieren: „Wo es Macht gibt, gibt es Widerstand. Und doch oder vielmehr gerade deswegen liegt der Widerstand niemals außerhalb der Macht" (Foucault 1983, 116). Wie aber soll Widerstand möglich sein, wenn dieser die Macht niemals überschreitet und Machtausübung gerade dort sich vollzieht, wo die Freiheit „aufbegehrt" (Foucault 1987a, 256)? „Wenn alles gefährlich ist, dann haben wir immer etwas zu tun. [...] Ich denke, dass die ethisch-politische Wahl, die wir jeden Tag zu treffen haben, darin besteht zu bestimmen, was die Hauptgefahr ist" (Foucault 1987b, 268). Nicht in dem Anspruch „überhaupt nicht regiert zu werden" liegen unsere Freiheitspotenziale und nicht die Fragestellung Foucaults, wie wir „nicht dermaßen, nicht von denen da, nicht um diesen Preis regiert [..] werden" können (1992, 52), erlegt uns eine unerträgliche Beschränkung unserer Freiheitsbestrebungen auf, sondern der Glaube an Befreiung als einen erreichbaren Zustand der Freiheit. „Freiheit ist die Garantie der Freiheit" in dem Sinne, dass wir Freiheit nur ausüben, nicht aber haben können.[245] Weil Widerstand und Freiheitspraktiken nicht das Andere der Macht, sondern immer nur im Verhältnis zur Macht bestimmbar sind, heißt Widerstand nicht die Suche nach einem umfassenden Gegenkonzept, das auf eine absolute Befreiung zielt. Wie die Macht kann man Freiheit nicht besitzen, sondern nur ausüben und „die einzige Form, sie zu bewahren, besteht darin, sie in Anspruch zu nehmen" (Lemke 2001b). Es gibt keine Freiheit ohne ein Tun. Nur im Praktizieren kann die Freiheit Gestalt annehmen.[246]

---

[245] Vgl. Foucault (1984c, 245); Lemke (2001b, 275). Die Formel Foucaults, nicht um einen bestimmten Preis regiert zu werden, kann man nur dann „als theoretisch schwach wie politisch unbefriedigend" kritisieren (Lemke 1997, 310), wenn man den zentralen Gesichtspunkt der unumgänglichen Subjektivierung und der folglich notwendigen Reflexion auf die jeweiligen Formen außer Acht lässt (vgl. dazu auch Bublitz 1999, 165-66). Doch gerade in diesem Sinne wendet Foucault sich freilich auch gegen das Projekt eines Liberalismus und Neoliberalismus: Die Analyse von Rationalitäten und Technologien des Regierens, die auf die Weisen der Subjektivierung zielt, „involves a radical critique of any such ideal" von einem autonomen Subjekt (Hindess 1997, 270).

[246] Zum Konzept von Freiheit als Praxis im Unterschied zum substanziellen Begriff von

Darin besteht das kritische Programm der Analyse von Gouvernementalitäten. Die Frage, in welcher Weise Rationalitäten sich in Technologien des Regierens technisch und praktisch machen und welche Formen der Subjektivierung sie hervorbringen, fokussiert den Schnittpunkt, an dem Machttechnologien und Selbsttechnologien aufeinander und wo Konzepte, Anreize, Versprechungen sich mit unseren Vorstellungen und auf unsere Bereitschaft treffen. Dort liegt zugleich der Ansatzpunkt für mögliche Formen des Widerstands. Die unhintergehbare Beziehung von Regieren und Subjektivierung bezeichnet die Stelle, an der regiert werden und sich selber regieren, regieren und sich regieren lassen ineinander greifen. Eine der Voraussetzungen für die Ausübung der Freiheit ist daher die Gegenproblematisierung von Praktiken, die uns auch deshalb beherrschen, weil wir sie als selbstverständliche akzeptiert haben, und die der Reflexion zugänglich sind, gerade weil sie *Formen* des Handelns sind, in die Weisen des Denkens sich eingeschrieben haben. Problematisierungen fokussieren „das Sein als eines, das gedacht werden kann und muss" (Foucault 1983, 19).[247] Sie reflektieren auf das Verhältnis von Denkformen und Handlungsweisen, auf den Zwischenraum des Möglichen, in dem so andere Praktiken vorstellbar werden und sich alternative Subjektivitäten konstituieren können. Systematisch etwas anders machen können wir nur, wenn wir wissen, wovon es sich unterscheiden soll. „Indem die historische Arbeit die Willkürlichkeit und Kontingenz dieser Verbindungen ‚sichtbar' macht, werden zugleich andere Praktiken ‚denkbar'. Diese Freiheitsspielräume oder Widerstandpotenziale eröffnen sich nicht trotz, sondern gerade wegen der engen Verbindung der Praktiken mit den Formen der Problematisierung: Wenn ‚Denken' auf der einen Seite unlösbar an eine historische Konfiguration von diskursiven und nicht-diskursiven Praktiken gekoppelt ist, so ist es andererseits das Mittel, von sozialen Handlungsroutinen zurückzutreten, um sie in einer Distanzierungsbewegung zu ‚problematisieren'" (Lemke 1997, 341).

Freiheit bei Isaiah Berlin, vgl. Rose (1992a, 5); Dumm (1996, 47-62).

[247] Zu problematisieren ist, „was weder eine anthropologische Konstante noch eine zeitliche Variation ist", also „Objekte, Handlungsregeln und Weisen der Selbstbeziehung", die gleichsam zwischen diesen vermeintlich unabänderlichen Vorbedingungen menschlicher Existenz und der bloßen Wiederholung oder Reproduktion liegen. „Die kritische Ontologie unserer selbst" setzt eine reflexive „Haltung" voraus und zielt auf die Formen des Wissens, die Machtbeziehungen und die Weisen, in denen „wir uns als moralische Subjekte unserer Handlungen konstituiert" haben und in denen wir zugleich regierbar gemacht wurden (Foucault 1990a, 52-53; vgl. 1992, 32; 1984b).

4.   Governing elements of risk

4.1   Zur Ökonomie der Macht ohne Erzählungen

Wenn die Konzepte der Kriminologie die gesellschaftliche Wahrnehmung von Problemen formen können und ebenso die Art und Weise,
wie „Kriminalität" und „kriminelle Subjekte" als Probleme traktiert
werden, geschieht das nicht voluntaristisch, sondern im Rahmen von
Kräfteverhältnissen, und das heißt auch in Beziehung zu historisch
institutionalisierten Praktiken und Diskursen, in denen die Kriminologie
sich ihrerseits konstituierte: „subjects are constituted in a whole variety
of ways in different legal contexts and forms" und „each of these
subjectifications has a history, each is differently suffused by the norms
and values of positive knowledge" (Rose/Valverde 1998, 575). Eine der
Voraussetzungen aber für die Durchsetzung neuer Formen des Regierens besteht darin, Formen der Subjektivierung beziehungsweise der
Konstituierung von kriminellen Subjekten zu rearrangieren (vgl. Hannah-Moffat 2000, 517): Das erfolgreiche Rearrangement ist seinerseits
schon ein Effekt von Machttechnologien. In diesem Sinne beschreiben
Malcolm M. Feeley und Jonathan Simon eine *neue Pönologie* (Fee-
ley/Simon 1992), die eine Zäsur gegenüber der „alten" klinischen oder
disziplinären, auf den Täter fokussierten Kriminologie markiert: Die
actuarial justice (Feeley/Simon 1994), die, wie die Versicherungstechnologie, auf dem Kalkül von Risiken beruht, ist ein Modus der Bearbeitung
strafrechtlich relevanter Probleme, der ohne determinierende Annahmen über den Täter auskommt: „A central feature of the new discourse
is the replacement of a moral or clinical description of the individual
with an actuarial language of probabilistic calculations and statistical
distribution applied to population" (Feeley/Simon 1992, 452). Die
actuarial justice ist keine kriminologische Theorie und kein politisches
Konzept, das es umzusetzen gilt. Vielmehr beschreibt sie ein Set von
Praktiken, denen eine spezifische Rationalität gemein ist und die in
unterschiedlichen Programmen und Konzepten der Kriminalitätskontrolle Gestalt annehmen können. Die Rede von einer neuen Pönologie
will weder besagen, dass disziplinäre Techniken der Kriminalitätskon-

trolle durch Risikotechnologien abgelöst oder ersetzt würden (vgl. ebd., 459), noch dass die Techniken und Verfahren für sich genommen neu seien, im Gegenteil: „It is somewhat misleading to speak of new practices, since the practices we discuss are, in fact, partial practices which have had long and varied histories. Their newness lies in their particular combinations and the particular micropractices they are embedded in and the functions which they perform" (Feeley/Simon 1994, 174).[248] Die *actuarial justice* beschreibt also eine strategische Koalition, die spezifische Diskurse und Praktiken eingegangen und aus der dann in der Tat neue Praktiken hervorgegangen sind, die einen „profound change in contemporary penality" markieren (Simon 1998, 467). Abgesehen davon, und das wird näher zu beleuchten sein, mag es kein Zufall sein, dass die neue Pönologie historisch gesehen im Kontext der Kritik am wohlfahrtsstaatlichen Programm der Kriminalpolitik aufgekommen ist (vgl. O'Malley 2001a).[249]

Alte und neue Pönologie unterscheiden sich zunächst einmal durch die beiden bereits erwähnten Normenkonzepte: hier die präskriptive Normierung und dort die mathematisch-deskriptiv bestimmte Normalisierung. Dieser Differenz entsprechen je verschiedene Kontrollmodi, die auf unterschiedlichen Konzepten des Sozialen und von Individuen beruhen. Man kann sie, wie Michael Makropoulos, in einen größeren Zusammenhang stellen und als zwei Traditionen „unserer sozialen Moderne" beschreiben, mit Kontingenzanforderungen umzugehen. Es handelt sich also nicht nur um zwei unterschiedliche Rationalitäten, sondern auch um prinzipiell verschiedene Praktiken, die von unterschiedlichen „Idealen" unterlegt sind: Die Disziplin ist von dem Ideal geleitet, Kontingenz zu *bewältigen*.[250] Das aufklärerische Motiv der Naturbeherrschung „vollstreckt" sie „am Sozialen": Es artikuliert sich hier als Anspruch, soziale Probleme zu beherrschen. Die Diagnose von Gefahren und Abweichungen, jetzt als Kontingenzen betrachtet, beruht auf „Handlungskonzepten", auf theoretischen Modellen oder Typen, an

---

[248] Nicht einmal innerhalb der kriminologischen Diskussion sind jene Technologien neu: Feeley/Simon (1992, 453) beziehen sich selbst auf vorgängige Diagnosen, die in den risikokoorientierten Strategien der Kriminalitätskontrolle einen paradigmatischen Wechsel erkennen. Zu den wohl einschlägigsten Studien in diesem Zusammenhang zählt Cohen (1985); vgl. aber auch Reichman (1985).

[249] Neben den einschlägigen Aufsätzen von Feeley/Simon (1992, 1994) und Simon/Feeley (1995) zur *actuarial justice* bzw. neuen Pönologie vgl. auch Simon (1987, 1988, 1993, 1995, 1997, 1998). Mit „Strategien" meinen auch Feeley/Simon (1992, 449, FN 1) nicht ein kohärentes Konzept, das von bestimmten Akteuren bewusst eingesetzt und ‚strategisch' verfolgt wird, sondern das als Gesamtkonstellation ohne konkrete Subjekte *strategisch wirkt*.

[250] Makropoulos (1990, 411) verwendet ganz bewusst diesen Begriff, der „nämlich stets etwas mit Gewalt zu tun" hat, und stimmt insofern in die Problematisierung dieses aufklärerischen Ideals im Sinne der Kritischen Theorie ein.

denen konkrete Akteure gemessen – *normiert* – werden und die ihnen „intentional zuschreibbar" sind. In dem Bestreben, Kontingenz zu vermeiden oder besser noch: „zum Verschwinden zu bringen", wirkt die Disziplin beschränkend auf die Möglichkeiten individueller oder kollektiver Akteure. Sie ist, wie das soziologische Modell „organischer Funktionalität", an der Vorstellung vollständiger Integration orientiert (Makropoulos 1990, 417-18). Die Technologie der Versicherung hingegen operiert im Rahmen tolerabler Spannbreiten, die innerhalb statistisch kalkulierter Variationen festzulegen sind. Sie belässt so nicht nur einen Spielraum von Möglichkeiten, sondern ist darauf aus, diesen auch gezielt zur Entfaltung zu bringen. Gegenüber dem Prinzip der Normierung, das auf Normalitätsmodelle fixiert ist und mögliche und unzulässige Abweichungen davon festlegt, ist das Prinzip der *Normalisierung* im statistischen Mittel fließend: Ein „flexibler Normalismus" (Link 1998) operiert mit Kontingenzen, die zu *managen* sind.[251] Individuen werden gerade nicht über Normen – Normierung –, sondern über Freiheit regiert, und Konflikte oder Probleme werden ohne den Anspruch, sie vollständig lösen zu wollen, *reguliert*. Die Technologien beruhen auf der „Annahme, dass vollständige Integration nicht möglich", sondern „bloß" statistisch herstellbar ist und insofern unvollständig bleiben muss, während mögliche negative Folgen gegebenenfalls nachträglich zu kompensieren sind (Makropoulos 1990, 418).

Dass die Verfahren der „neuen Pönologie" keineswegs neu sind, ist bekannt: Sie gehen zurück auf die Erfindung der Statistik und die Entstehung der Bevölkerung als Gegenstand der Regierung, die Foucault als Voraussetzung der Bio-Macht beschrieben hatte; und sie sind verankert in den Risikotechnologien, die auf der Basis von Statistik und Wahrscheinlichkeitsrechnung im 19. Jahrhundert ausgebaut wurden. Die „funktionelle Verschränkung von Disziplin und regulierender Kontrolle", die sich mit der Technologie der Versicherung prototypisch realisierte, sei gleichsam die „sozialtechnische Voraussetzung" gewesen, um das Programm einer *Macht zum Leben*, „das epochale Großunternehmen der organisierten Selbstentfaltung anthropologischer Potenzen, das die modernen Gesellschaften charakterisiert" (Makropoulos 1997, 54), unter den Bedingungen komplexer moderner Massengesellschaften und ihrer Probleme fortzusetzen. In diesem Rahmen sei es erforderlich gewesen,

---

[251] In Absetzung zum „Protonormalismus", der Foucaults Konzept der Normierung und der Herstellung von Normalität über die Dressur nahe kommt, bezieht der „flexible Normalismus" sich bei Link allerdings nicht nur auf Formen statistisch vermittelter Normalisierung, sondern impliziert vielmehr eine dynamische Steigerungsoption, auf die auch Feeley und Simon implizit anspielen.

die Techniken und Verfahren „der sozialen Steuerung vom Realienbe-
zug" abzulösen und von „einzelnen Handlungen individueller oder
kollektiver Akteure" zu abstrahieren. Mit dem Risikokalkül sei es möglich gewesen, komplexe „Konstellationen mehrerer Handlungsvollzüge"
in den Blick zu nehmen, freilich ohne dass diese so „vollständig kalkulierbar" geworden wären: „Das Problem, das soziale Kontingenz stellt,
besteht darin, dass sie überhaupt nicht an Realien festzumachen ist,
sondern erst in Realitätskonstruktionen objektivierbar wird, deren
primäre Möglichkeitsbedingungen die Freisetzung der Wirklichkeitser-
kenntnis von ihrer Bindung an Realien ist" (ebd., 68).[252] Wenn Makropoulos hier zwischen „Realien [...] wie dies [...] gefährliche Individuen
sind" und Formen der Objektivierung über Realitätskonstruktionen
unterscheidet, die auf statistischen Verfahren beruhen, ist diese Beschreibung gleichwohl missverständlich. Zum einen kann man sehen:
„Natürlich verschwinden die Akteure nicht" (ebd., 67). Zum anderen
bildet auch die Norm der Disziplin nicht selbst konkrete Individuen ab,
die erst durch normierende Verfahren zu Abweichenden werden, zu
Verbrechern, psychisch Kranken, Gewalttätern oder arbeitsunwilligen
Sozialhilfeempfängern. Der entscheidende Unterschied zwischen beiden
Technologien besteht darin, dass die eine Ontologisierungen über
kategoriale Zuschreibungen erst herstellt, während die andere gleichsam
den gegenteiligen Effekt hat: Die statistisch aufbereiteten Normalisierungsverfahren konstruieren eine Realität, in der Verhaltensmuster und
Tätertypen querschnitthaft kategorial sortiert auftauchen.

Weil das Risiko auf „künstlich" hergestellten Relationen und „abstrakten" Größen beruht und die Individuen und Kollektive hier numerische Konstruktionen der Realität und insofern deontologisierte Gestalten sind, lassen sich mit dieser Technik äußerst „heterogene Elemente"
in einer Matrix anordnen, in einem künstlichen Raster, das es erlaubt,
jene zueinander in Beziehung zu setzen und so zu klassifizieren. In
gewisser Weise sei das die Abstraktion des Panoptismus, den man als
die „pragmatische architektonische Antwort auf das Problematisch-
Werden des sozialen Raumes" begreifen könne: Das Panopticon ermöglichte, die in der Neuzeit disponibel gewordene Ordnung wiederherzustellen, durch eine „willkürliche, konstruktive Platzierung der Dinge und
der Lebewesen" (Makropoulos 1997, 54). Diese konstruktive Willkür-

---

[252] Quételets Technik der Wahrscheinlichkeitsrechnung und insbesondere die darauf
basierende „Moralstatistik schien [..] eine Lösung zu versprechen" für eine die Probleme
einer Gesellschaft, die, durch die industrie-kapitalistische Entwicklung des 19. Jahrhunderts bedingt, „eine konfliktträchtige und zugleich undurchsichtige, von anonymen Kräften beherrschte Sozialstruktur" zu haben schien, so auch Kern (1982, 37).

lichkeit lasse sich mit der Risikotechnologie nun noch steigern; denn eine statistisch-probabilistisch generierte Ordnung ermögliche, eine abstrakte „Sozialität" überhaupt erst zu begründen und funktional zu organisieren. Sie erlaube eine Form der Objektivierung, aus der sich allgemeine Techniken und Strategien für produktive Formen der Intervention ableiten ließen. Sie sei das Instrument eines „komplexen sozialen Managements" (ebd., 64).

Einerseits verweisen Feeley und Simon auf diese Tradition und sprechen andererseits gleichwohl von einem zentralen Einschnitt. Dabei handelt es sich möglicherweise nicht mehr um das Instrumentarium, das auf ein komplexes soziales Management zielt, das sich vielmehr durch einen radikalen Pragmatismus kennzeichnet, der Komplexität zu reduzieren sucht, unter anderem indem Probleme nicht mehr als soziale traktiert werden. Vielleicht konnte sich die *actuarial justice* als eine passende Technologie für avanciert liberale Kontrollmodi durchsetzen, gerade weil sie kein Instrument darstellt, das bewusst hergestellt worden wäre und das man nun einsetzen kann, sondern weil sie sich als der Effekt einer neuen, hegemonialen Gouvernementalität konfigurierte. Zu beschreiben sein wird also zunächst diese Passförmigkeit, um die neue Pönologie anschließend mit anderen kriminologischen Diskussionen in Beziehung setzen zu können.

Wie jede Risikotechnologie operiert die *actuarial justice* auf der Basis von Möglichkeiten und daraus resultiert ein zentraler Gesichtspunkt dieser Technologie des Regierens, der für den vorliegenden Zusammenhang besondere Aufmerksamkeit verdient: eine spezifische *Flexibilität*, die es überhaupt erst erlaubt, von einer *neuen* Pönologie zu sprechen. Drei Facetten begründen diese Flexibilität:

1. *Projektion*: Das Kalkül von Risiken ist projektiv. Aus Problemen der Kriminalität werden daher Probleme der Sicherheit. Weniger geht es um die Reaktion auf Straftaten, als um die Prognose, die Antizipation von Gefahren. Die unerwünschten zu kalkulierenden Ereignisse sind Straftaten als Möglichkeit: Gefährdungen der Sicherheit.

2. *Situation*: Das Risiko ist situativ. Zu einem Risiko kann etwas werden in Abhängigkeit von dem jeweils zu spezifizierenden Sicherheitskontext und in der Kombination bestimmter Risikofaktoren, die in einer Situation aufeinander treffen und kumulieren. Dabei besteht das Wissen, auf das sich die *actuarial justice* bezieht, selbst aus einem Material, das variabel ist: Risikokategorien und -faktoren, die auf Daten und Korrelationen von Zahlen beruhen. Statistik und Wahrscheinlichkeitsrechnung produzieren ein Wissen über Verteilungen, über den Durchschnitt und über normale Erwartbarkeiten. Es sind kollektive Größen, die in Bezie-

hung zueinander gesetzt werden können und sich auf ausgewählte und isolierbare Aspekte eines Zusammenhangs und zum Beispiel einer Person beziehen lassen.

3. *Dispersion*: Problemherde sind Kumulationen von Risikofaktoren, die es zu disponieren und zu zerstreuen gilt. Die Aufgabe einer *actuarial justice* besteht darin, Niveaus der Gefährlichkeit zu bestimmen, um diese zu minimieren oder auszugleichen. „Its goal is not to eliminate crime but to make it tolerable through systemic coordination" (Feeley/Simon 1992, 455).

Vor diesem Hintergrund ändert sich auch die Zielbestimmung der Kriminalitätskontrolle: „the new practices radically reframe issues, and target something very different, that is, the crime rate, understood as the distribution of behaviours in the population as a whole" (Feeley/Simon 1994, 178). Aus re-aktiver Kriminalpolitik, die am Strafrecht und am Individuum orientiert war, wird präventive Kontrollpolitik, die das Kriminalitätsaufkommen beziehungsweise Gefährdungen der Sicherheit reguliert. Im Folgenden sei die *actuarial justice* im Hinblick auf Figur des Täters und die Konstituierung und Transformation des Kriminellen charakterisiert.

Simulationen

Als Entität löst sich der Täter beziehungsweise das Individuum auf, wird selbst zu einer summarischen Größe und über den Durchschnitt *normalisiert*. Einer Person kann man spezifische Risikomerkmale zuschreiben und so ein Risikoprofil erstellen, das diese auf der Basis kollektiver Größen individualisiert. Sie ist als zugehörig identifizierbar zu einer bestimmte Risikogruppe oder subsumierbar unter einen bestimmten Tätertypus und dann auch nichts anderes als eine spezifische Variation durchschnittlicher Verhaltensmuster, die eine bestimmte Risikogruppe kennzeichnen. In der Normierung hatte die Disziplin das Individuum individualisiert und totalisiert: Die Norm ermöglicht es, den individuellen Unterschied herauszustreichen und das Individuum im gleichen Zuge unter eben dieser Norm vergleichbar und insofern auch gleich zu machen. Das Individuum des Risikokalküls hingegen geht in einem Sozialen auf, das sich selbst, aleatorisch reifiziert (vgl. Stratton 1996), aus quantifizierbaren und re-kombinierbaren Kategorien zusammensetzt und insofern simuliert wird.

fading delinquent

Als eine zentrale Wissenskategorie der Kriminologie verschwindet der Delinquent,[253] er ist „no longer the organizing referent (or logos) of criminology" (Feeley/Simon 1992, 466). Denn um ein Risiko einzuschätzen, muss man nicht an den Pathologien und Abweichungen ansetzen, die ein Individuum kennzeichnen. Das war typischer Weise beim psychiatrischen Konzept der „Gefährlichkeit" der Fall, die man im 19. Jahrhundert als „eine innere Eigenschaft des Subjekts" betrachtete (Castel 1983, 55), auf das man zum Zwecke der Diagnose unmittelbar Bezug nahm. Diese „Unmittelbarkeit" einer kontinuierlichen therapeutischen oder einer diagnostischen Beziehung löst sich in administrativen Verfahren des Risikokalküls auf. Das Risikodenken objektiviert die Gefahr und trägt die Risikomerkmale gleichsam von außen an das Individuum heran (ebd., 61). Dazu bedarf es der Kenntnis kollektiver Durchschnittswerte, die vom konkreten Einzelnen unabhängig sind und diesem, als Risikomerkmale, eher zugeschrieben, denn an seinen individuellen Eigenarten abgelesen werden. So stellt der Konsum bestimmter illegaler Drogen selbst einen Risikofaktor dar, der in Verbindung mit anderen, risikobehafteten Lebensumständen die Wahrscheinlichkeit erhöht, etwa straffällig zu werden und nicht kompatibel für den Arbeitsmarkt zu sein: „drug use is not so much a measure of individual acts of deviance as it is a mechanism for classifying the offender within a risk group" (Feeley/Simon 1992, 462).

Proaktivität

Während die Gefahrenprävention „sich damit begnügte, eine bestimmte Tat vorauszusehen", hat die „abstraktivierende" Risikoprognose „eine potenziell unendliche Vervielfachung der Interventionsmöglichkeiten zur Folge". Sie zielt nicht nur darauf, „eine konkrete Gefahrensituation anzugehen, sondern alle denkbaren Formen des Gefahreneintritts zu antizipieren. In der Tat eine ‚Prävention', die dem Verdacht die wissenschaftliche Dignität einer Wahrscheinlichkeitsrechnung verleiht. [...] Denn von welcher Situation lässt sich mit Sicherheit behaupten, dass sie kein Risiko in sich birgt" (Castel 1983, 61). Insofern aber ist Prävention, die sich auf Potenzialität beruft, „gewissermaßen nur das avancierte

---

253 Vgl. Scheerer (1998), der sich in seiner Analyse der Gegenwart nicht explizit auf die *actuarial justice* bezieht. Scheerer (1996, 327) beobachtet einen „Prozess der Ablösung normativer durch kognitive Kontroll-Mechanismen".

Komplement zur Repression", die sich auf eine „akute" Abweichung bezieht (Makropoulos 1997, 66).

Autopoiesis

Weder ist also die Person, zum Beispiel der Drogenkonsument, selbst relevant, noch das tatsächlich abweichende oder kriminelle Verhalten, das es zu ändern gälte. Objekt der Steuerung sind die Risiken selbst, jenseits vom Individuum liegende Kategorien der Sicherheit, zum Beispiel beim Drogenkonsum: „The traditional aim of drug tests was to identify deviance, self-destructive behaviour – in itself an individual failure that should trigger a concern for intervention. In actuarial justice, such tests are data in a flow of information for assessing risk. To the extend that drug use (and type, frequency and amount – all of which can be roughly calibrated by the tests) is an indicator of social dangerousness, information revealed by drug tests can be folded into the decision-making algorithms of the system" (Feeley/Simon 1994, 179). Im Risikokalkül, das auf die Zukunft orientiert ist und auf kollektiven Größen beruht, geht es allein um die Sicherheit. „Individual diagnosis and transformations of the soul are irrelevant" (Rose 1999a, 236). Die Diagnose ist nur für die Prognose von Bedeutung, für die Zielsetzung nämlich, Risiken zu regulieren beziehungsweise zu minimieren: „The task is managerial, not transformative [... Actuarial justice] seeks to regulate levels of deviance, not intervene or respond to individual deviants or social malformations" (Feeley/Simon 1992, 452; vgl. auch Lindenberg/Schmidt-Semisch 1995b, 87). Die *actuarial justice* sichert nicht etwas ab, das außerhalb der Kriterien liegt, die sie selbst produziert. Nicht die Verteidigung des Sozialen ist das Programm, sondern die Sicherheit der Sicherheitsmechanismen selbst (vgl. Dean 1998). Insofern kann man von einem „technokratisch aufgefassten Begriff von Sicherheit" (Lindenberg/Schmidt-Semisch 1995a, 3) sprechen, der auf die Rhetorik des Sozialen verzichten kann.[254]

---

[254] Wie Lindenberg und Schmidt-Semisch später selbst eingeräumt haben (1997), ist die a-moralische Rhetorik der *actuarial justice* keineswegs gleichbedeutend damit, dass „sozialer Ausschluss über moralische Kategorien [..] als Herrschaftsmittel für den Staat an Bedeutung" verliert (1995a, 3).

Objektivierung

Indem sie Gefahren zu Risiken objektiviert, operiert die *actuarial justice* nicht mittels Moral (vgl. Simon 1988). Konkrete Maßnahmen leiten sich aus dem objektiven Risikokalkül ab, was auch und vielleicht gerade für das gesellschaftlich hoch moralische besetzte Thema der Sexualtäter gilt: „The logic of the classification is one based on statistical evidence about recidivism rather than on clinical judgements about individual proclivities" (Simon 1998, 460). Aus dem abweichenden „Missetäter", dem *bad guy*, der alten Pönologie werden Träger von Risikomerkmalen, die den Status objektiver Fakten haben (vgl. Simon 1987, 85). Daher fällt die Moral der Identifizierung von Abweichung fort: Typische Figuren der alten Pönologie sind der Alkoholiker, der Drogensüchtige, der Homosexuelle, der Pädophile, der Mörder. Eine Verhaltensweise wird zum Kennzeichen einer ganzen Person, ihrer gesamten Lebensweise und ihrer Vergangenheit. Sie lässt sich biografisch erklären und prägt die Persönlichkeit. Im Verhältnis dazu ist die *actuarial justice* eine Oberflächentechnologie, zum einen schon darin, dass sie Kriminalität zu einer Frage der Verteilung macht: Problemmanagement als Glättung von Unebenheiten. Zum anderen markiert die neue Pönologie darin eine Zäsur mit dem Denken der alten Pönologie, dass sie sich nicht auf das Innere einer Person und auf Handlungen bezieht. Hier werden nicht Täter fixiert, sondern äußerlich sichtbare Symptome, Verhalten, Erscheinungsbilder taxiert. Verhaltensweisen sind dabei allenfalls Anzeichen, Kriterium für das Risikokalkül, nicht aber Anhaltspunkte der Identifizierung und Festschreibung einer Person, und sie sind nicht Gegenstand oder Ziel der Manipulation.

Exklusion

Freilich verschwinden der Täter als Konzept und das Individuum als Adressat von Maßnahmen nicht. Die Formen der Subjektivierung aber sind in der Rationalität der *actuarial justice* irrelevant, weil jegliche Zielsetzung der Änderung oder Besserung fehlt. Genau deshalb ist das gezielte Wegschließen unverbesserlicher und gefährlicher Straftäter, die *selective incapacitation* von *high risk offenders*, folgerichtig: die beste, Sicherheit gewährende Maßnahme. „Incapacitation promises to reduce the effects of crime in society not by altering either offender or social context, but by rearranging the distribution of offenders in society. If the prison can do nothing else, incapacitation theory holds, it can detain offenders for a time and thus delay their resumption of criminal activity in society" (Feeley/Simon 1994, 174). Risikomanagement als Verteilungsproblem zu betrachten, kann eben auch heißen, das Risiko wegzuschließen. Deshalb ist die *actuarial justice* keineswegs wie die klassische Versicherung eine Technik des Schadenausgleichs oder eine Form der Kommodifizierung von Kriminalitätsproblemen (vgl. Rose 1999a, 237). Sie teilt nur das Prinzip der Verteilung mit jener. Die *actuarial justice* ist „a specifically exclusionary strategy of risk" (O'Malley 2001), die sich darin auf bestimmte Gruppen konzentrieren kann. Der gefährliche Gewohnheitsverbrecher, den die biopolitisch orientierte Kriminologie weggesperrt wissen wollte, mutierte im sozialen Programm zu einer unpassenden Kategorie. Als man erkannte, dass die sozial Randständigen nicht immer gefährlich, aber gleichwohl unverbesserlich waren, konnte man sie, unter dem Postulat einer sozialen Strafpolitik, nicht einfach hart bestrafen und einsperren, man konnte sich aber auch nicht therapieren. Für eine kurze Zeit gerieten sie im sozialen Staat zu einer Marginalie, zu vagabundierendem, aber „harmless ‚social junk'", das in der Gesellschaft seinen Ort fand. „In the course of the neo-liberal era" aber sollte der „career criminal" ein neues Interesse finden: Er ist derjenige, den die Statistik als unverbesserlich ausweist, ein schmaler Prozentsatz, auf den sich ein hohes Risikopotenzial konzentriert (Pratt/Dickson 1997, 376-79). Dabei verheißt gerade die statistische Eindeutigkeit, in der sich die Gruppen, die für das Gros der Kriminalität verantwortlich sind, ausmachen lassen, einen effektiven Lösungsansatz.

Eine Macht ohne große Erzählungen

Weil jede Form des Ausschlusses sich als eine technische beziehungsweise eine a-moralische Frage objektiver Sicherheitsprobleme darstellt, die man einem Täter zuschreiben kann, ist es nicht mehr notwendig, diesen zu kennen, um ihn wegzusperren, wie es die Einschließungsmilieus unter dem Paradigma der Behandlung und Besserung erfordert hatten. Nicht einmal die Begründung des Prinzips der Abschreckung, das den ökonomischen Ansatz kennzeichnet, ist erforderlich: „It treats the offender as a rational economic actor to be influenced by the pricing system of punishments. Incapacitation, in contrast, treats the offender as inert from the point of view of influencing decision making" (Feeley/Simon 1994, 189). Nicht das Verantwortlichmachen für eine Tat und die gerechte Strafe sind von Belang, auch nicht die Funktion der Abschreckung und schon gar nicht der Zweck der Besserung. Mit den Verfahren des Risikokalküls, der Risikozuschreibung und der Verteilung des Kriminalitätsaufkommens erübrigt sich ein spezifisches Wissen vom Täter und die Notwendigkeit komplizierter sozialer wie funktionaler Begründungen und Ergründungen. Während jegliche Täterkriminologie insofern verzichtbar wird, avanciert das Gefängnis zu einer pragmatischen Lösung. Das Wegsperren notorischer Verbrecher bedarf keiner weiteren Legitimation: „Strafe pur ohne rhetorischen Firlefanz" (Sack 1995, 454) – die *actuarial justice* ist eine „power without narrative" (Simon 1993, 230), die Strafe zu einer Form der bloßen Exklusion werden lässt. Sicherheit wird zu einer Leitfolie, die sich selbst erklärt, und für diese schlichte Logik genügt es, dass die Inhaftierung das Individuum zumindest für deren Dauer von weiteren Straftaten abhalten wird. Sollten wir es tatsächlich mit einer solchen neuen Strafmacht zu tun haben, so zeigt sich ihre Funktionsweise folglich weniger an den offensichtlichen Stellen: nicht dort, wo wir es mit rhetorischem Populismus und einer Dämonisierung von Tätern zu tun haben. Sie entfaltet sich genau dort, wo eine Rhetorik des Sozialen verzichtbar ist.[255]

Ökonomie der Macht

„Indeed it is powerful and significant precisely because it lacks a well-articulated ideology and identification with a specific technology. Its very amorphousness contributes to its power" (Feeley/Simon 1994, 174). Die Flexibilität des Risikokalküls, die Entbehrlichkeit einer sozialen Rhetorik und schließlich der Verzicht auf Behandlung fallen bei der *actuarial justice* in einer, so verstandenen, Effizienz zusammen, die sie als

---

[255] „The governmentality analysis is carefully attuned to technical and knowledge-based rationalities, but it tends to neglect the expressive, emotionally-driven and morally-toned currents that play such a large part in the shaping of penal policy." Diese Kritik Garlands (1997, 202; vgl. ebenso Hudson 2001; Valier 2001) am Konzept der Gouvernementalität sehe ich vor dem Hintergrund der Analyse der *actuarial justice* beispielhaft in Frage gestellt: Gerade weil die Ausschließung als ein Effekt von Rationalitäten und den daran anschlussfähigen Praktiken zu begreifen ist, führt eine Analyse von symbolischen Repräsentationen in die Irre; und gerade deshalb ist, wie Garland wiederum richtig feststellt, die Analyse von Technologien „focused upon the techniques and practices that *directly* shape subjectivity and action rather than upon the symbols and values which [...] do so through the medium of representations and actors' consciousness" (1997, 202; Hervorhebung hinzugefügt). – Für eine grundsätzlichere Diskussion, die hier nicht geführt werden kann, inwieweit sich die von Garland aufgemachte Differenz zwischen Technik und Rationalitäten auf der einen Seite und expressiven oder emotionalen Momenten in der Politik auf der anderen Seite überhaupt so klar voneinander abgrenzen lassen, vgl. Thyen (1990), die sich bei ihrer Argumentation auf das theoretisch gedachte Zusammenspiel von Wert- und Zweckrationalität bei Max Weber bezieht – auf den im übrigen auch Garland rekurriert.

Regierungstechnologie mit neoliberaler Programmatik kompatibel macht: „[it] increases the efficiency of power because changing people is difficult and expensive" (Simon 1988, 773).[256] Doch obgleich die *actuarial justice* sich aus diesen Gründen in ein neoliberales Programm einpasst und Feeley und Simon selbst beispielsweise auf die „cost-effective ways" (1992, 456) des Risikomanagements aufmerksam machen, weisen sie dennoch einen systematischen Zusammenhang mit politischen Konzepten zurück: „actuarial thinking represents a deeper ‚pre-political' thought that cannot easily be associated with conventional political labels" (Feeley/Simon 1994, 190). Als eine Risikotechnologie, die ihre eigene Genealogie hat und die Machteffekte hervorbringt, die sich aus ihrer Rationalität selbst ableiten, könne die *actuarial justice* nicht das Produkt eines politischen Willens oder von Machtstrategien sein, wie sie etwa konservativen politischen Positionen zuzuschreiben sind: Nicht nur wechselten politische Richtungen schneller, als sich jene Technologie formieren konnte. Politischer Konservatismus sei zudem traditionell mit individualistischem Rechtsdenken verbunden, einer Rhetorik des „lock-'em up" und der harten Bestrafung, welche mit den Kategorien der Rationalität der neuen Pönologie schwerlich vereinbar sei (vgl. ebd., 190-92). Davon unbenommen ist freilich zum einen, dass die *actuarial justice* als eine Regierungstechnologie per definitionem politisch ist; und dass sie sich zum anderen konsequent in ein bestimmtes politisches Programm einfügen kann und sich unter spezifischen Bedingungen in einer Weise durchsetzen, dass man sie schließlich als eine neue Pönologie identifizieren konnte: Neu ist sie nicht als Risikotechnologie; neu ist, dass die Kriminologie mit ihr auf den Anspruch verzichten kann, den Menschen erkennen zu wollen.

---

[256] Gerade hierin kritisiert O'Malley die Diagnosen von Feeley und Simon als „story of success" (1993, 159; vgl. 2001): Die *actuarial justice* sei nicht objektiv effizienter oder effektiver, und kein Regime des Regierens könne sich in diesem Sinne selbst perfektionieren. So sind auch Risikotechnologien nicht ökonomischer als disziplinäre, sondern bilden eine andere Ökonomie der Macht aus, die sich an ihren eigenen Erfolgskriterien misst: „Rather, programmes incorporate discourses of success and failure as part of their political character" (O'Malley 1996, 196; vgl. auch Miller/Rose 1993, 78). Wenn die Durchsetzung eines Programms eher das Ergebnis einer erfolgreichen Kritik an vorgängigen Praktiken ist, so kann man auch die Rhetorik, die mit Risikotechnologien kompatibel ist, als ein geeignetes Vokabular dechiffrieren, wohlfahrtsstaatliche Konzepte der Regulierung herunterzufahren: „actuarial discourses are being used as means not simply of redistributing benefits, but primarily as a technique for downscaling welfare, and as a way of justifying this contradiction" (O'Malley 1996, 195).

Moralische Technologie

Verlässt man den Modus der Analyse von Rationalitäten und Technologien des Regierens, in dem Feeley und Simon sich bewegen, zugunsten einer Analyse kultureller Muster, so macht sich die Auswahl dessen, was jeweils als riskant angesehen und was in den Fokus von Risikokalkülen gerät, weniger technisch aus. Zu Recht haben daher eine Reihe von Autoren darauf hingewiesen, dass die *actuarial justice* vor allem auch eine moralische Technologie ist, eine Technologie, die Moral impliziert und produziert. Das allerdings stellt die Analysen von Feeley und Simon nicht in Frage,[257] die sich zunächst einmal darauf konzentrierten, die neue Pönologie als einen spezifischen Kontrollmodus auszubuchstabieren, ohne die Formen der Subjektivierung zu problematisieren.

Die *actuarial justice* entfaltet *erstens* eine moralische Ökonomie, gerade indem sie moralische Kategorien objektiviert. *Zweitens* ist die Effizienz- und Effektivitätsorientierung, in die sie sich einbeziehen lässt, selbst als eine Moral lesbar: „Efficiency is good and inefficiency is bad" (Baker 2000, 571). Wegschließen ist einfacher als auch noch Behandeln; Vertreiben geht schneller als individuell abzustimmende Maßnahmen oder sozial-strukturell übergreifende Konzepte der Problemlösung. Problemmanagement, das situativ und flexibel ist, erscheint grundsätzlich weniger kompliziert. Insofern bewirken Risikotechnologien gerade nicht eine De-, sondern eine Re-Moralisierung: „an orientation towards efficiency can be no less a form of moral regulation than more transparently moralized approaches. Indeed, economic analysis can be understood as an attempt to replace a reflexive, traditional morality with a rational morality based on maximizing welfare" (ebd., 561, vgl. 567).

Drittens können Risikokategorien als Identifizierungsraster fungieren, in denen konkrete Verhaltensweisen oder Erscheinungsbilder von Personen unter Risikogruppen subsumierbar sind. Aus Risikokategorien werden so Wahrnehmungsfolien, die Gefährdungen sichtbar machen und bestimmte gesellschaftliche Gruppen herausheben: „actuarial forms of representation promote quantification as a way of visualizing populations" (Feeley/Simon 1992, 453). Dabei ist schon die Frage, was eine Risikokategorie darstellt, nicht nur eine wissenschaftliche oder sicherheitstechnische, sondern auch eine soziale. So mag eine bestimmte Form des Drogenkonsums gesundheitsschädlich sein. Wenn es aber zum Beispiel darum geht, Drogendealer und -konsumenten aus städtischen Zonen zu vertreiben, können eine Reihe anderer Kriterien eine

---

[257] Vgl. O'Malley/Mugford (1992).

Rolle bei politischen Entscheidungen spielen: So kann das Beiprodukt der Spritzen, die auf Spielplätzen herumliegend die Gesundheit der Kinder gefährden könnten, Anstoß einer Empörung der Anwohner sein; oder der sichtbare Drogenhandel kann als Symptom sozialer Unordnung und nicht als eine Beeinträchtigung der Sicherheit wahrgenommen werden, zumal die Beschaffungskriminalität nicht unbedingt am selben Ort stattfinden muss. Die Wahrnehmung von Gefahren ist kulturell kodifiziert und als solche auch von Vorstellungen sozialer Unerwünschtheit geprägt, von Vorbehalten gegenüber bestimmten sozialen Gruppierungen und Verhaltensweisen, die in der Regel zutiefst in einem tradierten gesellschaftlichen Moralkodex verankert sind. Und schließlich verlässt sich auch der Polizist, der eine Gefahr einschätzen soll, nicht auf ein abstraktes Risikowissen, es sei denn, dieses stimmt ohnehin mit seiner beruflichen Erfahrung überein. Man kann daher einerseits zu dem Schluss gelangen, dass eine Vertreibungspolitik im Drogenbereich oder die Institutionalisierung von Drogenkonsumräumen eine Form von *actuarial justice* ist. Doch was die Polizei in diesem Rahmen tut, ist nicht gleich Bestandteil einer Risikotechnologie. Sie muss und soll bei der Einschätzung von Sicherheitsrisiken, Gefahrenpotenzialen und Ordnungsstörungen durchaus auch die üblichen Verdächtigen erkennen, und das tut sie im Rückgriff auf die Folien der Beurteilung, die den professionellen Wissensformen entsprechen und sich auf jeweilige Typen von Einsatzsituationen beziehen. Im Auge eines vigilierenden Beamten werden Risiken zu Gefahren.[258]

Solange Kontrolle sich auf den öffentlichen oder semi-öffentlichen Raum oder auf „gefährliche und verrufene Orte"[259] konzentriert, geraten tendenziell eher die sozial benachteiligten Gruppen unter Verdacht, die mehr als andere auf diesen Raum als Aufenthaltsort angewiesen sind (vgl. Fischer/Poland 1998, 189). Diese „gefährlichen Gruppen" sind die

---

[258] Es geht hier also nicht um die subjektive, sondern um die professionelle Perspektive von Polizisten, die sich, in Foucaultscher Lesart, situationsspezifisch und zugleich systematisch herstellt. Insofern hätte sich die empirische Polizeiforschung nicht darauf zu konzentrieren, das Verhältnis von Apparat und subjektiver Perspektive des Polizisten oder Gruppenprozesse und eine kollektive Kultur polizeilichen Handelns zu untersuchen. Für die Beschreibung der Mechanismen von Macht und Herrschaft wäre es verkürzt, die Wahrnehmungsfolie etwa von vigilierenden Beamten lediglich in sozialen Kategorien zu entschlüsseln. Am Beispiel von Grenzkontrollen lässt sich das verdeutlichen: Dass Migranten hier in den Blick geraten, ist weniger eine Frage sozialer Deutungsmuster als vielmehr der Reproduktion staatlicher Herrschaft, nämlich der Sicherung staatlicher Formationen (vgl. dazu auch Brunnett/Gräfe (2002). – Für eine Verknüpfung der Lacanianischen Analyse des Imaginären und der Foucaultschen Gouvernementalität im Hinblick auf den Alltag polizeilicher Ordnungsarbeit und Ordnungsvorstellungen, die sich vor allem auf Frage jenseits des gesetzlich Geregelten beziehen, vgl. Watson (1999).

[259] Zu diesem polizeirechtlich verankerten Begriff vgl. z.B. Rachor (1992, RN 204, 264-66).

polizeilich Bekannten: Drogenkonsumenten und -dealer, Prostituierte, Bettler. Es sind die neuen urbanen Unterklassen, keineswegs die alten gefährlichen (Arbeiter-)Klassen. Die *actuarial justice* beruht nicht auf diesem historischen Konzept,[260] sie bringt es erneut hervor. Ihre Verteilungsgrammatik ist an „a permanent feature of urban society" anschlussfähig, indem die Technologie die Problematisierung von Gefährdungen der Sicherheit evoziert, die, und darin besteht die Kontinuität, mit den traditionellen sozialen Unterschichten assoziierbar sind: „a culture of violence and social disorganisation" (Feeley/Simon 1994, 192).[261]

Viertens ist die neue Pönologie dann moralisch, wenn sie mit der Regulierung von Verhalten verknüpft wird. Prinzipiell ist jede Ambition der Verhaltenssteuerung schon darin moralisch, dass sie eine Auswahl und Entscheidung impliziert, welche Verhaltensweisen in welcher Weise zu regulieren sind. Doch sind diese Formen der Regulierung selbst nicht Bestandteil der *actuarial justice*, auch wenn sie gerade deshalb zu einer Form der Disziplinierung geraten können, weil sie die Konsequenz dieser Risikotechnologie sind, die sich nicht für das Individuum interessiert und deren moralische Ökonomie es erlaubt, entsprechende Entscheidungen zu einer Notwendigkeit zu stilisieren, die aus der Objektivität von Risiken resultiert. Formen der Disziplinierung, die sich mit der neuen Pönologie verbinden, stehen folglich nicht im Widerspruch zu ihr, sondern sind konsequent an sie anschlussfähig.[262]

---

[260] Diese Lesart legt O'Malley (2001a) nahe: „Actuarial Justice, as Feeley and Simon intimate, is profoundly shaped by the political invention of the Underclass as the primary problem to be governed through criminal justice."

[261] In diesem Sinne ist die Frage der sozialen Klassen für Feeley und Simon gerade kein simples „problem of hiving them off", wie Young (1999, 119) meint. „,Underclass' verweist auf eine in sich hierarchisch gegliederte Gesellschaft. ,Social exclusion' hebt dagegen stärker auf die Dualität von ,Innen' und ,Außen' ab" (Kronauer 1997, 32). Von dieser grundsätzlichen Unterscheidung ausgehend wären die länderspezifischen und sich überlagernden Formen sozialer Segregation überhaupt erst zu untersuchen und vor diesem Hintergrund dann in der Tat auch zu fragen: „,risk for whom?'. What hegemonic practices are rationalized, legitimized, who are the ,risky' populations and why?" (Rigakos/Hadden 2001, 80).

[262] Hannah-Moffat (1999; 2000) hat das beispielsweise an kanadischen Besserungsprogrammen für Frauen in Haftanstalten beobachtet, in denen die Kriterien für die Einschätzung von Sicherheitsrisiken sich ironischer Weise überlagern mit den aus feministischer Perspektive für eine erfolgreiche Therapie als wichtig erachteten frauenspezifischen Bedürfnissen. In der Konsequenz werden die inhaftierten Frauen über ihre eigenen Bedürfnisse regiert, die zugleich als Risiko- bzw. kriminogene Faktoren gelten, indem sie mit deren Befriedigung für den Erfolg ihrer eigenen Therapie verantwortlich gemacht werden. Responsibilisierung werde so zu Selbstdisziplinierung. Auch Dollinger (2001) sieht in dem Reglement, dem sich Drogenkonsumenten in den öffentlichen Räumen unterwerfen müssen, eine Form der Disziplinierung, die gerade nicht dem Regieren aus der Distanz der Kontrollgesellschaften entspreche, sondern die Unterwerfung unter herrschende bürgerliche Moralvorstellungen erfordere. Simon (1995) selbst erörtert den Zusammenhang von Disziplinierung und Kontrolle am Beispiel der *boot-camps*, die in ihrer Referenz an militäri-

Fünftens schließlich beschränkt sich die Rationalität der *actuarial justice* keineswegs auf Techniken der Kriminalitätskontrolle. So kann die Zugehörigkeit einer Person zu einer Risikogruppe oder einer Verhaltensweise zu einer Risikokategorie auch die Voraussetzung sein für Formen der Ausschließung in Bereichen, die fernab der Kriminologie liegen. So mag ein Gentest schon in naher Zukunft ausschlaggebend sein, ob ein potenzieller Patient in eine Versicherung aufgenommen wird oder nicht. Techniken des Drogennachweises, zum Beispiel in einer Haarprobe, sind vorstellbar – und in den USA heute schon gängige Praxis[263] – nicht nur als legitimierender Beweis für den Entzug des Führerscheins oder als Pflichtnachweis für die weitere Gewährung von Therapiemaßnahmen bei Drogenabhängigkeit, sondern etwa als prinzipielle Einstiegsvoraussetzung in die Arbeitswelt: „In the near future the security could effectively limit drug use by imposing urinanalysis screening as a condition of employment. To use drugs would no longer be to challenge the moral sanction of the state and expose oneself to punishment, but instead to risk being denied access to the system […] and channeled away from employment and the greater access it brings" (Simon 1987, 85). Das Risikomerkmal wird auf diese Weise selbst zu einem Stigma, scheinbar ohne moralischen Gehalt. Entscheidend ist die Passform für eine Funktionslogik, nicht die moralische Verwerflichkeit. Die objektive Notwendigkeit spricht für sich selbst und ersetzt Rhetorik, Legitimierung oder das Werturteil. Moral im Sinne der Vorschrift einer richtigen Lebensweise ist dann der *Effekt*: Der Ausschluss, in diesem Falle aus der Arbeitswelt beziehungsweise aus bestimmten Erwerbsmöglichkeiten, ist weniger ausdrückliche Sanktion oder Strafe denn Konsequenz der Drogenkontrolle, ohne dass eine explizite Missbilligung erfolgte. Weder wird der Drogenkonsum angeprangert, noch eine Gewohnheits- oder Verhaltensänderung gefordert. Welche Konsequenzen aus dem Ausschluss jeweils zu ziehen sind, das bleibt dem Betroffenen selbst überlassen. Die *actuarial justice* ist eine Verteilungsgrammatik und als solche eine Technologie, die Zugänge kontrolliert. Sie eignet sich nicht nur für Formen der Kontrolle, die Populationen regulieren anstatt Verhalten durch direkte Intervention und Interaktion zu beeinflussen. Sie konstituiert eine *access society*, die Populationen nach Risikoprofilen sortiert und verteilt, die Zugangschance erteilt und aussortiert (vgl. ebd., 77). Inwiefern aber ist die neue Pönologie an die

---

schen Drill allerdings eine postmoderne „Nostalgie" evozierten, weil ihnen die *Funktion* der Disziplinierung zum Zwecke eines militärischen Einsatzes oder aber, wie in der Disziplinargesellschaft, der Einübung von Arbeitsdisziplin abhanden gekommen sei.

263 Vgl. dazu bereits Staples (1997).

vielfach konstatierte Tendenz zu einer punitiv ausgerichteten Strafpolitik anschlussfähig?

4.2 „Punitivität", eine Technik des Regierens

4.2.1 Szenen

Szene 1: Kurz nachdem die Mitte-Rechts-Koalition in Hamburg Ende September des Jahres 2001 die Bürgerschaftswahl gewonnen hat, passiert, was man hätte befürchten müssen: Ein junger Drogendealer, ausländischer Herkunft, verstirbt nach Verabreichung eines Brechmittels. Grundsätzlich ist diese Maßnahme rechtmäßig. Das Verfahren war eingeführt worden, um die unter Dealern üblich gewordene Praxis, das Beweisstück ihrer Straftat zu verschlucken, zu unterlaufen. Das Ergebnis der Untersuchung, ob auch das konkrete Verfahren rechtmäßig durchgeführt worden ist, steht Monate später noch aus. Vorgesehen ist nämlich eine gesundheitliche Prüfung, bevor das Mittel unter Zwang verabreicht werden darf. Der Dealer hat, wie in den Medien tatsächlich zu lesen, zuvor noch gefleht: „I will die! I will die!" – und man zögert wohl mit der ärztlichen Hilfe, als er bewusstlos zu Boden fällt. Die taufrische Koalition hält es dann nicht für nötig, eine Untersuchung des Vorfalles abzuwarten. Das Verfahren des Brechmitteleinsatzes wird nicht ausgesetzt. Einen Sturm der Entrüstung, die sich in Leserbriefen artikuliert, entfacht die evangelische Bischöfin in Hamburg: Sie hatte sich erdreistet zu fordern, auch Dealer noch als Menschen zu betrachten und – dementsprechend – human zu behandeln. Der Tenor der Empörung stützt sich auf das Argument: Wer unsere Jugend, ja unsere Kinder verführt, kann damit nicht rechnen.[264]

Szene 2: Im Sommer des Jahres 2000 stürmt der Mob in Großbritannien auf Häuser und Wohnungen von vermeintlich Pädophilen zu und beschimpft diese. Autos werden in Brand gesetzt und Steine und Flaschen geworfen, Fensterscheiben zerbrechen und wohl manches andere auch. Verwechslungen bleiben nicht aus. Zielscheibe der öffentlichen Rage werden auch Menschen, die bis dato unbescholten gelebt hatten. Was war passiert? Die britische Sonntagszeitung *News of the World* hatte „Steckbriefe" pädophiler Straftäter veröffentlicht – mit Fotos und

---

[264] Das Verfahren gegen die beteiligten Ärzte wurde ein dreiviertel Jahr später eingestellt. „Ein strafrechtlich relevantes Verhalten der an dem Einsatz beteiligten Personen ist zu verneinen", so die Staatsanwaltschaft (*tageszeitung*, vom 2.7.2002).

Adresse. Polizei und Fachleute hatten angeblich versucht, die Chefredakteurin von dieser Aktion abzuraten. Deshalb hatte auch Tony Blair die Aktion nicht gutheißen können, obgleich es schon einige Zeit Praxis war, bestimmte Institutionen und Personengruppen wie Ärzte, Schuldirektoren oder auch Vermieter bei Zuzug eines einstigen Sexualtäters zu benachrichtigen; auch dann, wenn dessen Strafe und Bewährungszeit bereits abgelaufen ist: Das Risiko einer Wiederholungstat, so das schlagende Argument, bestehe weiterhin.[265]

Szene 3: Ein Nahverkehrszug hält mitten auf der Strecke. Einer der Passagiere hatte die Notbremse gezogen. Die Türen des Waggons öffnen sich. Heraus fallen zwei Skinheads, obgleich offenbar niemand sie gestoßen hat. Die Menge der Fahrgäste steht, ungerührt, vereint um diese Szene. Was war passiert? Die beiden Skins hatten einen Schwarzen während der Fahrt belästigt: seine Zeitung mit einer Zigarette durchbohrt und schließlich Bier darüber vergossen. Eine junge Frau wird von ihnen zu Boden gestoßen. Sie hatte es gewagt, diese Unerhörtheit mit „Hey!" zu kommentieren. Daraufhin verständigen sich die Mitfahrenden schnell über Blicke. Einer zieht die Notbremse. Die nächste Szene ist die, die wir schon kennen. Es ist eine Szene, klar, aus einem Film. Wo sonst könnte sich so lautlos und schnell aufgrund dieses Anlasses Einigkeit herstellen und vor allem wo sonst könnten Skins aus der Bahn bugsiert werden, ohne dass sich auch nur einer dafür die Hände schmutzig machen muss? Der 60-Sekunden-Film wurde auf Initiative der Bundesregierung und der Landesregierung Schleswig-Holsteins in über tausend Kinos gezeigt und in Bildungs- und Jugendeinrichtungen deutschlandweit verschickt. Er sollte ein Beitrag zu der vielfach laufenden Kampagne für besonnene Zivilcourage bei Gewalttaten sein.[266]

Was haben diese drei Szenen gemein, außer dass sie von sozialen Problemen handeln, die für eine kriminologische Diskussion interessant sein könnten? Zum einen ist das „Publikum" hier nicht nur passiver Zuschauer oder Rezipient, sondern Akteur – re-agierend nicht nur in Bezug auf rhetorische Kampagnen oder theoretische Konzepte, sondern, und auch das ist interessant, auf politische Aktionen und Maßnahmen. Zum zweiten sind diese vergleichsweise jüngeren Datums: In

---

[265] Wohl alle Tageszeitungen in Deutschland berichteten von dieser Aktion der britischen Zeitung. Ich stütze mich hier auf die Darstellungen aus der *Zeit*, vom 13.7.2000, der *Frankfurter Allgemeinen*, vom 8.8.2000, der *Süddeutschen*, vom 24.6.2000 und der *tageszeitung*, vom 7.8.2000. Ihre Kritik an dieser Aktion hinderte die letztere übrigens keineswegs, kurzerhand ihre eigene, politisch korrekte Version davon aufzulegen und die Konterfeis von 22 erklärten Rechtsradikalen auf ihrer Titelseite abzubilden.

[266] Einen Bericht anlässlich des Films schrieb Georg Löwisch: „Fast wie im Film. Fast", in: *die tageszeitung*, vom 12. Januar 2001.

Hamburg beschloss noch die Rot-Grüne Koalition vor der Bürgerschaftswahl im September 2001, jenes Verfahren des Brechmitteleinsatzes einzuführen. Es war ein weiteres deutliches Signal der Abwendung von der bisherigen Grundlinie der „Therapie statt Strafe" in der Drogenpolitik seit Anfang der 90er Jahre, nachdem sich eine repressive Vertreibungspolitik durchgesetzt hatte, die offiziell auf die „Intensivdealer" zielte und darauf, die „Drogenszene zu zerstreuen". Ebenfalls in den 90er Jahren wurden in den anglo-amerikanischen Staaten eine Reihe gesetzlicher Regelungen geschaffen mit dem Ziel, Gemeinschaften vor Sexualtätern zu schützen. Das kann zum Beispiel dadurch geschehen, dass deren Wohnort bestimmten Bevölkerungskreisen bekannt gegeben wird oder sie mit bestimmten, individuellen Verhaltensauflagen aus der Haft entlassen und wieder in diese eingewiesen werden können, sofern sie die zumeist zivilrechtlich definierten Bestimmungen durchbrechen (vgl. Pratt 2000b). Im selben Zeitraum wurden schließlich auch jene Kampagnen zur Förderung der Zivilcourage lanciert, zum Beispiel in Hamburg von der Polizei protegiert als Anti-Gewalt-Kampagne unter dem Motto „Wer nichts tut, macht mit".[267] Dieser zeitliche Rahmen mag nicht zufällig sein, denn alle drei Szenen fügen sich in das Bild einer Wende im Feld der Kriminalitätskontrolle ein, die der Rückzug des sozialen Staates aus der alleinigen Verantwortung für „wohltätige" Aufgaben wie dem Schutz vor Kriminalität markiert und in deren Zuge „Punitivität" zu einem die Kriminologie beunruhigenden Thema avanciert. Punitivität, die sich in politischer Rhetorik ebenso artikuliere wie sie sich in der Gesetzgebung und der Strafpraxis niederschlage, finde eine Resonanz in der Bevölkerung, so dass sich liberale Strafrechtstheoretiker wie Winfried Hassemer offenbar dazu veranlasst sehen, die abolitionistische Opposition gegen staatliches Strafen und das Strafrecht in Frage zu stellen: „Muss Strafe sein? Komische Frage. Natürlich muss Strafe sein! So gestellt macht die Frage keinen Sinn. Man muss sich vielmehr eher wundern, dass einem heute noch eine solche Frage gestellt wird – sie ist im Jahr 2000 eigentlich anachronistisch, sie ist wirklich von gestern. Gerade andersherum wird ein Schuh aus dieser Frage: Seit ich meine strafende Umwelt mit wachen Augen beobachten kann, habe ich nie so viel selbstverständliche Strafbereitschaft, ja Straffreude wahrgenommen wie heute. Nicht die Strafe verlangt in unseren

---

[267] Unter diesem Motto wurden kreditkartengroße Merktafeln unter der Bevölkerung verteilt mit Verhaltensanweisungen für den Fall, dass „Sie Zeuge einer Gewalttat werden", Plakate in den U-Bahnen angebracht und sogar Überfall-Szenen für Fernsehaufnahmen gestellt, um die Reaktion der Bevölkerung vorzuführen und den Bürgern die adäquaten Reaktionsweise nahe zu bringen.

Tagen Nachdenken und Rechtfertigung, sondern die Frage nach ihr und Kritik an ihr" (Hassemer 2001, 405).

4.2.2 Soziologische Erklärungen

Was aber bedeutet Punitivität, die man, wie Hassemer, im Deutschen als „Strafbereitschaft" und „Straffreude" bezeichnet, aber auch als „Straflust" (Cremer-Schäfer/Steinert 1998), als „Strafbedürfnis" (Steinert 1984) oder gar „Strafdrang" (Savelsberg 2000)? Handelt es sich um eine individuell abfragbare und also mehr oder weniger statische „Einstellung", wie uns die traditionellen Kriminalitätsfurchtanalysen nahe legen wollen? Inwieweit sind „Strafdrang" oder „Strafbereitschaft" nicht bloß Haltungen oder Dispositionen, sondern gleichbedeutend mit einer Bereitschaft zu handeln, tätlich zu werden, und unter welchen Bedingungen? Und auf wen oder was bezieht eine solche Bereitschaft sich und wer artikuliert sie oder besser: Wie artikuliert *sie* sich? Handelt es sich um ein anthropologisches Bedürfnis, das kulturell nur überformt und als solches jedoch keineswegs gleichzusetzen ist mit einem Bedarf nach staatlichen Sanktionen: Strafe muss sein, aber nicht staatliche Strafe (vgl. Scheerer 2001a; 1993)? Oder: Nur staatlich organisierte Strafe darf – und muss zur Wiederherstellung des Rechts als einer Form der sozialen Schadensbegrenzung oder -behebung – sein, Rache hingegen ist ein, wenn auch berechtigtes, privates Bedürfnis (vgl. Reemtsma 1999, 23-27)? Inwieweit hängen schließlich der Ruf nach Vergeltung und Akte tätlicher Selbstjustiz oder auch stille Formen der Marginalisierung und des sozialen Ausschlusses überhaupt mit dem staatlichen Instrumentarium der *Kriminal*strafe (vgl. Schmidt-Semisch 2002, 37) zusammen?

Gesicherte empirische Erkenntnisse über das Verhältnis von Politik, Kriminalitätsaufkommen und sozialer Wahrnehmung entsprechender Probleme, die alltagsweltlich eher fraglos angenommen werden, scheinen bisher nicht vorzuliegen (vgl. Savelsberg 2000, 198): Empirisch kann man allenfalls einen eindeutigen Zusammenhang zwischen der politischen Rhetorik von „law and order" Kampagnen und „Kriminalitätsfurcht" herstellen, nicht aber zwischen dieser und steigenden Kriminalitätsraten oder einem objektiven Viktimisierungsrisiko (vgl. Beckett 1997). Die Einstellung zu Problemen der Kriminalität ist selbst noch nicht einmal abhängig von der konkreten Kriminalpolitik (vgl. Albrecht 2001). Zumindest muss man berücksichtigen, dass ein „Kriminalitätsanstieg [..] erst wahrgenommen, kulturell verarbeitet und in öffentliches

Wissen umgesetzt werden" muss (Savelsberg 2000, 194), bevor er in der sozialen Wahrnehmung eine wie auch immer geartete Entsprechung finden kann.[268] Weder stellen punitive politische Strategien eine *Reaktion* von Regierungen auf eine verstärkte Beunruhigung gegenüber Problemen der Kriminalität dar und, als arbeite die Demokratie reibungslos,[269] gleichsam die Erfüllung von Sicherheitserwartungen oder Strafbedürfnissen; noch lassen sich diese auf einen einfachen Nenner bringen: Die Formen von Kriminalität, die statistisch gesehen angestiegen sein mögen, sind zum einen nicht dieselben, die subjektive Unsicherheitsgefühle nähren;[270] zum anderen sind diese ihrerseits nicht gleichbedeutend mit punitiven Forderungen; und diese wiederum sind keineswegs gleichzusetzen mit konstanten oder durchgängigen punitiven Einstellungen: Die Rede von einem Strafbedürfnis neige, so Katherine Beckett, zu Verabsolutierungen und „ignores the complexity of cultural attitudes and the situational and political factors that shape their expression" (1997, 4).[271]

---

[268] Das gilt freilich für beide Richtungen. Und selbst wenn die Kriminalitätsbelastung in den letzten Jahren insgesamt in der Bundesrepublik gesunken ist – waren im Jahre 1993 noch 8337 Delikte pro 100.000 Einwohner verzeichnet, so lag die Zahl im Jahre 2000 bei 7625 (laut BKA, zit. n. Reuband 2002, 9) –, müssen solche Differenzierungen, die noch keinen Aufschluss über die Art der Delikte geben, überhaupt erst vorstellbar gemacht werden. Die Notwendigkeit der Kontextuierung im Hinblick auf das Instrumentarium der Polizeilichen Kriminalstatistiken ist eine Selbstverständlichkeit: Ihr vermeintlich objektiv-deskriptiver Charakter relativiert sich u.a. mit den polizeilichen Praktiken, die wiederum abhängig sind von Kapazitäten, politischen Vorgaben, von arbeitstechnischen Gepflogenheiten bis hin zu kulturell und sozial vermittelten Wahrnehmungsfolien; ebenso variiert die Anzeigebereitschaft von Opfern, Geschädigten oder mittelbar betroffenen Beobachtern mit den sozialen Praktiken. Gerade deshalb aber sind die gestiegenen Kriminalitätsraten, in Deutschland (West) in den 60er und 70er Jahren zunächst langsam, in den 80er und vor allem nach dem Fortfall der Mauer dann rapide zunehmend eine, wie Garland es mit Durkheim formuliert, *soziale Tatsache*. Und insofern ist noch die Übereinstimmung von Opfersurveys, die das „Dunkelfeld" mit beleuchten sollen, mit den offiziellen Kriminalitätsberechnungen als sozial nicht zufällig anzusehen. In diesem Sinne sei es, so Albrecht (2001, 69), aber ebenso bemerkenswert, dass die jüngere, leicht rückläufige Tendenz vor allem im Bereich der schwereren Eigentums- und der Gewaltdelikte kaum Beachtung finde: weder eine nachhaltige öffentliche Aufmerksamkeit, was aufgrund der fehlenden medienwirksamen Skandalisierbarkeit weniger verwunderlich ist, noch eine wissenschaftliche, die den Rückgang bisher erklärt hätte.

[269] Als „democracy at work"-These bezeichnet Beckett (1997, 5) diese täuschende Vorstellung, Strafrechtspolitik komme dem Anspruch nach, gesellschaftliche Erwartungen zu erfüllen.

[270] So gehören Sexualdelikte und -morde insbesondere an Kindern zu den Straftaten, welche die größte öffentliche Empörung hervorrufen und die in den 90er Jahren, nicht zuletzt anlässlich der Dutroux-Affäre in Belgien, erhebliche mediale Aufmerksamkeit erfahren haben. Wie Albrecht (2001, 68) zeigt, ist die Anzahl der registrierten Sexualmorde an Kindern zwischen 1972 und 1999 tatsächlich kontinuierlich gesunken.

[271] Garland kritisiert die von Beckett zugrunde gelegte These, die öffentliche Meinung sei von den Schlagzeilen der Medien geprägt, als einen Kurzschluss und belegt diesen Einwand mit Blick auf das methodische Vorgehen in ihrer Untersuchung: Die Fragen würden von

Punitivität, die sich in politischer Rhetorik artikuliert oder an Maßnahmen und Strafverschärfungen ablesbar zu sein scheint, wird nicht
selten als Versuch gewertet, die Stärke des Staates oder politische
Handlungsfähigkeit zu demonstrieren. David Garland erkennt darin
sogar die Replik eines Staates, der sich, in Ermangelung vorzeigbarer
Erfolge auf dem Gebiet der Kriminalitätskontrolle, in seiner souveränen
Macht in Frage gestellt und zu entsprechenden Maßnahmen genötigt
sieht, um den Unsicherheitsgefühlen in der Bevölkerung, Reaktion auf
den ausbleibenden staatlichen Schutz, entgegenzutreten: „A show of
force against individuals is used to repress any acknowledgement of the
state's inability to control crime to acceptable levels. A willingness to
deliver harsh punishments to convicted offenders magically compen-
sates a failure to deliver security to the population at large" (Garland
1996, 460).[272] In diesen Zusammenhang stellt Garland auch die Aufwer-
tung, die das Opfer in der Strafrechtspolitik erst in jüngerer Zeit erfahren hat: Diese Beobachtung schreibt er nicht nur dem Erfolg sozialer
Bewegungen zu, sondern auch einer strategischen Funktion: Die Implementierung von Opferschutzrechten und die entsprechenden Diskurse
sind demnach ein Kokettieren mit *Publicity*, welche dem Staat seine
„Souveränität" zurück gibt. Zugleich hat dieser Rekurs noch eine andere
Funktion: Schließlich ist prinzipiell jeder Mensch als potenzielles Opfer
ansprechbar und auf diese Weise einzubeziehen in das Bündel von
Strategien der Verantwortungszuweisung – in diesem Falle, sich selbst
vor Kriminalität zu schützen –, die den Staat entlasten und seine Steue-
rungsfähigkeit am Ende stärken. „[It] is the tendency of state agencies to
give more priority to dealing with the consequences of crime rather than
its causes. In government crime policy and in the priorities of police
chiefs, there has emerged a new emphasis on tackling the harmful
effects of criminal conduct – by supporting victims, mitigating crime
costs, addressing public fear and reducing insecurity – rather than
intervening in ways that address crime itself" (Garland 2001, 121 und
vgl. 11-12).[273]

---

vornherein auf das Wissen über die nationale Politik abzielen und so von subjektiven Unsicherheitsgefühlen, die sich im unmittelbaren Lebensalltag manifestieren, ablenken (2001,
259, Fn 19).

[272] Die politische Reaktion habe auf der einen Seite in einer pragmatischen *Anpassung* an die
Einsicht bestanden, dass das Problem der Kriminalität offenbar nicht zu *lösen ist*. Dieses
„Realitätsprinzip" biete die Möglichkeit, gleichsam auf pragmatischem Wege handlungsfä-
hig zu bleiben. Auf der anderen Seite sei eine symbolischer oder demonstrativer Aktio-
nismus („acting out") von dem Bemühen geleitet, mit einem starken Staat weiterhin politische Handlungsfähigkeit zu demonstrieren (vgl. Garland 1996, 459-61; 2001, 131-35).

[273] Die Problematisierungen und Typisierungen von Opfern respektive Tätern entsprechen
sich, so Walklate, implizit und zeitlich leicht verschoben in Viktimologie und Kriminolo-

Indem Garland die politischen Strategien als ein Tribut an Bedrohungsgefühle liest, unterstellt er eine Entsprechung des Kriminalitätsaufkommens, das sich in der sozialen Wahrnehmung „as a widespread fear of crime" niederschlage (1996, 446). Dabei beschränkt sich die Rolle der Bevölkerung in seiner Analyse auf die Position eines Rezipienten politischer Prozesse: Ironischer Weise seien gerade die Wahl entscheidenden Mittelschichten unter dem Eindruck sichtbarer Anzeichen von *urban decay* und einer desolaten Sozialpolitik empfänglich für eine populistische Kriminalpolitik (vgl. Garland 2000a).[274] Zweifelsohne *demonstriert* der Staat mit harscher Strafrhetorik, mit gezielten Maßnahmen oder konsequenter Strafverfolgung Handlungsfähigkeit. Und zweifelsohne kann eine Problematisierung von Verbrechen und sozialen Missständen über die Massenmedien an das subjektive „Sicherheitsgefühl" appellieren und dabei die „persönliche" mit „der existenziellen [...] und der psychologischen Unsicherheit" mobilisieren, um mit populärer Rhetorik und entsprechenden Maßnahmen, wie dem Bau von Gefängnissen, der Erhöhung der Einsperrungszahlen und der Haftstrafen, zu „zeigen [..], dass sie [die Regierung] hart, mächtig und entschlossen agiert, und, dass sie vor allem ‚etwas tut'", „auf eine hochdramatische, auf eine fassbare und sichtbare (und damit überzeugende) Weise tut" (Bauman 1998a, 15-16). Eine solche Vision lässt gleichwohl die Frage der Resonanz noch offen: Auf welche Weise wird eine Art von Zustimmung erzeugt, welche Formen der Subjektivierung werden hervorgebracht, die sich in solche Strategien einfügen?

Wenn ich im Folgenden skizziere, wie Punitivität als eine Technik des Regierens zu analysieren wäre, heißt das zunächst, nach der Strukturierung von Interaktionswahrscheinlichkeiten zu fragen. Es geht also nicht darum herauszufinden, inwiefern eine Strafbereitschaft in der

---

gie. So spiegelten etwa die Anfänge der Viktimologie, die Opfer-Typologie bei Hentig im Jahre 1948 und Mendelsohn im Jahre 1947, „in some way earlier criminological concerns with types of offenders" (1997, 114), ebenso wie die theoretischen Motive und Orientierungen wie Pathologisierung, Determinismus, Positivismus sich hier wie dort fänden und sich Parallelen noch bis hin zur „radikalen" und „kritischen" Viktimologie nachzeichnen lassen (vgl. ebd., 115-123; vgl. auch Schmidt-Semisch 2002, 97ff.).

[274] Garland bezieht sich allerdings auch nur auf das statistische Konstrukt, nicht etwa auf tatsächliche Erfahrungen, und beschränkt sich darauf, die Anerkennung dieser Themen in der sozialen, nicht der subjektiven Wahrnehmung zu konstatieren: als ein „background feature" oder „a routine part of modern consciousness" (1996, 446). Auf diese Weise scheint sich die Problematisierung Kriminalität zu normalisieren wie das tägliche Unfallrisiko im Straßenverkehr, mit dem man rechnen muss (2001, 106). – In dieser Formulierung zeigt sich zugleich und offenbar ungewollt die gegenläufige Wirkung, die eine allgegenwärtige, vor allem auch mediale Präsenz des Themas Kriminalität *theoretisch* haben kann: Sie kann das subjektive Unsicherheitsgefühl schüren oder aber das alltägliche Bewusstsein in einer Art habitualisierter Selbstverständlichkeit bestimmen, ohne dass dies zwangsläufig mit einer entsprechenden Angst verbunden sein muss.

Bevölkerung *vorliegt*, sondern unter welchen Bedingungen sie sich artikuliert – denn nur in dieser Artikulation kann man sie erkennen. Und so wie sich nicht die Frage nach der normativen Bestimmung von Strafe stellt, sondern wie die Norm der Strafe zustande kommt, so wäre auch die Frage nach der Funktion von Strafe anders zu stellen. Die analytische Fokussierung einer Ökonomie der Macht sucht nicht nach den Interessen hinter einer politischen Rhetorik oder des Staates. Vielmehr wären noch diese als der Effekt eines Zusammenspiels unterschiedlichster Mechanismen, Techniken und Praktiken zu begreifen, als Strategien, die einer Rationalität entsprechen können. Worin läge dann die Differenz zu soziologischen Zugangsweisen, die „Punitivität" ebenfalls jenseits individueller Einstellungen und eines juristischen Zuschnitts als ein komplexes Zusammenspiel gesellschaftlicher Bedingungen und politischer Strategien zu beleuchten suchen, etwa indem sie Tendenzen im Feld der Kriminalitätskontrolle vom Ökonomischen her oder kulturanalytisch erklären?

Bei Ian Taylor (1999) wie auch bei Jock Young (1999) beispielsweise, zwei Protagonisten der britischen kritischen Kriminologie, sind sozialer Zerfall, soziale Probleme und Kriminalität auf die Durchsetzung der Gesetze des Marktes in der Gesellschaft und einer daraus hervorgehenden Anomie zurückzuführen. Während Young diese in Mertonscher Tradition als kulturell begründete Schere, als Differenz zwischen sozialökonomischen Zugangsmöglichkeiten und gesellschaftlich anerkannten und im Lebensstil der Anderen erkennbaren Idealen ausweist, fokussiert Taylor stärker die materiellen Bedingungen von (Chancen-)Ungleichheiten. Beide jedoch entkommen mit diesem Zugang nicht den Tücken der „realistischen" Kriminologie, welche die herrschende Sicht auf Probleme der Kriminalität als Probleme der Unterschicht und Folge sozialen Zerfalls reproduziert und die Angst der Mittelklassen stereotyp den ängstlich-bequemen Wohlhabenden zuweist. Die Positionen sind damit immer schon festgezurrt: „What I am suggesting is that both the causes of criminal violence and the punitive response towards it spring from the same source. The obsessive violence of the macho street gang and the punitive obsession of the respectable citizen are similar not only in their nature but in their origin. Both stem from dislocations in the labour market: the one from a market which excludes participation as a worker but encourages voraciousness as a consumer, the other from a market which includes, but only in a precarious fashion. That is, from totalizing exclusion and precarious inclusion" (Young 1999, 9). Wenn man Gewalt und Punitivität so allgemein auf soziale Ungleichheiten und Verunsicherung zurückführt, verweist man sie in ein

Schema der Reaktion, als wenn Repression und Prekarität, die Angst der Mittelklassen vor dem Absturz (Ehrenreich 1994), sich wie mechanisch Luft machen müssten. Demgegenüber beschreibt zum Beispiel Sighard Neckel, wie Gefühle von Neid und Missgunst sich in Marktgesellschaften als Wut artikulieren, ohne ein Abbild subjektiv erlebter Ungerechtigkeit zu sein: Etablierte Normen der Leistungsgerechtigkeit seien verloren gegangen, unter anderem im Zuge einer materiellen Umverteilung, die sich weder am Verdienst orientiert, noch sich entlang einer tradierten sozialen Schichtung vollzogen habe. Wenn jene sozialen Gefühle deshalb wie ein Potenzial aufgekommen seien, wirke die Macht, die sich im Neid artikuliert, „nicht versagend durch Repression, sondern als anregende und fördernde Kraft: Er versenkt die Statusnormen einer Gesellschaft bis in subjektive Gefühlswelten hinein. Dann unterliegen die Menschen nicht einfach einem sozialen Muster, das sie von außen beherrscht, sondern bringen es selbst erst wirklich hervor, vollziehen und reproduzieren es." Auf diese Weise, so Neckel weiter, würden die „Unzufriedenen" sich weniger darauf konzentrieren, die höheren Klassen zu stürzen, als ihnen nachzueifern, indem sie sich selbst erheben (1999, 159).

Auch Dario Melossi, hier stellvertretend angeführt für eine ausdrücklich kulturalistische Perspektive (2000, 297 und 314), führt die Repräsentationen vom „Kriminellen" letztlich auf die sozio-ökonomischen Verhältnisse zurück, die auch die sozialen Beziehungen prägen. Während das „antipathische" Image von Verbrechern sich wie ein Abbild schlechter Zeiten ausmache, verdienten Straftäter nur in Zeiten ökonomischer und sozialer Prosperität Sympathie: Man könne sich den Luxus einer „offenen" Sicht auf die Welt und entsprechende Praktiken leisten und zumindest in manchen Delinquenten die Vorkämpfer für eine bessere soziale Ordnung sehen. Diese seien dann nicht Bedrohung der Ordnung, sondern eher Opfer der sozialen Verhältnisse, während Strafe nicht Bestrafung sein, sondern der Therapie und Besserung mit dem Ziel der Integration dienen solle. Für Melossi stellen sich diese kulturellen Repräsentationen als Überbau jener Verhältnisse dar, aus denen sie sich folglich mittelbar ableiten. Denn die jeweilige soziale Ordnung bestimmt den Wahrnehmungsrahmen, und die folgerichtige Antwort auf die Wahrnehmung einer Krisensituation seien Konstuktionen und Konzepte, die dazu dienten, eine Ordnung wieder herzustellen. Was von dieser abweicht, müsse notwendig stilisiert und ausgegrenzt werden, und so erklärte sich auch ein besonderes Strafbedürfnis in Krisenzeiten. Die Negativimages vom Kriminellen als *Underdog*, Monstrum oder unverbesserlicher Serientäter seien jeweils die Produkte von Ordnungsversuchen (vgl. ebd., 299-300). So stichhaltig und überzeugend eine solche zyklische Erklärung ist, so sehr suggeriert sie die Zwangsläufigkeit einer Systematik, die sich zugleich auf diesen großflächigen Zusammenhang reduziert und sich von den konkreten Ereignissen und ihren variablen Bedingungen entfernt: Soziale Ungleichheit, soziale Deprivation oder die Marktgesellschaft, heißt es, brächten kriminelle und vor allem gewalthafte (vgl. Currie 1997) Verhaltensweisen hervor – der Mensch ist des Menschen Wolf, den schließlich bestimmte Verbrechertypen repräsentieren. Solche Szenarien reichen jedoch auch jenen Kriminologien die Hand, die *folk devils* in repressiver Absicht stilisieren. Dabei haben kultursoziologische Perspektiven einen Vorteil: Sie können gesellschaftlich variierende Formen der Artikulation von Strafbereitschaft als kulturell tradierte Strafpraktiken erklären.[275] Doch eine Beschreibung von Kulturen und kulturellen Elementen sagt noch nichts aus über die Bedingungen und Formen der Aktivierung von Punitivität. Eher evoziert sie die Vorstellung, Deutungen und Einstellungen seien eigenständige und abrufbare Muster und Dispositionen. Normen und Moral existieren jedoch nicht außerhalb von Praktiken. Und kulturelle Praktiken, nicht Deutungsmuster, lassen sich, will man sie nicht festschreiben, nur herauspräparieren, indem man sie radikal kontextualisiert: als Narrationen etwa, die sich situationsabhängig zu Praktiken formen (vgl. Stehr 1998), oder als politische Praktiken, die einen Möglichkeitsraum des Handelns eröffnen.

4.2.3   Punitivität evozieren

Die Systeme der Strafe in eine politische Ökonomie der Macht eingebettet zu wissen, heißt gerade nicht, sie wie eine Funktionslogik aus allgemeinen gesellschaftlichen Strukturen und historischen Prozessen abzuleiten oder sie als Resultante des Staates oder von Machthabern und Interessen zu begreifen. In Foucaultscher Lesart wäre Punitivität als Effekt von Technologien zu analysieren, die einen Raum der Machtausübung erst eröffnen und die je spezifische Formen der *Subjektivierung* erst hervorbringen. Drei Gesichtspunkte wären dabei zu beachten:

Kriminalität ist *erstens* nicht nur ein Referent staatlicher Schutzmacht, der Produktion von innerer Sicherheit, sondern auch Bezugsfolie der Produktion von Unsicherheit. Die politische Intervention, die sich auf

---

275 Vgl. z.B. Savelsberg (2000) über die mit der Zugehörigkeit zu einer religiösen Gemeinschaft variierenden Strafkulturen in den Vereinigten Staaten und Deutschland; Melossi (2001) für die USA und Italien.

diesem Wege wie von selbst auf den Plan zu rufen scheint, reguliert nicht nur die problematisierten sozialen Felder, sondern auch die gesellschaftliche Freiheit des Handelns: „Governing by freedom" und „governing by fear" (Legnaro 1998, 278) markieren nicht nur zwei Pole von Strategien des Regierens, sondern auch zwei ineinander greifende Subjektivierungsweisen.

Die Formen der Subjektivierung wären *zweitens* auch auf die Figur des Täters zu beziehen, die nicht als eine vorgegebene Entität, nicht als eine Person, sondern als eine Personifizierung des Kriminellen zu begreifen ist. Diese Formen der Personifizierung, das ist eine der zentralen Überlegungen in dieser Studie, transformieren und konstituieren sich mit dem Sozialen, also mit den politisch und technologisch begründeten Konzepten von Gesellschaft und Sozialität.

Wenn Foucault die souveräne Strafmacht *drittens* als eine Praxis analysiert hatte, hieß das im Unterschied zu soziologischen Zugängen in der Tradition Durkheims nicht, eine symbolische Funktion der Strafe wie etwa die Rekonstruktion oder „Stabilisierung" einer moralischen Ordnung ins Visier zu nehmen. Zwar hatte das öffentliche Schauspiel der Körperstrafe ebenfalls die Funktion, die Macht des Souveräns wiederherzustellen. Eine solche Funktion bezieht sich jedoch weder auf einen „Selbstzweck" der moralischen Ordnung (vgl. Groenemeyer 2001, 153) noch auf die Ordnung des Rechts.[276] Zum einen beschrieb Foucault mit der Wiederherstellung des *Körpers* des Königs mehr als die Wiederherstellung des Rechts. Er spielte damit, wie gezeigt, auf einen zentralen Transformationsprozess an: So wie der Körper des Rechtsbrechers in der Qual gegen den des Königs ausgespielt wird, so verflüchtigt sich mit der Normierung nicht nur der Kopf des Souveräns, sondern auch der Körper des Delinquenten, der sich im gleichen Zuge jedoch transformiert, also gerade nicht verschwindet (wie auch das Souveränitätsdenken nicht aus der politischen Analyse verschwindet). Er verdoppelt sich durch die „Seelen-Zugabe" der Justiz, und er wird zugerichtet, diszipliniert, durch das Gefängnis, das nicht nur Architektur, geschlossener Raum, sondern die Praxis der Einschließung ist, welche die Voraussetzung darstellt für die Ausbreitung der Technologien der Seele. Zum anderen wäre ein Effekt des Strafrituals darin zu sehen, die Bevölkerung mit der Souveränitätsmacht *in der Ausübung dieses Rituals* zu solidarisieren.

---

[276] Obwohl Groenemeyer (2001, 153) einräumt, dass „die Stabilisierung einer moralischen Ordnung nicht unbedingt nur als Selbstzweck anzusehen" sei, weist er der Strafe gleichwohl die eindeutige „Funktion [...] der Konstruktion, Herstellung und Restabilisierung von Konsens einer Wertegemeinschaft", auch bei Foucault, zu.

Das bedeutet also zunächst, Punitivität nicht als eine Frage von Dispositionen zu begreifen, sondern als etwas, das sich im Zusammenspiel mit Formen der Machtausübung *ereignet*: innerhalb von Technologien, die dieses Ereignis ermöglichen und ein bestimmtes, normiertes Handlungsfeld eröffnen, ohne das Handeln zu determinieren. Dabei sind die jeweiligen Subjekte, Sexualtäter wie Zuschauer, *Bystander* wie engagierter *Mob*, nicht nur Momente einer Szenerie, die diese – im symbolisch-interaktionistischen Sinne – zu einer Situation machen. Subjekte sind vielmehr Positionen, die einzunehmen und zuzuweisen Skripte von Regierungstechnologien erlauben. Von einer kultursoziologischen, aber auch einer handlungstheoretischen oder interaktionistischen Betrachtungsweise unterscheiden sich solche Skripte darin, dass sie nicht nur symbolische Positionen markieren, sondern auch Praktiken, Techniken und Verfahren sind, die selbst mögliche Beziehungen zuwischen Subjekten und entsprechende Handlungsfelder konstituieren. Wie erklärt es sich dann, dass Menschen sich angesprochen fühlen und sich artikulieren im Rahmen von Settings wie den eingangs angeführten?

Mit dem Konzept der „Anrufung" hat Louis Althusser, ähnlich wie Foucault, versucht, einen praxeologischen Begriff von Ideologie auszubuchstabieren.[277] Ausgangsbeispiel der Überlegungen ist eine Szene auf der Straße. Ein Polizist ruft „He, Sie da!". Der Mensch, der sich daraufhin umdreht, zeigt mit dieser „physische[n] Wendung um 180 Grad", dass er sich angesprochen fühlt; dass er die Anrufung in einer gewissen Weise akzeptiert hat und sich innerhalb der Normen, die diese impliziert und evoziert, verortet (1977, 142-43). In diesem Moment und erst in diesem Moment konstituiert sich das Subjekt: als das es sich angesprochen fühlt.[278] Es unterwirft sich der Norm, in diesem Beispiel der Norm des Gesetzes und zugleich ihrer Praxis. Nicht nur Subjektwerdung und

---

[277] Althussers Begriff der Anrufung wird häufig mit der Foucaultschen Analytik und dem Konzept der Regierung in Verbindung gebracht, vor allem um die Perspektive der Subjektivität weiter auszubuchstabieren, die Foucault theoretisch nicht weiter entwickelte – auch wenn Althussers Sprache, anders als die Foucaults, stark der marxistischen Theorietradition verhaftet ist: „Die Ideen als solche sind verschwunden (insofern sie ideale, geistige Existenz haben), und zwar in dem Maße, wie deutlich geworden ist, dass ihre Existenz in die Handlungen der Praxis eingeschrieben ist, die durch Rituale geregelt werden, die in letzter Instanz von einem ideologischen Apparat definiert werden. Es wird also deutlich, dass das Subjekt nur handelt, indem es durch folgendes System bewegt wird [...]: eine Ideologie, die innerhalb eines materiellen ideologischen Apparates existiert, materielle Praxen vorschreibt, die durch ein materielles Ritual geregelt werden, wobei diese Praxen wiederum in den materiellen Handlungen eines Subjekts existieren, das mit vollem Bewusstsein seinem Glauben entsprechend handelt" (Althusser 1977, 139).

[278] Wann das Subjekt sich angesprochen fühlt und sich so als Subjekt konstituiert, ist freilich nicht voluntaristisch zu klären, sondern u.a. eine Frage der sozialen und situativen Positionen innerhalb je spezifischer Kräfteverhältnisse.

Unterwerfung, sondern auch „Unterordnung und Beherrschung finden also im selben Moment statt". Althusser war einerseits auf diese „Simultaneität" (Butler 2001a, 110) aus, in der das Subjekt sich in Praktiken konstituiert, während diese selbst erst Vorstellungen und noch einen religiösen Glauben erzeugen (vgl. Althusser 1977, 138), und andererseits auf einen materialen Begriff von Ideen und Ideologie, die den Praktiken nicht äußerlich sind. Dabei kann diese simultane Konstituierung in der Anrufung weder auf eine bloß flüchtige Rede anspielen, noch beschreibt sie die Inauguration eines Subjekts. Wenn die Anrufung auf Normen verweisen und rückbeziehbar sein soll, muss die Rede in einen Diskurs oder Diskurse eingebettet sein, deren „Wirksamkeit [...] über das gesprochene Wort hinaus" nachvollziehbar ist (Butler 2001a, 11). Umgekehrt fängt jene Rede sich gleichsam in einer Matrix der Subjektivität. Sie trifft nicht *auf* „ein bereits konstituiertes Subjekt", das die implizierten Normen verinnerlichte. Das Subjekt fungiert vielmehr „als Scharnier für die gleichzeitige Konstitution von Subjektivität und Macht [..., die sich] in einen produktiven Zirkel überführt und in Ritualen organisiert wird" (Lemke 2000c, 108). Das Subjekt ist folglich, ebenso wie der Mensch, nicht als eine Substanz zu denken, sondern als ein strukturiertes Vermögen, welches eine spezifische Potenzialität wach hält: „Da kein Subjekt vor den Fertigkeiten existiert, es also keine Durchführung ‚im Einklang' mit den Fertigkeiten als einer sozialen Rolle gibt, ist es die (Re-)produktion der Fertigkeiten selbst, sind es die Rituale, die das Individuum ‚fertigen', das heißt es subjektivieren und in den Rang eines sozialen Wesens erheben" (ebd., 109).

Weiter ist Punitivität in Foucaultscher Lesart nicht bloß die Artikulation oder das Wiederaufflackern der souveränen Macht des Staates: Formen der Macht, die vom Staat ausgehen oder die originär dem Staat zugestanden werden, wie etwa „the power to punish", sind nicht gleich die Artikulation einer souveränen Macht, die sich durch das Recht (zu strafen) Autorität verschafft: „Thus bringing in the state is important to any study of contemporary punishment, but without the semimystical assumption that its ‚sovereignty' is an explanation for anything." Formen und Akte der Bestrafung sind zudem nicht „primarily as a relationship of sovereignty between state and citizen" zu begreifen. Sie reduzieren sich nicht auf die Rolle des Staates als Akteur und der Gesellschaft als Publikum und Adressat. Vielmehr bilden diese eine Beziehung aus, indem sie auf gesellschaftliche Praktiken rekurrieren, die dabei ihrerseits geformt werden: „the state action is invariably found amid patterns of nonstate actions" (Simon 1993, 10-11). Dabei gilt der spezifische Zusammenhang von Freiheit und Sicherheit, den Foucault als Kennzeichen des klassischen Liberalismus herausgearbeitet hatte, in dem die postulierte Freiheit konstitutiv ist für die Produktion von Sicherheit *und* Unsicherheit, auch für den Neoliberalismus, mit einem entscheidenden Unterschied: Die Freiheit, die der proklamiert, ist gebunden an das unternehmerische Handeln der Individuen. Nicht nur die Freiheit ist hier ein Kunstprodukt, sondern auch diese Figur des verantwortlichen, kreativen und sich selbst aktivierenden Individuums. Die Produktion von Unsicherheit bleibt konstitutiv für staatliche Regulierungsmacht, allein die Verantwortung für die Regulierung sozialer Probleme sieht sich jetzt auch in die Hände eines jeden Einzelnen gelegt, denn der Neoliberalismus sucht Eigeninitiative wahrscheinlich zu machen.

4.2.4   Eine Ökonomie des Strafens

Das Täterstrafrecht und die täterfixierte Kriminologie sind, wie gesehen, das Komplement zur Problematisierung des Sozialen Ende des 19. Jahrhunderts gewesen, als man den Kriminellen als eine Gefahr für die Gesellschaft ausmachte. Wenn das Soziale als Bezugsfolie des Regierens verblasst, bedeutet das jedoch nicht, dass auch der Diskurs über das kriminelle Individuum verschwindet. Eine Konzentration der Problematisierung auf bestimmte Täter und Tätertypen kann im Gegenteil gerade daraus resultieren, dass in der neuen sicherheitspolitischen Landschaft auf die Suche nach sozialen Ursachen und gesellschaftspolitischen Hintergründen verzichtet wird. Im gleichen Zuge, in dem der Delinquent als Wissenskategorie der Kriminologie uninteressanter wird beziehungsweise seine diskursive Gestalt verändert, scheint der Täter als Referent populistischer politischer Rhetorik wichtiger geworden zu sein. Wenn sich bestimmte Verbrechensformen und Verbrechertypen wie der Sexualtäter wie ein „perfektes Vehikel" (vgl. Simon 2001) für jenes Doppelspiel der Produktion von Sicherheit und Unsicherheit eignen, ist das zweifelsohne auch auf gesellschaftlich verankerte kulturelle Bilder zurückzuführen. Sobald man sich aber für die Frage interessiert, wie es möglich ist, auf diese Weise „mittels Verbrechen zu regieren" (vgl. Simon 1997, 289) und beispielsweise Bürgerengagement zu mobilisieren, sind die politischen Technologien zu untersuchen, in die solche Symbole eingeschrieben sind.

Der „genetische Fingerabdruck" auf der Basis der DNA-Analyse, zum Beispiel, ist in den 90er Jahren zum Standardrepertoire kriminalistischer Techniken geworden. Voraussetzung dafür sind freilich die Entwicklungen in der molekularbiologischen beziehungsweise gentechnologischen Forschung.[279] Unberührt ist davon die Frage, wann und unter welchen Bedingungen diese Technik zum Einsatz kommt und in welche Technologien des Regierens sie eingewoben ist. So wird die genetische Analyse zumeist mit Sexualdelikten in Verbindung gebracht, obgleich der „quantitativ gewichtigste kriminalistische Nutzen von DNA-Datenbanken im Bereich der Eigentumskriminalität" liegt (Nogala 1998, 14). Zweifelsohne erklärt sich diese Assoziation auch daraus, dass massenhafte Speichelproben in der Regel im Zuge einer spektakulären Fahndungsaktion entnommen werden. In Deutschland geschah das erstmals anlässlich des Sexualmordes an einem Mädchen im Jahre 1998 in Niedersachsen. Kurz darauf richtete das BKA eine vom damaligen Präsidenten schon ein Jahr zuvor eingeforderte Gendatenbank ein, die durch das DNA-Identitätsfeststellungsgesetz rechtlich abgesichert wurde.[280] Auch auf eine solche Weise kann eine Regierung demonstrieren, dass sie in einer konzertierten Aktion etwas tut: „Politik innerer Sicherheit im Sinne effektiver Kontrolle von Risikoträgern und Neutralisierung von ‚Störern' wird zu einer der letzten Bastionen staatlicher Sicherheitsversprechen" (Lehne 2002, 202). Dabei kann dieses Sicherheitsversprechen auch auf der Basis von Kooperation eingelöst werden: Wenn bei einem Sexualmord alle Männer einer lokal umgrenzten Gemeinde und einer bestimmten Altersgruppe aufgerufen sind, „freiwillig" ihre Speichelprobe abzugeben, ist das zugleich eine Form, sie aktiv einzubinden. Die Bevölkerung ist dazu angehalten, bei der Aufklärung des Verbrechens mitzuwirken und die Bedrohung der Gemeinde abzuwenden, die solange bestehen bleibt, wie der Täter noch nicht gefunden

---

[279] Entscheidend für den Einsatz der genetischen Identifizierungstechnik war die Entdeckung, dass sich in jeder Körperzelle (außer bei eineiigen Zwillingen) eine individuelle Erbinformation nachweisen lässt. Für den genetischen Fingerabdruck relevant ist lediglich die Struktur der „Buchstaben-Sequenzen" der DNA, also die Analyse der „nicht-codierenden" Buchstaben-Abfolge, die keine spezifischen Erbinformationen enthält und heute weitgehend informationstechnologisch unterstützt vorgenommen wird. Zu unterscheiden ist eine Verwendung zu Ermittlungs-, Fahndungs- oder Überwachungszwecken. Die ersten DNA-Datenbanken wurden zu Beginn der 90er Jahre in den USA und in Großbritannien aufgebaut, wo auch die erste Massenfahndung statt fand (vgl. Nogala 1998).

[280] Dies obwohl die Zahl der Sexualmorde „seit Jahrzehnten gleichbleibend niedrig ist" und die Aufklärungsquote 1998 bei 95% lag – schließlich ist die überwiegende Zahl der Täter bei diesen Delikten im Kreis von Bekannten oder Verwandten zu finden (*Der Spiegel* 12/2001). Die zentrale Gendatenbank des BKA erhielt im Jahre 2001 bereits über 100000 Einträge: von Personen, die eine Straftat begangen haben, sowie von Spuren, die am Tatort gefunden wurden. Das Identitätsfeststellungsgesetz regelte nicht nur die Möglichkeit einer Speicherung des genetischen Fingerabdrucks von (mutmaßlichen) Tätern während eines laufenden Strafverfahrens, sondern auch eine Erfassung „auf Vorrat" von Daten bereits Verurteilter, von Strafgefangenen oder Entlassenen bei Straftaten „von erheblicher Bedeutung" und der Gefahr bzw. Prognose der Wiederholung (vgl. ausführlich Gössner 2001).

und festgenommen werden konnte. Insofern produziert die DNA-Fahndungsmethode eine Solidaritätsaktion bei gleichzeitigem Ausgrenzungseffekt: Wer mitmacht, stellt sich auf die richtige Seite im Kampf gegen das Abscheuliche und beteiligt sich zugleich aktiv an der Sorge um und für die Sicherheit der *Community*. Deshalb ist der Begriff der Freiwilligkeit in doppelter Hinsicht nicht treffend: Sicherlich auch, weil die Betreffenden kaum eine andere Wahl als die der Beteiligung haben, so sie sich von dem Automatismus des Verdachts befreien wollen, der bei einer Verweigerung entsteht. Vor allem aber setzt die Technologie eine Grammatik, eine Kraftlinie der Gemeinschaftsstiftung in Bewegung.[281]

Eine solche Kraftlinie konnte offenbar das US-amerikanische *Megan's Law* hervorbringen, das die polizeiliche Registrierung von verurteilten Sexualtätern vorschrieb. Diese sahen sich unversehens – im Sinne der *actuarial justice* – als ein Risiko eingestuft und noch nach ihrer Haftentlassung einer Überwachung durch die Gemeinde unterstellt. Denn jeder Bürger hatte das Recht und die Möglichkeit, sich einen Einblick zu verschaffen über diese in der Nachbarschaft residierende Bedrohung. Anlass für die Implementierung des Gesetzes von New Jersey im Jahre 1994 war ein Ereignis, das Empörung hervorgerufen hatte: Das Mädchen Megan Kanka war von einem Mann vergewaltigt und ermordet worden, der sechs Jahre zuvor aus der Haft entlassen worden war, verurteilt wegen zweier Sexualdelikte an Mädchen, und der nun in der Nähe seines Opfers gewohnt hatte (vgl. Simon 1998, 459). Dem *Megan's Law* folgten eine Reihe ähnlicher Gesetze in weiteren Bundesstaaten, die wie dieses den Namen eines Kindes trugen: des Opfers einer sexualisierten Straftat. Obgleich sie nicht im Sinne staatlicher Bestrafungs- oder Kontrollambitionen, aber auch nicht aufgrund eines allgemeinen Interesses, sondern mit Blick auf die Sicherheit und in Vorausnahme der vermeintlichen Bedürfnisse potenzieller Opfer, seiner Angehörigen und der Gemeinde implementiert worden waren, eröffneten diese Gesetze „a new circuit of power between the demands of communities and the penal authorities" (Rose 1999a, 174).[282] Das Recht bildete den Flucht-

---

281 Von einem Zwang kann schließlich keine Rede sein, wie die Tatsache zeigt, dass bei der Fahndung im Jahre 1998, bei der ca. 18000 Proben genommen wurden, immerhin „mehrere Tausend Probanden nicht zum Test erschienen" (Nogala 1998, 11).

282 Für eine ausführliche Darstellung entsprechender Gesetzgebungen in den USA, der Konsequenzen für das Gemeinschaftsleben und die Betroffen und ihrer Kommerzialisierung vgl. auch Wacquant (2000c): So konnten etwa in Texas Privatleute und Organisationen für 35 Dollar eine CD-Rom mit den Daten der Verurteilten erwerben, was der verantwortliche Leiter der Abteilung für Sicherheit wie folgt kommentierte: „Die Sexualverbrecher sollen wissen, dass wir wissen, wer sie sind. Und von nun an wissen wir auch, besser als je zuvor, wo sie sich aufhalten." Oder: „In Alaska hat ein Privatmann eine Web-

punkt einer Technologie, deren Machtwirkungen die Namensgebung der Gesetze anzeigt: Das Opfer, nicht den Täter stellen sie heraus. Es handelt sich nicht um ein Täterstrafrecht, sondern um Opferschutz. Dieser richtet sich jedoch nicht an die Opfer. Adressat des Gesetzes sind die potenziellen Opfer und ihre Angehörigen beziehungsweise diejenigen, die sich dieser Anrufung zuordnen. So markiert das Gesetz Positionen und setzt sie in eine Beziehung zueinander, die eine Richtung und eine Weise der Aktivierung präformieren: Der Staat ist es, der den Schutz gewährt, und der zugleich die Bevölkerung respektive Gemeinde darin mit einbezieht. Es ist das Recht der potenziellen Opfer und ihrer Beschützer, das diese in Anspruch nehmen können. Sie tun das freilich auf ihre Weise. Der Mechanismus gleicht dem, den jenes englische Boulevardblatt in Gang setzte, als es die Namen von Pädophilen veröffentlichte und damit erst ein Subjekt als möglichen Adressaten benannte und stigmatisierte. Auch bei diesen Gesetzen im Namen des Opfers schafft die Bekanntgabe des Wohnortes die Möglichkeit der Einmischung durch das Publikum, die Nachbarschaft, und so über das Instrumentarium hinaus, das der Staat mit dem Gesetz zur Verfügung stellt, einen Raum für die Artikulation von Punitivität und Rache gegenüber Sexualtätern auf lokaler Ebene, die, als Empörung, durch die eindeutige Positionierung der Rolle des Staates indirekt eine Billigung erfährt. Der Staat gebärdet sich nicht als paternalistischer, aber auch nicht als starker Staat, sondern als „buddy state" (Simon 2001), der sich auf Seiten der Opfer stellt und gleichzeitig nicht nur die Überwachung, sondern, an eine Strafbereitschaft in der Bevölkerung appellierend, auch noch das Strafen externalisiert.[283] Eine solche Strafbereitschaft wäre dann nicht als eine Disposition zu begreifen, die jetzt ihr Ventil finden kann. Sie wird nicht geweckt, sondern in der Technologie initiiert. Wenn eine solche politische Strategie dabei auf die Resonanz ihrer eigenen Konstruktion trifft – den verantwortlichen, eigeninitiativen Akteur –

---

seite eingerichtet, die gegen eine Zahlung von 5 Dollar pro Suche den Zugang zu 500.000 Fotos von verurteilten Sexualstraftätern in den fünfzig amerikanischen Bundesstaaten und auch in Mexiko verspricht."

[283] Mit Blick auf US-amerikanische Verhältnisse spricht Jonathan Simon sogar von einer „entitlement to cruelty" (2001, 127), gleichsam einem Überschuss im staatlichen Strafen, das sich nicht mehr utilitaristisch legitimieren und maßvoll gebärden muss, wie es das strafend-wohlfahrtsstaatliche Selbstverständnis gebot. Grausamkeit sei eine „new kind of state psychology" in den USA. „By cruelty I mean satisfaction at the suffering implied by, or imposed by, punishments upon criminals, as well as emotions of anger and desire for vengeance taking violence." Es geht um einen Überschuss erzeugten Leids durch das Strafen, der, sei er öffentlich politisch propagiert, in der Bevölkerung artikuliert oder tatsächlich vollzogen, über das Maß hinausgeht, der bis dato als erforderlich oder angemessen galt, um einen Kontrolleffekt zu erzielen; oder auch nur für wünschenswert, um einem philosophisch abstrakten Vergeltungsgedanken Genüge zu tun (ebd., 126).

zeigt sich darin die Produktivität einer neoliberalen Regierungsweise. Punitivität wird als Kollateralschaden mit einkalkuliert. Sie ist ein zentrales Moment eben dieser Ökonomie der Macht, die auf der Basis der Fähigkeiten anderer operiert, selbständig aktiv zu werden, und dafür das Instrumentarium bereit stellt.

Die theoretische Unterscheidung zwischen subjektivem Sicherheitsgefühl und objektiver Sicherheitslage gehört seit geraumer Zeit zum Standard nicht nur kriminologischer Studien, sondern auch politischer Debatten.[284] Ebenso selbstverständlich geworden ist der Hinweis sozialwissenschaftlicher Forschungen, dass die Furcht vor Kriminalität und insbesondere Gewaltverbrechen eher bei denjenigen anzutreffen ist, die statistisch gesehen nicht dafür prädestiniert sind, während die größte Risikogruppe junge Männer und „die Angehörigen unterer sozialer Schichten" bilden (Feltes 2001), die weniger Furcht haben, Opfer zu werden, oder die in ihrem Alltag damit leben müssen.[285] Gerade vor diesem Hintergrund wird plausibel, dass sich mit diesem Thema bestimmte gesellschaftliche Gruppen zu einer Gemeinschaft potenzieller Opfer verschwören lassen (vgl. Young 1996, 55-56). Gleichzeitig werden Gewaltverbrechen in dem Maße als ein individualisiertes Risiko wahrgenommen, in dem das staatliche Sicherheitsversprechen nicht mehr glaubhaft erscheint: „Murder, after all, [...] effectively symbolizes all those risks that cannot be managed through the forms of security associated with the modern social welfare state, including insurance, public education, poverty programs and ‚city planning' [...]. At the same time violence is taken as evidence of the moral decline visited upon populations secured through welfare modes of governance" (Simon 2001, 138). Stellte der Verbrecher im 19. Jahrhundert eine Gefahr für die Gesellschaft dar, mit der sich zur Verteidigung des Sozialen aufrufen und der Staat als Förderer des Sozialen ausweisen ließ, so steht er jetzt, als ein Symptom der Existenzrisiken, für die genaue Gegenbewegung der Aushöhlung des wohlfahrtsstaatlichen Prinzips der Sozialisierung von Risiken.

Der strafen lassende Staat der Gegenwart gleicht nicht der Souveränitätsmacht von einst, die sich nicht scheute, den Körper des Rechtsbrechers zugunsten des Körpers des Königs zu opfern und so mit dem Recht die Macht wieder herzustellen. Eher zeigt der Staat das gleiche Antlitz wie die schamhafte Justiz der Disziplinargesellschaft, die den Akt

---

284 Kreissl (1997, 537) liest das als Anzeichen dafür, dass „ein – wie auch immer implizites – Verständnis von Kriminalität als sozialer Konstruktion und gesellschaftlichem Phänomen" auch in politische Debatten und die soziale Wahrnehmung eingewandert ist.

285 Vgl. auch den Kommentar von Stephan (1995).

des Strafens an das Gefängnis delegiert hatte. Bekanntlich übte dieses jedoch „Rache" an der Justiz, indem es die Delinquenz im doppelten Sinne potenzierte: Das Gefängnis selbst erwies sich als Schule des Verbrechens und mit ihm etablierten sich die Wissenschaften, die es ermöglichten, den Delinquenten noch vor der Tat dingfest zu machen (vgl. Foucault 1977, 328). Der einstigen Warnung, dass Strafbedürfnisse „vor allem dann gefährlich werden, wenn sie politisch organisiert werden", weil die Bereitschaft zu strafen eher dort handgreiflich wird, „wo auch der Staat streng straft" (Steinert 1984, 20-21), dieser Warnung wäre wohl auch heute zu folgen, mit einer Modifikation: Jetzt wäre darauf Acht zu geben, dass staatliche Macht sich nicht streng, sondern geradezu kundenfreundlich den (potenziellen) Opfern gegenüber geriert und auf diesem Wege die Strafarbeit anderen überlässt. Denn das Opfer ist seinerseits eine Form der Subjektivierung, eine Konstruktion, wenn man so will, die sich vorzüglich in eine Sicherheitsstrategie einfügt, die *safety* verspricht und dabei an das Bedürfnis nach *security* – die Welt ist in Ordnung – anknüpft und zugleich ein Gefühl von *certainty* – wir sind richtig – mobilisiert.[286]

Prinzipiell bedarf es für solche Einbindungsstrategien im Namen von Schutz und Sicherheit nicht einmal der Erzeugung von *moral panics*. Gewalt und Rache seien vielmehr, so Jonathan Simon, als Momente einer Ökonomie der Macht, auf beiden Seiten zu finden: Herrschaftsinstrument insofern, als einige Menschen mangels sozialer Sicherungsmechanismen „von den manchmal gewalttätigen Schlägen des Schicksals nahezu ungeschützt getroffen werden", und Response eben darauf: In Gesellschaften extremer sozialer Ungleichheit und minimaler Absicherung gegen soziale Unsicherheit stellt sich die Forderung nach einer verdienten Strafe als Resultat dieser Verhältnisse her. Sie entspricht dem Wunsch, den Unterschied zwischen verdientem und unverdientem Leid zu markieren, wo keine andere Möglichkeit des Ausgleichs vorhanden ist (1997, 284). Dass dieser Vergeltungswunsch Sexualtäter trifft, mag Bestandteil kultureller Praktiken sein, die ihrerseits eine Sublimierung darstellen. Dass er sich artikuliert, ist jedoch nicht allein darauf zurückzuführen. Wenn Strafmethoden als spezifische Techniken zu begreifen sind, die zuerst „im allgemeinen Feld der übrigen Gewaltverfahren ihre Eigenart haben" und nicht in Produktionsverhältnissen oder allgemei-

---

[286] Die Bedeutung der im Englischen drei Begriffe, mit denen sich, anders als im Deutschen, die subjektiven Erfahrungsweisen von (Un-)Sicherheit unterscheiden lassen, ist hier leicht abgewandelt: *security* bezeichnet die Sicherheit im Sinne von Beständigkeit oder Verlässlichkeit; *safety* im Sinne von Schutz; *certainty* im Sinne von Gewissheit (vgl. Bauman 1998a).

nen „Indikatoren von Gesellschaftsstrukturen" (Foucault 1977, 34),[287] dann kann man die durch die fehlende soziale Absicherung entstehende Ungeschütztheit bestimmter Bevölkerungsgruppen als ein Gewaltverhältnis bezeichnen, das nicht abstrakt ist, sondern eine konkrete Überlebensbedingung. Diesen Zusammenhang werde ich im Folgenden weiter erörtern.

4.3 Gewalt und Teilungspraktiken

Wenn Foucault bei seinen Analysen nicht an sozialen Verhältnissen und Sinnstrukturen ansetzte, war einer der Gründe darin zu sehen, dass ein solcher Zugang eher den Blick verschließt für die Materialität von Techniken und Praktiken, in denen Macht Gestalt annimmt. Der andere Grund liegt in der Foucaultschen Konzeption der Konstituierung von Subjekten, die sich von einer Fokussierung auf die Praxis des *erkenne dich selbst* absetzt zugunsten einer Analyse von Formen des Wissens und der Machtausübung, zu denen Technologien des Selbst sich ins Verhältnis setzen müssen.

Anhand eines Textes von Didier Lapeyronnie soll im Folgenden beispielhaft gezeigt werden, inwiefern es nützlich sein könnte, Problemfelder im Sinne einer Analytik der Oberfläche zu studieren, die Materialitäten und Praktiken einschließt. Lapeyronnies Untersuchung zur Situation der Jugendlichen in den Vorstädten Frankreichs dient hier als Inspirationsfolie, ohne den Anspruch erheben zu wollen, die eröffnete Problematik in allen Facetten zu erklären. Die Gewalttätigkeiten jener Jugendlichen begreift Lapeyronnie als Effekt politischer Teilungspraktiken: als Folge staatlich sanktionierter Praktiken räumlicher Segregation von ethnischen Minoritäten. Die Gewalthandlungen der Jugendlichen in den Ghettos sind die Artikulation einer Erfahrungsform. Ihr Hass ist die Antwort auf eine Form von Ausgrenzung, die nicht mit Desintegration zu verwechseln ist. Denn weder sind sie von sozialer oder ökonomischer Teilhabe ausgeschlossen, noch fehlt ihnen allein eine sinnhafte Perspektive. Das Problem besteht vielmehr darin, dass die Ausgrenzung sich aus dem Verhältnis zur herrschenden politischen Kultur bestimmt, dem Universalismus des französischen Staatsbürger- und Gesellschaftsverständnisses, aus dem es kein Entrinnen gibt. Das Andere, das davon

---

[287] Foucault bezieht sich hier auf die Durkheimsche Lesart von Individualisierungsprozessen (vgl. Foucault 1977, 33) sowie auf die Analyse von Rusche und Kirchheimer (vgl. Foucault 1984a, 337).

abweicht, gilt als Außenwelt und Bedrohung der Hegemonie. Es ist zugleich weit entfernt vom „Zentrum" lokalisiert, dem Teil der Stadt, wo die echten, die französischen Staatsbürger wohnen: Räumliche und politische Marginalisierung fallen zusammen. Dabei erzeugt die Abschiebung in die städtischen Ghettos erst die Wahrnehmung von Ethnizität. Die Zugehörigkeit zu dem ausgegrenzten Stadtviertel stellt ein gewisses „Zusammengehörigkeitsgefühl" in der Marginalisierung her. Diese Zusammengehörigkeit ist jedoch nicht identitäts- oder sinnstiftend, nicht inhaltlich bestimmt, im Gegenteil. Die Zugehörigkeit fungiert wie eine Art Stigma. Es ist das Stigma der Andersheit, die formlos ist, weil sie sich lediglich durch ihre Entgegensetzung zum Französischen konstituiert (vgl. 2001, 82-83 und 90).

„Die räumliche Differenzierung der Gruppen übersetzt sich in einen Sprachmodus" (Lapeyronnie 2001, 81), der rassistisch ist, und sie artikuliert sich „durch körperliche Übergriffe". Doch so wie Ethnizität hier gerade nicht Ressource der Sinnkonstitution ist, ist die Gewalt nicht der Versuch, „eine Andersartigkeit herzustellen, um sie dann abzulehnen" (ebd., 83). Es handelt sich zwar um eine Form der Artikulation des Selbst in der „Produktion ‚des anderen'", in der Gewalt gegen diejenigen anderer ethnischer Zugehörigkeit (ebd., 92). Diese sind jedoch nicht das Zielobjekt. Die Gewalttaten sind nicht identitätsstiftend im Sinne der ontologisierenden Gleichung, dass Gewalt „die Identität des Selben gegen den/das Andere durchsetzt", oder im Sinne einer Vorstellung, die „die Freiheit des Ich als Gegensatz zur Verbundenheit mit den/dem Anderen versteht und verwirklicht" sieht (Wimmer et al. 1996, 32). Vielmehr handelt es sich um den Versuch, dem Formlosen zu entrinnen, es gleichsam gewalthaft abzustreifen, um „aus dem Magma der ‚Desubjektivierung' herauszutreten [...] und damit sozusagen das ‚Formlose' [..] der eigenen Person" zu überwinden" (Lapeyronnie 2001, 88). Und dazu bedarf es keines vordefinierten Objekts. Die Gewalt ist selbst der Punkt, das Zeichen, das man am Ende setzt und das die Jugendlichen zu einem Ausrufezeichen werden lassen wollen. „In dieser Hinsicht dienen Gewalt und physische Auseinandersetzungen zur Herstellung" von Formen der Abgrenzung (ebd., 84). Diese sind nicht die Konsequenz einer individuellen Einstellung und „nicht die Ursache sozialer Verhaltensweisen", vielmehr die Folge von Teilungspraktiken, die sich in Handlungsformen einschreiben und dann erst Identitäten begründen (ebd., 79).

Die Jugendlichen sind keine gewöhnlichen Kriminellen; um das zu sein, fehlt ein soziales Normierungsraster, das man ihnen anlegen könnte oder wollte. Vielleicht aus einem ähnlichen Grunde können sie auch nicht der Figur des Helden entsprechen: „Das Prinzip des Helden markiert genau den Schnittpunkt im Übergang von Sinn und Gewalt; er verkörpert in der beanspruchten Idealsynthese aus Darstellung (Sinn) und Dargestelltem (Gewalt) das Prinzip der Repräsentation".[288] Die Gewalt der Ausgegrenzten aber kann keinen Sinn machen und muss deshalb als „unerträglich" wahrgenommen werden. Dabei sind ihre Aktionen weder ziellos, noch ortlos und keineswegs körperlos, doch gleichwohl gespenstisch: Jacques Derrida beschreibt das Gespenst, in Anlehnung an Marx, als eine „paradoxe Verkörperung, [... ein] Ding, das schwer zu benennen ist: Weder Seele noch Leib, und doch beides zugleich" (1995, 21). Den Jugendlichen will es kaum gelingen, sich zu verorten und das Zeichen, das sie setzen wollen, auch zu verankern. Insofern gleicht ihre Gewalt dem Hass, den Jean Baudrillard als „ein[en] Fanatismus der Andersheit" beschreibt, der, im Unterschied zu Gewalt, aber wie ein Gespenst ungreifbar und gegenstandslos ist: „In seiner Ambivalenz ist der Hass eine verzweifelte Auflehnung gegen die Indifferenz unserer Welt". Doch während der Verlust der Referenz, „die Implosion der realen Sphäre des Sozialen und seines Begriffs", bei Baudrillard (1995a) die Bedingung dieses Übels ist, ist die politische Konstituierung von Subjektivität bei Lapeyronnie die Voraussetzung und als solche das Resultat der Intervention der Regierung. Es handelt sich um eine Weise der Subjektivierung, die formlos ist und körperlos, eben wie das Gespenst. Und wie bei Baudrillards hyperrealen Artefakten ist diesem Gespenst, ihrer Subjektivität, der Referent abhanden gekommen. Daher ist die Gewalt oder der Hass jener marginalisierten Jugendlichen ihr Versuch, aus einer *Formlosigkeit* heraus zu treten und Subjektivität in einem Raum zu verorten, dem die Markierungspunkte genommen sind; Markierungspunkte nicht der Sinnkonstitution, sondern um Linien, Punkte, Spuren zu entfalten, die sich zu Kraftlinien verdichten lassen. Dies jedenfalls könnte eine Foucaultsche Lesart sein: Um sich als Subjekt zu positionieren, muss der Mensch nicht nach seiner inneren Wahrheit suchen. Um sich als Subjekt zu konstituieren und zu entfalten, bedarf es einer Kraft, die aus der Form der Faltung resultiert. Das Subjekt, das im Verhältnis zu sich eine bestimmte Form annimmt, entfaltet sich entlang einer Kraftlinie, welche die Intensität seiner Lebensmöglichkeiten bestimmt (vgl. Deleuze 1993c). Doch wo Markierungspunkte fehlen, ist es nicht möglich, aus eigener Kraft die vorgegebene Linie der Kräfteverhältnisse zu überschreiten. Die Gewalt der Jugendlichen in den französischen Vorstädten wäre demnach eine

---

288 Christian Schlüter: „Der Platz des Helden. Das Politische und seine gewalttätigen Voraussetzungen", in: *Frankfurter Rundschau*, vom 24. Juli 2001.

Weise, die Kräfte der anderen Ausgegrenzten zu affizieren, um überhaupt erst eine Linie herzustellen, zu der sie sich ins Verhältnis setzen können: um zu existieren, indem sie wahrgenommen werden.

„Hier, im Exklusionsbereich, herrscht die Angst vor, unsichtbar zu werden, nicht wahrgenommen zu werden, keine Rolle zu spielen, nicht relevant zu sein. Körperliche Gewalt ist ein bevorzugtes Mittel, um aus der Unsichtbarkeitsfalle zu entfliehen. [...] Wir haben es also mit einer großen Gruppe von Überflüssigen zu tun, die um ihre Wahrnehmung kämpfen." Den Kampf um die Wahrnehmung, um die Anerkennung der Existenz beschreibt Markus Schroer (2000, 447) als eine signifikante Form der Reflexion von Erfahrungen der Exklusion in den westlichen Gesellschaften der Gegenwart. Dabei will er, unter anderem an Luhmanns (1996) Beschreibung der brasilianischen Favelas anknüpfend, Exklusion als eine Form struktureller Gewalt verstanden wissen, die eben gerade nicht unkörperlich ist.[289] Es ist „eine Gewalt, die die Ausgeschlossenen ihrer Persönlichkeitsrechte beraubt und nur noch als bloße Körper behandelt, die damit beschäftigt sind, ‚wie sie den nächsten Tag erreichen und wie sie Gewalt und Hunger und Sexualität bewältigen können, also reine Körperphänomene' [...]. Diese Zurichtung von Menschen auf ein rein körperliches Dasein muss als Akt der Gewalt begriffen werden" (Schroer 2000, 446). Die Exklusion ist nicht nur symbolischer Art. Sie wirkt sich nicht indirekt auf den Körper aus. Vielmehr handelt es sich um eine politische Praxis, welche die Betroffenen, und darin besteht die Gewalt, auf nichts anderes als ihre körperliche Existenz verweist.

---

[289] Schroer (vgl. 2000, 439-440) bezieht sich auf Galtungs Begriff der strukturellen Gewalt, den er zugleich präzisiert: Entgegen einer verbreiteten Lesart wollte auch Galtung den Begriff der Gewalt nicht von einer Körperlichkeit ablösen, aber ihn nicht als ausschließlich körperlichen verstanden wissen. Das Problem habe vielmehr darin bestanden, dass Gewalt und Gesellschaft bei Galtung letztlich zusammen fallen. – Indem Schroer Exklusion mit struktureller Gewalt in Beziehung setzt, weist er auf den Zusammenhang einer Überlagerung von subjektiver Erfahrung und gesellschaftlicher Strukturierung hin, auf den auch Castel (2000b, 22-23; Hervorhebungen hinzugefügt) anspielt: „Exklusion im engeren Wortsinne" beschreibe einen „*wirklichen* Status" und sei als „eine Form negativer Diskriminierung zu begreifen, die nach strengen Regeln konstruiert ist" und „immer das Ergebnis *offizieller* Verfahrensweisen" sei. Davon losgelöst zu betrachten sei ein allgemeiner „Prozess der Destabilisierung" der Gesellschaft, der dazu führe, dass vermehrt Bevölkerungsschichten „unter einem Integrationsdefizit leiden", so „dass sie vom Ausschluss bedroht sind. Diese Marginalisierungsprozesse *können* also in Exklusion im eigentlichen Sinne münden, das heißt einer explizit diskriminierenden Behandlung dieser Bevölkerungsgruppen", sie sind aber Bedrohung und nicht schon Exklusion.

4.4 Profiling – Reproduktion des Sozialen

> *„Eine erfolgreiche selbständige Geschäftsfrau hat mir erzählt, sie las-*
> *se keine Paketboten in ihr Büro, vor allem dann nicht, wenn ihre*
> *attraktive junge Assistentin da ist. Es gebe einfach zu viele Serien-*
> *mörder. Ihr Büro befinde sich auf der vierten Etage eines Mehr-*
> *zweckgebäudes im wohlhabenden Zentrum der sicheren Stadt Toron-*
> *to. Was soll man dazu sagen? Auf der Ebene der wahren Aussagen*
> *über Serienmörder: In ein Büro wie das deine kommen sie einfach*
> *nicht! Oder auf der Ebene der Entlarvung: Irgendwie hat man dir*
> *unbegründete Angst vor einer Art von Personen eingeredet, vor einer*
> *Kategorie, die konstruiert wurde, um bestimmten Interessen zu die-*
> *nen und bestimmte Phantasien zu befriedigen!“*

> *Ian Hacking (1999, 90)*

Ende der 70er Jahre begann das *Behavioral Science Unit*, eine FBI-Abteilung in Quantico/Virginia, eine computergestützte Technik des *Profiling* von Serientätern zu entwickeln. Das Programm griff auf Daten zurück, die ursprünglich aus Interviews mit inhaftierten Mehrfachmördern gewonnen worden waren. Deren Aussagen zu ihrem eigenen Lebenslauf und ihren Tathandlungen übertrug man in ein statistisches Raster, welches dann als Basis für die Rekonstruktion der Charakteristika einer besonderen gesellschaftlichen Spezies: des Serienkillers diente. „This kind of profiling assumes that serial killers as a group are as quantifiable as any other normative grouping within the social" (Stratton 1996, 87). In der Folgezeit sollte dieser kriminalistische Ansatz international bekannt werden. Er veränderte traditionelle Ermittlungsmethoden und markierte eine Verschiebung der Perspektive auf den Täter und prägte wohl nicht zuletzt auch die kulturelle Repräsentation des sexualisierten Serienmörders. Was war passiert?

Die Zahl ungelöster Mordfälle, die auffallend zugenommen hatte, bildete den Anlass für die Entwicklung des neuen Instrumentariums. Noch in den 60er Jahren konnten nahezu alle Mordfälle innerhalb eines überschaubaren Zeitraums aufgeklärt werden. Der Grund: Es handelte sich weitgehend um Beziehungstaten, so dass man dem Täter über die Suche nach einem Motiv und nach Personen aus dem Umfeld des Opfers mehr oder weniger leicht auf die Spur kommen konnte. Wenn jetzt ein Viertel der Fälle ungelöst blieb, entdeckte man zugleich eine Reihe von Mordtaten, die entweder an Fremden verübt worden waren oder aber im Freundes- oder Bekanntenkreis, in beiden Fällen aber war ein Motiv nicht erkennbar (vgl. Ressler/Shachtman 1994, 252; Bartels 1997, 162). Die Antwort auf das neu entdeckte Problem war die Institutionalisierung der Sondereinheit in der FBI-Akademie in Quantico – deren Tätigkeit später auch Roman und Film *Das Schweigen der Lämmer* inspirieren sollten. Das Phänomen der Serien- oder Lustmörder ist freilich nicht neu. Jack the Ripper, dem man mehrere Morde an Prostituierten in London Ende des 19. Jahrhunderts zuschrieb, gehört zu den bekannteren Figuren, ebenso wie die fiktive Gestalt „M" aus dem Film von Fritz Lang. Auf der Basis eines Aufsatzes von Jon Stratton (1996) soll im Folgenden der Überlegung nachgegangen werden, inwiefern Konzepte von Serienmördern nicht nur mit gesellschaftlichen Vorstellungen variieren,[290] sondern in Beziehung zu setzen sind mit Konzepten des Sozialen, die im Sinne Foucaults von den Praktiken her analysierbar sind.[291]

Stratton selbst interessierte sich vor allem für die Verschiebung kultureller Deutungsfolien, welche die moderne im Verhältnis zur postmodernen Figur des Serienmörders anzeigt.[292] Idealtypisch entspricht der modernen Konzeption des Sozialen die Vorstellung einer mehr oder weniger kohärenten und homogenen Ordnung, die sich über „taken-for-granted repertoire of moral values" definiert (Stratton 1996, 78). Durkheims Konzept der Anomie bringt eine solche Vorstellung auf den Begriff: Regellosigkeit kann nur dort als eine Bedrohung wahrgenommen werden, wo das Regelhafte das Maß der Normalität bildet. Die Irritation über die Unordnung ist selbst Ausdruck einer Ordnungsvor-

---

[290] Für eine erhellende Analyse sich wandelnder „Deutungsmuster" vom Lustmörder über den Triebtäter bis hin zum Serienkiller und der zugehörigen, geschlechtsspezifisch sich wandelnden Vorstellungen von Freundschaft, Treue, Sexualität und Leidenschaft vgl. Schetsche (2003 m.w.V.).

[291] Das Profiling ist ein spezifisches Verfahren, das in einem bestimmten historisch-lokalen Kontext für einen speziellen Zweck polizeilicher Ermittlungstätigkeit entwickelt wurde. Es handelt sich also nicht um eine paradigmatische Technologie, von der man behaupten könnte, sie setzte sich auch in anderen Kontexten durch. Gleichwohl fügt sie sich in die Grammatik eines Risikodenkens, zu dem sie hier noch einmal in Beziehung gesetzt werden soll. Das Phänomen Serienkiller liest sich als der Effekt einer Technik, mit der sich, analog zum Wechsel von der alten zur neuen Pönologie, das Konzept von einem Täter verschiebt. – Das vom FBI entwickelte Verfahren, das den Profiler als Experten in den Mittelpunkt stellt, wurde von einigen europäischen Polizeien Anfang der 90er Jahre importiert und modifiziert. Pionier im deutschsprachigen Raum war der Wiener Polizeipsychologe Thomas Müller, der sich beim BSU ausbilden ließ. Das BKA machte die Tathergangsanalyse, auf deren Basis ein „psychologisches Profil" erstellt wird, zu einem Gruppenverfahren. Für eine Übersicht über die verwandte Techniken und die Rekonstruktion einer Genealogie von der Fallanalyse bis hin zum Profiling vgl. Hoffmann/Musolff (2000).

[292] Stratton beruft sich bei seinen Rekonstruktionen der Serienmörder-Konzepte explizit auf Foucault (u.a. 1988b; 1977). Die Differenz, die ich hier zwischen seiner Perspektive und der Foucaults aufgemacht habe, bezieht sich nur auf den Zugang der Analyse, von den kulturellen Deutungsfolien oder den Technologien her.

stellung. Auch die mehr oder weniger deutliche Unterscheidung zwischen geisteskrank und geistig gesund beruft sich auf die moderne Vorstellung von einer Vernunft, mit der die soziale und moralische Ordnung übereinstimmen soll. Bezeichnend ist dann, dass der Serienmörder diese Ordnung und insbesondere die staatlich etablierte Ordnung bedroht, das Monopol, der Gewalt und über den Tod, das der Staat für sich in Anspruch nimmt. Fritz Langs „M" ist eine Repräsentation des geistig gestörten Serienmörders, der in seiner Obsession und ohne die Fähigkeit der Selbstkontrolle das Andere einer rationalen Ordnung darstellt und insofern doch nur ihr Komplement ist. Jack the Ripper steht für eine anonyme und daher diffuse Bedrohung, weil er in London tödliche Spuren hinterließ, ohne aufgegriffen zu werden und ohne dass je endgültig hätte geklärt werden können, welche Morde ihm zuzuschreiben sind. Dabei ist das Motiv des Lust- oder Serienmörders insofern kein persönliches, als es „no idiosyncratic connecting motive between murderer and victim" gibt (ebd., 82 und vgl. 91-92). Wenn dieser Umstand als eine Bedrohung moderner Rationalitätsvorstellungen, der Vorstellung von sinnhaftem Handeln wahrgenommen wird, so beschreibt der Mord gleichwohl eine sinnhafte Praktik innerhalb einer sozialen Ordnung, die bedroht wird und deren Problematisierung ihrerseits die Funktion ihrer (Wieder-)Herstellung hat. Die Medizin hatte, wie gezeigt, im 19. Jahrhundert ihre Funktion innerhalb des Strafverfahrens gefunden, indem sie die damals auftauchenden scheinbar motivlosen, monströsen Gewaltverbrechen erklären konnte. Für Foucault (1988b) zeigte dies einen Schnittpunkt an, an dem das psychologische Motiv und mit ihm der Täter, der Autor der Tat, gleichsam erfunden wurden: Nicht die schrecklichen Verbrechen waren es, die man plötzlich entdeckte, sondern die Tat ohne Motiv, ohne einen erkennbaren Sinn. Genau dies konnte sich jedoch nur vor dem Hintergrund einer unterstellten möglichen Sinnhaftigkeit, einer Rationalität des Handelns und des Verbrechens vollziehen. Die Konstitution des Verbrechers als Täter, als ein Autor, der Gründe und Motive für seine Taten hat und der diese planmäßig durchführen kann, erfolgte entlang einer „simultaneous discursive elaboration of the social" (Stratton 1996, 82). Nun hat auch der neue Typus des Serienkillers kein Motiv, das einen Sinn macht, wenn man es auf das Individuum zurückführen will. Es ist aber auch kein „soziales Motiv", wie die Morde von Jack the Ripper an Prostituierten, denen man noch ein Ressentiment und das Motiv der „Rache" an der Gesellschaft zuschreiben konnte: Die Auswahl des Opfertypus bezog sich zugleich auf die gesellschaftliche Ordnung. Jetzt hingegen verweist sie auf eine Gesellschaft, die nichts anderes ist als eine räumlich-statistische Distribution. So gerät ins Visier eines Serientäters etwa ein Tramper, der sich in dieser Situation auf sich und gewissermaßen abseits von der Gesellschaft gestellt sieht;[293] oder zum Opfer wird, wer zufällig in der Nachbarschaft des Täters wohnt. Es sind nicht die Randständigen und auch nicht diejenigen, deren Lebensstil oder Lebensgewohnheiten abweichend oder besonders risikobehaftet zu nennen wäre, im Gegenteil: „postmodern serial killing randomizes murder" (ebd., 91). Postmodern, in Gegenüberstellung zur modernen Gesellschaftsvorstellung, heißt hier, dass Anomie sich normalisiert – und auch der Serienmörder normal erscheint: Sein Verhalten, sein Auftreten, seine Erscheinung sind auf den ersten Blick nicht ungewöhnlich. Das ist ein Grund, warum mancher der Täter, die vom BSU erfasst wurden, seine arglosen Opfer hatte in den Hinterhalt locken können.

Das Konzept der Pathologien verschwindet unterdessen nicht. Doch sehen auch diese sich normalisiert, wenn der Verhaltenstypus des Serienmörders der 80er und 90er Jahre auf dem Kontinuum einer Gaußschen Kurve eingestuft wird, welche eine Normalverteilung vom organisierten bis hin zum desorganisierten Täterverhalten anzeigt. Die neue Bedrohung besteht nun darin, dass der Serienmörder angepasst ist, unauffällig wie der Jedermann von Nebenan: „anybody might be a serial killer" (Stratton 1996, 93).[294] Normalität und Kontingenz des Lebens fallen zusammen. Das Risiko, Opfer zu werden, wird zu einer Frage der Distribution, obwohl auch dieses Risiko „gendered" ist (Hannah-Moffat 1999).[295] „Die symbolische Konfrontation" des Täters findet nicht mehr

---

[293] Wenn es bei Stratton (1996, 82) heißt, „these serial killers choose their victims down-and-outs, hitchhikers and so on who are, at that moment, outside the social", befinden sich diese freilich nicht außerhalb der Gesellschaft: „Im strengen Sinne lässt sich in einer Gesellschaft nie von Situationen außerhalb des Sozialen sprechen" (Castel 2000b, 14).

[294] In der FBI-Typologie, die auf einem Kontinuum zwischen organisierten bzw. planenden und nicht-planenden Tätertypen unterscheidet, wird das planmäßige Vorgehen zum Signum der Normalität (vgl. Ressler/Shachtman 1994, 153): „Als maßgebliches Unterscheidungsmerkmal machte die BSU den Grad der Planung aus. Durch die empirische Täterprofilforschung zieht sich wie ein roter Faden die Annahme, dass Tatverhalten auch alltägliches Verhalten widerspiegelt. Aus diesem Blickwinkel betrachtet klingt es plausibel, dass gemäß des FBI-Modells ein Mörder, dessen Spuren auf Planung und Kontrolliertheit der Tat hinweisen, auch im Alltagsleben vermutlich nicht als völlig chaotischer Mensch in Erscheinung tritt" (Hoffmann/Musolff 2000, 139). Dass Serientäter „normal" erscheinen können, ist hingegen nicht neu. Am Fall des Jürgen Bartsch zeigt sich jedoch beispielhaft, dass dieser selbst das Spiegelbild eines pathologischen Milieus ist, das seinerseits als ebenso „rational" rekonstruieren lässt wie die Persönlichkeit des Täters (vgl. Moor 1991).

[295] So begrüßt auch Stanko (1997) zwar, dass die Studien von Gouvernementalitäten die Bedeutung der Responsibilisierung auch für die Opferforschung verdeutlicht hätten. Doch der Imperativ, sich sicherheitsbewusst zu verhalten, sei lediglich für den männlichen Teil der Bevölkerung neu. Ontologische Unsicherheit sei ein selbstverständlicher und habitualisierter Bestandteil des Daseins von Frauen in der Moderne, eingeschrieben in das Verhalten, das alltagsweltliche Handeln und die eigene Körperlichkeit. Dabei sei das Risiko nicht

mit dem Gewaltmonopol des Staates statt. Die Bedrohung „ist nicht mehr vertikal, sondern horizontal", bezogen auf die Gesellschaft (Scheerer 2001b, 78).

Die perspektivische Verschiebung im Hinblick auf den Täter besteht nun darin, dass der konkrete Serienmörder durch das Profiling selbst zu einem Artefakt wird, zu einem Tätertypus, der sich aus Verhaltensmustern zusammensetzt, die in gewisser Weise gar nicht seine sind, sondern dem Durchschnitt einer spezifizierbaren Gruppe entsprechen, einer Risikopopulation. Der Täter ist immer nur eine spezifische Variation aus kollektiv gebildeten Durchschnittsmustern, unter die sich das konkrete Tatverhalten subsumieren lässt, während er selbst zu einer statistisch kalkulierbaren Größe wird. Damit unterscheidet sich die Arbeit des Profilers, der mit Variablen und Verteilungen einer mathematisch reifizierten Vorstellung von Gesellschaft operiert, von der des klassischen Detektivs: „Motives expressed the discovery of individuation in the mass. [...] The identification of the murderer was a consequence of the fundamental connectedness of the social" (Stratton 1996, 88-89). Das Profiling beruht auf einer Art *Sozialisierung* des Individuellen: der Reproduktion des Sozialen in den individuellen Verhaltensmustern. Zwar war das vom Prinzip her bei dem Vorläufer dieses Verfahrens nicht anders: In psychologisch-psychiatrischer Ferndiagnostik versuchte der Experte aufgrund von Anhaltspunkten zu Tat und Tatverhalten eine Täterpersönlichkeit zu beschreiben, die der Polizei dann weiter helfen sollte, den Kreis der Verdächtigen einzugrenzen. Idealtypisch betrachtet entsprach das Konzept des Sozialen hier jedoch dem psychoanalytischen Modell: Das Verhältnis von Individuum und Sozialem war qualitativ bestimmt, Verdrängungen, unbewusste Wünsche oder Triebe waren gleichsam Einverleibungen sozialer Erfahrungen (vgl. ebd., 86-87). Demgegenüber konstituiert sich das Soziale bei dem computerbasierten Profilingverfahren wie beim Risikokalkül. Die Gesellschaft ist nicht in qualitativen Kategorien zu beschreiben, sondern eine quantitativ bestimmte Entität, deren Variablen aleatorisch reproduzierbar sind: Das Soziale wird so zu seiner eigenen Simulation.

Wenn Mitchell Dean in Anspielung an den berüchtigten Ausspruch von Thatcher sagt: „There is no such thing as risk in reality" (1998a, 25), führt er damit die Überlegungen von François Ewald fort: Alles kann

---

nur „gendered", sondern eine disziplinierende „technology of the soul" – Responsibilisierung und Disziplinierung verknüpften sich an dieser Stelle. Denn das Gebot, „to see the ordinary as risky" (ebd., 490), bedeute nicht nur die permanente Anforderung, sich sicherheitsbewusst durch die Welt zu bewegen, ein *homo prudens* zu sein und sich klug: vorsichtig und umsichtig zu verhalten. Es einzuhalten bedeute zugleich, sich als „good citizen" zu erweisen (ebd., 492).

dem Kalkül des Risikos unterzogen werden, deshalb kann alles ein Risiko sein, nichts aber ist zwangsläufig oder an sich ein Risiko. Die Rationalität des Risikos konstituiert vielmehr eine spezifische Sichtweise und impliziert spezifische Praktiken, die ihre eigenen Subjekte und Objekte des Regierens hervorbringt, und so verhält es sich auch mit dem computerbasierten Profiling. Streng genommen zielt das Verfahren selbst nicht darauf, den individuellen Täter zu identifizieren, anders als zum Beispiel die Daktyloskopie, die ebenfalls auf der Basis statistischer Korrelationen operiert. Denn die Identifizierungstechnik des Fingerabdrucks „enabled the individuation of the population". Sie ist selbst eine Form des „individuating the statistical distribution of the social." Das computerbasierte Profiling hingegen differenziert einen durchschnittlichen *Typus* (Stratton 1996, 86-87). Sicher, wie jedes Täterprofil einen noch nicht identifizierten Täter antizipiert, dient auch dieses letztlich dazu, eine konkrete Person aufzuspüren. Doch das Profil seinerseits bleibt stets das aleatorische Konstrukt, welches auf externe, für die Risikopopulation spezifische Faktoren zurückgreifen kann, um den Tätertypus zu bestimmen.[296]

In Ermangelung erkennbarer Motive verlagerte die Fahndungsabteilung in Quantico ihre kriminalistische Aufmerksamkeit von der Problematisierung der Bezugslosigkeit der Mordtaten auf den Aspekt der Wiederholung. Dabei brachte der FBI-Fahnder Robert Ressler mit dem Begriff des *Serien*killers selbst stillschweigend die Vorstellung von einem ästhetischen Motiv auf, indem er einen Bezug zur Rezeption von Seifenopern herstellte: Wie diese das Publikum unter anderem dadurch immer wieder zu ihrem Konsum animiert, dass der offene Clou am Ende einer jeden Sendung das Mehr in der nächsten verspricht, so werde die Serie des Killers zu einem „kontinuierlichen Akt der ‚Verbesserung'". Der nächste Mord „soll perfekter sein" (Ressler/Shachtman 1994, 46; vgl. Stratton 1996, 84). Nicht etwa von einem Wiederholungszwang, der sich psychologisch erklärte, ist die Rede, sondern von der Regie eines ästhetischen Motivs: „Das Verhältnis des Serienmörders zu seinen Taten und zu seinen Opfern ist nach Ressler zu bewerten wie das

---

[296] Vom qualitativen Profiling, das ebenfalls Typisierungen generiert, unterscheidet sich das computerisierte Profiling bezeichnender Weise dadurch, dass man es nahezu vollständig automatisieren kann, weil sich das Verhalten der Risikogruppe buchstäblich berechnen lässt. So beruht ein Software-Programm, das in Kanada entwickelt und vermarktet wurde, beispielsweise auf der statistisch gewonnenen Einsicht, dass die Nähe des Wohnortes zu den Tatorten ein typisches Merkmal darstellt: „Sind fünf oder sechs Tatorte desselben Täters bekannt, lässt sich die Größe des Gebiets, in dem er wahrscheinlich wohnt, um mehr als 90 Prozent eingrenzen" und mit dem System des Geoprofiling auf einer „Reliefkarte, die der Computer aus der räumlichen Verteilung der Tatorte errechnet", abbilden (so eine Notiz im *Spiegel* 5/2002, 54).

eines Regisseurs zu seinen Filmen und zu seinen Schauspielern; es ist, vom Täter aus gesehen, eine ästhetische und keine moralische oder ausschließlich sexuelle Beziehung" (Bartels 1997, 163). Im *Schweigen der Lämmer* repräsentiert Hannibal Lecter den postmodernen Ästheten. Sowohl im Gegensatz zum alltagsweltlich-gewöhnlichen Ehemann, der seine Frau brutal und im Vollrausch schlägt, als auch im Kontrast zu seinem Gegenspieler im Film, dem gesuchten pathologischen Serienmörder, der sich an der Haut seiner Opfer berauscht und ein Relikt der Moderne ist, ist Lecter die Figur des anomischen, idiosynkratischen Serienkillers. Indem sein persönliches Vergnügen ein a-moralisches ist, sein Lebensprojekt die Verfeinerung der Kunst des Tötens, agiert er nicht innerhalb des Sozialen. Er hält sich nicht an die sozialen Regeln, sondern spielt auf der Klaviatur des Sozialen, indem er gesellschaftliche Moralvorstellungen überschreitet. Aus profanem Vergnügen wird unterdessen Genuss: „The kind of personal pleasure considered here is that pleasure not subjugated to a general moral order. In the distinction between *plaisir* [Wohlgefallen, Vergnügen] and *jouissance* [Genuss] the personalized pleasure of murder which transgresses the rational constraints of the dominant moral order would be a form of *jouissance*" (Stratton 1996, 95).[297]

Implizit liegen den Ausführungen Strattons zwei Konzepte der „Transformation des Sozialen" zu Grunde. Das computerbasierte Profiling, das auf Aleatorik beruht, ist eine Art mathematischer Simulation. Sie konzipiert den Täter auf die gleiche Weise wie die Risikotechnologie der *actuarial justice*: als aleatorischen Homunculus. Die Ästhetisierung des Serienmordes und des Serienkillers hingegen, den die Figur des Hannibal Lecter repräsentiert, geht auf Baudrillards (1990) Begriff der Simulation zurück, auf jene Form der Produktion eines Hyperrealen, in der sich Modelle des Realen bilden, ohne sich auf ein vorgängiges Original zu beziehen.[298] In beiden Fällen haben wir es mit einer Transformation des Sozialen zu tun, die im Extrem dessen Negation enthält: Die *actuarial justice* ist die Technologie einer Ökonomie der *Macht ohne Erzählungen*, das Wegschließen von Wiederholungstätern begründet sich allein aus dem berechenbaren Risikopotenzial, das eine Gruppe spezifi-

---

[297] Wenn Thomas de Quincey (1785-1859) mit seinem Essay zum „Mord als eine schöne Kunst betrachtet" in Anspielung auf Kant jene moderne Vorstellung einer möglichen Übereinstimmung zwischen Ethik und Ästhetik konterkariert, so stellt Hannibal Lecter die Figur dar, die das zur Lebenskunst erhoben hat (vgl. Stratton 1996, 95).

[298] Stratton bezieht sich zwar u.a. auf Baudrillard (1983) und unterscheidet dessen Begriff der Simulation auch von dem quantitativen Konzept, ohne dabei allerdings einen Risikobegriff zu explizieren. Ich verwende hier den Begriff des Serienkillers, nicht des Serienmörders, um auf beide Bedeutungen anzuspielen.

ziert. Deshalb ist soziale Rhetorik im Rekurs auf Resozialisierung obsolet. Sozial wäre allenfalls die Begründung, es ginge hier um den Schutz der Gesellschaft. Doch dieses Konzept von Gesellschaft als einer biologischen Entität, dem Gesellschaftskörper, oder als einer sozialen Entität, die wie ein Akteur ihre eigenen Gesetzmäßigkeiten aufweist, ist im Denken der *actuarial justice* obsolet, weil es ihr allein um das situative, problemorientierte Management geht. Hannibal Lecter wiederum überschreitet das Soziale im a-moralischen Agieren. Negation des Sozialen ist das, weil er nicht der Gegenspieler zur moralisch-sozialen Ordnung ist. Er ist nicht das Komplement einer Ordnungsvorstellung, sondern ihre Ironie. Gleichzeitig reduziert sich die Bedeutung dieser Figur nicht auf eine bloße Fiktion. Eher kann man darin eine „Kulturalisierung" (vgl. Garland/Sparks 2000) kriminologischer Themen erkennen: Wir haben es nicht mit dem profanen Sexualtäter der Alltagswelt zu tun, sondern, in der Version des Fernsehkrimis oder Kinofilms, mit dem ästhetisierten Serienkiller. Wenn Profiler und Serientäter gleichermaßen zu Ikonen der Populärkultur avancieren, heißt das weder, dass sie als bloß außeralltäglich, noch dass sie gleich als eine reale Bedrohung wahrgenommen werden. Vielmehr werden die Grenzen zwischen Fiktion und alltagsweltlicher Realität durchlässig und fließend.[299]

Wie gezeigt, beschreibt David Garland die Signatur der jüngsten Entwicklungen in diesem Feld entlang dreier Bewegungslinien: Unter dem Vorzeichen einer „Politisierung" des Themas Kriminalität sei auf der einen Seite eine verstärkte Tendenz der *Dämonisierung* bestimmter Täterfiguren, beispielsweise des Drogendealers oder des Sexualtäters, erkennbar (vgl. Garland 2001, 13-14; 1996). Diese fungieren als Vehikel einer punitiven Kriminalpolitik und populistischer Rhetorik, die sich auf vermeintliche Strafbedürfnisse in der Bevölkerung beruft und soziale, existenzielle und persönliche Unsicherheitsgefühle kanalisiert. Gleichzeitig sei Kriminalität mehr denn je zum Topos der Populärkultur avanciert. Wir leben „[i]n a culture that is now saturated with images of crime and fear of crime" (Garland/Sparks 2000, 200). Eine *Normalisierung*, eine Art Entzauberung bestimmter Formen von Kriminalität,

---

[299] Wie gesehen stellte der FBI-Profiler Robert Ressler selbst indirekt eine Verbindung zwischen den beiden Ebenen und Konzepten her. Umgekehrt liest Stratton (1996, 87) *Das Schweigen der Lämmer* von Thomas Harris als eine Kritik an den Methoden des BSU, denen es ohne die Hilfe des Psychiaters Hannibal Lecter, selbst Serienmörder, nicht gelingt, den gesuchten Täter aufzuspüren. Interessant ist zugleich, dass die Profiler zudem beides für sich in Anspruch nehmen: Kriminologen zu sein, die das Täterprofil wissenschaftlich begründet haben, und Kriminalisten, die damit arbeiten (Ressler/Shachtman 247ff.). Zur Selbststilisierung der Profiler vgl. Reichertz (2001); zum Serienkiller als einer Ikone der Postmoderne vgl. Scheerer (2001b).

scheint schließlich der Ausgleich oder das Gegenstück zu den anderen beiden Tendenzen zu sein. Sie kann sich darin äußern, dass Kriminalität sich angesichts ihrer statistischen Verteilung auf alle Schichten der Bevölkerung als weitaus gewöhnlicher als bisher behauptet erwiesen hat; dass manche Formen zu einem selbstverständlichen Bestandteil des Alltagsbewusstseins geworden sind und noch die politisch relevante Kriminologie auf dieses alltagsweltliche Verständnis und nicht länger auf komplexe und abstrakte Theorien rekurriert. Schließlich kann Normalisierung das Resultat politischer Programme sein, die, unter der Maßgabe der Rationalisierung von Verwaltungsabläufen und institutioneller Strukturen, Straftatbestände entkriminalisieren und so im Effekt wegdefinieren; die bestimmte Probleme als minderschwer oder vernachlässigbar umdefinieren; oder die neue Erfolgskriterien aufstellen, unter denen soziale Probleme zu einer Frage des ökonomischen Kalküls stilisiert werden (vgl. Garland 1996, 450-52 und 456-57; vgl. 2001, 113-127). Solche Normalisierungen sind jedoch keineswegs gleichzusetzen mit einer Schmälerung der politischen Bedeutung des Themas und der Kontrolle von Kriminalität. Sie sind auch nicht das Gegenteil der Dämonisierung. Vielmehr könnte man beides als Momente einer Strategie entziffern, in der staatliche Institutionen sich in neuer Effektivitätsorientierung aus der alleinigen Verantwortung für eine Sicherheitspolitik zurück ziehen. Dämonisierung stünde dann, in der Lesart von Garland, für eine härtere Kriminalpolitik, die, gleichsam als Ergänzungsbewegung zu einem Rückzug aus der Verantwortung, weiterhin staatliche Macht ebenso wie politische Handlungsfähigkeit demonstrieren soll. Diese letztere Funktion übernähme auch, als die weiche Variante dieser politischen Strategie, die Normalisierung: Wo Kriminalität als Problem selbstverständlich wird oder wegdefiniert wird, erübrigt sich die Notwendigkeit, politische Gegenkonzepte zu entwickeln.

Wenn man jedoch nicht an einer solchen Funktionsanalyse, sondern wiederum an einer Ökonomie der Macht ansetzt, dann wären die drei Bewegungen der Dämonisierung, Kulturalisierung und Normalisierung eher als drei ineinander spielende Momente zu begreifen, die eine Signatur von Kontrollgesellschaften der Gegenwart beschreiben. Sie wären die Facetten einer Transformationsbewegung, die sich, im Hinblick auf die entsprechenden Formen der Subjektivierung, als „Spektakularisierung" (Hutchings 1999) auf den Begriff bringen ließe. Spektakularisierung beschreibt ähnliche Mechanismen wie die „Diskursivierung" (vgl. Foucault 1983, 21-22; 1991, 75 und 79), die Ausweitung des Diskurses etwa vom Verbrechen. Das Verbrechen wird dadurch keineswegs begreifbarer, der Diskurs nähert sich nicht der Essenz oder Wahrheit des Verbrechens an. Vielmehr produziert er selbst seinen Gegenstand, also auch die Wahrheit des Verbrechens. Indem er sich ausweitet, wirft er immer wieder neue Aspekte und Facetten auf. Diese sind Anknüpfungspunkte der Vernetzung: der Einbindung in den Gegenstandsbereich des Wissens vom Verbrechen; und es sind Anknüpfungspunkte für entsprechende Praktiken, die ihrerseits den Gegenstand, das Subjekt, die Körper formen. Für eine Analyse der Gegenwart könnte man *Spektakularisierung* als eine Weise der Problematisierung von Kriminalität begreifen, die den Gegenstand gleichermaßen heraushebt wie diesen verflacht, gleichsam abspeckt und entkörperlicht wie ein Gespenst.[300]

Der mediatisierte Serienkiller ist diese abgespeckte Figur, ein Gespenst im doppelten Sinne: Als ästhetisierte Figur hat er Unterhaltungswert, während der konkrete Seriensexualtäter im Alltagsleben, statistisch gesehen, keine reale Bedrohung darstellt. Beide sind insofern irrelevant. Allerdings eignet sich der Sexualtäter, wie gesehen, als ein Vehikel populistischer Dämonisierung, mit dem möglichen Effekt der Solidarisierung von Bevölkerungsgruppen und der Exklusion von oder Punitivität gegenüber Personen, die jener stigmatisierten Gruppe zugeordnet werden. Peter Hutchings hatte den Übergang von der Souveränitätsmacht zur Disziplinargesellschaft, den Foucault in *Überwachen und Strafen* beschrieb, als Spektakularisierung charakterisiert. Die „Entkörperlichung" der Strafe, die der Wechsel von den öffentlichen Ritualen der Marter hin zur Einschließung in den Gefängnissen mit sich gebracht hatte, sei begleitet gewesen von neuen Formen ihrer Sichtbarkeit, von einer Totalisierung im Sinne einer generalisierten und kontinuierlichen Überwachung, und habe ihre Entsprechung in einer Ausweitung des Diskurses vom Verbrechen und einer Generalisierung der Norm gefunden (vgl. Hutchings 1999, 28-29). Bezogen auf die Figur des Serienkillers bedeutet Spektakularisierung hingegen nicht Normierung, sondern Symbolisierung. Der Serientäter, der an der Oberfläche der Sichtbarkeit und des Darstellbaren auftaucht, wird zum Emblem einer Sicherheitsmacht. Dabei ist auch eine solche populistisch sich gerierende Macht eine Macht ohne große Erzählungen, denn die Rhetorik der Legitimation bleibt obsolet. Spektakularisierung spielt daher auch auf die Ausübung einer Strafmacht um der Strafe willen an. Wie die Praxis des Gefängnisses, welche die Technologien der Seele zuließ, selbst keine unkörperliche Form der Strafe war, so ist freilich auch diese Strafe – oder Form der Exklusion – für den Betroffenen ganz und gar nicht unkörperlich.

---

[300] Spektakularisierung erinnert nicht zufällig an das Englische *spectre*: Hutchings (1999, 28) bezieht sich hiermit ausdrücklich auf Derrida (1995).

Die folgenden Abschnitte greifen diesen Gedanken der Verschiebung vertrauter Konzepte in einer neuen Ökonomie der Macht weiter auf. Sie widmen sich der Signatur einer Kontrollgesellschaft, in der sich die Formen der Identifizierung wie der Normalisierung von Abweichung und Kriminalität in einer spezifischen Weise überlagern. Die pragmatischen Konzepte situationsorientierter Kriminalitätskontrolle sind paradigmatisch hierfür.

4.5 Die Rationalität der Kriminalität und ihrer Kontrolle

Neben dem ökonomischen Ansatz markieren die so genannte Kontrolltheorie und das Konzept der situationsorientierten Kriminalprävention in ihrer „pragmatischen" Ausrichtung (vgl. Garland 2000a) einen Bruch mit einer reflexiv-kritischen Kriminologie. Dennoch sind sie für diese interessant sind, weil sie Kriminalität nicht vom Täter her problematisieren: Obwohl „ein motivierter Täter, mit den Fähigkeiten, seine Motive umzusetzen", in diesen Ansätzen theoretisch vorausgesetzt werde, so Klaus Sessar, stehe die „Tätermotivation" nicht im Mittelpunkt der Analyse. Dies nicht nur, weil sie hier ohnehin als eine ephemere Orientierung begriffen werde, sondern weil sie sich „aus den Tatgelegenheiten speisen sollte" (1997, 9), also aus den äußeren Gegebenheiten und nicht von einem inneren Antrieb: „Es heißt jetzt nicht mehr: *wer*, sondern *was* lässt einen Bankrott oder Diebstahl, eine Körperverletzung oder Steuerhinterziehung entstehen. Und deshalb geht es, da es um Situationen geht, um einzelne Delikte, aber auch dies nur insoweit, wie sie kontextuell zusammen gehalten werden können" (ebd., 13). Lesbar sei dieses Programm im Sinne der Prämissen der kritischen Kriminologie. Schon aufgrund seiner Gleichsetzung von strafbarem mit jeder Form sozialen Handelns trage der *Rational Choice*-Ansatz zu einer „Ent-Ätiologisierung" bei. Die Situationsorientierung begründe darüber hinaus eine radikale Umkehrung der traditionellen Sichtweise: Nicht im Täter liege letztlich die „Handlungsmotivation" (ebd., 21). Die soziale Situation bringe sie hervor und „schafft" so gleichsam den Täter (ebd., 5). Die Ansätze, die in erster Linie die Situation in den Blick nähmen und dann den Akteur, der sich immer in Abhängigkeit von der jeweiligen Situationskonstellation vor die Wahl einer Handlungsoption gestellt sehe, markierten sogar einen paradigmatischen Wechsel, durch den sich die Geschichte der Kriminologie in einem großen Bogen als Entwicklung von der klassischen Kriminologie der Tat hin zur modernen der Täterorientierung und schließlich zur Fokussierung der Situation und

Überwindung der Täterfixierung skizzieren lasse. Darüber hinaus bestünde in dieser Konzeption endlich die Chance, die theoretische Kriminologie „*praktisch* werden" zu lassen. Kriminologie biete nunmehr das Instrumentarium für eine Form der „Regulierung" von Problemen der Kriminalität, die von einem „Gemeinwesen" ausgehe und sich an die Stelle einer überholten Strategie der staatlich forcierten „aussichtslosen Bekämpfung" setze (ebd., 22).[301] Doch wie zu zeigen ist die Aufhebung einer Täterfixierung bei diesen *Rational Choice*-Ansätzen ähnlich ambivalent wie bei der ökonomischen Theorie.[302]

4.5.1 Selbstkontrolle und Hedonismus

In ihrem Wechsel „von einem deterministischen Kriminalitätsverständnis auf ein indeterministisches" markiere die *Kontrolltheorie*, so auch Karl-Ludwig Kunz, eine radikale Umkehr zum herkömmlichen kriminologischen Denken. Die „Entstehungsgründe von Kriminalität werden nicht nur theoretisch uninteressant, es gibt sie in dieser Wahrnehmungsperspektive nicht mehr". Kriminalität sei ein normales Phänomen, das sich nicht vom Täter, sondern „negativ" von den Kontrollbedingungen her begründe und insofern selbst nicht erklärungsbedürftig sei (1998, 167). Vor diesem Hintergrund erscheine es im übrigen nur konsequent, dass der Ansatz sich nicht für eine Verhaltenstheorie der *rationalen* Wahl

---

[301] Auch Karstedt und Greve sehen in den *Rational Choice*-Ansätzen das Potenzial, die analytischen Prämissen und die politischen Zielsetzungen der kritischen Kriminologie zu realisieren, vorausgesetzt man differenziert die theoretischen Konzeptionen und das Verhältnis von Rationalität, Normen und Werten und ihre Relevanz für die Situationsanalyse. Dann stünde der Ansatz nicht nur für eine „Handlungstheorie, die konsequent eine pathologische Perspektive ausschließt" und so vermeidet, Probleme der Kriminalität zu personalisieren. Der situationsorientierte Zugang impliziere zugleich ein dynamisches Machtkonzept, das Normen nicht als vorgegebene Größen, sondern eingebettet in Handlungskontexte und Interaktionsdynamiken begreife (1996, 201-02). Zu den Diskussionen in der kritischen Kriminologie, in denen die pragmatisch-technischen Konzepte als geeignete Formen der Kriminalprävention jenseits des Strafrechts erkannt werden, vgl. bereits Steinert (1987); für die jüngere Diskussion Cremer-Schäfer (1998), kritisch dazu Lehne (1998).

[302] Obgleich sich eine Reihe theoretischer Perspektiven mit jenen Prämissen der Normalität von Kriminalität, der Wahlmöglichkeit als Voraussetzung des Handelns und der Nutzenorientierung des Menschen auf einen gemeinsamen Nenner bringen lassen, kann man dennoch nicht von *den* Rational Choice-Ansätzen oder -Theorien sprechen. Zum Teil erhebliche Differenzen finden sich sowohl vom Erklärungsansatz her als auch in dem jeweiligen Erklärungsanspruch. So macht es in handlungstheoretischer Sicht beispielsweise einen wesentlichen Unterschied, inwieweit überhaupt eine *Theorie* der Entscheidung und ein Begriff der *rationalen* Wahl ausbuchstabiert wird. Für den vorliegenden Zusammenhang ist jedoch die Kohärenz und Reichweite der Ansätze als soziologische oder kriminologische Theorien des Handelns oder Verhaltens nicht weiter von Bedeutung (vgl. dazu ausführlich Karstedt/Greve 1996 m.w.V.).

interessiere, die die Rationalität der Entscheidung selbst erklären wolle. Einzig setze er ein freies Individuum voraus, das sich frei *entscheiden können*.[303] Tatsächlich nimmt die Kontrolltheorie für sich in Anspruch, eine „Vorstellung vom Täter", wenn überhaupt, nur von der Situation und dem „Verbrechensphänomen selbst" abzuleiten (Hirschi 1989, 417). In ihrer populär gewordenen „allgemeinen Kriminalitätstheorie" wenden Michael Gottfredson und Travis Hirschi sich gegen die „positivistische" Fixierung der Kriminologie auf den Delinquenten wie gegen jede Form eines Positivismus, in dem ein bestimmtes Raster, sei es die Ökonomie, die Biologie, das soziale Umfeld oder die Psychologie, als Erklärungsmuster für Kriminalität herhalten müsse (vgl. 1990, 47ff.). Nehme man die Tat und nicht den Täter zum „Ausgangspunkt" der Untersuchung, so offenbare sich vor allem der unspektakuläre Charakter von Phänomenen der Kriminalität und kriminellen Verhaltens. Überwiegend würden Straftaten „ohne Rücksicht auf langfristige Konsequenzen" begangen und seien nicht von langer Hand geplant (Hirschi 1989, 418). In ihrer „essential nature" seien fast alle Formen kriminellen Verhaltens „mundane, simple trivial, easy acts aimed at satisfying desires of the moment" (Gottfredson/Hirschi 1990, xv). Zudem erforderten die meisten Formen von Kriminalität, entgegen einer weit verbreiteten alltagsweltlichen Vorstellung (und ihrer Re-Produktion in kriminologischen Theorien über kriminelle Karrieren und Lebensweisen), keinen erheblichen Aufwand, weder zeitlich gesehen, noch kräftemäßig, noch auch von den Fähigkeiten der Akteure her. Gerade deshalb allerdings seien strafbare Handlungen nahe liegend, dies aber auch nur so lange, wie es einfach sei, sie zu begehen: Kriminalität sei vor allem eine „Angelegenheit von Chancen und situativen Umständen", während sich für gewöhnlich jeder von der Befriedigung eines strafbaren Ansinnens abbringen lasse, sobald sich dessen Realisierung als hindernisreich und

---

303 Im Hinblick auf die Kontrolltheorie spricht Hirschi (1986, zit.n. Karstedt/Greve 1996, 181) selbst lediglich von „choice"-Theorien. Tatsächlich besteht das Bemühen hier nicht darin, die Rationalität von Entscheidungsprozessen theoretisch aufzuschlüsseln. Die Situation wird vielmehr theoretisch immer schon in universell rationalen Kategorien gedacht (vgl. Kunz 1998, 212). Weil die Kontrolltheorie nichts mehr mit einer Theorie der *rationalen* Wahl gemein hat, wollen Karstedt und Greve (1996, 181) ihn überhaupt nicht unter den *Rational Choice*-Ansätzen eingereiht wissen. Aus zwei Gründen werde ich das hier gleichwohl tun. Zum einen steht die Kontrolltheorie, unter dem Gesichtspunkt ihrer expliziten Abwendung vom Täter betrachtet, in Verbindung mit jenen Ansätzen. Mit Campbell (1996, 155) kann man zum anderen argumentieren – und kritisieren –, dass letztlich alle Rational Choice-Ansätze bloße Entscheidungstheorien sind: „If action were purely equatable with cognitive processes no acts would ever be performed. Individuals might calculate or plan (although whether they would have any reason to do so is another matter) but they would not act, and indeed, so-called ‚rational-actor‘ and ‚rational-choice‘ theories are not actually theories of action at all, but merely theories of decision-making."

folglich als zu schwierig erweise. Auch insofern spielten zufällige oder situative Momente eine entscheidende Rolle: Schon „das Gewicht einer Bratpfanne" oder das Einschreiten eines Passanten könne im Ergebnis den rechtlichen Unterschied „zwischen einer Tötung und einer Körperverletzung" ausmachen (Hirschi 1989, 415) und Straftaten sogar erst ermöglichen, also nicht nur bedingen, sondern gleichsam hervorbringen.[304]

In sinnlich konnotierter Wendung des ökonomistischen Postulats der Nutzenorientierung geht der Kontrollansatz von einer kurzweilig ausgerichteten „Bedürfnisorientierung" (Hirschi 1989, 418) des Menschen aus, der dazu neige, Spaß und Vergnügen routinierten oder stumpfsinnigen Tätigkeiten vorzuziehen. Aus dieser Sichtweise folgt nicht nur jene Annahme, dass man sich durch Hürden und Hindernisse leicht von Straftaten abhalten lasse; aus dem gleichen Grunde erklärt sich auch, warum es in vielen Fällen sogar attraktiv – „exciting, risky or thrilling" (Gottfredson/Hirschi 1990, 89) – sein kann, Straftaten zu begehen. Schließlich sei der Mensch eher lustbetont (vgl. Lamnek 1994, 123) und suche sich am „meisten Vergnügen" und die „wenigsten Schmerzen" zu verschaffen (Kunz, 1998, 208). Einerseits ist der Mensch der Kontrolltheorie also, wie der *homo penalis* der klassischen Strafrechtstheorie oder der *homo oeconomicus* des gleichlautenden Ansatzes, utilitaristisch auf seinen Vorteil bedacht und agiert „in persuit of self-interest" (Gottfredson/Hirschi 1990, 15). Andererseits ist er schon darin ein hedonistisches Wesen, dass er tut, was ihm angenehm ist, und unterlässt, was ihm zuwider ist. Prinzipiell gelten diese Annahmen für alle Menschen, alle Verhaltensweisen und alle Deliktarten, sogar Zeit und Kultur übergreifend. Wie beim ökonomischen Ansatz unterscheidet man daher auch hier prinzipiell einen Mord nicht von einem Straßen-

---

[304] Die Bedeutung des Ansatzes auch in der deutschen Diskussion mag man schon daran ablesen, welchen prominenten Stellenwert die auch für die kritische Kriminologie einschlägigen Einführungen von Lamnek (1994, 126-137) und Kunz (1998, 166-176 und 207-219) der Kontrolltheorie widmen. Letzterer sah sich offenbar dazu veranlasst, diesen Ansatz und die Begründung einer allgemeinen Kriminalitätstheorie von Gottfredson und Hirschi (1990) in die zweite Auflage seiner Einführung aufzunehmen und eingehend zu diskutieren. – Auch Taylor (2001) differenziert die beiden Ansätze im Hinblick auf das jeweilige Konzept der sozialen bzw. der Selbst-Kontrolle. Für eine „empirische" Überprüfung in der jüngsten Rezeptionsgeschichte dieses Ansatze vgl. etwa Dietrich et al. (1999); Fetchenhauer/Simon (1998); sowie in der soziologischen Diskussion Seipel (2000). Bemerkenswert ist ebenso die Auseinandersetzung von Gottfredson/Hirschi (2000) und Geis (2000) in der renommierten, kritisch orientierten *Theoretical Criminology*; vgl. außerdem die kritische Kommentierung bei Lilly et al. (1995, 74-109). Auf die *Control Balance*-Theorie von Tittle (1995) werde ich hier nicht weiter eingehen: Obgleich man sie als einen sozialreformerischen, sozialstrukturell begründeten Ansatz lesen kann (vgl. Kunz 1998, 176), emanzipiert auch sie sich nicht von der hier interessierenden Fokussierung auf das Individuum.

verkehrsdelikt. Die Kontrolltheoretiker treten geradewegs mit einem universalen Anspruch auf, den ihre anthropologisierende Perspektive rechtfertigt: „It is meant to explain all crime, at all times" (ebd., 117). Erklärungsbedürftig ist die Frage nach dem Täter insofern tatsächlich nicht, nicht die Frage, warum ein bestimmtes Individuum Straftaten begeht. Doch nur auf den ersten Blick gelten diese Theorien vom Menschen und von der menschlichen Verhaltensstruktur für alle gleichermaßen. Die Unterschiede manifestieren sich gerade darin, inwieweit sie sich selbst, ihre Neigungen und Bedürfnisse, unter Kontrolle haben.

Das Konzept der Kontrolle ist das normative Einfallstor dieses theoretischen Ansatzes, pikanterweise gerade vor dem Hintergrund seines anthropologisch-universalisierenden Liberalismus, der die beiden Prämissen dekretiert: Das menschliche Verhalten ist von der individuellen Bedürfnisbefriedigung geleitet, und die Individuen sind prinzipiell frei in ihrer Entscheidung, sie haben „die Freiheit der Abweichung" (Kunz 1998, 167). Entgegen ihrem proklamierten Anspruch geraten den Kontrolltheoretikern keineswegs nur die Straftaten und Situationen in den Blick, sondern die Wenigen, die sich schließlich für kriminelle Verhaltensweisen entscheiden. Denn empirisch ist trotz der Vielfalt und Vielzahl von Möglichkeiten und Gelegenheiten, Straftaten zu begehen, ein hohes „Ausmaß sozialer Konformität" zu konstatieren (ebd., 166). Tatsächlich definiert der theoretische Ansatz nicht die Kontrollen, die situationsbezogen ausbleiben, sondern eine niedrige Selbstkontrolle als das herausragende Charakteristikum von Straftaten: „Gottfredson/Hirschi haben als Wesen der Kriminalität einen Mangel an Selbstkontrolle bestimmt, der sich in einem hohen Maß an Impulsivität, Risikobereitschaft etc. äußert" (Lamnek 1994, 151; vgl. Gottfredson/Hirschi 1990, 89-90). Travis Hirschi mag relativieren, die „ungenügende Selbstkontrolle" solle keine notwendige Bedingung für Kriminalität darstellen: Sie werde nicht „nur dadurch ausgelöst" und lasse sich nicht „allein" dadurch erklären. Der propagierte Ausweg aus einer positivistischen Kriminologie, die Kriminalität angeblich auf eine Ursache zurückgeführt haben wollte, gerät gleichwohl zur Ausflucht in eine neue Festschreibung. Kriminelle Handlungen, so heißt es, hätten etwas „mit geringer Selbstkontrolle zu tun", denn „sie [..] sorgen relativ sicher, schnell und intensiv für eine Art Befriedigung, vergleicht man sie mit konkurrierenden (legalen) Handlungsweisen." Unter dem normativen Blickwinkel wird aus der „kurzfristigen" eine „kurzsichtige" Bedürfnisbefriedigung (Hirschi 1989, 417-18).[305]

---

305 Für ein Plädoyer, den situationsorientierten Ansatz theoretisch und empirisch mit einer Fokussierung auf den Täter zu verbinden, vgl. Ekblom/Tilley (2000). Der Ansatz, so ihre

Im Verhältnis zur Tradition einer Kriminologie, die aus dem psychiatrischen Denken hervorgegangen war, folgt die Kontrolltheorie gleichsam der umgekehrten Logik. Unterstellte jene von vornherein, dass Pathologien auffindbar und bestimmbar sein müssten, die den Kriminellen vom normalen Menschen unterscheiden, so geht diese den Weg über die äußeren Bedingungen, um letztlich dann doch wieder auf den inneren Kern des Menschen zurückzukommen. Der Anspruch einer allgemeinen Kriminalitätstheorie mündet darin, „die niedrige Selbstkontrolle als den stabilen Kern der kriminell veranlagten Persönlichkeit" zu bestimmen (Kunz 1998, 215). Während die Prämisse der Nutzenorientierung im ökonomischen Ansatz als eine theoretisch-methodische Funktion eine rein äußerliche Minimalbestimmung bleibt, werden in der Kontrolltheorie Annahmen über die innere „Natur" des Menschen, über seine *inneren* „Neigungen" gemacht: kriminelles Verhalten als „propensity" (vgl. Gottfredson/Hirschi 1990, 123ff.). Die hedonistische Grundanlage des Menschen wird so bei denen, denen die äußeren und inneren Kontrollen fehlen, zu einer inneren Disposition (vgl. Karstedt/Greve 1996, 190), die sie von anderen unterscheidet. Sie lässt sich als Motor des Handelns interpretieren und zu einer Charaktereigenschaft des Menschen oder bestimmter Menschen reifizieren, die einem gesteigerten inneren Druck ausgesetzt oder hemmungslos seien. Kriminalität ist das Ergebnis von nahe liegenden Entscheidungsabläufen, in beiderlei Hinsicht: gesteuert von den situativen Gelegenheiten beziehungsweise den externen Kontrollbedingungen und von der eigenen Bedürfnisorientierung beziehungsweise den internen Kontrollmechanismen. Die Schlussfolgerung läuft bei Gottfredson und Hirschi darauf hinaus, dass der Mensch von seinem Wesen her durch Sozialisation erst gezähmt werden muss.[306] Prinzipiell zwar frei in seinen Entscheidungen

---

Argumentation, habe sich in der Kriminologie isoliert, indem er ignorierte: „fundamentally, one cannot have crimes without offenders." Es sei daher nützlich, sowohl die Ressourcen wie „the offender's *predisposition* to commit crime", in den Blick zu nehmen (ebd., 376-77).

[306] Mit der anthropologisch begründeten Gegenüberstellung derjenigen Menschen, die über die notwendige innere Selbstkontrolle verfügen, und derjenigen, die zu kriminellem Verhalten neigen, taucht in der Kontrolltheorie ein Motiv klassisch-liberalen Denkens wieder auf: „the autonomous self-directing individual of liberal political thought is seen in some contexts as the product of cultivation and in others naturally occurring". Auf dem Hintergrund dieser Sichtweise sei eine elitäre Haltung artikulierbar, so Helliwell/Hindess (1999, 10), die Autonomie und Kultivierung als zusammengehörig betrachte und davon ausgehe, dass vollständige Unabhängigkeit nur möglich sei bei entsprechenden kulturellen und zivilisierten Verhältnissen. Daraus folge dann in liberaler Perspektive – anders als bei Gottfredson und Hirschi – freilich nicht, dass einem entsprechenden Mangel hieran abgeholfen werden müsse, wohl aber dass die Personen selbst als mangelhaft erscheinen: „The clear implication of this view is that those who inhabit less cultivated settings should be seen as less than fully autonomous."

ist auch dieser Typus, ähnlich wie der *homo oeconomicus* der ökonomischen Theorie, ein behavioristisches Wesen, dessen Verhalten über entsprechende Kontrollfunktionen zu steuern ist. Im Schema eines konservativen Wert- und Sozialisationsoptimismus bleibend und ohne unterschiedliche Sozialisationsformen und -effekte weiter zu hinterfragen, gelten Institutionen wie Elternhaus oder Schule dabei als alte und neue Garanten der Erzeugung von Fähigkeiten der Selbstkontrolle (vgl. 1990, 105ff. und 2000).[307] An dieser Stelle allerdings treffen sich Kontrolltheorie und ökonomischer Ansatz: Wer trotz eines hohen Sanktionsrisikos Straftaten begeht, hat entweder wenig zu verlieren, oder zeichnet sich, folgt man der Kontrolltheorie, durch eine geringe Fähigkeit der Selbstbeherrschung aus und, in ökonomischer Lesart, durch besondere Risikobereitschaft (vgl. Kunz 1998, 203). Harte Strafen sind daher die geeignete Antwort für hedonistische wie risikoorientierte Menschen. „Repression durch Strafe" gilt folglich auch hier nicht nur als das gerechte, sondern auch „als ein erfolgreiches Mittel der Abschreckung" (ebd., 197).

4.5.2   Fatalismus und Pragmatismus: Der situative Mensch[308]

Auch das Konzept der *situational crime prevention* (SCP), das von einem „räsonierenden Täter" (vgl. Cornish/Clarke 1986a) ausgeht, verzichtet darauf, eine Theorie über die Rationalität des Handelns auszubuchstabieren. Die Annahmen über den Prozess des *decision making* rekurrieren auf den alltagsweltlichen *common sense* (Garland 2000b, 2), weshalb Garland (1996) sich, in Anlehnung an Felson (1998), dazu veranlasst sah, entsprechende Ansätze als *criminologies of everyday life* zu bezeichnen. Zugunsten eines konsequenten perspektivischen Wechsels vom Täter

---

[307] „Control theories", so resümieren denn auch Lilly et al. (1997, 108), „are most impressive to the extent that one accepts the larger social structure and conventional, middle class values as things to be taken for granted." Auf die inneren Widersprüche und die vereinfachenden handlungstheoretischen Prämissen kann hier aus den genannten Gründen im einzelnen nicht eingegangen werden. Sie zeigen sich, um nur ein Beispiel zu nennen, schon darin, dass die niedrige Selbstkontrolle einerseits ein zentrales Merkmal kriminellen Verhaltens, während die Risikolust oder der *thrill* ebenfalls ein entscheidendes Motiv dafür sein soll, und dann allerdings auch ein hohes Maß an Selbstbeherrschung erfordert. „Die Verabsolutierung der niedrigen Selbstkontrolle als das persönlichkeitsbezogene Korrelat für kriminelles Verhalten schlechthin ist eine geradezu atemberaubende Vereinfachung". Kunz (1998, 214-15) führt diese theoretische Verkürzung auf den universellen Anspruch der Theorie zurück, die „auf hohem Abstraktionsniveau mit wenigen erklärenden Annahmen auskommen" will: „Simplizität" hat System". Der Verweis auf eine niedrige Selbstkontrolle bilde deshalb als das allen Kriminalitätsphänomenen gemeinsame Merkmal.

[308] „Situational man" (Cornish/Clarke 1986b, 4; zit. n. Garland 1996, 451).

auf die Situation beschränkt dieser Ansatz sich auf die Annahme: „crime is purposive behavior", und verabschiedet sich ausdrücklich von der Bürde eines theoretischen Erklärungsanspruchs: „it is *useful* to see criminal behavior not as the result of psychologically and socially determined dispositions to offend, but as the outcome of the offender's broadly rational choices and decisions" (Clarke/Cornish 1985, 147; Hervorhebung hinzugefügt).

Ob Situationen kriminelles Verhalten jeweils begünstigen oder verhindern, lässt sich anhand von drei Variablen analysieren: Wenn ein potenzieller Täter („likely offender") und ein geeignetes Objekt oder Ziel („suitable target") vorhandenen sind, stellt sich nur noch die Frage nach den geeigneten Kontrollmechanismen (vgl. Cohen/Felson 1979 und Clarke/Felson 1993). Dem Akteur müssen die Situationen sich demnach als eine Vielfalt von Entscheidungsmöglichkeiten beziehungsweise kontingenten Handlungsoptionen darstellen, die sich in der Dynamik von Handlungsprozessen laufend verschieben. Der Kriminologe kann sie dennoch in reine Entscheidungsdiagramme auflösen (vgl. Clarke/Cornish 1985), ohne deshalb gleich mathematisch einen Durchschnittsmenschen ermitteln zu müssen. Obwohl das Konzept nicht auf Wahrscheinlichkeitsrechnung beruht, sind die räumlichen und zeitlichen Aspekte von Kriminalität, hier als Gelegenheiten konzipiert, Gegenstand von Risikomanagement.[309] Anders als bei der *actuarial justice* oder der ökonomischen Theorie stehen dabei nicht gefährliche Gruppen oder der „Täter als Gruppe" (Karstedt/Greve 1996, 177) im Mittelpunkt des kriminalpräventiven Interesses, sondern „Deliktereignisse" (ebd., 179), die aus jeweils spezifizierbaren situativen Kontexten und „Gelegenheitsstrukturen" hervorgehen. Als kontingent gelten diese einerseits insofern, als sie sich im Alltag aus einer unvorhersehbaren

---

309 Für eine zusammenfassende Übersicht zu den theoretischen Bezügen und den strategischen Grundprinzipien vgl. insbesondere Clarke (1995 m.w.V.). Neben Ron Clarke zählen zu den bekannten Vertretern dieses kriminalstrategischen Ansatzes u.a. Derek B. Cornish, Paul Ekblom, Ken Pease und Marcus Felson. Besonderem Einfluss kommt jedoch Clarke, Professor für *Criminal Justice*, zu, der zu gegebener Zeit in London *Head of the Home Office Research and Planning Unit* war, wo er unter dem Eindruck der „nothing works"-Thesen die offizielle politische Unterstützung für die Implementierung dieses Programm fand. Anfänglich stellten die Thesen von Wilson (1975) eine zentrale Bezugsfolie für die Entwicklung des SCP-Konzeptes dar. Dessen „robuster Pragmatismus", so die Formulierung von David Garland, sei ausschlaggebend gewesen für die Entscheidung, dem kriminalpräventiven Ansatz die Prämissen des *Rational Choice*-Ansatzes zu unterlegen (vgl. Garland 2000b, 9-10; Smith 2000, 150). Seine Forschungen im britischen *Home Office Research Unit* hätten, so Clarke (1995, 94) zurückblickend, schließlich noch weiter zu „the demise of the rehabilitative ideal" beigetragen. Vor allem in den 80er Jahren entwickelt (für eine erste vollständige Konzeption vgl. Clarke 1982), lässt sich die Relevanz der SCP in der kriminologischen Diskussion und die Konjunktur des Ansatzes bis in jüngere Veröffentlichungen nachvollziehen, vgl. z.B. Hirsch et al. (2000); Felson (1998, 166-183); Clarke (1997).

Dynamik ergeben. Nicht zufällig sind sie andererseits, weil das Risiko der Viktimisierung auch abhängig ist von dem individuellen Lebenswandel und die Lebensroutinen, die bestimmte Gewohnheiten, Ereignisse und Abläufe wahrscheinlicher als andere machen.[310]

Wenn auch der *situationsorientierte Ansatz der Kriminalprävention* davon ausgeht, dass strafbares wie prinzipiell jedes Verhalten absichtsvoll ist und sich entlang individueller Bedürfnisse strukturiert, leiten sich daraus nicht, wie bei der Kontrolltheorie, weitere Schlussfolgerungen ab, wie mit diesem minimalistisch bestimmten Hedonismus erzieherisch umzugehen sei.[311] Den nutzen- und gewinnorientierten Menschentypus, den die ökonomische Theorie porträtiert, will auch dieser Ansatz von seinem materialistischen oder Profit orientierten Zuschnitt entkleidet wissen (vgl. Clarke 1995, 97). Schließlich lasse sich dieses Eigeninteresse ohnehin leicht ablenken und durchkreuzen: „meeting these needs involves the making of (sometimes quite rudimentary) decisions and choices, constrained as these are by limits of time and ability and the availability of relevant information" (ebd., 98). *Homo oeconomicus* und *situational man* sind dennoch gleichermaßen funktionale, von einem pragmatischen, nicht einem theoretischen Interesse inspirierte Konstrukte, behavioristische Referenzfiguren für geeignete Maßnahmen und Techniken der Kontrolle: Die Ansätze kalkulieren mit den Verhaltensweisen, die sie dem räsonierenden Menschen als durchschnittlich oder nach allgemeinem Menschenverstand erwartbar unterstellen.

Der Fokus kriminologischer Theorie verschiebt sich in allen diesen „Choice"-Ansätzen tendenziell vom Handeln auf das Verhalten[312] und von der Vergangenheit auf die Zukunft. „Behaviorism is based on the assumption that what one is doing or has done in the past, relative to what is expected, is more important than why one acts the way one does. A behaviorist approach to crime control focuses on the effects of crime, not their causes, and is oriented towards changing behaviors, not people" (Reichman 1986, 154). Während Einstellungsänderungen über die Subjektivität der Individuen, über subjektive Sinnsetzungen, innere Motive oder Haltungen, Moral oder Werte als Orientierungen des

---

[310] Wie die Kontrolltheorie bezieht sich auch dieser alltagskriminologische Ansatz (vgl. Garland 2001, 15) auf die Annahmen des *routine activity approach* (Cohen/Felson 1979), zur *opportunity structure* (Cornish/Clarke 1986a) und zur *lifestyle opportunity* (Hindelang et al. 1978; Maxfield 1987).

[311] Die Rationalität des Handelns bleibt damit konzeptionell unbestimmt und wird letztlich aufgegeben: Der eigennützig handelnde Täter erscheint als hedonistischer Täter (vgl. Karstedt/Greve 1996, 180).

[312] Dies ist ganz im Sinne der Weberschen (1976, 1) Unterscheidung gemeint: Während der Begriff des Handelns mit einem subjektiven Sinn verknüpft ist, ist der allgemeinere des Verhaltens unabhängig von einer solchen Attribuierung.

Handelns angezielt werden, ist das behavioristische Individuum auf der Basis kognitiv-lerntheoretischer Prämissen über äußere (An-)Reize zu adressieren. Die Alltagspsychologie scheint zu untermauern, dass Verhalten indirekt oder schlicht durch Barrieren und Hindernisse zu lenken oder zu verunmöglichen ist (vgl. Shearing/Stenning 1985; Legnaro 2000; Kreissl 2000), ohne dass solche Formen der Steuerung eine „starke moralische Untermauerung" nötig machten (Cohen 1993, 221).[313]

Situationsorientierte Kriminalprävention, die hieran ansetzt, ist eine Technik des Regierens aus der Distanz: Während die Adressaten nicht weiter spezifizierte, anonyme Individuen sind, bilden die Objekte oder die Umgebung, die einer Situation zugeordnet werden, den eigentlichen Gegenstand präventiver Manipulation. Verhalten kann man steuern durch bauliche Maßnahmen, räumliche Anordnungen, architektonisches und Objektdesign, technische Installationen und Konstruktionen oder Hinweisschilder. „Situational prevention seeks to reduce opportunities for specific categories of crime by increasing the associated risks and difficulties and reducing rewards" (Clarke 1995, 91). Den Katalog geeigneter Techniken und Maßnahmen schlüsselt Ron Clarke in drei Gruppen auf: Man erhöhe *erstens* den Aufwand oder *zweitens* das Risiko einer Straftat, oder man reduziere *drittens* den subjektiv erwarteten Vorteil. Zu den Standardtechniken der ersten Kategorie zählt das „target hardening": Wegfahrsperren in Autos, Absperrungen durch Mauern und Zäune oder ein Portier am Eingang, der den Zugang kontrolliert, sollen den Aufwand nach Möglichkeit so erhöhen, dass der räsonierende Akteur schließlich von seinem Vorhaben Abstand nimmt. Gleiches soll die Wirkung sein bei Videoüberwachung, Gepäckkontrollen am Flughafen, Fälschungssicherungen bei Geldscheinen etc., die das Risiko einer Straftat erhöhen. Von einer solchen abhalten sollen schließlich Techniken wie die „target removal"-Sperren bei einem Autoradio oder die Pinnummer, ohne die man Handys oder Scheckkarten nicht benutzen kann: „denying benefits". Dabei beziehen die Vorschläge sich nicht ausschließlich auf Kriminalität. Die Übergänge sind fließend. Als geeig-

---

[313] In seiner weitsichtigen und detailreichen Analyse beschrieb Cohen (1985, 146-48) schon Mitte der 80er Jahre die Konsequenzen einer Erosion des Sozialen als Bezugsfolie des Regierens und der damit einhergehenden Reorientierung auf Verhalten: „What is being monitored is behaviour (or the physical correlates of emotion and behaviour). No one is interested in inner thoughts. [...] ‚the game is up' for all policies directed to the criminal as an individual, either in terms of detection (blaming and punishing) or causation (finding motivational or causal chains) [...] The talk now is about ‚spatial' and ‚temporal' aspects of crime, about systems, behaviour sequences, ecology, defensible space, environmental psychology, situations, opportunity structures, feed backs, target hardening, spatial distribution of offenders."

net gelten auch Maßnahmen, welche nicht auf rechtlich sanktionierten Verboten beruhen müssen, wohl aber die allgemeine Organisation und Steuerung geordneter Abläufe optimieren helfen. Dazu gehören etwa Hinweisschilder wie „Rauchen verboten", „Betteln verboten", „that are intended to remove any ambiguity concerning the acceptability of conduct" (ebd., 118). Das Prinzip besteht in einer Form der Responsibilisierung: Klare Regeln sollen die Möglichkeit nehmen, das unerwünschte Verhalten im nachhinein gegebenenfalls mit entschuldigenden Ausflüchten zu begründen: „removing excuses" (vgl. Clarke 2000, 99-100). Sie sind ein Appell an das eigenverantwortliche Handeln, der auch mit einer Beschämung droht: Der Hinweis auf die Regeln erleichtert das Überführen und erhöht die Peinlichkeit desselben.[314]

Wenn das erklärte oberste Ziel also darin besteht, gleichsam die *ob-jekt*-iven Gelegenheiten zu reduzieren, ist dieser Ansatz „inklusiv", im Gegensatz zu der *actuarial justice*, der das Individuum gleichgültig ist (vgl. O'Malley 2001a). Über das Konstrukt behavioristischer Durchschnittswesen hinaus sind hier spezifische Annahmen über den Menschen verzichtbar, weil es nicht darum geht, Verhalten zu manipulieren, sondern Gruppen auf der Basis von Risikokategorien zu bilden und zum Objekt von Managementstrategien zu machen. Der situationsorientierte Ansatz hingegen bezieht den gedachten Akteur in seine Konzepte mit ein. Wenn er dabei, wiederum im Unterschied zum ökonomischen Ansatz, weniger auf der Basis von Abschreckung als vielmehr auf der Basis eines Appells an die Klugheit eines potenziellen Täters operiert, sucht er präventiv zu bleiben und nicht pro-aktiv zu werden. Ziel ist gleichsam eine Entkriminalisierung im Vorfeld: Kriminalität oder problematische Situationen sollen gar nicht erst aufkommen und Sicherheitsgefährdungen von vornherein verhindert werden, möglichst ohne intervenieren zu müssen (vgl. Brüchert/Steinert 1998, 28). Diese Zurückhaltung ist allerdings nur so lange vorstellbar, wie man situationsorientierte Kriminalprävention nicht mit entsprechenden Konzepten des *Policing* gleichsetzen will (vgl. Clarke 2000, 104).[315] Tatsächlich richtet

---

[314] Auch wenn der SCP in Deutschland nicht als theoretisches Konzept explizit Eingang gefunden hat in Präventionsstrategien und -konzepten, wie das in Großbritannien auch durch die personelle Konstellation im *Home Office* geboten war, so sind die von Clarke vorgeschlagenen Maßnahmen auch hierzulande nicht nur das Begleitprodukt technischer Entwicklungen, sondern Teil eines ausgewiesenen politischen Programms, wie der Sicherheitsbericht unterstreicht (vgl. Bundesministerium 2001, 472; sowie die Auflistung der Projekte zur „technischen Prävention" in der Drucksache 14/4113 des Deutschen Bundestages, vom 20.09.2000, zur Großen Anfrage von Abgeordneten der CDU/CSU, die Strategien der „Verbrechensbekämpfung" betreffend).

[315] Clarke will seinen SCP-Ansatz in einem engeren Sinne verstanden wissen, was u.a. impliziert, ihn nicht mit Polizeistrategien gleichzusetzen, sondern vor allem private Objek-

sich der Vorschlagskatalog geeigneter Maßnahmen und Praktiken vor allem an Einrichtungen, Institutionen und Personen der „Zivilgesellschaft", *„beyond* the state apparatus" (Garland 2001, 128). Das staatliche Repressionsinstrumentarium ist bei situationsorientierten Ansätzen solange entbehrlich, wie das Kalkül aufgeht und die Präventionskonstruktionen ihre Botschaften erfolgreich vermitteln. Wenn nicht, hängt die gebotene Form und Instanz der Intervention nicht nur von dem Delikt, sondern auch davon ab, ob es sich um öffentliches oder privates Territorium handelt: Schließlich verbinden sich damit jeweils unterschiedliche gesetzliche und informelle Regelungen. Exkludierend ist jener Ansatz gleichwohl, nicht nur weil die jeweiligen Konstruktionen Handlungsoptionen präformieren und bestimmte Handlungsmöglichkeiten von vornherein ausschließen – die Subjekte werden über bestimmte Wahlmöglichkeiten regiert. Darüber hinaus werden, wie noch am Beispiel von technischen Formen der Kontrolle zu zeigen, bestimmte soziale Verhaltensweisen akzeptiert und Standards gesetzt, welche die Einflugschneise sind für die systematische Produktion auch neuer Formen des Unerwünschten – und ihrer Exklusion.

Die kriminalpräventiv-pragmatische Ausrichtung markiert auch die Differenz des situationsorientierten Ansatzes zur Tradition der amerikanischen Soziologie abweichenden Verhaltens, obgleich die von Ron Clarke in Anspruch genommene Affinität in einem elementaren Punkt nicht von der Hand zu weisen ist: beide „argued against deep motivational commitment to deviance" (1995, 95). Der Unterschied manifestiert sich aber an dem Konzept des Sozialen, das im Situationsansatz der amerikanischen Soziologie, wie gezeigt, sozialkritisch *und* analytisch-theoretisch begründet ist. Diese war, wie später die deutsche kritische Kriminologie, von der Entdeckung bestimmt, dass Probleme soziale und sozial konstruierte sind. Konsequent war es daher, die Aufgabe des Wissenschaftlers darin zu sehen, das Soziale zu „*re*-präsentieren" (Latour 2000, 120). So war David Matza, um nur einen der bekanntesten Protagonisten noch einmal anzuführen, darauf aus, „naturalistisch", und das heißt von der Eigenperspektive der Akteure ausgehend sukzessive den sozialen Kontext der Interaktionen einzuholen. Das Soziale wurde gleichsam theoretisch auf sich selbst zurückverwiesen und mit sich selbst reflektiert über die „Treue" zur „Vielfalt" der Phänomene, die sich im Prozess einer Analyse mehr und mehr zeigte und die auf „jede

---

te und „facilities" zu sichern. Insofern und weil die Maßnahmen darauf zielen, den Täter möglichst im Vorwege von Straftaten abzuhalten, bleibt das strafrechtliche Instrumentarium unter den so gesetzten optimalen Bedingungen außen vor.

Art philosophischer Generalisierungen" verzichtete (1973, 11).[316] War der Kriminelle durch die von der Psychiatrie und Kriminologie des 19. Jahrhunderts auf den Weg gebrachten Normalisierungsverfahren wahrlich zu einer normalen: gewöhnlichen und „einfältigen" Gestalt geworden, so konnte er in diesem spezifischen Verständnis einer Kriminalsoziologie des folgenden Jahrhunderts noch einmal zu einer Art Helden aufsteigen, wie er sonst eher in den „schönen" Künsten anzutreffen war (vgl. Foucault 1977, 89-90): Die Kriminologie der sozialreformerischen Aufbruchszeit stilisierte ihn zum Rebellen gegen die Herrschaft der Gesellschaft, weil sie in ihm das Opfer gesellschaftlicher Verhältnisse und ungleicher Chancen oder von Prozessen der Kriminalisierung sah (vgl. Merton 1968; Melossi 2000).

Die *Kriminolgien des Alltagslebens* setzen nicht an den gesellschaftlichen Verhältnissen an. Sie erheben nicht den Anspruch, die „root causes" von Kriminalität aufzuspüren und nach entsprechenden Lösungen zu suchen. Weil die Devise heißt: „Make it work!", können sie problemorientiert auf der Basis eines theoretisch desinteressierten *common sense*-Wissens operieren, „carefully targeted to specific problems" und „focused on criminogenic situations and not on ‚criminal' people" (Clarke 2000, 108).[317] Nur so habe man auch eine gute, will heißen: brauchbare kriminalstrategische Theorie. Die Leitlinien, die Clarke und seine Kollegen anfangs zum Programm gemacht hatten, werden bei Markus Felson später erneut markiert: „Do not worry about academic theories. Just go out and gather fact about crime from nature herself […] Focus on very specific slices of crime […] Do not try to improve human character. You are certain to fail. Try to block crime in a practical, natural and simple way, at low social and economic cost" (1998, 166-67).[318] Die

---

316 Clarke bezieht sich ausdrücklich u.a. auf Matza (1964).

317 Sessar (1997, 20) sieht hierin den Grund, warum die meisten Ausführungen der amerikanischen Kriminologie nicht gerade theoriegeleitet, um nicht zu sagen „hoffnungslos untertheoretisiert" sind.

318 Ob beispielsweise Beschuldigungen, verletzende oder beleidigende Worte den Anlass für eine Schlägerei in einer Kneipe gebildet hätten, sei, so Felson (1998, 172), nebensächlich. Worte könnten missverstanden werden, ein Wort gebe das andere, und letztlich seien das alles subjektive Sichtweisen. Weder unsere moralische Empörung also, noch „the offender's viewpoint" oder der verbale Schlagabtausch, der vorher statt gefunden haben mag, stünden hier zur Debatte, sondern Fakten. Eines davon sei, „that alcohol plays a major role in violence. It gives people big mouths and big ears. Big mouths help people make aggressive statements that provoke counterattacks and restoration of justice. Big mouths also help people to provoke others into fights. Alcohol makes bigger ears by getting people to hear things that were not said. Managing alcohol is part of preventing violence." Die Suche nach sozialen Gründen wie Statusunterschiede, Männlichkeitsbilder, Ehrverletzungen etc. und der Versuch, dementsprechend Interaktionsabläufe nachzuvollziehen und subjektive Perspektiven zu verstehen, betrachtet Felsen als müßig und viel zu aufwendig angesichts der objektiven Zusammenhänge, die im übrigen auch nicht wissenschaftlich

Alltagskriminologien unterscheiden sich hierin nicht von dem angebotsorientierten ökonomischen Ansatz der Kriminalitätskontrolle, sondern von den sozialen, nachfrageorientierten Ansätzen: Hatte das frühere „Schlüsselkonzept" der „opportunity structure" bei Richard A. Cloward und Lloyd E. Ohlin (1960) einst auf den *sozial-strukturell* bedingten Zugang zu illegalen oder illegitimen Handlungsfeldern abgehoben,[319] fokussiert das gleichlautende Konzept der angebotsorientierten Ansätze der Gegenwart eine von ihrem sozialen Gehalt entkleidete situative Gelegenheitsstruktur beziehungsweise kriminogene Situationen und Orte. Gegenstand der Manipulation sind die *„unmittelbaren* Komponenten einer kriminellen Handlung: des Täters, des Opfers, der Tatsituation, des Rechtsgutes" (Sack 1995, 433, Hervorhebung hinzugefügt). Im Verhältnis zur Täterfixierung der traditionellen Kriminologie, die von modernen Machbarkeitsvorstellungen geprägt war, regiert hier ein eher fatalistisches Prinzip instrumentell-pragmatischer Regulierung.

Noch in der auf den ersten Blick universalisierenden Behauptung, „that *all* forms of crime are open to situational prevention since all are dependent on opportunity" (Clarke 2000, 108; Hervorhebung hinzugefügt), scheint der Pragmatismus des Ansatzes auf. Ein soziologisches Konzept von Gesellschaft als einer Bezugsfolie kultureller Praktiken wie politischer Lösungsansätze erscheint hier entbehrlich, denn das Soziale ist so kontingent wie jede Situation. Deshalb entscheidet der Zufall, mit welchem Gegenstand jemand attackiert wird und mit welchem Ausgang. Diese Kontingenz des Alltags ist keineswegs bedrohlich. Kriminalität hat die Dramatik verloren, sie ist keine Bedrohung der Gesellschaft und keine Krankheit des sozialen Körpers mehr. Weder bedarf es einer Sozialhygiene (vgl. Garland 2000b, 5) noch sozial-struktureller Konzepte der Problemlösung, die einen sozialen Steuerungsoptimismus und umfassendere Erklärungsansätze voraussetzen würde. Kontingenzen sind vielmehr gezielt zu managen, gerade weil man sich nur auf jeweils wechselnde Problemausschnitte konzentriert. Und genau darin liegt die Ökonomie des situationsorientierten Ansatzes: „And to the extent that it depicts a criminal subject, this figure is no longer the poorly socialized misfit in need of assistance, but instead the opportunistic consumer, whose attitudes cannot be changed but whose access to social goods could be barred" (Garland 2001, 129).[320]

---

bewiesen, sondern allgemein bekannt sein müssten.

[319] Im US-amerikanischen Kontext waren diese „Publikation und ihre beiden Autoren [..] von großem Einfluss für den ‚war on poverty' der Kennedy-Johnson-Administration" (Sack 1995, 432).

[320] Ähnlich konstatiert auch Crawford (1997, 78): „Thus, crime is seen as the product of rational, utilitarian decision making. Conceptually, situational crime prevention ushers in

4.6 Materiale Regierungstechnologien

Gegen Ende des 19. Jahrhunderts hatte Alphonse Bertillon, seines Zeichens Leiter des Erkennungsdienstes der Pariser Polizei, eine Verbrecherkartei auf der Basis einer systematischen Gesichtsanthropometrie erstellt. Er hatte eine Matrix entwickelt, mit deren Hilfe sich die unterschiedlichen Gesichtsformen auf den Verbrecherfotos unterscheiden und in eine Reihe bringen ließen. Zum Zwecke der Identifizierung einer Person konnte man auf diese Kartei zurückgreifen. Die Technik der automatischen Gesichtserkennung, die sich gegenwärtig noch im Entwicklungsstadium befindet und gleichwohl zum Beispiel in Großbritannien bei der Videoüberwachung schon eingesetzt wird,[321] funktioniert auf vergleichbare Weise, nur ist sie jetzt computerisiert: Der Abgleich mit einem Gesicht, das in den Fokus der Kamera gerät, erfolgt ebenso automatisch, wie der Alarm, der bei einer Wiedererkennung ausgelöst wird. Die „Bertillonage", die anthropometrische Registratur, war das erste effektive moderne System der Verbrecheridentifizierung gewesen (Sekula 1986, 18), das sich in den Polizeibehörden, auch in Deutschland, um die Jahrhundertwende durchsetzte (vgl. Regener 1999, 142-43). Der methodische Zugang und das „Erkenntnisinteresse", das sich damit verband, standen in gewisser Weise in Opposition zur Anthropometrie Lombrosos, aber auch zum Systematisierungsversuch Francis Galtons, dem englischen Statistiker und Erfinder der Eugenik. Die Verbrecherfotos, die der übereinander legte, sollten das Summarium des Verbrechertypus schlechthin abbilden und auf diese Weise „the generic evidence of heriditarian laws" sichtbar machen. „Galton attempted to construct a *purely optical* apparition of the criminal type. This photographic impression of an abstract, statistically defined, and empirically nonexistent criminal face was both the most bizarre and the most sophisticated of many concurrent attempts to marshall photographic evidence in the search for the essence of crime" (Sekula 1986, 19). Galton hatte (wie Lombroso) ein kriminologisch-wissenschaftliches Ansinnen, das Alan Sekula mit dem erkenntnistheoretischen Realismus in Verbindung bringt: Das Foto sollte eine Wahrheit abbilden, eine reale Existenz, und sei es „the reality of species and types". Obgleich Bertillons Systematisierungen auf dem gleichem Material und ähnlichen Verfahren beruhten,

---

the marketization of crime."

[321] So sind die Videokameras im Londoner Stadtteil Newham auch mit der Technik der automatischen Gesichtserkennung ausgestattet (vgl. Boyne 2000, 298; Riedlberger 2001; Gras 2001) und um den Innenstadtbereich herum an ein System zur automatischen Identifizierung gespeicherter Autokennzeichen angeschlossen (vgl. Norris/Armstrong 1998, 39).

auf Verbrecherfotos und anthropometrischen Messungen, verfolgte er ein anderes, ein praktisch-kriminalistisches Interesse. Er konzentrierte sich nicht auf die Suche nach einem kriminellen Typus – „the' criminal body" –, sondern nach dem individuellen Kriminellen – „this' or ‚that' criminal body" (ebd., 18). Die Bedeutung des Fotos entsprach hier einem erkenntnistheoretischen Nominalismus, der sich nicht für die Realität außerhalb der kognitiven oder technischen Konstrukte interessiert:[322] „For Bertillon, the criminal body expressed nothing. No characterological secrets were hidden beneath the surface of this body" (ebd., 30). Diese nominalistische Sicht auf den Menschen und im Besonderen den Kriminellen findet sich bei den automatisierten Kontrolltechnologien der Gegenwart wieder. Auch sie sollen nicht erkennen, sondern identifizieren. Die Frage nach der „Seele" des Menschen, nach den inneren Motiven und Beweggründen einer Person ist dafür irrelevant. So wie Bertillon hinter dem Vorhang des Abgebildeten auf einem Foto nichts weiter zu erkennen vermeinte, zeigt auch die Oberfläche des Sichtbaren auf dem Monitor von Videoüberwachungssystemen nichts weiter an. Die kriminalistische Praxis dieses Systems erfordert nur, eine gesuchte Person – automatisch – wiederzuerkennen.[323] Entscheidend ist das Moment der Identifizierung, nicht die Normierung, die Subjektivierung des Individuums in wissenschaftlichen Kategorien. Insofern gilt damals wie heute: „Criminal identification photographs are a case in point, since they are designed quite literally to facilitate the arrest of their referent" (ebd., 7).

---

[322] „[A] ‚nominalist' approach denies the reality of generic categories as anything other than mental constructs" (Sekula 1986, 18). Wenngleich „[d]ie so genannte gerichtliche Fotografie das Herzstück des Bertillonschen Systems" bildete (Regener 1999, 147-48), dienten Bertillon die unterschiedlichsten Körpermaße, von der Körpergröße, über die Armspannweite bis hin zur Ohr- und Fußlänge, als Parameter seiner anthropometrischen Registratur. Sie unterteilte sich schließlich nach Zahlenwerten in 729 Fächer: Die Messkarten der einzelnen Personen verteilten sich jedoch entlang der Gaußschen Verteilungskurve, was eine praktische Handhabung für die Identifizierung schwierig gestaltete: In den mittleren Fächern stauten sich die Karten, während andere leer blieben (vgl. Lindenberg 1996, 285-86). Zur Differenzierung der unterschiedlichen Zugänge von Bertillon, Lombroso und Galton vgl. Norris/Armstrong (1999, 13-20); für eine ausführliche Darstellung der „Bertillonage" Regener (1999, 131-167).

[323] Das gilt im übrigen auch für die Biometrie, wie Ralf Berhorst („Venus von Amsterdam, verzweifelt gesucht. Was die Biometrie von der Anthropometrie geerbt hat – und worin sie sich unterscheidet", in: *Süddeutsche Zeitung*, vom 20. Dezember 2001) im Unterschied zur Anthropometrie Lombrosos verdeutlicht: „Die Biometriker der Gegenwart, das scheint beruhigend, abstrahieren von Bedeutungen. Sie legen keine Verbreicheralben an wie Cesare Lombroso und suchen nicht im Täter das Pathologische. Das gleichwohl verbreitete Unbehagen an der Biometrie mag an der Furcht liegen, die eigenen Gesichtszüge könnten mehr als nur das sichtbare Antlitz preisgeben."

Dabei scheinen soziale Codierungen bei automatisierten Kontrolltechniken nahezu verzichtbar zu sein. So ist nicht nur ein ständig anwe-
sender menschlicher Beobachter bei „intelligenten" Videoüberwachungssystemen entbehrlich. An einen Computer angeschlossen erfordern sie dessen Aufmerksamkeit im Monitorraum erst bei Alarm, den
sie selbständig auslösen. Darüber hinaus bedürfen automatische Kon-
trollsysteme nicht einmal unbedingt einer maschinenlesbaren Codierung
menschlicher Kommunikation, also der Übersetzung von sozialen
Codierungen in technische, um gleichwohl Verdacht und unerwünschtes
Verhalten oder unerwünschte Personen entziffern zu können. „If it's tall
and thin it's a person [...] If it's long and low it's a car", so der Kon-
strukteur eines computerisierten Videoüberwachungssystems, das an
einer britischen Universität zunächst für die Überwachung von Parkgaragen entworfen wurde und nicht einmal mit Bildern, sondern nur mit
Umrissen und Schemen arbeitet. Verdacht ist in diesem System mathematisch bestimmt. Der durchschnittliche Autobesitzer, so sagt der
Computer, benötigt eine bestimmbare Zeitspanne, in der er zielgerichtet
auf sein Auto zugeht, Einkaufstaschen verstaut, sich hineinsetzt und
losfährt. Der Computer misst nicht Verhaltensabläufe oder Verhaltensweisen, welche die Aufmerksamkeit eines menschlichen Beobachters
erregen würden. Von Bedeutung ist nicht, ob eine Person sich immer
wieder unsicher umsieht oder zum Beispiel einen gefährlichen Gegenstand in seiner Hosentasche versteckt. Dafür ist schließlich auch die
Ikonografie der Bilder zu rudimentär. Zweifelsohne ist es zwar auch
dem vorläufigen Stand der Entwicklung geschuldet, dass es sich um „a
relatively unsophisticated technology" handelt (Graham-Rowe 1999,
25), die den Menschen nur von der Form eines Autos unterscheidet.
Der angestrebten Simplizität der Kontrolltechnologie kommt das jedoch
entgegen. Die technische Generierung des Verdachts soll effizient sein,
und tatsächlich erübrigt sich hier die Umständlichkeit menschlicher
Interpretationsleistungen. Das System erkennt eine Gefahr an der
Geschwindigkeit von Bewegungsabläufen. Es braucht daher die Komplexität sozialer Verhaltensweisen und sozialer Erscheinungsbilder nicht
erfassen zu können. Wer nicht in Verdacht geraten will, darf sich also
weder zu langsam noch zu schnell bewegen. Und wer es schafft, ein
Auto zielgerichtet und doch ohne Hast aufzubrechen, hat theoretisch
die Chance, dem Kontrollsystem ein Schnippchen zu schlagen. – Solche
Formen technisierter Kontrolle transformieren nicht mehr nur soziale
Bedeutungen und redefinieren sie in ökonomischen oder Risiko-
Kategorien. Sie markieren auch eine *De-Codierung des Sozialen*, indem die
technische Konstruktion auf soziale Bedeutungen und sozialen Sinn

verzichten und zugleich eine eigene Semiologie des Verdachts hervorbringen kann.

Die „Bertillonage" allerdings hatte, wie Quételet mit dem *average man*,
einen Typus heraus destilliert, der „the ‚uniqueness of the self'" in Frage
stellte: „Even the nominalist Bertillon was forced to recognize the
higher reality of the ‚average man'. [...] And the individual only existed *as
an individual* by being identified" (Sekula 1986, 34).[324] Welche Konsequenzen hätte es in der Gegenwart, wenn die Kriminologie nicht nur
pragmatisch geworden wäre, sondern selbst für sich in Anspruch näh-
me, pragmatisch und prosaisch zu sein? Bedeutete das gewissermaßen
eine heilsame Loslösung von ihrem Erkenntnisdrang, die den Täter auf
ihre Kategorien festschreiben wollte? Oder wäre dies das Einfallstor für
eine punitive Macht ohne Erzählungen und für eine neue Re-Definition
dessen, was Abweichung, was gefährlich, was kriminell bedeutet? Hätten
wir es mit neuen *Homunculi*, Artefakten einer computerisierten Kontrolltechnologie zu tun oder wäre der „Sprung" zur „Seele" doch jederzeit
wieder erneuerbar, gerade wenn der Mensch technisch vermessen und
das technische Instrumentarium ihn zu einem komplett durchleuchteten
Menschen machte?[325] Und hat „die Differenz von sozialen und nicht-
sozialen Phänomenen", eine der für die Soziologie bedeutendsten
Unterscheidungen, die einst ihren Gegenstandsbereich markierte, mit
den neuen Formen der Kontrolle tatsächlich ihre Selbstverständlichkeit
verloren (Kreissl 2000, 20)? Stellt das Konzept der *sozialen* Kontrolle,
„arguably one of the most important [concepts]" in der Geschichte
soziologischer Theoriebildung (Sumner 1997, 1), dann noch ein brauch-
bares Konzept für die Analyse von Macht- und Herrschaftsverhältnissen dar?

---

[324] Ende des 18. Jahrhunderts hatte Johann Caspar Lavater mit seiner forensischen Physiognomik den Verbrecher noch anhand der „Architektonik" seines Körperbaus zu identifizieren und insofern als den „Verbrecher ohne seines gleichen" zu personifizieren gesucht.
Die Statistik erschüttert diese Vorstellung vom singulären Verbrecher: Als Durchschnitts-
größe ist keiner „mehr ohnegleichen" (Stingelin 1994, 128). An den Bemühungen Lavaters
hatte Georg Christoph Lichtenberg schon zu seiner Zeit luzide vorausgesehen, was Foucault später an der Erfindung des Delinquenten kritisieren sollte: „Wenn die Physiognomik das wird, was Lavater von ihr erwartete, so wird man die Kinder aufhängen ehe sie die
Taten getan haben, die den Galgen verdienen" (*Über Physiognomik; wider die Physiognomen*,
1777/1778, zit.n. Stingelin 1994, 120).

[325] Diese Vision jedenfalls zeichnet Berhorst: „Die Biometrie könnte irgendwann wieder zu
jenem ‚ungeheuren Sprung' von der Physis zur Seele ansetzen. Vielleicht dann, wenn eines
Tages der genetische Fingerabdruck – als Ding-an-sich einer zukünftigen Physiognomik –
zur Signatur in unseren Pässen werden sollte" (2001, s. FN 323). – Das „Visible Human
Project" führe dazu, so Waldby (2000, 159), dass es keinen Unterschied mehr zwischen
der Oberfläche des Körpers und seinem Inneren gebe: „all interior spaces are equally superficial, [..] all depth is only latent surface."

4.6.1 Was ist eigentlich so sozial an der „ sozialen Kontrolle"?

Mit dem Konzept der sozialen Kontrolle verbindet sich ein zentrales Problem: Die Analysen gehen von isolierten Entitäten wie Staat, Herrschaft, Institutionen oder Individuen aus, die sie wie singuläre und wechselseitig aufeinander Einfluss nehmende Akteure mit eigenen Bedürfnissen, Motiven oder Interessen betrachten. Anders das Konzept der Regierung: „Governance is concerned with the conduct of conduct. It implies neither direct control of a monolithic state nor a singular individual acting entirely autonomously. Governance differs from social control in that it allows for a fluid illustration of how power operates not on the individual but through the individual, not as control but as facilitator" (Palmer 2000, 321). Durch die Brille der sozialen Kontrolle betrachtet erscheinen Beziehungen stets dichotomisch und Macht- oder Herrschaftsverhältnisse hierarchisch, während Subjektivierungsformen theoretisch ausgespart bleiben. Zugleich muss Kontrolle, mit Blick auf die isolierten Entitäten, immer als gesellschaftlich vermittelt gedacht werden. Das Konzept bemüht daher die Vorstellung weiterer Entitäten, diesmal von Normen und Werten, Bedeutungen und Symbolen. Diese sollen den Kitt bilden, das Medium, welches den Austausch und so die Verbindung zwischen den Akteuren erst zulässt. Bei sozialen Interaktionsprozessen ist das Soziale die „Kultur", verstanden als geteilte und auszuhandelnde symbolische Sinnwelt, „as the socially conditioned cognition" (Lianos/Douglas 2000, 264). Zwei Prämissen sind an diesen Begriff der Kultur geknüpft, „first, that individuals are the authors of their own actions, [...] secondly, that individual actions reflect [...] representations (concepts, values, forms of bodily comportment) located in their culture" (Helliwell/Hindess 1999, 7).

Wie die anderen Humanwissenschaften begreift auch die Soziologie (vgl. Foucault 1974, 426) den Menschen als eine Spezies symbolischer Kommunikation und begründet so zugleich ihren eigenen Zugriff auf die soziale Lebenswelt: Individuelles Handeln und menschliche Interaktionen seien in sozialwissenschaftlichen Kategorien dechiffrierbar. „Crucial here is the view of culture as reaching across, or shared by, all members of a society, since it is this shared character that is understood as enabling meaningful interaction and hence co-operative (i.e. ‚social'!) activity between individuals" (Helliwell/Hindess 1999, 7). In der Annahme, „that human interactions should be seen as structured or regulated by shared representations", sind Kultur und Soziales vereinnahmende Bezugsfolien, die es gestatten, Gleichheit ebenso wie Differenz festzuschreiben (ebd., 9). Das Problem liegt jedoch nicht in den soziologischen Kategorien selbst, sondern in dem Vergessen ihrer Künstlichkeit.[326] Die interaktionistische Soziologie, die soziale Bedeutungen und sozialen Sinn radikal als situationsbezogen und folglich als immer wieder neu zu beschreibende begriff, hatte das, wie gesagt, bedacht. Indem sie die Kategorien empirisch immer wieder konkretisierte und noch die Konstituierung von Identität als einen ambiguen Prozess der Sedimentierung und Restrukturierung immer schon sozialer Interaktionen analysierte (Krappmann 1973; Mead 1968), kontextuierte sie diese und fabrizierte sie zugleich neu. Reifizierung versuchte sie auf diese Weise unmöglich zu machen. Sie situierte das Soziale und verabschiedete so die Vorstellung von einer fixierten oder fixierbaren sozialen Ordnung. Auch ethnographische Studien, die kulturelle Praktiken untersuchen, zielen genau darauf ab: Deren Beschreibung kann immer nur das Resümee empirischer Forschungen, sie können jedoch nicht allgemeingültige Konzepte der Erklärung sein. Auf neue Situationen lassen sich einmal gefundene treffende Beschreibungen sozialer Phänomene nicht einfach übertragen oder anwenden, sondern sind jeweils neu zu übersetzen.[327]

Weitere konzeptionell bedingte Probleme schließen sich an das Konzept der sozialen Kontrolle an: Weil es immer voraussetzt, dass Kontrolle sozial ist, blendet es die Historizität des Sozialen tendenziell aus. Es kann deshalb weder reflektieren, inwiefern das Soziale selbst das Ergebnis politischer Prozesse ist, noch wie sich seine Konstitution etwa durch Formen der Ökonomisierung des Sozialen transformiert. Auch eignet es sich kaum für die Analyse von Subjektivierungsweisen in technischen Formen der Kontrolle, weil alle für die Soziologie relevanten Prozesse gleichsam durch die Herrschaft der Gesellschaft vermittelt erscheinen. Dabei hatte der Begriff von Anfang an einen implizit normativen Zuschnitt. Soziale Kontrolle war ursprünglich selbst Ausdruck des Kontrollbedürfnisses einer sich wandelnden Welt Ende des 19. Jahrhunderts, die sich, wie Ferdinand Tönnies und Emile Durkheim analysierten, von der Gemeinschaft zur Gesellschaft transformierte

---

[326] Die Aufgabe der Kultursoziologie freilich besteht gerade darin, die Selbstverständlichkeit „kultureller Bedeutungssysteme" zu hinterfragen: „eingelebte Sicherheiten aufzubrechen und Ordnung als Folge, nicht als Voraussetzung von Kultur zu entlarven. Kulturwissenschaften machen das Leben schwerer, nicht leichter", so Nassehi (1999, 350). Gerade die konsequente Verfolgung dieses Programms aber habe, wie Nassehi (ebd., 359) weiter problematisiert, zu einer epistemologischen Verunsicherung geführt, der wiederum nur zu begegnen sei, indem man diese epistemische Praxis reflektiere und die Beobachtung selbst sichtbar mache.

[327] Auf diese Studien kann hier nicht weiter eingegangen werden. Für programmatische Abhandlungen zur i.w.S. kriminologischen Diskussion vgl. aber stellvertretend Stanley (1995); Trotha (1997a).

(Sumner 1997, 9). Mit der Ausgangsfrage, wie die Selbstregulierungsmechanismen der Gesellschaft zu denken wären, entsprach das Konzept dem Selbstverständnis einer auf die Bedingungen der Möglichkeit sozialer Ordnung ausgerichteten klassischen Soziologie, einem Selbstverständnis, das in Abwandlungen bis spät in die Nachkriegszeit bestimmend bleiben sollte (vgl. Kreissl 2000, 24). Sobald soziale Ordnung einen so verstandenen eigenen Wert zugewiesen bekommt, werden Abweichungen, nicht etwa Konformität oder Anpassungsprozesse, zu einem Problem. Im Umkehrschluss legt diese Sicht einen Kulturpessimismus nahe, der eben das einfordert: Die Wiederbelebung von Normen und Werten wird zu einem argumentativen Baustein moralischer Feldzüge im Namen sozialer Sinnhaftigkeit, sozialer Ordnung und eines sozialen Miteinanders, bei dem die jeweils geteilten Kategorien zur Folie von Identifikationen und sozialem Ausschluss werden. Auch in kritischer Absicht ist das, nur unter umgekehrten Vorzeichen, nicht anders. Das Problem mag dann die soziale oder herrschende Ordnung sein, die aber ihrerseits reifiziert wird. Ein kurzer Blick auf die Genealogie des Konzeptes soll das verdeutlichen.

Edward A. Ross (1866-1951), dem das „Verdienst" zugeschrieben wird, das Konzept in die Soziologie eingeführt zu haben, suchte ihrem Gegenstandsbereich damit eine eigene Kontur zu verleihen und von anderen wie dem der Ökonomie oder Philosophie abzuheben. Den Ehrgeiz seines Programms mag man ermessen an der Reihe von insgesamt 19 Aufsätzen, in denen Ross die verschiedensten Aspekte des Begriffs diskutierte. Sie erschienen zuerst, beginnend in der Märzausgabe 1896, im *American Journal of Sociology* und schließlich im Jahre 1901 gebündelt zu einer Publikation unter dem Titel *Social Control. A Survey in the Foundation of Order*. Es war wohl diese Ambition, mit sozialer Kontrolle die Soziologie zu begründen, die Ross den Begriff hinreichend allgemein konzipieren ließ. Die Spannbreite des Konzeptes reichte letztlich von einer Art „naturwüchsiger" Kontrolle, dem „sozialen Einfluss", der durch die symbolische beziehungsweise moralische Ordnung der Gesellschaft bedingt ist, bis hin zu gezielteren, im weitesten Sinne politischen Modi, die sich von der Gesetzgebung bis hin zu institutionalisierten Formen der Sozialisation erstreckt (vgl. Kreissl 2000, 19-20; Scheerer 2000a, 154-55). Die Unterscheidung, die Ross zwischen den beiden Dimensionen – Konformität hervorrufende und Abweichung unterdrückende Formen sozialer Kontrolle – einführte, hieß per definitionem, die Analyse auf eine gegebene soziale Ordnung als Maßgabe zu beziehen (vgl. Hudson 1997, 451-52). Nicht den Sollwert der Kontrolle galt es in der Folge zu problematisieren, sondern den

Istzustand: „from the outset its originating values were taken for granted; and so, not surprisingly, the norms which should tell us what social control is for have never ever been discussed" (Sumner 1997, 6; vgl. Sack 1993d). Bei der Lösung der „sozialen Frage" im Sinne einer „promotion of social welfare through the state" (Sumner 1997, 9) hatte soziale Kontrolle als theoretischer Begriff auch praktisch Pate gestanden für entsprechende soziale Reformen, und auch deshalb war er von Beginn an „never a revolutionary conception, it was always a reformist one linked to practical policy debates" (ebd., 6). Zu seiner Popularität mag schließlich auch beigetragen haben, dass er sich nahtlos in den sozialreformerischen Optimismus der US-amerikanischen Politikansätze der ersten Hälfte des 20. Jahrhunderts einfügen ließ (vgl. Scheerer 2000a, 156; Sumner 1994, 301). Als soziale Kontrolle dann, nach seiner Karriere im (struktur-)funktionalistischen Kontext, zu einem „Schlüsselbegriff" (Scheerer 1995, 121) einer sich kritisch verstehenden deutschen Kriminologie avancierte, geschah dies ebenfalls unter den Bedingungen einer sozialpolitischen Ära der 70er und 80er Jahre, freilich unter dem entgegengesetzten Vorzeichen der „Herrschaftskritik". Die soziale Ordnung war jetzt ihr Zielpunkt und nicht länger Bezugspunkt theoretischer Bemühungen. Soziale Kontrolle wurde mit staatlicher Macht assoziiert, die „sozialen" Kontrolleure waren die staatlichen Instanzen und ihre „sanften" Ableger, die Sozialarbeiter. Der „Sozialstaat" bringt diese Verknüpfung auf den Begriff: Stillschweigend verschmelzen Gesellschaft und Staat auch in dem kritischen Verständnis von sozialer Kontrolle (vgl. Krieken 1991, 3 und 19). Damit einher geht nicht nur ein ausschließlich hierarchisches Konzept von Macht (und Kontrolle), sondern, in Fortschreibung des Durkheimschen Denkens, auch die Stilisierung alles Gesellschaftlichen: „the [..] myth that ‚society' acts through ‚social control'." Prozesse der Konkretisierung von Kontrolle im alltäglichen Handeln und in der Formung von Subjektivität bleiben unterbelichtet und ebenso unbeachtet, „that it is never ‚society' that acts, but always and only people who act" (Hunt 1999, 18-19; vgl. Helliwell/Hindess 1999).[328]

---

[328] Indem er davon ausgeht, „dass soziale Kontrolle nicht anders als über die Existenz intentionaler Subjekte gedacht werden kann und damit eine Rekonstruktion als anonymes, abstraktes System (etwa ‚der Staat') ausschließt", argumentiert Nogala (2000a, 127) entgegengesetzt, sachlich zu Recht, aber nicht für das Konzept zutreffend, in das jene Mythisierung gesellschaftlichen Handelns eingeschrieben ist. Geht man allerdings davon aus, dass Kontrolle sich für den Sozialwissenschaftler, wie die „Konstruktionen", immer als gesellschaftliche darstellen muss, erübrigt sich die Betonung „sozial". Sie mache lediglich dann einen Sinn, wenn man besonders hervorheben wolle, dass auch Naturwissenschaft und Technik gesellschaftlich konstruiert seien, so Hacking (1999, 68) bezogen auf dieses Konzept, während „das Beiwort ‚sozial' normalerweise überhaupt nicht notwendig" sei, denn

Stanley Cohen, der die Formel von sozialer Kontrolle als einem „Mickey Mouse concept" geprägt hatte, spielte damit nicht nur auf die Vielfalt von Phänomenen an, für die der Begriff herhalten musste. Er kritisierte vor allem die fehlende Reflexion auf politische und ökonomische Zusammenhänge sowie eine vermeintlich kritische Verengung des Konzeptes. Es wurde prinzipiell mit einer negativen Konnotation belegt, indem man Kontrolle auf Formen offensichtlicher staatlicher Repression reduzierte oder indem man, im Kontext sozialkritischer Perspektiven der 60er und 70er Jahre, eine verborgene Macht unterstellte, die man in jeder Art von „state-sponsored social policy" verankert sah (1985, 2). Die amerikanische Soziologie abweichenden Verhaltens, die unter sozialer Kontrolle letztlich „alles ‚Soziale'", jede Form normativer Regulierung verstanden hatte (Cohen 1993, 210-14; vgl. Chunn/Gavigan 1988; Peters 1989, 129), traf diese Kritik an einem nicht-reflexiven Ordnungskonzept zwar nicht. Doch reproduzierte sich in ihrem prinzipiellen „distrust of the state" (Sumner 1997, 19) ebenfalls eine hierarchische Vorstellung von Herrschaftsverhältnissen, welche sich später in der Instanzenforschung der deutschen kritischen Kriminologie, wie gesehen, fortsetzte.

Wenn soziale Kontrolle heute in einem engeren Zuschnitt auf Probleme der „Kriminalität und Abweichung" verwendet wird (Kreissl 2000, 20), geht das auch auf eine Zäsur zurück, die Alexander Clark und Jack Gibbs vollzogen hatten. Indem sie soziale Kontrolle als *Reaktion* auf abweichendes Verhalten definierten (1975, 175), kriminologisierten sie das Konzept und prononcierten sein herrschaftskritisches Profil. Zugleich reduzierten sie es damit auf den Bereich von „Instanzenhandeln" (vgl. Scheerer 1995, 126) und klammerten so die Formen sozialer Kontrolle, die noch vor jeder Abweichung liegen, von vornherein aus der Analyse aus. Diesem Manko suchte Henner Hess (1983) auf der Basis der Unterscheidung von aktiver und reaktiver sozialer Kontrolle zu begegnen und so nicht nur staatliche Formen der Kontrolle durch Instanzen (die Reaktion auf Abweichung), sondern auch implizite Effekte der Kontrolle im Sinne von „Konformitätsbedingungen" zu problematisieren (Scheerer 1995, 127). Allerdings verabschiedete sich die Kriminologie damit zugleich von dem kritischen Ansatzpunkt der amerikanischen Soziologie, „für die soziale Kontrolle keine Reaktion auf abweichendes Verhalten ist, sondern umgekehrt, abweichendes Verhal-

---

„sofern sie überhaupt konstruiert werden können, [lassen sich die Dinge] gar nicht anders als sozial konstruieren" – und, so muss man hinzufügen, solange wir uns als Sozialwissenschaftler begreifen, die das analysieren.

ten durch soziale Kontrolle erst konstituiert wird" (Groenemeyer 2001, 175, Fn 1).

In zweierlei Hinsicht sah sich das Konzept der sozialen Kontrolle über die Kritik an der allgemeinen und „inflationär-abstrakten" Verwendung hinaus (Sack 1993d, 29) in der deutschen kriminologischen Diskussion der 90er Jahre in Frage gestellt. Das Foucaultsche Konzept der Disziplinierung oder das Oestreichsche der Sozialdisziplinierung sollten die Herstellung sozialer Ordnung selbst und die normierende Produktion des „zuverlässigen Menschen" problematisieren (Treiber/Steinert 1980) und auf diese Weise implizite und vorverlagerte Formen von Kontrolle in den Blick nehmen.[329] Die repressiven Konsequenzen der „Markt-Vergesellschaftung" hingegen sollte das Konzept der sozialen Ausschließung problematisieren: Während Disziplinierung mit Einschließung beziehungsweise Einschluss verbunden sei, sei Kontrolle unter den veränderten ökonomischen Bedingungen mit Formen der Ausschließung verknüpft, die „Überflüssige eliminiert, [während] Unbrauchbare davon abgehalten werden, zu einer Last für die Gesellschaft zu werden." Helga Cremer-Schäfer und Heinz Steinert (2000, 46) finden sich hiermit in der Linie einer Kritik an der nur vermeintlichen Tendenz einer Entmoralisierung von Kontrolle und an der technokratischen und „euphemistischen" Sprache des allgemeinen „control talk" (Cremer-Schäfer 1995, 89), welche die expressive Seite staatlichen Strafens und die körperliche Dimension schmerz- und leidvoller Erfahrungen überdecke (vgl. Steinert 1995, 82). Gerade angesichts sich verändernder Kontrollregime und „the appearance of new modes of control, which appear to dissolve some of the distinctions between coercive and non-coercive, penal and social, control" (Hudson 1997, 465), sei Kontrolle, so das Gegenargument, jedoch weiterhin eine zentrale analytische Kategorie. Sie stelle keinen „Gegenbegriff" etwa zu sozialer Ausschließung dar (Scheerer 2000a, 165), sondern das allgemeinere Konzept, das noch keine „inhaltliche These" voraussetze (Scheerer 1995, 124). Doch die eine Perspektive neigt dazu, die Kriminologie als „eine der Ausschluss-Wissenschaften par excellence" auf den Gegenstandsbereich des Strafrechts festzulegen und mit den Techniken des Ausschlusses „von der Geldstrafe bis zum Völker-

---

[329] Während „soziale Kontrolle als gesellschaftliches Regulativ auf potenziell oder aktuell abweichendes Verhalten bezogen ist und deshalb eine bestehende normative Ordnung voraussetzt", impliziert der Begriff der Sozialdisziplinierung die „bewusste Konstruktion von Gesellschaft", indem er sich historisch auf die erste säkulär geprägte, im modernen Sinne „rationale[r] Gesellschaftsorganisation" bezieht, im Gegensatz zu der absolutistischen Macht der „Souveränität, die vollends im Paradigma der transzendent garantierten Gesamtordnung stand" (Makropoulos 1997, 46-47).

mord" (Steinert 1995, 83) doch nicht die Grenzen in den Blick zu nehmen, an denen Inklusion und Exklusion sich überlagern können, und ebenso wenig die Übergänge und Schnittstellen, an denen sich prekäre Lebenssituationen und ein prekäres Lebensgefühl erst einstellen.[330] Demgegenüber können in der anderen, auf Neutralität bedachten Perspektive auch Subjektivierungsformen im Verhältnis zu Machtregimen theoretisch nicht spezifiziert werden. Und dafür bleibt, wie zu zeigen, die Unterscheidung zwischen Disziplin respektive Überwachung und Kontrolle weiterhin zentral.[331]

Nach der bisherigen Analyse lassen sich vier Formen von Transformationen des Sozialen benennen: Die politische Rationalität des Neoliberalismus fördert *erstens* die Ökonomisierung des Sozialen, die *Umcodierung sozialer Zusammenhänge und Probleme in ökonomische Kategorien*. Der Einfluss der ökonomischen Theorie in der Kriminologie ist hierfür beispielhaft. *Zweitens* kann man insofern von einer Diffusion der Gesellschaft sprechen, als mit *Communities* kleinere Einheiten zum Adressaten von Regierung und politischen Programmen werden. Dabei steht die moralische Beschwörung gemeinschaftlicher Werte in kommunitaristischen Dabatten nicht im Gegensatz zu dem neoliberalen Konzept von atomisierten rationalen Akteuren. Vielmehr ergänzen sich diese beiden programmatischen Linien im Appell an die Entscheidungsfreiheit eines

---

[330] Exklusion werde leicht zu einem überstrapazierten Begriff, so Castel (2000, 12-13), wenn man die vertrauten Kategorien sozialer Randständigkeit, wie etwa Langzeitarbeitslose oder Drogenabhängige, schon mit den „Ausgeschlossenen" gleichsetzt: „Von Ausschluss zu sprechen heißt eine völlig negative Benennung anwenden, die einen Mangel bezeichnet, ohne zu sagen, worin er besteht oder woher er kommt. [...] Durch die permanente Wiederholung der Litanei des Mangels verdunkelt man die Notwendigkeit, positiv zu analysieren, worin der Mangel besteht. Und dies aus einem prinzipiellen Grund: Die konstitutiven, die wesentlichen Züge der Exklusionssituationen finden sich nicht in diesen Situationen selbst."

[331] Trotz des expliziten Interesses, unterschiedliche Kontrollregime mit Hilfe von Kriterien wie „ein- und ausschließende, formale und informelle, aktive und reaktive Kontrolle" zwischen verschiedenen Kontrollregimen zu differenzieren und auch die „produktiven' Seiten der Macht" einzufangen, begreift Scheerer soziale Kontrolle gleichwohl „als Ensemble all dessen [..], was unerwünschtes Verhalten *verhindern* soll und/oder faktisch *verhindert* [...] sowie all dessen, was auf unerwünschtes Verhalten *reagiert*" und klammert somit erneut die von ihm selbst eingeklagte Produktivität von Kontrolle aus (2000a, 166-67, Hervorhebungen hinzugefügt; vgl. ebenso Hess/Scheerer 1997, 104). Auch bei Cohen (1985, 1993), der sich bei aller Kritik dennoch nicht von dem Konzept verabschieden wollte, es vielmehr theoretisch zu differenzieren suchte, findet sich später eine ähnliche kriminologische Verengung auf das Reaktionskonzept, wenn er, zusammen mit Blomberg, soziale Kontrolle als „the repertoire of organized social responses to deviance" definiert (Blomberg/Cohen 1995, 5). Zum Plädoyer für einen weit gefassten Begriff von sozialer Kontrolle vgl. Hahn (1996, 273). Dass auch sozialer Ausschluss nicht immer ein negativ besetzter Kritikbegriff sein muss, sondern in „herrschaftsfreien" Gesellschaften durchaus als Mechanismus der Vermeidung bzw. „Abwehr von Herrschaft" fungiert, zeigt, im Rekurs auf ethnologische Studien, Stehr (1994).

jeden. Risikotechnologien wie die *actuarial justice* implizieren *drittens* ein Konzept der *aleatorischen Simulation des Sozialen* und befördern eine Umorientierung vom Anspruch vollständiger Problemlösung zu Modi des Risikomanagements. In der Kriminalitätskontrolle geht damit eine technologische Verschiebung einher, und zwar von der auf das Individuum zugeschnittenen Diagnostik und Therapie zur Distribution von Kriminalitätsproblemen auf der Basis von Risikokalkülen und zur Regulation von Populationen.[332] *Situationsorientierte Prävention* schließlich ist eine spezifische Form des Risikomanagements, die einige konzeptuelle Elemente mit dem ökonomischen Ansatz wie der *actuarial justice* teilt. Verhalten soll hier eher über baulich-räumliche Anordnungen und Gestaltung, über organisatorische Abläufe und technische Anlagen gesteuert werden, denn über explizite normative Verweise. Wenn diese pragmatische Kriminologie der Gegenwart und mit ihr die Konzepte der Kriminalitätskontrolle „prosaisch" (Garland 1999, 357) geworden sind, weist das zugleich auf eine *vierte* Variante der Transformation des Sozialen hin: Kriminalprophylaxe ist ohne soziale Kommunikation herstellbar, denn die erfolgreiche Verhinderung von Straftaten ist der Effekt entweder einer durch die Gestaltung des begehrten Objekts technisch hergestellten Unmöglichkeit oder einer gleichsam stummen Risiko-Botschaft, die fälschungssichere Geldscheine, Alarmanlagen, Wegfahrsperren für PKWs, Zäune und Mauern usw. selbst enthalten. Der Frage, welche Formen der Subjektivierung und der Konstituierung regierbarer Subjekte solche pragmatischen Konzepte der Kontrolle hervorbringen, soll im Folgenden am Beispiel automatisierter Kontrolltechniken nachgegangen werden – und damit auch weiter der These, dass es nur oberflächlich betrachtet der Täter ist, der als organisierender Referent der Kriminologie verloren gegangen ist. Es ist das Soziale, welches sich als zentrale Leitfolie soziologischen und kriminologischen Denkens in Frage gestellt sieht.

---

[332] Eine Assoziation mit John Urrys (2000a und b) „mobiler Soziologie" liegt hier nahe. Wissen und virtuelle Information, Kapital und Waren, Menschen, Zeichen, Bilder und Abfall, sie alle bildeten, so Urry, Ströme, Zirkulationen, die es zu regulieren gelte. Die Statik der kulturellen, politischen und sozialen Räume und Bindungen, die mit dem modernen soziologischen Konzept von Gesellschaft verbunden gewesen sei, sei beweglich, die Grenzen seien durchlässig und Übergänge fließend geworden. Damit ändere sich nicht nur die politische Topografie, sondern auch das Vokabular und schließlich der Gegenstand der Soziologie: Jenseits von Gesellschaft und ihren Institutionen gelte es Formen und Phänomene der Mobilität und ihre Netzwerke zu untersuchen.

4.6.2 Gefährdungsausweitung

Computerisierte Anlagen, die dazu dienen, menschliches Verhalten zu überwachen, zu regulieren und zu steuern, stellen eine spezifische Variante situationsorientierter Prävention dar. „Normalitätsvorstellungen" von durchschnittlich erwartbaren und insofern rational kalkulierbaren Verhaltensweisen sind in den Automatismus der Maschinen eingeschrieben, die auf dieser Basis „regulär" versus „nicht regulär" oder „zulässig" versus „nicht zulässig" unterscheiden können. Deshalb können sie in gewisser Weise selbständig, unabhängig vom Menschen, ihren Konstrukteuren agieren: Sie bilden eigene Formen des Regierens aus, die nicht soziale Formen sind. Man stelle sich automatische Zugangskontrollen vor, wie sie etwa in Metrostationen oder Parkgaragen installiert sind. Von Formen *sozialer* Kommunikation sind solche Systeme prinzipiell entbunden. Denn es ist nicht möglich, mit den „smart machines" (Mainprize 1996) zu interagieren. Dies weniger, weil sie den direkten Austausch zwischen den Menschen ersetzten, als vielmehr, weil sie in einem anderen Code operieren und ihre Regeln der Unterscheidung und Selektion andere sind. So ist Abweichung hier nicht eine Frage der Abweichung von einer sozialen Norm, sondern von technischer Kompatibilität. Nicht, was es bedeutet, dass man schwarz oder weiß, Mann oder Frau ist, entscheidet darüber, ob eine Zugangssperre aufgeht, sondern ob man ein valides Ticket hat. Maschinelle Codierungen und technische Funktionalität bringen die Komplexität und das Komplizierte sozialer Interaktionen zum Verschwinden. „What is involved here is a transformation of culture so radical that it amounts to denial" (Lianos/Douglas 2000, 264).[333]

Automatisierte Kontrollanlagen, die soziale Kategorien und Bedeutungen nicht kennen, operieren mit einem „Verdachts"-Konzept, das egalitär und gleichgültig im dreifachen Sinne ist. Das Gros der Maschinen, die Räume überwachen und Zugänge kontrollieren, sondiert *erstens* nicht nach sozialen Indikatoren wie Schichtzugehörigkeit, Beruf oder Familienstand. „It is not selective, therefore from a social viewpoint it is meaningless" (Lianos/Douglas 2000, 266). *Zweitens* macht sich die automatisierte Risikoprofilierung geradezu demokratisch aus, denn sie nimmt alle und jeden unabhängig von sozialen Unterschieden ins Visier. Allerdings gelten zugleich auch alle möglichen Nutzer oder Passanten als potenzielle Täter oder Störer. Verdacht wird daher gleichermaßen

---

[333] Lianos und Douglas, auf deren Text ich mich im Folgenden im wesentlichen beziehen werde, bezeichnen diese Kontrollanlagen als *Automated Socio-Technological Environments*.

„trivialisiert" (vgl. ebd., 269) wie „generalisiert" (vgl. Legnaro 1998, 274): „everyone is watched, and *no one* is trusted" (Staples 1997, 4).[334] Gefährlich sind die automatisierten Kontrolltechniken deshalb im buchstäblichen Sinne, gerade weil sie auf die Sprache des Sozialen verzichten: Denn auf dieser Basis vollziehe sich, so die dystopische Pointe bei Michalis Lianos und Mary Douglas, ein Prozess der „dangerization of the world". *Dangerisierung* bezeichnet *drittens* eine Verdachtsausweitung beziehungsweise die Ausweitung des Feldes der Wahrnehmung von Gefährlichkeit. Innerhalb dieses Feldes schwindet die Bedeutung von Kriminalität im Verhältnis zu Abweichung, während zugleich neue soziale Divisionen hervorgebracht werden. Die soziale Gleichgültigkeit der Maschinen ist das Einfallstor sowohl für eine verstärkte soziale Wahrnehmung von Unsicherheit als auch für eine Ausweitung von Kontrolle: „the debate field of ‚law and order', increasingly exploited politically, is more about order than law and even more about insecurity" (Lianos/Douglas 2000, 274).

Zwei Bedingungen lassen sich Lianos und Douglas zufolge ausmachen, welche die Mechanismen der *Gefährdungsausweitung* ermöglicht haben; zum einen die technische Entwicklung, der Ausbau von Informationstechnologien, die selbst freilich nicht die Ursache dieses Prozesses seien. Ihre Verfügbarkeit sei aber eine wichtige Voraussetzung. Entscheidend sei zum anderen die Aneignung sozialer Regulierung, ja von Sozialität durch Institutionen, die Risikomanagement bezogen auf ein virtuell umschriebenes oder physisch abgegrenztes Territorium betreiben und ihre eigenen Sicherheits- und Geschäftsinteressen auf ihre Weise verfolgen würden: „Social control is taken out of interpersonal interaction and handed over to an automated basis" (Lianos/Douglas 2000, 262). Lianos und Douglas beziehen sich damit auf einen Prozess der „Pluralisierung" von Formen und Institutionen des *Policing* (vgl. Bayley/Shearing 1996), der sich insbesondere im Zuge einer wachsenden Bedeutung „paraprivater" Räume (Nogala 2001, 197) wie Einkaufspassagen oder Transportsysteme vollzogen habe: „The continuing process of technological mediation in human relations is not instigated by the police. It is generated by the economy and promoted by the state as a limitless field for capitalist competition and the supremacy of the First World" (Lianos/Douglas 2000, 264).[335] Unter diesem Vorzeichen

---

334 Staples nennt das „oddly democratic" (1997, 4), darauf anspielend, dass Foucault in dem Panopticon gerade nicht die Signatur einer Disziplinargesellschaft der totalen Durchleuchtung und Überwachung sah: Die Macht könne nicht „in Tyrannei entarten", weil die Person im Überwachungsturm austauschbar sei: „die Disziplinaranlage wird demokratisch kontrolliert" (1977, 266).

335 Die paraprivaten oder semi-öffentlichen Räume des „mass private property", in denen, so

sei die Gesellschaft zu einer Zugangsgesellschaft geworden, die auf der Taxierung und Konstruktion von Risiken beruhe: „Risk, not crime, has become the central cultural register of social interaction" (ebd., 261).[336]

Risikomanagement ist proaktiv und, wie gezeigt, darauf ausgerichtet, unerwünschte Ereignisse oder Zwischenfälle möglichst gar nicht erst eintreten zu lassen. Unter diesem Vorzeichen gerät nicht erst strafrechtlich relevantes, sondern prinzipiell jedes störende Verhalten ins Visier. Auf die Kontrolle paraprivater Räume übertragen kann das heißen, kriminogene Orte oder Situationen besonders zu überwachen, Räume übersichtlich zu gestalten oder einen längeren Aufenthalt von Menschenansammlungen, der Unübersichtlichkeit schafft, unmöglich oder zumindest unwirtlich zu machen. Personen, die als Risikoträger identifiziert werden, haben entweder verschärfter Überwachung zu unterstehen oder sie sind von vornherein von dem Ort zu entfernen, an dem sie zu einer Gefahr werden könnten – indem zwei oder mehrere Risikofaktoren aufeinander treffen und das Eintreten eines unerwünschten Ereignisses höchstwahrscheinlich machen.

Eine typische Form des Risikomanagements ist die Zerstreuung von Drogenszenen. Prinzipiell geht es dann darum, ein Risiko, nämlich einen Dealer, nicht mit einem anderen, einem Konsumenten, zusammentreffen zu lassen. In solcher Sicherheitsorientierung, die vorbeugend ist, wird die Kontrolle von Räumen zu einer Zugangskontrolle und Bestrafung tendenziell ersetzt durch Exklusion (vgl. Simon 2001, 135; Hudson 1997, 466). Noch bevor das Ereignis der Tat eintritt, gilt es zu intervenieren und den möglichen Eintritt, die Straftat, im Vorwege zu verhindern. „Exclusion seems a simpler and more effective strategy. It forecloses harmful or disruptive behaviour: the person is just kept out"

Shearing/Stenning (1993; vgl. Shearing 2001, 18), Körperschaften die Regierung von Populationen übernommen hätten, sind die neueren Mischformen: Es handelt sich um allgemein zugängliche und nutzbare, insofern öffentliche Räumen, die aber in privater Hand sind und deren Ordnungs- und Sicherheitsarbeit mit spezifischen Rechten und Kompetenzen ausgestattet ist. Freilich kann gegebenenfalls auf die staatliche Polizei zur Durchsetzung von Aufenthaltsverboten etwa in *shopping malls* oder *gated communities* zurückgegriffen werden (Hirsch/Shearing 2000, 80-81). – Für eine Problematisierung der „Privatisierung und Kommerzialisierung öffentlicher Räume durch die Errichtung von Einkaufszentren, Ladenpassagen, Erlebnisparks etc.", wodurch zugleich auch eine „Hausrechtsbefugnis" durch die Betreibergesellschaften erworben werde, vgl. auch Beste (2000b, hier 18). Von Trotha (1995) spricht in diesem Zusammenhang von einer „oligopolistischpräventiven Sicherheitsordnung", zu der sich westliche Gesellschaften hin entwickelt hätten: Vom Gewaltmonopol zum Oligopol mit präventiv kontrollierender Ausrichtung. Für eine kritische Übersicht zur Diskussion des *Private Policing* und des *Community Policing* vgl. Manning (1999); Nogala (2001).

[336] Wie Feeley und Simon stellen auch Lianos und Douglas diesen Zusammenhang zwischen Risiko und Zugangskontrolle her. Bei ihnen ist das Konzept, als künstliche Konstruktion und soziale Überformung von realen Gefahren, jedoch negativ konnotiert.

(Hirsch/Shearing 2000, 78). Ziel ist es, nicht erst auf eine Straftat reagieren zu müssen, sondern die Möglichkeit von vornherein auszuschließen, noch bevor sich das Unerwünschte ereignet hat: „the person is excluded before he has any chance to show whether he is willing to behave properly [...] he is being excluded not because of any wrongful choice he has made, but because he is (or more accurately, people who resemble him are) deemed more likely to engage in such choice in future; and the exclusion is meant precisely to preclude that choice" (ebd., 89-90). Die privatisierte Kontrolle von Räumen beziehungsweise die Kontrolle von Räumen im privaten oder kommerziellen Interesse bildet eine spezifische Ökonomie der Macht aus, die durch automatisierte Kontrolltechniken noch einmal bekräftigt wird: Tendenziell dehnen sich die Kontrollpraktiken auf das Vorfeld strafrechtlicher Relevanz aus. Sie beziehen sich auf eine Oberfläche des Sichtbaren oder auf eine Passungsförmigkeit, indem sie Zirkulationen regulieren.

Sichtbarkeit: Re-Codierungen und Reproduktionen des Sozialen

Kommodifizierung fördert die Optik des *outfits*. Erscheinungsformen von Personen werden, wenn sie nicht in die Kultur des Marktes passen, als störend identifiziert. Anzeichen der Unordnung werden so zu Anzeichen von Unsicherheit. Die Sicherheit des guten Geschäftes ist nicht nur durch mögliche Straftaten gefährdet. Prinzipiell gilt Unansehnlichkeit als geschäftsschädigend und „Unwirtlichkeit" in den Innenstädten als unerwünscht.[337] Wo optisches Management von Sicherheit zum Normalfall wird, sinkt überdies tendenziell die Toleranzschwelle der Duldung von Unordnung. Denn Ordnung steht für gutes Management, *incivilities* hingegen gelten als Zeichen eines fehlenden oder mangelhaften Managements: „Chocolate wrappings and empty aluminium cans thrown in abandoned flower beds do not any longer signify the lack of education and the weakening of local community bonds; they indicate the non-managed – therefore dangerous and lawless – territories. It is the same with closed down shops, graffiti-marked walls, rusty car parked over stains of engine oil, and teenagers in track suits. As ever, it is ensured that what the lower classes do is unacceptable" (Lianos/Douglas 2000, 272-73). Wenn Sicherheitsgefährdungen sich an

---

[337] Das unter öffentlichem Protest als „Bettlerpapier" bekannt gewordene behördeninterne Konzept der Stadt Hamburg sah Ende der 90er Jahre „Maßnahmen gegen die drohende Unwirtlichkeit der Stadt" vor, u.a. Platzverweise, Ingewahrsamnahmen und Verbringungsgewahrsam, die sich gegen die offene Drogenszene und sozial Randständige richten sollten.

sichtbaren Zeichen manifestieren, sind weniger strafrechtliche Normen maßgebend als soziale Indikatoren, die ihrerseits auf soziale und politische Ordnungsformen verweisen. Die Rede ist hier nicht von einer kohärenten, etwa disziplinären Ordnung, sondern von einer beständigen Produktion und Reproduktion von Ordnungen entlang akzeptierter Kriterien sozialer Zugehörigkeit und sozialer (Un-)Erwünschtheit. Soziale Ungleichheiten werden so zementiert: „deviance is to an overwhelming extent a mere instrument for perpetuating social division" (ebd., 273).

Die Technik der Videoüberwachung ist ein Beispiel hierfür: Prinzipiell sind alle Personen unter dem Auge der Kamera gleich. Ist diese jedoch an einen Computer angeschlossen, dann ist es einerseits möglich, typische Bewegungen oder bestimmte Gesichter von bereits registrierten Personen automatisch wiedererkennbar zu machen. Diese Personen, deren Identität in die Technologie eingeschrieben ist, sehen sich folglich dauerhaft dem Verdacht und einer Kontrolle unterstellt.[338] Wenn soziale Selektionen andererseits vom Monitor aus im Auge des menschlichen Betrachters vorgenommen werden, setzt sich der Mechanismus der *Dangerisierung* fort.[339] Denn im Rahmen der Überwachung von paraprivaten Räumen wie einem Hauptbahnhof oder im Umfeld eines Geschäftes bezieht sich die Wahrnehmung von Gefahren und Störungen weniger auf strafrechtlich relevante Kriterien denn auf die Ordnung von kommodifizierten Räumen. Wenn Videoüberwachung in öffentlichen

---

[338] Wie die US-amerikanische Bürgerrechtsorganisation ACLU anmahnt, lade das System zum „Missbrauch" ein: So sei es in den USA von der Polizei „ganz offensichtlich" nicht nur für die Identifizierung gesuchter Terroristen und Straftäter vorgesehen. Eingespeist werden sollten auch Daten von „Personen, die wegen ihrer kriminellen Aktivität und ihrer Vorstrafen" bekannt seien oder die auch nur „möglicherweise wertvolle Informationen geben können" (Rötzer 2002).

[339] Auch Lianos/Douglas (2000, 271) beziehen sich auf Videoüberwachung, die nicht erst zu den automatisierten Kontrolltechniken zu zählen ist, sobald sie, wie bei der automatischen Gesichtserkennung, an einen Computer angeschlossen ist. Sie ist schon darin „automatisch", dass sie eine eigene Kontrolllogik in Gang setzen kann. Die von Lianos und Douglas problematisierten Mechanismen der *Dangerisierung* bestätigen auch empirische Studien zur Videoüberwachung: zur Funktion für das „Image der Innenstädte" vgl. Norris/Armstrong (1998, 36); Reeve (1998); zur Vorverlagerung der Kontrolle in den Bereich der Ordnungsverstöße vgl. Müller (2002, 36); zur selektiven Fokussierung der üblichen Verdächtigen wie ausländisch Aussehender, bestimmter jugendlicher Gruppierungen und junger Männer und Obdachloser vgl. ebd. sowie Norris/Armstrong (1998, 38). Personen werden weniger wegen ihres konkreten Verhaltens in den Blick genommen als aufgrund bestimmter kategorialer Zugehörigkeiten, die „eine Struktur des Verdachts [vorgeben], die vor allem durch Alter und Aussehen definiert ist" (Legnaro 2000b, 77). Zur Problematisierung des voyeuristischen männlichen Blicks, dem sich der weibliche Anteil der Beobachteten eher ausgesetzt sieht als von diesem geschützt vgl. Brown (1998). Für eine so verstandene feministische Wendung des Disziplinierungseffekts des Panopticons vgl. Bartky (1988), welche die genderspezifische Form der Subjektivierung unter den männlichen Blick beschreibt.

Räumen überdies weniger mit objektiven Erfolgen begründet wird, „nicht mit Zahlen oder Statistiken, sondern mit dem ‚subjektiven Sicherheitsgefühl'", dann mag das seinen Grund darin finden, dass jene sich schwer nachweisen lassen (Alisch 2000). Zugleich artikuliert sich in dieser Form der Überzeugungsarbeit auch ein bestimmtes Verhältnis, in das Staat und Bürger gesetzt werden sollen. So wie die Deutsche Bahn AG mit dem Slogan „alles im Blick" ihre Kundenorientierung entlang von Sicherheitsversprechen propagiert (vgl. Legnaro 2000b, 75),[340] so kann eine Regierung auch mit Videoüberwachung signalisieren, dass sie etwas für die Sicherheit ihrer Bürger, insbesondere für die Anwohner der erklärten Problemzonen einer Stadt tut. Videoüberwachung kann daher als ein Element pragmatischen Sicherheitsmanagements wie als ein Instrument des *buddy state* fungieren, der sich zum Beschützer seiner richtigen Bürger erklärt.

Konzepte des *designing out crime*, die auch der situationsorientierte Ansatz propagiert (vgl. Felson 1998, 146-165), instituieren ähnliche Mechanismen. Führt man sich die gestylten Konfigurationen von *inner cities* vor Augen. so liest die egalitäre Botschaft an jedes Individuum sich hier wie eine *soziale* Botschaft, wie eine gezielte Adressierung bestimmter Populationen. Unausgesprochen können schon räumliche Anordnungen und Installationen signalisieren, dass der Aufenthalt bestimmter Gruppen hier unerwünscht ist.[341] Die Leerstellen sozialer Codierungen, die räumlich-technische Formen des Sicherheits- und Ordnungsmanagements vermitteln, können dabei zum Einfallstor für eine Neubesetzung mit hegemonialen sozialen Codierungen werden: Herumlungern, Betteln, lumpige Kleidung, Drogenkonsum können Kriterien sein für polizeilich durchsetzbare Ausschlussverfahren (Platzverweise, Aufenthaltsverbote) im so genannten öffentlichen Raum und für eine Vertrei-

---

[340] Das 3-S-Konzept der Deutschen Bahn AG, „Sicherheit, Sauberkeit und Service", das im Zuge der Privatisierung eingeführt wurde, ist beispielhaft für eine konzeptionell vorgesehene Verquickung von polizeilichen und kommerziellen Sicherheitszielen, die auch den Kunden adressieren und ihn auf diese Weise einbinden. So ist das Prinzip der Doppelstreife von einem öffentlichen und einem privaten Sicherheitsbeamten mit dem Konzept verknüpft, nicht nur Ordnungs- und Sicherheitsstörungen im herkömmlichen Sinne zu kontrollieren, sondern zugleich auch ansprechbar zu sein und Präsenz zu zeigen für die Reisenden und die Flaneure (vgl. dazu auch Brunst/Korrell 2001).

[341] Für weitere Beispiele vgl. Clarke (1995, 110ff.; 1997). Zum Weitergehen anleiten kann schon das Fehlen von Bänken oder die Konfiguration eines Raumes als offenem Platz, der es praktisch unangenehm macht, sich dort als Gruppe mit der Absicht des Drogenkonsums zu formieren. Zu den Referenzen der SCP-Ansätze gehören die Klassiker von C. Ray Jeffreys *Crime Prevention Through Environmental Design* und Oscar Newmans Theorie des *Defensible Space*: „‚Defensible space' is a surrogate term for the range of mechanisms – real and symbolic barriers, strongly defined as areas of influence, and improved opportunities for surveillance – that combine to bring an environment under the control of its residents" (1972, 3).

bung aus den halböffentlich geschäftlichen Räumen, in denen das private Hausrecht gilt und ein „Police-Profit-Partnership" eher „eine Strategie der Sauberkeit" und der Förderung „des öffentlichen Ambiente" verfolgt (Beste 2000b, 17-18). Dabei kann auch das Design des Raumes selbst bestimmte Verhaltensweisen erzwingen, verhindern oder ermöglichen und etwa einen Aufenthalt nur zum *Shopping* zulassen, während die Möglichkeiten des Verweilens durch wenige Sitzgelegenheiten sorgfältig vorstrukturiert sind. Unerwünschtes Verhalten, wie etwa das Herumhängen von jugendlichen Gruppen, bedarf dann keines ausgesprochenen Verbots. In die glatte Oberfläche eines vom Markendesign durchgestylten Raumes ist die Unerwünschtheit schon eingeschrieben, der Aufenthalt unter umgekehrten Vorzeichen unwirtlich.[342]

Wenn gleichwohl eher sozial benachteiligte Gruppen, die üblichen Verdächtigen in den Fokus der Kontrolle geraten, hat sich im Verhältnis zu den gefährlichen sozialen Unterklassen des 19. Jahrhunderts nicht nur das Konzept der Klasse, sondern auch der Anhaltspunkt für Interventionen verschoben: „In the nineteenth century, the dangerous classes were tried for criminal acts regardless of intent; as we approach the twenty-first century, the dangerous classes are tried on the basis of intent regardless of the act" (Ruddick 1994, 45). Die zu kontrollierenden Populationen sind nicht sozial schädlich oder gefährlich, sondern geschäftsschädigend und nur funktionsuntüchtig: „It is not behaviour as such that is of interest in conditions of dangerization but the connotations assigned to behaviour in terms of social belonging." Nicht zugehörig ist, wer den „external signs of an orderly world" nicht entspricht. Und dabei geht es weniger um *Crime*, als um Anderssein: „otherness in terms of safety or possible threat" wird zu einer unerwünschten Missliebigkeit, einerlei, ob sie strafbar, sicherheitsgefährdend oder bloß störend ist: „dangerized perceptions disregard the difference between the unpleasant and the illegal." Zwei Kontrollbereiche spalten sich in diesem Prozess der *Dangerisierung* voneinander ab: Während „illegal deviance" weiterhin den Regeln strafrechtlicher Bearbeitung untersteht, markiert „dangerous deviance" ein epistemologisches Feld mit eigenen Regeln der Wahrnehmung und von Kontrollpraktiken, die strafrechtlich nicht relevant sein müssen. Wo die „gefährliche Abweichung" zum Generalmaßstab wird, dehnt sich das Feld möglicher Abweichungen in ein unbestimmtes, aber jederzeit bestimmbares Territorium des Andersseins aus: „While the evaluative aspects of crime are peeled off, deviance

---

[342] Zur Homogenisierung des kommodifizierten Raumes vgl. Henri Lefèbrve 1979: „Space: Social Product and Use Value", in: J. F. Freiberg (Hg.): *Critical Sociology. European Perspectives*, zit. n. Belina (2000, 129).

emerges as an all-encompassing horizon for perceiving society at large." Rasse, Alter, Gender, Armut, die in der aufgeklärten Spätmoderne zu nicht mehr politisch korrekten Kategorien des Anstoßes geworden waren, würden, so Lianos/Douglas (2000, 273-75), nunmehr umgekehrt unter dem Vorzeichen der Gefahr und Störung erneut zu legitimen Ausschlusskriterien.

Die *criminologies of everyday life*, die sich auf den ersten Blick wie eine theoretische und praktische Abwendung vom „Täter" ausmachten, entpuppen sich daher eher als eine technische Lösung der Kriminalitätskontrolle, die nur ihre Regeln der Ausschließung und Stigmatisierung objektiviert: „Relativization of the offender's role alone does not render ‚a criminology without offenders' tenable" (Kaiser 1997, 364). Insofern unterscheiden sich diese Konzepte vom Ansatz her nicht einmal von dem der *zero tolerance*, das sich freilich von vornherein unverblümt mit dem Anspruch, die Ordnung zu beherrschen, geriert, und das, anders als die situationsorientierten Konzepte, von vornherein darauf angelegt ist, zu intervenieren. Kriminalitätsbekämpfung erfolgt hier nach dem Prinzip des „Wehret den Anfängen", wobei auch die *broken windows* Theorie nicht Verhalten, sondern „Verhältnisse" problematisiert: Indem *incivilities* „als Vorboten und Signale gravierender sozialer Probleme" und vor allem als „‚Einstiegs'droge" in die Kriminalität gelten, ist der „Zurechnungshorizont [...] nicht so sehr ein personaler, sondern eher ein sachlicher, ein nicht-soziales Objekt: das Gebäude, die Straße, das Stadtviertel, die ‚Gemeinde' bzw. die Nachbarschaft" (Sack 1995, 449). Wenn bestimmte Verhaltensweisen, welche die saubere oder intakte Ordnung stören oder zerstören, hier nicht geduldet werden, konzentrieren sich die Interventionen allerdings entgegen der proklamierten Strategie des „New Yorker Modells" gerade nicht auf „die Reparatur eingeschlagener Fenster und damit die (Wieder)Aneignung entsprechender Orte durch Personen, die sich ‚zuständig' fühlen". Sie richtet sich vielmehr gegen die Personen, „sie bemüht sich um die Festnahme oder Vertreibung von Leuten, die sie für fähig hält, Fensterscheiben einzuschlagen" (Brüchert/Steinert 1998, 28).

Passungsförmigkeit: Die Regulierung von Zirkulationen

Bei den automatisierten Kontrolltechniken, wo Ordnung das Regulierungsfähige und Reibungslose ist, kann im Prinzip alles zum Indikator einer Gefährdung werden, was geregelte Abläufe behindert: Was nicht läuft, nicht fließt, nicht funktioniert oder im Wege steht, wird zum

Störfaktor des jeweiligen Systems. Umgekehrt wird das unpassende und daher unerwünschte Verhalten zu einer sozialen Dysfunktionalität. Man kann sich diese Kontrollmechanismen am Beispiel eines Typus „intelligenter" Kamera-Überwachungstechniken vor Augen führen, die unter anderem in der Londoner Untergrundbahn installiert wurden: Auf dem Bildschirm der Kontrollmonitore erscheinen Personen verfärbt. Wenn sie grün sind, ist alles normal. Färben sie sich rot, löst das automatisch Alarm aus: Sie sind zu lange an einem Ort verharrt, anstatt etwa in eine der nächsten Bahnen einzusteigen. Die Technik soll erkennen helfen, ob zum Beispiel jemand, selbstmordgefährdet, nur noch zögert, sich vor den nächsten Zug zu werfen. Doch auf diese Weise wird auch der unerwünschte Aufenthalt von Personen registriert, die nicht das Transportmittel nutzen, sich vielmehr in den warmen U-Bahn-Gängen nur aufhalten wollen. Wenn dies vorwiegend Randständige sind, kann man darin eine nicht sozial indizierte Form der Identifizierung sozial unerwünschter Personengruppen sehen. Tatsächlich kann das eine Möglichkeit sein, welche die Technik bietet und bieten soll. Doch zunächst bringt der funktionale Rahmen, in dem die Technik eingesetzt wird, selbst ein eigenes Konzept von Unerwünschtheit hervor. Wo Sicherheit sich auf die Regulierung von Zirkulationen bezieht, stellen Aufenthalt und Unbeweglichkeit tendenziell ein Problem dar. Sozial Unerwünschtes und funktional Unerwünschtes fallen ineins, weil beides gleichermaßen dem *business* des Transportwesens, dem praktischen Ablauf, wie der Geschäftigkeit der Arbeitswelt entgegen steht: „Obdachlose, Clochards und andere, die längere Zeit die Sitzbänke belagern. Wer sich nicht bewegt, der schwimmt eben nicht mit im unaufhörlichen Strom der Nomaden der Leistungsgesellschaft" (Mazoyer 2001). Wer schließlich ausgesondert oder ausgeschlossen wird, erscheint dann auch im nachhinein als nicht kompatibel. In der sozialen Wahrnehmung ist er identifizierbar als derjenige, der nicht funktionsfähig und nicht funktionstüchtig ist, nicht passförmig für das gesellschaftliche *business*. Auch hier kann man übrigens insofern von einer Form der Spektakularisierung sprechen, als Normalisierung – im Sinne der generalisierten Überwachung – und Dämonisierung – die Möglichkeit auf dieser Basis bestimmte Gefahren und gefährliche Individuen zu stilisieren und zu selegieren – ineinander spielen. *Dangerization* hieße demnach sowohl Gefährdungsausweitung wie Gefährdungszuspitzung auf bestimmte sozial recodierbare Indikatoren und Merkmalsträger, obgleich Inklusion und Exklusion in diesen Kontrollregimen eher mit Situationen und Handlungsfeldern denn mit bestimmten Personengruppen variieren (vgl. Rose 1999a, 240ff.).

4.6.3　Übersetzungsverhältnisse

Lianos und Douglas schreiben der Informationstechnologie einen weit reichenden Einfluss auf die soziale Welt zu, der einer Transformation des Sozialen gleichkommt: „the changes in the social bond [..] have followed from changes in the technology of communication [...] Automated access replaces personal trust." Eine „danger-aware-culture" sei die Folge eines anomischen Zustandes, den die Erosion kultureller oder sozialer Codierungen hervorgerufen habe und der dazu anhalte, das Verhältnis von Kriminalität und Gesellschaft neu zu überdenken. Sich dieses über die Analyse von Devianz, Delinquenz und Strafpraktiken zu erschließen, wie in den Studien Foucaults oder Durkheims, sei jetzt nicht mehr möglich: Da Abweichung nicht mehr über soziale Normen codiert sei, ließen diese sich auch nicht mehr über die gesellschaftlichen und politischen Reaktionsweisen erschließen. Fraglich sei ferner, welche Funktion heute der Strafe zukomme, die einst als „return route to rationality" galt und, in Foucaultscher Lesart, der „cultural reconstruction of the subject" diente (Lianos/Douglas 2000, 261-62). Dennoch billigen Lianos und Douglas den automatisierten Kontrolltechnologien über die „specific relationships of power", die diese befördern könnten, hinaus keine selbständigen Machteffekte zu. Freilich, die Maschinen haben keine „Seele", sie sind nicht Subjekte, sondern Instrumente des Regierens: „Machines do not exert power, they are not perceived as beings but as tools, even when they impose constraints". Sie sind von Menschen konstruiert und installiert für einen spezifizierbaren Kontrollzweck und können Werkzeuge von Institutionen sein: „general management instruments for adaption the social world to the aims of the institution that uses them" (ebd., 267).[343]

Ist nicht aber die Macht auch in diesem Zusammenhang „vom Widerstand her" analysierbar, also über die Formen der Subjektivierung, die Aufschluss geben über die Formen der Machtausübung, über die Rationalitäten und Technologien des Regierens, die sich auf „Interessen" und Ziele von Institutionen nicht reduzieren lassen? Zunächst einmal kann man durchaus Normenkonzepte erkennen, die ein Regime herstellen, in dem die Konstituierung des Kriminellen und die Konstitution des Sozialen ineinander verwoben sind: War die Geburt der Kriminologie noch im 19. Jahrhundert beispielhaft für eine Form der Normierung des Individuums unter der Bezugsfolie des Sozialen – Produkt der

---

[343]　Lianos und Douglas spielen hier explizit auf das in der *Governmentality*-Literatur verwendete Konzept des *Führens von Führungen* und des *Regierens aus der Distanz* an.

Gesellschaft und Gefahr für die Gesellschaft, deren Normen sich in seiner Abweichung wider spiegeln –, dann ist das vom Prinzip her heute nicht anders. Die technische Norm ist auch eine Form der Standardisierung (vgl. Ewald 1990), die Abweichung jedoch nicht mehr misst an jenem disziplinären Modell der Normierung, die vielmehr Reguläres von Irregulärem auf der Basis abstrahierter und anonymisierter Normalisierungsprozeduren sondiert. Das Individuum binden die Kontrollanlagen in das vorgegebene Setting ein: Ihr Verhalten muss sich zum einen mehr oder weniger der Maschinerie, ihrer Funktionsweise anpassen. Zum anderen sind nicht Personen relevant, deren kohärentes Handeln oder deren Persönlichkeit beurteilt würde, sondern ausschließlich das aktuelle Verhalten und Auftreten, das auf Risikoprofile zu beziehen ist. Um „profiles of ‚undesirable‘ behaviour" (Lianos/Douglas 2000, 276) zu entziffern, nehmen die Maschinen, wie gesagt, nur isolierte Aspekte einer Person ins Visier und unterscheiden in einem begrenzten Zeitausschnitt und Kontrollrahmen adäquate von nicht adäquaten Verhaltensweisen. Wenn materiale Kontrolltechnologien[344] im Unterschied zur Kriminologie, die den Delinquenten selbst als *element of crime* betracht hatte, eher mobile, gleichwohl aber re-komponierbare *elements of risk* fokussieren (vgl. Hacking 1986), schaffen auch sie sich ihre eigene Rationalität der Regierung: Wenn das gesellschaftsökonomische Gebot, permanent fit zu sein, in diesen Systemen technisch codiert ist und ein Risiko das, was den reibungslosen Ablauf stört. Das Auszuschließende ist das Unordentliche, nicht Passungsfähige, das unerwünschte Verhalten, noch bevor es passiert oder sich zeigt, ja bevor es sichtbar wird.

Noch aus einem weiteren Grunde wäre es verkürzt, die automatisierten Kontrolltechnologien als ein bloßes Instrumentarium zu begreifen. Auch und gerade dann, wenn man einer genuin soziologischen Lesart wie der Pierre Bourdieus folgt, geht die technische Installation nicht in den Interessen auf, die man ihnen eingepflanzt haben wollte: Wenn jegliche Praxis eine *soziale* Praxis ist, eine Form, die immer einen sozialen Ort hat, sind soziale Codierungen als Einschreibungen in Techniken und Räume zu begreifen. Als Reproduktionen sozialer Felder sind sie dann zwar auf Interessen beziehbar, nicht aber auf diese zu reduzieren, weil die Interessen ihrerseits immer schon Resultate des jeweiligen sozialen Ortes sind, aus dem heraus sie sich ebenso bilden wie die Beziehungen zwischen den Akteuren, die immer symbolisch vermittelt

---

[344] Analytisch unterscheidet Henman (1999) materiale Technologien des Regierens, also technische Artefakte und darauf beruhende Verfahren, von Techno-logien im Sinne des kalkulativen, wissensförmigen Instrumentariums des Regierens.

sind.[345] Bei Lianos und Douglas aber beruht der Rückschluss von der *Dangerization* auf den Verlust einer geteilten Kultur und sozialer Stabilität in „a world denuded from the stabilizing effects of culture" (2000, 275), auf einer epistemologischen Trennung zwischen Kultur und Technik beziehungsweise technischen Verfahren. Doch zu der Diagnose, die a-sozialen Kontrolltechniken seien erst die Voraussetzung für eine Neu-besetzung und Festschreibung sozialer Ungleichheiten, können sie nur gelangen, wenn sie die Kontrolltechniken als Technologien des Regie-rens akzeptieren. Gleichwohl wollen sie die Maschinen nicht als eigen-ständige Akteure „ernst nehmen" und verschließen sich damit einer weiter gehenden Analyse von deren „Fähigkeit", Verhalten zu regieren.

Wie aber formen die materiale Welt und die materialen Kontrolltech-niken ihrerseits die Praktiken, und nicht nur die Kontrollpraktiken oder die Fertigkeiten bei der Begehung von Straftaten, sondern auch unsere Wahrnehmung von Abweichung und Kriminalität? Inwiefern produzie-ren sie Abweichung und Kriminalität? „Der neue Online-Räuber", so schreibt etwa David Rosenthal zum veränderten „Bild des Bankräubers" im Zeitalter der Informationstechnologien, „muss intelligent sein, und nicht mehr fingerfertig oder gewaltbereit. Er wird keine Stahltresore mehr knacken, kein Schalterpersonal mehr mit vorgehaltener Waffe bedrohen. Schon eher wird seine Aufgabe eine Mischung aus Trickdieb-stahl und dem Überfall auf einen Geldtransporter sein: Der Bankräuber

---

[345] „Die sozialen Subjekte" begriff Bourdieu (1987, 25) als „Klassifizierende, die sich durch ihre Klassifizierungen selbst klassifizieren" und sich ebenso wechselseitig klassifizieren. Wenn es ihm vor allem um die Frage dieser unhintergehbaren Re-Produktion von sozialen Beziehungen ging, wollte er „Klasse" weder als ein rein theoretisches Konstrukt noch im materialistischen Sinne als objektives Verhältnis verstanden wissen. Ähnlich wie Foucault darauf zielte, die Interaktionswahrscheinlichkeiten zu beschreiben, die Machtdispositive herstellen, zog auch Bourdieu es vor, von einer „wahrscheinlichen Klasse" zu sprechen, um die Objektivität einer sozialen Konstituierung in Sinne einer permanenten und wech-selseitigen sozialen Verortung jenseits von einem „nominalistischen Relativismus" und einem „Realismus des Intelligiblen" herauszustellen: „Was existiert, das ist ein Raum von Beziehungen" (1985, 12-13). Ich habe in dieser Studie bereits dargelegt, warum Foucault sich nicht in erster Linie für „Sinnverhältnisse" und Klassenverhältnisse interessierte, u.a. um die Materialität von Praktiken und die Verhandelbarkeit vermeintlich sozialer Deter-minierungen nicht zu vernachlässigen. Abgesehen davon ist mit O'Malley nochmals zu betonen, dass es der Analyse von Gouvernementalitäten nicht darum geht, das Konzept der Klasse als irrelevant oder obsolet zurückzuweisen: „Rather, class is generally regarded as a realist category associated with totalizing theoretical scenarios" (2001, 85). – Zu den Gemeinsamkeiten der Analytik der Macht Foucaults und der Soziologie der Macht Bour-dieus im Hinblick auf ihr konstitutives Denken vgl. Ruppert (2003) im Rahmen einer Un-tersuchung zur politischen Restrukturierung des städtischen Raumes. Für eine genuin so-ziologische Perspektive könnte man freilich ebenso gut Luhmann anführen: Im besten Sinne nach Simmel betreibt er eine „Metaphysik der Sozialwissenschaften", die darauf zielt, „die empirischen Ergebnisse in ein Gesamtverständnis von Gesellschaft zu integrie-ren, das seinerseits nicht mehr direkt empirisch begründet werden kann" (Lindemann 2002, 227).

der Zukunft wird zunächst die Geldkreisläufe der vernetzten Wirtschaft analysieren, die Schwachstellen finden und sie möglichst unbemerkt nutzen" (2000, 225). Allerdings sei auch die polizeiliche Ermittlungstätigkeit ihrerseits schwieriger zu erkennen: „Die Distanz, die den Hacker in Sicherheit wiegen lässt, wird zur Falle für ihn. Im Gegensatz zum traditionellen Bankraub wird er im Internet weder einen Alarm oder Sirenen hören, noch einen anderen Hinweis auf seine Jäger vernehmen" (ebd., 221). Andererseits seien Meldungen über Banküberfälle in den Medien immer noch spektakulärer als über virtuelle Formen von Kriminalität, was zweifelsohne nicht nur etwas mit unseren „kognitiven Ghettos" (Kreissl 2000) zu tun hat, sondern auch mit kulturellen Codes und ihrer medialen Vermittlungslogik, mit sozialen Beurteilungsrastern, den *social mindscapes* (Zerubavel 1999), die unsere Wahrnehmung strukturieren, und schließlich mit der Erfahrungsstruktur, in der sich die alltägliche Lebenswelt organisiert und in welche die erlebte Bedrohung eingewoben ist.

Wenn hier materiale Technologien in Foucaultscher Lesart in den Blick genommen werden, heißt das freilich, sich nicht nur auf Sinnverhältnisse oder Bedeutungen zu konzentrieren, sondern auch nichtdiskursive Momente in die Analyse einzubeziehen. „Although the role of language in constructing our world is well recognised, the technological construction of our world is often overlooked" (Henman 1999, 8).[346] Wenn eine solche Fragestellung die Überlegung impliziert, dass das, was wir als Kriminalität und Abweichung betrachten, ein Artefakt von Regierungstechnologien ist, bedeutet das gerade nicht, eine vorgängige, materiale Welt zu negieren, noch auch Handlungen als das bloße Produkt von Kontrolle zu betrachten. Es handelt sich vielmehr um die Fortschreibung einer „konstitutiven Kriminologie" (Henry/Milovanovic 1996), die Formen der Subjektivierung auf der Basis der Analyse von Rationalitäten und Technologien in den Blick nimmt.[347] Dabei kann eine

---

[346] Henman (1999) verbindet damit ausdrücklich eine Kritik an den *governmentality studies*, die sich mit der Analyse von Programmen vorwiegend auf die sprachliche Ebene konzentrierten: „The vast majority if empirical governmentality-studies explicitly focus on governmental discourses and, consequently, what is said about technologies, rather than about how they are put into practice and the consequence of such practice."

[347] Grundsätzlich ist das Programm der kritischen Kriminologie, ebenso wie das der Soziologie sozialer Probleme (vgl. z.B. Gusfield 1989; Schetsche 1996; Schwartz 1997), die beide Abweichung und Kriminalität von der Gesellschaft her analysieren, das einer konstitutiven Perspektive. Auch das Anliegen, eine konstitutive Kriminologie zu begründen, ist nicht neu, findet sich jedoch selten so explizit artikuliert wie bei Henry/Milovanovic (1994). – Die Skizze einer am Strafrecht und an sozial-strukturellen Bedingungen orientierten konstitutiven Kriminologie auf der Basis der Soziologie Bourdieus entwirft Bähr (2001). Für einen systemtheoretischen Zuschnitt der Evolution von Kriminalität ohne eine fortschreitende Richtung vgl. Bussmann, der sich damit allerdings auch jenseits einer politischen

solche, an den Praktiken ansetzende Perspektive durchaus an das Situationskonzept anknüpfen, mit dem sich die interaktionistische Soziologie gegen verallgemeinernde Erklärungen von gesellschaftlichen Zusammenhängen gesträubt hatte: „Persons come into existence through acting and being acted upon in situations, and situations arise out of interactions between persons. So persons are partly constituted by situations, and situations by persons" (Smith 2000, 148). Anders als bei der *labeling* inspirierten kritischen Kriminologie hieße das jedoch, nicht nur nach den „Bedingungen, unter denen bestimmte Verhaltensweisen als Kriminalität *bezeichnet* werden", zu fragen (Kreissl 1997, 523; Hervorhebung hinzugefügt). Schon eine Untersuchung, wie Rationalitäten und Technologien kognitive Landschaften und entsprechende Wahrnehmungsfolien produzieren, würde sich über die Ebene von Deutungen, Bedeutungen und Sinnkonstituierung hinaus für die *Formen* des Sagens und Sehens, für die Frage der Sagbarkeit und Sichtbarkeit interessieren.[348] Wenn es heißt, Wirtschaftskriminalität zum Beispiel sei

---

Analyse stellt: „es *gibt keine Vernunft* der ‚Kriminalität'" und wie die „Evolution kennt [sie] keine Richtung, [...] sondern sie geschieht einfach" (2000, 238). Ebenfalls einen systemtheoretisch begründeten Ansatz, den Verbrechensbegriff über eine Theorie der Beobachtung einzuholen, verfolgt Sessar (1998). Ein allgemeines Analyseraster auf dem Hintergrund von Prozessen der „(ökonomischen, informationellen, politischen)" Globalisierung, mit dem sich ein neues Kontrollregime ausbilde und sich auch die Formen von Kriminalität veränderten, entwirft Kreissl (1997). In differenzierungstheoretischer, Luhmannscher Perspektive konzentriert er sich vorwiegend auf konzeptuelle Verschiebungen von Kategorien wie Normen und Gefahren, Risiko und Sicherheit, Abweichung und Kriminalität oder bezogen auf das Verhältnis etwa von Staat und Gesellschaft. Materiale Technologien sind hier eher implizit relevant, wenn z.B. die gestiegene Attraktivität „ökonomischer ‚Software'" (Marken, Design, Informationen) im Verhältnis zur „materiellen ‚Hardware'" (materielle Güter) im Zuge veränderter Produktionsstrukturen einen weiteren Aspekt bildet. – Henry/Milovanovic verbinden mit ihrem Ansatz eine abolitionistische, auf die Abschaffung von „Leid", zugeschnittene Perspektive: „Constitutive Criminology is concerned with identifying the ways in which the interrelations between human agents and their social world constitute crime, victims and control as realities. It is oriented to how we may deconstruct these realities and *how we may reconstruct less harmful alternatives*. Simultaneously, it is concerned with how emergent socially constructed realities themselves constitute human agents with the implication that, if crime is to be replaced, this necessarily must involve a deconstruction and reconstruction of the human subject" (1994, 110; Hervorhebung hinzugefügt). „Leidzufügung" bildet dann selbst ein zentrales Kriterium für die Neubestimmung von „kriminell" im Sinne der Rekonstruktion „weniger leidvoller Alternativen", die Henry und Milovanovic (vgl. 1996, 185ff.) auf dem Wege alternativer Diskurse, welche die herrschenden ersetzen und eine neue symbolische und visuelle Ordnung herstellen, erzielen wollen.

[348] Die Fragen einer kognitiv orientierten konstitutiven Kriminologie ließen sich mit Kreissl (2000, 29) wie folgt umreißen: Wo verläuft die Grenze des „markierten" Feldes von Kriminalität und abweichendem Verhalten, welches, in der Terminologie der Gestaltpsychologie gedacht, einen Vordergrund bildet, hinter dem der weitere mögliche Bereich von Phänomenen, die wir auch als Kriminalität identifizieren könnten, aus dem Feld des Wahrnehmbaren verblasst – und umgekehrt: Welche blinden Flecken produziert die institutionelle und wissenschaftliche Rekonstruktion des Täters vom Ereignis der Tat her?

prinzipiell weniger leicht sichtbar als Gewaltkriminalität oder die traditionelle gegenständliche Eigentumskriminalität offensichtlicher als der Einbruch in Datensysteme, beziehen sich solche Aussagen in der Perspektive einer konstitutiven Kriminologie nicht auf ontologische, sondern auf politisch begründete Differenzierungen, in denen sich „fields of visibility of government" profilieren (Dean 1999, 30-31).[349] Für entsprechende empirische Untersuchungen könnten dann Fragen wie diese leitend sein: Wie werden Formen von unerwünschter Abweichung und Kriminalität sichtbar in Diskursen und Praktiken des Regierens und unsichtbar, in „andere Räume" (Foucault 1990) verbannt, in denen andere Machtverhältnisse andere Regeln des Wahrsprechens und der Akzeptabilität von Praktiken konstituieren?

Weiter führend für eine konstitutive Perspektive, die an den Praktiken ansetzt, um die Machteffekte und Subjektivierungsweisen von materialen Technologien zu eruieren, sind zunächst die Analysen Bruno Latours, der das Verhältnis zwischen Mensch und Maschine, zwischen menschlichen und nicht-menschlichen Aktanten als eines der Übersetzung begreift. Die physikalische oder materiale Welt erlege dem Handeln und den Praktiken des Regierens, so der Grundgedanke, ihre eigenen Gesetze auf: „the socio-technical nature of government forces us to recognise the capabilities of the material [...] the existence of technologies transform the ways in which government is conceptualised and practiced" (Henman 1999). Dinge seien als *assemblies*, als Zusammensetzungen heterogener, humaner und nicht-humaner Elemente zu betrachten, die nicht von sich aus – „by nature" – sozial seien. Sie würden das erst, indem sie gleichsam künstlich in sozialen Codierungen zusammengebunden würden (Latour 2000, 117). Auf diese Weise seien die Dichotomien des modernen Denkens entstanden (vgl. Latour 1998), die uns zwingen, Natur versus Soziales oder Notwendigkeit versus Freiheit zu denken. Umgekehrt müsse Technik in diesem modernen Selbstverständnis immer als von Menschen gemachte und beherrschte gedacht werden. Übersehen werde dabei, dass auch die nicht-humanen Dinge „Aktanten" („actants") seien, die widerständig sein und durchaus widersprechen könnten: „objects which have been rendered ‚able' [...] to *object* to what is told about them" (Latour 2000, 115).[350] Die Aufgabe

---

[349] Ein ontologisches Kriterium der Unterscheidung legen etwa Davies et al. (1999) in ihrer Analyse von „invisible crimes" zugrunde. Zur Analyse von Erscheinungsformen von Kriminalität auf der Basis des Foucaultschen Raum-Konzeptes vgl. Krasmann (1997b) zum Gegenstandsbereich „Gewalt"; Künzel (1999) zu patriarchalischer Gewalt; Legnaro (1999) zu Drogenkonsum.

[350] Latour hat diesen Zusammenhang wissenschaftshistorisch rekonstruiert. So sei etwa Robert Boyles Erfindung der Luftpumpe und des Luftdrucks nicht eine Entdeckung, son-

einer kritischen Analyse bestehe nun darin, die Weise der Übersetzung, „of translating some type of entities into another" (ebd., 113), zu rekonstruieren und gleichsam zurückzuübersetzen: „to bring the ‚things' back to what they pertain" (ebd., 120).[351] Und so wie der Prozess der Übersetzung ein politischer gewesen sei, weil eine Verknüpfung unterschiedlicher Elemente, wie die Ökologie-Debatte zeige (vgl. Latour 2001), mit folgenreichen Entscheidungen verbunden ist, so sei auch dies jetzt eine – durchaus lösbare – politische Aufgabe: „Und doch gibt es den Ariadnefaden, mit dem man kontinuierlich vom Lokalen zum Globalen, vom Menschlichen zum Nicht-Menschlichen übergehen kann. Es ist der Faden der Netze von Praktiken und Instrumenten, von Dokumenten und Übersetzungen" (Latour 1998, 162).

Im Unterschied zur symbolisch-interaktionistischen Perspektive würde diese also die nicht-humanen Aktanten gleichberechtigt neben die humanen Aktanten stellen, schließlich definierten und gestalteten beide die Situation.[352] Die Differenz zu den situationsorientierten Konzepten

---

dern eine Fabrikation im Labor gewesen: „Das soziale Band der Gesellschaft, in der wir leben, besteht aus Objekten, die im Laboratorium fabriziert sind" (Latour 1998, 33). Das aber heiße keineswegs, wir hätten es lediglich mit Artefakten zu tun. Gerade weil die Objekte in einem „Netzwerk standardisierter Praktiken" hervorgebracht wurden (ebd., 37), sind sie reproduzierbar und können die Bestätigung und Anerkennung durch die Beobachter finden: „Wir erkennen die Natur der Fakten, weil wir sie unter Bedingungen erarbeitet haben, die wir vollkommen kontrollieren" (ebd., 29). Dieses Wissenschaftsprogramm der Moderne kennzeichne sich daher durch die Trennung von Natur- und Gesellschaftswissenschaften, die, bis zur Negation von Ansätzen der jeweiligen Gegenseite im eigenen Feld, unbedingt aufrechterhalten werden müsse. Das habe zur Folge, dass die eine Seite die Universalität ihrer Gesetze übertreibe, während die andere das Soziale beziehungsweise die Entität der Gesellschaft überdimensioniere (vgl. ebd., 160).

351 Dies solle nicht die Einstimmung in die Postmoderne sein: Weder hätten die Dinge die Einheitlichkeit, die ihnen die Moderne zuschrieb, noch die Vielfältigkeit, wie uns die Postmoderne glauben machen wollte. Latour (2000, 120) wendet sich mit dieser Bemerkung insbesondere gegen die Netzwerktheorie Manuel Castells, der weder Übersetzungsverhältnisse analysieren noch das Konzept des Sozialen in Frage stellen will, obgleich er die „Netzwerkgesellschaft" wesentlich durch technologische Entwicklungen des „Informationszeitalters" bestimmt sieht: „Die Netzwerk-Gesellschaft stellt eine spezifische Form von Sozialstruktur dar [...] Unter sozialer Struktur verstehe ich die geordneten Arrangements von Menschen in Zusammenhängen von Produktion/Konsumtion, Erfahrung und Macht, wie sie sich in bedeutsamen Interaktionen im Rahmen der Kultur ausdrücken" (Castel 2000, 37).

352 Von Aktanten kann man demnach sprechen, wenn diese Bedingung der Gestaltung gegeben ist. Latour (2001, 248) führt ein einfaches Beispiel an: „Wenn ich als einfacher Schäfer an einen Holzzaun die Aufgabe delegiere, meine Schafe zusammen zu halten, dann kann ich mit meinem Hund schlafen gehen. Wer handelt, während ich schlafe? Ich, die Handwerker und der Zaun. Habe ich mich in diesem Zaun entfaltet, so als hätte ich außerhalb meiner selbst eine Kompetenz aktualisiert, über die ich als Potenzialität verfüge? Auf keinen Fall. Der Zaun ähnelt mir in keiner Weise. Er ist auch nicht die Verlängerung meiner Arme oder meines Hundes. Er weist ganz und gar über mich hinaus. Er ist ein Aktant im eigenen Recht." – In systemtheoretischer Perspektive, bei Lindemann (1999) etwa als Konstitution der Grenze zwischen Natur und Sozialem extrapoliert, sind hinge-

der Technoprävention liegt auf der Hand, da sie den räsonierenden Akteur ebenso wie die materiale Welt um ihn herum nur voraussetzen, ohne das eine oder andere theoretisch weiter zu spezifizieren. David Smith hat deshalb zu Recht darauf hingewiesen, dass die Vertreter dieser situationsorientierten Kriminologie „curiously, tended to understate the importance of situations" (2000, 171). Im Grunde seien sie nicht radikal genug gewesen, denn sie hätten nicht berücksichtigt, dass Situationen nicht nur einen augenblicklichen, sondern auch einen längerfristigen Einfluss auf Personen und ihre Verhaltensweisen (und umgekehrt) haben könnten: „persons are shaped by the situations through which they move" (ebd., 148); und „if people's behaviour and experience change, then their attitudes may change as a consequence". Der Vordenker der pragmatischen Kriminologie, James Q. Wilson, hingegen habe behauptet, dass es einfacher sei, Verhalten zu ändern als Einstellungen; „he seemed to identify attitudes with the inner core of the self [...] and behaviour with the contingent manifestations of the self, malleable and responsive to circumstances" (ebd., 157). Ginge man aber davon aus, dass technische Installationen auch Erfahrungen konstituieren und Einstellungen verändern könnten, dann sei die Frage aufschlussreich, ob eine Automatik in der Lage sei, „a strong and consistent symbolic message" zu vermitteln (ebd., 170). Überzeugend sei diese Botschaft, wie empirische Studien gezeigt hätten, wenn der Adressat nicht seiner Handlungsautonomie beraubt, sondern aktiv in das System einbezogen werde und wenn dieses seinerseits in der Bedienung konsequent operiere. Für Zugangssysteme in Metrostationen hieße das beispielsweise, automatische Sperren mit einem funktionierenden Münzsystem zu kombinieren. Wo dem Adressaten keine Entscheidungsfreiheit mehr gelassen werde (man kann die Sperre überhaupt nicht umgehen,

---

gen zwei Bedingungen zu erfüllen: Dem konstruktivistischen Diktum in der Soziologie folgend, muss einer Entität auch der Status eines Akteurs zugeschrieben werden, um als solcher „real" zu sein; zudem müssen diese Akteure auch selbst in der Lage sein, „einer anderen Entität ebenfalls etwas" zuzuschreiben (Lindemann 2002, 231). Damit weist die Systemtheorie sich in einem von Latour kritisierten Sinne als soziologisch aus, denn sie postuliert die Position des Beobachters als unhintergehbar und klammert die Materialität der Dinge so systematisch aus. Das Soziale ist hier kontingent und „das Umweltverhältnis von Menschen nicht naturhaft fixiert". Zugleich ist das Soziale ein immanenter Effekt der Beobachtung. Es wird „erst durch das praktische gesellschaftliche Umweltverhältnis festgelegt [..]. In diesem Sinne wird ,der Mensch' als ein Wesen betrachtet, das sich und die Umwelt, in der er lebt, selbst hervorbringt" (ebd., 229). Selbst wenn man aber nicht beide Bedingungen voraussetzte, die Zuweisung des Status eines Aktanten und dessen Fähigkeit der Zuschreibung, könne in soziologischer Lesart, so Lorentzen (2002, 107), keine Rede von einer *gleichberechtigten* beziehungsweise symmetrischen Partizipation von nichthumanen und humanen Aktanten in der Kommunikation sein: Die „Gestaltungsverhältnisse" seien insofern „hierarchisiert", als „[d]ie Beiträge der Non-Humans [..] von den Menschen sinnförmig weiterprozessiert" würden.

sondern muss sich in das System fügen) oder diese gänzlich offen sei (keine Kontrollen und keine Hürden) oder wenn das System adäquates Verhalten nicht entsprechend sanktioniere (das gekaufte Ticket öffnet den Zugang nicht), führe das jeweils dazu, dass die gewünschte Mitarbeit (bezahlen), aufgegeben werde. Nun ist das Anliegen von Smith die Perfektionierung des situationsorientierten Konzeptes. Für den vorliegenden Zusammenhang sind hingegen zwei daran anschließende Überlegungen relevant. Zum einen lässt sich offenbar eine normative oder moralische „Botschaft" rekonstruieren, die sich nur aus der Bedienung der technischen Anlage ableitet, die aber nicht ablesbar und in diesem Sinne programmierbar ist. Daraus resultiert zum anderen die Umkehr der gewohnten kriminologischen Verantwortungszuweisung und folglich auch der Untersuchungsperspektive: „Abweichung" ist nicht allein auf den Adressaten zurückzuführen, auf Intentionen und Handlungsoptionen. Sie kann auch geradezu provoziert sein durch die Konstruktion, die bestimmte Spielregeln des Verhaltens hervorbringt.

Maschinen implizieren ein praktisches Wissen von den „Eigenschaften dieser Materialität" und von ihrer Funktionsweise. Sie formen Praktiken, zugleich können technische Möglichkeiten umgekehrt neue Formen des Regierens hervorbringen. „Der Techniker weiß die Maschine zu bedienen; aber auch die Maschine bedient in gewisser Weise den Techniker": „sie zwingt diesen in ein ganz bestimmtes Handlungsformat" (Linhardt 2000, 84-85). Materiale Kontrolltechnologien können nicht nur Verhalten steuern, das sie in ihre Grammatik integrieren. Sie konstituieren auch spezifische Subjekte. Ihre „Grammatik ist nicht nur ein Corpus von Regeln, sie beinhaltet auch immer schon die Regeln der Anwendung. Sie schließt in die Theorie die Konstitution ihres eigenen Objekts ein" (ebd., 89). Schließlich können materiale oder automatisierte Kontrolltechniken Programme des Regierens inspirieren und neue Praktiken generieren, die gegebenenfalls dann erst rechtlich geregelt werden müssen.[353] Wenn die Technologien insofern ihre eigenen Möglichkeiten und Effekte des *Regierens* hervorbringen, wären diese im Hinblick auf die Ökonomie der Macht zu untersuchen, die sie mit herausbilden, indem sie spezifische Formen der Subjektivierung gleichsam provozieren. So zeigt Dominique Linhardt bezogen auf die Abwehr terroristischer Bedrohung in Flughäfen, inwiefern das Politische hier in die technische Anlage eingeschrieben ist. Die Maschinen erlauben eine „Demokratisierung" der Kontrolle, indem sie den Verdacht technisch objektivieren und auf alle Passagiere gleichermaßen verteilen. Politisch

---

353 Ein Beispiel dafür ist die Videoüberwachung. Zur grundrechtlichen und polizeirechtlichen Problematisierung vgl. Roggan (2001); Weichert (2001).

sind sie daher weniger in der Zielsetzung, so genannte politische Gewalt abwehren zu sollen, als in der Form einer neutralen Kontrolle, welche die materiale Technologie erst ermöglicht. Die Maschinen stellen die Lesbarkeit gefährlicher Objekte im Handgepäck her und gleichzeitig eine spezifische Ökonomie der Kontrolle: Der Zugriff auf die Privatheit der Reisenden wird diskret, weil jede Durchsuchung durch technische und insofern objektive Indikatoren begründet ist. „Gerecht" beziehungsweise „demokratisch" ist sie, indem die Identifikationsleistungen der Maschinen die Intervention der Bediensteten auf den konkretisierten Verdachtsfall reduzieren und überdies den Verdacht nicht auf die zugehörige Person konzentrieren. Motive des Handelns sind irrelevant, wenn die technische Vorrichtung ein Objekt als gefährlich, als nicht „steril" ausweist und Verdacht sich maschinell herstellt: „Bei der Kontrolle des Handgepäcks eines Passagiers zeigt der Monitor an, dass sich eine Handgranate in der Tasche befindet. Die Kontrolleure wissen nicht, wer diese Person ist und ob sie feindlich gesinnt ist (vielleicht ist die Handgranate ja ein Sammelstück). Jedoch wissen sie, dass der Passagier nicht (mit seiner Granate ausgerüstet) seinen Weg fortsetzen kann. Nicht weil sie ihn für einen Terroristen halten, sondern weil er nicht steril ist. Es genügt aber, dass der Passagier seine Granate den Kontrolleuren aushändigt, damit er seinen Weg fortsetzen kann, selbst wenn er ein Terrorist ist" (Linhardt 2000, 101-02).[354] Mit der Irrelevanz einer Handlungsabsicht ist auch die Beschuldigung eines potenziellen Täters obsolet. Das Verfahren, eine technisch indizierte und präventiv objektivierte Gefahr zu beseitigen, mutet mit dem Ausschluss des verdächtigen Objekts oder der zugehörigen Person von der Mitreise ebenso technisch an.

4.7 Videoüberwachung: Zur Signatur der Kontrollgesellschaft

Die Vision totaler Überwachung und Durchleuchtung durch einen Staat, der alles sieht und alles weiß, ist ein immer wieder entworfenes Szenario der Bedrohung bürgerlicher Freiheiten und des Rechts auf informationelle Selbstbestimmung angesichts der Entwicklung der neuen Informationstechnologien und automatisierter Identifikationstechniken. Denn damit können sich neue Kontrollfelder und Überwa-

---

[354] Diese Beobachtung ist theoretisch folgerichtig im Hinblick auf die Beschreibung der technisch induzierten Verfahrensweise. Unabhängig davon ist die Frage, welche anderen Reaktionsweisen tatsächlich möglich sind und welche weiteren Regelungen getroffen werden, um bestimmte Personen aufgrund eines Verdachts vom Flugverkehr auszuschließen.

chungsmöglichkeiten eröffnen. Chipkarten und Computerdaten, Videoüberwachung und biometrische Daten bilden vernetzte Systeme aus,
zwischen denen Datenabgleich prinzipiell möglich ist und auch praktiziert wird, mal mit und mal ohne datenschutzrechtliche Bedenken. Der
Mensch droht zum „gläsernen Menschen" zu mutieren, insbesondere
wenn man an die technischen Möglichkeiten der genetischen Erfassung
denkt (Gössner 2001). Dieser Vision kann man zwei Gesichtspunkte
entgegen halten: Sie ist erstens zu herrschaftsförmig und gleichwohl zu
„machtlos" gedacht. Dechiffriert man automatisierte Kontrolltechniken
daher mit dem Begriff der Regierung, so wäre zweitens die Videoüberwachung herauszuheben, die sich, analog zum Panopticon der Disziplinargesellschaft, wie eine Chiffre der Kontrollgesellschaft liest.

4.7.1   Überwachung und Kontrolle

Auf den ersten Blick scheinen die neuen Kontrolltechnologien die
Möglichkeiten von „1984" noch zu überbieten: So ist das „elektronische
Auge" (Lyon 1994), das bis in unsere Privatsphäre eindringt, nicht mehr
nur, wie bei Orwell, das Auge des Staates. Kommerzielle, administrative
und sicherheitspolitische Interessen verbinden und überlagern sich
vielmehr.[355] Und während der Überwachungsturm aus Stein im
Benthamschen Panopticon noch zentral in Erscheinung tritt, ist das
elektronische Auge schwerer lokalisierbar und eher zerstreut. Hier wie
dort freilich hat die Macht einen „gesichtslosen Blick" (Lyon 1997) und
ist „tendenziell unkörperlich" (Foucault 1977, 260). Im Kontrollregime
ist sie aber nicht nur „uneinsehbar" (ebd., 258), sondern scheint sich
zugleich unsichtbar auszudehnen. Denn die Informationstechnologien
können die traditionellen physischen Mauern und zeitlichen Grenzen
überschreiten und sich neue Räume und Zonen der Kontrolle erschließen (vgl. Marx 1988). Schon eine fest installierte Videokamera beispielsweise deckt einen Raum der Überwachung ab, der so variabel ist

---

[355] Zum Beispiel wird das Forschungsprojekt „BioTrusT" der „TeleTrusT e.V." für die
Entwicklung biometrischer Verfahren im Bankwesen vom Bundeswirtschaftsministerium
gefördert; das Darmstädter „Fraunhofer Institut für Graphische Datenverarbeitung" führte im Auftrag des Bundesamtes für Sicherheit und Informationstechnik (BSI) und des
BKA eine „Vergleichende Untersuchung Biometrischer Identifikationssysteme" (BioIS)
durch; und Computerprogramme zur automatischen Gesichts- oder Verhaltenserkennung
wurden und werden nicht nur von Unternehmen wie der US-amerikanischen „Visionics",
sondern auch an Universitäten, in Deutschland in Bochum und Dortmund, in England in
Leeds entwickelt (für eine Übersicht vgl. Busch/Daum 2002; Rötzer 1998; Sietmann 2002;
sowie die Webseite der Universität Dortmund zur „Sehensbasierten Handgestenerken-
nung": *ls7-www.cs.uni-dortmund.de/research/gesture/*).

wie die Kamera schwenkbar und ihr Zoom dehnbar. Computerisierte Technologien bieten noch weitere Möglichkeiten: Sie können unerwünschte Ereignisse nicht nur in Wahrscheinlichkeiten berechnen und prognostizieren, sondern in Simulationen auch antizipieren, und sie können Verhaltenstypen oder *Homunculi* konstruieren und Reaktionsoptionen zum Zwecke der Prävention beziehungsweise Kontrolle programmieren. *Surveillance* und Simulation fallen zusammen (vgl. Bogard 1996, 75-77; Boyne 2000, 299; Wunderlich 1999).

Doch schon empirisch ist eine Orwellsche Vision elektronischer Superüberwachung (vgl. Poster 1990) mit einem, zumindest potenziell, totalen Überblick und einem jederzeit personalisierbaren Wissenspool von der Hand zu weisen.[356] Denn wenn die Kontroll- und Überwachungssysteme der Gegenwart ähnlich dezentralisiert sind wie die panoptisch-synoptisch strukturierte „Viewer Society" (Matthiesen 1997), in der nicht nur einige Wenige die Vielen beobachten, sondern Viele auch Wenige durch ihre Webcams oder das Fernsehen, bedeutet das zunächst auch: Die Macht liegt nicht in der Kontrolle eines – staatlichen – Monopols. „Der ursprünglich als zentrale Staatsveranstaltung gedachte ‚Big Brother' hat sich zellgeteilt und ist in die Gesellschaft zurückgekehrt. Statt wie im Benthamschen Panopticon zentrisch angeordnet, organisiert sich Sozialkontrolle und Überwachungsmacht heute auf mehreren Ebenen über viele größere und kleinere Netzknoten, die teils staatlich, teils besitz- und eigentumsnützlich und hie und da auch privatbürgerlich verfasst sind" (Nogala 2000b, 153; vgl. auch Lianos/Douglas 2000, 276). Darüber hinaus operieren diese Kontrolltechnologien weniger auf der Basis eines zu kompilierenden Wissens über einzelne Personen und der Pflege personenbezogener Karteien. Profile von Nutzern oder Kunden und von Konsum- oder Lebensgewohnheiten bestehen vielmehr aus Datensätzen, die anlassbezogen abrufbar, kontextabhängig erstellbar, kombinierbar und rekomponierbar sind. So dienen zentrale Daten- und Informationspools zunächst der Erstellung von Profilen, einer flexiblen Nutzung und der Optimierung von Steuerungsprozessen, und für diesen Zweck sind die neuen Informationstechnologien auf Zeichen der „Anpassung" und Konformität oder „auf Loyalität" nicht „angewiesen": „Warnungen vor dem ‚gläsernen' Bürger

---

[356] Zur Vision einer *Maximum Security Society* vgl. Marx (1988) und für ihre Infragestellung Lyon (1994). Gleichwohl kursiert die Orwellsche Vision eher als Schlagwort, denn als empirisch untermauerte Beschreibung der Verfassung von Gesellschaften der Gegenwart. Zur Übersicht über den technologiegestützten Ausbau des Sicherheitsstaates und einer privat-kommerziell forcierten Überwachungsgesellschaft vgl. Gössner (2000); zur Entwicklung transnationaler Informationsnetze und Überwachungssysteme vgl. Matthiesen (2000).

und dem ‚Überwachungsstaat' sind bei diesem System unangemessen. Es geht nicht darum, irgendwelchen dritten Personen, irgendeinem Großen Bruder den Zugang zu vertraulichen Informationen zu geben. Das ist eine Möglichkeit, aber nicht das Ziel. Das Prinzip ist Kontrolle bei Gleichgültigkeit gegenüber der kontrollierten Person, Überwachung ohne Überwacher" (Kuhlmann 1993, 1342).[357] Nicht die Gesellschaft soll durchleuchtet und als Ganze gesteuert, vielmehr sollen Bewegungen und Informationsströme reguliert, Funktionsabläufe und Zugänge kontrolliert werden: „Rather than the tentacles of the state spreading across everyday life, the securitization of identity is dispersed and disorganized. And rather than totalizing surveillance, it is better seen as conditional access to circuits of consumption and civility" (Rose 1999a, 243; vgl. Kronauer 2002).

Auf der einen Seite haben wir es daher weniger mit Technologien der *Überwachung* als der *Kontrolle* zu tun: Definieren sich jene über „den zeitlichen Verlaufsaspekt [...] als eine zeitlich und logisch miteinander verbundene Abfolge einzelner Kontrollakte", so besteht das Prinzip bei diesen darin, einen „(verfügbaren) aktuellen Istwert" mit einem „Sollwert" abzugleichen, der über Zugang oder Verweigerung des Zugangs entscheidet (Nogala 2000b, 141). Allerdings beinhaltet Kontrolle keineswegs „die Idee von einer gewollten Ordnung sowie den Willen zu ihrer Realisation" (ebd.). Sie bezieht sich nicht auf einen statischen und kohärenten Ordnungsrahmen, sondern auf verschiedene Situationen und Kontexte, in denen Ordnung jeweils anders (re-)produziert wird. So gesehen kehrt sich das Verhältnis von Überwachung und Kontrolle in der Orwellschen Vision um. In Kontrollgesellschaften ist Kontrolle eine Form des *Managements*, eine Praxis, welche die jeweiligen Überwachungsräume überschreitet und darin zugleich variierend ist. Auch sind Exklusion und Gleichgültigkeit hier gleichermaßen bezeichnend. Denn

---

[357] Die „computerisierten Ressourcen-Management-Systeme", auf die Kuhlmann (1993) sich bezieht, wurden in der Sozial- und Gesundheitsverwaltung unter den Vorzeichen einer Krise des Wohlfahrtsstaates und unter Verweis auf die „Finanzkrise des Staates" eingeführt: Sie sollte u.a. dazu dienen, dem „Leistungsmissbrauch" entgegenzuwirken und Kontroll- und Verwaltungsabläufe zu rationalisieren. Eingesetzt wurden sie z.B. auch zur Kontrolle der Methadonabgabeverfahren. Heute setzt sich die elektronische „Informations- und Kommunikationstechnik" in großem Maßstab als *electronic government* oder auch kurz *E-Government* fort. Das von Regierungen und Ministerien erklärte Ziel besteht darin, Staat und Verwaltung zu „modernisieren" und die Strukturen des „aktivierenden" Staates effizienter zu gestalten: Der Politik böten die informationstechnologisch gestützten, neuen Steuerungsformen, so Engemann (2002), neue Möglichkeiten, sich der Verwaltung „wieder zu bemächtigen" und gleichzeitig den Aufwand dafür zu minimieren. Auf Loyalität seien sie nicht angewiesen, weil das computerisierte Wissen entpersonalisiert und objektiviert sei, zugleich neue Zugriffsmöglichkeiten der Kontrolle eröffne und zudem eher unmerklich zur Aktivität oder zum Mitmachen anreize.

Ereignisse und Aspekte außerhalb dieser Räume bleiben jeweils ignoriert, während das, was ihre Ordnung stört, eliminiert werden muss. Auf
der anderen Seite freilich können die automatisierten Techniken für die
gezielte Überwachung von Personen, für die Fahndung oder Strafverfolgung eingesetzt werden. Auch dann sind solche Systeme, die identifizieren sollen, auf Konformität nicht angewiesen. In den Blick genommen werden soll hier hingegen das strategische Feld, dem sich prinzipiell alle unterworfen sehen und in dem sich, im Sinne von Lianos und
Douglas, soziale Divisionen erneut reproduzieren.

4.7.2   Governance, nicht Government

Im Hinblick auf die Formen der Subjektivierung, die automatisierte
Kontrolltechnologien hervorbringen, wäre eine Orwellsche Vision zu
hierarchisch gedacht. Die Wirkungsweise dieser Macht ist subtiler:
Indem die Maschinen die Individuen in ihre Funktionsweise einbinden
und eigene Handlungsformate generieren, konstituieren sie spezifische
Subjektivierungsweisen. So wäre nicht nur darauf zu achten, welche
Informationen etwa das „maschinenlesbare Individualisierungsmittel"
der Chipkarte (Kuhlmann 1993, 1333) anderen zugänglich macht,
sondern welche Selbsttechnologien diese ihrerseits evozieren kann.
Vorstellbar ist beispielsweise, dass der geplante Gesundheitspass nicht
nur Ärzten, Apothekern und den Mitarbeitern der Krankenkasse das
Profil der Lebensgewohnheiten des jeweiligen Patienten und Kunden
darbietet. Der Besitzer wird nicht nur der potenziellen Überwachung
durch andere unterstellt, vielmehr auch zur Selbstkontrolle bewogen.
„Der Gesundheitschip wird gewissermaßen die Bilanz über das biologische Kapital des Bürgers ausweisen." Mit dieser Information, die dem
Besitzer des Chips selbst an die Hand gegeben wird, wird diesem auch
die Verantwortung für seine eigene Gesundheitsvorsorge übertragen:
„Der gläserne Mensch, gewiss, aber zu allererst für sich selbst. Schließlich kann nur der, der seine Natur durchschaut, sich beherrschen, um
sich zu schützen".[358] Wir haben es hier nicht mit Formen der Regierung
zu tun, die wir gewohnt sind mit einer staatlichen und eher hierarchisch
strukturierten Form der Machtausübung und Herrschaft zu assoziieren,
sondern mit Formen des Regierens – *governance* statt *government*. Dabei
sind regiert werden und sich selbst regieren nicht nur ineinander grei-

---

358   Claus Koch: „Terrorwahn in einer weltlos gewordenen Welt", in: *Süddeutsche Zeitung*, vom
15./16.12.2001.

fende Praktiken; ist Kontrolle erfolgreich, dann werden sie ununterscheidbar.

In gewisser Weise überbieten die neuen Kontrolltechnologien die Orwellsche Überwachung insofern tatsächlich noch; aber nicht weil die Menge der Informationspartikel, die potenziell abrufbar, abgleichbar und für unterschiedlichste Zusammenhänge verwendbar ist, insgesamt gesehen gigantische Ausmaße angenommen hat und „dataveillance" (Lyon 1997) ihrerseits nur maschinell zu bewältigen ist. Überwachung wäre nicht durch die Menge verfügbarer Informationen perfektioniert, sondern wenn sie obsolet geworden ist. Dies wiederum wäre dann weniger deshalb der Fall, weil die Systemsteuerung auf Loyalität nicht angewiesen und Überwachung ineffizient ist. Vielmehr stellt eine Passungsförmigkeit der Individuen sich über die Kontrolltechnologien einerseits situativ her – die jeweiligen Ordnungen und Anordnungen des Raumes schaffen Wahrscheinlichkeiten des Verhaltens und provozieren bestimmte Formen der Subjektivierung, wenn Individuen die Räume passieren und sich so zwangsläufig in ihnen positionieren. Andererseits muss eine über die Situation hinausgehende Konformität des Individuums so variabel sein wie die verschiedenen Situationen, die dieses passiert – während die Verantwortung für diese Fähigkeit der Flexibilität in seinen Händen liegt.

Foucault hatte auch das Panopticon schon nicht als das Sinnbild totalitärer Überwachung verstanden, weder in der einen noch in der anderen Machtdimension, die beide zusammen genommen die Form der Subjektivierung ausmachen: Der „Sortiermechanismus" (Lyon 1997), den die ringförmige Architektur herstellt, markiert die Zurichtung der Individuen. Diese sind so gleichförmig wie die Parzellen der Insassen, obgleich die räumliche Separierung die Individualisierung doch erst ermöglicht. Das ist der Unterwerfungsmodus der disziplinären Norm: Das optimale Modell, das diese darstellt, subsumiert das Besondere unter das Allgemeine. Die Norm homogenisiert die Individuen in dieser Objektivierung und individualisiert sie zugleich, indem sie überhaupt erst Vergleichbarkeit herstellt und Differenzen markierbar macht, wobei die Differenz sich stets im Verhältnis zur sozialen Norm artikuliert.[359] Der permanente Blick der sichtbaren und doch uneinsehbaren Macht im

---

[359] Die Architektur der Anlage entspräche wohl der Apparatur eines Polizeistaates (vgl. Gordon 1991, 25), der alles überwachen, überschauen und reglementieren will. Doch die Parzellierung ist nicht das letztendliche Ziel, sondern Teil eines komplexeren Mechanismus der Homogenisierung. Entscheidend ist nicht die Vereinzelung der Individuen im Sinne ihrer Trennung von den Anderen, sondern ihre Platzierung innerhalb des Wissensregimes; die Individualisierung im Sinne ihrer Hervorbringung als Subjekte, als Subjekte und Objekte des Wissens und körperlicher Prozeduren.

zentralen Turm bewirkt schließlich die Hereinnahme der Überwachung in das Selbst, die Übernahme der normierenden Schemata, in denen die Individuen sich gemessen und beurteilt sehen und in denen sie sich selber erfahren, sich selbst wahrnehmen und einschätzen werden. Der Blick der Macht verlagert sich in die Individuen, die äußere Kontrolle wird zu einem Teil des Selbst, zur Fähigkeit der Selbstbeherrschung und der selbständigen Lebensführung.[360] „Discipline [...] was not a means of producing terrorized slaves without privacy, but self-managing citizens capable of conducting themselves in freedom, shaping their newly acquired ‚private lives' according to norms of civility, and judging their conduct accordingly" (Rose 1999a, 242).[361]

4.7.3   Die neue Chiffre

Das neue Regime der „Kontrollgesellschaften" hatte Gilles Deleuze auf zwei Transformationen zurückgeführt: nicht nur auf „eine tiefgreifende Mutation des Kapitalismus", sondern auch auf eine „technologische Entwicklung". Die Chipkarte sei der Zugangsschlüssel in dieser Gesellschaft, in welcher der Mensch nicht mehr das Individuum ist, sondern das numerische „Dividuum", das den kapitalen Erfordernissen und dem binären Code der neuen Informationstechnologie angepasst ist. Mit dieser neuen Zurichtung des Individuums als Dividuum scheint das Foucaultsche Diktum einer Macht, die „gleichzeitig vermassend und individualisierend" ist, in Frage zu stehen: Die Statik der Gesellschaft ist so beweglich wie ihre Einzelteile, das Dividuum so flüchtig wie die virtuellen Datenströme, wie die Stichproben, die sich aus Datensätzen ziehen, oder wie die Risikofaktoren, die sich isolieren und re-kombinieren lassen. Ebenso wenig wie das Panopticon bloß eine Metapher der Disziplinargesellschaft ist, sind dies alles nicht nur technische Artefakte und nicht nur Metaphern, sondern „Chiffren" sich transformierender Regierungsweisen: Wir haben es mit der Regulierung von Bewegungsabläufen innerhalb wie außerhalb von Maschinen zu tun – Datensätze und Populationen unterscheiden sich hierin nicht – und mit veränderten Selbsttechnologien. Wo das Individuum früher in vorgefertigte „Gussformen" eingepasst war, ist es nun zu beständiger „Modula-

---

[360] Foucault buchstabiert diesen Prozess der Subjektivierung in *Überwachen und Strafen* nicht so weit aus, wie ich es hier getan habe, wohl auch, weil er sich dort, wie bereits erörtert, nicht weiter für die Subjektivität interessiert.

[361] Für eine kritische Auseinandersetzung mit einer „funktionalistischen" Lesart des Panopticons vgl. auch Boyne (2000, m.w.V.)

tion" verdammt, zu beständiger Arbeit an sich selbst und einer flexiblen Anpassung an den jeweiligen Aggregatzustand des Lebens, der schwankend ist wie die „Wechselkurse" der Börse (Deleuze 1993a, 256-58): „disciplinary societies [...] *mould* conduct by inscribing enduring corporeal and behavioral competences, and persisting practices of self-scrutiny and self-constraint into the soul. Control society is one of constant and never ending modulation where the *modulation* occurs within the flows and transactions between the forces and capacities of the human subject and the practices in which he or she participates. [...] In such a regime of control we are not dealing with subjects with a unique personality that is the expression of some inner fixed quality, but with elements, capacities, potentialities. These are plugged into multiple orbits, identifies by unique codes, identification numbers, profiles of preferences, security ratings and so forth: a ‚record' containing a whole variety of bits of information on our credentials, activities, qualifications for entry into this or that network" (Rose 2000a, 325). Das Individuum soll sich selbst als Humankapital begreifen und seine mobilisierbaren und variabel einsetzbaren Potenziale selbständig und beständig weiter entwickeln.

Analysiert man die Technik als Teil eines Programm der Verhaltenssteuerung, dann ist die Videokamera wohl die geeignetere Chiffre für dieses Kontrollregime avanciert liberaler Gesellschaften als die elektronische Fußfessel.[362] Mit der spielte Deleuze auf den Wechsel an von einer verwertungsorientierten Einübung der Selbstkontrolle in den Einschließungsmilieus der Disziplin zur flexiblen und flexibilisierenden Kontrolle „gleichsam im offenen Gelände" (Scheerer 1994, 15), die sich eher sanft und unmerklich über äußere Anreize vollzieht (vgl. Legnaro 2000a; Shearing 1997; Shearing/Stenning 1985).[363] Wenn man sich das

---

[362] Freilich ist die Technik nicht neu, und weniger neu als die elektronische Fußfessel. Doch erst in den 90er Jahren wurden Videoüberwachungssysteme nicht nur wie bis dato vor allem im Einzelhandel, zum Objektschutz, in Verkehrsbetrieben, insbesondere U-Bahnen, zur Verkehrskontrolle und bei Demonstrationen eingesetzt, sondern unter sicherheitspolitischen Vorzeichen zur Überwachung des öffentlichen und halböffentlichen Raumes. Insbesondere in Großbritannien wurde seit der zweiten Hälfte der 90er Jahre forciert in die Implementierung der Technik „Closed Circuit Television" (CCTV) investiert (vgl. Crawford 1998, 41): Schon die konservative Regierung sah darin eine Möglichkeit, dem registrierten Kriminalitätsanstieg etwas „Wirksames entgegenzusetzen" und so ihrem *law and order*-Programm zu entsprechen (vgl. Norris/Armstrong 1998, 36). U.a. als Mittel der Kriminalitätsbekämpfung wurden flächendeckende Videoüberwachungssysteme hierzulande erst sukzessive im Zuge des Pilotprojektes 1996 in Leipzig in einigen Städten eingeführt, vor allem im Innenstadtbereich, an Hauptbahnhöfen und bei Verkehrsbetrieben, auch in Bussen und Bahnen, sowie an „kriminogenen Orten" (Keller 2000, 190), etwa zur Kontrolle der „Drogenszene". Für eine Übersicht zur Einführung der Videoüberwachung in deutschen Städten vgl. Veil (2001); Wehrheim (2000); Weichert (1998).

[363] Weil Deleuze damit auch die Assoziation zu ließ, wir hätten es mit einem Übergang vom

Verhältnis von Mensch und Maschine als eines der Übersetzung denkt, bei der soziale und nicht-soziale Momente ineinander greifen und Materialitäten Praktiken formen, erschließt sich, inwiefern die Technik der Videoüberwachung, gleich den anderen automatisierten Kontrolltechniken, nicht nur bloßes Werkzeug oder Instrument des Regierens ist, sondern ein eigenes Machtverhältnis konstituiert (vgl. Mainprize 1996). Auch das spricht im übrigen gegen jene Vorstellung totalisierender Überwachung: Weder sind nur symbolische Vermittlungsverhältnisse am Werke, noch gibt es eine Macht, die sich von oben nach unten herunterdekliniert. Kräfteverhältnisse bilden sich vielmehr an vielen Stellen aus, brechen sich und weisen in unterschiedliche Richtungen.

Mit Kontrollregimen zerstreut sich der Fokus des Regierens: Von der Gesellschaft und den sozialen Verhältnissen auf Gemeinschaften, die Selbsttechniken der Individuen oder technische Verfahren. Hatte Foucault (2000, 65) mit der Formel von der *Gouvernementalisierung des Staates* darauf angespielt, dass der Staat selbst und seine Institutionen Gegenstand des Regierens sind und dass der Staat als ein politisches Gebilde das Produkt von Rationalitäten des Regierens ist, so ließe sich insofern auch von einer *Gouvernementalisierung der Regierungsmechanismen* sprechen: Nicht auf das soziale Milieu und die sozialen Ursachen von Problemen wird versucht Einfluss zu nehmen, und im Brennpunkt der Reflexion geeigneter Regierungsweisen steht nicht so sehr die Sicherheit der sozialen und ökonomischen Abläufe, „considered external to the formal apparatuses of government but the security of governmental mechanisms themselves" (Dean 1998, 38). Der Mensch und sein Verhalten werden über die Umwelt manipuliert, über ständig wechselnde Bezugssysteme und kontingente Orientierungsmarken.[364] Es handelt

---

Gefängnis zu alternativen, offenen Strafformen zu tun, sah Scheerer sich dazu veranlasst zu erörtern, wie diese Diagnose von der offenen Kontrolle mit der von Nils Christie problematisierten Empirie der hohen und gestiegenen Häftlingszahlen in den Gefängnissen der westlichen Welt zusammen passe. Beide Entwicklungen, so seine Schlussfolgerung, schlössen sich nicht aus, ergänzten einander vielmehr: „Die Antwort liegt also eher im ‚Und' als im ‚Oder', wenn von Christie und Deleuze die Rede ist" (1996, 333).

[364] Dean bezieht seine Analyse lediglich auf Institutionen und das Verhalten der Individuen. Diese Fokussierung ist jedoch schon in der von Foucault diagnostizierten Gouvernementalisierung des Staates enthalten. – Wenn Castel (2000b, 18) konstatiert, dass gegenwärtig versucht werde, „die soziale Behandlung eines Problems auf die Ränder der Gesellschaft zu verschieben", beschreibt er damit eine vergleichbare Tendenz: Das geschehe nämlich aus Gründen der „Wirtschaftlichkeit" und habe nichts mit einer umfassenden Sozialpolitik zu tun, die vielmehr ersetzt werde: „um die Folgen kann man sich nämlich in *technischer* Weise kümmern, während die Beherrschung des Prozesses eine *politische* Behandlung des Problems erfordert." – Sinngemäß spricht auch Urry (2000b, 17) von einer Gouvernementalisierung der Regierungsmechanismen, wenn er Globalisierung wesentlich von nicht-humanen („inhuman") Prozessen bestimmt sieht und dementsprechend eine Transformation von Staaten konstatiert, „which move from what I would term an endogenist regula-

sich um eine Form des Regierens, „die sich auf die Freiheit eines jeden Menschen stützt" (Foucault 1982, 8), jedoch nicht, indem sie den Menschen und sein Verhalten bestimmt, sondern die ihn „umgebende Umwelt in einer Weise modifiziert, dass deren latente Ungewissheit von sich aus auf das Verhalten der Menschen wirkt" (Soiland 2002, 144). Insofern ist die Regulierung der Regierungsmechanismen selbst wichtig geworden und die Technik der Videoüberwachung daher vielleicht ähnlich bezeichnend für das Kontrollregime avanciert liberaler Gesellschaften wie das Panopticon für das Funktionieren der Disziplinargesellschaft.

Die Kamerainstallation ist eine Variante situationsorientierter Kriminalprävention (vgl. Clarke 1995). Den Menschen als Risikokalkulator voraussetzend soll sie das Risiko einer Straftat beziehungsweise unerlaubten oder unerwünschten Verhaltens signalisieren. Diese Botschaft ist, wenn sie denn überhaupt ihren Adressaten findet, seltsam sprachlos. Die Sprachlosigkeit liegt jedoch nicht darin, dass ein direktes Gegenüber für eine Kommunikation fehlte und ein technisches Medium Verhalten aus der Distanz regierte. Sie liegt nicht darin, dass die Installation nicht auch Teil einer Kommunikation sein könnte. Entscheidend ist vielmehr, dass keine inhaltlich bestimmte Normativität transportiert wird, keine Wertvorstellungen, außer eben jener, von der bereits die Rede war: von der zukunfts- und verantwortungsorientierten Moral, die Konsequenzen des eigenen Handelns im Blick zu behalten. Freilich, wer im sprichwörtlichen Sinne nichts zu verbergen hat, den braucht das alles auch nicht zu interessieren. Zunächst scheint sich die Videoüberwachung an bestimmte Personen zu richten, wenn es in den paraprivaten Räumen der geschäftsorientierten Wandelhallen, Einkaufsmeilen und Transportsysteme darum geht, „den Kundenraum zu sichern", wenn man die Kontrolltechnik gar als „Serviceleistung" für den Kunden ansehen kann. Zu bezweifeln ist jedoch, ob dabei immer nur die „gefährlichen Klassen" im Visier sind,[365] das System nicht vielmehr erlaubt, eine äußerst variable Spaltung in erwünschte und unerwünschte Kunden vorzunehmen. Denn wenn die technische Anlage ein spezifisches Subjekt evoziert, indem sie den *homo prudens* anruft, ist diese Botschaft selbst moralisch zurückhaltend. Sie bedeutet nicht, dass Ladendiebstahl oder Drogen-

---

tor of peoples *à la* Foucault, to an exogenist state facilitating, regulating and responding to the consequences of diverse mobilities."

[365] „Sehen und gesehen werden. diffus kampagnistisch: die Rede von der Übewachungsgesellschaft", (anonym) in: *diskus* (3) 2000 (*www.copyriot.com/diskus/3_00/7.htm*). „Videoüberwachung", so auch Legnaro (2000b, 77), „symbolisiert und realisiert soziale und kulturelle Dominanzen und sucht einen Prozess des differentiellen Wohlfühlens zu bestärken – die einen fühlen sich wohl, weil behütet, die anderen nicht wohl, weil beobachtet."

handel an sich verwerflich seien, sondern dass dieses Verhalten an dieser Stelle, an diesem Ort nicht geduldet ist. Das ist jedoch nur eine mögliche Botschaft, die latent bleibt. Wie ein Signal kann die Installation die Drohung erfolgreicher Strafverfolgung verkörpern und ist zugleich eine Form der Überredung: Der Appell an die Klugheit eines unbescholtenen Bürgers und potenziellen Täters gemahnt an die Zukunft, während die mögliche Reaktionsweise auf eine konkrete Straftat oder auf unerwünschtes Verhalten offen ist.

Gerade in dieser Offenheit liegt zugleich ein Moment der Unsicherheit: Wie beim Benthamschen Panopticon weiß man auch heute nicht, ob hinter dem Auge der Videokamera ein menschliches Auge tatsächlich hinsieht, ob das körperlose Auge der Technik (vgl. Legnaro 2000b, 76) an einen denkenden und sehenden Körper gebunden oder nicht vielmehr blind ist. Die Position des Regierenden ist nicht erkennbar und die ausübende Macht nicht benennbar, abgesehen vielleicht von einer abstrakten Vorstellung von den Institutionen des Überwachens und Strafens oder aber von einem möglicherweise intervenierenden Geschäftsinhaber oder Sicherheitsbeauftragten. Die Technologie beruht auf dem Prinzip der *möglichen* Kontrolle und Intervention. Wenn Konformität erzeugt wird, resultiert sie aus dem *Glauben*, dass dieses Verhalten das Gewünschte ist (vgl. Alisch 2000), aus der Antizipation der Normen, die das Individuum selbst vornimmt. In dieser Vorwegnahme kontrolliert es sich selbst: Doch anders als beim Benthamschen Panopticon ist Selbstkontrolle hier eine Kann-Bestimmung. Kontrolle ist keine Erfolgskontrolle, nicht die Überwachung eines Prozesses, ob die erfolgte Kontrolle erfolgreich in Selbstkontrolle übergegangen ist. Wie die automatisierten Kontrolltechniken generell, zielt auch diese nicht auf die Veränderung von Einstellungen oder Verhaltensweisen. „They are not there to normalize individuals and train their souls but to order the external world in an optimal manner for the institution" (Lianos/Douglas 2000, 267).

Insofern könnte man besser von Videokontrolle sprechen: Um Überwachung handelt es sich nur insofern, als ein bestimmter Raum oder ein bestimmtes offenes Gelände der prüfenden Dauersichtung unterstellt sind. Die präventive Sicherung bezieht sich auf ein mehr oder weniger umgrenztes Territorium. Die Personen hingegen werden nur vorübergehend und nur potenziell dem kontrollierenden Blick unterzogen: solange sie diesen Ausschnitt durchqueren. Dasselbe Verhalten, das hier ausgeschlossen werden soll, ist anderswo zulässig. Das freilich heißt nicht, dass es anderswo erlaubt ist, nur wird es dort nicht auf dieselbe

Weise kontrolliert.[366] Und welche Regeln in den jeweils anderen Räumen und Situationen herrschen, das herauszufinden ist Aufgabe des Individuums, das mit Blick auf die Konsequenzen seines Tuns sich selbst überlassen bleibt. Wenn aus Überwachung die kontinuierliche Selbstkontrolle der eigenen Lebensführung geworden ist, die sich in das Individuum selbst verlagert, ist das eben keine Selbstdisziplinierung und keine Sozialisierung in ein normativ verwachsenes Regime. Eher ist es ein Fitmachen für die ständige Bereitschaft zu kontinuierlicher Modulation: „Surveillance is ‚designed in' to the flows of everyday existence" (Rose 2000a, 325; vgl. Deleuze 1993a). Neoliberale Regierungstechnologien werfen das Individuum auf seine eigene Verantwortung für die Risiken des Lebens und seine Selbstmobilisierungskräfte zurück, ohne das noch proklamieren zu müssen, weil die Konsequenzen jeder selbst tragen muss. Nicht anders verhält es sich mit der Strategie der Responsibilisierung, welche die Videokamera induziert: Die selbst zu treffende Wahl besteht zwischen einem Spielraum situationsabhängiger Passungsförmigkeit – oder der Exklusion.

Freilich: Damit die Abschreckung auch glaubhaft wirksam ist, muss die Installation auch für den gewöhnlichen Bürger zuweilen Konsequenzen zeitigen und sich, besonders in Gestalt staatlicher Macht, konkretisieren. Wohl so ist das folgende Beispiel zu lesen: Ein Autofahrer hatte in Bayern einer Videokamera, „die zur Verkehrsüberwachung eingesetzt war", seinen Mittelfinger entgegen gestreckt. Das Bayrische

---

[366] Das Prinzip der Problemlösung, im Gegensatz zum Problemmanagement, verkörpert die Videoüberwachung insofern allenfalls bezogen auf den konkreten Problemausschnitt, in dem sie auch Verhaltensänderungen, aber schwerlich eine Änderung von Einstellungen erzielen kann: Wo das Risiko, eine Straftat zu begehen, aufgrund der Überwachungsdichte zu groß ist, kann man mit vorübergehendem Unterlassen, vorsichtigerem Verhalten oder Ausweichen an andere Orte reagieren. Und wie empirische Studien zeigen, kennen die „üblichen Verdächtigen" ohnehin die Kontrolllogik der Videoüberwachung: Sie wissen, wo Kameras installiert sind, wann sie mit welchen Interventionen zu rechnen haben und wo in welche unbewachten Zonen sie sich verlagern können (vgl. Gras 2001, 14). Die Hauptgründe, die für eine Implementierung angeführt werden, sind Prävention, erleichterte Aufklärung und Erhöhung des subjektiven Sicherheitsgefühls (Müller 2002, 33). Allerdings ist eine Wirksamkeit in allen drei Punkten umstritten. Hervorgehoben wird immer wieder das Problem der Verlagerung in die nicht überwachten Zonen, der Präventionswirkung nur in bestimmten Deliktsbereichen, nicht aber etwa bei den die Bevölkerung am meisten beunruhigenden Gewaltdelikten (Norris/Armstrong 1998, 35), und schließlich dass Videokameras im Umkehrschluss als Hinweis auf besonders unsichere Zonen wahrgenommen werden. Wenn der Effekt der Verlagerung nicht ohnehin geleugnet wird, folgt häufig das Plädoyer, das System sei eben flächendeckend auszubauen. – Zur Erhöhung des registrierten Kriminalitätsaufkommens durch die Überwachung vgl. außerdem Ditton (1999); zum Problem der Personalreduzierung bei der Polizei zur Einsparung der Kosten, die durch die Technik entstehen, Müller (2002, 44); sowie für eine Übersicht zur Akzeptanz und kriminalpräventiven Wirksamkeit der Videoüberwachung m.w.V. Ditton (2000); Gras (2001); Norris/Armstrong (1999); Norris/Moran/Armstrong (1998).

Oberlandesgericht befand diese „Unmutsäußerung [..] als Beleidigung gegenüber jenen Beamten, die mit der Auswertung des Films befasst sind" und verurteilte „den Mann [im Jahre 1998] mit 30 Tagessätzen zu je 40 Mark".[367] Der Beschluss des 5. Strafsenats (5 St RR 30/00), vom 23. Februar 2000, der sich mit der Revision des Falles im Jahre 1999 befasste, unterstrich die Begründung zum „subjektiven Tatbestand" in dem ursprünglichen Urteil: Der „sog. ‚Stinkefinger'" „habe ‚absichtlich' den mit der Durchführung der Kontrollmaßnahme einschließlich deren Beobachtung mittels Aufzeichnungen befassten ‚Amtspersonen' gegolten, auch wenn der Angeklagte diese nicht gesehen habe. Dem Angeklagten sei bewusst gewesen, dass seine Geste eine vulgäre Kundgabe seiner Missachtung gegenüber den ‚befassten Amtspersonen' darstellte. Mit dieser Geste habe er auch darauf abgezielt, dass sie von den Amtspersonen später bei der Auswertung der Bildaufzeichnungen bemerkt werde, wozu es dann tatsächlich (durch beide Beamte) auch gekommen sei." Die Kontrolltechnik geht hier, für den Adressaten offenbar unerwartet und unvermittelt, in Disziplinierung über. Dieser Effekt ist gerade deshalb möglich, weil Verhalten über die Manipulation von technischen Objekten regiert wird. Die Installation verkörpert die Drohung der Strafverfolgung. Sie repräsentiert die anonymisierte Sanktionsinstanz, die sie latent hält. In dem Beispiel wird die so implizierte Ungewissheit zu einer Verunsicherung konkretisiert, indem die tatsächliche Strafverfolgung sich nicht auf den vermeintlichen Kontrollgegenstand, die Geschwindigkeit, bezieht. Die polizeiliche Intervention bestätigt auf diese Weise den Imperativ der Selbstdisziplinierung, für den die Installation steht.[368] Auch insofern steht die Kontrollgesellschaft ebenso wenig für einen interventionistischen Kontrollwahn wie die Disziplinargesellschaft für tatsächlich disziplinierte Individuen. Und auch an dieser Stelle wird noch einmal deutlich, dass das Regime der Kontrollgesellschaft keineswegs gleichbedeutend ist mit der Ablösung eines Disziplinarregimes.

---

367 Das berichtete *Die Zeit* in ihrer 40. Ausgabe 2000.

368 Die drei Momente, die Popitz (1992, 80-84) zufolge strukturbestimmend sind für Drohungen, wären also zu modifizieren. Erstens „kreiert" in unserem Beispiel nicht ein identifizierbarer Akteur die Alternative zwischen gefordertem und abweichendem Verhalten. Die Drohung ist anonymisiert, in die technische Installation eingeschrieben. Zweitens ist, anders als in der Popitzschen Definition, nicht nur der „Absender einer Drohung" unbestimmt, sondern auch der „Vollzieher [...] einer Sanktion". Das dritte, gemäß Popitz bestimmende Moment ist hingegen auch bei der Technik der Videoüberwachung konstitutiv: Weil Drohung immer nur die mögliche Handlung beziehungsweise Sanktion bedeutet, ist sie mit Ungewissheit verbunden: „Drohungen bedeuten also nicht nur die Oktroyierung einer Alternative, sondern auch die Oktroyierung von Ungewissheit."

Wenn die Kamerainstallation als „Mittel der Kriminalprävention"
(Keller 2000) auch wirksam sein soll, benötigt man überdies Hinweisschilder: Wer die Kamera nicht entdeckt, weiß sich nicht abgeschreckt.
Doch noch das ist eine Form der Verantwortungszuweisung, die den
Einzelnen auf sich selbst zurückwirft: *No excuses* gelten auch hier, wo
diese Schilder extra noch einmal auf die Konsequenzen unerwünschten
Verhaltens hinweisen. Stumm sind sie in dieser Beredtheit zumeist
dennoch, weil sie die Konsequenzen nicht direkt benennen. Deshalb
trifft wohl kaum ein anderer Slogan den Euphemismus der Strafverfol-
gungsdrohung und gleichermaßen die neoliberale Selbstverpflichtung
zum Mitmachen besser, als der, den man in zahlreichen videoüberwach-
ten Stadtteilen Londons liest: „Smile, you're on camera" (vgl. Nor-
ris/Armstrong 1998). Noch auf der Straße soll sich offenbar ein jeder
als Unternehmer seiner selbst begreifen: räsonierend, vorausschauend,
sich selbst oder zumindest die Konsequenzen des eigenen Verhaltens
klug kontrollierend und dabei, schließlich wird man gefilmt, auch noch
gut aussehen. Das „cheese" von Mickey Mouse in Disneyland, das
Clifford Shearing und Philip Stenning (1987) einst als schiefes Lächeln
galt, weil Verhaltenssteuerung sich hier eher unmerklich über Anreize
vollzieht und im Verweigerungsfalle gleichwohl repressive Reaktionen
zeitigt, ist heute nicht nur Sinnbild einer Welt der *Shopping Malls* (vgl.
Legnaro 2000a), die ihre eigenen Exklusionsmechanismen hat (vgl.
Bauman 1995b). Das Lächeln ist zur Fratze einer neoliberalen Überle-
bensdevise der *Response-ability* verzogen, die dem Einzelnen, dem *homo
prudens*, auch in diesem Rahmen die tägliche Anstrengung des Mithaltens
bei guter Pose abverlangt und die kontinuierliche Bereitschaft, eigenverantwortlich die Konsequenzen des Handelns selbst zu tragen. So wird
die Videokontrolle zur Chiffre einer Freiheit, die permanent zu haben
ist und als solche permanent zugewiesen wird. Es ist die Freiheit, selbst
zu wählen und zu entscheiden, zu der wir uns, weil sie uns niemand
auferlegt, selbst gezwungen sehen. Kontrolliert werden wir bei der
Ausübung dieser Freiheit in je unterschiedlichen Kontexten und unter
variierenden Vorgaben und Maßstäben, aber immer begrenzt auf diese
Situationen – und gerade darin besteht der Mobilisierungsmechanismus:
Dass wir auf uns selbst verwiesen sind, wenn wir den Übergang von
einem Kontext zum anderen leisten; und dass wir selbst entscheiden
können, ob wir teilhaben wollen und draußen bleiben.[369] Sobald wir

---

[369] Noch einmal: Dass diese Selbständigkeit nicht gleich Autonomie bedeutet, bringt das
Konzept der Selbstdisziplinierung ebenso auf den Begriff wie das der Selbst-Kontrolle:
Das Selbst, das sich selbst kontrolliert oder beherrscht, also gleichsam über die Kontrolle
verfügt, bedeutet zugleich auch die Kontrolle oder Disziplinierung des Selbst – durch an-

allerdings mitmachen wollen, müssen wir uns den jeweiligen Bedingungen und Anforderungen anpassen, und das soll wohl heißen, lächelnd die Bereitschaft zur *Partizipation* demonstrieren.[370]

Weil die indirekten Formen der Regulierung von Verhalten kaum restriktiv und moralisch zu sein scheinen, sondern eher von außen und technisch daherkommen, ist es zugleich auch schwierig, sich ihnen zu widersetzen. Anders verhält sich das im Regime der Disziplin, das sich auf verschiedene Kategorien von Individuen stützt: Patienten, Häftlinge, Homosexuelle, Arbeitslose. Strategien der Normalisierung binden diese in die unterschiedlichsten Formen der Sozialisierung ein und bilden zugleich die Folie, um sie als Andere oder Abweichende zu klassifizieren wie abzustempeln. Dennoch bieten solche Formen der Subjektivierung die Möglichkeit des Widerstands, eben im Namen dieser Subjektivität (vgl. Rose 1999a, 236). Automatisierte Kontrolltechniken hingegen produzieren kaum Subjektivitäten, aus denen Solidarität sich ableiten ließe für Parolen des Widerstands. Ihre Adressaten sind die Umwelt des Menschen und Versatzstücke des Verhaltens anonymer Individuen oder

---

dere oder durch Vorstellungen von Unabhängigkeit, einem „gutem Leben" etc. (vgl. Valverde 1996, 369). Macht- und Selbsttechnologien fallen zusammen.

370 Mit dem Begriff der Partizipation beschreibt Ohme-Reinecke (ohne sich auf Foucaultsche Konzepte zu beziehen) eine Art der Doppelbindung, die charakteristisch sei für die Verknüpfung von Kontrollregimen und Selbsttechnologien in den Gesellschaften der Gegenwart. (Sie betont damit eher den Aspekt der Aktivierung unter unmerklichem Zwang, denn den des Zurückgeworfenseins auf sich selbst – beides sind die Momente, welche die Strategie der Responsibilisierung kennzeichnen.) Nicht nur bei der Teamarbeit im Rahmen der Unternehmensführung mobilisiere das „Versprechen der Partizipation" eine Bereitwilligkeit zur aktiven Mitwirkung, sondern zum Beispiel auch bei der elektronischen Fußfessel. Ein wichtiges Element dieser Kontrolltechnologie sei die „Freiwilligkeit". Indem der Verurteilte sich selbst bereit erklärt, als Alternative zur Gefängnisstrafe die Fußfessel zu tragen, *partizipiere* er aktiv an der Maßnahme und mobilisiere seine Kräfte und Fähigkeiten, sich selbst zu regieren, in dem „Glauben [...] selbständig ‚ein bisschen Freiheit' erhalten zu haben". Dabei handle es sich nicht um ein bloßes Disziplinierungsinstrument und noch nicht einmal nur um eine Technik der Selbstdisziplinierung, die „keine unmittelbaren Wächter oder Schließer, sondern lediglich den unsichtbaren elektronisch verlängerten Arm der Exekutive" vorsehe (2002, 187). Vielmehr solle „eine Stabilisierung der Selbstkontrolle des Verurteilten" dadurch erreicht werden, dass der Betreffende selbst verantwortlich sei, auf die genaue Einhaltung der vorgegebenen Terminierungen der Ausgangszeiten zu achten, so die öffentliche Verlautbarung der Max-Planck-Gesellschaft vom 2.5.2001, die ein Modellprojekt zur elektronischen Fußfessel in Deutschland am Freiburger Institut für ausländisches und internationales Strafrecht wissenschaftlich begleitet hat (zit. n. ebd.). Hans-Jörg Albrecht vom Max-Planck-Institut spricht von einer „forcierten Verhaltenstherapie". Der Projektleiter des Modellversuchs im Hessischen Ministerium beschreibt das im doppelten Sinne treffend: Was für ihn eine positive Evaluation darstellt, beleuchtet zugleich den erzwungenen wie ermöglichten Selbstmobilisierungsmechanismus: „Die Leute wachen morgens auf, spüren die Fußfessel, sagen sich, das ist meine letzte Chance, und entdecken plötzlich Ressourcen in sich, an die sie vorher selbst nicht geglaubt haben" (zit. n. *Der Spiegel*: „Milder Zwang. Elektronische Überwachung statt Knast – in Hessen hat sich die Fußfessel in bislang einjähriger Probezeit weitgehend bewährt", Nr. 18, vom 30.4.2001).

Populationen, von potenziellen Trägern von Risikomerkmalen, die in wechselnden Situationen und Kontexten und unter ständig variierenden Kriterien im Fadenkreuz einer Überprüfung ihrer Passungsfähigkeit stehen. Geht man davon aus, dass die Formen der Macht sich an ihrem Widerstand zeigen, dann müsste dieser in diesen Regimen so flexibel sein, wie diese es sind. Er müsste auf diese Flexibilität eingehen können, um ihr etwas entgegenzusetzen.[371] – „An die Welt zu glauben, das heißt zum Beispiel, Ereignisse hervorzurufen, die der Kontrolle entgehen" (Deleuze 1993b, 253). Zweifelsohne bilden alle diejenigen Dinge und Menschen, die sich nicht einfach programmieren, nicht bezeichnen und adressieren lassen, eine Form des Widerstands, zumindest des indirekten. Widerstand im Sinne politischer und sozialer Teilhabe freilich ist das nicht.

---

[371] So wäre Widerstand auf der Basis „virtueller *communities*" vorstellbar, die sich durch kommunikative Verbindungen erst herstellen. Gemeinschaft ist dann, anders als in den traditionellen Formen, nicht räumlich-sozial, gleichsam durch „natürliche" Nachbarschaft gegeben und gewachsen, auch nicht, wie in neoliberalen Programmen, von oben aufgesetzt, oder, wie bei den *gated communities*, horizontal normiert durch das vertraglich geregelte Einverständnis aller Zugehörigen, das Widerstand von vornherein ausschließen soll. Virtuelle Gemeinschaften stehen und fallen deshalb allerdings auch mit der Bereitschaft, die Identifikationsleistungen der jeweiligen Gemeinschaft selbst zu erbringen und ihre Losungen, anlassbezogen, immer wieder neu auszugeben (vgl. Rose 2000b, 82; Deleuze 1993a, 258).

Literatur

Adams, John 1995: *Risk*, London

Adams, John 2001: „Risk and Morality: three framing devices", Vortrag auf der Konferenz *Risk and Morality* in Vancouver, 18. – 20. Mai

Agamben, Giorgio 2002: *Homo sacer. Die souveräne Macht und das nackte Leben*, Frankfurt a. M.

Albrecht, Hans-Jörg 2001: „Kriminalität, Kriminalitätsangst, Unsicherheitsgefühle, Kriminalpolitik und deren Folgen", in: Criminologische Vereinigung, 59-76

Albrecht, Hans-Jörg/Dünkel, Frieder/Kerner, Hans-Jürgen/Kürzinger, Josef/Schöch, Heinz/Sessar, Klaus/Villmow, Bernd (Hg.) 1998: *Internationale Perspektiven in Kriminologie und Strafrecht, Festschrift für Günther Kaiser zum 70. Geburtstag.* Band I, Berlin

Albrecht, Peter-Alexis 1999: *Kriminologie. Ein Studienbuch*, München

Alff, Wilhelm 1998: „Zur Einführung in Beccarias Leben", in: Beccaria, 9-46

Alisch, Christiane 2000: „Kontrolle und Disziplinierung: Was Videoüberwachung und Chipkarten mit Politik zu tun haben", in: *www.aktuelle-kamera.org/txt/video_cc_und_politik.html*, vom 3.12.

Althusser, Louis 1977: *Ideologie und ideologische Staatsapparate. Aufsätze zur marxistischen Theorie*, Hamburg.

Ancel, Marc 1970: *Die neue Sozialverteidigung. Eine Bewegung humanistischer Kriminalpolitik*, Stuttgart [1956; übers. n. d. 2. Aufl., 1966]

Anderson, Perry 1998: „Jenseits des Neolilberalismus. Bilanz und Perspektiven für die Linke", in: MOMA, H. 2/3, 33-42

Andriopoulos, Stefan 1996: Unfall *und* Verbrechen. *Konfigurationen zwischen juristischem und literarischem Diskurs um 1900*, Pfaffenweiler

Arbeitsgruppe Bielefelder Soziologen (Hg.) 1981: *Alltagswissen, Interaktion und gesellschaftliche Wirklichkeit*, 5. Aufl., Opladen

Arbeitskreis Junger Kriminologen 1973: „Zu einem Forschungsprogramm für die Kriminologie. Ergebnisse der Klausurtagung des AJK im August 1973", in: *Kriminologisches Journal* 5, 241-259

Augé, Marc 1994: *Orte und Nicht-Orte. Vorüberlegungen zu einer Ethnologie der Einsamkeit*, Frankfurt a. M.

Bähr, Angelika 2001: „Die Kriminalität der Marktgesellschaft", in: Criminologische Vereinigung, 93-108

Baker, Tom 2000: „Insuring morality", in: *Economy and Society* 29, 559-577

Baker, Tom/Simon, Jonathan (Hg.) 2002: *Embracing Risk. The Changing Culture of Insurance and Responsibility*, Chicago

Balke, Friedrich 2002: „Der Raum der modernen Gesellschaft und die Grenzen seiner Kontrolle", in: Rudolf Maresch/Niels Werber (Hg.): *Raum – Wissen – Macht*, Frankfurt a. M., 117-134

Barry, Andrew/Osborne, Thomas/Rose, Nikolas (Hg.) 1996: *Foucault and political reason. Liberalism, neo-liberalism and rationalities of government*, London

Bartels, Klaus 1997: „Erhabenheit in Fortsetzung. Kriminalhistorische Aspekte der Ästhetik", in: Krasmann/Scheerer, 160-182

Bartky, Sandra Lee 1988: „Foucault, Femininity, and the Modernization of Partriarchal Power", in: Irene Diamond und Lee Quinby (Hg.): *Feminism & Foucault. Reflections on Resistance*, Boston, 61-86

Barthes, Roland 1964: *Mythen des Alltags*, Frankfurt a. M.

Baudrillard, Jean 1983: *In the Shadow of the Silent Majorities or „The Death of the Social"*, New York

Baudrillard, Jean 1990: „Simulacra and Simulations", in: Mark Poster (Hg.): *Jean Baudrillard. Selected Writings*, Cambridge, 166-184

Baudrillard, Jean 1995a: „Die Stadt und der Hass. Über die ‚kritische Masse' und ihre Gewalt", in: *Frankfurter Rundschau*, Nr. 228, 30. September

Baudrillard, Jean 1995b: *Amerika*, München

Bauer, Yvonne 1997: *Täter-Opfer-Ausgleich in der Kritik. Im historischen Kontext von Strafsystemen eine humane Alternative?*, Oldenburg

Bauman, Zygmunt 1995a: „Philosophie der Fitneß", in: *die tageszeitung*, Nr. 4579, vom 25.3., 19-21

Bauman, Zygmunt 1995b: *Ansichten der Postmoderne*, Hamburg 1995

Bauman, Zygmunt 1997: *Flaneure, Spieler und Touristen. Essays zu postmodernen Lebensformen*, Hamburg

Bauman, Zygmunt 1998a: „Vom gesellschaftlichen Nutzen von *Law and Order*", in: *Widersprüche* 18, H. 70, 7-21

Bauman, Zygmunt 1998b: *Work, consumerism and the new poor*, Buckingham, Philadelphia

Bauman, Zygmunt 2000: *Vom Nutzen der Soziologie*, Frankfurt a. M.

Bayley, David H./Shearing, Clifford 1996: „The Future of Policing", in: *Law and Society Review* 30, 585-606

Beccaria, Cesare 1998: *Über Verbrechen und Strafen*. Nach der Ausgabe von 1766 übersetzt und herausgegeben von Wilhelm Alff, Franfurt a. M., Leipzig

Beck, Ulrich 1986: *Risikogesellschaft*, Frankfurt a. M.

Beck, Ulrich 1993: *Die Erfindung des Politischen*, Frankfurt a. M.

Beck, Ulrich/Elisabeth Beck-Gernsheim (Hg.) 1994: *Riskante Freiheiten. Zur Individualisierung der Lebensformen in der Moderne*, Frankfurt a. M.

Beck, Ulrich/Giddens, Anthony/Lash, Scott 1996: *Reflexive Modernisierung. Eine Kontroverse*, Frankfurt a. M.

Becker, Gary S. 1968: „Crime and Punishment. An Economic Approach", in: *Journal of Political Economy* 76, 169-217

Becker, Gary S. 1982: *Ökonomische Erklärung menschlichen Verhaltens*, Tübingen

Becker, Gary S./Becker, Guity Nashat 1998: *Die Ökonomik des Alltags. Von Baseball über Gleichstellung zur Einwanderung: Was unser Leben wirklich bestimmt*, Tübingen

Becker, Howard S. 1981: *Außenseiter. Zur Soziologie abweichenden Verhaltens*, Frankfurt a. M. [1963]

Becker, Peter 1995: „Der Verbrecher als ‚monstruoser Typus'. Zur kriminologischen Semiotik der Jahrhundertwende", in: Michael Hagner (Hg.): *Der falsche Körper. Beiträge zu einer Geschichte der Monstrositäten*, Göttingen, 147-173

Becker, Peter 1999: „Von der Biographie zur Genealogie: Zur Vorgeschichte der Kriminologie als Wissenschaft und diskursiver Praxis", in: Hans Erich Bödeker/Peter Hanns Reill/Jürgen Schlumbohm (Hg.): *Wissenschaft als kulturelle Praxis, 1750-1900*, Göttingen, 335-375

Beckett, Katherine 1997: *Making Crime Pay. Law and Order in Contemporary American Politics*, New York

Beirne, Piers 1991: „Inventing Criminology: The ‚Science of Man' in Cesare Beccaria's *Dei Delitti e Delle Pene* (1764)", in: *Criminology* 29, 777-820

Beirne, Piers 1993: *Inventing Criminology: Essays on the Rise of the „Homo Criminalis"*, New York

Belina, Bernd 2000: „ ‚Kriminalität' und ‚Raum'. Zur Kritik der Kriminalgeographie und zur Produktion des Raums", in: *Kriminologisches Journal* 32, 129-147

Bell, Vikki 1996: „The promise of liberalism and the performance of freedom", in: Barry et al., 81-97

Bennett, William J./DiIulio, John J./Walters, John P. 1996: *Body Count: Moral Poverty and How to Win America's War Against Crime and Drugs*, New York

Bergalli, Roberto/Sumner, Colin (Hg.) 1997: *Social Control and Political Order. European Perspectives at the End of the Century*, London u.a.

Berger, Peter L./Luckmann Thomas 1980: *Die gesellschaftliche Konstruktion der Wirklichkeit. Eine Theorie der Wissenssoziologie*, Frankfurt a. M.

Bergmann, Joachim 1998: „Die negative Utopie des Neoliberalismus oder die Rendite muss stimmen", in: *Leviathan* 26, 319-340

Berking, Helmuth 1996: „Solidary Individualism: The Moral Impact of Cultural Modernisation in Late Modernity", in: Scott Lash/Bronislaw Szerszynski/Brian Wynne (Hg.): *Risk, Environment and Modernity. Towards a New Ecology*, London u.a., 189-202

Berking, Helmuth/Neckel, Sighard 1993: „Urban Marathon: The Staging of Individuality as an Urban Event", in: *Theory, Culture & Society* 10 (4), 63-78

Beste, Hubert 2000a: *Morphologie der Macht. Urbane „Sicherheit" und die Profitorientierung sozialer Kontrolle*, Opladen

Beste, Hubert 2000b: „Neue Sicherheit für die Stadt", in: *Neue Kriminalpolitik* 12 (1), 17-21

Bischoff, Joachim 2001: *Mythen der New Economy. Zur politischen Ökonomie der Wissensgesellschaft*, Hamburg

Blakely, Edward J./Snyder, Mary Gail 1997: *Fortress America. Gated Communities in the United States*, Washington D.C.

Blankenburg, Erhard 1974: „Karl Marx und der Labeling Ansatz", in: *Kriminologisches Journal* 6, 313-319

Blinkert, Baldo 1988: „Kriminalität als Modernisierungsrisiko? Das ‚Hermes-Syndrom' der entwickelten Industriegesellschaften", in: *Soziale Welt* 39, 399-412

Blomberg, Thomas G./Cohen, Stanley (Hg.) 1995: *Punishment and Social Control: Essays in Honor of Sheldon L. Messinger*, New York

Blum, Alan F./McHugh, Peter 1975: „Die gesellschaftliche Zuschreibung von Motiven", in: Lüderssen/Sack, 171-196

Bock, Alexander 1994: „Prävention und Empirie – Über das Verhältnis von Strafzwecken und Erfahrungswissen", in: *Juristische Schulung* 34, 89-99

Bode, Britta/Lutz, Tilman 2001: „Kriminalpolitik gegen sozialen Ausschluss? Anspruch und Wirklichkeit von Tony Blairs New Labour", in: *Kriminologisches Journal* 33, 205-215

Bogard, William 1996: *The Simulation of Suveillance: Hypercontrol in Telematic Societies*, Cambridge

Boltanski, Luc/Ève Chiapello 2000: „Befreiung vom Kapitalismus? Befreiung durch Kapitalismus?", in: *Blätter für deutsche und internationale Politik* 10 (4), 476-487

Bonß, Wolfgang 1997: „Die gesellschaftliche Konstruktion von Sicherheit", in: Ekkehard Lippert/Andreas Prüfert/Günther Wachtler (Hg.): *Sicherheit in der unsicheren Gesellschaft*, Opladen, 21-41

Boogart, Hilde van den/Seus, Lydia 1988: „‚Towards a socialist crime prevention': Kriminalpolitische Konzepte der Neuen Realisten", in: *Kriminologisches Journal* 20, 265-277

Boogart, Hilde van den/Seus, Lydia 1991: *Radikale Kriminologie. Die Rekonstruktion zweier Jahrzehnte Wissenschaftsgeschichte Großbritanniens*, Pfaffenweiler

Bourdieu, Pierre 1985: *Sozialer Raum und „Klassen". Leçon sur la leçon. Zwei Vorlesungen*, Frankfurt a. M.

Bourdieu, Pierre 1987: *Die feinen Unterschiede. Kritik der gesellschaftlichen Urteilskraft*, Frankfurt a. M.

Bourdieu, Pierre 1998: *Gegenfeuer. Wortmeldungen im Dienste des Widerstands gegen die neoliberale Invasion*, Konstanz

Boyne, Roy 2000: „Post-Panoptism", in: *Economy and Society* 29, 285-307

Braithwaite, John 1989: *Crime, Shame and Reintegration*, Cambridge

Braithwaite, John 1996: „Crime, Shame, and Reintegration", in: Peter Cordella und Larry Siegel (Hg.): *Readings in Contemporary Criminological Theory*, Boston, 33-41

Braithwaite, John 2000: „The New Regulatory State and the Transformation of Criminology", in: *British Journal of Criminology* 40, 222-238

Brand, Ulrich/Brunnengräber, Achim/Schrader, Lutz 2000: *Global Governance, Alternative zur neoliberalen Globalisierung?*, Münster

Brand, Ulrich/Demirivic, Alex/Görg, Christoph/Hirsch, Joachim (Hg.) 2001: *Nichtregierungsorganisationen in der Transformation des Staates*, Münster

Breuer, Stefan 1987: „Foucaults Theorie der Disziplinargesellschaft. Eine Zwischenbilanz", in: *Leviathan* 15, 319-337

Bröckling, Ulrich 1997: *Disziplin. Soziologie und Geschichte militärischer Gehorsamsproduktion*, München

Bröckling, Ulrich 1999: „Psychopathische Minderwertigkeit? Moralischer Schwachsinn? Krankhafter Wandertrieb? Zur Pathologisierung von Deserteuren im Deutschen Kaiserreich vor 1914", in: ders. und Michael Sikora (Hg.): *Armeen und ihre Deserteure*, Göttingen

Bröckling, Ulrich 2000: „Totale Mobilmachung. Menschenführung im Qualitäts- und Selbstmanagement", in: Bröckling et al., 131-167

Bröckling, Ulrich 2002: „Jeder könnte, aber nicht alle können. Konturen des unternehmerischen Selbst", in: *Mittelweg 36* 11 (4), 6-24

Bröckling, Ulrich 2003: „Freiwillige Selbstkontrolle oder Das demokratisierte Panopticon", in: Axel Honneth und Martin Saar (Hg.): *Michel Foucault. Zwischenbilanz einer Rezeption*, Frankfurt a. M. [im Druck]

Bröckling, Ulrich/Krasmann, Susanne/Lemke, Thomas 2000: *Gouvernementalität der Gegenwart. Studien zur Ökonomisierung des Sozialen*, Frankfurt a. M.

Brown, Sheila 1998: „What's the problem girls? CCTV and the genering of public safety", in: Norris et al., 207-220

Brownlee, Ian 1998: „New Labour – New Penology? Punitive Rhetoric and the Limits of Managerialism in Criminal Justice Policy", in: *Journal of Law and Society* 25, 313-335

Brüchert, Oliver/Steinert, Heinz 1998: „Das kriegerische Missverständnis des polizeilichen Gewaltmonopols: Am Beispiel ‚Aufräumen wie in New York'", in: Ortner et al., 17-38

Brunnengräber, Achim/Stock, Christian 1999: „Global Governance. Ein neues Jahrhundertprojekt?", in: *PROKLA. Zeitschrift für kritische Sozialwissenschaft* 29, H. 116, 445-468

Brunnett, Regina/Gräfe, Stefanie 2002: „Gouvernementalität und die Anit-Terrorgesetze. Eine kritische Auseinandersetzung", Vortrag im Rahmen der Vorlesungsreihe *Gouvernementalität, Subjektivität und Arbeit*, Universität Hamburg, 7. Februar

Brunst, Thomas/Korell, Jürgen 2001: „Private Sicherheitsdienste und Polizei", in: *Bürgerrechte & Polizei (CILIP)*, H. 68 (1), 66-73

Bublitz, Hannelore 1999: *Foucaults Archäologie des kulturellen Unbewussten. Zum Wissensarchiv und Wissensbegehren moderner Gesellschaften*, Frankfurt, New York

Bundesministerium des Inneren und der Justiz 2001: *Erster Periodischer Sicherheitsbericht*, Berlin

Burchardt, Hans-Jürgen 1996: „Die Globalisierungsthese – von der kritischen Analyse zum politischen Opportunismus", in: *Das Argument. Zeitschrift für Philosophie und Sozialwissenschaften* 38, H. 217, 741-755

Burchell, Graham 1996: „Liberal government and techniques of the self", in: Barry et al., 19-36

Burchell, Graham/Gordon, Colin/Miller, Peter (Hg.) 1991: *The Foucault Effect: Studies in Governmentality*, Hemel Hempstead

Busch, Heiner 1999: „Das polizeigrüne Europa. Warum eine ‚Rot-Grüne' Regierung nicht viel ändert", in: *PROKLA. Zeitschrift für kritische Sozialwissenschaft*, 29, H. 116, 431-443

Busch, Christoph/Daum, Henning 2002: „Frei von Zweifel? Biometrische Erkennung: Grundlagen, Verfahren, Sicherheit", in: *c't. magazin für computer technik*, H. 5, 156-161

Bussmann, Kai-D. 2000: „Evolution und Kriminalität. Kriminalität als notwendiger Teil gesellschaftlicher Entwicklung", in: *Monatsschrift für Kriminologie und Strafrechtsreform* 83, 233-246

Bussmann, Kai-D./Kreissl, Reinhard (Hg.) 1996: *Kritische Kriminologie in der Diskussion. Theorien, Analysen, Positionen*, Opladen

Butler, Judith 1993: „Kontingente Grundlagen: Der Feminismus und die Frage der ‚Postmoderne'", in: Seyla Benhabib/Judith Butler/Drucilla Cornell/Nancy Fraser: *Der Streit um Differenz. Feminismus und Postmoderne in der Gegenwart*, Frankfurt a. M., 31-58

Butler, Judith 1995: *Körper von Gewicht. Die diskursiven Grenzen des Geschlechts*, Berlin

Butler, Judith 2001a: *Psyche der Macht. Das Subjekt der Unterwerfung*, Frankfurt a. M.

Butler, Judith 2001b: „Noch einmal: Körper und Macht", Vortrag auf der *Frankfurter Foucault-Konferenz*, 27. – 29. September 2001

Butler, Samuel 1994: *Erewhon, oder: Jenseits der Berge*, Frankfurt a. M. [urspr. 1872 bzw. 1901]

Campbell, Colin 1996: „Detraditionalization, Character and the Limits of Agency", in: Paul Heelas/Scott Lash/Paul Morris (Hg.): *Detraditionalization. Critical Reflections on Authority and Identity*, Oxford, 149-169

Canguilhem, Georges 1974: *Das Normale und das Pathologische*, München

Caplow, Theodore/Simon, Jonathan 1999: „Understanding Prison Policy and Population Trends", in: Michael Tonry und John Petersilia (Hg.): *Prisons. Crime and Justice. A Review of Research* 26, Chicago, London, 63-120

Castel, Robert 1983: „Von der Gefährlichkeit zum Risiko", in: Manfred Max Wambach (Hg.): *Der Mensch als Risiko. Zur Logik von Prävention und Früherkennung*, Frankfurt a. M., 51-74

Castel, Robert 1996: „Nicht Exklusion, sondern Desaffiliation". Ein Gespräch mit François Ewald, in: *Das Argument. Zeitschrift für Philosophie und Sozialwissenschaften* 38, H. 217, 775-780

Castel, Robert 2000a: *Die Metamorphosen der sozialen Frage*, Konstanz

Castel, Robert 2000b: „Die Fallstricke des Exklusionsbegriffs", in: *Mittelweg 36* 9 (3), 11-25

Castel, Robert 2001: „Die neue soziale Frage. Aushöhlung, Zusammenbruch oder Reorganisation der Erwerbsgesellschaft? Eine Zwischenbilanz", in: *Frankfurter Rundschau*, Nr. 205, vom 4.9., 22

Castells, Manuel 2000: „Elemente einer Theorie der Netzwerkgesellschaft", in: *Sozialwissenschaftliche Literaturrundschau* 23, H. 41, 37-54

Certeau, Michel de 1988: *Kunst des Handelns*, Berlin

Christie, Nils 1977: „Conflicts as Property", in: *British Journal of Criminology* 17, 1-14

Christie, Nils 1983: „Die versteckte Botschaft des Neo-Klassizismus", in: *Kriminologisches Journal* 15, 14-33

Christie, Nils 1986: „Suitable Enemy", in: Herman Bianchi und René van Swaaningen (Hg.): *Abolitionism: Towards a Non-Repressive Approach to Crime*, Amsterdam, 42-54

Christie, Nils 1993: *Crime control as industry. Towards GULAGS, western style?*, London

Chunn, Dorothy E./Gavigan, Shelley A.M. 1988: „Social Control: Analytical Tool or Analytical Quagmire", in: *Contemporary Crises* 12, 107-124

Clark, Alexander L./Gibbs, Jack P. 1974: „Soziale Kontrolle: eine Neuformulierung", in: Klaus Lüderssen/Fritz Sack (Hg.): *Seminar: Abweichendes Verhalten I. Die selektiven Normen der Gesellschaft*, Frankfurt a. M., 153-185

Clarke, Ronald V. 1982: „Situational Crime Prevention", in: Norval Morris und Michael Tonry (Hg.): *Crime and Justice. An Annual Review of Research*, Vol. 4, Chicago, 225-256

Clarke, Ronald V. 1995: „Situational Crime Prevention", in: Michael Tonry und David P. Farrington (Hg.): *Building a Safer Society. Strategic Approaches to Crime Prevention. Crime and Justice*, Vol. 19, Chicago, London, 91-150

Clarke, Ronald V. 1997: *Situational Crime Prevention. Successful Case Studies*, 2. Aufl., Albany/New York

Clarke, Ronald V. 2000: „Situational Prevention, Criminology, and Social Values", in: Hirsch et al., 97-112

Clarke, Ronald V./Cornish Derek B. 1985: „Modeling Offenders' Decision: A Framework for Research and Policy", in: Michael Tonry und Norval Morris (Hg.): *Crime and Justice. An Annual Review of Research*, Vol. 6, Chicago, 147-185

Clarke, Ronald V./Felson, Markus (Hg.) 1993: *Routine Activity and Rational Choice*, Brunswick/London

Clarke, Ronald V./Mayhew, Patricia M. (Hg.) 1980: *Designing out Crime*, London (HMSO)

Cloward, Richard A./Ohlin, Lloyd E. 1960: *Delinquency and Opportunity. A Theory of Delinquent Gangs*, New York

Cohen, Lawrence E./Felson, Marcus 1979: „Social Change and Crime Rate Trends: A Routine Activity Approach", in: *American Sociological Review* 44, 588-608

Cohen, Stanley 1985: *Visions of Social Control. Crime, Punishment and Classification*, Cambridge

Cohen, Stanley 1993: „Soziale Kontrolle und die Politik der Rekonstruktion", in: Detlev Frehsee/Gabi Löscher/Karl F. Schumann (Hg.): *Strafrecht, soziale Kontrolle, soziale Disziplinierung*, Opladen, 209-237

Cook, Philip J. 1986: „The Demand and Supply of Criminal Opportunities", in: Michael Tonry und Norval Morris (Hg.): *Crime and Justice. An Annual Review of Research*, Vol. 7, Chicago, London, 1-27

Cornish, Derek/Clarke, Ronald V. 1986a: *The Reasoning Criminal*, Berlin, New York

Cornish, Derek/Clarke, Ronald V. 1986b: „Situational Prevention, Displacement of Crime, and Rational Choice Theory", in: Kevin Heal und Gloria Laycock (Hg.): *Situational Crime Prevention: From Theory into Practice*, London (HMSO)

Crawford, Adam 1997: *The Local Governance of Crime. Appeals to Community and Partnerships*, Oxford

Crawford, Adam 1998: *Crime Prevention & Community Safety. Politics, Policies & Practices*, London, New York 1998

Cremer-Schäfer, Helga 1998: „Prävention ist eine kommunale Aufgabe", in: *Neue Kriminalpolitik* 10 (2), 28-29

Cremer-Schäfer, Helga/Stehr, Johannes 1990: „Der Normen & Werte-Verbund. Strafrecht, Medien und herrschende Moral", in: *Kriminologisches Journal* 22, 82-104

Cremer-Schäfer, Helga/Steinert, Heinz 1998: *Straflust und Repression. Zur Kritik der populistischen Kriminologie*, Münster

Cremer-Schäfer, Helga/Steinert, Heinz 2000: „Soziale Ausschließung und Ausschließungs-Theorien: Schwierige Verhältnisse", in: Peters, 43-64

Criminologische Vereinigung (Hg.) 2001: *Retro-Perspektiven der Kriminologie. Stadt – Kriminalität – Kontrolle. Freundschaftsgabe zum 70. Geburtstag von Fritz Sack*, Hamburg

Cruikshank, Barbara 1993: „Revolutions within: self-government and self-esteem", in: *Economy and Society* 22, 327-342

Cruikshank, Barbara 1994: „The will to empower. Technologies of citizenship and the war on poverty", in: *Socialist Review* 23 (4), 29-55

Cruikshank, Barbara 1999: *The Will to Empower. Democratic Citizens and Other Subjects*, Ithaca, London

Currie, Elliot 1997: „Market, crime and community: Toward a mid-range theory of post-industrial violence, in: *Theoretical Criminology* 1, 147-172

Curtis, Bruce 1995: „Taking the state back out: Rose and Miller on political power", in: *British Journal of Sociology* 46, 575-589

Davies, Pamela/Francis, Peter/Jupp, Victor (Hg.) 1999: *Invisible Crimes. Their Victims and their Regulation*, London, New York

Davis, Mike 1994: *City of Quartz. Ausgrabungen der Zukunft in Los Angeles und neuere Aufsätze*, Berlin, Göttingen

Dean, Mitchell 1994a: *Critical and Effective Histories: Foucault's Methods and Historical Sociology*, London

Dean, Mitchell 1994b: „,A social structure of many souls': Moral regulation, government, and self-formation", in: *Canadian Journal of Sociology* 19, 145-168

Dean, Mitchell 1996: „Putting the Technological into Government", in: *History of the Human Sciences* 9 (3), 47-68

Dean, Mitchell 1998a: „Risk, Calculable and Incalculable", in: *Soziale Welt* 49, 25-42

Dean, Mitchell 1998b: „Questions of Method", in: Irving Velody/Robin Williams (Hg.): *The Politics of Constructionism*, London u.a.

Dean, Mitchell 1999: *Governmentality*, London

Dean, Mitchell/Hindess, Barry (Hg.) 1998: *Governing Australia. Studies in Contemporary Rationalities of Government*, Cambridge

Debord, Guy 1996: *Die Gesellschaft des Spektakels*, Berlin

Deflem, Mathieu 1997: „Surveillance and Criminal Statistics: Historical Foundations of Governmentality", in: *Studies in Law, Politics, and Society* 17, 149-184

Deleuze, Gilles 1980: „Der Aufstieg des Sozialen", in: Donzelot, 244-252

Deleuze, Gilles 1987: *Foucault*, Frankfurt a. M.

Deleuze, Gilles 1991: „Was ist ein Dispositiv?", in: Ewald/Waldenfels, 153-162

Deleuze, Gilles 1993: *Unterhandlungen 1972-1990*, Frankfurt a. M.

Deleuze, Gilles 1993a: „Postskiptum über die Kontrollgesellschaften", in: ders., 254-262

Deleuze, Gilles 1993b: „Kontrolle und Werden", in: ders., 243-253

Deleuze, Gilles 1993c: „Michel Foucault". Drei Gespräche mit Robert Maggiori, Didier Eribon und Claire Parnet im Jahre 1986", in: ders., 121-171

Deleuze, Gilles 1993d: *Logik des Sinns. Aesthetica*, Frankfurt a. M.

Deleuze, Gilles 1996: *Lust und Begehren*, Berlin

Deleuze, Gilles/Guattari, Félix 1997: *Tausend Plateaus. Kapitalismus und Schizophrenie*, Berlin

Deleuze, Gilles/Parnet, Claire 1980: *Dialoge*, Frankfurt a. M.

Derrida, Jacques 1995: *Marx' Gespenster. Der verschuldete Staat, die Trauerarbeit und die neue Internationale*, Frankfurt a. M.

Dietrich, Ingo/Meyer, Anja/Rössner, Dieter 1999: „Der Kampf um den Limes der Gesellschaft. Eine Kritik der Kontrolltheorie und des Definitionsansatzes", in: *Kriminologisches Journal* 31, 82-106

Dinges, Martin/Sack, Fritz 2000: „Unsichere Großstädte?", in: dies. (Hg.): *Unsichere Großstädte? Vom Mittelalter bis zur Postmoderne*, Konstanz, 9-65

Ditton, Jason 1999: *The effect of closed circuit television on recorded crime rates and public concern about crime in Glasgow*, Edinburgh

Ditton, Jason 2000: „Crime and the City. Public Attitudes towards Open-Street CCTV in Glasgow", in: *British Journal of Criminology* 40, 692-709

Dollinger, Bernd 2001: „Zur sozialen Kontrolle in der ‚Kontrollgesellschaft': Das Beispiel Drogenkonsum", *Kriminologisches Journal* 33, 89-101

Donzelot, Jacques 1980: *Die Ordnung der Familie*, Frankfurt a. M.

Donzelot, Jacques 1994: „Die Förderung des Sozialen", in: Schwarz, 109-160

Donzelot, Jacques 1995: „Wiederkehr des Sozialen. Von der passiven Sicherheit zur aktiven Solidarität", in: *Tüte: Wissen und Macht. Die Krise des Regierens*, Tübingen, 54-59

Douglas, Mary 1992: *Risk and Blame: Essays in Cultural Theory*, London

Downes, David 1998: „Toughing it Out: From Labour Opposition to Labour Government", in: *Policy Studies* 19, 191-197

Dreher, Günther/Feltes, Thomas (Hg.) 1997: *Das Modell New York: Kriminalprävention durch „Zero Tolerance"? Beiträge zur aktuellen kriminalpolitischen Diskussion*, Holzkirchen

Dreyfus, Hubert L./Rabinow, Paul: *Michel Foucault. Jenseits von Strukturalismus und Hermeneutik*, Frankfurt a. M.

Dumm, Thomas L. 1996: *Michel Foucault and the Politics of Freedom*, London u.a.

Durkheim, Emile 1961: Die Regeln der soziologischen Methode, Neuwied, Berlin [1895]

Durkheim, Emile 1988: *Über die Teilung der sozialen Arbeit. Studie über die Organisation höherer Gesellschaften*. Mit einer Einleitung von Niklas Luhmann: Arbeitsteilung und Moral. Durkheims Theorie. Mit einem Nachwort von Hans-Peter Müller und Michael Schmid, 2., durchges. Aufl., Frankfurt a. M. [1893]

Effinger, Herbert 1994: „Soziale Arbeit als Kundendienst – Innovation oder Regression? Professionelle Begleitung in schwierigen Lebenspassagen als personenbezogene Dienstleitung in intermediären Organisationen", in: *Widersprüche*, 14, H. 52, 29-53

Ehrenreich, Barbara 1994: *Angst vor dem Absturz. Das Dilemma der Mittelklasse*, Reinbek b. Hamburg

Eisenberg, Ulrich 1980: „Kriminologisch bedeutsames Verhalten von Staatsführungen und ihren Organen", in: *Monatsschrift für Kriminologie und Strafrechtsreform* 63, 217-231

Ekblom, Paul/Tilley, Nick 2000: „Going Equipped. Criminology, Situational Crime Prevention and the Resourceful Offender", in: *British Journal of Criminology* 40, 376-398

Engemann, Christoph 2002: „Das Internet und die neue Gestalt bürgerlicher Herrschaft: Electronic Government", in: *Utopie kreativ*, H. 135, 45-54

Erdmann, Eva/Forst, Rainer/Honneth, Axel (Hg.) 1990: *Ethos der Moderne. Foucaults Kritik der Aufklärung*, Frankfurt a. M., New York

Ericson, Richard V./Haggerty, Kevin D. 1997: *Policing the Risk Society*, Toronto, Buffalo

Ericson, Richard/Carriere, Kevin 1994, „The Fragmentation of Criminology", in: Nelken, 89-109

Esping-Anderson, Gösta 1998: „Die drei Welten des Wohlfahrtskapitalismus. Zur politischen Ökonomie des Wohlfahrtsstaates", in: Stephan Lessenich und Ilona Ostner (Hg.): *Welten des Wohlfahrtskapitalismus. Der Sozialstaat in vergleichender Perspektive*, Frankfurt a. M., New York, 19-56

Etzioni, Amaitai 1995: Die Entdeckung des Gemeinwesens. Verantwortlichkeiten und das Programm des Kommunitarismus, Stuttgart [1993]

Ewald, François 1989: „Die Versicherungs-Gesellschaft", in: *Kritische Justiz* 22, 385-393

Ewald, François 1990: „Norms, discipline and the law", in: *Representations* 30, 138-61

Ewald, François 1991: „Insurance and risk", in: Burchell et al., 197-210

Ewald, François 1993: *Der Vorsorgestaat*, Frankfurt a. M.

Ewald, François 1998: „Die Rückkehr des *genius malignus*. Entwurf zu einer Philosophie der Vorbeugung", in: *Soziale Welt* 49, 5-23

Ewald, François/Waldenfels, Bernhard (Hg.) 1991: *Spiele der Wahrheit. Michel Foucaults Denken*, Frankfurt a. M.

Fach, Wolfgang 2000: „Staatskörperkultur. Ein Traktat über den ‚schlanken Staat'", in: Bröckling et al., 110-130

Featherstone, Mike 1987: „Lifestyle and Consumer Culture", in: *Theory, Culture & Society* 4 (1), 55-70

Feeley, Malcolm M./Simon Jonathan 1992: „The New Penology: Notes on the Emerging Strategy of Corrections and Its Implications", in: *Criminology* 20, 449-474

Feeley, Malcolm M./Simon, Jonathan 1994: „Actuarial Justice: the Emerging New Criminal Law", in: Nelken, 173-201

Feest, Johannes/Blankenburg, Erhard 1972: *Die Definitionsmacht der Polizei. Strategien der Strafverfolgung und soziale Sanktion*, Düsseldorf

Felson, Markus 1998: *Crime and Everyday Life*, 2. Aufl., Thousand Oaks

Feltes, Thomas 2001: „Videoüberwachung. Es ist erst der Anfang … aber aller Anfang ist bekanntlich schwer. Ein futuristisch-zynisches Szenario oder eine Aufforderung zu mehr ‚possipullity'?", in: *Bewährungshilfe* 48

Fetchenhauer, Detlef/Simon, Josef 1998: „Eine experimentelle Überprüfung der ‚General Theory of Crime von Gottfredson und Hirschi'", in: *Monatsschrift für Kriminologie und Strafrechtsreform* 81, 301-315

Fiehler, Fritz 1999: „Sachlicher Zwang und persönliche Bevormundung. Die liberale Kritik am Wohlfahrtsstaat in den Programmschriften von Milton und Rose Friedman", in: *PROKLA. Zeitschrift für kritische Sozialwissenschaft* 29, H. 114, 237-254

Findley, Mark 1999: *The Globalisation of Crime. Understanding Transitional Relationships in Context*, Cambridge

Finzsch, Norbert 2002: „Gouvernementalität, der Moynihan-Report und die Welfare Queen im Cadillac", in: Martschukat, 257-282

Fischer, Benedikt/Poland, Blake 1998: „Exclussion, ‚Risk', and Social Control – Reflections on Community Policing and Public Health", in: *Geoforum* 29, 187-197

Fischer, Michael 2001, „Kriminalität und Konstruktion: Drei konzeptionelle Probleme des radikalen Definitionsansatzes", in: *Kriminologisches Journal* 33, 102-115

Foucault, Michel 1974: *Die Ordnung der Dinge. Eine Archäologie der Humanwissenschaften*, Frankfurt a. M.

Foucault, Michel 1976: *Mikrophysik der Macht. Über Strafjustiz, Psychiatrie und Medizin*, Berlin

Foucault, Michel 1977: *Überwachen und Strafen. Die Geburt des Gefängnisses*, Frankfurt a. M.

Foucault, Michel 1978: *Dispositive der Macht. Über Sexualität, Wissen und Wahrheit*, Berlin

Foucault, Michel 1978a: „Wahrheit und Macht". Interview mit Alessandro Fontana und Pasquale Pasquino, in: ders., 21-54

Foucault, Michel 1978b: „Ein Spiel um die Psychoanalyse". Gespräch mit Angehörigen des Department de Psychoanalyse der Universität Paris/Vincennes, in: ders., 118-175

Foucault, Michel 1980: „Body/Power", in: Gordon, 55-62

Foucault, Michel 1981: *Archäologie des Wissens*, Frankfurt a. M.

Foucault, Michel 1982: „Vorlesungen zur Analyse der Machtmechanismen 1978" (unvollständige Mitschrift der Vorlesungen von 1978 am Collège de France), dt. Übers. v. Andreas Pribersky, in: ders.: *Der Staub und die Wolke*, Bremen, 1-44

Foucault, Michel 1983: *Der Wille zum Wissen. Sexualität und Wahrheit 1*, Frankfurt a. M.,

Foucault, Michel 1984a: „Preface to The History of Sexuality, Vol. II", in: Rabinow, 333-339

Foucault, Michel 1984b: „Polimics, Politics, and Problematizations", in: Rabinow, 381-390

Foucault, Michel 1984c: „Space, Knowledge, and Power", in: Rabinow, 239-256

Foucault, Michel 1984d: „Eine Ästhetik der Existenz". Gespräch mit Alessandro Fontana, in: ders.: *Von der Freundschaft*, Berlin, 133-141

Foucault, Michel 1985: „Freiheit und Selbstsorge", in: Helmut Becker und Lothar Wolfstetter (Hg.): *Freiheit und Selbstsorge*, Frankfurt a. M., 7-28

Foucault, Michel 1987a: „Das Subjekt und die Macht". Nachwort von Michel Foucault, in: Dreyfus/Rabinow, 243-261

Foucault, Michel 1987b: „Zur Genealogie der Ethik. Ein Überblick über laufende Arbeiten", in: Dreyfus/Rabinow, 265-292

Foucault, Michel 1987c: „Nietzsche, die Genealogie, die Historie", in: ders.: *Von der Subversion des Wissens*, Frankfurt a. M., 69-90

Foucault, Michel 1988a: „Social Security", in: Kritzman, 159-177

Foucault, Michel 1988b: „The Dangerous Individual", in: Kritzman, 125-151

Foucault, Michel 1988c: „Sexual Choice, Sexual Act: Foucault and Homosexuality". Ein Interview mit James O'Higgins, in: Kritzman, 286-303

Foucault, Michel 1989: *Der Gebrauch der Lüste. Sexualität und Wahrheit 2*, Frankfurt a. M.,

Foucault, Michel 1990a: „Was ist Aufklärung?", in: Erdmann et al., 35-54

Foucault, Michel 1990b: „Die Rückkehr der Moral", Ein Interview, in: Erdmann et al., 133-145

Foucault, Michel 1990c: „Andere Räume", in: *Zeitmitschrift. Journal für Ästhetik und Politik* 7, 4-15

Foucault, Michel 1991: „Questions of Method", in: Burchell et al., 73-86

Foucault, Michel 1992: *Was ist Kritik?*, Berlin

Foucault, Michel 1993a: „Technologien des Selbst", in: Luther H. Martin/Huck Gutman/Patrick H. Hutton (Hg.): *Technologien des Selbst*, Frankfurt a. M., 24-62

Foucault, Michel 1993b: „About the Beginnings of the Hermeneutics of the Self", in: *Political Theory* 21, 198-227

Foucault, Michel 1994a: „Omnes et singulatim. Zu einer Kritik der politischen Vernunft", in: Joseph Vogl (Hg.): *Gemeinschaften. Positionen zu einer Philosophie des Politischen*, Frankfurt a. M., 65-93

Foucault, Michel 1994b: „Autobiographie", in: *Deutsche Zeitschrift für Philosophie* 42, 699-702

Foucault, Michel 1994c: „Politik und Ethik", in: *Deutsche Zeitschrift für Philosophie* 42, 703-708

Foucault, Michel 1994d: „Securité, territoire et population", in: ders.: *Dits et Écrits III*, Paris, 719-723

Foucault, Michel 1994e: „Naissance de la biopolitque", in: ders.: *Dits et Écrits IV*, Paris, 818-825

Foucault, Michel 1995a: „Die Menschenrechte der Regierten", in: *Tüte: Wissen und Macht. Die Krise des Regierens*, Tübingen, 11

Foucault, Michel 1995b: „Kritische Theorie und die Krise des Regierens. Ein Interview aus dem Jahre 1978", in: *Tüte: Wissen und Macht. Die Krise des Regierens*, Tübingen, 5-10

Foucault, Michel 1996: *Der Mensch ist ein Erfahrungstier. Gespräch mit Ducio Trombadori*. Mit einem Vorwort von Wilhelm Schmid. Mit einer Bibliographie von Andrea Hemminger, Frankfurt a. M.

Foucault, Michel 1999: *In Verteidigung der Gesellschaft. Vorlesungen am Collège de France (1975-76)*, Frankfurt a. M.

Foucault, Michel 1999a: „Krieg und Macht". Vorlesung vom 14. Januar 1976, in: ders., 31-51

Foucault, Michel 1999b: „Von der Souveränitätsmacht zur Macht über das Leben". Vorlesung vom 17. März 1976, in: ders., 276-305

Foucault, Michel 2000a: „Die Gouvernementalität", in: Bröckling et al., 41-67 [„La ‚gouvernementalité'", in: *Dits et Écrits III* 1994, 635-657; „Governmentality", in: Burchell et al., 87-104]

Foucault, Michel 2000b: „Staatsphobie", in: Bröckling et al., 68-71

Foucault, Michel 2001: *Das Leben der infamen Menschen*, Berlin

Fox, Kathryn J. 1999: „Changing Violent Minds: Discursive Correction and Resistance in the Cognitive Treatment of Violent Offenders in Prison", in: *Social Problems* 46, 88-103

Fox, Nick J. 1999: „Postmodern reflections on ‚risk', ‚hazards' and life choices", in: Deborah Lupton (Hg.): *Risk and sociocultural theory: new directions and perspectives*, Cambridge, 12-33

Frankel, Boris 1997: „Confronting Neoliberal Regimes: The Post-Marxist Embrace of Populism and Realpolitik", in: *new left review*, 226, 57, 56-92

Frankfurt, Harry G. 1971: „Freedom of the Will and the Concept of a Person", in: *The Journal of Philosophy*, Vol. LXVIII, 5-21

Fraser, Nancy 1994: *Widerspenstige Praktiken. Macht, Diskurs, Geschlecht (Gender Studies)*, Frankfurt a. M.

Fraser, Nancy 2001: *Die halbierte Gerechtigkeit. Schlüsselbegriffe des postindustriellen Sozialstaates*, Frankfurt a. M.

Frehsee, Detlev 1997: „Fehlfunktionen des Strafrechts und der Verfall rechtsstaatlichen Freiheitsschutzes", in: Frehsee et al., 14-46

Frehsee, Detlev 2000: „Kritische Kriminologie und Strafrechtswissenschaft", in: *Kriminologisches Journal* 32, 242-255

Frehsee, Detlev /Löschper, Gabi /Smaus, Gerlinda (Hg.) 1997: *Konstruktion der Wirklichkeit durch Kriminalität und Strafe (Jahrbuch für Rechtssoziologie und Rechtstheorie)*, Baden-Baden

Freyberg, Thomas von 1997: „Die inszenierte Krise des Sozialstaats – Ein Angriff auf den demokratischen Prozess", in: *Widersprüche* 17, H. 66, 179-188

Freytag, Tatjana 2001: „‚Unternehmen Mensch' – Eine bayrisch-sächsische Zukunftsvision", in: *Der Lohn der Angst. Flexibilisierung und Kriminalisierung in der „neuen Arbeitsgesellschaft" (Liber: Internationales Jahrbuch für Literatur und Kultur 99/00, hrsg. v. Pierre Bourdieu)*, Konstanz, 84-107

Frisch, Joachim 1997: *Machtmissbrauch im politischen Diskurs. Konstruktion und Reproduktion von Machtverhältnissen durch die bürgerliche Herrschaftskritik*, Opladen

Gane, Mike/Johnson, Terry (Hg.) 1993: *Foucault's New Domains*, London, New York

Ganßmann, Heiner 1999: „Wirtschaftliche Grenzen des Wohlfahrtsstaates?", in: Honegger et al., 169-184

Garland, David 1985a: *Punishment and Welfare. A History of Penal Strategies*, Aldershot, Brookfield

Garland, David 1985b: „The Criminal and his Science", in: *British Journal of Criminology* 25, 109-137

Garland, David 1996: „The Limits of the Sovereign State: Strategies of Crime Control in Contemporary Society", in: *British Journal of Criminology* 36, 445-471

Garland, David 1997: „‚Governmentality' and the problem of crime: Foucault, criminology, sociology", in: *Theoretical Criminology* 1, 173-214

Garland, David 1999: „The commonplace and the catastrophic: Interpretations of crime in late modernity", Review essay, in: *Theoretical Criminology* 3, 353-364

Garland, David 2000a: „The Culture of High Crime Societies", in: *British Journal of Criminology* 40, 347-375

Garland, David 2000b: „Ideas, Institutions and Situational Crime Prevention", in: Hirsch et al., 1-16

Garland, David 2001: *The Culture of Control, Crime and Social Order in Contemporary Society*, Chicago, Oxford

Garland, David/Sparks, Richard 2000: „Criminology, Social Theory and the Challenge of Our Times, in: *British Journal of Criminology* 40, 189-204

Gebhardt, Thomas/Heinz, Andreas/Knöbl, Wolfgang 1996: „Die gefährliche Wiederkehr der ‚gefährlichen Klassen': Der I.Q. als Indikator sozialer Devianz in der neueren amerikanischen Kriminalitätsdiskussion", in: *Kriminologisches Journal* 28, 82-106

Gehring, Petra 2000: „Epistemologie? Archäologie? Genealogie? – Foucault und das Recht", in: *Internationale Zeitschrift für Philosophie* 50, 18-33

Geis, Gilbert 2000: „On the absence of self-control as the basis for a general theory of crime: A critique", in: *Theoretical Criminology* 4, 35-53

Gescher, Norbert 1998: *Boot Camp-Programme in den USA. Ein Fallbeispiel zum Formenwandel in der amerikanischen Kriminalpolitik*, Godesberg

Giddens, Anthony 1991: *Modernity and Self-Identity. Self and Society in the Late Modern Age*, Cambridge

Giddens, Anthony 1997: *Jenseits von Links und Rechts*, Frankfurt a. M.

Giddens, Anthony 1999a: *Runaway World. How Globalisation is Reshaping our Lives*, London

Giddens, Anthony 1999b: *Der dritte Weg. Die Erneuerung der sozialen Demokratie*, Frankfurt a. M. [1998]

Goffman, Irving 1969: *Wir alle spielen Theater. Die Selbstdarstellung im Alltag*, München

Gordon, Colin 1980: „Afterword", in: ders., 229-259

Gordon, Colin (Hg.) 1980: *Michel Foucault. Power/Knowledge: Selected Interviews and Other Writings*, New York

Gordon, Colin 1991: „Governmental Rationality. An Introduction", in: Burchell et al., 1-51

Gössner, Rolf (Hg.) 1995: *Mythos Sicherheit. Der hilflose Schrei nach dem starken Staat,* Baden-Baden

Gössner, Rolf 2000: *„Big Brother". Der moderne Überwachungsstaat in der Informationsgesellschaft,* Hamburg

Gössner, Rolf 2001: „Genetische Erfassung: Mutation zum ‚gläsernen Menschen'?", in: *Neue Kriminalpolitik* 13 (4), 5-7

Gottfredson, Michael R./Hirschi, Travis 1990: *A General Theory of Crime,* Stanford

Gottfredson, Michael R./Hirschi, Travis 2000: „In defense of self-control", in: *Theoretical Criminology* 4, 55-69

Graham-Rowe, Duncan 1999: „Warning! Strange behaviour", in: *New Scientist,* Vol. 164, Nr. 2216, 25-28

Gramatica, Filippo: *Grundlagen der Défense Sociale (Gesellschaftsschutz),* 2 Teile, Vorwort v. René König, Hamburg 1965

Gramsci, Antonio 1991(ff.): *Gefängnishefte,* Hamburg

Gras, Marianne 2001: „Videoüberwachung in Großbritannien", in: *Neue Kriminalpolitik* 13 (4), 4, 12-15

Greco, Monica 1993: „Psychosomatic subjects and the ‚duty to be well': personal agency within medical rationality", in: *Economy and Society* 22, 357-372

Greco, Monica 1998a: *Illness As a Work of Thought: A Foucauldian Perspective of Psychosomatics,* London

Greco, Monica 2000: „Homo Vacuus. Alexithymie und das neoliberale Gebot des Selbstseins", in: Bröckling et al., 265-285

Groenemeyer, Axel 2001: „Von der Sünde zum Risiko? – Bilder abweichenden Verhaltens und die Politik sozialer Probleme am Ende des Rehabilitationsideals", in: *Soziale Probleme* 12, 146-181

Gusfield, Joseph R. 1989: „Constructing the Onwnership of Social Problems: Fun and Profit in the Welfare State, in: *Social Problems* 36, 431-441

Habermas, Jürgen 1988: *Der philosophische Diskurs der Moderne. Zwölf Vorlesungen,* Frankfurt a. M.

Hacking, Ian 1986: „Making Up People", in: Thomas C. Heller/Morton Sosna/David E. Wellbery (Hg.): *Reconstructing Individualism,* Stanford, 222-236

Hacking, Ian 1990: *The Taming of Chance,* Cambridge

Hacking, Ian 1999: *Was heißt „soziale Konstruktion"? Zur Konjunktur einer Kampfvokabel in den Wissenschaften,* Frankfurt a. M.

Haggerty, Kevin 2001: *Making Crime Count,* Toronto

Hahn, Kornelia 1996: „Soziale Kontrolle als soziologischer Begriff. Klassische und neuere Theorien revisited", in: *Kriminologisches Journal* 28, 261-280

Hanak, Gerhard/Stehr, Johannes/Steinert, Heinz 1989: *Ärgernisse und Lebenskatastrophen. Über den alltäglichen Umgang mit Kriminalität,* Bielefeld

Hannah-Moffat, Kelly 1999: „Moral agent or actuarial subject: Risk and Canadian women's imprisonment", in: *Theoretical Criminology* 3, 71-94

Hannah-Moffat, Kelly 2000: „Prisons that Empower. Neo-liberal Governance in Canadian Women's Prisons", in: *British Journal of Criminology* 40, 510-531

Hänninen, Sakari (Hg.) 1998: *Displacment of Social Policy*, Saarijärvi

Harris, John 1996: Soziale Arbeit als Business: Märkte, Manager und *Konsumenten* in der britischen Sozialarbeit, in: *Widersprüche*, 16, H. 59, 31-43

Hassemer, Winfried 2001: „Gründe und Grenzen des Strafens", in: Nestor Courakis (Hg.): *Die Strafrechtswissenschaften im 21. Jahrhundert. Festschrift für Professor Dr. Dionysios Spinellis*, Athen, 399-424

Heelas, Paul /Morris, Paul (Hg.) 1991: *The Values of the Enterprise Culture. The Moral Debate*, London

Heelas, Paul 1991: „Reforming the Self: Enterprise and the characteristics of Thatcherism", in: ders./Morris, 72-90

Helliwell, Christine/Hindess, Barry 1999: „„Culture, ‚society' and the figure of man", in: *History of the Human Sciences* 12 (4), 1-20

Henman, Paul 1999: „Technology and the ‚Art of Government'", Vortrag in Oscene Powers, University of Southampton, Dezember

Henry, Stuart/Milovanovic, Dragan 1994: „The Constitution of Constitutive Criminology: a Postmodern Approach to Criminological Theory", in: Nelken, 110-133

Henry, Stuart/Milovanovic, Dragan 1996: *Constitutive Criminology. Beyond Postmodernism*, London u.a.

Hess, Henner 1976: „Repressives Verbrechen", in: *Kriminologisches Journal* 8, 1-22

Hess, Henner 1983: „Probleme sozialer Kontrolle", in: Hans-Jürgen Kerner/Hans Göppinger/Franz Streng (Hg.): *Kriminologie – Psychiatrie – Strafrecht. Festschrift für Heinz Leferenz zum 75. Geburtstag*, Heidelberg, 3-24

Hess, Henner 1996: „New York zieht die Lehren aus den zerbrochenen Fensterscheiben", in: *Kriminologisches Journal* 28, 179-190

Hess, Henner 1999: „Zur Wertproblematik in der Kriminologie", in: *Kriminologisches Journal* 31, S. 167-186

Hess, Henner/Stehr, Johannes 1987: „Die ursprüngliche Erfindung des Verbrechens", in: *Kriminologie und Geschichte (2. Beiheft des Kriminologischen Journals)*, 18-56

Hindelang, Michael/Gottfredson, Michael R./Garofalo, James 1978: *Victims of personal crime*, Cambridge/Mass.

Hindess, Barry 1996: *Discourses of Power: from Hobbes to Foucault*, Oxford, Cambridge/Mass.

Hindess, Barry 1997: „Politics and governmentality", in: *Economy and Society* 26, 257-272

Hirsch, Andrew von 1976: *Doing Justice: The Choice of Punishments – Report of the Committee for the Sutdy of Incarceration*, New York

Hirsch, Andrew von 1995: „The Future of the Proportionate sentence", in: Blomberg/Cohen, 123-143

Hirsch, Andrew von/Garland, David/Wakefield, Alison (Hg.) 2000: *Ethical and Social Perspectives on Situational Crime Prevention*, Oxford, Portland/Oreg.

Hirsch, Andrew von/Shearing, Clifford 2000: „Exclusion from Public Space", in: Hirsch et al., 77-96

Hirsch, Joachim 1998: *Vom Sicherheits- zum nationalen Wettbewerbsstaat*, Berlin

Hirsch, Joachim 2001a: „Postfordismus: Dimensionen einer neuen kapitalistischen Formation", in: ders./Bob Jessop/Nicos Poulantzas: *Die Zukunft des Staates. Denationalisierung, Internationalisierung, Renationalisierung*, Hamburg, 101-138

Hirsch, Joachim 2001b: „Des Staates neue Kleider. NGO im Prozess der Internationalisierung des Staates", in: Brand et al., 13-42

Hirschi, Travis 1986: „On the compatibility of rational choice and social control theories of crime", in: Cornish/Clarke, 105-118

Hirschi, Travis 1989: „Das Karriereparadigma aus der Sicht der Kontrolltheorie", in: *Monatsschrift für Kriminologie und Strafrechtsreform* 72, 413-422

Hirschi, Travis/Gottfredson, Michael R. 2000: „In defense of self-control", in: *Theoretical Criminology* 4, 55-69

Hirschman, Albert O. 1987: *Leidenschaften und Interessen. Politische Begründungen des Kapitalismus vor seinem Sieg*, Frankfurt a. M.

Hirschman, Albert O. 1992: *Denken gegen die Zukunft. Die Rhetorik der Reaktion*, München

Hitzler, Ronald 1998: „Bedrohung und Bewältigung. Einige handlungstheoretisch triviale Bemerkungen zur Inszenierung ‚Innere Sicherheit'", in: ders./Helge Peters (Hg.): *Inszenierung: Innere Sicherheit. Daten und Diskurse*, Opladen, 203-212

Hobsbawm, Eric 1999: „Der Tod des Neoliberalismus", in: *Tod des Neoliberalismus – Es lebe die Sozialdemokratie? (Supplement der Zeitschrift Sozialismus 1/99)*, 7-21

Hoffmann, Jens/Musolff, Cornelia 2000: *Fallanalyse und Täterprofil (BKA-Forschungsreihe 52)*, Wiesbaden

Hoffmann-Riem, Christa 1980: „Die Sozialforschung in der interpretativen Soziologie. Der Datengewinn" , in: *Kölner Zeitschrift für Soziologie und Sozialpsychologie* 32, 330-372

Honegger, Claudia/Hradil, Stefan/Traxler, Franz (Hg.): *Grenzenlose Gesellschaft? Verhandlungen des 29. Kongresses der Deutschen Gesellschaft für Soziologie. Teil 1*, Opladen

Honneth, Axel 1985: *Kritik der Macht. Reflexionsstufen einer kritischen Gesellschaftstheorie*, Frankfurt a. M.

Honneth, Axel 1994: *Kampf um Anerkennung. Zur moralischen Grammatik sozialer Konflikte*, Frankfurt a. M.

Honneth, Axel 2001: „Ein materialistischer Wittgenstein. Macht, Wissen, Subjekt: Michel Foucault und die Humanwissenschaften – Versuch einer Zwischenbilanz" (Vortrag auf der Frankfurter Foucault-Konferenz, 27. – 29. September 2001), in: *Frankfurter Rundschau*, Nr. 234, vom 9.10.

Horkheimer, Max/Adorno, Theodor W. 1971: *Dialektik der Aufklärung*, Frankfurt a. M.

Hudson, Barbara A. 1997: „Social Control", in: Maguire et al., 451-472

Hudson, Barbara A. 1998: „Punishment and Governance", in: *Social & Legal Studies* 7, 581-587

Hudson, Barbara A. 2001: „Punishment, rights and difference: defending justice in the risk society", in: Stenson/Sullivan, 144-172

Hunt, Alan 1997: „Moral Regulation and making-up the new person: putting Gramsci to work, in: *Theoretical Criminology* 1, 275-301

Hunt, Alan 1999: *Governing Morals. A Social History of Moral Regulation*, Cambridge

Hunt, Alan 2001: „Risk and Moralization in Everyday Life", Vortrag auf der Konferenz *Risk and Morality* in Vancouver, 18. – 20. Mai

Hunt, Alan/Wickham 1994: *Foucault and Law. Towards a Sociology of Law and Governance*, London, Boulder/Colorado

Hutchings, Peter J. 1999: „Spectacularizing Crime: Ghostwriting the Law", in: *Law and Critque* 10, 27-48

Hyatt, Susan Brin: „Poverty in a ‚post-welfare' landscape. Tenant management policies, self-governance and the democratization of knowledge in Great Britain", in: Chris Shore und Susan Wright (Hg.): *Anthropology of Policy. Critical Perspectives on governance and power*, London, New York, 217-238

Jaeger, Hans 1990: „Unternehmer", in: *Geschichtliche Grundbegriffe. Historisches Lexikon zur politischen Sprache in Deutschland*, Bd. 6, hrsg. v. Otto Brunner/Werner Conze/Reinhard Kossellek, Stuttgart, 707-732

Jäger, Herbert 1989: *Makrokriminalität. Studien zur Kriminologie kollektiver Gewalt*, Frankfurt a. M.

Jambet, Christian 1991: „Konstitution des Subjekts und spirituelle Praktik", in: Ewald/Waldenfels, 229-248

Janowitz, Morris 1973: „Wissenschaftshistorischer Überblick zur Entwicklung des Grundbegriffs ‚soziale Kontrolle'", in: *Kölner Zeitschrift für Soziologie und Sozialpsychologie* 25, 499-514

Jeffrey, C. Ray 1971: *Crime Prevention Through Environmental Design*, Beverly Hills/Calif.

Junge, Kai 1999: „Staatlichkeit und Territorialität. Soziologische Überlegungen zum Verhältnis von sozialer Ordnung und der räumlicher Ortung", in: Honegger et al., 370-386

Kaiser, Günter 1993: „Kriminalpolitik", in: Kaiser et al., 280-286

Kaiser, Günter 1996: *Kriminologie. Ein Lehrbuch*, 3., völlig neubearb. und erw. Aufl., Heidelberg

Kaiser, Günter 1997: „The Rediscovery of the Offender: Is there a Revitalization of Individualistic Theory?", in: *European Journal of Crime, Criminal Law and Criminal Justice* 5, 364-376

Kaiser, Günter/Kerner, Hans-Jürgen/Sack, Fritz/Schellhoss, Hartmut (Hg.) 1993: *Kleines Kriminologisches Wörterbuch*, 3. völlig neubearb. u. erw. Aufl., Heidelberg

Kant, Immanuel 1977: *Die Metaphysik der Sitten. Werkausgabe VIII*, hrsg. v. Wilhelm Weischedel, Frankfurt a. M. [1797]

Kant, Martina/Pütter, Norbert 1998a: „Sicherheit und Ordnung in den Städten zwischen ‚Sicherheitsnetz' und ‚Ordnungspartnerschaften'", in: *Bürgerrechte & Polizei (CILIP)*, H. 59 (1), 70-79

Kant, Martina/Pütter, Norbert 1998b: „Rot-grüne Politik ‚Innerer Sicherheit'. Fortsetzung der alten Politik mit anderen Personen, in: *Bürgerrechte & Polizei (CILIP)*, H. 61 (3), 61-69

Karstedt, Susanne/Greve, Werner 1996: „Die Vernunft des Verbrechens: Rational, irrational oder banal?", in: Bussmann/Kreissl, 171-211

Katz, Jack 1988: *Seductions of Crime. Moral and Sensual Attractions in Doing Evil*, New York

Kaufmann, Doris 1995: *Aufklärung, bürgerliche Selbsterfahrung und die Erfindung der Psychiatrie in Deutschland*, Göttingen

Keat, Russel 1991: „Introduction: Starship Britain or Universal Enterprise?", in: ders./Abercrombie, 1-20

Keat, Russel/Abercrombie, Nicholas (Hg.) 1991: *Enterprise Culture*, London, New York

Keckeisen, Werner 1974: *Die gesellschaftliche Definition abweichenden Verhaltens. Perspektiven und Grenzen des labeling approach*, München

Keller, Christoph 2000: „Videoüberwachung: Ein Mittel zur Kriminalprävention", in: *Kriminalistik* 54 (3), 187-191

Kelling, George L./Coles, Catherine M. 1996: *Fixing Broken Windows*, New York

Kern, Horst 1982: *Empirische Sozialforschung. Ursprünge, Ansätze, Entwicklungstendenzen*, München

Kessl, Fabian 2001: „Teilnahme ohne Teilhabe? Anmerkungen zur Debatte um die zivilgesellschaftlichen Potenziale des modernen Wohlfahrtsstaates", in: *Neue Praxis. Zeitschrift für Sozialarbeit, Sozialpädagogik und Sozialpolitik* 31, 129-145

Knorr-Cetina, Karin 1989: „Spielarten des Konstruktivismus. Einige Notizen und Anmerkungen", in: *Soziale Welt* 40, 86-96

Koch, Claus 1996: „Sozialstaat und Wohlfahrtsstaat", in: *Leviathan* 24, 78-86

Koenen, Elmar J. 1999: „Individualisierung als Abweichung. Zum veränderten Umgang mit neuen Formen von Devianz", in: *Kriminologisches Journal* 31, 243-264

Kögler, Hans Herbert 1995: „Der hermeneutische Mangel der Machttheorie. Foucault als Gesellschaftstheoretiker", in: *Tüte: Wissen und Macht. Die Krise des Regierens*, Tübingen, 12-17

Kommission für Zukunftsfragen der Freistaaten Bayern und Sachsen 1998: Dokumente zum Zeitgeschehen. Maßnahmen zur Verbesserung der Beschäftigungslage (Dritter und letzter Teilbericht, Auszüge), in: *Blätter für deutsche und internationale Politik* 8 (2), 247-256

Kraemer, Klaus 1997: *Der Markt der Gesellschaft. Zu einer soziologischen Theorie der Marktvergesellschaftung*, Opladen 1997

Krappmann, Lothar 1973: *Soziologische Dimensionen der Identität*, Stuttgart

Krasmann, Susanne 1997a: „Mafiose Gewalt. Mafioses Verhalten, unternehmerische Mafia und organisierte Kriminalität", in: Trotha, 200-219

Krasmann, Susanne 1997b: „Andere Orte der Gewalt", in: dies./Scheerer, 85-102

Krasmann, Susanne 2000a: „Gouvernementalität der Oberfläche. Aggressivität (ab-)trainieren beispielsweise", in: Bröckling et al., 194-226

Krasmann, Susanne/de Marinis, Pablo 1997: „Machtinterventionen im urbanen Raum", *Kriminologisches Journal* 29, 162-185

Krasmann, Susanne/Scheerer, Sebastian (Hg.): *Die Gewalt in der Kriminologie (6. Beiheft des Kriminologischen Journals)*, Weinheim

Kreissl, Reinhard 1989: „Soziologie und soziale Kontrolle. Mögliche Folgen einer Verwissenschaftlichung des Kriminaljustizsystems", in: Ulrich Beck und Wolfgang Bonß (Hg.): *Weder Sozialtechnologie noch Aufklärung? Analysen zur Verwendung sozialwissenschaftlichen Wissens*, Frankfurt a. M., 420-456

Kreissl, Reinhard 1996: „Was ist kritisch an der kritischen Kriminologie. Eine neue Standortbestimmung", in: Bussmann/Kreissl, 19-43

Kreissl, Reinhard 1997: „Die Fake-Guerilla im Cybermarxismus. Vorüberlegungen zur Transformation sozialer Kontrolle und ihrer Kritik", in: Frehsee et al., 522-551

Kreissl, Reinhard 2000: „Soziale Kontrolle, Kriminalität und abweichendes Verhalten in zeitgenössischen Gesellschaften. Einige Überlegungen in gesellschaftstheoretischer Absicht", in: Peters, 19-42

Krieken, Robert van 1991: „The poverty of social control: explaining power in the historical sociology of the welfare state", in: *Sociological Review* 39, 1-25

Kritzman, Lawrence D. (Hg.) 1988: *Michel Foucault. Politics, Philosophy, Culture: Interviews and other writings 1977-1984*, New York, London

Kronauer, Martin 1997: „‚Soziale Ausgrenzung' und ‚Underclass': Über neue Formen der gesellschaftlichen Spaltung", in: *Leviathan* 25, 28-49

Kronauer, Martin 2002: *Exklusion. Die Gefährdung des Sozialen im hoch entwickelten Kapitalismus*, Frankfurt/M.

Kuhlmann, Jan 1993: „Bürger auf Karten. Totalerfassung durch sozialökologische Rationierungssysteme", in: *Blätter für deutsche und internationale Politik* 3 (11), 1333-1346

Kunz, Karl-Ludwig 1997: „Über Zusammenhänge und Distanzen zur Kriminologie und Kriminalpolitik", in: *Monatsschrift für Kriminologie und Strafrechtsreform* 80, 165-182

Kunz, Karl-Ludwig 1998: *Kriminologie*, 2., vollst. überarb. Aufl., Bern, Stuttgart, Wien

Künzel, Christine 1999: „Raum-Gewalt-Vergewaltigung: Anmerkungen zu einer Topographie sexueller Gewalt", in: Gabi Löschper/Gerlinda Smaus (Hg.): *Das Patriarchat und die Kriminologie (7. Beiheft des Kriminologischen Journals)*, Weinheim, 99-111

Laermans, Rudi 1993: „Learning to Consume: Early Department Stores and the Shaping of the Modern Consumer Culture (1860-1914)", in: *Theory, Culture & Society* 10 (1), 79-102

Lamnek, Siegfried 1979: *Theorien abweichenden Verhaltens*, München

Lamnek, Siegfried 1994: *Neue Theorien abweichenden Verhaltens*, München

Landreville, Pierre 1989: „Kriminalität und Machtmissbrauch", in: *Monatsschrift für Kriminologie und Strafrechtsreform* 72, 423-474

Lange, Hans-Jürgen 2002: „Die ambivalente Rolle des Staates in der Sicherheitsgesellschaft. Zur Individualisierung des Staats- und Sicherheitsverständnisses", Vortrag auf dem Soziologie-Kongress in Leipzig: *Entstaatlichung und Soziale Sicherheit*, 7.-11. Oktober

Langman, Lauren 1992: „Neon Cages. Shopping for subjectivity", in: Rob Shields (Hg.): *Lifestyle Shopping. The Subject of Consumption*, London und New York: 40-82

Lapeyronnie, Didier 2001: „Die Ordnung des Formlosen. Die soziale und politische Konstruktion von Rassismus in der französischen Gesellschaft", in: *Mittelweg 36* 10 (3), 79-92

Lash, Scott 1996: „Reflexivität und ihre Doppelungen: Struktur, Ästhetik und Gemeinschaft", in: Beck et al., 195-286

Lash, Scott/Urry, John 1994: *Economies of Signs & Space*, London

Latour, Bruno 1988: „Mixing Humans and Nonhumans Together: The Sociology of a Door-Closer", in: *Social Problems* 39, 298-310

Latour, Bruno 1998: *Wir sind nie modern gewesen. Versuch einer symmetrischen Anthropologie*, Frankfurt a. M.

Latour, Bruno 2000: „When things strike back: a possible contribution of ‚science studies' to the social sciences", in: *British Journal of Sociology* 51, 107-123

Latour, Bruno 2001: „Eine Soziologie ohne Objekt? Anmerkungen zur Interobjektivität", in: *Berliner Journal für Soziologie* 11, 237-253

Lautmann, Rüdiger 1998: „Dissenz als Haltung, Außenseiter als Thema", in: *Kriminologisches Journal* 30, 42-46

Lea, Jon/Young, Jock 1984: *What is to be done about Law and Order?*, Harmondsworth

Legnaro, Aldo 1997: „Konturen der Sicherheitsgesellschaft: Eine polemisch-futurologische Skizze", in: *Leviathan* 25, 271-284

Legnaro, Aldo 1998: „Die Stadt, der Müll und das Fremde – plurale Sicherheit, die Politik des Urbanen und die Steuerung der Subjekte", in: *Kriminologisches Journal* 30, 262-283

Legnaro, Aldo 1999: „Der flexible Mensch und seine Selbstkontrolle – eine Skizze", in: ders. und Arnold Schmieder (Hg.): *Suchtwirtschaft. Jahrbuch Sucht, Bd. 1*, , Hamburg, Münster, 117-132

Legnaro, Aldo 2000a: „Subjektivität im Zeitalter ihrer simulativen Reproduzierbarkeit: Das Beispiel des Disney-Kontinents", in: Bröckling et al., 286-314

Legnaro, Aldo 2000b: „Panoptismus", in: *Ästhetik & Kommunikation: significans. Zwischen Kunst und Erkennungsdienst* 31, H. 111, 73-78

Legnaro, Aldo 2000c: „Aus der Neuen Welt. Freiheit, Furcht und Strafe als Trias der Regulation", in: *Leviathan* 28, 202-220

Legnaro, Aldo 2001: „Dax & Drugs & Event Marketing – einige Notizen zur Verfertigung der allseitig entwickelten kapitalistischen Persönlichkeit", in: Arnold Schmieder und ders. (Hg.): *Deregulierung der Sucht. Jahrbuch Suchtforschung, Bd. 2*, , Hamburg, Münster, 95-112

Lehne, Werner 1998: „Kommunale Prävention als Alternative?", in: *Neue Kriminalpolitik* 10 (3), 6-8

Lehne, Werner 2002: „Die Kritische Kriminologie wird erwachsen – endlich freie Bahn für eine umfassende Gendatenbank?", in: *Kriminologisches Journal* 34, 193-204

Lemert, Edwin M. 1975: „Der Begriff der sekundären Devianz", in: Lüderssen/Sack, 433-476

Lemke, Harald 1995: *Michel Foucault. In Konstellationen*, Maastricht

Lemke, Thomas 1995: „Ordnung in den Diskurs. Zur Arbeit des Michel-Foucault-Zentrums in Paris", in: *die tageszeitung*, vom 8./9. April, 20

Lemke, Thomas 1997: *Eine Kritik der politischen Vernunft. Foucaults Analyse der modernen Gouvernementalität*, Berlin, Hamburg

Lemke, Thomas 2000: „Reproduktion, Repression und Ritual. Louis Althusser und die ‚Ideologie der Ideologie'", in: *Ästhetik und Kommunikation* 31, H. 109, 105-110

Lemke, Thomas 2001a: „Max Weber, Norbert Elias und Michel Foucault über Macht und Subjektivierung", in: *Berliner Journal für Soziologie* 11, 77-95

Lemke, Thomas 2001b: „‚Freiheit ist die Garantie der Freiheit' – Michel Foucault und die Menschenrechte", in: *Vorgänge* 40, 270-276

Lemke, Thomas 2001c: „Governance, Gouvernementalität und die Dezentrierung der Ökonomie", in: *Demokratie. Selbst. Arbeit. Analysen liberal-demokratischer Gesellschaften im Anschluss an Michel Foucault (Mitteilungen des Instituts für Wissenschaft und Kunst 56, 2/3)*, 25-29

Lemke, Thomas/Krasmann, Susanne/Bröckling, Ulrich 2000: „Gouvernementalität, Neoliberalismus und Selbsttechnologien", in : Bröckling et al., 7-40

Lianos, Michalis/Douglas, Mary 2000: „Dangerization and the End of Deviance", in: *British Journal of Criminology* 40, 261-278

Lilly, Robert J./Cullen, Francis T./Ball, Richard A. 1995: *Criminological Theory: Context and Consequences*, 2. Aufl., London u.a.

Lindemann, Gesa 1999: „Die Grenzen des Sozialen", in: Heidrun Kaupen-Haas/Christian Saller (Hg.): *Wissenschaftlicher Rassismus: Analysen einer Kontinuität in den Human- und Naturwissenschaften*, Frankfurt a. M., New York, 187-208

Lindemann, Gesa 2002: „Kritik der Soziologie", in: *Deutsche Zeitschrift für Philosophie* 50, 227-245

Lindenberg, Michael 1996: „Siegeszug der Winzigkeit: Die Fingerschau der Polizei", in: Trotha, 283-298

Lindenberg, Michael 1997: *Ware Strafe. Elektronische Überwachung und die Kommerzialisierung strafrechtlicher Kontrolle*, München

Lindenberg, Michael/Schmidt-Semisch, Henning 1994: „Gefangene Könige oder: Ordnung als Dienstleistung", in: *Widersprüche* 14, H. 52, 55-63

Lindenberg, Michael/Schmidt-Semisch, Henning 1995a: „Sanktionsverzicht und Herrschaftsverlust: Vom Übergang in die Kontrollgesellschaft", in: *Kriminologisches Journal* 27, 2-17

Lindenberg, Michael/Schmidt-Semisch, Henning 1995b: „Wandelbare Gefängnisse und unsichtbare Gefängnisse", in: *Die Beute* 8, 78-88

Lindenberg, Michael/Schmidt-Semisch, Henning 1996: „Profitorientierte Institutionen strafrechtlicher Sozialkontrolle. Notizen zum Verschwinden der Gemeinnützigkeit", in: Bussmann/Kreissl, 295-309

Lindenberg, Michael/Schmidt-Semisch, Henning 1997: „Moralische Technologien. Eine Skizze der Wahlverwandtschaft von Moral und Kommerz in der Kriminalstrafe", in: Walter Hammerschick und Arno Pilgram (Hg.): *Arbeitsmarkt, Strafvollzug und Gefangenenarbeit (Jahrbuch für Rechts- und Kriminalsoziologie)*, Baden-Baden, 141-151

Lindenberg, Michael/Schmidt-Semisch, Henning 2000: „Komplementäre Konkurrenz in der Sicherheitsgesellschaft. Überlegungen zum Zusammenwirken staatlicher und kommerzieller Sozialer Kontrolle", in: *Monatsschrift für Kriminologie und Strafrechtsreform* 83, 306-319

Lindesmith, Alfred/Levin, Yale 1937: „The Lombrosian Myth in Criminology", in: *American Journal of Sociology* 42, 653-71

Linhardt, Dominique 2000: „Demokratische Maschinen? Die Vorrichtung zur Terrorismusbekämpfung in einem französischen Großflughafen (Paris-Orly)", in: *Kriminologisches Journal* 32, 82-107

Link, Jürgen 1998: *Versuch über den Normalismus. Wie Normalität produziert wird*, 2. aktualisierte u. erw. Aufl., Opladen

Liszt, Franz von 1905a: „Der Zweckgedanke im Strafrecht (Marburger Universitätsprogramm 1882), in: *Strafrechtliche Aufsätze und Vorträge*, Erster Band 1875 bis 1891, Berlin, 126-179

Liszt, Franz von 1905b: *Strafrechtliche Aufsätze und Vorträge*, Zweiter Band 1892 bis 1904, Berlin

Löschper, Gabi 1992: „Definitionsschwierigkeiten. Oder: Eine Orientierungshilfe der Psychologie in den semantischen Nebelschleiern des Aggressionsbegriffs", in: *Kriminologisches Journal* 24, 8-22

Lombroso, Cesare 1887: *Der Verbrecher in anthropologischer, ärztlicher und juristischer Beziehung,* Erster Band, Hamburg

Lorentzen, Kai T. 2002: „Luhmann goes Latour – Zur Soziologie hybrider Beziehungen", in: Werner Rammert/Ingo Schulz-Schaeffer (Hg.): *Können Maschinen handeln? Soziologische Beiträge zum Verhältnis von Mensch und Technik,* Frankfurt, New York, 101-118

Lorenz, Maren 1999: *Kriminelle Körper – Gestörte Gemüter: Die Normierung des Individuums in Gerichtsmedizin und Psychiatrie der Aufklärung,* Hamburg

Lüderssen, Klaus/Sack, Fritz (Hg.) 1975: *Seminar: Abweichendes Verhalten II. Die gesellschaftliche Reaktion auf Kriminalität, Bd. 1: Strafgesetzgebung und Strafrechtsdogmatik,* Frankfurt a. M.

Ludwig-Mayerhofer, Wolfgang 1998: Das Strafrecht und seine administrative Rationalisierung. Kritik der informalen Justiz, Frankfurt a. M.

Luhmann, Niklas 1991: *Soziologie des Risikos,* Berlin, New York

Luhmann, Niklas 1993: „Die Moral des Risikos und das Risiko der Moral", in: Gotthard Bechmann (Hg.): *Risiko und Gesellschaft. Grundlagen und Ergebnisse interdisziplinärer Risikoforschung,* Opladen, 327-338

Luhmann, Niklas 1995: „Inklusion und Exklusion", in: ders.: *Soziologische Aufklärung 6. Die Soziologie und der Mensch,* Opladen, 237-264

Luhmann, Niklas 1996: „Jenseits von Barbarei", in: Max Miller und Hans-Georg Soeffner (Hg.): *Modernität und Barbarei,* Frankfurt a. M., 219-230

Lupton, Deborah 1999: *Risk,* London, New York

Lyon, David 1994: *The Electronic Eye. The Rise of the Surveillance Society,* Cambridge

Lyon, David 1997: „Chipkarten und Technopolizei". Ein Interview, in: *telepolis,* vom 22.5.

Macherey, Pierre 1991: „Für eine Naturgeschichte der Normen", in: Ewald/Waldenfels, 171-204

Maffesoli, Michel 1991: „The ethics of aethetics", in: *Theory, Culture & Society* 8 (1), 7-20

Maguire, Mike/Morgan, Rod/Reiner, Robert (Hg.) 1997: *The Oxford Handbook of Criminology,* 2. Aufl., Oxford

Mainprize, Steve 1996: „Elective Affinities in the Engineering of Social Control: The Evolution of Electronic Monitoring", in: *Electronic Journal of Sociology* 2

Makropoulos, Michael 1990: „Möglichkeitsbändigungen. Disziplin und Versicherung als Konzepte zur sozialen Steuerung von Kontingenz", in: *Soziale Welt* 41, 407-417

Makropoulos, Michael 1997: *Modernität und Kontingenz,* München

Malpas, Jeff/Wickham, Gary 1995: „Governance and failure: on the limits of sociology", in: *Australian and New Zealand Journal of Sociology* 31, 37-50

Mannheim, Hermann (Hg.) 1972: *Pioneers in Criminology,* 2., erw. Aufl., Montclair/N.J.

Manning, Peter K. 1999: „A Dramaturgical Perspective", in: Brian Forst und ders.: *The Privatization of Policing. Two Views*, Washington, 49-124

Martinson, Robert 1974: „What Works? Questions and Answers About Prison Reform", in: *Public Interest* 35, 22-54

Martschukat, Jürgen 1997: „Von Seelenkrankheiten und Gewaltverbrechen im frühen 19. Jahrhundert", in: Richard van Dülmen/Erhard Chvojka/Vera Jung (Hg.): *Neue Blicke. Historische Anthropologie in der Praxis*, Wien u.a., 223-247

Martschukat, Jürgen 2000: *Inszeniertes Töten. Eine Geschichte der Todesstrafe vom 17. bis zum 19. Jahrhundert*, Köln u.a.

Martschukat, Jürgen 2002 (Hg.): *Geschichte schreiben mit Foucault*, Frankfurt a. M.

Marx, Gary T. 1988: *Undercover: Police Surveillance in America*, Berkeley

Mathiesen, Thomas 1997: „The viewer society: Michel Foucault's ‚Panopticon' revisited", in: *Theoretical Criminology* 1, 215-234

Mathiesen, Thomas 2000: „Die Globalisierung der Überwachung", in: Christiane Schulzki-Haddouti (Hg.): *Die Globalisierung der Überwachung*, Hannover, 11-24

Matthews, Roger/Young, Jock (Hg.) 1986: *Confronting Crime*, London

Matza, David 1964: *Delinquency and Drift*, New York, London

Matza, David 1973: *Abweichendes Verhalten*, Heidelberg [1969]

Maxfield, Michael 1987: „Lifestyle and Routine Activities Theories of Crime. Empirical Studies of Victimization, Delinquency and Offender Decision-Making", in: *Journal of Quantitative Criminology* 3, 275-82

Mazoyer, Franck 2001: „Das Big-Brother-Business. Die Überwachungstechniken erobern den öffentlichen Raum", in: *Le Monde diplomatique*, Beilage der *tageszeitung*, Nr. 6519, vom 10.8.

McCallum, David 1998: „Dangerous Individuals. Government and the Concept of Personality", in: Dean/Hindess, 108-124

McKenzie, Richard B./Tullock, Gordon 1984: *Homo Oeconomicus. Ökonomische Dimensionen des Alltags*, Frankfurt a. M., New York

McKinley, Alan/Starkey, Ken (Hg.) 1998: *Foucault, Management and Organization Theory*, London u.a.

Mecca, Andrew M./Smelser, Neil J./Vasconcellos, John (Hg.) 1989: *The Social Importance of Self-Esteem, Berkeley, Los Angeles*, London 1989

Mechler, Achim 1970: *Studien zur Geschichte der Kriminalsoziologie*, Göttingen

Mead, George Herbert 1968: *Geist, Identität und Gesellschaft aus der Sicht des Sozialbehaviorismus*, Frankfurt a. M.

Melossi, Dario 2000: „Changing Representations of the Criminal", in: *British Journal of Criminology* 40, 296-319

Melossi, Dario 2001: „The cultural embeddedness of social control: Reflections on the comparison of Italian and North-American cultures concerning punishment", in: *Theorietical Criminology* 5, 403-424

Menke, Christoph 2001: „Zweierlei Übung: Zwischen Disziplin und Ästhetik", Vortrag auf der *Frankfurter Foucault-Konferenz*, 27. – 29. September

Merton, Robert K. 1968: *Social Theory and Social Structure*, New York

Meuret, Denis 1994: „Eine politische Genealogie der politischen Ökonomie", in: Schwarz, 13-53

Miller, Daniel 1998: *A Theory of Shopping*, Cambridge

Miller, Peter 1992: „Accounting objectivity: the invention of calculating selves and calculable spaces", in: *Annals of Scholarship* 9, 61-86

Miller, Peter/O'Leary, Ted 1994: „Governing the calculable person", in: Anthony G. Hopwood und Peter Miller (Hg.): *Accounting as social and institutional practice*, Cambridge, 98-115

Miller, Peter/Rose, Nikolas 1993: „Governing economic life", in: Gane/Johnston, 75-105 [dt.: „Das ökonomische Leben regieren", in: Schwarz, 54-108]

Miller, Peter/Rose, Nikolas 1995: „Production, identity, and democracy", *Theory and Society* 24, 427-467

Miller, Toby 1993: *The Well-Tempered Self. Citizenship, Culture, and the Postmodern Subject*, Baltimore, London

Moor, Paul 1991: *Jürgen Bartsch: Opfer und Täter. Das Selbstbildnis eines Kindermörders in Briefen*, Reinbek

Moore, Dawn/Valverde, Mariana 2000: „Maidens at risk: ‚date rape drugs' and the formation of hybrid risk knowledges", in: *Economy and Society* 29, 514-531

Morris, Paul 1991: „Freeing the Spirit of Enterprise: The Genesis and Development of the Concept of Enterprise Culture", in: Keat/Abercrombie, 21-37

Müller, Cathren 2001: „Neoliberale Subjektivität", Vortrag auf dem Symposium *Demokratie. Selbst. Arbeit. Analysen liberal-demokratischer Gesellschaften im Anschluss an Michel Foucault* in Wien, 23. – 24. März

Müller, Henning Ernst 2002: „Zur Kriminologie der Videoüberwachung", in: *Monatsschrift für Kriminologie und Strafrechtsreform* 85, 33-46

Murray, Charles 1990: *The Emerging British Underclass*, London

Murray, Charles 1994: *Losing Ground: American Social Policy 1950-1980*, New York

Murray, Charles/Herrnstein, Richard J. 1994: *The Bell Curve. Intelligence and Class Structure in American Life*, New York u.a.

Musolff, Cornelia/Hoffmann, Jens (Hg.) 2001: *Täterprofile bei Gewaltverbrechen. Mythos, Theorie und Praxis des Profiling*, Berlin, Heidelberg

Nassehi, Armin 1999: „Die Paradoxie der Sichtbarkeit. Für eine epistemologische Verunsicherung der (Kultur-)Soziologie", in: *Soziale Welt* 50, 349-362

Naucke, Wolfgang 1982: „Die Kriminalpolitik des Marburger Programms 1882", in: *Zeitschrift für die gesamte Strafrechtswissenschaft* 94, 525-564

Naucke, Wolfgang 1989: „Die Modernisierung des Strafrechts durch Baccaria", in: Günther Deimling (Hg.): *Cesare Beccaria*, Heidelberg, 37-53

Neckel, Sighard 1999: „,Leistung' und ,Erfolg'. Die symbolische Ordnung der Marktgesellschaft", in: Eva Barlösius/Hans-Peter Müller/Steffen Siegmund (Hg.): *Gesellschaftsbilder im Umbruch. Soziologische Perspektiven in Deutschland*, Opladen

Neckel, Sighard 2001: „Blanker Neid, blinde Wut? Sozialstruktur und kollektive Gefühle", in: *Leviathan* 27, 145-165

Nelken, David (Hg.) 1994: *The Futures of Criminology*, London

Newman, Oskar 1972: *Defensible Space. Crime Prevention through Urban Design*, New York

Nietzsche, Friedrich 1988: *Menschliches, Allzumenschliches. I und II*, Bd. 2 der Kritischen Studienausgabe, hrsg. v. Colli, Giorgio; Montinari, Mazzino, 2., durchges. Auflage, München

Nogala, Detlef 1995: „Was ist eigentlich so privat an der Privatisierung sozialer Kontrolle?", in: Fritz Sack/Michael Voß/Detlef Frehsee/Herbert Reinke (Hg.): *Privatisierung sozialer Kontrolle. Befunde, Konzepte, Tendenzen*, Baden-Baden, 234-260

Nogala, Detlef 1998: „DNA-Analyse und DNA-Datenbanken", in: *Bürgerrechte & Polizei (CILIP)*, H. 61 (3), 6-18

Nogala, Detlef 2000a: „Erscheinungs- und Begriffswandel von Sozialkontrolle eingangs des 21. Jahrhunderts", in: Peters, 111-131

Nogala, Detlef 2000b: „Der Frosch im heißen Wasser", in: Christiane Schulzki-Haddouti (Hg.): *Die Globalisierung der Überwachung*, Hannover, 139-155

Nogala, Detlef 2000c: „Gating the Rich – Barcoding the Poor: Konturen einer neoliberalen Sicherheitskonfiguration", in: Wolfgang Ludwig-Mayerhofer (Hg.): *Soziale Ungleichheit, Kriminalität und Kriminalisierung*, Opladen, 49-83

Nogala, Detlef 2001: „Ordnungsarbeit in einer glokalisierten Welt – Die neue Mischökonomie des Polizierens und der Polizei", in: János Fehérváry und Wolfgang Stangl (Hg.): *Polizei zwischen Europa und den Regionen. Analysen disparater Entwicklungen (Schriftenreihe der Sicherheitsakademie 3)*, Wien, 184-222

Norris, Clive/Armstrong, Gary 1998: „Smile, you 're on camera", in: *Bürgerrechte & Polizei (CILIP)*, H. 61 (3), 30-40

Norris, Clive/Armstrong, Gary 1999: *The Maximum Sureillance Society*, Oxford, New York

Norris, Clive/Moran, Jade/Armstrong, Gary (Hg.) 1998: *Surveillance, Closed Circuit Television and Social Control*, Aldershot u.a.

O'Malley, Pat 1992: „Risk, power and crime prevention", in: *Economy and Society* 21, 252-275

O'Malley, Pat 1993: „Containing Our Excitement: Commodity Culture and the Crisis of Discipline", in: *Studies in Law, Politics, and Society*, 13, 159-186

O'Malley, Pat 1994: „Penalising Crime in Advanced Liberalism", Vortrag auf dem *American Society of Criminology Annual Meeting*, November 1994

O'Malley, Pat 1996: „Risk and responsibility", in: Barry et al., 189-207

O'Malley, Pat 1999a: „Volatile and contradictory punishment", in: *Theoretical Criminology* 3, 175-196

O'Malley, Pat 1999b: „Consuming Risks: Harm Minimization and the Government of ‚Drug-users'", in: Smandych, 191-214

O'Malley, Pat 1999c: „Governmentality and the risk society" (review article), in: *Economy and Society* 28, 138-148

O'Malley, Pat 2000a: „Introduction: configurations of risk", in: *Economy and Society* 29, 457-459

O'Malley, Pat 2000b: „Uncertain subjects: risks, liberalism and contract", in: *Economy and Society* 29, 460-484

O'Malley, Pat 2001a: „The Promise of Risk. From Actuarial Justice to a politics of security", MS, La Trobe University

O'Malley, Pat 2001b: „Discontinuity, government and risk: A response to Rigakos and Hadden", in: *Theoretical Criminology* 5, 85-92

O'Malley, Pat 2001c: „Risk, crime and prudentialism revisited", in: Stenson/Sullivan, 89-103

O'Malley, Pat/Mugford, Stephen 1992: „Moral Technology: The Political Agenda of Random Drug Testing", in: *Social Justice* 18, 122-146

O'Malley, Pat/Palmer, Darren 1996: „Post-Keynesian policing", in: *Economy and Society* 25, 137-155

O'Malley, Pat/Weir, Lorna/Shearing, Clifford 1997: „Governmentality, criticism, politics", in: *Economy and Society* 26, 501-517

Offe, Claus/Fuchs, Susanne 1998: „Wie schöpferisch ist die Zerstörung?", in: *Blätter für deutsche und internationale Politik* 8 (3), 295-311

Ohme-Reinecke, Annette 2002: „Gewaltfreie Cowboys. Aspekte der Disziplinierung in der Zivilisation", in: *Kriminologisches Journal* 34, 178-192

Ortner, Helmut/Pilgram, Arno/Steinert, Heinz (Hg.) 1998: *Die Null-Lösung. Zero-Tolerance-Politik in New York – das Ende der urbanen Toleranz?*, Baden-Baden

Osborne, David/Gaebler Ted 1993: *Reinventing Government*, New York

Osborne, Thomas 2001: „Techniken und Subjekte: Von den ‚Governmentality-Studies' zu den ‚Studies of Governmentality'", in: *Demokratie. Selbst. Arbeit. Analysen liberal-demokratischer Gesellschaften im Anschluss an Michel Foucault. (Mitteilungen des Instituts für Wissenschaft und Kunst 56, 2/3)*, 12-16

Osborne, Thomas/Rose, Nikolas 1997: „In the name of society, or three thesis on the history of social thought", in: *History of the Human Sciences* 10 (3), 87-104

Palmer, Gareth 2000: „Governing Through Crime: Surveillance, the community and local crime programming", in: *Policing and Society* 10, 321-342

Pasquino, Pasquale 1986: „Michel Foucault 1926-84: The will to knowledge", in: *Economy and Society* 15, 97-101

Pasquino, Pasquale 1991: „Criminology: the birth of a special knowledge", in: Burchell et al., 105-118

Peters, Helge 1989: *Devianz und soziale Kontrolle. Eine Einführung in die Soziologie abweichenden Verhaltens*, Weinheim, München

Peters, Helge 1996: „Als Partisanenwissenschaft ausgedient, als Theorie aber nicht sterblich: der labeling approach", in: *Kriminologisches Journal* 28, 107-115

Peters, Helge 1997: „Distanzierung von der Praxis in deren Namen", in: *Kriminologisches Journal* 29, 267-274

Peters, Helge (Hg.) 2000: *Soziale Kontrolle. Zum Problem der Normkonformität in der Gesellschaft*, Opladen

Peters, Helge/Cremer-Schäfer, Helga 1975: *Die sanften Kontrolleure. Wie Sozialarbeiter mit Devianten umgehen*, Stuttgart

Peters, Tom 1992: *Liberation Management. Necessary Disorganization for the Nanosecond nineties*, New York

Pizzorno, Alessandro 1992: „Foucault and the liberal view of the individual", in: *Michel Foucault. Philosopher*. Essays translated from the French and German by Timothy J. Armstrong, New York, 204-211

Plehwe, Dieter/Walpen, Bernhard 1999: „Wissenschaftliche und wissenschaftspolitische Produktionsweisen im Neoliberalismus. Beiträge der Mont Pèlerin Society und marktradikaler Think Tanks zur Hegemoniegewinnung und -erhaltung", in: *PROKLA. Zeitschrift für kritische Sozialwissenschaft* 29, H. 115, 203-235

Popitz, Heinrich 1992: *Phänomene der Macht*, 2., stark erw. Aufl., Tübingen

Popitz, Heinrich 1968: *Über die Präventivwirkung des Nichtwissens. Dunkelziffer, Norm und Strafe*, Tübingen

Poster, Mark 1990: *The Mode of Information. Poststructuralism and Social Context*, Chicago

Power, Michael 1997: *The Audit Society. Rituals of Verification*, Oxford

Pratt, John 2000a: „The Return of the Wheelbarrow Men; or, the Arrival of Postmodern Penalty?", in: *British Journal of Criminology* 40, 127-145

Pratt, John 2000b: „Sex Crimes and the New Punitiveness", in: *Behavioral Sciences and the Law* 18, 135-151

Pratt, John/Dickson, Marny 1997: „Dangerous, inadequate, invisible, out. Episodes in the criminal career of habitual criminals", in: *Theoretical Criminology* 1, 363-384

Prittwitz, Cornelius 1993: *Strafrecht und Risiko. Untersuchungen zur Krise von Strafrecht und Kriminalpolitik in der Risikogesellschaft*, Frankfurt a. M.

Prittwitz, Cornelius 1997: „Risiken des Risikostrafrechts", in: Frehsee et al., 47-65

Pühl, Katharina/Schultz, Susanne 2001: „Gouvernementalität und Geschlecht – Über das Paradox der Festschreibung und Flexibilisierung der Geschlechterverhältnisse", in: Sabine Hess und Ramona Lenz (Hg.): *Geschlecht und Globalisierung. Ein kulturwissenschaftlicher Streifzug durch transnationale Räume*, Königstein/Ts., 102-127

Pütter, Norbert/Strunk, Sabine 1995: „Passepartout für Polizei und Politik. Zum Umgang mit ‚Organisierter Kriminalität' in der Bundesrepublik", in: Gössner, 55-63

Pütter, Norbert 1998: *Der OK-Komplex. Organisierte Kriminalität und ihre Folgen für die Polizei in Deutschland*, Münster

Quensel, Stephan 1986: „Let's abolish theories of crime: Zur latenten Tiefenstruktur unserer Kriminalitätstheorien", in: *Kritische Kriminologie heute (1. Beiheft des Kriminologischen Journals)*, 11-23

Quensel, Stephan 1989: „Krise der Kriminologie. Chancen für eine interdisziplinäre Renaissance?", in: *Monatsschrift für Kriminologie und Strafrechtsreform* 72, 391-1989

Quensel, Stephan 1998: „Kriminologie als gesellschaftliches Unternehmen", in: *Kriminologisches Journal* 30, 15-41

Quensel, Stephan 2002: „Gouvernementalität: Eine einführende Rezension", in: *Kriminologischen Journal* 34, 47-58

Rabinow, Paul (Hg.): *The Foucault Reader*, New York

Rachor, Frederick, „Polizeihandeln", in: Hans Lisken und Erhard Denninger (Hg.): *Handbuch des Polizeirechts*, München 1992, 187-375

Reddy, Sanjay G. 1996: „Claims to expert knowledge and the subversion of democracy: the triumph of risk over uncertainty", in: *Economy and Society* 25, 222-254

Reemtsma, Jan Philipp 1999: „Das Recht des Opfers auf die Bestrafung des Täters – als Problem" (*Schriften der Juristischen Studiengesellschaft Regensburg e.V.*, H. 21), München

Regener, Susanne 1999: *Fotografische Erfassung. Zur Geschichte medialer Konstruktionen des Kriminellen*, München

Reichert, Ramón 2001: „Die ‚Governmentality-Studies'. Grundlagen und Methodenprobleme", in: *Demokratie. Selbst. Arbeit. Analysen liberal-demokratischer Gesellschaften im Anschluss an Michel Foucault (Mitteilungen des Instituts für Wissenschaft und Kunst 56, 2/3)*, 2-11

Reichertz, Jo 2001: „Meine Mutter war eine Holmes", in: Musolff/Hoffmann, 37-69

Reichman, Nancy 1986: „Managing Crime Risks. Towards an Insurance Based Model of Social Control", in: *Research in Law, Deviance and Social Control* 8, 151-172

Ressler, Robert K./Shachtman, Tom 1994: *Ich jagte Hannibal Lecter. Die Geschichte des Agenten, der 20 Jahre lang Serienmörder zur Strecke brachte*, München

Reuband, Karl-Heinz 1992: „Objektive und subjektive Bedrohung durch Kriminalität. Ein Vergleich der Kriminalitätsfurcht in der Bundesrepublik Deutschland und den USA 1965-1990", in: *Kölner Zeitschrift für Soziologie und Sozialpsychologie* 21, 341-353

Reuband, Karl-Heinz 2002: „Law and Order als neues Thema bundesdeutscher Politik? Wie es zum Wahlerfolg der Schill Partei in Hamburg kam und welche Auswirkungen dies hat", in: *Neue Kriminalpolitik* 14 (1), 8-13

Riedlberger, Peter 2001: „Gesichtserkennung am Flughafen Fresno. Sinn und Unsinn von Biometrie", in: *telepolis*, vom 30.12.

Riesman, David/Glazer, Nathan/Denney, Reuel 1956: *Die einsame Masse. Eine Untersuchung der Wandlungen des amerikanischen Charakters*, Neuwied

Rigakos, George S./Hadden, Richard W. 2001: „Crime, capitalism and the ‚risk society': Towards the same old modernity?", in: *Theoretical Criminology* 5, 61-84

Rittner, Volker 1986: „Veränderungen der Gesundheitsvorstellungen und des Sports im gesellschaftlichen Kontext", in: Elk Franke (Hg.): *Sport und Gesundheit*, Reinbek, 62-74

Rodaway, Paul 1995: „Exploring the Subject in Hyper-Reality", in: Steve Pile und Nigel Thrift (Hg.): *Mapping the Subject: geographies of cultural transformation*, London, New York, 241-266

Rötzer, Florian 1998: „Überwachungskameras zur Verhaltenserkennung", in: *telepolis*, vom 8.6.

Rötzer, Florian 2002: „Gesichtserkennung machte nur Fehler", in: *telepolis*, vom 6.1.

Roggan, Frederik 2001: „Aktuelles Polizeirecht – wie schlecht steht es um die Bürgerrechte?" in: *www.aktuelle-kamera.org/txt/polizeigesetze.html*, 9.2.

Rolinski, Klaus 1998: „Kriminologie auf der Suche nach dem Verhaltensparadigma", in: Albrecht et al., 317-338

Ronneberger, Klaus/Lanz, Stephan/Jahn, Walther 1999: *Die Stadt als Beute*, Bonn

Rosa, Hartmut 1999: „Bewegung und Beharrung: Überlegungen zu einer sozialen Theorie der Beschleunigung", in: *Leviathan* 27, 386-414

Rose, Lotte 1997: „Körperästhetik im Wandel. Versportung und Entmütterlichung des Körpers in den Weiblichkeitsidealen der Risikogesellschaft", in: Irene Dölling und Beate Krais (Hg.): *Ein alltägliches Spiel. Geschlechterkonstruktion in der sozialen Praxis (Gender Studies)*, Frankfurt a. M., 125-149

Rose, Nikolas 1992a: „Towards a Critical Sociology of Freedom" (Inaugural Lecture at the Goldsmiths College, University of London), 5. Mai

Rose, Nikolas 1992b: „Governing the enterprising self", in: Heelas/Morris, 141-164

Rose, Nikolas 1993: „Government, authority and expertise in advanced liberalism", *Economy and Society* 22, 283-299

Rose, Nikolas 1996: *Inventing our selves. Psychology, power, personhood*, Cambridge 1996

Rose, Nikolas 1999a: *Powers of Freedom. Reframing Political Thought*, Cambridge

Rose, Nikolas 1999b: *Governing the Soul. The Shaping of the Private Self*, 2. Aufl., London, New York

Rose, Nikolas 1999c: „Inventiveness in politics", in: *Economy and Society* 28, 467-493

Rose, Nikolas 2000a: „Government and Control", in: *British Journal of Criminology* 40, 321-346

Rose, Nikolas 2000b: „Das Regieren von unternehmerischen Individuen", in: *Kurswechsel. Zeitschrift für gesellschafts-, wirtschafts- und umweltpolitische Alternativen*, H. 2, 8-27 [Übers. v. Kap. 7 in Rose 1996]

Rose, Nikolas 2000c: „Tod des Sozialen? Eine Neubestimmung der Grenzen des Regierens", in: Bröckling et al., 72-109

Rose, Nikolas 2001: „The neurochemical self and its anomalies", Vortrag auf der Konferenz *Risk and Morality* in Vancouver, 18. – 20. Mai

Rose, Nikolas/Miller, Peter 1992: „Political power beyond the State: problematics of government", in: *British Journal of Sociology* 43, 173-205

Rose, Nikolas/Valverde, Mariana 1998: „Governed by Law?", in: *Social and Legal Studies* 7, 541-551

Rosenfeld, Ernst 1893: „Der dritte internationale Kriminalanthropologen-Kongress. Bericht", in: *Zeitschrift für die gesamte Strafrechtswissenschaft*, Bd. 13, 161-205

Rosenthal, David 2000: „Bytes statt Banknoten. Die Zukunft des Bankraubs", in: Klaus Schönberger (Hg.): *Vabanque. Bankraub, Theorie, Praxis, Geschichte*, Berlin, Göttingen, 218-227

Ross, Edward A. 1969: *Social Control. A Survey of Foundations of Order*, Cleveland/OH, London/Boston [1901]

Ruddick, Sue 1994: „Sub-Liminal Los Angeles: The Case of Rodney King and the Socio-Spatial Re-Construction of the Dangerous Classes", in: Bernd-Peter Lange und Hans-Peter Rodenberg (Hg.): *Die neue Metropole. Los Angeles – London*, Hamburg, Berlin, 44-62

Ruggiero, Vincenzo 2000: *Crime and Markets. Essays in Anti-Criminology*, Oxford

Ruhl, Lealle 1999: „Liberal governance and prenatal care: risk and regulation in pregnancy", in: *Economy and Society* 28, 95-117

Ruppert, Evelyn 2003: *The Moral Economy of Cities. Security, Consumption, Aesthetics*, Toronto [im Druck]

Rusche, Georg/Kirchheimer, Otto 1981: *Sozialstruktur und Strafvollzug* (erw. dt. Aufl. v. 1974 mit 2 Aufsätzen von G. Rusche und e. Nachwort v. H. Steinert), Frankfurt a. M.

Sachße, Christoph/ Tennstedt, Florian (Hg.) 1986: *Soziale Sicherheit und soziale Disziplinierung*, Frankfurt a. M.

Sack, Fritz 1968: „Neue Perspektiven in der Kriminologie", in: ders./König, 431-476

Sack, Fritz 1972: „Definition von Kriminalität als politisches Handeln: der labeling approach", in: *Kriminologisches Journal* 4, 3-31

Sack, Fritz 1978: „Probleme der Kriminalsoziologie", in: René König (Hg.): *Handbuch der empirischen Sozialforschung*, Bd. 12: *Wahrverhalten, Vorurteile, Kriminalität*, 2., völlig neubearb. Aufl., Stuttgart, 192-492

Sack, Fritz unter Mitarbeit von Uwe Berlin, Horst Dreier, Hubert Treiber 1984: „Staat, Gesellschaft und politische Gewalt. Zur Pathologie politischer Konflikte", in: ders./Heinz Steinert: *Protest und Reaktion. Analysen zum Terrorismus*, Bd. 4/2, Opladen, 17-386

Sack, Fritz 1988: „Wege und Umwege der deutschen Kriminologie in und aus dem Strafrecht, in: Helmut Janssen/Rainer Kaulitzky/Raymond Michalowski (Hg.): *Radikale Kriminologie. Themen und theoretische Positionen der amerikanischen Radical Criminology*, Bielefeld, 9-34

Sack, Fritz 1989: „Kriminologie und Geschichtswissenschaft. Wege der Reflexion einer Disziplin", in: Joachim J. Savelsberg (Hg.): *Zukunftsperspektiven der Kriminologie in der Bundesrepublik Deutschland. Materialien zu einem DFG-Kolloquium*, Stuttgart, 71-141

Sack, Fritz 1993a: „Dunkelfeld", in: Kaiser et al., 99-107

Sack, Fritz 1993b: „Kritische Kriminologie", in: Kaiser et al., 329-338

Sack, Fritz 1993c: „Selektion und Selektionsmechanismen", in: Kaiser et al., 462-469

Sack, Fritz 1993d: „Strafrechtliche Kontrolle und Sozialdisziplinierung", in: Detlef Frehsee/Gabi Löschper/Karl F. Schumann (Hg.): *Strafrecht, soziale Kontrolle, Sozialdisziplinierung*, Opladen, 16-45

Sack, Fritz 1994: „Sozio-politischer Wandel, Kriminalität und eine sprachlose Kriminologie", in: *Kritische Vierteljahresschrift für Gesetzgebung und Rechtswissenschaft* 77, 205-226

Sack, Fritz 1995: „Prävention – ein alter Gedanke in neuem Gewand. Zur Entwicklung und Kritik der Strukturen ‚postmoderner' Kontrolle", in: Gössner, 429-456

Sack, Fritz 1996a: „Kriminalität dementieren - sonst nichts?", in: *Kriminologisches Journal* 28, 297-300

Sack, Fritz 1996b: „Kriminologie - populär und populär gemacht", in: *Kriminologisches Journal* 28, 116-120

Sack, Fritz 1997: „Umbruch und Kriminalität – Umbruch als Kriminalität", in: K. Sessar/M. Holler (Hg.): *Sozialer Umbruch und Kriminalität*, Pfaffenweiler, 91-154

Sack, Fritz/König, René (Hg.) 1968: *Kriminalsoziologie*, Frankfurt a. M.

Savelsberg, Joachim J. 2000: „Kulturen staatlichen Strafens: USA und Deutschland", in: Jürgen Gerhards (Hg.): *Die Vermessung kultureller Unterschiede. USA und Deutschland im Vergleich*, Wiesbaden, 189-209

Schaarschuch, Andreas 1996: „Der Staat, der Markt, der Kunde und das Geld ...? Öffnung und Demokratisierung – Alternativen zur Ökonomisierung sozialer Dienste", in: Gabi Flösser und Hans-Uwe Otto (Hg.): *Neue Steuerungsmodelle für die Jugendhilfe*, Neuwied u.a.

Scheerer, Sebastian 1985: „Atypische Moralunternehmer", in: *Kritische Kriminologie heute (1. Beiheft des Kriminologischen Journals)*, 133-155

Scheerer, Sebastian 1993a: „Kriminalität der Mächtigen", in: Kaiser et al., 246-249

Scheerer, Sebastian 1993b: „Die soziale Aufgabe des Strafrechts", in: Helge Peters (Hg.): *Muss Strafe sein? Zur Analyse und Kritik strafrechtlicher Praxis*, Opladen, 79-90

Scheerer, Sebastian 1994: „Kriminalität und Kontrolle", in: *Konkret*, H. 2, 14-16

Scheerer, Sebastian 1995: „Kleine Verteidigung der ‚sozialen Kontrolle'", in: *Kriminologisches Journal*, 27, 120-133

Scheerer, Sebastian 1996: „Zehn Thesen über die Zukunft des Gefängnisses - und acht über die Zukunft der sozialen Kontrolle", in: Trotha, 321-334

Scheerer, Sebastian 1997: „Anhedonia Criminologica", in: *Kriminologisches Journal* 29, 23-37

Scheerer, Sebastian 1998: „The Delinquent as a Fading Category of Knowledge", in: Vincenzo Ruggiero/Nigel South/ Ian Taylor (Hg.): *The New European Criminology. Crime and Social Order in Europe*, London, New York, 425-442

Scheerer, Sebastian 2000a: „‚Soziale Kontrolle' – schöner Begriff für böse Dinge?", in: Peters, 153-169

Scheerer, Sebastian 2000b: „Three Trends into the New Millenium: The Managerial, The Populist, and the Road Towards Global Justice", in: Penny Green/Andrew Rutherford (Hg.): Criminal Policy in Transition, Oxford/Portland, 243-259

Scheerer, Sebastian 2001a: „Kritik der strafenden Vernunft", in: *Ethik und Sozialwissenschaften. Streitforum für Erwägungskultur* 12, 69-83

Scheerer, Sebastian 2001b: „Mythos und Methode", in: Musolff/Hoffmann, 71-85

Scherr, Albert 1994: „Die Konstruktion des ‚jugendlichen Gewalttäters'", in: *Kriminologisches Journal* 26, 162-169

Schetsche, Michael 1996: *Die Karriere sozialer Probleme. Soziologische Einführung*, München, Wien

Schetsche, Michael 2003: „Der Wille, der Trieb und das Deutungsmuster vom Lustmord", in: Frank Robertz und Alexandra Thomas (unter Mitarbeit von Wolf-R. Kemper und Sebastian Scheerer) (Hg.): *Serienmord. Kriminologische und kulturwissenschaftliche Skizzierungen eines ungeheuren Phänomens*, München [im Druck]

Schmidt-Semisch, Henning 2000: „Selber Schuld. Skizzen versicherungsmathematischer Gerechtigkeit", in: Bröckling et al., 168-193

Schmidt-Semisch, Henning 2002: *Kriminalität als Risiko. Schadenmanagement zwischen Strafrecht und Versicherung*, München

Schneider, Hendrik 1999: „Schöpfung aus dem Nichts. Mißverständnisse in der deutschen Rezeption des Labeling Approach und ihre Folgen im Jugendstrafrecht", in: *Monatsschrift für Kriminologie und Strafrechtsreform* 82, 202-213

Schroer, Markus 2000: „Gewalt ohne Gesicht. Zur Notwendigkeit einer umfassenden Gewaltanalyse", in: *Leviathan* 28, 434-451

Schroer, Markus 2001: „Die im Dunkeln sieht man doch", in: *Mittelweg 36* 10 (5), 33-46

Schumann, Karl F. 1994: „Gewalttaten als Gefahr für die wissenschaftliche Integrität von Kriminologie", in: *Kriminologisches Journal* 26, 242-248

Schumpeter, Joseph A. 1987: Kapitalismus, Sozialismus und Demokratie, Tübingen [1942]

Schütz, Alfred/Luckmann, Thomas 1979: *Strukturen der Lebenswelt*. Band 1, Frankfurt a. M.

Schwartz, Hillel 1997: „On the Origin of the Phrase ‚Social Problems'", in: *Social Problems* 44, 276-296

Schwarz, Richard (Hg.) 1994: *Zur Genealogie der Regulation. Anschlüsse an Michel Foucault*, Mainz

Schwengel, Hermann 1991: „British Enterprise Culture and German *Kulturgesellschaft*", in: Keat/Abercrombie, 136-150

Seibert, Thomas 1995: „Das Subjekt der Revolten", in: *Die Beute* 8 (4), 19-31

Seidl, Conrad/Beutelmeyer, Werner 1999: *Die Marke ICH®. So entwickeln Sie Ihre persönliche Erfolgsstrategie*, Wien, Frankfurt a. M.

Seipel, Christian 2000: „Ein empirischer Vergleich zwischen der Theorie geplanten Verhaltens von Ices Ajzen und der Allgemeinen Theorie der Kriminalität von Michael R. Gottfredson und Travis Hirschi", in: *Zeitschrift für Soziologie* 29, 397-410

Sekula, Alan 1986: „The Body and the Archive", in: *October – art, theory, criticism, politics* 39, 3-64

Sellin, Thorsten 1972: „Enrico Ferri (1856-1929)" in: Mannheim, 361-384

Sennett, Richard 1986: *Verfall und Ende des öffentlichen Lebens. Die Tyrannei der Intimität*, Frankfurt a. M.

Sennett, Richard 1998: *Der flexible Mensch. Die Kultur des neuen Kapitalismus*, Berlin

Sennett, Richard 2001: „Stadt ohne Gesellschaft", in: *Le Monde diplomatique*, Nr. 6374, Beilage der *tageszeitung*, vom 16.2., 12-13

Sessar, Klaus 1997: „Zur einer Kriminologie ohne Täter. Oder auch: die kriminogene Tat", *Monatsschrift für Kriminologie und Strafrechtsreform* 80, 1-24

Sessar, Klaus 1998: „Zum Verbrechensbegriff", in: Albrecht et al., 427-454

Shearing, Clifford 1997: Gewalt und die neue Kunst des Regierens und Herrschens. Privatisierung und ihre Implikation, in: Trotha, 263-278

Shearing, Clifford 2001: „Transforming Security: A South African Experiment", in: John Braithwaite and Heather Strang (Hg.): *Restorative Justice and Civil Society*, Cambridge, 14-34

Shearing, Clifford D./Stenning, Philip C. 1983: „Private Security: Implications for Social Control", in: *Social Problems* 30, 493-506

Shearing, Clifford D./Stenning, Philip C. 1985: „From the Panopticon to Disney World. The Development of Discipline", in: Anthony N. Doob und Edward L. Greenspan (Hg.): *Perspectives in Criminal Law*, Ottawa, 336-349

Shearing, Clifford D./Stenning, Philip C. 1987: „Say ‚Cheese!': The Disney Order That Is Not So Mickey Mouse", in: dies. (Hg.): *Private Policing*, Newbury Park, 317-324

Shichor, A.IL./Sechrest, D.K. (Hg.) 1996: *Three Strikes and You're Out: Vengance as Public Policy*, Thousand Oaks

Sietmann, Richard 2002: „Im Fadenkreuz. Auf dem Weg in eine andere Gesellschaft", in: *c't. magazin für computer technik*, H. 5, 146-155

Simon, Jonathan 1987: „The Emergence of a Risk Society: Insurance, Law, and the State", in: *Socialist Review* 17, 61-89

Simon, Jonathan 1988: „The Ideological Effects of Actuarial Practices", in: *Law & Society Review* 22, 771-800

Simon, Jonathan 1993: *Poor Discipline: Parole and the Social Control of the Underclass*, 1890-1990, Chicago

Simon, Jonathan 1995: „They Died with Their Boots On: The Boot Camp and the Limits of Modern Penality", in: *Social Justice* 22, 25-48

Simon, Jonathan 1997: „Gewalt, Rache und Risiko. Die Todesstrafe im neoliberalen Staat", in: Trotha, 279-301

Simon, Jonathan 1998: „Managing the Monstruous. Sex Offenders and the New Penology", in: *Psychology, Public Policy, and Law* 4 (1/2), 452-467

Simon, Jonathan 2001: „,Entitlement to cruelty': neo-liberalism and the punitive mentality in the United States, in: Stenson/Sullivan, 125-143

Simon, Jonathan 2002: „Taking Risks: Extreme Sports and the Embrace of Risk in Advanced Liberal Societies", in: Baker/ders., 177-208

Simon, Jonathan/Feeley, Malcolm M. 1995: „True Crime: The New Penology and Public Discourse on Crime", in: Blomberg/Cohen (Hg.): *Punishment and Social Control: Essays in Honor of Sheldon L. Messinger*, New York , 147-179

Smandych, Russell (Hg.) 1999: *Governable Spaces. Readings on Governmentality and Crime Control*, Aldershot

Smaus, Gerlinda 1986: „Versuch um eine marxistisch-interaktionistische Kriminologie", in: *Kritische Kriminologie heute (1. Beiheft des Kriminologischen Journals)*, 179-199

Smith, David J. 2000: „Changing Situations and Changing People", in: Hirsch et al., 147-174

Sofsky, Wolfgang 1996: *Traktat über die Gewalt*, Frankfurt a. M.

Soiland, Tove 2002: „Mit Foucault gegen Gender. Eine machttheoretische Kritik am Paradigma des sozialen Konstrukts ‚Gender'", in: *Widerspruch* 43, 139-151

Stanko, Elizabeth 1997: „Safety talk. Conceptualizing women's risk assessment as a ‚technology of the soul'", in: *Theoretical Criminology* 1, 479-499

Stanley, Christopher 1995: „Teenage kicks: Urban narratives of dissent not deviance", in: *Crime, Law & Social Change* 23, 91-119

Staples, William G. 1997: *The Culture of Surveillance. Discipline and Social Control in the United States*, New York

Stehr, Johannes 1994: „Soziale Ausschließung als Abwehr von Herrschaft", in: *Kriminologisches Journal* 26, 273-295

Stehr, Johannes 1998: *Sagenhafter Alltag. Über die private Aneignung herrschender Moral*, Frankfurt a. M., New York

Steinert, Heinz 1976: „Über die Funktionen des Strafrechts", in: Michael Neider (Hg.): *Festschrift für Christian Broda*, Wien, 335-371

Steinert, Heinz 1984: „Zur Frage danach, ob es ein ‚Bedürfnis der Allgemeinheit nach Strafe und Sühne' gebe ...", in: *Kriminalsoziologische Bibliografie* 11, 16-26.

Steinert, Heinz 1987: „Zur Geschichte und möglichen Überwindung einiger Irrtümer in der Kriminalpolitik", in: Wolfgang Deichsel/Timm Kunstreich/Werner Lehne/Gabi Löschper/Fritz Sack (Hg.): *Kriminalität, Kriminologie und Herrschaft*, Pfaffenweiler, 92-116

Steinert, Heinz 1995: „Soziale Ausschließung – Das richtige Thema zur richtigen Zeit", *Kriminologisches Journal* 27, 82-88

Stenson, Kevin 1996: „Communal Security as Government – The British Experience", in: Walter Hammerschick/Inge Karazman-Morawetz/Wolfgang Stangl (Hg.): *Die sichere Stadt. Prävention und kommunale Sicherheitspolitik* (Jahrbuch für Rechts- und Kriminalsoziologie), Baden-Baden, 103-123

Stenson, Kevin 1998a: „Beyond histories of the present", in: *Economy and Society* 27, 333-352

Stenson, Kevin 1998b: „Displacing social policy through crime control", in: Hänninen, 117-144

Stenson, Kevin 1999: „Crime Control, Governmentality and Sovereignty", in: Smandych, 45-73

Stenson, Kevin/Sullivan, Robert R. (Hg.) 2001: *Crime, Risk and Justice. The politics of crime control in liberal democracies*, Cullompton/Devon, Portland/Oreg.

Stenson, Kevin/Watt, Paul 1999: „Governmentality and ‚the Death of the Social'?: A Discourse Analysis of Local Government Texts in South-east England", in: *Urban Studies* 36, 189-201

Stephan, Cora 1995: „Land in Angst", in: *Neue Kriminalpolitik* 8 (1), 15

Stieglitz, Olaf 2002: „Wort-Macht, Sichtbarkeit und Ordnung: Überlegungen zu einer Kulturgeschichte des Denunzierens während der McCarthy-Ära", in: Martschukat, 241-256

Stingelin, Martin 1994: „Der Verbrecher ohnegleichen. Die Konstruktion ‚anschaulicher Evidenz' in der Criminal-Psychologie, der forensischen Physiognomik, der Kriminalanthropometrie und der Kriminalanthropologie", in: Wolfram Groddeck und Ulrich Stadler (Hg.): *Physiognomie und Pathognomie. Zur literarischen Darstellung von Individualität. Festschrift für Karl Pestalozzi zum 65. Geburtstag*, Berlin, New York, 112-133

Strasser, Peter 1978: „Unschädlichmachen. Ein Beitrag zur therapeutischen Kriminologie", in: *Kriminalsoziologische Bibliografie* 5, 33-57

Strasser, Peter 1984: *Verbrechermenschen. Zur kriminalwissenschaftlichen Erzeugung des Bösen*, Frankfurt, New York

Strasser, Peter 1999: „Asozialität, Gesellschaftsschutz und die Krise unserer Moral", in: János Fehéraváry und Wolfgang Stangl (Hg.): *Gewalt und Frieden. Verständigungen über die Sicherheitsexekutive (Schriftenreihe der Sicherheitsakademie 1)*, Wien, 141-155

Stratton, Jon 1996: „Serial Killing and the Transformation of the Social", in: *Theory, Culture & Society* 13 (1), 77-98

Sumner, Colin 1994: *The Sociology of Deviance. On obituary*, Buckingham

Sumner, Colin 1997: „Social Control: the History and Politics of a Central Concept in Anglo-American Sociology", in: Bergalli/Sumner, 1-33

Sutherland, Edwin H. 1949: *White Collar Crime*, New York

Sutherland, Edwin H. 1968: „Die Theorie der differentiellen Kontakte", in: Sack/König, 395-399

Sykes, Gresham M./Matza, David 1968: „Techniken der Neutralisierung. Eine Theorie der Delinquenz, in: Sack/König, 431-476

Tadros, Victor 1998: „Between Governance and Discipline: The Law and Michel Foucault", in: *Oxford Journal of Legal Studies* 18, 75-103

Taylor, Claire 2001: „The relationship between social and self-control: Tracing Hirschi's criminological career", in: *Theoretical Criminology* 5, 369-388

Taylor, Ian 1997: *The Political Economy of Crime*, in: Maguire et al., 265-303

Taylor, Ian 1999: *Crime in Context. A Critical Criminology of Market Societies*, Oxford

Taylor, Ian/Walton, Paul/Young, Jock 1973: *The new criminology: for a social theory of deviance*, London, Boston

Tilly, Charles 1985: „War Making and State Making as Organized Crime", in: Peter B. Evans/Dietrich Rueschmeyer/Theda Skocpol (Hg.): *Bringing the State Back In*, Cambridge u.a., 169-181

Tittle, Charles 1995: *Control balance: Toward a general theory of deviance*, Boulder/Colorado

Thomas, William I. 1965: Einleitung zu „The Polish Peasant in Europe and America", in: ders.: *Person und Sozialverhalten*, hrsg. v. Edmund H. Volkart, Darmstadt und Neuwied

Thyen, Anke 1989: *Negative Dialektik und Erfahrung. Zur Rationalität des Nichtidentischen bei Adorno*, Frankfurt a. M.

Treiber, Hubert/Steinert, Heinz 1980: *Die Fabrikation des zuverlässigen Menschen. Über die „Wahlverwandtschaft" von Kloster- und Fabrikdisziplin*, München

Trotha, Trutz von 1977: „Ethnomethodologie und abweichendes Verhalten. Anmerkungen zum Konzept des ‚Reaktionsdeppen'", in: *Kriminologisches Journal* 9, 98-115

Trotha, Trutz von 1995: „Ordnungsformen der Gewalt oder Aussichten auf das Ende des staatlichen Gewaltmonopols", in: Brigitta Nedelmann (Hg.): *Politischen Institutionen im Wandel (Sonderheft 37 der Kölner Zeitschrift für Soziologie und Sozialpsychologie)*, Opladen, 129-166

Trotha, Trutz von (Hg.) 1996: *Politischer Wandel, Gesellschaft und Kriminalitätsdiskurse. Beiträge zur interdisziplinären wissenschaftlichen Kriminologie. Festschrift für Fritz Sack zum 65. Geburtstag*, Baden-Baden

Trotha, Trutz von (Hg.) 1997: *Soziologie der Gewalt (Sonderheft 37 der Kölner Zeitschrift für Soziologie und Sozialpsychologie)*, Opladen

Trotha, Trutz von 1997a: „Zur Soziologie der Gewalt", in: ders., 9-56

Urry, John 2000a: „Mobile Sociology", in: *British Journal of Sociology* 51, 185-203

Urry, John 2000b: *Sociology beyond Societies. Mobilities for the twenty-first century*, London, New York

Valier, Claire 2001: „Criminal detection and the weight of the past: Critical notes on Foucault, subjectivity and preventative control", in: *Theoretical Criminology* 5, 425-443

Valverde, Mariana 1996: „Despotism' and ethical liberal governance", in: *Economy and Society* 25, 357-372

Valverde, Mariana 1998: *Diseases of the Will. Alcohol and the Dilemmas of Freedom*, Cambridge

Valverde, Mariana 1999: „Democracy in Governance: A Socio-Legal Framework", in: dies./Ron Levi/Clifford Shearing/Mary Condon/Pat O'Malley: *Democracy in Governance: A Socio-Legal Framework. A Report for the Law Commission of Canada on Law and Governance Relationships*, 10. Mai 1999

Valverde, Mariana 2001: „Some Remarks on the Rise and Fall of Discourse Analysis", in: *Histoire Sociale/Social History*, Vol. XXXIII, Nr. 65, 59-77

Valverde, Mariana 2003: *Law's Dream of a Common Knowledge*, Princeton [im Druck]

Veil, Katja 2001: *Raumkontrolle – Videokontrolle und -planung im öffentlichen Raum*, Berlin (Diplomarbeit), in: *http://de.geocities.com/veilkatja*

Veyne, Paul 1992: *Foucault: Die Revolutionierung der Geschichte*, Frankfurt a. M.

Veyne, Paul 2001: „Die Verkettung der Dinge. Keine Realität, keine Rationalität und keine Dialektik: Michel Foucaults Denken – eine Archäologie" (Vortrag auf der Frankfurter Foucault-Konferenz, 27. – 29. September 2001), in: *Frankfurter Rundschau*, Nr. 240, vom 16.10.

Voß, Günter G./Pongratz, Hans J. 1998: „Der Arbeitskraftunternehmer. Eine neue Grundform der Ware Arbeitskraft?", in: *Kölner Zeitschrift für Soziologie und Sozialpsychologie* 50, 131-158

Wacquant, Loic J.D. 1997: „Vom wohltätigen zum strafenden Staat: Über den politischen Umgang mit dem Elend in Amerika", in: *Leviathan* 25, 50-66

Wacquant, Loic J.D. 2000a: *Elend hinter Gittern*, Konstanz

Wacquant, Loic J.D. 2000b: „Bequeme Feinde", in: *Neue Kriminalpolitik* 12 (3), 4-7

Wacquant, Loic J.D. 2000c: „Denunzieren statt rehabilitieren. In den USA stehen Sexualtäter lebenslang am Pranger", in: *die tageszeitung*, vom 14.02.

Waldby, Catherine 2000: *The Visible Human Project. Informatic bodies and posthuman medicine*, London, New York

Walklate, Sandra 1997: *Understanding Criminology. Current theoretical debates*, Buckingham/Philadelphia

Walters, William 1999: „Decentring the economy", in: *Economy and Society* 28, 312-323

Walton, Paul/Young, Jock (Hg.) 1998: *The New Criminology Revisited*, London

Weber, Hartmut-Michael 2000: „Gefängnis und freier Markt", in: *Neue Kriminalpolitik* 12 (3), 17-21

Weber, Hartmut-Michael/Reindl, Richard 2001: „Sicherheitsverwahrung. Argumente zur Abschaffung eines umstrittenen Rechtsinstituts", in: *Neue Kriminalpolitik* 13 (1), 16-21

Weber, Max 1976: *Wirtschaft und Gesellschaft: Grundriss der verstehenden Soziologie*, 1. Halbband, hg. v. Johannes Winckelmann, 5., rev. Aufl., Tübingen

Wehrheim, Jan 2000: „Kontrolle durch Abgrenzung. Gated Communities in den USA", in: *Kriminologisches Journal* 32 (2), 108-128

Wehrheim, Jan 2000: „CCTV – Ein fast ignoriertes Überwachungsdrama breitet sich aus", in: *Forum Wissenschaft* 2 bzw. *www.is-kassel.de/safercity/2000/cctv.html*

Weichert, Thilo 1998: „Audio- und Videoüberwachung", in: *Bürgerrechte & Polizei (CILIP)*, H. 61(2), 12-129

Weichert, Thilo 2001: „Regelung zur Videoüberwachung verbesserungsbedürftig - § 6BBDSG – Kritik an einer noch nicht angewendeten Norm", in: *Datenschutz Nachrichten*, H. 3, 5-8

Weir, Lorna 1996: „Recent developments in the government of pregnancy", in: *Economy and Society* 25, 372-392

Werkentin, Falco/Hofferbert, Michael/Baurmann, Michael 1972: „Kriminologie als Polizeiwissenschaft oder: Wie alt ist die neue Kriminologie?", in: *Kritische Justiz* 5, 221-252

Western, Bruce/Beckett, Katherine 1998: „Der Mythos des freien Marktes. Das Strafrecht als Institution des US-amerikanischen Arbeitsmarktes", in: *Berliner Journal für Soziologie* 8, 159-180

Wetzell, Richard F. 2000: *Inventing the Criminal. A History of German Criminology, 1880-1945*, Chapel Hill, London

Wilson, James Q. 1975: *Thinking About Crime*, New York

Wilson, James Q./Herrnstein, Richard J 1985: *Crime and Human Nature*, New York

Wilson, James Q./Kelling, George L. 1982: „The police and neighbourhood safety: Broken windows", in: *Atlantic Monthly*, März, 29-39 (dt. 1996, in: *Kriminologisches Journal 28*, 121-137)

Wimmer, Michael/Wulf, Christoph/Dieckmann, Bernhard 1996: „Einleitung: Grundlose Gewalt – Anmerkungen zum gegenwärtigen Diskurs über Gewalt", in: dies. (Hg.), *Das zivilisierte Tier. Zur historischen Anthropologie der Gewalt*, Frankfurt a. M., 7-65

Wright, Georg Hendrik von 1974: *Erklären und Verstehen*, Frankfurt a. M.

Wunderlich, Stefan 1999: „Vom digitalen Panopticon zur elektronischen Heterotopie. Foucaultsche Topographien der Macht", in: Rudolf Maresch/Michael Werber (Hg.): *Kommunikation, Medien, Macht*, Frankfurt a. M., 342-367

Young, Alison 1996: *Imagining Crime*, London

Young, Jock 1986: „The Failure of Criminology: The Need for a Radical Realism", in: Matthews/Young, 4-30

Young, Jock 1988: „Radical Criminology in Britain: The Emergence of a Competing Paradigm", in: *British Journal of Criminology* 28, 159-183

Young, Jock 1998: „Writing on the Cusp of Change: A New Criminology for an Age of Late Modernity", in: Walton/Young, 259-295

Young, Jock 1999: *The Exclusive Society. Social Exclusion, Crime and Difference in Late Modernity*, London u.a.

Young, Jock 2001: „Verwischte Grenzen. Bulimie und Exklusion in der Spätmoderne", in: *Kriminologisches Journal* 33, 189-204

Young, Jock/Matthews, Roger (Hg.) 1992: *Rethinking Criminology. The realist debate*, London

Zerubavel, Eviatar 1999: *Social Mindscapes. An Invitation to Cognitive Sociology*, Cambridge, London

Danksagung

Viele haben zu dem Gelingen dieses Buches beigetragen. Allen voran zu nennen ist die Deutsche Forschungsgemeinschaft, ohne deren Habilitationsstipendium diese Arbeit nicht zustande gekommen wäre. Für zahlreiche Anregungen, konstruktive Kritik und Unterstützung danke ich Nikolas Rose, Celia Lury, Anne-Marie Singh am *Goldsmiths College* in London; Evelyn Ruppert, Clifford Shearing, Mariana Valverde am *Centre of Criminology* in Toronto; sowie Reinhard Kreissl, Thomas Lemke und Jürgen Martschukat. Mein ganz besonderer Dank gilt Ulrich Bröckling, Fritz Sack, Henning Schmidt-Semisch und Wolf Schöne.

THEORIE UND METHODE
SOZIALWISSENSCHAFTEN

Ronald Hitzler, Norbert Schröer, Jo Reichertz (Hg.)
Hermeneutische Wissenssoziologie
Standpunkte zur Theorie der Interpretation
1999, 348 Seiten, broschiert
ISBN 3-89669-925-3

Cornelia Bohn, Herbert Willems (Hg.)
Sinngeneratoren
Fremd- und Selbstthematisierung in
soziologisch-historischer Perspektive.
Alois Hahn zum 60. Geburtstag.
2001, 598 Seiten, broschiert
ISBN 3-89669-987-3

Thomas Samuel Eberle
Lebensweltanalyse und Handlungstheorie
Beiträge zur Verstehenden Soziologie
2000, 258 Seiten, broschiert
ISBN 3-89669-976-8

Walter L. Bühl
Phänomenologische Soziologie
Ein kritischer Überblick
2002, 450 Seiten, broschiert
ISBN 3-89669-806-0

Anne Honer, Ronald Kurt, Jo Reichertz (Hg.)
Diesseitsreligion
Zur Deutung der Bedeutung moderner Kultur
1999, 444 Seiten, broschiert
ISBN 3-89669-915-6

Urte Helduser, Thomas Schwietring (Hg.)
Kultur und ihre Wissenschaft
2002, 234 Seiten, broschiert
ISBN 3-89669-782-X

Jens Loenhoff
Die kommunikative Funktion der Sinne
Theoretische Studien zum Verhältnis von
Kommunikation, Wahrnehmung und Bewegung
2001, 344 Seiten, broschiert
ISBN 3-89669-819-2

Gesa Lindemann
Beunruhigende Sicherheiten
Zur Genese des Hirntodkonzepts
2003, 196 Seiten, broschiert
ISBN 3-89669-765-X

THEORIE UND METHODE

SOZIALWISSENSCHAFTEN

Peter-Ulrich Merz-Benz, Gerhard Wagner (Hg.)
Soziologie und Anti-Soziologie
Ein Diskurs und seine Rekonstruktion
2001, 256 Seiten, broschiert
ISBN 3-89669-970-9

Peter-Ulrich Merz-Benz, Gerhard Wagner (Hg.)
Die Logik der Systeme
Kritik der systemtheoretischen Soziologie
Niklas Luhmanns
2000, 426 Seiten, broschiert
ISBN 3-89669-942-3

Oliver Jahraus, Nina Ort (Hg.)
Theorie – Prozess – Selbstreferenz
Systemtheorie und transdisziplinäre Theoriebildung
2003, 302 Seiten, broschiert
ISBN 3-89669-750-1

Gregor Fitzi
Soziale Erfahrung und Lebensphilosophie
Georg Simmels Beziehung zu Henri Bergson
2002, 340 Seiten, broschiert
ISBN 3-89669-780-3

Helmut Kuzmics, Gerald Mozetic
Literatur als Soziologie
Zum Verhältnis von literarischer und
gesellschaftlicher Wirklichkeit
2003, 346 Seiten, broschiert
ISBN 3-89669-780-3

Gerald Echterhoff, Martin Saar (Hg.)
Kontexte und Kulturen des Erinnerns
Maurice Halbwachs und das Paradigma
des kollektiven Gedächtnisses
2002, 289 Seiten, broschiert
ISBN 3-89669-814-1

Angelika Wetterer
Arbeitsteilung und Geschlechterkonstruktion
»Gender at Work« in theoretischer und
historischer Perspektive
2002, 624 Seiten, broschiert
ISBN 3-89669-787-0